개정 5판

USB
완 전 정 복

USB Complete: The Developer's Guide, Fifth Edition by Jan Axelson

Korean translation copyright ⓒ 2016 by acorn publishing Co.
Copyright 1999-2015 by Janet L. Axelson. All right reserved.

이 책은 Independent Publishers Group을 통해 Lakeview Research와 에이콘출판(주)가 정식 계약하여 번역한 책이므로
이 책의 일부나 전체 내용을 무단으로 복사, 복제, 전재하는 것은 저작권법에 저촉됩니다.

개정 5판

USB 완전정복

USB 3.0/3.1/SuperSpeed까지 최신 규격 포함

Jan Axelson 지음 | 신진철 옮김

에이콘

Jan Axelson

『USB Embedded Hosts』, 『USB 대용량 저장장치 USB Mass Storage』(에이콘, 2007), 『시리얼 포트 완전정복 Serial Port Complete』(에이콘, 2010) 등 컴퓨터 인터페이스에 관한 책들을 집필했으며, 「Circuit Cellar」, 「Nuts & Volts」, 「EDN」 및 기타 전문 기술 저널에 기고를 하고 있다. 웹사이트(janaxelson.com)를 통해 컴퓨터 인터페이스에 대해 다루고 있으며 특히 USB를 집중적으로 다룬다.

감사의 글

USB는 누군가의 도움 없이 책으로 쓰기에는 너무나도 큰 주제다. 나는 여기서 많은 분들께 감사를 표하고자 한다.

　기술 감수자들은 이 책이 최대한 정확하고 완벽할 수 있도록 도와줬다. 이 책에 있는 모든 오류는 나의 책임이다. 개정 5판을 쓰는 데 도움을 준 폴 E. 버그, 레인 호크, 코스타 쿠에만, 단라즈 라지푸트, 라자람 레구파시에게 감사를 표한다.

　이 외에도 USB-IF의 트레이시 도넬, usb-by-example.com의 존 하이드, USB 3.0 프로모터 그룹의 제프 라벤크래프트와 브래드 손더스의 도움을 받았으며 감사의 말을 전한다.

　이 책이 USB를 개발하려는 모든 독자에게 유용하기를 기원하며, 독자 의견은 jan@janaxelson.com으로 보내주길 바란다.

신진철(keeptalk@gmail.com)

아주대학교에서 기계공학을 전공했고, 어울림 정보기술, 삼성전자 소프트웨어 멤버십, 삼성전자를 거쳐 현재 SK 플래닛에 재직 중이다. 삼성전자 근무 중에 한양대학교에서 전자전기컴퓨터공학 석사를 취득했다. 자동 제어, 보안, SI, UI, 임베디드, 리눅스 커널 등의 업무를 거쳤으며 현재는 웹과 빅데이터 주변 기술을 다루고 있다. 주특기는 임베디드와 OS 계통이고, 주된 관심사는 컴퓨팅 성능 중심 프로그래밍이다.

USB는 역사상 가장 성공한 범용 인터페이스다. 첫 이니셜 U의 유니버설universal이라는 단어에서 알 수 있듯이 USB는 그야말로 만능 인터페이스라고 할 수 있다.

USB 관련 개발 업무는 USB 규격의 복잡함에 비해서는 쉬워진 편이다. 칩 제조사에서 거의 모든 것을 제공하는 추세고, 기본 뼈대skeleton driver와 예제를 제공받을 수 있으며, 디버깅을 위한 도구, 계측기 제공 회사로부터 도움을 받을 수도 있다. 그러나 모든 개발이 그렇듯 한 번에 잘 되는 일은 없다. 특히 장착/제거, 원인 불명의 인식 오류, 호스트 리부팅, 저전력 문제 등에 직면하면 디버깅이 어렵고 힘들다. USB는 고속이므로 계측기를 통한 전기적 디버깅이 어렵고, 규격 자체가 방대한 편이기 때문이다.

USB 개발을 처음 해본 개발자는 시작 단계 자체가 넘기 힘든 장애물이다. USB가 만능을 목표로 한 다양한 기능의 인터페이스인 만큼 종래에 사용하던 SPI, UART 등 단순 직렬 인터페이스에 비해 상당히 복잡하다.

『USB 완전정복(개정 5판)』은 이런 어려움을 해소할 수 있는 기본서인 동시에 활용서다. 광범위한 USB 규격 문서를 힘들게 읽는 수고를 덜 수 있을 뿐만 아니라 개발에 필요한 거의 모든 단계를 빠짐없이 담고 있다. 단, 리눅스나 RTOS 등에서 로우 레벨로 접근하기 위한 정보는 빠져 있는데, 규격과 개발 절차적인 부분에 있어서는 도움이 될 것이라고 생각한다.

개정 5판에서는 USB 3.0, 3.1, 슈퍼스피드, 슈퍼스피드 플러스, 개선된 전력 관리 기능에 대한 내용을 추가했다. USB 3.1의 C형 케이블을 탑재한 제품들이 이미 시장에 등장하기 시작했으며, 고전력 공급 기능을 채용한 제품도 나왔다.

이 책의 저자(http://janaxelson.com/)는 저수준 프로그래밍 전문가다. 번역을 하면서 전문가가 실제 개발을 통해 경험하고 체득한 내용을 바탕으로 집필한 책이라는 것을 확연히 알 수 있었다. 그만큼 USB, 임베디드 개발자에게 도움을 줄 수 있는 책이다.

신진철

차례

지은이 소개 5
감사의 글 6
옮긴이 소개 7
옮긴이의 말 8
들어가며 25

1장 USB 기초   31

사용상 제약사항 32
    사용자 이점 32
    개발자 측면의 이점 36
    USB의 한계 39
    USB와 이더넷 43
    USB와 썬더볼트 43

인터페이스의 진화 44
    USB 1.0 44
    USB 1.1 45
    USB 2.0 45
    USB 2.1 48
    USB 3.0 48
    USB 3.1 49
    임베디드 호스트와 OTG 50

버스 컴포넌트 51
    토폴로지 51
    버스 속도에 대한 고려사항 53
    용어 55

역할 57
    호스트의 역할 57
    디바이스의 역할 60
    버스 속도와 데이터 스루풋 62

USB 디바이스 개발 64
    컴포넌트 64

개발 도구	65
프로젝트 개발 단계	65
USB 3.1 요약	**67**
기능	67
호환성	69
케이블	71
전원	72

2장 USB 전송   73

USB 전송 기초	**73**
기초	73
통신의 목적	75
버스상의 데이터 관리	76
전송의 구성요소	**77**
엔드포인트: 데이터를 만들거나 쓰는 곳	77
트랜잭션 형식	78
파이프: 엔드포인트를 호스트에 연결	79
전송 방식	80
스트림 파이프와 메시지 파이프	82
전송 개시	83
USB 2.0 트랜잭션	**84**
트랜잭션 페이즈	86
패킷 순서	89
타이밍 제약사항과 타이밍 보장	90
분할 트랜잭션	91
전송 성공에 대한 보증	**92**
상태 코드와 제어 코드	92
제어 전송 상태 보고	96
에러 검사	97
인핸스드 슈퍼스피드 트랜잭션	**100**
패킷 유형	101
데이터 전송	106
링크 관리 패킷	111

3장 용도별 전송 방식   113

제어 전송	**113**
가용성	113

구조	114
데이터 크기	121
속도	121
에러 검출과 에러 처리	123
디바이스 의무사항	124

벌크 전송 … 125
- 가용성 … 126
- 구조 … 126
- 데이터 크기 … 129
- 속도 … 130
- 에러 검출과 에러 처리 … 130
- 디바이스 의무사항 … 131

인터럽트 전송 … 131
- 가용성 … 132
- 구조 … 132
- 데이터 크기 … 134
- 속도 … 134
- 에러 검출과 에러 처리 … 136
- 디바이스 의무사항 … 137

등시성 전송 … 137
- 가용성 … 138
- 구조 … 138
- 데이터 크기 … 141
- 속도 … 143
- 에러 검출과 에러 처리 … 144
- 디바이스 의무사항 … 144

시간 제약 전송 … 145
- 버스 대역폭 … 145
- 디바이스 기능 … 146
- 호스트 기능 … 147
- 호스트 지연 … 148

4장 열거: 호스트가 디바이스에 관한 정보를 얻는 방법 … 149

이벤트와 리퀘스트 … 150
- 설정 상태 얻기 … 150
- 디바이스 제거 … 158
- 성공적인 열거를 위한 팁 … 158

디스크립터 ... 160
디스크립터 유형 ... 160
디바이스 ... 164
디바이스 한정자 ... 168
컨피규레이션 ... 169
다른 속도 컨피규레이션 ... 171
인터페이스 연관 디스크립터 ... 172
인터페이스 디스크립터 ... 174
엔드포인트 ... 179
슈퍼스피드 엔드포인트 짝 ... 182
슈퍼스피드 플러스 등시성 엔드포인트 짝 ... 183
문자열 ... 184
바이너리 오브젝트 스토어와 디바이스 기능 ... 185
OTG 디스크립터 ... 189
마이크로소프트 OS 디스크립터 ... 189
USB 2.0용 디스크립터로 업데이트 ... 189
USB 3.1용 디스크립터로 업데이트 ... 190

5장 제어 전송: 중요 데이터를 위한 구조화된 요청 ... 191
제어 전송의 요소 ... 191
SETUP 스테이지 ... 192
DATA 스테이지 ... 194
STATUS 스테이지 ... 196
에러 처리 ... 198
디바이스 펌웨어 ... 199
표준 리퀘스트 ... 201
Get Status ... 202
Clear Feature ... 203
Set Feature ... 204
Set Address ... 206
Get Descriptor ... 207
Set Descriptor ... 208
Get Configuration ... 208
Set Configuration ... 209
Get Interface ... 210
Set Interface ... 210
Synch Frame ... 211
Set SEL ... 212

Set Isochronous Delay	212
기타 리퀘스트	213
클래스 전용 리퀘스트	213
제조사 전용 리퀘스트	214

6장 칩 선택 215

USB 디바이스의 컴포넌트 215
- USB 2.0 컨트롤러의 내부   216
- 기타 디바이스 요소   218

디바이스 개발 간소화 221
- 디바이스 요구사항   221
- 문서와 예제 코드   223
- 호스트 드라이버   224
- 개발 보드   224

USB 마이크로컨트롤러 228
- 마이크로칩 PIC18   229
- 사이프레스 EZ-USB   233
- ARM 프로세서   236

외부 CPU와 인터페이스하는 컨트롤러 237
- 맥심 MAX3420E   238
- PLX 테크놀로지 USB 3380   239
- FTDI 인터페이스 칩   240

7장 디바이스 클래스 243

사용 목적 243
- 공인 규격   244
- 클래스 규격의 구성요소   245

규격에 정의되어 있는 클래스 246
- 오디오   246
- 오디오/비디오   250
- 빌보드   252
- 통신 디바이스   253
- 컨텐츠 보안   262
- 디바이스 펌웨어 업그레이드   263
- 휴먼 인터페이스   266
- IrDA 브리지   269
- 대용량 저장장치   271

개인용 헬스케어 ... 276
프린터 ... 278
스마트 카드 ... 281
정지 이미지 캡처 ... 284
실험 및 계측 ... 287
비디오 ... 288
기타 규격에 정의된 클래스 ... 293
비표준 기능 구현 ... 296
드라이버 선택 ... 296
범용 드라이버 사용 ... 296
RS-232에서 변환하기 ... 297
병렬 포트로부터 변환 ... 299
PC 간 통신 ... 299

8장 호스트와 통신　　303

디바이스 드라이버 ... 303
계층적 드라이버 모델 ... 303
사용자 모드와 커널 모드 ... 304
각 계층의 내부 ... 306
애플리케이션 ... 306
사용자 모드 클라이언트 드라이버 ... 308
커널 모드 클라이언트 드라이버 ... 308
저수준 호스트 드라이버 ... 310
USB 3.0 드라이버 ... 311
USB 2.0 드라이버 ... 312
드라이버 작성 ... 314
커널 모드 ... 314
사용자 모드 ... 315
테스트 도구 ... 315
GUID 사용 ... 315
디바이스 셋업 GUID ... 316
디바이스 인터페이스 GUID ... 318

9장 디바이스와 드라이버 결합　　319

장치 관리자 사용 ... 319
디바이스 보기 ... 319
속성 페이지 ... 322

레지스트리 내부의 디바이스 정보 322
    하드웨어 키 323
    클래스 키 325
    드라이버 키 326
    서비스 키 328
INF 파일 사용 328
    드라이버 서명 요구사항 329
    파일 구조 332
    INF 파일의 내부 333
디바이스 식별 문자열 사용 335
    일치하는 것 검색 339
    INF 파일 제공 340
도구와 진단에 관한 지원 341
    INF 파일 사용 팁 341
    사용자가 볼 수 있는 것 342

10장 디바이스 감지   345

API 함수 호출 방법 개요 345
    매니지드 코드와 언매니지드 코드 346
    데이터 관리 351
디바이스 검색 355
    디바이스 인터페이스 GUID 얻기 356
    디바이스 정보 세트 포인터 요청 357
    디바이스 인터페이스 식별 358
    디바이스 경로 이름으로 구조체 요청 360
    디바이스 경로 추출 362
    통신 종료 363
핸들 얻기 363
    통신용 핸들 요청 364
    핸들 닫기 365
디바이스 장착/제거 감지 366
    WMI의 사용 366
    새 디바이스를 위한 핸들러 추가 366
    목적 디바이스 검출 369
    제거된 디바이스를 위한 핸들러 추가 371

11장 휴먼 인터페이스 디바이스: 기능 — 373

HID란? — 373
하드웨어 요구사항 — 375
펌웨어 요구사항 — 376

디스크립터 — 377
HID 인터페이스 — 379
HID 클래스 디스크립터 — 380
리포트 디스크립터 — 381

HID 전용 리퀘스트 — 384
Get Report — 385
Get Idle — 385
Get Protocol — 386
Set Report — 386
Set Idle — 387
Set Protocol — 388

데이터 전송 — 388
펌웨어 작성 — 388
도구 — 389

12장 휴먼 인터페이스 디바이스: 리포트 — 391

리포트 구조 — 391
컨트롤 아이템과 데이터 아이템 값 — 392
아이템 유형 — 392

메인 아이템 유형 — 393
입력, 출력, 특성 아이템 — 394
컬렉션 — 398

전역 아이템 유형 — 399
리포트 식별 — 400
데이터 사용에 관한 설명 — 402
단위 변경 — 403
원본 데이터 변환 — 405
데이터 크기와 형식 설명 — 408
전역 아이템 저장/복구 — 408

로컬 아이템 유형 — 409
물리 디스크립터 — 412
패딩 — 413

13장 휴먼 인터페이스 디바이스: 호스트 애플리케이션 … 415

HIDClass 지원 루틴 … 415
HID 정보 요청 … 416
리포트 송수신 … 418
리포트 데이터 제공과 사용 … 419
HID 통신 관리 … 420

디바이스 식별 … 421
Vendor ID와 Product ID 읽기 … 421
디바이스 기능 포인터 얻기 … 423
디바이스 기능 얻기 … 424
버튼, 값의 기능 얻기 … 425

리포트 전송과 수신 … 426
인터럽트 전송을 사용한 출력 리포트 전송 … 427
인터럽트 전송에서 입력 리포트 읽기 … 430
특성 리포트 전송 … 434
제어 전송으로 출력 리포트 쓰기 … 435
특성 리포트 읽기 … 435
제어 전송으로 입력 리포트 읽기 … 436
통신 종료 … 437

14장 WinUSB와 제조사 전용 기능 … 439

기능과 제약사항 … 439
디바이스 요구사항 … 439
호스트 요구사항 … 440
드라이버 요구사항 … 440
디바이스 펌웨어 … 440

디바이스 접근 … 444
SafeWinUsbHandle 생성 … 445
WinUSB 핸들 얻기 … 447
인터페이스 디스크립터 요청 … 449
엔드포인트 식별 … 450
파이프 규칙 설정 … 453
벌크, 인터럽트 전송으로 데이터 쓰기 … 456
벌크, 인터럽트 전송으로 데이터 읽기 … 459
제조사 정의 제어 전송 사용 … 463
대체 인터페이스 선택 … 465
데이터 쓰기: 등시성 전송 … 466
데이터 읽기: 등시성 전송 … 469
통신 종료 … 471

15장 WinUSB의 시스템 INF 파일 ... 473

마이크로소프트 OS 1.0 디스크립터 ... 474
- 마이크로소프트 OS 문자열 디스크립터 ... 476
- 확장 호환 ID OS 특성 디스크립터 ... 477
- 확장 속성 OS 특성 디스크립터 ... 479
- 열거 ... 481

마이크로소프트 OS 2.0 디스크립터 ... 482
- 마이크로소프트 OS 2.0 플랫폼 기능 디스크립터 ... 485
- 마이크로소프트 OS 2.0 디스크립터 세트 ... 487
- 열거 ... 491

16장 허브의 모든 것: 버스 확장과 증설 ... 493

USB 2.0 ... 494
- 허브 중계기 ... 496
- 트랜잭션 변환기 ... 498
- 허브 컨트롤러 ... 505
- 속도 ... 505
- 활성 링크 관리 ... 507

USB 3.1 ... 508
- 버스 속도 ... 508
- 슈퍼스피드 ... 509
- 슈퍼스피드 플러스 ... 510
- 트래픽 관리 ... 511

허브 클래스 ... 512
- 허브 디스크립터 ... 512
- 허브 클래스 리퀘스트 ... 512

17장 전원 관리 ... 513

전원 옵션 ... 513
- 버스 전류의 사용 ... 514
- 버스 전압 ... 516
- 버스 전원 디바이스 ... 517

허브 전원 ... 519
- 전원 소스 ... 519
- 과전류 방지 ... 521
- 전원 스위칭 ... 521

전력 절감 522
    USB 2.0 링크 전원 관리 522
    서스펜드 상태 523
    슬립 상태 526
    인핸스드 슈퍼스피드 전력 관리 527

고급 전력 전송 기능 533
    요구사항 533
    전력 맞추기 534
    역할 맞바꾸기 535
    제조사 정의 메시지 536

윈도우의 전원 관리 537
    컴퓨터 전원 상태 537
    유틸리티 538

배터리 충전 541
    충전기 유형 541
    충전기 감지 544
    방전 또는 약한 배터리 충전하기 545

18장 테스트와 디버깅   547

도구 547
    하드웨어 프로토콜 분석기 548
    소프트웨어 프로토콜 분석기 551
    트래픽 생성기 560

적합성 테스트 561
    확인 목록 562
    USB 명령어 검증 소프트웨어 563
    디바이스 프레임워크 테스트 564
    상호 운용 테스트 566
    전류 측정 570
    전기적 테스트 570
    Certified USB 로고 570

윈도우 하드웨어 인증 572
    윈도우 하드웨어 인증 573
    드라이버 서명 576
    테스트 서명된 드라이버 578
    마이크로소프트 USB 테스트 도구(MUTT) 584

19장 버스상의 패킷 ... 587

USB 2.0 ... 587
- 로우스피드, 풀스피드 버스 상태 ... 588
- 하이스피드 버스 상태 ... 590
- 데이터 인코딩 ... 593
- 동기화 유지 ... 594
- 타이밍 정확도 ... 596
- 패킷 형식 ... 596
- 패킷 간 지연 ... 598
- 테스트 모드 ... 598

USB 3.1 ... 599
- 데이터 스크램블 ... 599
- 인코딩 ... 600
- 링크 계층 ... 601
- 리셋 ... 602
- 신호 처리 ... 602
- 속도 교섭 ... 603

20장 전기적/물리적 인터페이스 ... 605

USB 2.0 ... 605
- 송수신기 ... 605
- 케이블과 커넥터 ... 617

USB 3.1 ... 623
- 송신기와 수신기 ... 623
- 케이블과 커넥터 ... 624

USB C형 케이블 ... 630
- 장점 ... 630
- 케이블과 커넥터 ... 631
- 새로운 케이블 연결 ... 637
- 데이터 라우팅 ... 638

그 밖의 연결 방법 ... 642
- 인터칩(칩 간 통신) 연결 ... 642
- 분리된 인터페이스 ... 644
- 장거리 연결 ... 645
- 무선화 ... 646

21장 임베디드 시스템용 호스트 ... 653

목적 호스트 ... 653
- 목적 주변기기 목록 ... 654
- 목적 호스트 유형 ... 655
- 버스 전류 ... 655
- 버스 전원 끄기 ... 656
- 마이크로 AB 커넥터 ... 658

임베디드 호스트 ... 660
- 일반 호스트 포트와 다른 점 ... 660
- 호스트 커넥터 ... 661
- USB 디바이스로서의 기능 ... 661

OTG 디바이스 ... 662
- 요구사항 ... 662
- 케이블과 커넥터 ... 664
- A 디바이스와 B 디바이스 ... 666
- OTG 디스크립터 ... 667
- 호스트 교섭 프로토콜(HNP) ... 668
- 역할 맞바꿈 프로토콜 ... 671

개발 플랫폼 선정 ... 672
- 옵션 비교 ... 672
- 임베디드 PC ... 673
- 범용 마이크로컨트롤러 ... 674
- 인터페이스 칩 ... 674
- 호스트 모듈 ... 675

찾아보기 ... 676

『USB 완전정복(개정 5판)』은 유니버설 직렬 버스USB, Universal Serial Bus 인터페이스를 사용한 디바이스 설계와 프로그래밍을 시작하려는 개발자를 위한 책이다. 하드웨어 개발자, USB 디바이스용 펌웨어 개발자, 각종 USB 디바이스를 이용하는 애플리케이션 개발자 모두에게 유용한 내용을 담았다.

USB는 수많은 디바이스 기능을 제공하는 다재다능한 인터페이스다. 친숙한 USB 주변기기로는 마우스, 키보드, 외장형 하드디스크, 프린터, 스피커, 카메라 등이 있다. 또한 USB는 데이터 수집 장치, 제어 시스템, 기타 특수 목적을 위한 디바이스에도 적합하다. 제품이 오류 없이 동작하고 사용자에게 짜증을 유발하지 않게 설계하려면 디바이스 하드웨어, 소프트웨어 드라이버, 개발 도구, 대상 기술을 올바르게 선택해야 한다. 이 책이 그 모든 궁금증을 해소해줄 것이다.

책에 담긴 내용

USB 기술 규격 문서는 USB 인터페이스에 대한 근본적인 내용을 담고 있지만 설계할 때 도움이 되는 내용, 예제 코드, 특정 디바이스 하드웨어 및 소프트웨어에 적용할 때 필요한 부가 정보와 기타 개발용 도구에 관한 내용은 제공하지 않는다. 이 책은 기술 규격 문서와 실제 설계 사이의 괴리를 해소하고 디바이스 하드웨어와 소프트웨어를 개발할 때 생기는 문제를 방지해 개발 기간을 단축하는 데 도움을 줄 것이다.

이 책에서 다루는 내용은 다음과 같다.

- **USB 인터페이스 사용 여부를 결정하는 방법은 무엇인가?** 개발자는 디바이스 개발에 USB를 사용할 것인지 그 밖의 인터페이스를 사용할 것인지 결정해야 한다. USB를 선택했다면 USB 3.1의 슈퍼스피드$_{SuperSpeed}$와 슈퍼스피드 플러스$_{SuperSpeedPlus}$를 포함한 USB의 전송 속도 다섯 종류, 전송 방식 네 종류 중 애플리케이션에 적합한 것을 결정해야 하며, 이 책에서는 이에 관한 내용을 모두 다룬다.
- **디바이스에 사용할 컨트롤러 칩은 어떻게 정하는가?** 모든 USB 디바이스는 USB 통신을 관리하는 지능적인 컨트롤러를 탑재한다. 많은 반도체 회사는 다양한 아키텍처와 기능을 갖춘 컨트롤러 칩을 제공한다. 이 책은 프로젝트, 비용, 칩 아키텍처 선호도, 프로그래밍 언어, 개발 도구 등을 반영해 컨트롤러를 선정하는 방법을 다룬다.
- **애플리케이션은 디바이스와 어떻게 통신하는가?** PC 애플리케이션은 USB 디바이스에 접근할 때, 운영체제가 디바이스에 할당한 드라이버와 통신하는 방법을 사용한다. 이 책은 호스트 시스템의 운영체제에서 지원하는 클래스 드라이버를 사용하는 법을 다룬다. 디바이스가 지원하는 클래스와 정확히 맞지 않으면 마이크로소프트 WinUSB 드라이버 등의 옵션을 살펴볼 수도 있다. 이 책에 담긴 예제 코드는 비주얼 C#으로 디바이스를 감지하고 통신하는 방법을 다룬다.
- **USB 통신을 지원할 때 디바이스가 필요한 펌웨어는 무엇인가?** 이 책은 USB 리퀘스트나 이벤트에 응답하고, 다양한 목적의 데이터 교환을 수행하는 펌웨어 작성법을 다룬다.
- **디바이스가 자체적인 전원 공급 장치를 탑재할 필요가 있는가?** USB 인터페이스는 디바이스의 배터리 충전을 비롯해 디바이스에 전원을 공급할 수 있다. 이 책은 디바이스를 버스 전원으로만 동작시킬 것인지 결정하는 법과 USB 전력 소비 요구사항, USB 전원을 통해 디바이스의 배터리를 충전하는 방법을 다룬다.

- **무선 통신은 어떻게 구현하는가?** 다양한 USB 제품과 기타 산업 표준과 기술을 통해 USB는 무선 통신을 할 수 있다. 이 책은 디바이스에 어떤 기술이 적절한지 결정하는 데 도움을 줄 것이다.
- **USB 디바이스가 다른 USB 디바이스에 접근하는 방법은 무엇인가?** 이 책은 임베디드 시스템상의 USB 호스트를 개발하는 방법과 USB OTG$_{On-The-Go}$ 디바이스를 다룬다. USB OTG는 USB 디바이스가 제한적 기능의 호스트로 동작하는 기능으로서 다른 USB 디바이스에 접근할 수 있는 기능이다.
- **동작 신뢰성을 보장하는 방법은 무엇인가?** 모든 디바이스는 USB 리퀘스트나 USB 포트상의 기타 이벤트에 응답해야 한다. 호스트 컴퓨터는 디바이스 장착을 감지하고 적절한 드라이버를 할당한 후 USB 디바이스와 데이터를 교환해야 한다. 이 책은 이런 작업들에 대한 팁, 예제 코드, USB 소프트웨어와 하드웨어 디버깅에 관한 정보를 제공한다.

PC 애플리케이션 프로그래밍, PC 주변기기용 임베디드 코드 개발, 디지털 회로에 대한 경험이 있으면 이 책의 내용을 이해하는 데 도움이 될 것이다. USB 자체에 대해서는 아무것도 모르는 상태로 시작해도 무방하다.

개정 5판의 새로운 내용

1996년 USB 1.0이 등장한 이후 USB의 핵심적인 부분은 거의 원형을 유지하고 있지만 더 빠른 버스 속도, 개선된 전원 관리, 다양한 디바이스 클래스, 무선 통신, 디바이스/호스트 겸용 USB 디바이스 등 계속해서 발전했다. 요즘에는 향상된 칩과 개발 도구를 이용해 USB 디바이스 하드웨어와 소프트웨어 개발도 쉽게 할 수 있다.

개정 5판에서는 전체적으로 내용을 고치고 추가했다. 특히, USB 3.1과 슈퍼스피드 플러스에 관한 내용을 새롭게 추가했다. 슈퍼스피드 플러스는 강화된 전력 공급 기능과 전력 관리 기능, USB C형 커넥터의 새로운 기능을 지원한다. 또한 마이크로소프트 WinUSB 드라이버를 사용해 제조사 전용 INF 파일 없이 USB 디바이스를 설계하는 방법, 새로운 디바이스 클래스와 무료 디버깅 도구에 대한 내용도 추가했다.

이 책은 다양한 USB 디바이스 하드웨어, 호스트 컴퓨터에 관한 많은 정보를 담고 있다. 애플리케이션용 예제 코드는 비주얼 C#을 사용한다.

수정사항과 추가 정보

USB 디바이스 하드웨어, 소프트웨어 개발에 관한 더 많은 정보를 얻으려면 저자 웹사이트(janaxelson.com)의 USB 항목을 참조하길 바란다. 웹사이트에서는 최신 기사, 제품, 개발 도구, 기타 USB 디바이스 개발에 관한 다양한 정보를 찾아볼 수 있다. 웹사이트 메뉴 중 'PORTS forum'에는 USB와 기타 인터페이스 관련 주제에 대한 질문을 올릴 수 있다.

이 책의 오류 수정과 추가 정보 또한 janaxelson.com에서 찾아볼 수 있으며, 에이콘출판사의 도서정보 페이지인 http://www.acornpub.co.kr/book/usb_5th에서도 관련 정보를 제공한다. 책을 읽는 중에 오류를 발견했다면 알려주길 바란다.

예제 코드

닷넷.NET 예제 코드는 닷넷 프레임워크 4.5 이상에서 호환된다.
예제 애플리케이션은 janaxelson.com에서 무료로 내려받을 수 있다.

약어

다음은 단위를 표현하는 데 사용한 약어와 기호다.

승수

단위 기호	설명	승수
p	피코(pico)	10^{-12}
n	나노(nano)	10^{-9}
μ	마이크로(micro)	10^{-6}
m	밀리(milli)	10^{-3}
k	킬로(kilo)	10^{3}
K	킬로(kilo)	$2^{10}(1024)$
M	메가(mega)	10^{6}
G	기가(giga)	10^{9}

전기 단위

단위 기호	설명
A	암페어(ampere)
F	패럿(farad)
Ω	옴(ohm)
V	볼트(volt)
W	와트(Watt)

시간 단위

단위 기호	설명
s	초(second)
Hz	헤르츠(Hertz, 초당 반복 횟수)

거리 단위

단위 기호	설명
m	미터(meter)
mm	밀리미터(millimeter)

데이터

단위 기호	설명
b	비트(bit)
B	바이트(byte)
bps	초당 비트(bits per second)

진법 표시

2진수는 숫자 끝에 아래첨자로 b를 표시한다(예: 10100011_b).

16진수는 숫자 앞에 0x를 표시한다(예: 0xA3).

그 밖의 모든 값은 10진수다.

1장

USB 기초

USB는 개인용 컴퓨터에서 사용하는 가장 성공적인 인터페이스다. PC, 태블릿 컴퓨터, 스마트폰 등 USB 포트를 탑재한 디바이스들은 키보드, 마우스, 게임 컨트롤러에서부터 카메라, 프린터, 디스크 드라이브, 오디오와 비디오 디바이스까지 연결할 수 있다. USB는 다목적이고 고신뢰성을 보장하며 전력을 적게 소비하고 저렴할 뿐만 아니라 크고 작은 컴퓨터의 운영체제가 모두 지원한다.

USB는 슈퍼스피드 플러스, 유연한 전력 공급 기능 등 지속적인 개선 및 기능 증강이 이뤄진 결과, 광범위한 디바이스의 지배적인 인터페이스 규격이 되고 있다.

1장에서는 USB의 기본적인 개요를 소개하고, 장점과 한계, 간단한 인터페이스 역사, 최근 보강된 기능, USB 인터페이스를 갖는 디바이스를 설계하고 프로그래밍할 때 살펴봐야 할 것들을 설명한다.

📚 사용상 제약사항

USB는 컴퓨터와 외부 디바이스가 통신하는 작업을 할 때 가장 선호되는 솔루션이다. 이때 컴퓨터는 흔히 말하는 PC 또는 임베디드 프로세서를 장착한 장치일 수도 있다. 어떤 PC는 지문 인식 등 내부 디바이스를 갖는데, 이럴 때도 USB를 쓸 수 있다. USB 인터페이스는 소량 생산 제품뿐만 아니라 일반 소비자용 대량 생산 제품에도 적합하고, 특수 목적을 위한 과제를 구현할 때도 적합하다.

하나의 인터페이스 규격이 성공하려면 디바이스를 실제로 사용하는 사용자와 하드웨어를 설계하고 해당 디바이스와 통신하는 코드를 개발하는 개발자를 모두 만족시켜야 한다. USB는 사용자와 개발자 모두를 만족시키는 기능과 특징을 갖췄다.

사용자 이점

사용자 관점에서 USB는 편리한 사용성, 빠르고 안정적인 데이터 전송, 저렴한 가격, 낮은 전력 소모 등이 장점이다. 표 1-1은 USB와 기타 인터페이스를 비교한 것이다.

▼ **표 1-1** USB는 전용으로 설계된 여타 인터페이스보다 유연함을 알 수 있다.

인터페이스	유형	연결 개수(최대)	거리(최대)	속도(최대 bps)	일반적인 용도
USB 3.1	이중 단방향 (dual simplex) 직렬	버스당 127개	1(5 허브 사용 시 5m)	10G	이동식 대용량 저장장치, 비디오
USB 3.0	이중 단방향 직렬	버스당 127개	2(5 허브 사용 시 10m)	5G	이동식 대용량 저장장치, 비디오
USB 2.0	반이중(half duplex) 직렬	버스당 127개	5(5 허브 사용 시 30m)	1.5M, 12M, 480M	키보드, 마우스, 디스크 드라이브, 스피커, 프린터, 카메라
CAN 버스	직렬	다양한 하드웨어	500 @125kbps	1M @40m	자동차
eSATA	직렬	2(포트 확장 시 16)	2	6G	디스크 드라이브

인터페이스	유형	연결 개수(최대)	거리(최대)	속도(최대 bps)	일반적인 용도
이더넷	직렬	1024	500, 속도에 따라 다름, 광통신 이용 시 더욱 원거리 통신이 가능	10G	범용 네트워크 통신
IEEE-1394 (파이어와이어 (FireWire))	직렬	64	100	3.2G	비디오, 이동식 대용량 저장장치
IEEE-488 (GPIB)	병렬	15	20	8M	산업용 장비
I²C	동기식 직렬	1007	부하와 속도에 따라 다양함	3.4M	임베디드 시스템, 범용
마이크로와이어 (Mircrowire)	동기식 직렬	8	3	2M	임베디드 시스템, 범용
미디(MIDI)	직렬식 커런트 루프(current loop)	2(MIDI 쓰루 포트로 확장 가능)	15	31.25k	음악, 무대 제어
병렬 프린터 포트	병렬	2(데이지 체인 지원 시 8)	3~10	16M	프린터, 스캐너, 디스크 드라이브
RS-232 (EIA/TIA-232)	비동기 직렬	2	15~30	20k(특수 목적 하드웨어 사용 시 고속 통신 가능)	임베디드 시스템, 범용
RS-485 (TIA/EIA-485)	비동기 직렬	32 단위 부하(하드웨어에 따라 256개까지 확장 가능)	1200	10M	데이터 수집 및 제어 시스템
SPI	동기식 직렬	하드웨어에 따라 다양함	부하와 속도에 따라 다양함	2M 또는 하드웨어에 따라 고속 통신 가능	임베디드 시스템, 범용
썬더볼트 (Thunderbolt)	전이중(full duplex) 직렬	7	3m(구리선), 100m(광통신)	10G(v1), 20G(v2)	이동식 대용량 저장장치, 비디오

쉬운 사용

USB는 쓰기 쉽게 하자는 것이 가장 중요한 설계 목표였다. USB 인터페이스의 특징은 다음과 같다.

다수의 디바이스에서 사용할 수 있는 단일 인터페이스. USB는 모든 표준 주변기기뿐만 아니라 특수한 기능을 갖는 디바이스에서도 사용할 수 있을 만큼 기능이 다양하다. 주변기기 유형마다 다른 커넥터를 쓰지 않고 단일 인터페이스를 쓴다.

많은 포트 지원. 보통의 PC라도 많은 USB 포트를 장착하고 있고, 허브를 사용하면 포트를 더 추가할 수 있다.

핫플러그. PC와 USB 디바이스 전원의 온/오프 상태와 관계없이 사용자가 원하는 아무 때나 연결하고 끊어도 하드웨어에 손상이 없다. 디바이스를 장착하면 운영체제가 감지한다.

자동 설정. USB 디바이스를 PC에 연결하면 운영체제가 USB 디바이스를 감지하고 적절한 소프트웨어 드라이버를 로드한다. USB 디바이스를 최초로 연결할 때는 운영체제가 드라이버를 인식하는 것을 사용자에게 알릴 수도 있지만, 설치 자체는 자동으로 이뤄진다. 사용자는 새로운 USB 디바이스를 사용하기 위해 리부트를 할 필요가 없다.

사용자 설정이 없음. USB 디바이스는 포트 주소, 인터럽트 번호(IRQ) 등 사용자가 설정해야 할 것이 없으므로 점퍼 설정도 필요 없고 환경 설정 유틸리티를 쓸 필요도 없다.

전원 공급 장치가 따로 필요 없음(항상 그런 것은 아님). USB 인터페이스에는 PC나 허브로부터 +5V 전력을 공급받을 수 있는 전원과 접지선이 있다. 주변기기는 USB 2.0에서 최대 500mA, USB 3.1에서 최대 900mA의 전류를 별도의 전용 전원 공급 장치 없이 버스에서 직접 공급받을 수 있다. 'USB Power Delivery Rev. 2.0, v1.0' 규격을 지원하는 시스템은 디바이스에 20V 전압에서 5A까지 공급할 수 있다.

편리한 케이블. USB 커넥터는 RS-232 등 다른 인터페이스에 비해 작고 단순하다. USB 규격 문서는 안정적인 동작을 위해 케이블의 전기적 요구사항을 정의했다. 케이블 길이는 버스 속도에 따라 최대 5m까지 가능하다. 허브를 쓰면 역시 버스 속도와 커넥터에 따라 호스트 PC로부터 최대 30m까지 통신이 가능하다. USB C형 커넥터를 사용하면 사용자 편의성이 더욱 좋아지는데, 커넥터를 아무 방향으로나 꽂을 수 있다. 사용자는 커넥터를 꽂기 위해 USB 소켓의 모양을 확인할 필요가 없다.

무선 옵션. USB는 원래 유선 인터페이스였지만 현재는 USB 디바이스와 무선으로 통신하는 것도 가능하다.

다양한 속도

USB는 다섯 단계의 버스 속도를 지원한다. 속도는 로우스피드(1.5Mbps), 풀스피드(12Mbps), 하이스피드(480Mbps), 슈퍼스피드(5Gbps), 슈퍼스피드 플러스(10Gbps)가 있다. 다섯 단계의 모든 속도를 사용하려면 호스트 PC에 USB 3.1 호스트 컨트롤러가 있어야 하며, USB 3.0 컨트롤러에서는 슈퍼스피드 플러스를 사용할 수 없고, USB 2.0 호스트 컨트롤러에서는 로우, 풀, 하이 스피드만 사용할 수 있다. 일부 임베디드 시스템에서는 일부 버스 속도만 지원하는 경우도 있다.

버스 속도란 버스를 통해 정보를 나르는 속도를 뜻한다. 버스는 애플리케이션 데이터, 상태, 제어 명령, 에러 검사 정보 등 버스를 공유하는 여러 디바이스가 전송 통로로 사용한다. 디바이스 여러 개가 버스를 공유하기 때문에, 개별 USB 디바이스가 쓸 수 있는 데이터 전송 속도는 버스의 최대 속도보다는 느리다.

USB 1.0 규격은 로우스피드와 풀스피드만 정의했다. 풀스피드는 RS-232(직렬)와 병렬 포트를 쓰는 주변기기를 대부분 지원한다. 풀스피드 버스는 상대적으로 덜 엄격한 케이블 규격을 정하고 있기 때문에 유연한 케이블을 사용할 수 있는 낮은 속도를 지원한다. 로우스피드 디바이스는 더 저렴한 케이블을 쓸 수 있어서 생산 단가를 낮출 수 있다. 하이스피드는 USB 2.0에서 지원한다. USB 3.0은 슈퍼스피드를 정의했고, USB 3.1은 슈퍼스피드 플러스를 정의했다.

신뢰성

USB는 하드웨어와 프로토콜 모두 높은 신뢰성을 보장하게 설계됐다. USB 드라이버, 수신부, 케이블 규격은 전기적으로 안전한 인터페이스를 보장하게 정의돼 있어 데이터 에러를 일으키는 잡음을 대부분 제거한다. USB 프로토콜은 수신한 데이터의 에러를 감지하면 송신 측에 알려 재전송을 요청한다. 에러 감지, 알림, 재전송은 하드웨어가 수행하므로 프로그램이나 사용자의 조작이 필요 없다.

저렴한 가격

호스트 컴퓨터가 복잡한 인터페이스 제어 기능을 담당하므로 USB 디바이스 쪽은 가격이 저렴하다. USB 인터페이스는 동급의 여타 인터페이스보다 저렴한 편이다.

낮은 전력 소모

USB는 저전력 회로와 프로토콜을 이용해 통신이 필요할 때까지는 저전력 상태로 유지하는 기능을 통해 전력을 절약한다. 저전력 특징으로 인해 전기료를 절약할 수 있고 환경 친화적이며, 배터리를 쓰는 디바이스를 더 오래 쓸 수 있다.

개발자 측면의 이점

앞서 언급한 사용자 측면의 이점은 개발자에게도 마찬가지다. 예를 들어 USB 케이블 표준과 자동 에러 검사 기능 덕택에 개발자가 케이블 규격을 지정할 필요도 없고, 소프트웨어적인 에러 검사도 불필요하다.

그 밖에도 USB는 부품 선정 및 회로 설계를 담당하는 하드웨어 디자이너, 임베디드 펌웨어 프로그래머, 디바이스 통신용 소프트웨어 개발자에게 유용한 장점이 많다.

다기능

USB는 전송 방식 네 종류와 전송 속도 다섯 종류를 지원하기 때문에 다양한 유형의 주변기기 인터페이스로 쓸 수 있다. USB는 교환하는 데이터양이나 시간 제약에 따라 적합한 전송 방식을 갖는다. 전송 지연이 있으면 안 되는 데이터는 USB가 대역폭을 보장해준다. 이런 기능은 주변기기에 실시간으로 접근하기 힘든 윈도우 OS 및 기타 데스크톱용 OS에서 특히 유용하다. 운영체제, 디바이스 드라이버, 애플리케이션에서 어쩔 수 없는 지연이 발생하긴 하지만 USB를 사용하면 거의 실시간에 가깝게 전송할 수 있다.

USB는 여타 인터페이스와 달리 신호선에 특정한 기능을 지정하거나 인터페이스가 어떻게 쓰일 것이라는 가정을 하지 않는다. 예를 들어, PC 병렬 포트의 상태 라인과 제어 라인은 라인 프린터와 통신할 목적으로 정의됐다. USB는 이런 가정이 없으며 어떤 종류의 주변기기에도 적합하다.

USB 클래스는 프린터, 키보드, 디스크 드라이브 등 통상적인 주변기기와 통신할 때 쓰는 프로토콜을 정의하고 있다. USB 클래스를 쓰면 개발자가 처음부터 모든 것을 개발할 필요가 없다.

운영체제 지원

이 책은 PC용 윈도우 프로그래밍을 중점적으로 다루지만 리눅스, 맥Mac OS와 안드로이드 등 USB를 지원하는 다른 운영체제에 대한 내용도 다룬다. 일부 실시간 커널도 USB를 지원한다.

USB를 지원하는 운영체제OS, operating system는 기본적으로 다음 세 가지 사항을 만족해야 한다.

- USB 디바이스 장착, 제거를 감지해야 한다.
- 새로 장착한 USB 디바이스와 통신해 데이터 교환 방식을 감지해야 한다.
- 소프트웨어 드라이버를 통해 컴퓨터의 USB 주변기기에 접근하려는 애플리케이션과 USB 하드웨어가 통신할 수 있는 메커니즘을 제공해야 한다.

운영체제는 애플리케이션 프로그래머가 고수준에서 디바이스에 접근할 수 있도록 클래스 드라이버를 갖춰야 한다. 운영체제가 특정 주변기기용 디바이스 드라이버를 갖고 있지 않다면 해당 제조사가 드라이버를 제공해야 한다.

마이크로소프트는 윈도우 운영체제에 클래스 드라이버를 추가하고 개선하는 활동을 계속해왔다. 지원하는 디바이스 종류로는 휴먼 인터페이스 장치HID, Human Interface Device로서 키보드, 마우스, 게임 컨트롤러가 있고, 스피커와 기타 오디오 장치, 디스크 드라이브, 정지 이미지와 비디오 카메라, 스캐너, 프린터 등이 있다. 클래스 내에 있는 각 디바이스에 따른 특징과 기능은 필터 드라이버로 지원한다. 애플리케이션은 디바이스 드라이버와 통신할 때 애플리케이션 프로그래밍 인터페이스API, Application Programming Interface나 기타 소프트웨어 컴포넌트를 쓴다.

제조사 전용 기능을 갖는 디바이스는 통신 디바이스나 휴먼 인터페이스 디바이스 클래스를 주로 사용한다. 제조사 전용 기능을 위한 옵션은 마이크로소프트 WinUSB 드라이버와 그 외의 공급처에서 제공하는 범용 드라이버에 들어 있다. 일부 칩 회사는 칩에 맞는 드라이버를 개발자에게 제공한다.

윈도우용 USB 디바이스 드라이버 개발자는 마이크로소프트 윈도우 드라이버 프레임워크WDF, Windows Driver Frameworks 라이브러리를 사용하면 드라이버 개발을 더 쉽게 할 수 있다.

디바이스 지원

모든 USB 디바이스는 USB 하드웨어 인터페이스를 갖춰야 하고, USB 디바이스 설정 및 식별 리퀘스트request(요청)에 응답할 수 있어야 한다. 어떤 컨트롤러는 하드웨어가 일부 또는 전체 기능을 완전히 수행하지만, 어떤 컨트롤러는 펌웨어 지원이 요구된다. 수많은 USB 디바이스 컨트롤러들은 대중적인 프로세서 아키텍처를 기반으로 하는데, ARM 홀딩스ARM Holdings의 ARM, 또는 인텔Intel Corporation의 8051, 마이크로칩 테크놀로지Microchip Technology의 PIC® 등이 있다. USB 기능을 갖춘 칩에 이미 익숙하다면 새로운 아키텍처를 학습할 필요는 없다. 기타 컨트롤러들은 외부 프로세서와 인터페이스 호환성을 갖는 직렬, 병렬 인터페이스를 제공한다. 칩 회사들은 대부분은 예제 코드를 제공하므로 개발자가 쉽게 시작할 수 있다.

USB 개발자 포럼

USB 개발자 포럼USB-IF, USB Implementers Forum, Inc.(www.usb.org)은 USB 규격을 개발한 회사들이 설립한 비영리 단체다.

USB-IF는 USB 기술의 확산, 발전을 목표로 삼는다. 이를 위해 USB-IF는 다양한 자료, 개발 도구, 테스트를 제공한다. 제공하는 자료로는 규격 문서, 화이트 페이퍼, FAQ 등이 있다. 또한 제품 개발과 시험에 유용한 소프트웨어와 하드웨어 개발 도구 및 동작 적합성을 검증하는 규격 정합성 테스트를 제공한다. 개발자들은 규격 정합성 워크숍을 통해 자사의 제품을 테스트한 후 USB 로고를 붙일 권한을 갖는다.

USB의 한계

앞서 다룬 USB의 장점을 보면 USB는 다양한 주변기기에 적합하다고 할 수 있지만 한 가지 인터페이스로 모든 작업을 처리할 수는 없다. 그럼에도 불구하고 USB는 처음에는 불가능해 보이거나 꽤 도전적인 상황에서도 써볼 만한 인터페이스임은 분명하다.

인터페이스의 한계

USB는 거리 제약이 있고, 피어 간 통신peer-to-peer 기능과 브로드캐스팅broadcasting 기능이 없으며, 구형의 하드웨어와 운영체제에 대한 지원도 부족한 편이다.

거리 문제. USB는 주변기기가 상대적으로 가까운 거리에 있는 데스크톱용 확장 버스로 설계됐다. RS-485, 이더넷 등 다른 인터페이스들은 더 긴 케이블을 허용한다. USB에서 디바이스와 호스트 컴퓨터 사이의 거리를 확장하려면 끝단 디바이스가 장거리 인터페이스용 브리지 기능을 갖춰야 한다.

P2P(peer-to-peer) 통신. 모든 USB 통신은 특정 상황을 제외하면 호스트 컴퓨터와 USB 디바이스 사이의 통신이다. 호스트는 PC 또는 호스트 컨트롤러 하드웨어가 장착된 장치다. USB 디바이스는 디바이스 컨트롤러 하드웨어가 있어야

한다. 호스트끼리는 직접 통신할 수 없고 USB 디바이스끼리도 직접 통신할 수 없다. 이더넷이나 썬더볼트Thunderbolt 2 같은 인터페이스는 주변기기끼리도 직접 통신할 수 있다.

USB에도 OTG On-The-Go 하드웨어, 프로토콜 같은 부분적 해결책이 있다. USB OTG 디바이스는 디바이스로 동작할 수도 있고, 제한된 기능의 호스트로도 동작할 수 있다.

브리지 케이블을 쓰면 2개의 USB 호스트끼리 통신할 수 있다. 브리지 케이블은 버퍼를 공유하는 디바이스 2개를 갖는다. USB 3.1 규격에서는 새로운 슈퍼스피드, 슈퍼스피드 플러스용 호스트 간 host-to-host 케이블을 정의했으며, 디버깅 및 기타 용도로 사용할 수 있다. 드라이버가 지원한다면 호스트 간 케이블을 통해 호스트 간 통신을 지원할 수 있다.

브로드캐스팅. USB는 복수의 디바이스로 동시에 데이터를 전송할 수 없다. 호스트는 각각의 USB 디바이스에 개별적으로 데이터를 보내야 한다. 이더넷은 복수의 디바이스에 브로드캐스팅하는 것을 지원한다.

레거시(구형) 하드웨어. 레거시 legacy 하드웨어라고 부르는 구형 컴퓨터와 주변기기는 USB 포트가 없다. 오래된 하드웨어들이 점점 자취를 감추고 있으므로 구형 장비에 대한 지원 문제는 점점 퇴색되고 있다.

구형 주변기기를 USB 포트로 연결할 필요가 있다면 USB와 구형 인터페이스를 변환해주는 지능형 어댑터를 사용해야 한다. RS-232, RS-485, 병렬 포트를 쓰는 주변기기를 USB로 변환해주는 어댑터를 쉽게 구할 수 있다. 어댑터는 자신의 디바이스 드라이버가 지원하는 종래의 프로토콜을 사용하는 주변기기만 지원한다. 예를 들어, 대부분의 병렬 포트 컨버터는 프린터 통신만 지원한다. 그러나 RS-232 어댑터는 거의 모든 RS-232 디바이스에서 동작한다.

USB를 지원하지 않는 컴퓨터에서 USB 디바이스를 쓰려면 컴퓨터에 USB 기능을 추가하는 게 당연하다. PC에 USB 호스트 컨트롤러 하드웨어를 추가하고 USB를 지원하는 운영체제를 설치하면 된다. USB 호스트 컨트롤러 하드웨어를 추가하려면 PCI 슬롯에 꽂는 확장 카드를 설치하거나 마더보드 자체를 교체해야 한다.

PC 업그레이드가 불가능하면 주변기기의 USB 인터페이스를 PC의 RS-232, 병렬, 기타 인터페이스로 변환하는 어댑터를 떠올릴 것이다. 그러나 일반적으로 PC용 호스트 컨트롤러를 사용한 어댑터를 만드는 것은 너무 비싸 경제성이 없으며 제한적인 용도로만 설계, 생산된다.

신형 시스템에서도 가끔은 DOS 등 구형 운영체제에서 애플리케이션을 실행해야 할 경우가 있다. 그러나 디바이스 드라이버가 없으면 운영체제가 USB 디바이스에 접근할 수 없다. DOS용 USB 드라이버를 만들 수는 있지만 실제로 DOS용 드라이버를 제공하는 주변기기 회사는 거의 없다. 단, 시스템 UEFI 또는 BIOS는 부트 화면을 볼 수 있는 셋업 화면부터 DOS로 진입할 때까지 마우스와 키보드를 언제나 사용할 수 있도록 해당 USB 드라이버를 거의 대부분 지원한다.

개발자의 난제

USB는 프로토콜이 복잡하고 소규모 개발 시에는 제조사 ID$_{Vendor ID}$를 얻는 것도 문제다.

복잡한 프로토콜. USB 디바이스는 버스에서 발생하는 리퀘스트나 기타 이벤트에 응답해야 하는 지능형 장치다. USB 통신을 수행하는 데 필요한 펌웨어는 칩마다 모두 다르다. 광범위한 펌웨어 지원이 필요한 컨트롤러에서는 예제 코드를 통해 간단히 개발을 시작할 수 있다.

호스트 컴퓨터에서는 클래스 드라이버와 디바이스 드라이버가 있으므로 애플리케이션 개발자가 버스에서 일어나는 통신 관리에 관한 저수준의 내용을 자세히 몰라도 된다. 물론 디바이스 드라이버 개발자는 USB 프로토콜에 관한 지식이 필요하며 저수준 프로토콜을 익숙하게 다룰 수 있어야 한다.

운영체제 지원의 진화. 윈도우 및 그 밖의 OS에 포함된 클래스 드라이버를 사용하면 애플리케이션과 다양한 디바이스가 통신할 수 있다. 대개는 제공된 드라이버 중 하나를 사용하도록 디바이스를 설계하면 된다. 그렇지 않은 경우는 칩 제조사나 기타 제공처에서 제공하는 드라이버로부터 만들 수도 있다. 개발자가 직접 드라이버를 작성해야 할 때는 드라이버 개발을 도와주는 서드파티 드라이버 툴킷을 쓸 수도 있다.

비용. USB-IF는 USB 규격 문서, 관련 문서, 규격 준수 테스트를 할 수 있는 소프트웨어 등을 웹사이트에서 무료로 제공한다. USB 소프트웨어는 누구나 로열티 없이 개발할 수 있다.

모든 USB 디바이스는 운영체제가 디바이스를 식별할 때 쓰는 Vendor ID와 Product ID를 갖춰야 한다. Vender ID의 사용권을 얻으려면 USB-IF에 가입해야 하며, USB-IF의 로고를 사용하지 않는 회원 또는 일회성 Vender ID를 사용할 수 있다. 각 옵션은 몇 천 달러 수준이고, 사용료를 계속 내지 않고 일회성 결제만 했다면 USB 로고는 사용할 수 없다. Vendor ID 사용권을 보유했다면 Product ID를 할당할 수 있다.

호환성 테스트를 통과하지 못해 USB-IF 로고를 붙이지 못한 디바이스는 더 저렴한 옵션을 취할 수 있다. FTDI\ :sub:`Future Technology Devices International Limited`와 마이크로칩 테크놀로지 등 일부 회사는 자사의 Vendor ID와 Product ID 범위를 할당하며, 보통 무료다. USB의 전 기능을 하드웨어 내부에서 수행하는 칩들은 하드웨어 안에 탑재한 Vendor ID와 Product ID를 사용할 수 있다. 예를 들면 FTDI의 USB 디바이스 컨트롤러가 있다.

회사가 USB 규격의 제품을 판매하려면 USB 채용에 관한 약관에 서명해야 한다. 약관에서는 로열티를 받지 않고, 규격에 대한 특허권을 주장하지 않는다고 돼 있다. USB 제품을 제조하는 제조사는 제품을 최초로 판매한 시점부터 1년 이내에 약관에 서명해야 한다. 비용에 관한 정보와 약관은 usb.org에서 얻을 수 있다.

USB와 이더넷

어떤 디바이스는 USB를 쓸지 이더넷을 쓸지 고민되기도 한다. 이더넷은 매우 긴 케이블을 쓸 수 있고, 브로드캐스팅이 가능하며, 익숙한 인터넷 프로토콜을 쓴다는 장점이 있다. 그러나 이더넷 하드웨어는 일반적인 USB 디바이스 하드웨어에 비해 더 복잡하고 비싸다. USB는 다목적이고, 네 종류 전송 방식과 많은 디바이스 기능을 다룰 수 있는 클래스 프로토콜을 정의하고 있다는 장점이 있다.

USB와 썬더볼트

썬더볼트는 인텔이 애플과 협업해 개발한 고속 데이터 인터페이스로서 전원을 동시에 공급할 수 있다. 오리지널 썬더볼트 인터페이스는 양방향 전송을 위해 채널별로 전용 전선을 갖췄으며, 각각 10Gbps의 속도를 제공한다. 썬더볼트 2는 두 채널을 묶어서 단방향 20Gbps로 운용할 수 있다.

PC에서 썬더볼트 포트는 썬더볼트 포트 1개 또는 미니 디스플레이 포트$_{\text{Mini Display Port}}$ 1개와 연결할 수 있다. 어댑터를 사용하면 다른 커넥터 형식의 디바이스에서 사용할 수 있다.

썬더볼트 채널의 속도는 대략적으로 USB 3.1과 거의 같지만, 썬더볼트 2의 싱글 채널 모드는 두 배 빠르다. 썬더볼트는 10W의 전력을 공급할 수 있으며, USB 3.1의 4.5W보다는 더 많은 전력을 제공하지만 'USB Power Delivery Rev. 2.0, v1.0'의 최댓값인 100W보다는 확실히 적다.

썬더볼트는 주로 맥에서 사용하고, 드물지만 PC에서도 사용하는 인터페이스인 반면에 새로 나오는 모든 PC는 USB를 탑재하고 있다. 썬더볼트는 저장장치와 비디오용으로 적합하지만 USB보다 다기능성은 떨어진다. 썬더볼트 컨트롤러와 케이블은 USB보다 비싸므로 초고속이 필요한 영역에서 많이 쓴다.

❖ 인터페이스의 진화

새로운 인터페이스가 쉽게 채택되지 못하는 주원인은 구형 인터페이스에 장착한 주변기기 전부를 사용자들이 버리지 못하고 계속 사용하기 때문이다. 오리지널 IBM PC 개발자는 설계 과정도 단축하고 시장에서 이미 시장에서 판매 중인 모뎀과 프린터를 연결할 수 있다는 이유로 센트로닉스Centronics 병렬 인터페이스와 RS-232 직렬 인터페이스를 선택했다. 두 인터페이스는 거의 20년 동안 유용하게 사용됐다. 하지만 컴퓨터가 강력해지고 주변기기의 숫자와 종류가 증가하면서 느린 통신 속도에 따른 병목 현상과 확장성 부족이 문제가 되기 시작했다.

현재의 불편과 변화에 대한 비용보다 진보에 대한 열망이 더 클 때 이런 정체를 타파할 수 있다. USB를 개발한 원동력 또한 같은 상황에서 나왔다.

인터페이스의 진화는 여기서 멈추지 않았다. USB 규격 새 버전과 관련 문서에는 발전한 하드웨어와 새로운 사용자 요구를 다루고 있다.

USB-IF는 관련 인터페이스를 정의한 규격 문서를 발표한다. 각 USB 규격은 USB 기술을 창안한 회사들을 회원으로 하는 프로모터 그룹Promoter Group에서 개발한다.

USB 1.0

USB 1.0Universal Serial Bus Specification Revision 1.0은 1996년 1월에 발표됐다. USB 기능은 윈도우 95 OSR2OEM Service Release 2 설치 PC에 처음으로 탑재됐다. 이 버전의 USB는 제약이나 버그가 많았고 디바이스도 많지 않아서 USB는 매우 제한적으로 사용됐다.

1998년 6월, 윈도우 98이 나오면서 상황은 크게 달라졌다. 이때부터 전보다 훨씬 많은 업체가 USB 주변기기를 출시함에 따라 USB는 대중적인 인터페이스가 되기 시작했다. 윈도우 98 SESecond Edition에서는 몇 가지 버그를 수정하고 USB 지원을 더욱 강화했다.

USB 1.0 규격은 컴팩Compaq Computer Corporation, DECDigital Equipment Corporation, IBMIBM PC Company, 인텔Intel Corporation, 마이크로소프트Microsoft Corporation, NECNEC Corporation, 노던 텔레콤Northern Telecom의 제품이다.

USB 1.1

USB 1.1 규격은 1998년 9월에 발표됐고 새로운 전송 방식(인터럽트 OUT)을 추가했다. USB 1.1은 USB 1.0을 대체했다. USB 1.1 규격은 컴팩, 휴렛팩커드Hewlett-Packard Company, 인텔, 필립스Koninklijke Philips Electronics N.V., 루슨트Lucent Technologies Inc, 마이크로소프트, NEC의 제품이다.

USB 2.0

USB가 대중적인 인기를 얻고 PC 성능이 향상되면서 더 빠른 버스 스피드가 필요해졌다. 결과적으로 버스 속도를 풀스피드보다 40배 빠르게 해도 로우스피드, 풀스피드 인터페이스와 하위 호환성을 유지할 수 있다는 사실이 밝혀졌다. 2000년 4월, 480Mbps 속도의 하이스피드를 추가한 USB 2.0이 발표됐다. USB는 하이스피드를 지원하면서 프린터, 디스크 드라이브, 비디오 카메라 등 여러 주변기기에서 쓰기가 더욱 좋아졌다. 윈도우 XP SP1은 USB 2.0 지원을 추가했고, 윈도우 2000 SP4에서는 USB 1.1을 USB 2.0으로 교체했다.

USB 2.0 디바이스는 허브를 쓰지 않고 로우스피드, 풀스피드, 하이스피드를 지원한다. 또한 하이스피드 디바이스를 USB 1.1 버스에 연결해 풀스피드로 쓸 수 있다. USB 2.0 허브는 USB 2.0의 전송 속도 세 종류를 모두 지원해야 한다. 모든 스피드를 지원하기 때문에 허브가 복잡하지만 버스의 대역폭을 온전히 쓸 수 있고, 속도가 달라도 같은 허브를 쓸 수 있다는 장점이 있다.

USB 2.0은 USB 1.1과 하위 호환성을 갖는다. 즉 USB 2.0 디바이스는 1.1 디바이스와 같은 커넥터, 같은 케이블을 쓸 수 있고, USB 1.1이나 USB 2.0을 지원하는 어떤 PC라도 연결할 수 있다. 단, 하이스피드만 지원하는 일부 디바이스는 예외다.

이런 제품은 USB 2.0이 필요하다.

USB 2.0 디바이스가 처음 나왔을 때 사용자들은 모든 USB 2.0 디바이스가 하이스피드를 지원하는지 혼란스러워했다. USB-IF는 이런 혼란을 줄이려고 버전 자체보다 속도와 호환성을 강조하는 명명 방식 및 포장에 대한 권고안을 발표했다. 하이스피드를 지원하는 상품은 '하이스피드 USB Hi-Speed USB'라고 표기하고, 포장에 '오리지널 USB와 완전 호환 Fully compatible with Original USB', 'USB 2.0 규격과 호환 Compatible with the USB 2.0 Specification'이라고 표기하도록 권고했다. 로우스피드와 풀스피드만 지원하면 포장에 'USB 2.0 규격과 호환 Compatible with the USB 2.0 Specification', 'USB와 하이스피드 USB 시스템, 주변기기, 케이블에서 동작 Works with USB and Hi-Speed USB systems, peripherals and cables'이라 표기해야 한다.

하이스피드를 쓰려면 하이스피드 동작 디바이스를 USB 2.0, USB 3.0, USB 3.1 호스트 컴퓨터와 연결해야 하며, 디바이스와 호스트 사이는 USB 2.0, USB 3.0, USB 3.1 허브로만 연결해야 한다. USB 2.0, USB 3.0, USB 3.1 호스트와 허브도 USB 1.1 디바이스와 통신할 수 있다.

USB-IF는 기술 변경 통지 ECN, Engineering Change Notice를 통해 USB 규격의 개정판과 USB 추가 규격을 내놓는다. 표 1-2는 USB 2.0 규격에 대한 ECN이다. USB-IF는 모든 ECN을 담은 규격 모음 zip 파일을 2년마다 제공한다. 주요 규격 중에는 갱신되지 않은 내용도 있기 때문에, 규격 부분을 공부할 때는 ECN 오류 정정, 갱신 내용을 반드시 살펴볼 필요가 있다.

▼ **표 1-2** USB 2.0 규격, 기타 추가 내용 및 오류 수정에 관한 ECN 문서들

분류	명칭	설명
Connecting (접속성)	Connect Timing Update (접속 타이밍 업데이트)	배터리를 모두 소모한 디바이스 연결을 허용하기 위해 연결 시 500mA까지 끌어쓸 수 있음
	Device Capacitance (디바이스 커패시턴스; 정전용량)	디바이스 장착 시 VBUS상의 커패시턴스 변화를 감지하도록 요구

분류	명칭	설명
Connecting (접속성)	Pull-up/Pull-Down Resistors (풀업/풀다운 저항)	풀업/풀다운 저항의 오차 범위를 완화함
Connectors and Cables (커넥터와 케이블)	Material Change(소재 변경)	대체 소재 허용
	Micro-USB connector (마이크로 USB 커넥터)	새로운 커넥터 형식
	Mini-B Connector(미니 B 커넥터)	새로운 커넥터 형식
	Rounded Chamfer for the Mini-B Plug (미니 B 플러그용 둥근 모서리 형상)	커넥터 권고안
Power(전원)	5V Short Circuit Withstand Requirement Change(5V 회로 단락을 견디기 위한 요구사항 변경)	회로 단락 요구사항 변경에 관한 권고안
	Link Power Management(링크 전원 관리)	추가된 전력 절감 기능
	Errata for Link Power Management ECN (링크 전원 관리 오류 정정)	오류 정정
	Suspend Current Limit Changes (서스펜드 전류 제한 변경)	서스펜드 전류 요구사항 완화
	USB 2.0 Phase-locked SOFs (USB 2.0 SOF 단계 잠금)	등시성 전송 시 전력 관리를 위한 단계 잠금 요구사항
	USB 2.0 VBUS Max Limit (USB 2.0 VBUS 최댓값)	VBUS 최댓값을 5.5V로 증가시킴
Descriptors and Requests(디스크립터와 리퀘스트)	Interface Association Descriptor (인터페이스 연관 디스크립터)	멀티 인터페이스가 있는 기능을 위한 새로운 디스크립터 유형
	USB TEST_MODE selector values (USB TEST_MODE 선정기 값)	TEST_MODE 기능 값 추가
	Unicode UTF-16LE for String Descriptors (문자열 디스크립터용 유니코드 UTF-16LE)	문자열 디스크립터의 인코딩 명시
Errors(오류)	Errata as of 12/7/2000 (200년 12월 7일 오류 정정)	오류 정정 및 설명
	Errata as of 5/28/2002 (2002년 5월 28일 오류 정정)	오류 정정 및 설명

(이어짐)

분류	명칭	설명
Interchip (칩 간 통신)	Inter-Chip USB Supplement (칩 간 통신 부록)	외장 케이블 없는 로우, 풀 스피드 칩 간 통신
	Hi-Speed Interchip Electrical Specification (하이스피드 칩 간 통신의 전기적 특성)	외장 케이블 없는 하이스피드 칩 간 통신
	High Speed Inter Chip Specification(HSIC) ECN(칩 간 통신 규격 ECN)	칩 간 통식 규격 수정 및 설명

USB 2.0 규격은 컴팩, 휴렛팩커드, 인텔, 필립스, 루슨트, 마이크로소프트, NEC, ST에릭슨STEricsson, 텍사스 인스트루먼츠Texas Instruments의 제품이다.

USB 2.1

USB 2.1 버전은 USB 2.0 LPMALink Power Management Addendum(링크 전원 관리 부록)와 USB 3.1 규격 문서에서 정의하고 있다. BOS 디스크립터(4장 참조)를 지원하는 로우, 풀, 하이 스피드 USB 디바이스는 USB 2.1 디바이스다. USB 2.0의 속도를 1개 이상 지원하는 슈퍼스피드와 슈퍼스피드 플러스 디바이스 또한 USB 2.0 속도로 동작할 때는 USB 2.1 디바이스로 통지해야 한다.

USB 3.0

USB-IF는 2008년 11월에 USB 3.0 규격 문서Universal Serial Bus 3.0 Specification Revision 1.0를 발표했다. USB 3.0은 물리 버스 2개를 병렬로 동작시키는 새로운 아키텍처를 정의했다. USB 3.0은 USB 2.0 통신선 한 쌍과, USB 3.0 통신선 두 쌍을 추가했다.

USB 3.0의 5Gbps 슈퍼스피드는 USB 2.0 하이스피드 속도보다 10배 이상 빠르다. 게다가 전송 방향별로 통신선이 있어 동시에 양방향으로 통신할 수 있다. 슈퍼스피드 디바이스는 더욱 적극적으로 전력 소모를 줄이고 더 효율적인 전송이 가능한 새로운 프로토콜을 사용할 수 있으며, 버스에서 사용할 수 있는 총 전류량이 증가했다.

USB 3.0은 USB 2.0과 하위 호환성을 갖는다. USB 3.0 호스트와 허브는 네 종류의 속도를 모두 제공한다. USB 2.0 케이블은 USB 3.0 소켓에도 맞는다.

USB 1.1의 대체 규격으로 나온 USB 2.0 규격과는 달리 USB 3.0 규격은 USB 2.0 규격에 대한 추가 규격이며 대체 규격은 아니다. 로우, 풀, 하이 스피드 USB 디바이스는 계속 USB 2.0 규격을 준수한다. 증가한 버스 전류 용량이나 대형 데이터 패킷 등 USB 3.0의 새로운 기능을 USB 2.0에서 쓸 수는 없다.

윈도우 8과 윈도우 서버 2012는 USB 3.0을 탑재한 최초의 윈도우 버전이다.

USB 3.0 규격은 휴렛팩커드, 인텔, 마이크로소프트, NEC, ST에릭슨, 텍사스 인스트루먼츠의 제품이다.

USB 3.1

USB 3.1 규격Universal Serial Bus 3.1 Specification Revision 1.0은 2013년 7월에 발표됐다. USB 3.1은 USB 3.0에 10Gbps의 슈퍼스피드 플러스와 새로운 전력 소모 절감 기능을 더했으며, 그 외에도 슈퍼스피드와 슈퍼스피드 플러스에 적합한 강화 기능을 추가했다. '슈퍼스피드 USB 10Gbps'는 슈퍼스피드 플러스를 지원하는 제품에서 볼 수 있는 마케팅 용어다.

USB 3.1은 USB 3.0의 대체 규격이다. 슈퍼스피드로 동작하는 신제품은 USB 3.1을 포함하여 제품이 슈퍼스피드 플러스를 지원할지 결정해야 한다. 슈퍼스피드 플러스를 지원하는 허브 제품을 제외하면 슈퍼스피드만 지원하는 USB 3.0 디바이스가 USB 3.1 규격을 준수하려면 몇몇 변경된 요구사항을 따라야 한다.

슈퍼스피드 플러스를 지원하는 디바이스는 슈퍼스피드도 지원해야 하고, 슈퍼스피드를 지원하는 디바이스는 USB 2.0의 속도 중 최소한 한 가지는 지원해야 한다. USB 3.1 디바이스는 USB 2.0 속도에 있는 전체 기능을 갖출 필요는 없지만, USB 3.1 호스트는 USB 2.0 디바이스를 검출할 수는 있어야 하며, 해당 디바이스를 슈퍼스피드 또는 슈퍼스피드 플러스 포트로 이동하라는 알림을 줄 수 있어야 한다.

USB 3.1 규격에서 정의하는 케이블은 USB 3.0 케이블의 전선 수와 같은 수의 전선을 갖지만, 슈퍼스피드 플러스의 우수한 성능을 보장하기 위해 새로운 요구사항을 추가했다.

USB 3.1 규격 문서는 새로운 용어도 정의하고 있다. 'Gen 1(1세대)'은 5Gbps의 슈퍼스피드 전송 속도를 뜻한다. 'Gen 2(2세대)'는 10Gbps의 슈퍼스피드 플러스 전송 속도를 뜻한다. Gen X는 Gen 1과 Gen 2 모두에 적용된 기능을 지칭한다.

'인핸스드 슈퍼스피드Enhanced SuperSpeed(강화된 슈퍼스피드)'는 USB 3.0과 USB 3.1 버스 모두에 적용된 기능과 요구사항을 지칭한다. 인핸스드 슈퍼스피드가 슈퍼스피드 플러스만 의미하는 것은 아니므로 주의한다. 예를 들어, '인핸스드 슈퍼스피드 벌크, 인터럽트 엔드포인트를 통해 버스트 트랜잭션을 지원한다'라는 구문은 슈퍼스피드와 슈퍼스피드 플러스 엔드포인트 모두에서 버스트 트랜잭션을 지원한다는 뜻이다.

이와 같이, '인핸스드 슈퍼스피드와 USB 3.1'이라는 단어는 슈퍼스피드만 지원하는 컴포넌트뿐만 아니라 슈퍼스피드 플러스를 지원하는 컴포넌트도 지칭한다. 이 책에 담은 정보는 거의 대부분 USB 3.0 컴포넌트에도 적용된다. 일부 USB 3.0에 한정적인 내용은 따로 언급했다.

USB 3.1 규격은 휴렛팩커드, 인텔, 마이크로소프트, 르네사스Renesas Corporation, ST에릭슨, 텍사스 인스트루먼츠의 제품이다.

임베디드 호스트와 OTG

USB가 모든 주변기기에 채택되기 시작하자 개발자들은 PC에 있는 USB 호스트 전체 요구사항까지는 아니더라도 좀 더 유연한 USB 호스트 기능을 임베디드 시스템에 직접 넣고 싶어 했다. 개발자들은 또한 USB 주변기기끼리 접근할 수 있는 방법이 필요했다. 예를 들면, 프린터를 카메라에 연결하거나 플래시 드라이브를 폰에 연결하는 것이다.

'USB 2.0 규격을 위한 OTG와 임베디드 호스트에 관한 부록On-The-Go and Embedded Host Supplement to the USB 2.0 Specification'과 'USB 3.0 규격을 위한 OTG와 임베디드 호스트에 관한 부록On-The-Go and Embedded Host Supplement to the USB Revision 3.0 Specification'은 제한적이긴 하지만 임베디드 시스템이 USB 주변기기와 직접 통신할 수 있는 호스트 기능을 정의했다.

버스 컴포넌트

USB 통신은 USB 지원 호스트 컴퓨터, USB 포트를 탑재한 디바이스, 허브, 커넥터 및 호스트 컴퓨터와 디바이스를 연결하는 데 필요한 케이블을 갖춰야 한다.

호스트 컴퓨터는 PC 또는 핸드헬드handheld 디바이스, 기타 임베디드 시스템이며 USB 호스트 컨트롤러와 루트 허브를 내장하고 있다. 호스트 컨트롤러는 데이터를 정해진 형태로 바꿔서 버스로 전송하고, 수신한 데이터를 운영체제가 이해할 수 있는 형태로 변환하는 기능을 수행한다. 또한 호스트 컨트롤러는 버스상의 통신 관리를 돕는다. 루트 허브는 디바이스를 장착할 수 있는 커넥터가 1개 이상 있다. 루트 허브와 호스트 컨트롤러는 디바이스 장착과 제거를 감지하고, 호스트 컨트롤러의 리퀘스트를 수행하며, 디바이스와 호스트 컨트롤러 간 데이터 교환을 담당한다. 루트 허브는 외장 허브를 1개 이상 연결할 수 있다.

각 디바이스는 호스트 컴퓨터와 통신하는 데 필요한 하드웨어와 펌웨어를 갖춘다. USB 규격은 디바이스를 허브에 연결하는 케이블과 커넥터를 정의하고 있다.

토폴로지

USB의 토폴로지topology, 즉 버스상의 연결 형태는 스타 토폴로지다(그림 1-1). 각 별 모양의 중앙에 허브가 있으며, 허브의 각 연결은 별 모양의 각 점으로 향한다. 루트 허브는 호스트에 있다. 버스를 호스트에서 시작하는 어떤 흐름으로 생각해보면, 외장 허브는 호스트와 통신하는 호스트 방향으로 흐르는 커넥터 1개를 갖고, 디바이스 방향으로 흐르는 커넥터를 1개 이상 갖거나 임베디드 디바이스와 내부 연결을 갖는다. 일반적인 허브에는 2, 4, 7개의 포트가 있다. 허브 여러 개가 순차적으로 연결돼 있으면 각 순서가 계층형으로 구성되어 있다고 보면 된다.

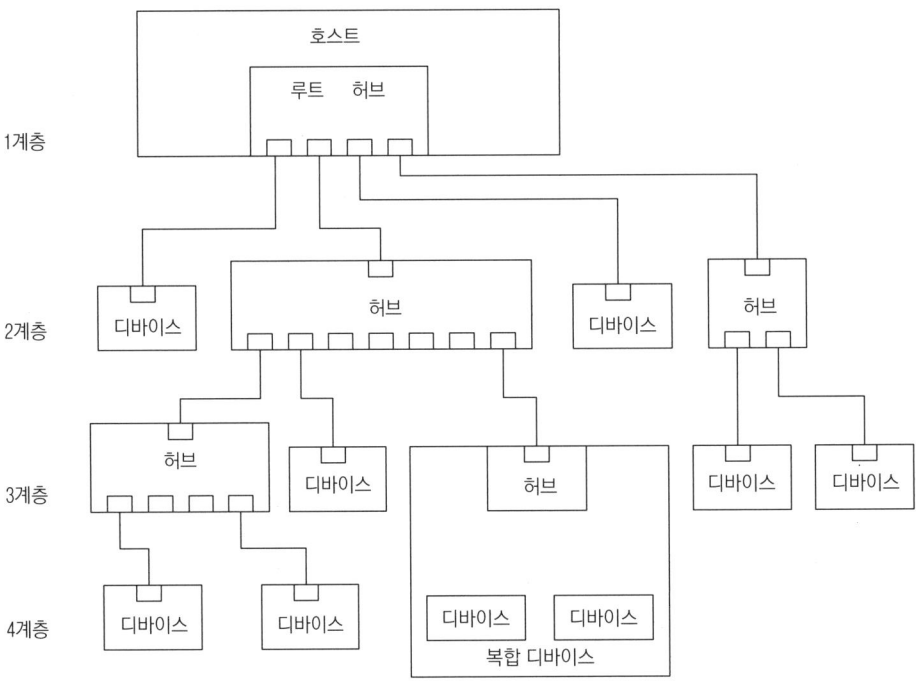

▲ **그림 1-1** USB는 스타 토폴로지를 쓴다. 각 외장 허브는 상향 포트 1개와 하향 포트 여러 개를 갖는다.

스타 토폴로지는 물리적 연결만을 설명하지만, 프로그래밍을 할 때는 물리적인 연결보다는 논리적인 연결이 중요하다. 호스트 애플리케이션과 디바이스 펌웨어는 통신을 중계하는 데 있어서 중간에 허브가 1개인지 5개인지는 알 필요가 없다.

외장 허브를 직렬로 5개까지 연결하면 루트 허브를 포함해서 주변기기를 최대 127개까지 붙일 수 있다. 그러나 이렇게 많은 디바이스를 단일 호스트에 연결하는 것은 대역폭이나 스케줄링 제한 때문에 비현실적이다. PC에 호스트 컨트롤러를 여러 개 장착해 각각 독립된 버스로 제어하는 편이 USB 디바이스의 대역폭을 더 많이 확보할 수 있다.

버스 속도에 대한 고려사항

USB 1.1 호스트는 로우스피드와 풀스피드만 지원한다. USB 2.0 호스트는 하이스피드를 추가했다. USB 3.0 호스트는 슈퍼스피드를 추가했고, USB 3.1 호스트는 슈퍼스피드 플러스를 추가했다. OTG(On-The-Go) 디바이스와 전용 주변기기에만 접근하는 호스트를 탑재한 임베디드 시스템은 예외적으로 특정 속도만 지원한다.

USB 3.1 허브는 USB 2.0 허브와 슈퍼스피드/슈퍼스피드 플러스 허브를 모두 탑재한다. USB 3.1 허브는 모든 종류의 통신 트래픽을 처리할 수 있다. 슈퍼스피드와 슈퍼스피드 플러스 통신 트래픽은 슈퍼스피드/슈퍼스피드 플러스 허브 전용 회로와 통신선으로 통신하고, 그 밖의 통신은 USB 2.0 허브 전용 회로와 통신선으로 통신한다. USB 3.0 허브는 슈퍼스피드 플러스와 비슷해 보이지만 슈퍼스피드 플러스를 지원하지는 않는다.

슈퍼스피드 디바이스는 호스트와 디바이스 사이의 호스트 및 모든 허브가 USB 3.1 허브를 쓸 때만 슈퍼스피드 통신을 할 수 있다(그림 1-2). 그런 상황이 아니면 디바이스는 상대적으로 느린 속도를 쓸 수밖에 없다. 마찬가지로, 슈퍼스피드 플러스 디바이스 또한 호스트와 디바이스 사이의 전 구간이 USB 3.1 허브를 사용해야 한다. 슈퍼스피드 플러스 디바이스는 USB 3.0 버스 또는 USB 3.0 허브에서 슈퍼스피드와 통신할 수 있다.

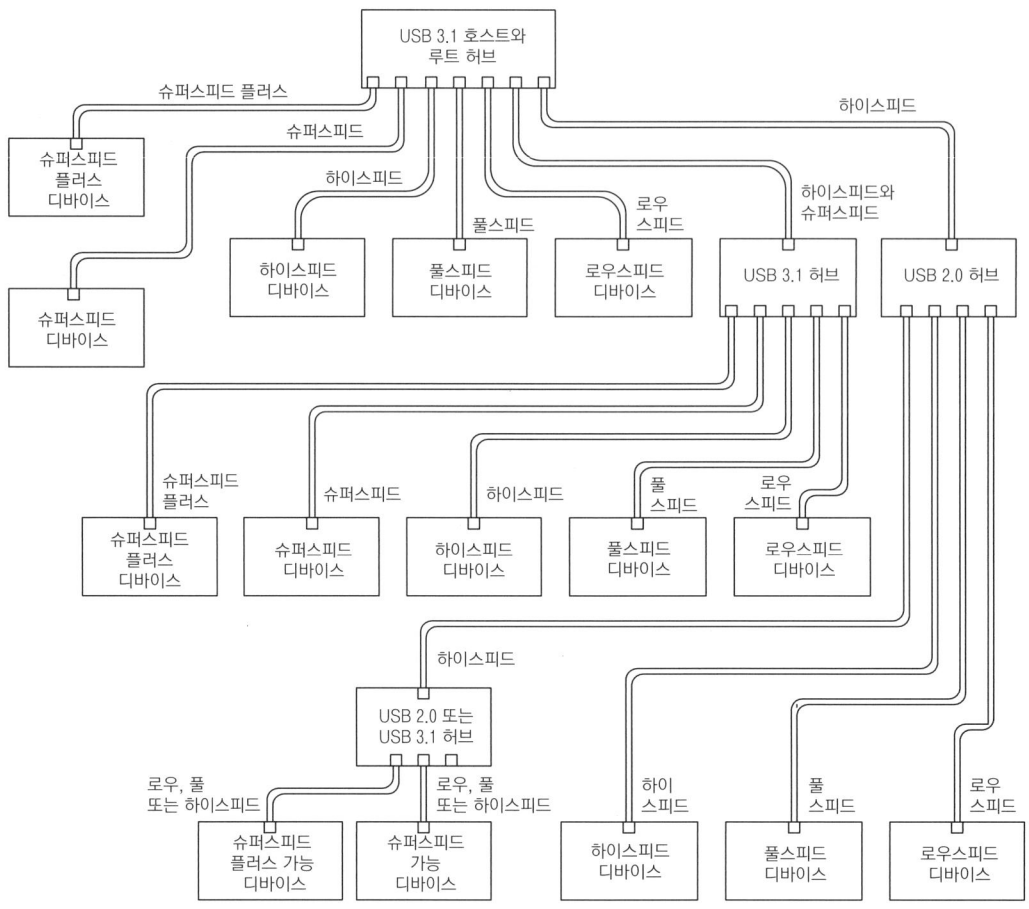

▲ **그림 1-2** USB 3.1 호스트와 허브는 하향 통신에서 다섯 종류의 모든 속도를 지원한다.

　USB 2.0 속도의 전 기능을 갖추지 않는 슈퍼스피드, 슈퍼스피드 플러스 디바이스가 USB 2.0 호스트와 허브 호환성을 지키려면 최소한 버스 리셋과 디바이스가 더 높은 속도의 기능을 요구한다는 사실을 호스트에게 알리는 표준 리퀘스트에 대해서도 응답해야 한다.

　USB 2.0 하이스피드 디바이스는 호스트와 모든 허브 사이의 구간이 USB 2.0 또는 USB 3.1 허브로 구성되어 있을 때 하이스피드로 통신할 수 있다(그림 1-3). 풀스피드 기능을 완전히 지원하지 않는 하이스피드 디바이스도 마찬가지다. 이런 디바이스가 USB 1.1 호스트 및 허브와 호환성을 유지하려면 최소한 버스 리셋에 응답하고 디바이스가 하이스피드 기능을 요구한다는 사실을 알리기 위한 표준 리퀘스트를 풀스피드에 대해서도 응답할 수 있어야 한다. 하이스피드 디바이스는 대부분 풀스피드도 지원하는데, 풀스피드 지원을 추가하는 작업이 매우 쉽고 USB-IF 규격 준수 테스트를 통과하는 데도 필요하기 때문이다. 만약 해당 허브로부터 상향 구간이 모두 USB 2.0 또는 그 이상의 속도로 구성되어 있다면, 디바이스의 통신 트래픽은 하이스피드로 이동할 수 있다.

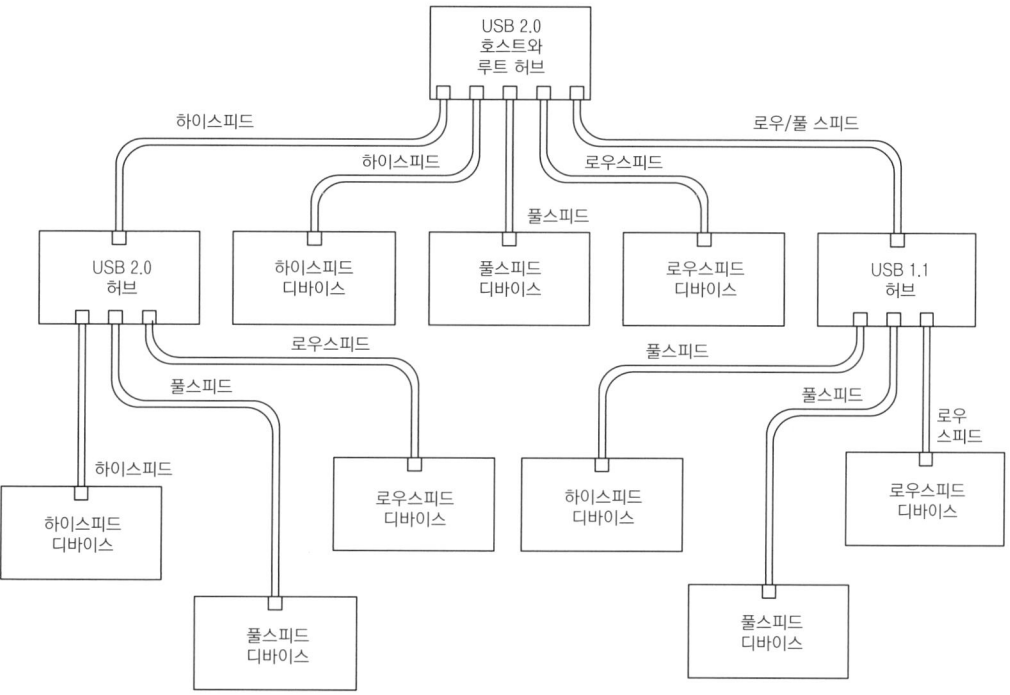

▲ **그림 1-3** USB 2.0 허브가 하이스피드 상향 통신을 지원하려면 호스트와 모든 허브가 USB 2.0 이상이어야 한다.

용어

USB 세계에서는 '디바이스', '펑션' 같은 단어가 특별한 뜻을 지닌다. USB 포트의 개념을 이해하고 RS-232 등의 인터페이스 포트와 어떻게 다른지도 알아둘 필요가 있다.

펑션

USB 펑션function은 인터페이스와 관련 있는 1개 이상의 기능 집합이다. 펑션에는 마우스, 스피커, 데이터 수집 장치, 허브 등이 있다. 물리적으로 존재하는 디바이스 1개는 펑션을 여러 개 갖는 것이 가능하다. 예를 들어 어떤 디바이스는 프린터와 스캐너 펑션을 둘 다 지원할 수 있다. 어떤 호스트는 디바이스 디스크립터와 1개 이상의 인터페이스 디스크립터를 디바이스 측으로 요청하는 방법으로 디바이스 펑션을 식별한다. 여기서 디스크립터descriptor란 디바이스에 관한 정보를 담고 있는 자료 구조를 의미한다.

디바이스

디바이스device는 펑션을 1개 이상 수행하는 논리적 또는 물리적인 구성요소다. 허브와 통상적인 USB 주변기기는 디바이스다. 호스트는 버스상의 각 디바이스에 고유한 주소를 부여한다. 허브 및 영구적으로 장착된 디바이스를 1개 이상 갖는 복합 디바이스compound device도 있다. 이때 호스트는 복합 디바이스를 허브와 물리적으로 분리된 디바이스 펑션과 거의 같은 것으로 취급한다. 허브와 임베디드 디바이스 역시 각기 고유 주소를 할당받는다.

USB 3.1 허브는 특수한 경우다. USB 3.1에서는 허브가 USB 2.0 허브와 USB 3.1 허브의 펑션을 모두 갖는다.

버스 주소는 1개만 갖지만 독립된 인터페이스 또는 각 펑션을 제공하는 관련 인터페이스 군을 갖는 혼성 디바이스composite device(컴포지트 디바이스)도 있다. 각 인터페이스 또는 인터페이스 그룹은 호스트에서 각기 다른 드라이버를 쓸 수 있다. 예를 들어, 디스크 드라이브와 프린터용 인터페이스를 동시에 갖는 혼성 디바이스도 있을 수 있다. 혼성 디바이스는 매우 보편적으로 사용된다.

포트

통상적인 용어로서, 하드웨어 컴퓨터 포트는 부가 회로를 접속할 수 있게 주소로 지정한 위치를 말한다. 포트의 회로는 케이블 커넥터에서 끝나거나, 주변 회로에 물리적으로 결선된다. USB에서는 허브에 존재하는 하향 통신 커넥터가 USB 포트다. USB 호스트 측 애플리케이션은 USB 포트에 직접 접근할 수는 없고 포트에 장착한 디바이스 드라이버와 통신한다. USB 호스트 컨트롤러는 시스템 CPU가 접근할 수 있는 포트 주소상에 존재하지만, 여기서의 포트는 USB 포트와 다른 것이다.

역할

호스트와 디바이스는 각각 역할이 정해져 있다. 호스트가 통신에 관한 대부분을 책임지지만, 디바이스도 호스트로부터 오는 통신이나 버스상의 기타 이벤트에 지능적으로 응답하는 기능을 갖춰야 한다.

호스트의 역할

컴퓨터가 USB 디바이스와 통신하려면 USB 호스트 기능을 수행할 수 있도록 하드웨어와 소프트웨어가 필요하다. 여기서 하드웨어는 USB 호스트 컨트롤러와 USB 포트를 1개 이상 갖는 루트 허브로 이뤄진다. 소프트웨어는 일반적으로 디바이스 드라이버를 뜻한다. 운영체제 차원에서 제공하는 디바이스 드라이버가 있어야 하며, 해당 디바이스 드라이버는 USB 하드웨어에 접근하는 저수준 드라이버와 통신할 수 있어야 한다.

보통 PC는 호스트 컨트롤러를 1개 이상 갖추고 각 컨트롤러가 포트를 여러 개 지원한다. 호스트는 버스를 관장한다. 호스트는 버스에 어떤 디바이스가 연결돼 있는지 알고 있어야 하고, 연결된 각 디바이스의 기능 등을 잘 알고 있어야 한다. 또한 호스트는 버스상의 모든 디바이스가 제대로 송수신할 수 있도록 가능한 모든 것을 해야 한다. 버스는 각기 다른 요구사항을 갖는 디바이스를 여러 개 갖고 있으며, 연결된 모든 디바이스는 데이터를 동시에 전송하려 할 수도 있으므로 호스트에서 해야 할 일은 단순하지 않다.

다행히 호스트 컨트롤러 하드웨어와 윈도우 등 기타 운영체제 드라이버가 버스 관리를 대부분 해준다. 호스트에 연결한 각 디바이스에 애플리케이션이 접근하려면 디바이스는 디바이스 드라이버를 할당받아야 한다. 다양한 시스템 수준 소프트웨어 컴포넌트가 디바이스 드라이버, 호스트 컨트롤러, 루트 허브 간의 통신을 관리한다.

애플리케이션은 디바이스와 통신을 하기 위해 하드웨어의 세부사항을 신경 쓸 필요 없다. 모든 애플리케이션은 디바이스와 데이터를 교환할 때 운영체제 표준 함수 또는 여타의 소프트웨어 컴포넌트를 쓴다. 운영체제 표준 함수는 모든 프로그래밍 언어에서 접근할 수 있다. 때때로 어떤 애플리케이션은 디바이스가 사용하는 인터페이스가 USB인지 기타 인터페이스인지조차 신경 쓸 필요가 없다.

호스트는 디바이스 감지, 데이터 흐름 관리, 에러 검사, 전력 공급 및 관리, 디바이스와 데이터 교환하기 등의 작업을 수행해야 한다.

디바이스 감지

허브는 전원을 켜면 자신에게 연결한 모든 USB 디바이스를 호스트에 알려준다. 호스트는 열거enumeration라고 불리는 과정을 통해 사용할 버스 속도를 결정하고, 각 디바이스 주소를 할당하며, 추가 정보를 요청한다. 호스트는 전원을 켠 후에도 디바이스 제거나 장착을 계속 감지해 새로 장착한 디바이스에 대해서는 열거를 수행하고, 분리한 디바이스에 대해서는 애플리케이션이 사용 가능한 디바이스 목록에서 삭제한다.

데이터 흐름 관리

호스트는 버스상의 데이터 흐름을 관리한다. 디바이스 여러 대가 동시에 데이터를 전송하려 할 때도 있다. 이때 호스트 컨트롤러는 사용 가능한 시간을 나눠 그중 일부분을 전송하고자 하는 디바이스에 나눠준다. USB 2.0 호스트는 USB 2.0 속도의 데이터를 한 번에 한 가지 속도, 단방향으로만 데이터를 보낸다. USB 3.1 호스트는 슈퍼스피드, 슈퍼스피드 플러스 데이터의 송신과 수신을 동시에 할 수 있고, USB 2.0 스피드의 송신 또는 수신까지 같이 할 수 있다.

디바이스 드라이버는 열거 작업을 할 때 모든 전송 방식에 대해 타이밍을 보장받기 위한 대역폭을 요청한다. 요청받은 대역폭을 할당할 수 없으면 드라이버는 더 작은 대역폭을 요청하거나 필요로 하는 대역폭을 사용할 수 있을 때까지 기다린다. 타이밍을 보장할 필요가 없는 전송에서는 남아 있는 대역폭을 사용하고, 버스가 더 높은 우선순위의 데이터를 위해 BUSY(바쁨) 상태인 경우에는 기다려야 한다.

에러 검사

호스트는 데이터를 전송할 때 에러 검사 비트를 추가한다. 디바이스는 데이터를 수신하면 데이터를 계산한 후 그 결과를 수신한 에러 검사 비트와 비교한다. 결과가 일치하지 않으면 디바이스는 수신한 데이터에 대한 ACK(acknowledge)를 보내지 않으므로 호스트가 재전송을 시도한다. 호스트도 디바이스로부터 받은 데이터의 에러를 비슷한 방식으로 검사한다. USB는 실시간 오디오 등의 데이터에는 ACK를 쓰지 않는 전송 방식을 지원한다. 실시간 오디오는 일정한 전송률을 보장하기 위해 에러 발생에 여유를 둔다.

여러 번 시도한 후에도 전송이 실패하면 호스트는 디바이스 드라이버에 문제점을 알려주고 드라이버는 애플리케이션에 해당 사실을 통보해 적절한 조치를 취하게 할 수 있다.

전력 공급과 관리

USB 케이블은 데이터 통신선 외에도 전력 공급선과 접지선을 갖는다. 기본 전원은 +5V다. 호스트는 전원을 켜면 모든 디바이스에 전력을 공급하고, 디바이스를 장착할 때도 해당 디바이스에 전력을 공급하며, 가능하면 전력을 절약하는 방향으로 동작한다. 어떤 디바이스는 자신이 사용할 전력을 모두 버스로부터 얻는다.

고전력 USB 2.0 디바이스는 버스로부터 최대 500mA까지 전력을 공급받을 수 있다. 고전력 슈퍼스피드, 슈퍼스피드 플러스 디바이스는 인핸스드 슈퍼스피드 버스로부터 최대 900mA까지 전력을 공급받을 수 있다. 배터리로 동작하는 호스트, 허브상의 포트는 저전력 디바이스만 지원하고, 전력 공급은 100mA(USB 2.0) 또는

150mA(인핸스드 슈퍼스피드)로 제한한다. 버스가 IDLE(쉼) 상태이면 호스트는 디바이스로 저전력 상태 또는 버스 전류 사용 절감을 요청해 전력을 절약할 수 있다.

USB Power Delivery Rev. 2.0, v1.0 규격을 지원하는 호스트와 디바이스는 버스와 전력 사용량에 관해 상호 질의 응답해 버스 전류를 5A, 전압을 20V까지 올릴 수 있다.

디바이스와 데이터 교환

호스트의 주 임무는 디바이스와 데이터를 교환하는 것이다. 앞서 설명한 모든 작업은 이런 데이터 교환을 위한 것이었다. 어떤 경우 디바이스 드라이버는 호스트에게 일정 시간 간격(인터벌interval)으로 데이터를 송수신하도록 요청할 수 있는데, 애플리케이션이나 기타 소프트웨어 컴포넌트가 호스트로 전송을 요청할 때만 통신하는 경우도 있다.

디바이스의 역할

디바이스의 역할은 여러 측면에서 거울에 비친 호스트의 모습과도 같다. 호스트가 통신을 개시하면 디바이스는 그에 맞는 응답을 해야 한다. 디바이스만이 갖는 고유 작업도 있다. 디바이스는 컨트롤러 하드웨어가 대부분의 작업을 처리한다. 펌웨어가 지원하는 정도는 칩 아키텍처에 따라 다양하다. 디바이스는 디바이스로 향하는 통신을 감지해야 하고, 에러 검사, 전력 관리, 호스트와 데이터 교환하기 같은 표준 리퀘스트에 응답해야 한다.

통신 감지

디바이스는 버스상에서 자신의 디바이스 주소로 오는 통신을 감지해야 한다. 디바이스는 수신한 데이터를 버퍼에 저장하고 상태 코드를 반환하거나, 요청한 데이터 또는 상태 코드를 송신한다. 이런 기능은 거의 모든 컨트롤러가 하드웨어 기능으로 내장하고 있고 데이터 송수신용 버퍼를 다루는 코드를 따로 작성하지 않아도 된다. 디바이스 주소가 일치하는 통신을 감지하기 전까지 컨트롤러의 펌웨어는 아무 일도

하지 않는다. 인핸스드 슈퍼스피드 디바이스는 통신 감지의 부담이 덜하다. 호스트에서 인핸스드 슈퍼스피드로 통신할 목적 디바이스를 지정해 연결하기 때문이다.

표준 리퀘스트에 응답

전원을 켤 때나 전원이 켜져 있는 시스템에 디바이스를 장착하면 호스트는 열거 작업을 위한 표준 리퀘스트를 디바이스에 보내고 디바이스는 이에 응답해야 한다. 호스트는 열거가 끝난 후에도 언제나 리퀘스트를 보낼 수 있다.

모든 디바이스는 디바이스 기능과 상태를 묻거나 어떤 동작을 취해달라는 리퀘스트에 응답해야 한다. 리퀘스트를 받으면 디바이스는 호스트로 전달할 데이터나 상태 정보를 송신 버퍼에 넣는다. 컨피규레이션$_{configuration}$을 선정하는 등의 리퀘스트는 호스트에 응답을 하는 것 외에도 수행해야 할 동작이 추가적으로 있다.

USB 규격에서는 이런 리퀘스트들을 정의하고 있다. 특정 클래스나 제조사들도 추가 리퀘스트를 정의할 수 있다. 디바이스가 지원하지 않는 리퀘스트를 받으면 상태 코드를 넣어 응답해야 한다.

에러 검사

호스트와 마찬가지로 디바이스도 에러 검사 비트를 첨부해 데이터를 보낸다. 에러 검사 비트를 첨부한 데이터를 수신하면 디바이스는 에러 검사 계산을 한다. 호스트는 디바이스의 응답 여부에 따라 재전송을 해야 할지 말아야 할지를 결정한다. 또한 호스트로 보낸 데이터에 대해 디바이스도 ACK를 감지해야 한다. 이런 기능들은 보통 디바이스 컨트롤러가 수행한다.

전력 관리

디바이스는 전원을 자체 전원 공급 장치나 버스에서 공급받는다. 둘 다 갖춘 디바이스도 있다. 호스트가 저전력 서스펜드$_{Suspend}$ 상태로 들어가면, 디바이스는 버스로부터 2.5mA까지 전력을 공급받을 수 있다. 어떤 디바이스는 원격 깨움$_{wakeup}$을 지원하며, 서스펜드 상태를 탈출하라는 요청을 할 수도 있다. USB 3.1 호스트는 USB 3.1 디바이스 안에 있는 기능을 개별적으로 서스펜드 상태로 만들 수 있다.

호스트 지원에 따라서는 디바이스가 비교적 덜 엄격한 저전력 상태를 추가적으로 사용해 전력을 아끼고 배터리 수명을 연장할 수 있다.

호스트와 데이터 교환

USB 디바이스는 호스트와 데이터 교환을 하는 것이 주 임무다. 호스트가 디바이스로 데이터를 보내는 거의 모든 전송에서는, 디바이스가 자신이 데이터 전송을 받을 것인지 BUSY 상태이므로 받을 수 없는지 각각의 전송에 대해 응답한다. 디바이스가 호스트로 데이터를 보내는 대부분의 전송에서는, 디바이스가 각 시도에 대해 데이터를 보내거나, 보낼 데이터가 없음을 알려주는 코드 또는 BUSY 신호로 응답한다. 보통은 펌웨어 설정과 에러 검사 결과에 따라 하드웨어가 자동으로 응답한다. 어떤 전송은 ACK를 사용하지 않고, 즉 송신 측에서 별다른 결과 확인을 받지 않고도 수신 측이 모든 데이터를 잘 받았다고 간주한다.

디바이스는 호스트의 리퀘스트에 대해서만 데이터를 보낸다. 인핸스드 슈퍼스피드 디바이스는 호스트로 패킷을 먼저 보내서 호스트가 디바이스에 데이터를 요청하도록 조치할 수 있다.

컨트롤러 칩 하드웨어는 버스상의 데이터 형식화에 관한 세부사항을 처리한다. 데이터 형식화란, 전송할 데이터에 에러 검사 비트 추가, 수신한 데이터의 에러 검사, 버스상의 개별 비트 송수신 등을 추가하는 작업이다.

디바이스는 이 외에도 해야 할 일이 많다. 디바이스가 마우스라면 움직임과 버튼 클릭을 감지해야 하고, 데이터 수집 장치는 센서로부터 데이터를 읽어야 한다. 프린터는 데이터를 수신해 출력물을 생성해야 한다.

버스 속도와 데이터 스루풋

디바이스와 호스트 사이의 데이터 스루풋data throughput(데이터 처리 능력), 애플리케이션 데이터 전송률은 버스 속도 이하이며, 항상 예측할 수 있는 것은 아니다. 전송되는 비트의 일부분은 식별, 동기, 에러 검사 목적으로 쓰일 뿐만 아니라 사실 데이터 전송 속도는 전송 방식이나 버스의 혼잡 정도에 따라 좌우되기 때문이다.

USB는 전송 지연에 엄격한 데이터를 처리하기 위해 최대 지연 시간이나 전송률을 보장하는 전송 방식을 지원한다. 등시성isochronous 전송은 호스트가 디바이스에게 일정 시간 간격마다 정해진 양의 데이터 교환을 요청함으로써 일정한 전송률을 보장한다. 시간 간격의 최소 단위는 풀스피드에서 1ms, 하이스피드와 슈퍼스피드, 슈퍼스피드 플러스에서 125μs다. 등시성 전송은 에러 검사 과정이 없다. 반면 인터럽트 전송은 에러 검사 기능을 사용하고 최대 지연 시간을 보장해준다. 즉 정확한 전송률은 보장할 수 없지만 전송을 시도한 후 경과된 지연 시간이 지정된 시간보다는 크지 않다. 로우스피드에서 요청할 수 있는 최대 시간 간격은 10~255ms이고, 풀스피드에선 1~255ms, 하이스피드와 인핸스드 슈퍼스피드에선 125μs~4.096s다.

모든 디바이스가 버스를 공유하기 때문에 하나의 디바이스에 대해서만 특정 전송률과 최대 지연을 보장할 수는 없다. 버스가 매우 혼잡하여 요청한 전송률이나 최대 지연을 허용할 수 없으면 호스트가 전송을 스케줄링할 수 있도록 컨피규레이션 과정에 대한 완결을 거부해야 한다. 그때 디바이스 드라이버는 더 적은 대역폭을 요구하는 컨피규레이션이나 인터페이스를 요청할 수 있다. 가장 빠른 전송을 하려면, 디바이스 드라이버, 애플리케이션 소프트웨어, 디바이스 펌웨어가 최대한 재시도를 피해야 한다. 디바이스는 호스트가 데이터를 요청했을 때 데이터를 보낼 준비가 돼 있어야 하고, 호스트가 데이터를 보내려 할 때는 데이터를 받을 준비가 돼 있어야 한다.

USB의 네 종류 전송 속도(제어, 벌크, 인터럽트, 등시성) 중 버스가 IDLE 상태에 있을 때 가장 빠른 것은 벌크bulk 전송이다. 이론상 최고 속도는 풀스피드에서 1.2MB/s, 하이스피드에서 53MB/s, 슈퍼스피드에서 460MB/s, 슈퍼스피드 플러스에서 1.1GB/s다. 등시성 전송은 대역폭의 대부분을 요청할 수 있다(풀스피드에서 1.023MB/s, 하이스피드에서 24.576MB/s, 슈퍼스피드에서 393MB/s, 슈퍼스피드 플러스에서는 786MB/s 이상). 로우스피드는 벌크 전송과 등시성 전송을 지원하지 않고 초당 800바이트의 저속 전송 하나만 지원한다.

◈ USB 디바이스 개발

PC용 USB 디바이스를 설계할 때는 디바이스 자체를 동작시키는 관점에서의 설계도 해야 하고 디바이스와 통신하는 PC 소프트웨어를 지원하는 관점에서의 설계도 필요하다.

컴포넌트

USB 디바이스는 다음 항목을 충족시켜야 한다.

- USB 인터페이스를 갖는 디바이스 컨트롤러 칩과, CPU나 컨트롤러와 통신할 수 있는 지능적 하드웨어. CPU는 컨트롤러에 같이 붙어 있을 수도 있고 별개의 칩일 수도 있다.
- 디바이스에서 USB 통신을 수행할 디바이스 프로그램 코드, 하드웨어, 또는 그 조합
- USB 디바이스 펑션(데이터 처리, 입력 읽기, 결과 출력)을 수행하는 하드웨어와 프로그램 코드

호스트는 다음 항목을 충족시켜야 한다.

- 호스트 컨트롤러 하드웨어와 소프트웨어(일반적으로 소프트웨어는 운영체제에 포함)
- 호스트에서 애플리케이션이 디바이스와 통신할 수 있게 해주는 디바이스 드라이버 소프트웨어. 드라이버는 OS에 포함되어 있을 수도 있고, 디바이스 제조나, 칩 회사, 그 밖의 공급처에서 제공받을 수 있다.
- 사용자가 디바이스에 접근할 수 있게 해주는 애플리케이션 소프트웨어. 마우스, 키보드, 디스크 드라이브 같은 표준 주변기기 유형은 전용 애플리케이션 소프트웨어가 필요 없다. 원하면 테스트 애플리케이션을 작성할 수도 있다.

개발 도구

USB 디바이스를 개발하려면 다음과 같은 개발용 도구가 필요하다.

- 디바이스 펌웨어(디바이스 컨트롤러 칩 내부에서 실행되는 코드)를 생성하기 위한 어셈블러나 컴파일러
- 어셈블, 컴파일된 코드를 컨트롤러 프로그램 메모리 영역에 적재할 수 있는 메커니즘
- 디바이스 드라이버, 필터 드라이버, 애플리케이션의 조합을 포함한 호스트 소프트웨어를 개발, 디버깅할 수 있는 컴파일러

디바이스 펌웨어를 디버깅하는 모니터 프로그램과 USB 트래픽을 분석할 수 있는 프로토콜 분석기가 있으면 더 좋다.

프로젝트 개발 단계

프로젝트는 최초 의사결정, 열거 작업, 데이터 교환 순으로 이뤄진다.

하드웨어와 소프트웨어 선정

개발을 시작하기 전에 디바이스 하드웨어와 호스트 드라이버를 선택해야 한다.

1. 디바이스 요구사항을 명확히 한다. USB 인터페이스에서는 데이터 전송량, 타이밍, 대역폭을 정의해야 한다. 또한 디바이스가 수행할 펑션도 고려해야 한다. 예를 들어, 데이터 수집기는 아날로그 입력을 필요로 할 수도 있다. 3장에서는 각기 다른 전송 방식에 따른 기능$_{capability}$과 그것이 각 디바이스 요구사항과 어떤 관련이 있는지 살펴본다.
2. PC 운영체제에 들어 있는 드라이버를 쓸지, 직접 작성할지 결정해야 한다. 7장에서는 드라이버를 다룬다.
3. 디바이스 컨트롤러 칩을 선정한다. 6장에서는 칩 선정을 다룬다.

열거

호스트가 디바이스를 열거하려면 다음 과정을 수행해야 한다.

1. 호스트의 표준 USB 리퀘스트나 버스상의 기타 이벤트에 응답할 수 있게 디바이스 펌웨어를 작성해야 한다. 이때 리퀘스트는 일련의 디스크립터들을 요구한다. 디스크립터란 디바이스의 USB 기능$_{capability}$을 설명한 자료 구조다. 보통 칩 제조사는 약간만 수정해서 쓸 수 있는 예제 코드를 제공한다. 어떤 컨트롤러는 디바이스 펌웨어 없이 열거를 처리하기도 한다.

2. 윈도우 호스트의 경우, 디바이스를 식별하고 드라이버를 할당할 수 있게 디바이스 드라이버와 INF$_{information}$ 파일을 식별하거나 만들어준다. INF 파일은 호스트 컴퓨터가 사용할 디바이스 드라이버 이름 및 위치를 알려주는 텍스트 파일이다. 디바이스가 윈도우에서 지원하는 클래스와 맞으면 윈도우에 포함된 INF 파일을 쓸 수도 있다. 다른 운영체제는 맞는 디바이스 드라이버를 찾는 방법이 다르다.

3. 칩과 펌웨어를 테스트할 수 있는 개발 보드나 부가 회로를 만들어야 한다. 대부분 칩 제조사가 개발 보드를 제공한다.

4. 프로그램 코드를 디바이스에 저장하고 디바이스를 버스에 연결한다. 윈도우 호스트가 디바이스에 대한 열거 작업을 시행하고 디바이스 관리자에 디바이스를 추가할 것이다.

데이터 교환

열거에 성공하면 디바이스 평션을 수행하는 코드와 컴포넌트를 작성할 수 있다. 필요에 따라 디바이스를 테스트하고 통신하는 애플리케이션 코드를 작성한다. 프로그램 디버깅이 끝나면 최종 하드웨어를 테스트할 준비가 된 것이다.

USB 3.1 요약

USB 3.0은 USB 규격의 메이저 업데이트이며, USB 3.1은 USB 3.0을 기초로 만든 것이다. 이 절에선 USB 3.0과 USB 3.1의 새로운 점을 설명한다.

기능

USB 3.0은 USB 2.0을 계속 지원하고 새로운 기능을 많이 추가했다.

USB 3.1은 USB 3.0을 완전히 대체할 수 있는가?

USB 3.1은 USB 3.0을 인핸스드 슈퍼스피드 규격으로 대체하고 있다. USB 3.0은 USB 2.0 버스와 병렬로 동작하는 슈퍼스피드 버스를 새로 정의했다. USB 3.1은 같은 통신선을 사용하지만 슈퍼스피드 플러스 지원을 추가했다. 신제품을 설계할 때 슈퍼스피드 플러스를 지원하거나, 슈퍼스피드만 지원하는 신제품을 설계할 때는 USB 3.1을 준수해야 한다.

USB 3.1은 USB 2.0의 대체 규격이 아님

USB 2.0의 규격은 변하지 않았으며 로우, 풀, 하이 스피드뿐만 아니라 기능과 프로토콜도 같다. 각 속도에서 사용하는 전송 방식, 디스크립터, 범용 버스 토폴로지도 같다.

USB 3.1 속도를 지원하지 않는 디바이스는 여전히 USB 2.0 규격을 준수해야 한다. 슈퍼스피드와 슈퍼스피드 플러스 디바이스는 USB 3.1 속도로 동작할 때 USB 3.1 규격을 따르고, 그 이하 속도일 때는 USB 2.0 규격을 따른다.

USB 3.1 디바이스의 장점

인핸스드 슈퍼스피드 디바이스는 대용량 저장장치와 비디오 디바이스에서 특히 강점을 갖는다. USB를 사용해 데이터를 전송하는 고해상 비디오 디스플레이도 가능하다. 공급 전류량이 증가되어 고전력 디바이스도 사용할 수 있고, 새로운 전원 관리 프로토콜을 통해 전력에 민감한 디바이스도 사용할 수 있다.

더 빠른 전송 속도

슈퍼스피드 버스는 신호 처리율과 통신선상의 비트 속도가 하이스피드 USB보다 10배 이상 빠른 5Gb/s다. 슈퍼스피드 플러스는 그 두 배인 10Gb/s까지 신호를 처리할 수 있다. 슈퍼스피드와 슈퍼스피드 플러스는 USB 2.0과는 달리 통신선을 쌍으로 갖고 있어서 동시에 양방향으로 통신할 수 있다. 인코딩과 기타 오버헤드만 제외하면, 슈퍼스피드 버스는 약 460MB/s의 속도로 애플리케이션 데이터를 양방향 전송할 수 있고, 슈퍼스피드 플러스 버스는 약 1.1GB/s의 속도로 애플리케이션 데이터를 양방향 전송할 수 있다.

이 외에도 인핸스드 슈퍼스피드는 다음과 같은 기능을 이용해 데이터 스루풋을 더욱 향상할 수 있다.

- USB가 보낼 데이터가 있을 때, 비동기적으로 호스트에 알릴 수 있다. 디바이스가 보낼 데이터가 없을 때 호스트가 폴링polling을 하고 있을 필요가 없으며, 따라서 폴링을 위해 대역폭을 점유하지 않는다.
- 스트리밍 프로토콜을 이용해 벌크 전송의 성능을 개선했다.

일부 기능 유지

USB 3.1의 기능 중에는 USB 2.0에서 변경되지 않은 것들도 있다.

- 스타 토폴로지
- 네 종류 전송 방식(제어, 벌크, 인터럽트, 등시성)
- 디바이스 정보를 제공하는 디스크립터의 사용. USB 3.1은 새로운 디스크립터를 추가했고, USB 2.0에서 정의한 디스크립터에 새로운 정보를 담은 필드 몇 개를 추가했다.
- 로우, 풀, 하이 스피드 프로토콜과 케이블

그 밖에 강화된 기능

USB 3.1은 새로운 버스 속도를 제공하면서 USB 2.0과 비교해 달라진 점이 몇 가지 있다.

- **직접 라우팅.** 허브는 모든 인핸스드 슈퍼스피드 포트가 아니라 수신할 디바이스에 하향 트래픽을 보낸다.
- **폴링이 없음.** 호스트가 인핸스드 슈퍼스피드로 데이터를 요청할 때, BUSY이거나 데이터가 없고 등시성 엔드포인트가 아닌 경우 엔드포인트는 NRDY(Not Ready, 준비되지 않음)를 리턴한다. 호스트는 디바이스가 ERDY(Endpoint Ready, 엔드포인트 준비 완료)를 검출할 때까지 엔드포인트를 방치할 수 있다. ERDY는 엔드포인트가 보낼 데이터가 있을 때 검출된다. 호스트는 보낼 데이터가 없는 엔드포인트를 폴링하기 위해 버스를 점유하지 않아도 된다.
- **새로운, 공격적인** 전력 절감 모드와 프로토콜
- 디바이스에 **더 많은 전류**를 공급할 수 있다.
- **버스트 모드를 지원함.** 호스트나 디바이스가 이전 패킷의 ACK를 기다리는 것 없이 다량의 데이터 패킷을 보낼 수 있다.
- **벌크 엔드포인트에서 스트리밍이 가능.** 각각 독립적인 데이터 스트림 여러 개가 같은 엔드포인트를 이용할 수 있으며, 각 스트림은 전용 버퍼를 할당받을 수 있다.

호환성

USB 3.1은 USB 2.0과 하위 호환성을 갖는다. 아래 각 설명은 슈퍼스피드 플러스에서 지원하는 부분 몇 가지를 제외하면 USB 3.0에도 해당된다.

USB 2.0 디바이스는 USB 3.1 호스트에서 동작하는가?

USB 3.1 호스트는 인핸스드 슈퍼스피드 버스에 USB 2.0 버스를 병렬로 갖는다. USB 2.0 디바이스는 USB 3.1 호스트와 붙일 때 변경된 요구사항이 없다.

USB 3.1 디바이스는 USB 2.0 호스트에서 동작하는가?

모든 인핸스드 슈퍼스피드 디바이스는 USB 2.0 속도를 지원해야 하지만 모든 기능을 갖지 않을 수도 있다. 디바이스가 더 낮은 속도를 이용해 해당 기능을 수행할 수 없을 때는 호스트에 슈퍼스피드가 필요하다고 알려야 한다.

호스트 소프트웨어의 변경사항

운영체제가 USB 3.1 호스트 컨트롤러용 드라이버를 지원해야 한다. 등시성 전송을 지원하는 클래스나 디바이스 드라이버는 슈퍼스피드, 슈퍼스피드 플러스를 지원하도록 지원하도록 변경될 가능성이 높다.

USB 3.1의 높은 버스 전류량은 USB 3.1 버스에서만 사용할 수 있는가?

인핸스드 슈퍼스피드 디바이스는 Gen 1이나 Gen 2로 동작할 때는 USB 3.1 규격을 준수해야 하며, 더 낮은 속도로 동작할 때는 USB 2.0 규격을 준수해야 한다. 어떤 고전력 디바이스가 USB 3.1과 USB 2.0에서 모두 동작한다면, USB 3.1 속도에는 900mA를 끌어쓸 수 있지만 USB 2.0 속도에는 500mA만 끌어쓸 수 있다.

USB 3.1 허브는 모든 속도를 지원해야 하는가?

USB 3.1 허브는 인핸스드 슈퍼스피드 허브와 USB 2.0 허브로 구성되어 있어서 주전원과 접지선, 버스 전원을 제어하는 회로를 공유한다. 이 허브는 디바이스 2개로 열거된다. USB 3.1 버스의 인핸스드 슈퍼스피드 허브, USB 2.0 버스의 USB 2.0 허브다.

USB 3.1 디바이스는 동시에 여러 속도로 통신할 수 있는가?

USB 3.1 디바이스는 디바이스, 호스트, 허브 사이에서 지원 가능한 가장 빠른 속도로 통신한다. 일부 버스에서 상향 통신은 예외가 있다. USB 2.0 허브가 USB 2.0 또는 더 높은 호스트에 붙어 있으면 상향 통신은 항상 하이스피드가 된다.

허브를 제외하면 디바이스 1개가 USB 3.1과 USB 2.0 버스를 동시에 사용할 수는 없다.

케이블

USB 3.1 규격은 새로운 케이블과 커넥터를 정의했다.

USB 2.0 속도에서 동작하는 디바이스가 USB 2.0 케이블을 사용해 USB 3.1 호스트, 디바이스와 통신할 수 있는가?

USB 2.0 속도를 쓴다면 쓸 수 있다. USB 2.0 케이블은 USB 3.0에도 맞는다. 그러나 USB 3.1 트래픽용 통신선을 갖고 있지는 않다.

USB 3.1 케이블을 USB 2.0 호스트, 허브와 함께 쓸 수 있는가?

USB 3.1 표준 A 플러그는 USB 2.0 표준 A에도 맞는다. 따라서 USB 3.1 케이블로 USB 3.1 디바이스와 USB 2.0 호스트, 허브 사이를 연결할 수 있다. 물론 디바이스는 USB 2.0 속도로 통신한다.

USB 3.1 케이블은 USB 2.0 디바이스에 맞는가?

아니다. USB 3.1 케이블은 USB 3.1 표준 B나 USB 3.1 마이크로 B 플러그를 쓰며, 이들 플러그는 USB 2.0 커넥터에는 맞지 않는다.

USB 3.1 커넥터는 추가된 요구사항을 갖는가?

USB 3.1은 잡음 감쇠를 위해 커넥터 후면 실드, 접지 탭, 접지용 스프링 탭 등, 추가 요구사항을 갖는다.

USB 3.1 디바이스와 호스트는 USB C형 케이블을 사용할 수 있다

USB 3.1 C형 커넥터는 USB 3.1의 발표와 함께 선보였다. 이 커넥터는 작은 크기를 포함해 여러 장점을 갖는다. USB 3.1 C형 커넥터는 진보된 전력 전송 프로토콜과 위아래를 가리지 않고 삽입할 수 있는 기능을 지원한다. 모든 USB 3.1 또는 USB 2.0 호스트, 디바이스는 USB C형 커넥터와 케이블을 사용해 설계할 수 있다.

최대 케이블 길이

인핸스드 슈퍼스피드의 최대 케이블 길이는 USB 2.0에 비해서는 짧다. USB 3.1 규격은 성능 요구사항은 정의하고 있지만 최대 케이블 길이는 정의하지 않았다. USB 3.1 케이블의 경험적 제한 길이는 1m다.

USB C형 규격에서는 USB C형 커넥터를 사용할 때 슈퍼스피드 플러스에서는 1m, 슈퍼스피드 및 USB 2.0 케이블과 마이크로 B 플러그에서는 2m가 통상적인 제한 길이다. 기타 USB 2.0 케이블에서는 4m가 최대 길이다.

USB 3.1 호스트 2개를 직접 연결할 수 있는가?

USB 3.1은 양 끝이 모두 표준 A 플러그인 새로운 케이블을 정의했으며, 이 케이블을 이용하면 호스트 간 연결이 가능하다. 이 케이블은 디버깅을 할 때도 사용하고 호스트-호스트 간 애플리케이션 드라이버를 지원한다. 이 케이블은 인핸스드 슈퍼스피드 데이터 통신선을 갖고 있지만 VBUS, D+, D-가 없다.

전원

USB 3.1은 디바이스가 더 많은 전력을 사용할 수 있고, 더 적극적인 저전력 옵션을 지원한다.

버스 전력 증가

USB 3.1 호스트, 허브는 전력을 많이 소모하는 고전력 슈퍼스피드, 슈퍼스피드 플러스 디바이스에서 900mA까지 지원하고, 저전력 슈퍼스피드, 슈퍼스피드 플러스 디바이스에서 150mA까지 지원한다.

로우, 풀, 하이 스피드로 동작할 때는 USB 2.0 제한이 적용된다. 고전력 디바이스에서는 500mA까지, 저전력 디바이스에서는 100mA까지 지원한다. 'USB Power Delivery Rev. 2.0, v1.0' 규격은 USB 2.0과 USB 3.1 시스템 모두 적용 가능한 전력 옵션을 확장했다.

2장

USB 전송

2장에서는 USB 전송을 구성하는 각 요소를 살펴본다. USB를 이용한 과제를 진행할 때 USB 전송에 관한 상세사항을 모두 알 필요는 없지만, 동작 원리를 이해해두면 전송 방식을 결정하거나 펌웨어 개발 및 디버깅 시 큰 도움이 된다.

USB 전송 기초

데이터를 송수신하려면 호스트에서 USB 전송을 초기화해야 한다. 각 전송은 보낼 데이터, 주소 정보, 에러 검출 비트, 상태와 제어 정보 등 정의된 포맷을 사용한다. 해당 포맷은 전송 방식과 방향에 따라 다양하다.

기초

모든 USB 통신(USB 3.1은 제외)은 호스트와 디바이스 간의 통신이다. 호스트는 버스상의 트래픽을 관리하고, 디바이스는 호스트로부터 발생한 통신에 응답한다. 엔드포인트는 수신 데이터나 송신 데이터를 저장하는 디바이스 버퍼다. 각 엔드포인트 주소는 엔드포인트 번호, 송수신 방향, 트랜잭션 1개당 송신하거나 수신할 수 있는 최대 데이터 바이트 수를 갖는다.

각 USB 전송은 엔드포인트로 데이터를 보내거나 받는 트랜잭션 1개 이상으로 이뤄진다. USB 2.0 트랜잭션은 호스트가 버스에 토큰 패킷을 송신하는 것으로 시작한다. 토큰 패킷은 목적 엔드포인트 번호와 방향을 담고 있다. IN 토큰 패킷은 엔드포인트로부터 데이터 패킷을 요청한다. OUT 토큰 패킷은 호스트의 데이터 패킷에 앞선다. 각 데이터 패킷은 데이터뿐만 아니라 데이터 순서 값과 함께 에러 검사 비트와 패킷 아이디PID, Packet ID로 구성된다. 또한 트랜잭션 중 상당수는 트랜잭션 성공 유무를 보고하는 핸드셰이크 패킷을 갖는다.

인핸스드 슈퍼스피드 트랜잭션에서는 패킷 유형과 프로토콜이 다르지만 데이터에 추가되는 주소 방식, 에러 검사, 데이터 순서 값은 비슷하다.

USB는 제어, 벌크, 인터럽트, 등시성 전송이라는 네 종류의 전송 방식을 지원한다. 제어 전송에서는 호스트가 디바이스에게 정의된 리퀘스트를 보낸다. 디바이스가 장착되면 호스트는 제어 전송으로 디바이스로부터 자료 구조를 요청하는데, 이를 디스크립터라고 부른다. 이 디스크립터를 통해 디바이스 기능과 호스트가 디바이스에게 할당할 드라이버를 결정할 수 있는 정보를 얻는다. 특정 클래스 규격이나 제조사도 이런 리퀘스트를 정의할 수 있다.

제어 전송은 SETUP, DATA(옵션사항), STATUS의 세 가지 스테이지로 구성된다. SETUP 스테이지는 리퀘스트를 담고 있다. DATA 스테이지는 있을 수도 없을 수도 있으며, DATA 스테이지가 존재하는 경우 리퀘스트에 따라 호스트나 디바이스로부터 발생한 데이터를 담는다. STATUS 스테이지는 전송 성공에 대한 정보를 담는다. 제어 읽기 전송에서 디바이스는 DATA 스테이지에서 데이터를 보낸다. 제어 쓰기 전송에서 호스트는 DATA 스테이지에서 데이터를 보낼 수도 있고, DATA 스테이지가 생략될 수도 있다.

그 밖의 전송 방식은 정의된 스테이지를 갖지 않는다. 고수준 소프트웨어가 저수준 데이터를 어떻게 해석할지 정의한다. 벌크 전송은 버스가 IDLE 상태일 때 가장 빠르지만 타이밍을 보증하지 않는다. 프린터와 디스크 드라이브는 벌크 전송을 사용한다. 인터럽트 전송은 최대 전송 지연이나 트랜잭션 시도 사이의 시간 간격을 보증한다. 마우스와 키보드는 인터럽트 전송을 사용한다. 등시성 전송은 타이밍을 보증하지만 에러는 보정하지 않는다. 스트리밍 오디오와 비디오는 등시성 전송을 쓴다.

통신의 목적

USB 통신은 크게 디바이스 검출 및 설정에 대한 통신과 디바이스 본연의 목적에 맞는 데이터 통신 두 갈래로 구성된다. 호스트는 디바이스 열거 작업을 수행하면서 디바이스 관련 정보를 얻고, 디바이스에게 그 디바이스 고유 기능을 수행할 준비를 하라는 설정 작업을 요청한다. 열거가 끝나면 호스트는 디바이스 목적에 따라 데이터 요청과 전송을 할 수 있다.

디바이스 펌웨어는 열거 작업에 들어가면 호스트로부터의 표준 리퀘스트에 응답한다. 디바이스는 리퀘스트를 해석해야 하고, 요청된 정보를 반환하며, 리퀘스트에 따라 각각의 부가적인 행동을 취해야 한다.

윈도우 PC 및 기타 일부 OS에서는 운영체제가 열거를 수행하므로 애플리케이션은 따로 프로그래밍할 것이 없다. 윈도우에서는 디바이스를 시스템에 처음으로 연결할 때 플러그앤플레이_{PnP, Plug and Play} 관리자가 INF 파일 위치를 찾아야 한다. INF 파일은 디바이스에 할당된 하나 이상의 드라이버 파일 위치와 이름을 기술하고 있다. 요청한 파일을 사용할 수 있고 펌웨어가 제대로 동작하면 사용자가 모르게 열거가 진행된다. INF 파일과 디바이스 드라이버는 9장에서 자세히 다룬다.

호스트가 디바이스를 열거하고 디바이스 드라이버 할당 및 로드가 끝나면 비로소 애플리케이션 통신을 시작할 수 있다. 호스트 애플리케이션은 디바이스에 읽고 쓰기 위해 표준 윈도우 API 함수 또는 기타 소프트웨어 컴포넌트를 쓸 수 있다. 디바이스 측면에서 일반적인 데이터 전송은 엔드포인트 송신 버퍼에 데이터를 보내는 과정, 엔드포인트 수신 버퍼로부터 데이터를 받는 과정, 트랜잭션을 완료하는 과정, 다른 트랜잭션을 위해 엔드포인트를 준비 상태로 만드는 과정이 모두 필요하다. 대부분의 디바이스는 에러 및 그 밖의 이벤트를 처리하기 위한 펌웨어를 추가로 지원해야 한다.

버스상의 데이터 관리

호스트는 버스상의 전송 스케줄을 관리한다. USB 2.0 호스트 컨트롤러는 로우스피드와 풀스피드에서 1ms 프레임으로, 하이스피드에서는 125µs 마이크로프레임으로 시간을 나눠서 트래픽을 관리한다. 호스트는 각 전송에 대해 각 (마이크로)프레임 조각을 분배한다. 각 (마이크로)프레임은 프레임 시작SOF, Start of Frame 타이밍 참조 패킷으로 시작한다.

인핸스드 슈퍼스피드 버스는 SOF를 쓰지 않고 호스트가 125µs 버스 인터벌 내에서 슈퍼스피드 전송 스케줄을 관리한다. USB 3.1 호스트는 또한 저전력 상태에 있지 않은 모든 인핸스드 슈퍼스피드 포트에 대해 버스 인터벌마다 타임스탬프 패킷을 전송한다.

각 전송은 트랜잭션 1개 이상으로 구성된다. 제어 전송은 항상 트랜잭션을 1개 이상 갖는데, 제어 전송이 1개 이상의 스테이지로 구성되기 때문이다. 그 밖의 전송에서는 단일 트랜잭션에 맞는 데이터보다 더 많은 데이터를 보내야 할 때 트랜잭션을 1개 이상 쓴다. 트랜잭션은 단일 프레임이나 (마이크로)프레임에 다 들어갈 수도 있고 여러 (마이크로)프레임에 나눠 들어갈 수도 있는데, 호스트가 트랜잭션을 어떻게 구성하느냐에 따라, 또는 디바이스 응답 속도에 따라 결정된다.

모든 디바이스는 호스트가 할당한 고유 주소를 갖는다. 모든 데이터는 호스트에서 출발하거나 또는 호스트에 도착한다. USB 2.0 디바이스는 원격 깨움wakeup 신호를 제외하면 호스트가 패킷을 보낼 때마다 응답해야 한다. 각 USB 2.0 트랜잭션은 트랜잭션의 목적지를 식별하는 디바이스 주소가 있어야 하는데, 디바이스 여러 개가 버스상의 단일 데이터 통로를 공유하기 때문이다.

인핸스드 슈퍼스피드 디바이스는 호스트가 정보를 요구할 때까지 기다리지 않아도 상태나 제어 정보를 호스트로 보낼 수 있다. 각 인핸스드 슈퍼스피드 데이터 패킷과 트랜잭션 패킷이 디바이스 주소를 포함한다. 인핸스드 슈퍼스피드 버스는 디바이스가 가장 가까운 허브 사이만 데이터를 주고받도록 하는 연결 관리 패킷Link Management Packet을 쓰기 때문에 주소 정보가 필요 없다.

전송의 구성요소

모든 USB 전송은 트랜잭션 1개 이상으로 이뤄지고, 각 트랜잭션은 정보를 갖는 패킷들로 구성된다. 트랜잭션과 패킷, 그 안의 컨텐츠를 이해하려면 엔드포인트와 파이프를 이해해야 한다.

엔드포인트: 데이터를 만들거나 쓰는 곳

모든 버스 트래픽은 디바이스 엔드포인트에서 나오거나 디바이스 엔드포인트로 들어간다. 엔드포인트는 데이터를 저장할 수 있는 버퍼다. 보통 엔드포인트는 데이터 메모리 블록이거나 컨트롤러 칩의 레지스터로 구성된다. 엔드포인트에 저장된 데이터는 수신한 데이터거나 전송하려고 대기 중인 데이터다. 호스트도 수신한 데이터나 전송하려고 대기하는 데이터를 저장하는 버퍼가 있지만 엔드포인트는 없다. 호스트는 디바이스 엔드포인트와 통신하는 출발지와 목적지 역할을 한다.

엔드포인트 주소endpoint address는 엔드포인트 번호와 전송 방향으로 이뤄진다. 번호는 0~15 사이의 값이다. 전송 방향은 호스트 관점에서 정의한다. IN 엔드포인트는 호스트로 보낼 데이터를 저장하고, OUT 엔드포인트는 호스트로부터 수신한 데이터를 저장한다. 제어 전송으로 설정된 엔드포인트는 양방향으로 데이터를 전송해야 한다. 따라서 제어 엔드포인트는 동일한 엔드포인트 번호를 쓰는 IN, OUT 엔드포인트 주소 쌍으로 구성된다.

모든 디바이스에서 엔드포인트 0은 제어 엔드포인트로 설정된다. 추가적인 제어 엔드포인트는 성능상의 장점이 전혀 없기 때문에 제어 포인트가 추가로 필요한 경우는 매우 드물다.

다른 전송 방식에서는 데이터를 단방향으로만 보낸다. 물론 상태 정보와 제어 정보는 반대 방향으로 전달될 수 있다. IN, OUT 엔드포인트 주소 양쪽에 같은 엔드포인트 주소를 쓸 수도 있다. 예를 들어, 디바이스는 호스트로 데이터를 보내는 엔드포인트 주소 1 IN과 호스트에서 데이터를 받는 엔드포인트 주소 1 OUT을 쓸 수 있다.

엔드포인트 0 외에 풀스피드, 하이스피드 디바이스는 추가적으로 30개까지 엔드포인트 주소를 쓸 수 있다(1~15까지의 각 IN, OUT). 로우스피드 디바이스는 임의의 방향 조합으로 엔드포인트를 최대 2개 쓸 수 있다. 예를 들어, IN 2개를 쓰거나 OUT 2개를 쓰거나 각 방향으로 1개씩 총 2개를 쓸 수 있다.

트랜잭션 형식

모든 USB 2.0 트랜잭션은 패킷 1개로 시작하며 이 패킷에서는 엔드포인트 번호 및 데이터 방향과 트랜잭션이 제어 전송으로 초기화하는지를 나타내는 코드를 담고 있다.

트랜잭션 형식	데이터 출발지	이 트랜잭션을 쓰는 전송 방식	내용
IN	디바이스	모든 방식	데이터나 상태 정보
OUT	호스트	모든 방식	데이터나 상태 정보
SETUP	호스트	제어	리퀘스트

IN, OUT 트랜잭션에 이름을 붙이는 방법은 엔드포인트 전송 방향과 같은 방식, 즉 호스트 관점이다. IN 트랜잭션에선 디바이스에서 호스트로 데이터가 이동한다. OUT 트랜잭션에선 호스트에서 디바이스로 데이터가 이동한다.

SETUP 트랜잭션은 OUT 트랜잭션처럼 호스트에서 디바이스로 데이터가 이동하지만 제어 전송을 개시하기 때문에 특별한 경우다. 디바이스는 SETUP 트랜잭션을 식별해야 하는데, SETUP 트랜잭션은 디바이스가 항상 받아들여야 하는 유일한 트랜잭션 형식이기 때문이다. 어떤 전송 방식이든 IN 트랜잭션이나 OUT 트랜잭션을 쓸 수 있다.

모든 USB 2.0 트랜잭션에서 호스트는 3개의 주소를 보내는데, 디바이스 주소, 엔드포인트 번호, 엔드포인트 방향으로 구성된다. OUT이나 SETUP 패킷을 수신하면 엔드포인트는 그 패킷 다음으로 오는 데이터를 저장하고, 디바이스 하드웨어는 인터럽트가 걸리는 것이 보통이다. 그 후 수신한 데이터를 펌웨어가 처리하고 요청된 작업을 취할 수 있다. 엔드포인트가 호스트로 전송할 준비가 된 상태에서 IN 패킷을 수신하면 하드웨어는 데이터를 버스로 보내고 일반적으로 인터럽트를 발생시킨다. 그런 다음 펌웨어가 대기 상태로 만드는 데 필요한 작업을 수행한다. 대기 상태로 만들어놓아야 다음 IN 트랜잭션을 처리할 수 있다. 엔드포인트가 데이터를 송수신할 준비가 안 됐다면 IN 패킷이나 OUT 패킷에 대한 응답으로 그에 맞는 상태 코드를 전송한다.

인핸스드 슈퍼스피드 트랜잭션에서는 프로토콜이 다르며, 이에 대해서는 2장 뒷부분에서 설명한다.

파이프: 엔드포인트를 호스트에 연결

데이터 전송을 시작하려면 호스트와 디바이스 간 파이프$_{pipe}$를 만들어야 한다. 파이프는 디바이스 엔드포인트와 호스트 컨트롤러 소프트웨어 간 연결이다. 호스트 소프트웨어는 호스트가 통신하려는 각 엔드포인트 주소에 파이프를 생성한다.

호스트는 열거 중에 파이프를 생성한다. 버스에서 디바이스를 제거하면 호스트는 더 이상 필요 없는 파이프를 없앤다. 호스트는 또한 새로운 파이프를 요청하거나 불필요한 파이프를 제거할 수 있다. 이 작업은 제어 전송으로 디바이스에 대체 컨피규레이션이나 인터페이스를 요청하는 방식으로 진행된다.

디바이스는 디바이스가 사용하려는 각 엔드포인트에 대한 엔드포인트 디스크립터 등을 호스트에게 설정 정보로 보낸다. 각 엔드포인트 디스크립터는 호스트가 엔드포인트와 통신할 때 알아야 할 정보가 들어 있다. 여기에는 엔드포인트 주소, 전송 방식, 데이터 패킷 최대 크기, 인터럽트 전송과 등시성 전송의 경우에는 원하는 서비스 인터벌이나 전송 주기도 들어 있다.

전송 방식

USB는 전송률, 응답 시간, 에러 보정 여부 등 요구사항이 다양한 여러 디바이스에서 사용할 수 있다. 데이터 전송은 네 종류 전송 방식에서 각기 다른 요구사항을 필요로 한다. 각 디바이스는 그중 목적에 가장 적합한 전송 방식을 선택해서 쓴다. 표 2-1은 전송 방식별 기능을 요약한 것이다.

▼ 표 2-1 용도별 USB 전송 방식

전송 방식	제어	벌크	인터럽트	등시성
일반적인 용도	식별 및 컨피규레이션	프린터, 스캐너, 디스크 드라이브	마우스, 키보드	스트리밍 오디오, 비디오
디바이스 필수 지원 여부	예	아니요	아니요	아니요
로우스피드 지원 여부	예	아니요	예	아니요
최대 패킷 크기; 보증하는 최대 패킷/인터벌 (인핸스드 슈퍼스피드)	512; 없음	1024; 없음	1024; 3/125µs	1024; 슈퍼스피드: 48/125µs 슈퍼스피드 플러스: 96/125µs
최대 패킷 크기; 보증하는 최대 패킷/인터벌 (하이스피드)	64; 없음	512; 없음	1024; 2/125µs	1024; 3/125µs
최대 패킷 크기; 보증하는 최대 패킷/인터벌 (풀스피드)	64; 없음	64; 없음	64; 1/ms	1023; 1/ms
최대 패킷 크기; 보증하는 최대 패킷/인터벌 (로우스피드)	8; 없음	사용 불가	8; 1/10ms	사용 불가
데이터 방향	IN과 OUT	IN 또는 OUT	IN 또는 OUT	IN 또는 OUT

전송 방식	제어	벌크	인터럽트	등시성
예약된 대역폭	10%(로우/풀), 20%(하이, 인핸스드 슈퍼스피드)	없음	90%(로우/풀), 80%(하이, 인핸스드 슈퍼스피드, 등시성과 인터럽트 혼합)	
메시지인가 스트림인가?	메시지	스트림	스트림	스트림
에러 보정 여부	예	예	예	아니요
전송률 보장 여부	아니요	아니요	아니요	예
전송 지연 보장 (최대 전송 간격) 여부	아니요	아니요	예	예

제어 전송은 USB 규격 문서에서 기능 자체를 정의한 유일한 전송 방식이다. 제어 전송을 통해 호스트는 디바이스 정보를 읽고 주소를 정하며, 컨피규레이션이나 기타 설정 값을 선정할 수 있다. 또 제어 전송은 드라이버 지원에 따라 특정한 목적을 위한 클래스, 제조사 전용의 송수신 리퀘스트를 보낼 수도 있다. 모든 USB 디바이스는 제어 전송을 지원해야 한다.

벌크 전송은 파일을 프린터로 보내거나 디스크 드라이브의 파일에 접근할 때처럼 일정한 전송률을 보장할 필요가 없을 때 쓴다. 이런 애플리케이션에서는 전송이 빠를수록 좋지만, 필요하면 잠시 기다려도 상관없다. 벌크 전송은 버스가 BUSY이면 대기해야 하지만 IDLE이면 가장 빠르다. 로우스피드 디바이스는 벌크 엔드포인트를 지원하지 않는다. 디바이스가 꼭 벌크 전송을 지원할 필요는 없지만 어떤 디바이스 클래스는 벌크 전송이 반드시 필요하다.

인터럽트 전송은 호스트나 디바이스가 주기적으로 데이터를 교환하거나 지연이 짧아야 하는 데이터를 교환할 필요가 있는 디바이스에서 사용한다. 인터럽트 전송은 제어 전송을 제외하면 로우스피드 디바이스가 사용할 수 있는 유일한 전송이다. 키보드와 마우스는 키 눌림이나 마우스가 움직인 데이터를 보낼 때 인터럽트 전송을 쓴다. 인터럽트 전송은 모든 전송 속도에서 사용할 수 있다. 디바이스에서 인터럽트 전송이 필수는 아니지만 어떤 클래스 디바이스에서는 반드시 필요하다.

등시성 전송은 에러 보정을 하지 않는 대신 전송에 걸리는 시간을 보장한다. 등시성 전송을 쓰는 데이터는 스트리밍 오디오, 비디오 등이다. 등시성 전송은 자동 재전송을 하지 않는 유일한 전송이다. 따라서 수신한 데이터에 에러가 있어도 받아들여야 한다. 로우스피드 디바이스는 등시성 전송을 지원하지 않는다. 등시성 전송이 디바이스에서 필수는 아니지만 어떤 클래스에는 반드시 필요하다.

스트림 파이프와 메시지 파이프

USB 규격은 파이프를 전송 방식으로 정의하고 있고, 스트림 파이프와 메시지 파이프 규격도 정의하고 있다. 제어 전송은 양방향 메시지 파이프를 쓴다. 기타 전송 방식은 단방향 스트림 파이프를 쓴다.

제어 전송

제어 전송 메시지 파이프에서, 전송은 리퀘스트를 갖는 트랜잭션으로 시작한다. 전송을 완결하는 조건은 리퀘스트에 따라 다른데, 호스트와 디바이스가 데이터, 상태 정보를 교환하기도 하고 디바이스가 상태 정보를 보내기도 한다. 각 제어 전송은 각 방향으로 정보를 보내는 트랜잭션을 최소 1개 이상 갖는다.

디바이스가 수신한 리퀘스트를 지원하면 그에 적합한 작업을 수행해야 한다. 디바이스가 지원하지 않는 리퀘스트라면, 지원하지 않는다는 사실을 코드로 응답해야 한다.

기타 전송

USB 규격에서는 스트림 파이프의 데이터에 대해 정해놓은 형식이 없다. 수신 측에서는 도착하는 데이터를 받아들이거나 버릴 뿐이다. 따라서 디바이스 펌웨어나 호스트 소프트웨어가 애플리케이션에 적합하게 데이터를 처리해야 한다.

물론 스트림 데이터도 송수신 데이터 형식을 미리 합의해야 한다. 예를 들어, USB 대용량 저장장치 규격은 디스크 드라이브와 통신할 때 명령어를 보내고 상태 정보를 받기 위한 데이터 구조를 정의하고 있으며 호스트가 이 규격을 사용할 수 있다.

전송 개시

USB 2.0 규격은 전송 1개를 정의할 때, 소프트웨어 클라이언트와 그 기능 사이에 정보를 이동하는 1개 이상의 버스 트랜잭션으로 정의하고 있다. 전송 1개는 아주 짧을 수도 있다. 단지 1바이트의 애플리케이션 데이터일 수도 있고, 상태 정보만 담고 데이터는 없을 수도 있다. 반대로 큰 파일 내용을 보내는 긴 데이터일 수도 있다.

윈도우 애플리케이션은 API 함수를 호출해 디바이스 핸들을 열고 데이터 전송을 요청할 수 있으며, 이런 방식을 통해 USB 디바이스에 접근할 수 있다. 운영체제는 데이터 전송 리퀘스트를 디바이스 드라이버나 클래스 드라이버로 넘긴다. 이 리퀘스트는 다시 다른 시스템 수준 드라이버와 호스트 컨트롤러로 넘어간다. 호스트 컨트롤러는 버스로 전송을 개시한다.

표준 클래스 디바이스에 접근할 때는 프로그래밍 언어 측면에서 디바이스에 접근하는 방법이 또 있다. 이런 방식을 사용하면 애플리케이션은 대부분 디바이스가 USB를 쓰는지 다른 인터페이스를 쓰는지 알지 못하고 신경도 쓰지 않는다. 예를 들어, 닷넷 프레임워크.NET Framework는 디스크 드라이브에 접근하는 디렉토리 클래스와 파일 클래스를 갖는다. 여기서 디스크 드라이브는 USB를 쓸 수도 있다.

또 제조사가 제공하는 디바이스 드라이버는 자신만의 API 함수를 정의할 수도 있다. 예를 들어, 칩 제조사인 FTDI는 FTDI 컨트롤러 칩을 쓰는 디바이스를 위해 통신 파라미터 설정 기능과 데이터 교환 함수를 탑재한 드라이버를 제공한다.

어떤 드라이버는 디바이스로 데이터를 요청할 때 호스트 컨트롤러가 주기적으로 엔드포인트를 폴링하라고 요구한다. 반면 어떤 드라이버는 애플리케이션이 디바이스로 데이터를 요구하기 전까지는 통신을 개시하지 않는다.

◈ USB 2.0 트랜잭션

그림 2-1은 일반적인 USB 2.0 전송의 구성요소를 나타낸 것이다. 여기서 많은 용어가 비슷하게 보인다. 전송transfer과 트랜잭션transaction, 스테이지stage와 페이즈phase, DATA 트랜잭션data transaction과 DATA 패킷data packet이 있고, STATUS 스테이지status stage와 핸드셰이크 페이즈handshake phase를 볼 수 있다. DATA 스테이지는 핸드셰이크 패킷을 갖고, STATUS 스테이지는 데이터 패킷을 갖는다. 이것들을 모두 이해하려면 상당한 시간이 걸릴 것이다. 표 2-2는 네 종류의 전송 방식을 구성하는 각 요소를 나열한 것이다.

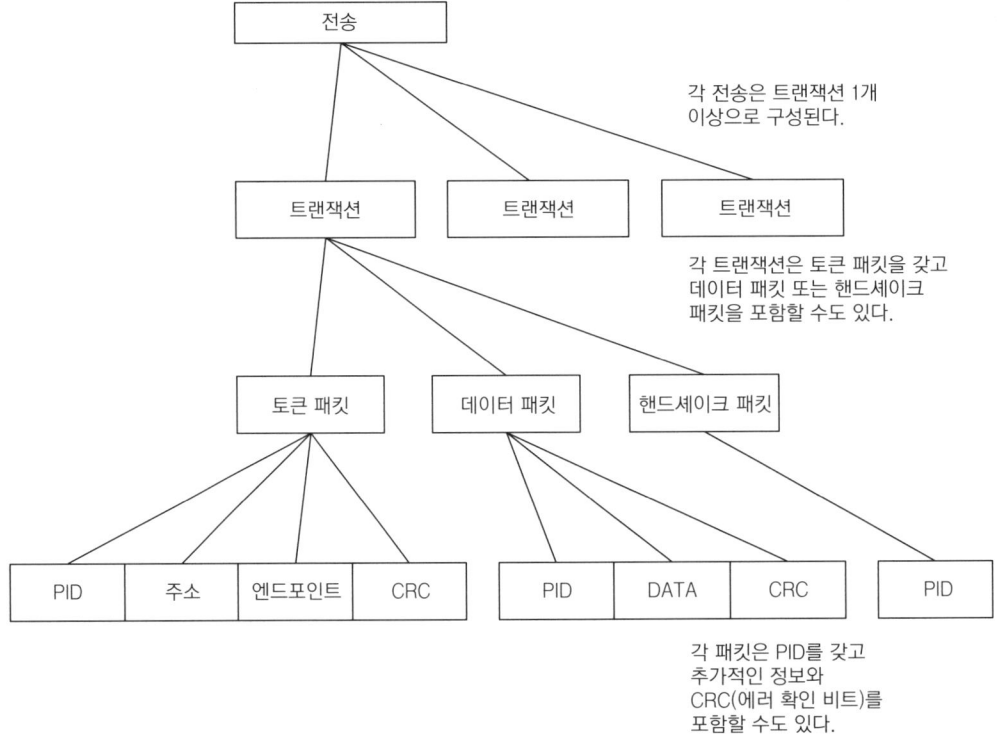

▲ **그림 2-1** USB 2.0 전송은 트랜잭션으로 구성된다. 트랜잭션은 다시 패킷으로 구성되고, 패킷은 패킷 식별자(PID) 및 필요에 따라 추가적인 정보를 포함한다.

▼ **표 2-2** USB 2.0 트랜잭션은 각기 2~3개의 페이즈를 갖는다(여기에는 분할 트랜잭션에 필요한 추가 트랜잭션과 일부 전송에서 쓰는 PING 프로토콜, 하향 전송에 앞서 전송되는 PRE 패킷, 로우스피드 패킷은 나와 있지 않다).

전송 방식	트랜잭션의 방향과 개수		페이즈(패킷)
제어	SETUP 스테이지	1(SETUP)	토큰
			데이터
			핸드셰이크
	DATA 스테이지	0 이상(IN 또는 OUT)	토큰
			데이터
			핸드셰이크
	STATUS 스테이지	1(DATA 스테이지에서 반대 방향 트랜잭션, 또는 DATA 스테이지가 없으면 IN)	토큰
			데이터
			핸드셰이크
벌크	1개 이상(IN 또는 OUT)		토큰
			데이터
			핸드셰이크
인터럽트	1개 이상(IN 또는 OUT)		토큰
			데이터
			핸드셰이크
등시성	1개 이상(IN 또는 OUT)		토큰
			데이터

각 전송은 트랜잭션 1개 이상으로 구성돼 있고, 각 트랜잭션은 패킷 2~3개로 구성돼 있다(프레임 시작SOF, Start of Frame은 단일 패킷 안에서 보낸다). USB 2.0 규격은 트랜잭션을 '서비스를 엔드포인트로 전달하는 것'이라고 정의한다. 여기서 서비스service란 호스트가 디바이스로 정보를 보내거나 호스트가 디바이스에게 정보를 요청해 받는 것을 말한다. SETUP 트랜잭션은 디바이스로 제어 전송 리퀘스트를 보낸다. OUT 트랜잭션은 디바이스로 그 밖의 데이터나 상태 정보를 보낸다. IN 트랜잭션

은 호스트로 데이터나 상태 정보를 보낸다.

각 USB 2.0 트랜잭션은 데이터 교환뿐 아니라 식별, 에러 검사, 상태, 제어 정보를 포함한다. 전송 1개는 프레임 여러 개나 마이크로프레임일 수 있지만, USB 2.0 트랜잭션은 프레임이나 마이크로프레임 중간에 중단 없이 완결돼야 한다. 버스상에서 다른 패킷이 트랜잭션 중간에 끼어들 수 없다. 따라서 디바이스는 트랜잭션에서 요청하는 데이터나 상태 정보를 최대한 빨리 응답해야 한다. 즉 디바이스 펌웨어는 패킷을 수신하면 엔드포인트가 바로 응답하도록 사전 준비를 하고 있으며, 패킷을 받으면 하드웨어가 버스상에 바로 응답을 보낸다.

제어 전송이 아니고 적은 양의 데이터 전송이라면 단일 트랜잭션이면 된다. 그 밖의 전송은 트랜잭션을 여러 개 사용해 데이터 각 부분을 나눠 전송한다.

트랜잭션 페이즈

각 트랜잭션은 순서대로 토큰, 데이터, 핸드셰이크 이렇게 3개의 페이즈를 갖는다. 각 페이즈는 전송 패킷 1개나 2개로 구성된다. 각 패킷은 정의된 포맷에 따른 정보의 블록이다. 모든 패킷은 식별 정보를 담은 패킷 ID$_{PID}$로 시작한다(표 2-3). 트랜잭션의 종류에 따라 PID 뒤에 엔드포인트 주소, 데이터, 상태 정보, 에러 검사 비트와 함께 프레임 번호가 붙는다.

▼ 표 2-3 PID는 트랜잭션에 관한 정보를 제공한다. 출처: Universal Serial Bus Specification, Revision 2.0, USB 2.0 Link Power Management Addendum

패킷 유형	PID	값(이진)	사용되는 전송 방식	소스	버스 속도	설명
토큰 (트랜잭션 형식 식별)	OUT	0001	전부	호스트	전부	OUT 트랜잭션용 디바이스, 엔드포인트 주소
	IN	1001	전부	호스트	전부	IN 트랜잭션용 디바이스, 엔드포인트 주소
	SOF	0101	프레임 시작	호스트	전부	프레임 시작 마커와 프레임 번호
	SETUP	1101	제어	호스트	전부	SETUP 트랜잭션용 디바이스, 엔드포인트 주소

패킷 유형	PID	값(이진)	사용되는 전송 방식	소스	버스 속도	설명
데이터 (데이터와 상태 코드 전송)	DATA0	0011	전부	호스트, 디바이스	전부	데이터 토글 또는 데이터 PID 시퀀싱
	DATA1	1011	전부	호스트, 디바이스	전부	데이터 토글 또는 데이터 PID 시퀀싱
	DATA2	0111	등시성	호스트, 디바이스	하이	데이터 PID 시퀀싱
	MDATA	1111	등시성, 분할 트랜잭션	호스트, 디바이스	하이	데이터 PID 시퀀싱
핸드셰이크 (상태 코드 전송)	ACK	0010	제어, 벌크, 인터럽트	호스트, 디바이스	전부	수신 측에서 데이터 패킷을 에러 없이 받았음
	NAK	1010	제어, 벌크, 인터럽트	디바이스	전부	수신 측에서 데이터를 받지 못했거나 송신 측이 데이터를 보내지 못했거나 전송할 데이터가 없음
	STALL	1110	제어, 벌크, 인터럽트	디바이스	전부	지원하지 않는 제어 리퀘스트이거나 엔드포인트가 멈췄음
	NYET	0110	제어 쓰기, 벌크 OUT, 분할 트랜잭션	디바이스	하이	디바이스가 데이터 패킷을 에러 없이 수신했으나, 추가 데이터에 대해서는 준비되지 않음. 또는 허브가 분할 데이터를 완전히 처리하지 못함
특수	PRE	1100	제어, 인터럽트	호스트	풀	다음 패킷이 로우스피드라는 것을 식별할 수 있도록 호스트가 선행해서 만들어냄(로우/풀 스피드 구간에서만 사용)
	ERR	1100	전부	허브	하이	분할 트랜잭션에서 로우/풀 스피드 에러를 보고하기 위해 허브가 반환(하이스피드 구간에서만 사용)
	SPLIT	1000	전부	호스트	하이	분할 트랜잭션을 나타내는 토큰 패킷 앞에 옴
	PING	0100	제어 쓰기, 벌크 OUT	호스트	하이	NYET 후에 벌크 OUT, 제어 쓰기 데이터 트랜잭션용 BUSY 체크
	EXT	0000	–	호스트	전부	프로토콜 확장 토큰

트랜잭션의 토큰 페이즈에선 호스트가 토큰 패킷을 보내 통신을 개시한다. PID는 SETUP, IN, OUT, SOF 등의 트랜잭션 형식을 나타낸다.

데이터 페이즈에선 호스트나 디바이스가 데이터 패킷으로 아무 데이터나 보낼 수 있다. 데이터 패킷을 여러 개 전송할 때 패킷이 중복되거나 잃어버리는 것을 방지하기 위해 PID는 데이터 토글이나 데이터 PID 시퀀스 값을 포함한다.

핸드셰이크 페이즈에선 호스트나 디바이스가 핸드셰이크 패킷 안에 상태 정보를 넣어 보낸다. PID는 상태 코드(ACK, NAK, STALL, NYET)를 갖는다. USB 2.0 규격에서는 상태 페이즈status phase와 상태 패킷status packet이라는 용어를 핸드셰이크 페이즈와 핸드셰이크 패킷 대신 사용할 때도 있다.

토큰 페이즈는 추가 용도가 있다. 토큰 패킷은 SOFStart-of-Frame를 전달한다. SOF는 풀스피드에서 1ms, 하이스피드에서 125μs마다 호스트가 보내며, 시간을 기준으로 한 마커marker다. 이 패킷은 프레임 번호를 갖고 있는데, 이 값은 계속 증가하고 최댓값을 지나면 다시 0으로 돌아간다. 이 번호는 프레임 개수를 나타내므로, 한 프레임 내에 있는 마이크로프레임 8개가 모두 같은 값을 갖는다. 엔드포인트는 시간 기준으로 SOF에 동기를 맞추거나 프레임 번호를 쓸 수 있다. 또 SOF는 USB 트래픽이 없을 때 디바이스가 저전력 서스펜드로 진입하는 것을 막는다.

로우스피드 디바이스는 SOF 패킷을 사용하지 않는다. 대신 디바이스를 장착한 허브가 각 프레임마다 패킷 끝 EOPEnd-of-Packet 신호를 보낸다. EOP는 로우스피드 킵 얼라이브 신호low-speed keep-alive signal라고도 부른다. 풀스피드, 하이스피드 디바이스에서 SOF가 그랬던 것처럼 로우스피드 디바이스에서도 EOF가 서스펜드 상태로 진입하는 것을 막는다.

PRE PID는 다음 패킷이 로우스피드 패킷이라는 것을 허브에게 알리는 프리앰블 코드preamble code를 갖는다. 허브가 PRE PID를 받으면 연결돼 있는 모든 로우스피드 디바이스와 통신을 활성화한다. 로우스피드나 풀스피드 버스에서 로우스피드 디바이스로 직접 전송되는 모든 토큰, 데이터, 핸드셰이크 패킷 앞에는 PRE PID가 온다. 하이스피드 버스는 PRE를 따로 보내지 않고 분할 패킷SPLIT packet에 포함해버린다. 디바이스가 보내는 로우스피드 패킷은 PRE PID가 필요 없다.

여러 데이터 패킷으로 된 하이스피드 벌크 전송이나 제어 전송에서는 두 번째나 그 이후 패킷을 보내기 전에, 엔드포인트가 추가 데이터를 받을 준비가 됐는지 확인하기 위해 호스트가 PING을 보내기도 한다. 이때 디바이스는 상태 코드로 응답한다.

2장 뒷부분에서 설명하겠지만 SPLIT PID는 토큰 패킷을 분할 트랜잭션의 일부분으로 취급한다. ERR PID는 분할 트랜잭션에서만 사용하며, USB 2.0 허브가 ERR PID를 로우스피드나 풀스피드 하향 트랜잭션에서 에러를 보고할 때 사용한다. ERR, PRE PID는 같은 값을 쓰지만 허브는 호스트에게는 PRE를 보내지 않고, 디바이스에게는 ERR을 보내지 않기 때문에 헷갈리지 않는다. 또 ERR은 하이스피드 구간에서만 사용하고, PRE는 하이스피드 구간에선 사용하지 않는다.

USB 2.0 규격에 추가된 링크 전원 관리Link Power Management는 EXT PID를 정의한다. 호스트는 특수 기능용 확장 패킷으로 EXT 토큰 패킷을 따른다. 전원 관리용으로 쓰는 확장 토큰 패킷은 17장에서 자세히 설명한다.

패킷 순서

모든 USB 2.0 트랜잭션은 토큰 패킷 1개를 갖는다. 토큰 패킷은 호스트만 보낼 수 있다. 토큰 패킷으로 패킷 유형, 디바이스, 엔드포인트, 데이터 흐름 방향을 식별해 트랜잭션을 설정한다. 풀스피드 버스에서 로우스피드 트랜잭션인 경우 PRE 패킷이 토큰 패킷 앞에 온다. 분할 트랜잭션에서는 SPLIT 패킷이 토큰 패킷 앞에 온다.

토큰 패킷 뒤에는 데이터 패킷이 올 수 있는데, 전송 방식의 종류, 호스트 또는 디바이스가 보낼 정보를 갖고 있는지 여부에 따라 결정된다. 전송 방향은 토큰 패킷에 명시되어 있으며, 데이터 패킷을 호스트가 보내는지 디바이스가 보내는지 표시한다.

등시성 전송을 제외한 모든 전송 방식에서 데이터 패킷을 수신하는 쪽(또는 데이터 패킷이 없는 경우에는 디바이스 측)은 트랜잭션의 성공/실패 여부를 코드로 담은 핸드셰이크 패킷을 보낸다. 핸드셰이크 패킷이 오지 않으면 더 심각한 문제가 있거나 지원하지 않는 패킷 ID인 상황이다.

타이밍 제약사항과 타이밍 보장

USB 2.0 트랜잭션의 토큰, 데이터, 핸드셰이크 패킷 간에 허용되는 지연 시간은 매우 짧은데, 케이블 지연, 스위칭 시간, 수신한 패킷에 대해 하드웨어가 데이터나 상태 코드 같은 응답을 수행할 것인지 결정하는 것 등으로 구성되어 있다.

펌웨어를 개발할 때 가장 흔히 하는 실수는, 펌웨어가 호스트로 보낼 데이터를 준비하기 전에 인터럽트를 기다리고 있어야 한다고 가정하는 것이다. 펌웨어는 호스트가 데이터를 요청하기 전에 호스트로 보낼 데이터를 엔드포인트 버퍼에 복사하고 IN 토큰 패킷을 받으면 바로 데이터를 보내도록 준비해야 한다. 즉 트랜잭션이 끝나면 인터럽트가 발생한다. 인터럽트는 엔드포인트 버퍼에 다음 트랜잭션을 위한 데이터가 준비됐다고 펌웨어에게 알리는 용도로 쓰인 것이다. 펌웨어가 초기 데이터를 주지 않고 인터럽트를 기다리면 인터럽트가 발생하지 않아 아무 데이터도 전송할 수 없다.

단일 트랜잭션은 엔드포인트에 지정한 최대 패킷 크기까지 데이터를 보낼 수 있다. 최대 패킷 크기보다 작은 데이터 패킷은 짧은 패킷short packet이다. 복수 트랜잭션이 필요한 전송은 여러 프레임이나 마이크로프레임에 걸쳐질 수 있고, 꼭 연속적일 필요는 없다. 예를 들어 512바이트 풀스피드 벌크 전송에서 단일 트랜잭션의 최대 크기는 64바이트이고, 모든 데이터를 보내려면 트랜잭션이 최소 8개가 필요하다. 이 전송은 프레임이 1개 이상일 수도 있다.

데이터 PID와 에러 검사 비트를 포함하지만 실질적인 데이터는 들어 있지 않은 데이터 패킷은 ZLPzero-length packet라고 한다. ZLP로 전송의 끝을 감지할 수 있고, 제어 전송이 성공적으로 완결됐는지도 알아낼 수 있다.

분할 트랜잭션

호스트와 허브 사이에 USB 1.1 허브가 없다면 USB 2.0 허브는 USB 2.0 호스트와 하이스피드로 통신한다. 로우스피드, 풀스피드 디바이스를 USB 2.0 허브에 장착하면 허브는 필요한 속도로 변환한다. 그러나 여러 속도를 관리하려면 속도 변환만 필요한 것이 아니다. 하이스피드는 풀스피드에 비해 40배, 로우스피드에 비해 320배 빠르다. 전체 버스가 로우스피드, 풀스피드 허브/디바이스 간 데이터 교환을 대기하는 것은 비효율적이다.

해결책은 분할 트랜잭션이다. USB 2.0 호스트는 하이스피드 버스에 연결된 로우스피드, 풀스피드 디바이스와 통신할 때 분할 트랜잭션을 쓴다. 로우스피드, 풀스피드에서 단일 트랜잭션은 디바이스로 정보를 보낼 때 두 종류 형태의 분할 트랜잭션을 요청하는 것이 일반적인데, 1개 이상의 분할 트랜잭션 시작start-split transactions과 1개 이상의 분할 트랜잭션 완결complete-split transactions이 그것이다. 등시성 OUT 트랜잭션은 예외인데, 이 경우 디바이스가 보낼 것이 없기 때문에 분할 트랜잭션 완결을 쓰지 않고 분할 트랜잭션 시작만으로 완결된다.

분할 트랜잭션에 더 많은 트랜잭션이 필요하긴 하지만 로우스피드나 풀스피드 디바이스가 데이터를 전송할 때까지 기다리는 시간을 최소화하므로 버스 시간을 훨씬 효율적으로 사용한다. 분할 트랜잭션에서는 USB 2.0 호스트 컨트롤러와 로우/풀 스피드 버스 구간에 상향/하향으로 연결된 USB 2.0 허브가 모든 것을 책임진다. 디바이스는 호스트의 분할 트랜잭션 사용 여부를 알 필요가 없으며 디바이스에서 트랜잭션은 동일하다. 호스트에서도 디바이스 드라이버와 애플리케이션은 프로토콜을 더 저수준에서 처리하기 때문에 분할 트랜잭션을 사용하는지 호스트가 신경 쓸 필요가 없다. 호스트와 허브가 분할 트랜잭션을 관리하는 방법에 대해서는 16장에서 자세히 설명한다.

전송 성공에 대한 보증

USB 2.0 전송은 데이터가 목적지에 가능한 한 빠르게 에러 없이 제대로 도착했는지 보증하기 위해 상태 코드, 제어 코드, 에러 검사를 사용한다.

상태 코드와 제어 코드

USB 2.0 규격은 데이터 수신을 제대로 했는지, 제어 리퀘스트를 지원하는지, 흐름 제어 상태 및 엔드포인트 HALT 상태를 나타내는 핸드셰이크 코드 등을 정의하고 있다.

등시성 전송을 제외하면 모든 트랜잭션의 성공/실패를 나타내는 코드가 있다. 제어 전송에는 추가로 디바이스가 전체 전송의 성공/실패를 보고하는 STATUS 스테이지가 있다.

핸드셰이크 코드는 트랜잭션 1개에서 핸드셰이크 패킷이나 데이터 패킷으로 이동한다. 상태 코드로는 ACK, NAK, STALL, NYET, ERR이 정의되어 있다. 핸드셰이크 코드가 없으면 에러가 있다는 이야기다. 모든 경우에 핸드셰이크 신호를 받는 쪽은 핸드셰이크 정보에 따라 다음 할 일을 결정해야 한다. 표 2-4는 트랜잭션 형식별 상태 표시자status indicator와 그것을 어디로 보내야 하는지를 나타낸 것이다.

▼ 표 2-4 위치, 소스, 핸드셰이크의 내용은 트랜잭션 형식에 따라 다르다.

트랜잭션 형식이나 PING 쿼리	데이터 패킷		핸드셰이크 패킷	
	소스	내용	소스	내용
SETUP	호스트	데이터	디바이스	ACK
OUT	호스트	데이터	디바이스	ACK, NAK, STALL, NYET(하이스피드만), ERR(분할 완료 시 허브로부터)
IN	디바이스	데이터, NAK, STALL(분할 완료 시 허브로부터), ERR	호스트	ACK
PING (하이스피드만)	데이터 패킷 없음	–	디바이스	ACK, NAK, STALL

ACK

ACK$_{acknowledge}$는 호스트나 디바이스가 에러 없이 데이터를 받았음을 나타낸다. 디바이스가 토큰 패킷이나 데이터 패킷을 에러 없이 받으면 SETUP 트랜잭션의 핸드셰이크 패킷 안에 ACK를 반환해야 한다. 디바이스는 또한 OUT 트랜잭션의 핸드셰이크 패킷 안에 ACK를 반환할 수도 있다. 호스트가 토큰, 데이터 패킷을 에러 없이 받으면 IN 트랜잭션의 핸드셰이크 패킷 안에 ACK를 넣어서 보낸다.

NAK

NAK$_{negative\ acknowledge}$는 디바이스가 BUSY 상태거나 돌려줄 데이터가 없음을 의미한다. 디바이스가 데이터 수신을 수락할 수 없을 정도로 바쁠 때 호스트가 데이터를 보내면 엔드포인트는 핸드셰이크 패킷 안에 NAK로 응답한다. 디바이스가 보낼 데이터가 없을 때 호스트가 데이터를 요청하면 엔드포인트는 데이터 패킷 안에 NAK로 응답한다. 어떤 경우든 NAK는 일시적인 상태를 나타낸다. 보통 호스트는 드라이버가 설정한 제한 값까지 재시도한다.

호스트는 NAK를 보내지 않는다. 등시성 트랜잭션은 NAK를 돌려보낼 핸드셰이크 패킷이 없기 때문에 NAK를 쓰지 않는다. 디바이스나 호스트가 등시성 데이터를 받지 않으면 그 데이터는 그냥 사라진다.

STALL

STALL 핸드셰이크는 지원하지 않는 제어 리퀘스트, 제어 전송 실패, 엔드포인트 실패, 이 세 가지 중 어떤 의미든 될 수 있다.

디바이스가 지원하지 않는 제어 전송 리퀘스트를 받으면 DATA나 STATUS 스테이지에서 STALL로 응답한다. 디바이스가 지원하기는 하지만 어떤 이유로 요청된 동작을 할 수 없는 경우에도 STALL로 응답한다. 예를 들면, 호스트가 디바이스에게 Set Configuration 리퀘스트를 보내 Configuration 2로 바꾸라고 요청했는데 디바이스가 Configuration 1만 지원하면 디바이스는 STALL로 응답한다. 이런 종류의 STALL을 방지하려면 호스트는 새로운 제어 전송을 시작하기 위한 다른

SETUP 패킷을 보내야 한다. USB 2.0 규격에서는 이런 종류의 STALL을 프로토콜 STALL_{protocol stall}이라 부른다.

또 다른 종류의 STALL도 있는데, 엔드포인트의 Halt 기능이 켜졌을 때, 즉 엔드포인트가 데이터를 전혀 보내거나 받을 수 없을 때 그에 대한 응답으로도 사용된다. USB 2.0 규격에서는 이런 STALL을 기능적 STALL_{functional stall}이라 부른다.

벌크와 인터럽트 엔드포인트는 기능적 STALL을 지원해야 한다. USB 2.0 제어 엔드포인트는 기능적 STALL을 지원하더라도 실제로 사용할 일은 거의 없다. 제어 엔드포인트는 기능적 STALL에서도 스톨 상태를 감시해야 하며, 제어와 관련된 다른 리퀘스트에 대해서도 정상적으로 응답해야 한다. 이런 리퀘스트에 대해 응답하는 기능을 갖는 엔드포인트는 통상적인 통신을 지속할 수 있어야 하므로 스톨이 되어는 안 된다. 등시성 트랜잭션은 STALL을 반환하기 위한 핸드셰이크 패킷이 없기 때문에 STALL을 사용하지 않는다.

기능적 STALL을 수신하면 호스트는 디바이스로 보내기 위해 대기하고 있던 모든 리퀘스트를 버리고 호스트가 디바이스에게 정상적인 제어 리퀘스트를 보내서 디바이스의 Halt 기능을 끌 때까지는 통신을 재개할 수 없다. 호스트가 STALL을 보내는 경우는 없다.

NYET

NYET는 하이스피드 디바이스만 보낼 수 있다. NYET는 '아직_{not yet}'을 나타낸다. 하이스피드 벌크 전송과 제어 전송은 호스트가 데이터를 보내기 전에, 엔드포인트가 데이터를 받을 준비가 돼 있는지 확인할 수 있는 프로토콜을 갖고 있다. 로우/풀 스피드에서 호스트가 제어, 벌크, 인터럽트 전송으로 데이터를 보내려면 호스트는 토큰, 데이터 패킷을 보내고 트랜잭션의 핸드셰이크 패킷에서 디바이스 응답을 받아야 한다. 엔드포인트가 데이터를 받을 수 없는 상태면 엔드포인트는 NAK로 응답하고 호스트는 나중에 다시 시도한다. 이 방식은 데이터 패킷이 크고 디바이스가 데이터를 받을 준비가 되지 못하는 상황이 자주 발생하면 버스를 불필요하게 점유하는 시간이 늘어난다.

하이스피드 벌크 트랜잭션과 제어 트랜잭션이 데이터 패킷을 여러 개 갖는 경우에는 더 효율적인 방법을 사용한다. 엔드포인트는 데이터 패킷을 받은 후 NYET 핸드셰이크를 반환해 엔드포인트가 데이터를 수락했지만 아직 다른 데이터 패킷을 받을 준비가 안 됐음을 알려줄 수 있다. 호스트는 엔드포인트가 준비됐다고 판단하면 PING 토큰 패킷을 보내고, 엔드포인트는 다음 데이터 패킷을 받을 준비가 됐으면 ACK로, 아직 준비가 안 됐으면 NAK나 STALL로 응답한다.

PING을 보내는 방식이 전체 데이터 패킷을 보내는 것보다 재전송에서 효율적이다. 데이터 준비가 안 된 것을 알아내기 위해 전체 데이터 패킷을 보내는 방식이 낭비이기 때문이다. 흔한 경우는 아니지만, PING이나 OUT에 ACK로 응답한 이후에도 엔드포인트가 수신한 데이터 패킷에 대해 NAK로 응답할 수도 있다. 그런 경우 호스트는 PING을 다시 시도한다. 호스트가 PING을 쓰는 것은 선택사항이다.

USB 2.0 허브는 분할 트랜잭션 완료 시에도 NYET를 반환할 수도 있다. 호스트와 로우/풀 스피드 디바이스가 NYET를 보내는 일은 없다.

ERR

ERR 핸드셰이크는 하이스피드 허브에서 분할 트랜잭션 완료 시에만 사용한다. ERR은 허브와 호스트 간 트랜잭션을 종료했을 때 디바이스가 반환해야 할 핸드셰이크를 반환하지 않았다는 뜻이다.

무응답

호스트나 디바이스가 핸드셰이크를 받아야 할 때 아무것도 받지 못했음을 알려주는 상태 표시도 있다. 또한 수신 측 에러 검사 계산 도중 에러가 발견됐을 때도 무응답이 발생할 수 있다. 무응답의 경우 송신 측은 재시도를 해야 한다. 여러 번 재시도한 후에도 실패가 계속되면 송신 측은 다른 행동을 취해야 한다.

제어 전송 상태 보고

제어 전송에서 전송 상태를 나타내는 것은 STATUS 스테이지의 데이터, 핸드셰이크 패킷이다. 표 2-5는 제어 전송의 상태 표시자에 대한 정보를 나열한 것이다.

▼ **표 2-5** 제어 전송의 STATUS 스테이지는 트랜잭션 성공, 실패 여부를 나타낸다(디바이스는 DATA 스테이지에서 STALL을 반환할 수도 있다).

제어 전송 방식	STATUS 스테이지			
	데이터 패킷 소스	데이터 패킷 내용	핸드셰이크 패킷 소스	핸드셰이크 패킷
쓰기(호스트가 DATA 스테이지에서 데이터를 보내거나, DATA 스테이지가 없음)	디바이스	ZLP(성공), NAK(BUSY), 또는 STALL(실패)	호스트	ACK
읽기(디바이스가 DATA 스테이지에서 데이터를 보냄)	호스트	ZLP	디바이스	ACK(성공), NAK(BUSY), 또는 STALL(실패)

제어 쓰기 전송을 하려면 디바이스가 STATUS 스테이지의 데이터 패킷에서 전송 상태를 반환해야 한다. DATA 스테이지(존재할 때)에서 리퀘스트를 수락하거나 데이터를 에러 없이 수신하면 디바이스는 ZLP를 반환한다. 이때 ZLP가 아니라 NAK를 반환하면 BUSY 상태임을 의미하고, STALL을 반환하면 실패를 의미한다. 전송이 성공하면 호스트가 ACK를 반환한다. 지원하지 않는 리퀘스트면 디바이스가 전송을 끝내기 위해 DATA 스테이지에서 STALL을 반환하기도 한다.

제어 읽기 전송을 하려면 DATA 스테이지에서 에러 없이 데이터를 수신했을 때 호스트가 STATUS 스테이지의 데이터 패킷에 ZLP를 보낸다. 디바이스는 ACK(트랜잭션 완결), NAK(BUSY), STALL(실패)로 응답한다. 호스트는 요청한 데이터 패킷 전체를 보내기 전까지는 STATUS 스테이지를 시작할 수 있고, 이런 경우 디바이스는 DATA 스테이지를 포기하고 핸드셰이크 코드를 반환해야 한다.

에러 검사

USB 규격은 선로 잡음이 드물게 발생할 경우에도 통신을 보장하기 위한 하드웨어 요구사항을 정의하고 있다. 여전히 잡음 오류나 예상치 않은 케이블 접속 끊김이 전송을 망칠 수 있다. USB 패킷은 에러 검사 비트를 갖추고 있으며, 수신 측에서 수신한 데이터가 원래 송신한 데이터와 일치하는지 알아낼 수 있다. 복수의 트랜잭션에서 사용할 때는 데이터 토글 값을 이용해 송신 측과 수신 측의 동기화가 가능하며, 이를 통해 트랜잭션의 유실을 방어할 수 있다.

에러 검사 비트

토큰, 데이터, SOF 패킷은 모두 에러 검사 비트를 갖추고 있다. 비트 값은 USB 2.0 규격에 기술된 순환 중복 검사(CRC, cyclic redundancy check) 알고리즘을 계산한 값이다. CRC는 하드웨어가 계산을 담당하는데, 디바이스가 타이밍 요구사항에 만족할 수 있도록 빠른 처리가 필요하기 때문이다.

검증할 데이터에는 CRC를 적용한다. 호스트든 디바이스든 송신 측이 계산을 수행해 계산 결과를 데이터와 함께 보낸다. 수신 측은 받은 데이터에 대해 동일한 계산을 수행한다. 결과가 일치하면 에러 없이 데이터를 받은 것이므로 ACK로 응답한다. 결과가 일치하지 않으면 핸드셰이크를 보내지 않는다. 송신 측으로 핸드셰이크가 오지 않으면 재전송이 필요하다고 판단할 수 있다. 호스트는 일반적으로 세 번까지 재시도한다. 재전송을 포기하면 호스트는 전송을 요청한 드라이버에게 문제를 알려준다.

토큰 패킷의 PID 필드는 더 간단한 형식의 에러 검사 기법을 쓴다. 필드의 하위 4비트는 PID이고, 상위 4비트는 그 보수(complement)다. 수신 측은 상위 4비트의 보수를 구해 결과가 PID와 동일한지 비교하여 PID의 무결성을 확인한다. 일치하지 않으면 에러가 발생한 패킷으로 판단하고 그 패킷은 무시한다.

데이터 토글

데이터 토글data-toggle은 제어 전송, 벌크 전송, 인터럽트 전송에서 잃어버렸거나 중복된 데이터 패킷을 검출하는 데 사용한다. 데이터 토글 값은 IN과 OUT 트랜잭션에서 데이터 패킷의 PID 필드에 들어 있다. DATA0은 0011_b 코드이고 DATA1은 1011_b이다. 일반적으로 컨트롤러 칩의 레지스터 비트가 데이터 토글 상태를 나타내기 때문에 데이터 토글 값은 데이터 토글 비트라고도 불린다. 각 엔드포인트는 자신의 데이터 토글을 관리한다.

송신 측과 수신 측은 양쪽 모두 데이터 토글을 관리해야 한다. 호스트 컨트롤러가 저수준에서 데이어 토글을 처리하므로 애플리케이션과 디바이스 드라이버에서는 보이지 않는다. 일부 디바이스 컨트롤러 칩은 데이터 토글을 하드웨어가 완전히 처리하지만 펌웨어 제어가 필요한 경우도 있다. 디바이스 디버깅 시 올바른 데이터를 버스로 전송했는데 수신 측에서 데이터를 무시하거나 취소한다면 디바이스의 데이터 토글 문제일 가능성이 가장 크다.

디바이스 전원을 켜거나 호스트에 장착하면 호스트와 디바이스는 각각 데이터 토글을 DATA0으로 만든다. 단, 일부 하이스피드 등시성 엔드포인트는 이 과정을 생략한다. 호스트와 디바이스가 데이터 패킷이 들어오는 것을 감지하면 자신의 데이터 토글 상태를 수신한 데이터 토글과 비교한다. 두 값이 일치하면 수신 측은 자신의 데이터 토글을 토글링해서 값을 바꾸고 ACK 핸드셰이크 패킷을 반환한다. 송신 측도 ACK를 받으면 다음 트랜잭션을 위해 데이터 토글을 토글링한다.

그다음으로 받은 패킷은 데이터 토글 값으로 DATA1을 갖고 있어야 하며, 수신 측은 그 비트 값을 토글링해 ACK로 응답한다. 데이터 토글은 전송이 끝날 때까지 계속 DATA0과 DATA1로 번갈아 바뀐다. 제어 전송만은 예외인데, 뒤에서 따로 설명한다.

수신 측이 BUSY 상태이고 NAK로 응답하거나 수신 측에서 데이터 손상을 감지해 무응답이면, 송신 측은 데이터 토글을 토글링하지 않고 같은 데이터 토글과 데이터를 재전송한다.

수신 측이 ACK로 응답했지만 특별한 이유로 송신 측이 ACK를 발견하지 못하면 송신 측은 수신 측이 데이터를 받지 못했다고 판단하고 같은 데이터 토글과 데이터를 재전송한다. 이 경우 반복된 데이터를 받은 수신 측은 데이터 토글을 바꾸지 않고 데이터는 무시하지만 그래도 ACK로 응답한다. 송신 측이 실수로 같은 데이터 토글 값으로 패킷을 두 번 보내면 수신 측에서 그 데이터를 무시하고 토글 값도 그대로 유지하며 ACK를 반환한다. 두 상황에서 모두 ACK가 데이터 토글을 다시 동기화한다.

제어 전송에서는 SETUP 스테이지에서 항상 DATA0을 쓰고 DATA 스테이지의 첫 번째 트랜잭션은 DATA1을 사용한다. 그 이후 추가 DATA 스테이지 트랜잭션은 데이터 토글을 번갈아 바꾸고, STATUS 스테이지는 DATA1을 사용한다. 벌크 엔드포인트는 Set Configuration, Set Interface, Clear Feature(ENDPOINT_HALT) 리퀘스트 완료 후에만 데이터 토글을 리셋하고 나머지 모든 트랜잭션에서는 데이터 토글을 번갈아 바꾼다. 인터럽트 OUT 엔드포인트는 벌크 OUT 엔드포인트와 동일하게 동작한다. 인터럽트 IN 엔드포인트는 벌크 IN 엔드포인트와 동일하게 동작할 수도 있고, 단순하게 처리하기 위해 각 트랜잭션에서 호스트의 ACK 확인 없이 데이터 토글을 바꿀 수 있다. 이렇게 단순하게 처리하면 데이터를 일부 잃어버릴 위험은 있다. 풀스피드 등시성 전송은 언제나 DATA0을 사용한다. 등시성 전송에선 ACK, NAK를 넣어 보낼 패킷이 없고 잃어버린 데이터를 재전송할 시간이 없기 때문에 에러 수정을 위해 데이터 토글을 사용할 수 없다.

데이터 PID 시퀀싱

어떤 하이스피드 등시성 전송은 DATA0, DATA1과 추가로 DATA2와 MDATA PID를 사용한다. 이런 식으로 DATA, MDATA PID를 사용하는 것을 데이터 PID 시퀀싱sequencing이라고 한다. 하이스피드 등시성 IN 전송에서 마이크로프레임당 트랜잭션 2~3개를 갖는 상황에서는 마이크로프레임 내의 트랜잭션 위치를 알려주기 위해 DATA0, DATA1, DATA2를 사용한다.

마이크로프레임당 IN 트랜잭션	데이터 PID		
	첫 번째 트랜잭션	두 번째 트랜잭션	세 번째 트랜잭션
1	DATA0	–	–
2	DATA1	DATA0	–
3	DATA2	DATA1	DATA0

하이스피드 등시성 OUT 전송에서 마이크로프레임당 트랜잭션 2~3개를 갖는 상황에서는 마이크로프레임 내에 추가 데이터가 더 있는지 알려주기 위해 DATA0, DATA1, MDATA를 사용한다.

마이크로프레임당 OUT 트랜잭션	데이터 PID		
	첫 번째 트랜잭션	두 번째 트랜잭션	세 번째 트랜잭션
1	DATA0	–	–
2	MDATA	DATA1	–
3	MDATA	MDATA	DATA2

인핸스드 슈퍼스피드 트랜잭션

USB 2.0과 비슷하게, 인핸스드 슈퍼스피드 버스는 데이터, 주소지정, 상태와 제어 정보를 나른다. 그러나 인핸스드 슈퍼스피드는 양방향으로 각각 전용 데이터 통로를 갖추고 있으며, 전력 관리 지원이 향상됐고, 그 밖에도 훨씬 더 좋은 효율을 내기 위한 개선이 있었다. 이런 차이점들이 존재하기 때문에, 인핸스드 슈퍼스피드 트랜잭션은 패킷 형식과 프로토콜이 다르다.

패킷 유형

인핸스드 슈퍼스피드 통신에서 데이터를 전송할 때 사용하는 패킷 유형에는 다음 두 가지가 있다.

- 트랜잭션 패킷TP, Transaction Packet은 상태와 제어 정보를 나른다.
- 데이터 패킷DP, Data Packet은 데이터, 상태, 제어 정보를 나른다.

그 밖의 기능을 수행하는 추가적인 패킷 유형으로 다음 두 가지가 있다.

- 등시성 타임스탬프 패킷ITP, Isochronous Timestamp Packet은 디바이스가 동기화를 할 때 쓰는 타이밍 정보를 나른다. 호스트는 저전력 상태에 있지 않은 모든 링크에 대해 각 버스 주기의 경계 값에 맞춰 ITP를 멀티캐스트한다. 타임스탬프는 0부터 0x3FFF까지 증가한 후 값이 넘치면 다시 0으로 돌아온다.
- 링크 관리 패킷LMP, Link Management Packet은 디바이스 포트와 디바이스가 연결된 허브 사이의 링크만 이동하는 패킷이다. 그런 포트를 링크 파트너link partner라고 부른다. LMP는 링크 관리 작업을 돕는다.

인핸스드 슈퍼스피드는 패킷 헤더가 토큰 패킷 정보를 포함하고 있으므로 토큰 패킷을 쓰지 않는다. 인핸스드 슈퍼스피드는 데이터 토글 대신 31에서 0까지 반복하는 5비트의 시퀀스 번호를 쓴다

슈퍼스피드 플러스 버스에서 TP와 DP가 모두 전송 가능한 상황이면 TP를 먼저 전송해야 한다.

패킷 형식

각 인핸스드 슈퍼스피드 패킷은 14바이트 헤더와 바로 뒤에 2바이트 연결 제어 워드Link Control Word를 갖는다(표 2-6). 헤더의 맨 앞에 있는 다섯 비트는 네 종류 패킷 유형을 식별하는 필드다. 또한 각 헤더는 형식 정보와 16비트 CRC를 포함한다. 연결 제어 워드(표 2-7)는 전송 관리에서 필요한 정보를 제공한다.

▼ 표 2-6 인핸스드 슈퍼스피드 패킷은 14바이트의 헤더와 연결 제어 워드를 갖는다.

비트	길이(비트 수)	용도	
0~4	5	유형	패킷 헤더
5~95	91	패킷 유형을 정하는 필드	
96~111	16	CRC	
112~127	16	링크 제어 워드	

▼ 표 2-7 각 인핸스드 슈퍼스피드 패킷은 전송 관리 정보를 담은 연결 제어 워드를 갖는다. 출처: Universal Serial Bus 3.1 Specification, Revision 1.0

비트	이름	설명
0~2	헤더 시퀀스 번호	0~7의 연속된 순서로 돼 있어야 올바른 값이다.
3~5	쓰지 않음(예약됨)	-
6~8	허브 깊이	연기(Deferred) 설정이 됐을 때만 유효하다. 패킷을 연기한 허브를 식별한다.
9	지연(Delayed)	허브가 다시 보내기를 하거나 헤더 패킷 보내기를 지연하면 1로 설정한다.
10	연기(Deferred)	허브의 하향 포트가 전원 관리 상태에 있어 허브가 패킷을 보낼 수 없을 때 1로 설정한다.
11~15	CRC-5	에러 검사 비트

데이터 패킷은 데이터 패킷 헤더DPH, Data Packet Header와 바로 그 뒤에 붙은 데이터 패킷 페이로드DPP, Data Packet Payload로 구성된다. 데이터 패킷 헤더(표 2-8)는 패킷 헤더 14바이트와 연결 제어 워드로 구성된다(슈퍼스피드 플러스의 지연되지 않은 데이터 패킷 헤더는 추가적으로 2개의 16비트 필드를 갖는데, 각각 길이 필드의 복제본을 담고 있다). 데이터 패킷 헤더의 두 번째 필드는 Gen 1 속도와 '그 밖의 속도'를 위한 값을 지원하며 향후 슈퍼스피드, 슈퍼스피드 플러스 외의 속도를 지원할 때 그 속도를 식별하기 위한 규격으로 사용할 수 있을 것이다.

▼ 표 2-8 데이터 패킷 헤더에는 데이터 패킷 길이와 기타 정보가 들어 있다. 다음은 데이터 패킷 헤더와 안에 담긴 데이터, CRC 값이다. 출처: Universal Serial Bus 3.1 Specification, Revision 1.0

필드	비트	기능
유형	5	데이터 패킷 헤더(01000_b)
경로 문자열, 중재율 또는 예약	20	• Gen 1: 하향 통신에서 허브가 사용하며 적절한 포트로 패킷을 유도한다. • 그 밖의 속도: 하향 패킷에서는 경로 문자열. 상향 비동기 패킷에서는 하위 16비트가 중재율을 나타내고 나머지 비트는 0이다.
디바이스 주소	7	출발지나 데이터 패킷의 수신 측 디바이스
시퀀스 번호	5	데이터 패킷 식별
예약	1	–
등시성이 아닌 IN: 버스트 끝(EOB, End of Burst) 등시성이 아닌 OUT: 제로 등시성: 마지막 패킷 플래그(LPF, Last Packet Flag)	1	비등시성 IN 엔드포인트에서 버스트 전송의 마지막 패킷임을 나타낸다. 비등시성 OUT 엔드포인트, 제어 엔드포인트에서는 제로를 나타낸다. 등시성 엔드포인트에서는 서비스 주기의 마지막 패킷임을 니디낸다.
방향	1	0 = 호스트에서 디바이스로 1 = 디바이스에서 호스트로
엔드포인트 번호	4	출발지 또는 데이터 패킷의 수신자 엔드포인트
전송 방식(TT, Transfer Type) 또는 예약	3	• Gen 1: 예약 • 그 밖의 속도 　100_b: 제어 전송 　101_b: 등시성 전송 　110_b: 벌크 전송 　111_b: 인터럽트 전송 　000_b: ACK에서는 알려지지 않음. 슈퍼스피드 버스 인스턴스의 연기된 데이터 패킷 　그 밖의 값은 예약
셋업	1	데이터 패킷이 SETUP 패킷일 때 호스트가 설정
데이터 길이	16	데이터 패킷 페이로드의 바이트 수
스트림 ID 또는 예약	16	벌크 엔드포인트에서 스트림을 판단할 수 있음
예약	8	–
스마트 등시성 지원(SSI, Support Smart Isochronous) 또는 예약	1	스마트 등시성 스케줄링의 지원 여부를 나타냄

(이어짐)

필드	비트	기능
핑 예정(WPA, Will Ping Again)/예약	1	SSI = 1이면 엔드포인트를 다시 서비스하기 전에 호스트가 PING 트랜잭션 패킷을 보냄
버스 인터벌 내 데이터 완료(DBI, Data in this Bus Interval)/예약	1	SSI = 1이면 호스트가 현재 버스 인터벌 내에서 엔드포인트 트랜잭션을 완료함
패킷 펜딩(PP, Packets Pending)	1	호스트가 엔드포인트에 또 다른 패킷을 갖고 있음
버스 인터벌 수(NBI, Number of Bus Intervals)/예약	4	SSI = 1, WPA = 0, DBI = 1, 호스트 컨트롤러가 다음 엔드포인트를 현재 버스 인터벌 + NBI 값 + 1 내에 서비스할 예정임
CRC-16	16	에러 검사
링크 제어 워드	16	링크 관리
데이터 블록	가변적	데이터 길이 필드에 있는 데이터를 식별
CRC-32	32	데이터 블록에 대한 에러 검사

데이터 패킷 페이로드는 전송 바이트 수를 담고 있는 데이터 길이 필드, 전송 데이터, CRC 4바이트로 구성된다. 데이터 패킷 페이로드는 엔드포인트의 최대 패킷 크기보다 작을 때 짧은 패킷short packet이라고 한다. CRC만 있고 데이터가 없는 데이터 패킷 페이로드는 제로 길이 데이터 페이로드zero-length Data Payload라고 한다.

슈퍼스피드 플러스에 한하여 데이터 패킷은 전송 방식을 지정한다. 그리고 주기적이지 않은 데이터 패킷에 대해서는 허브가 슈퍼스피드 플러스 트래픽을 스케줄링할 수 있도록 패킷 중재율arbitration rate을 지정한다.

그 밖의 패킷 유형으로는 세 종류가 있는데 항상 128바이트다. 트랜잭션 패킷에서는 부형식 필드가 트랜잭션의 목적을 나타낸다(표 2-9). 모든 트랜잭션 패킷은 패킷의 출발지나 목적지를 나타내는 디바이스 주소를 갖는다. 호스트가 보내는 모든 트랜잭션 패킷은 경로 문자열Route String을 가지며, 허브가 이 경로 문자열을 사용해 패킷이 목적지까지 잘 도착할 수 있게 한다.

▼ 표 2-9 호스트와 디바이스는 상태와 제어 정보를 보낼 때 트랜잭션 패킷을 쓴다. 출처: Universal Serial Bus 3.1 Specification, Revision 1.0

부형식	소스	설명
ACK	호스트	IN 엔드포인트에서 출발한 데이터 요청과 앞서 수신한 데이터 패킷에 대한 응답
	디바이스	OUT 엔드포인트에서 수신한 응답 데이터와 이 패킷을 수신한 후 사용 가능한 데이터 패킷 버퍼 크기 지정
NRDY	디바이스	OUT 엔드포인트에서 데이터 패킷을 수신했을 때: 디바이스가 데이터를 수락하기 위한 버퍼 공간이 부족하다는 사실을 호스트에게 알린다. IN 엔드포인트에서 ACK 트랜잭션 패킷을 수신했을 때: 디바이스가 데이터 패킷을 반환할 수 없다는 사실을 호스트에게 알린다. 비등시성 엔드포인트에서 유효하다.
ERDY	디바이스	엔드포인트가 데이터 패킷 송수신을 할 준비가 됐다. 비등시성 엔드포인트에서 유효하다.
STATUS	호스트	호스트가 제어 전송의 STATUS 스테이지로 초기화됐다. 제어 엔드포인트에서 유효하다.
STALL	디바이스	엔드포인트가 정지됐거나 요청된 제어 전송이 적합하지 않거나 지원하지 않는다는 뜻이다.
DEV_NOTIFICATION	디바이스	디바이스 또는 인터페이스 상태의 변경이 발생했을 때. 상위 4비트는 다음 형으로 변환된다. • 0x0: 예약 • 0x1: '깨우기' 기능 • 0x2: 지연 오차 메시지 • 0x3: 버스 인터벌 조정 메시지 • 0x4: 호스트 역할 요청(OTG) • 0x5: 서브링크 속도(슈퍼스피드나 슈퍼스피드 플러스로 동작하지 않는 디바이스용) • 0x6~0xF: 예약
PING	호스트	링크가 저전력 상태일 때 등시성 전송 초기화 전에 호스트와 등시성 엔드포인트 사이의 모든 경로를 활성화 상태로 변경하라고 요청한다.
PING_RESPONSE	디바이스	PING에 대한 응답

데이터 전송

인핸스드 슈퍼스피드 트랜잭션은 1개 또는 2개의 페이즈가 있으며 각 페이즈는 데이터 패킷이나 트랜잭션 패킷을 갖는다.

비등시성 IN 트랜잭션에서는 호스트가 데이터를 요청할 때 ACK 트랜잭션 패킷을 전송하고, 디바이스는 데이터 패킷이나 NRDY 트랜잭션 패킷 또는 STALL 트랜잭션 패킷을 반환한다. 등시성 IN 트랜잭션에서는 호스트가 데이터를 요청할 때 ACK 트랜잭션 패킷을 전송하고, 디바이스는 데이터 패킷을 반환한다. IN 트랜잭션에서 슈퍼스피드 플러스 호스트는 슈퍼스피드 플러스로 동작하는 디바이스의 각기 다른 엔드포인트에 ACK 트랜잭션 패킷을 동시에 보낼 수도 있다.

비등시성 OUT 트랜잭션은 호스트가 데이터 패킷을 보내고 디바이스가 ACK, NRDY, STALL 트랜잭션 패킷을 반환한다. 등시성 OUT 트랜잭션은 호스트가 데이터 패킷을 보낸다.

시퀀스 번호

표 2-10은 ACK 트랜잭션 패킷의 내용이다. IN 트랜잭션에서 NumP = 1인 ACK 트랜잭션 패킷을 수신하면 해당 엔드포인트는 데이터 패킷 헤더를 보내는데, 이 안에는 데이터 패킷을 수신할 때 같이 받은 ACK 트랜잭션 패킷의 시퀀스 번호가 들어 있다. 호스트가 데이터 패킷을 수신하면 시퀀스 번호를 증가시켜 새로운 ACK 트랜잭션 패킷으로 응답한다. 단, 등시성 트랜잭션은 예외다. NumP > 0이면 ACK 트랜잭션 패킷은 추가 데이터 요청을 처리한다. 즉 수신한 데이터에 대한 ACK를 분리된 트랜잭션으로 요청하지 않고 데이터를 계속 요청한다. 단일 ACK 트랜잭션 패킷은 두 기능을 모두 수행할 수 있다.

▼ **표 2-10** ACK 트랜잭션 패킷은 수신 데이터와 새 데이터 요청에 대한 응답을 할 수 있다. 출처: Universal Serial Bus 3.1 Specification, Revision 1.0

비트 개수	필드 이름	설명
5	유형(Type)	트랜잭션 패킷(00100_b)
20	경로 문자열(Route String) 또는 예약	하향 라우팅 패킷에서 허브가 사용함
7	디바이스 주소(Device Address)	열거 중에 할당된 주소
4	부형식(SubType)	ACK(0001_b)
2	예약	–
1	재시도 데이터 패킷(rty, Retry DP)	이 값이 설정돼 있으면, 호스트나 디바이스가 패킷을 수신하지 못했거나 수신한 패킷에 문제가 있는 것이므로 재전송을 요청한다.
1	방향(D, Direction)	엔드포인트 데이터 송수신 방향: 0 = 호스트에서 디바이스로, 1 = 디바이스에서 호스트로
4	엔드포인트 번호(EPT Num, Endpoint Number)	데이더 송수신 엔드포인트 번호

3	전송 방식(TT, Transfer Type) 또는 예약	• Gen 1 속도: 예약
		• 그 밖의 속도
		  100_b: 제어 전송
		  101_b: 등시성 전송
		  110_b: 벌크 전송
		  111_b: 인터럽트 전송
		  000_b: ACK에서는 알려지지 않음. 슈퍼스피드 인스턴스에서 연기된 데이터 패킷
		  그 밖의 값은 예약

1	호스트 에러(HE, Host Error)	호스트가 디바이스로 ACK 트랜잭션 패킷을 전송할 때 호스트가 유효한 데이터 패킷을 수락하는 것이 불가능함을 니다냄
5	패킷 수(NumP, Number of Packets)	버스트 전송에서 수신 측이 수락할 수 있는 데이터 패킷 개수
5	시퀀스 번호(Seq Num, Sequence Number)	다음 데이터 패킷 시퀀스 번호
5	예약	–
1	후속 트랜잭션 패킷 있음(TPF, TP Follows) 또는 예약	• Gen 1 속도: 예약 • 그 밖의 속도: 1이면 디바이스가 이번 패킷 다음에 디바이스 알림 트랜잭션 패킷을 보냄
16	스트림 ID(Stream ID) 또는 예약	벌크 엔드포인트에서 스트림을 식별할 수 있음

(이어짐)

비트 개수	필드 이름	설명
8	예약	–
1	스마트 등시성 지원(SSI, Support Smart Isochronous) 또는 예약	스마트 등시성 스케줄링 지원 표시
1	핑 예정(WPA, Will Ping Again)/예약	SSI = 1이면 엔드포인트를 다시 서비스하기 전에 호스트가 PING 트랜잭션 패킷을 보냄
1	버스 인터벌 내 데이터 완료(DBI, Data in this Bus Interval)/예약	SSI = 1이면 호스트가 현재 버스 인터벌 내에서 엔드포인트 트랜잭션을 완료함
1	패킷 펜딩(PP, Packets Pending)	호스트가 엔드포인트에 또 다른 패킷을 갖고 있음
4	버스 인터벌 수(NBI, Number of Bus Intervals)/예약	SSI = 1, WPA = 0, DBI = 1, 호스트 컨트롤러가 다음 엔드포인트를 현재 버스 인터벌 + NBI 값 + 1 내에 서비스할 예정임
16	CRC-16	에러 검사
16	링크 제어 워드	링크 수준 흐름 제어 정의

슈퍼스피드 플러스에서는 호스트가 복수의 등시성 IN 트랜잭션을 파이프라이닝 할 수 있으며, 요청한 데이터 전체의 ACK 트랜잭션 패킷이 도착하기 전에 ACK 트랜잭션 패킷을 보낼 수 있다.

OUT 트랜잭션에서는 호스트로부터 온 데이터 패킷이 시퀀스 번호를 담고 있다. 디바이스가 응답으로 보낸 ACK 트랜잭션 패킷은 다음에 올 데이터 패킷의 시퀀스 번호와 수신한 이전 데이터 패킷의 응답임을 명시하는 내용을 담고 있다.

제어 전송에서 SETUP 트랜잭션 패킷과 첫 번째 데이터 패킷 헤더는 각각 시퀀스 번호가 0이다(DATA 스테이지가 DATA1로 시작하는 USB 2.0과 다르다는 점을 주의한다). 시퀀스 번호는 어떤 추가 데이터 패킷이든 간에 항상 증가하고 0으로 리셋되는 식으로 순환한다.

벌크, 인터럽트 엔드포인트는 모든 트랜잭션에서 시퀀스 번호를 증가시킨다. 시퀀스 번호는 비트가 꽉 찼을 때나 Set Configuration, Set Interface, Clear Feature(ENDPOINT_HALT) 리퀘스트를 완결할 때 0으로 리셋된다. 등시성 전송에서는 시퀀스 번호가 서비스 인터벌이 시작할 때 0으로 리셋되고 서비스 인터벌 내에 데이터 패킷이 추가될 때마다 증가한다. 엔드포인트 디스크립터는 서비스 인터벌의 길이와 서비스 인터벌당 데이터 패킷의 최댓값을 지정한다.

수신한 데이터 패킷에서 에러를 검출하면 호스트나 디바이스가 재시도 비트와 에러가 있는 패킷의 시퀀스 번호를 ACK 트랜잭션 패킷에 담아 보낸다. 그러면 데이터 패킷을 보낸 쪽이 시퀀스 번호를 다시 시작해 데이터 패킷을 모두 다시 보내야 한다.

슈퍼스피드 플러스에서는 ACK 트랜잭션 패킷이 전송 방식을 지정한다.

버스트 트랜잭션

인핸스드 슈퍼스피드 벌크 전송, 인터럽트 전송 엔드포인트는 버스트 트랜잭션burst transaction을 지원한다. 버스트 트랜잭션은 호스트나 디바이스가 이전에 수신된 데이터에 대한 응답인 ACK 트랜잭션 패킷을 기다리지 않고 여러 개의 데이터 패킷을 보낸다. 버스트 전송에서 모든 데이터 페이로드는 마지막 전송만 제외하면 엔드포인트 최대 패킷 크기와 같다.

ACK 트랜잭션 패킷에서 NumP 필드는 디바이스나 호스트가 버스트 전송에서 수신한 데이터 패킷 수로 설정된다. 이 값은 0이나 1에서부터 이전 ACK 패킷의 bMaxBurst + 1 이하 값까지를 가질 때 유효하다. bMaxBurst는 0에서부터 시작한다는 점을 주의한다. 즉 이 값이 0이면 패킷 1개의 최대 버스트 전송을 나타낸다. 반면에 NumP는 수신 측이 수락할 수 있는 실제 패킷 숫자를 나타낸다(0이 될 수도 있다).

Set Configuration, Set Interface, Clear Feature(ENDPOINT_HALT) 리퀘스트는 각기 관련 있는 엔드포인트의 버스트 크기를 리셋한다.

등시성 엔드포인트는 등시성 버스트 트랜잭션을 지원한다. 등시성 버스트 트랜잭션은 서비스 인터벌 안에 데이터 패킷을 여러 개 담을 수 있다. 서비스 인터벌 안의 각 패킷은 마지막 패킷을 제외하면 엔드포인트 최대 패킷 크기를 요청한다. 등시성 전송은 ACK를 쓰지 않는다.

타이밍 제한

디바이스와 호스트는 수신한 데이터 패킷과 데이터를 요청한 ACK 트랜잭션 패킷에 대해 신속히 응답해야 한다. ACK 트랜잭션 패킷, STATUS 트랜잭션 패킷, 데이터 패킷을 수신하면, 디바이스는 400ns 안에 응답을 시작해야 한다. 데이터 패킷을 수신하면 호스트는 ACK를 3μs 안에 반환하기 시작해야 한다. 버스트 전송에서 데이터 패킷 사이의 최대 인터벌은 Gen 1에서 100ns이고, Gen 2에서는 50ns다. 따라서 수신 패킷에 대한 응답 처리는 펌웨어보다는 디바이스 하드웨어가 처리한다.

호스트에 알림

인핸스드 슈퍼스피드 호스트는 저전력 상태에 있는 비활성 링크의 상태를 변경하고, 대역폭을 확보하기 위해 인핸스드 슈퍼스피드 엔드포인트로부터 데이터를 송수신하는 요청을 중단하고 흐름 제어 상태로 들어갈 수 있다. 이 상태는 엔드포인트가 일시적으로 데이터 송수신을 할 수 없는 상태다. 통신 재개를 요청하려면 해당 엔드포인트가 ERDY 트랜잭션 패킷을 전송한다. 그러면 디바이스는 호스트가 패킷을 요청할 때까지 기다리지 않고 아무 때나 ERDY를 전송할 수 있다. 호스트가 ERDY를 수신하면 엔드포인트와 통신을 재개한다.

IN 엔드포인트는 ACK 트랜잭션 패킷에 대한 응답을 한 다음 흐름 제어 상태로 들어가는데, NRDY 트랜잭션 패킷이나 버스트 끝임을 나타내는 EOB(End of Burst) 필드를 1로 설정한 데이터 패킷으로 진행된다. 디바이스는 데이터 페이로드가 엔드포인트의 최대 패킷 크기와 같고 이전 ACK 트랜잭션 패킷에서 요청한 패킷 수보다 작으면 EOB를 설정한다.

데이터 패킷에 대한 응답 후에 OUT 엔드포인트는 흐름 제어 상태로 들어가고 NRDY 트랜잭션 패킷이나 NumP 필드를 0으로 설정한(엔드포인트가 어떤 데이터 패킷도 수락할 수 없음을 나타냄) ACK 트랜잭션 패킷으로 진행된다.

호스트는 ERDY를 수신하기 전 흐름 제어 상태에서 벌크 엔드포인트와 통신을 시도하기 위한 옵션 값을 유지한다.

링크 관리 패킷

링크 관리 패킷은 다음과 같은 부형식을 갖는다.

- **링크 기능 설정**(Set Link Function): 시험용으로 쓰는 비트를 정의한다.
- **비활성 타임아웃**(U2 Inactivity Timeout): 저전력 상태를 전환할 때 타임아웃 값을 정한다.
- **제조사 디바이스 테스트**(Vendor Device Test): 제조사가 정의한 테스트 방식을 제공한다.
- **포트 기능**(Port Capabilities): 포트를 상향 포트나 하향 포트, 또는 두 포트 모두로 설정할 수 있는지 나타낸다. 각 포트는 링크 초기화 후에 링크 관리 패킷에서 이 패킷을 교환한다. 링크 관리 패킷에서 양쪽 포트가 모두 양방향 포트 유형을 지원하는 상황이라면 추가 연장 필드와 프로토콜이 포트 방향을 결정한다.
- **포트 설정**(Port Configuration): 1로 설정되어 있으면 상향 포트의 링크 속도는 5Gbps다. 하향 포트가 Gen 1 속도로 동작 중이면 이 패킷을 링크 파트너로 전송한다.
- **포트 설정 응답**(Port Configuration Response): 포트 설정 링크 관리 패킷[LMP, Link Management Packet]을 수신했을 때, 수락하거나 거부한다.

3장

용도별 전송 방식

3장에서는 USB의 전송 방식 네 종류(제어, 벌크, 인터럽트, 등시성)를 자세히 살펴본다. 각 전송 방식은 각각의 목적에 알맞은 기능을 갖는다.

제어 전송

제어 전송은 두 가지 용도로 사용한다. 첫째, 제어 전송은 모든 디바이스에서 사용한다. 디바이스를 장착하면 호스트가 표준 리퀘스트를 전송해 디바이스를 설정하고 디바이스 정보를 알아낸다. 둘째, 클래스나 제조사가 임의의 목적을 위해 정의한 리퀘스트를 전달할 때 사용한다.

가용성

모든 디바이스는 엔드포인트 0에 있는 기본 파이프를 통해 제어 전송을 지원해야 한다. 디바이스가 제어 전송용으로 추가 파이프를 쓸 수도 있지만, 실제로 그런 경우는 거의 없다. 디바이스가 제어 리퀘스트를 많이 보내야 하면 호스트는 제어 엔드포인트 개수를 늘리지 않고 리퀘스트 크기, 개수에 따라 제어 전송의 대역폭을 증가시킨다. 그러므로 추가 제어 엔드포인트를 사용해도 아무 이득이 없다.

구조

2장에서는 제어 전송과 제어 전송의 각 스테이지를 설명했다. 제어 전송에는 SETUP, DATA, STATUS 스테이지가 있고, 각 스테이지는 트랜잭션이 1개 이상이다.

모든 제어 전송에서 SETUP, STATUS 스테이지는 필수다. DATA 스테이지는 옵션이지만, 일부 리퀘스트는 DATA 스테이지가 꼭 필요하다. 모든 제어 전송은 양방향으로 정보를 전달해야 하므로 제어 전송 메시지 파이프는 IN, OUT 엔드포인트 주소를 모두 쓴다.

제어 쓰기 전송은 DATA 스테이지의 데이터를 호스트에서 디바이스로 전달한다. DATA 스테이지가 없는 제어 전송도 제어 쓰기 전송으로 간주한다. 제어 읽기 전송은 DATA 스테이지의 데이터를 디바이스에서 호스트로 전달한다. 그림 3-1, 3-2는 로우스피드, 풀스피드 버스에서 로우스피드, 풀스피드 제어 읽기/쓰기 전송의 각 스테이지를 보여준다. 3장 뒷부분에서 설명하겠지만 일부 하이스피드 전송과 하이스피드 버스상의 USB 2.0 허브를 쓰는 로우/풀 스피드 전송과 인핸스드 슈퍼스피드 전송은 차이가 있다.

SETUP 스테이지에서 호스트는 리퀘스트에 관한 정보를 보내 SETUP 트랜잭션을 시작한다. 토큰 패킷의 SETUP PID를 통해 제어 전송을 시작하는 SETUP 트랜잭션을 식별할 수 있다. 데이터 패킷은 리퀘스트 번호, DATA 스테이지 존재 여부, 데이터가 있는 경우 데이터 흐름 방향 등 리퀘스트에 관한 정보 8바이트를 담고 있다.

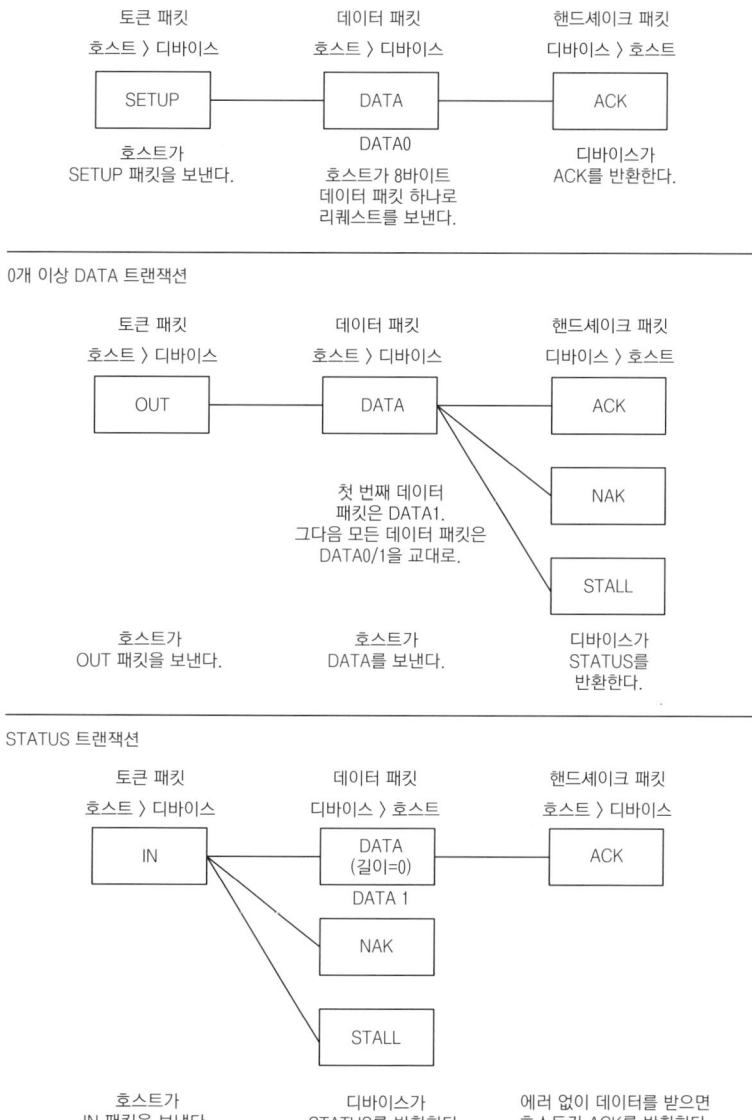

▲ 그림 3-1 USB 2.0 제어 쓰기 전송은 SETUP 트랜잭션, 0개 이상의 DATA 트랜잭션, STATUS 트랜잭션으로 구성된다. 복수 데이터 패킷을 보내는 하이스피드 전송은 PING 프로토콜을 사용한다(이 그림에는 나와 있지 않다. 하이스피드 버스에서 로우스피드, 풀스피드 디바이스가 쓰는 분할 트랜잭션도 이 그림에는 나와 있지 않다). 출처: Universal Serial Bus Specification, Revision 2.0

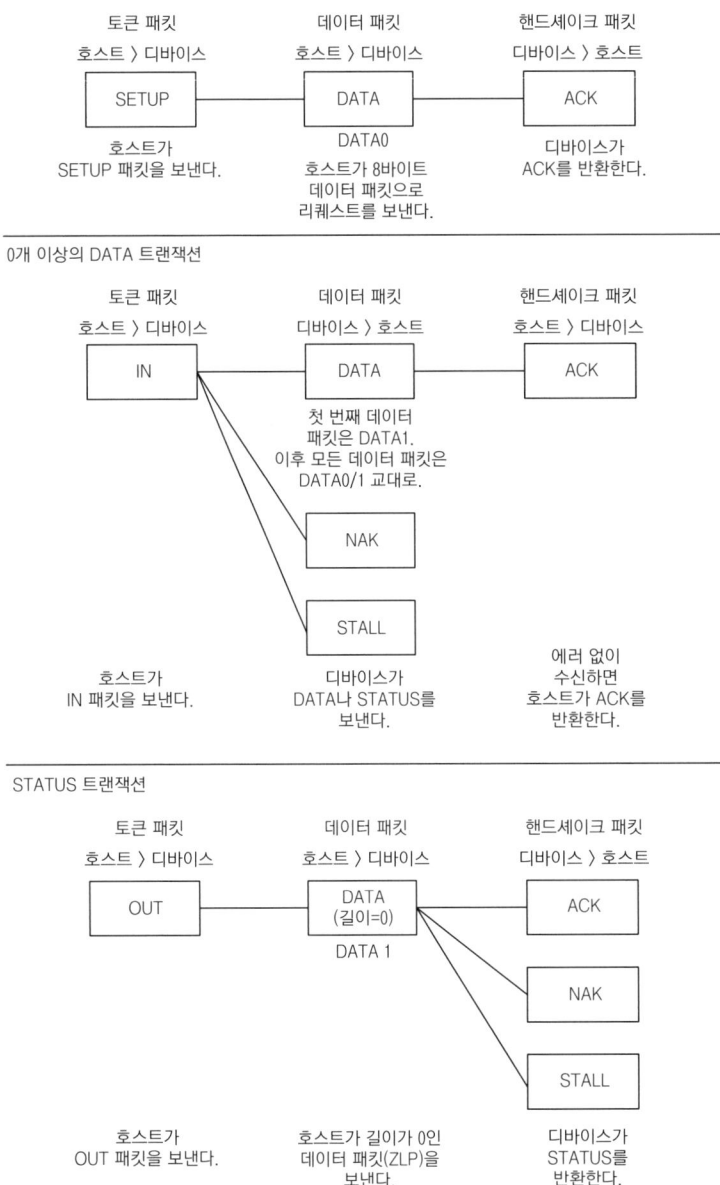

▲ **그림 3-2** USB 2.0 제어 읽기 전송은 SETUP 트랜잭션, 0개 이상의 DATA 트랜잭션, STATUS 트랜잭션으로 이뤄진다(이 그림에는 하이스피드 버스에서 로우스피드, 풀스피드 디바이스가 쓰는 분할 트랜잭션은 나와 있지 않다). 출처: Universal Serial Bus Specification, Revision 2.0

USB 2.0과 USB 3.1 규격은 표준 리퀘스트에 관한 규격을 정의해놓았다. 열거 작업을 성공적으로 완료하려면 디바이스 주소를 설정하는 등 일부 리퀘스트에 대한 특정한 응답이 필요하다. 그 밖의 리퀘스트에서는 디바이스가 지원하지 않는 리퀘스트를 식별하기 위해 STALL을 반환할 수 있고, STALL은 전송을 끝낸다. 어떤 클래스는 클래스 전용 리퀘스트를 지원할 수도 있고, 디바이스가 제조사 전용 드라이버가 정의한 리퀘스트를 지원할 수도 있다.

DATA 스테이지는 생략될 수도 있지만, 존재하면 트랜잭션 1개 이상으로 구성된다. 리퀘스트에 따라 호스트나 주변기기가 이런 트랜잭션의 데이터 소스일 수 있지만 이 스테이지의 모든 데이터 패킷은 같은 방향이어야 한다.

STATUS 스테이지는 IN 트랜잭션이나 OUT 트랜잭션 1개로 구성되고 디바이스가 전송 성공/실패를 보고한다. STATUS 스테이지의 데이터 패킷 소스는 DATA 스테이지에서 데이터를 수신한 쪽이다. DATA 스테이지가 없으면 디바이스는 STATUS 스테이지 데이터 패킷을 보낸다. 호스트는 현재 전송의 완결 또는 실패를 처리한 다음에야 새로운 제어 전송을 시작할 수 있다.

하이스피드에서 다른 점

2장에서 설명한 바와 같이 하이스피드 제어 전송은 DATA 스테이지에서 데이터 패킷이 0개 이상이고, 디바이스는 데이터 패킷을 수신한 후 NYET를 반환한다. 호스트는 다음 데이터 패킷을 보내기 전에 PING 프로토콜을 쓸 수도 있다.

하이스피드 버스에서 호스트가 로우/풀 스피드 디바이스와 제어 전송을 수행하려면 호스트는 모든 전송 트랜잭션에서 분할 트랜잭션을 써야 한다. 디바이스에 대해서는 USB 1.1 호스트와 트랜잭션하는 것과 다르지 않다. 디바이스와 가장 가까운 USB 2.0 허브나 USB 3.1 허브는 해당 디바이스와 트랜잭션을 초기화하고 호스트에게 데이터와 상태 정보를 반환한다.

인핸스드 슈퍼스피드에서 다른 점

인핸스드 슈퍼스피드 버스에서 SETUP 스테이지의 SETUP 데이터 패킷은 설정 데이터 8바이트를 갖는다. 데이터 패킷 헤더는 다음 값을 쏜다.

시퀀스 번호 = 0
데이터 길이 = 8
SETUP = 1

그림 3-3은 인핸스드 슈퍼스피드 제어 쓰기 전송의 구조를 보여준다. 호스트는 SETUP 데이터 패킷으로 전송을 시작하고 디바이스가 에러 없이 패킷을 수신하면 ACK 트랜잭션 패킷으로 응답한다. 이 전송이 DATA 스테이지를 갖는다면 호스트는 데이터 패킷을 1개 이상 보내고 디바이스는 각 ACK 트랜잭션 패킷으로 응답한다. 데이터 패킷을 여러 개 전송할 때는 DATA와 ACK 패킷 안에 있는 시퀀스 번호가 데이터 패킷마다 증가한다. STATUS 스테이지에서는 호스트가 STATUS 트랜잭션 패킷을 보내고 디바이스가 ACK를 반환한다.

그림 3-4는 인핸스드 슈퍼스피드 제어 읽기 전송의 구조를 보여준다. 인핸스드 슈퍼스피드 제어 읽기 전송은 DATA 스테이지만 빼면 제어 쓰기 전송과 동일하다. DATA 스테이지에서 호스트는 ACK 트랜잭션 패킷을 1개 이상 보내면 디바이스가 각각 데이터 패킷으로 응답한다.

디바이스는 SETUP 데이터 패킷, NumP와 시퀀스 번호가 0인 ACK 트랜잭션 패킷으로 응답해 제어 전송 흐름을 조종할 수 있다. 그런 다음 디바이스는 ERDY 트랜잭션 패킷을 보내 DATA 스테이지와 STATUS 스테이지 시작을 요청한다.

어떤 엔드포인트는 DATA 또는 STATUS 스테이지에서 ACK 대신 STALL이나 NRDY 트랜잭션 패킷을 반환할 수 있다. STALL은 전송을 끝낸다. NRDY는 디바이스가 ERDY를 반환할 때까지 전송을 정지시킨다.

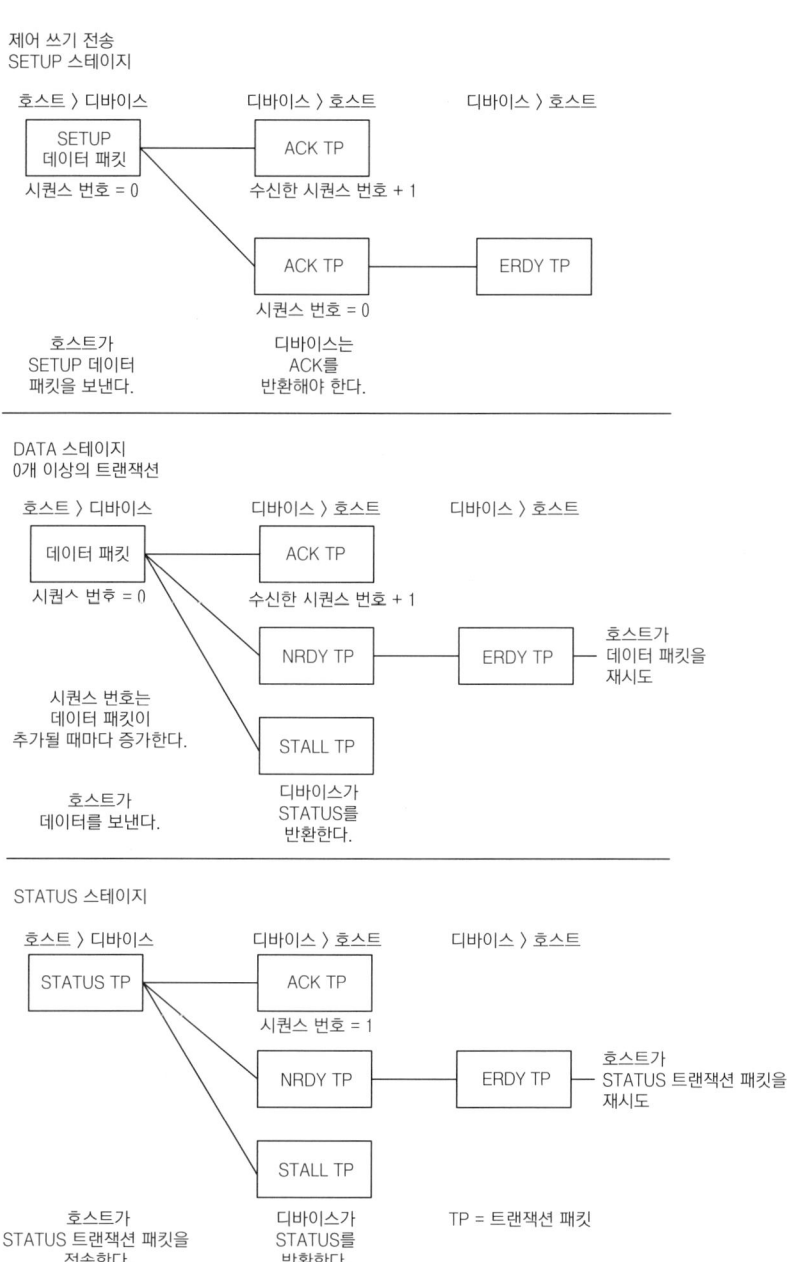

▲ 그림 3-3 SETUP 데이터 패킷은 인핸스드 슈퍼스피드 제어 쓰기 전송을 초기화한다. STATUS 트랜잭션 패킷은 STATUS 스테이지를 초기화한다. 출처: Universal Serial Bus 3.1 Specification, Revision 1.0

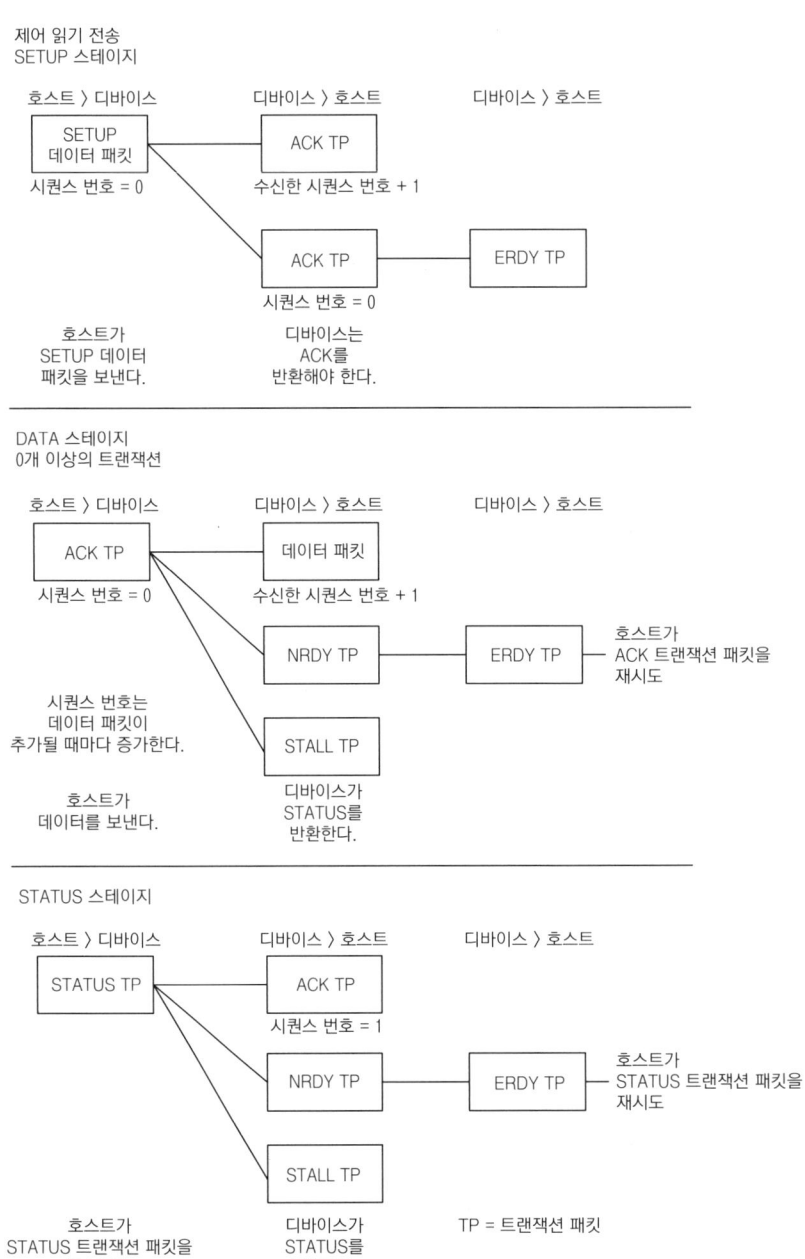

▲ 그림 3-4 인핸스드 슈퍼스피드 제어 읽기 전송은 DATA 스테이지만 제외하면 제어 쓰기 전송과 동일하다. 출처: Universal Serial Bus 3.1 Specification, Revision 1.0

데이터 크기

제어 전송의 DATA 스테이지에서 데이터 패킷의 최대 크기는 버스 속도에 따라 다양하다.

버스 속도	최대 데이터 패킷 크기
로우스피드	8
풀스피드	8, 16, 32, 64
하이스피드	64
슈퍼스피드/슈퍼스피드 플러스	512

여기에서 크기는 데이터 패킷(USB 2.0), 데이터 패킷 페이로드(인핸스드 슈퍼스피드) 안에서 PID와 CRC 비트를 제외하고 실질적으로 전송되는 정보만 뜻한다.

DATA 스테이지에서 마지막을 제외한 모든 데이터 패킷은 엔드포인트 최대 크기여야 한다. 기본 제어 파이프default control pipe의 최대 패킷 크기는 열거 과정에서 호스트가 가져오는 디바이스 디스크립터에 들어 있다. DATA 트랜잭션 하나에 맞는 데이터양보다 데이터가 많으면 호스트가 트랜잭션을 여러 개 써서 데이터를 송수신한다.

일부 제어 읽기 전송에서는 디바이스가 응답하는 데이터양이 달라질 수 있다. 데이터양이 요청하는 크기보다 작고 엔드포인트 최대 패킷 크기의 짝수배이면 디바이스는 모든 데이터를 보낸 후에 ZLP로 응답해 더 이상 보낼 데이터가 없다는 걸 알려줘야 한다(USB 2.0). 인핸스드 슈퍼스피드에서는 길이가 0인 데이터 페이로드로 알려준다.

속도

호스트는 모든 제어 전송이 가능한 한 빨리 도착하게 해야 한다. USB 2.0 호스트 컨트롤러는 제어 전송을 위해 버스 대역폭의 일부를 예약해놓는다. 로우스피드와 풀스피드 엔드포인트의 10%, 하이스피드 엔드포인트에서는 각 마이크로프레임의

20%를 예약한다. 인핸스드 슈퍼스피드 호스트는 제어 전송을 위해 버스 대역폭의 20%를 예약한다. 제어 전송이 예약된 대역폭 전체가 필요하지 않다면 남은 대역폭은 벌크 전송이 사용할 수 있다. 버스에 다른 남은 대역폭이 있으면 제어 전송이 예약된 대역폭 이상을 쓸 수도 있다. 호스트는 가용 시간을 모든 디바이스에게 가능한 한 공평하게 나눠주려 한다. 단일 프레임, 마이크로프레임, 버스 인터벌은 같은 전송의 복수 트랜잭션으로 이뤄질 수도 있고, 단일 전송의 트랜잭션들은 여러 개의 (마이크로)프레임 또는 버스 인터벌에 퍼져 있을 수도 있다.

제어 전송을 사용할 때 열거와 설정 데이터가 아닌 데이터에도 사용하는 것이 적합한가에 대해 두 가지 의견이 있다. 어떤 사람은 제어 전송이 표준 USB 리퀘스트를 전달하고, 자주는 아니지만 다른 설정 작업을 수행하기 위해 가능한 한 많이 예약돼야 한다고 말한다. 이 방식은 제어 전송용 대역폭을 가능한 한 많이 확보해 제어 전송을 빨리 끝낼 수 있게 해준다. 한편으로 어떤 사람은 USB 규격이 제어 전송을 다른 용도로 사용하는 것을 금지하지 않으므로 제어 전송을 어떤 목적으로든 사용해도 된다고 생각한다. 로우스피드 디바이스는 주기적 인터럽트 전송 외에는 선택의 여지가 없다. 주기적인 인터럽트 전송은 데이터 전송이 비정기적일 때 사용하면 대역폭을 낭비한다.

제어 전송이 가장 효율적인 데이터 전송 방법은 아니다. 각 전송마다 큰 오버헤드를 갖는다. 8바이트짜리 단일 로우스피드 제어 전송은 프레임 대역폭의 1/3을 사용하지만 해당 전송의 트랜잭션들은 여러 프레임으로 나뉠 수도 있다. DATA 스테이지에서 제어 전송의 데이터 패킷이 여러 개이면 데이터는 (마이크로)프레임이나 버스 인터벌 하나에 같이 전송될 수도 있고 나뉘어 전송될 수도 있다. 버스가 BUSY 상태인 경우, 모든 제어 전송이 예약된 대역폭을 공유해야 할 수도 있다.

USB 규격은 제어 전송의 타이밍 제한을 정의하고 있는데, 클래스가 더 빠른 응답을 요구하지 않는 경우는 예외다. 더 엄격한 타이밍을 지정하지 않았다면 호스트가 디바이스로 데이터를 요청할 때 데이터를 읽을 수 있기까지 최대 500ms까지 디바이스 지연을 허용한다. USB 2.0 호스트는 데이터가 준비됐는지 알아내기 위해 데이터를 요청하는 토큰 패킷을 보낸다. 데이터가 준비됐다면 디바이스는 트랜잭션의 데이터 패킷에 즉각 실어 보내고, 준비되지 않았다면 호스트가 나중에 다시 시도할 수 있도록 NAK로 응답한다. 호스트는 최대 500ms의 인터벌로 계속 시도한다. 인핸스드 슈퍼스피드 디바이스는 지연 통신을 할 수 있다. 이때는 SETUP 데이터 패킷에 대해 `NumP = 0`, 시퀀스 번호 = 0으로 설정해 응답하거나, 요청받거나 수신된 데이터에 대해 NRDY를 전송하는 것으로 응답한다.

호스트가 디바이스로 데이터를 보낼 때 디바이스가 수용할 수 있는 최대 속도로 데이터를 보낸다면 USB 2.0 디바이스는 모든 데이터를 받고 STATUS 스테이지를 완료하기까지 최대 5초까지 지연할 수 있다. 단, STATUS 스테이지는 50ms 이내에 완료해야 한다.

인핸스드 슈퍼스피드로 동작하는 디바이스는 각 트랜잭션을 50ms 이내에 완료해야 한다(추가적인 지연은 호스트에 의해 연장될 수 있다). 즉 SETUP 패킷과 첫 번째 DATA 스테이지 사이, 연이은 DATA 스테이지 사이, 마지막 DATA 스테이지와 STATUS 스테이지 사이 시간 제한이 50ms다. DATA 스테이지가 없는 제어 전송에서는 해당 전송을 50ms 이내에 완료해야 한다.

호스트와 디바이스 드라이버가 이런 타이밍 제한을 강요하지는 않지만 모든 디바이스는 어떤 호스트와도 적절히 동작하기 위해 이 제한을 준수해야 한다. USB 2.0과 인핸스드 슈퍼스피드 허브에서는 평균 응답 시간을 5ms 이하로 권장한다.

에러 검출과 에러 처리

USB 2.0 디바이스가 제어 전송 중에 핸드셰이크 패킷을 반환하지 않으면 호스트는 다시 시도한다. 총 세 번 시도한 후에도 아무 응답이 없으면 호스트는 전송을 요청한 소프트웨어에 통보하고 디바이스 열거를 다시 시도하는 등 문제가 해결될 때까지 해당 엔드포인트와 통신을 중지한다. 핸드셰이크 응답이 전혀 없으면 재시도를 두 번 한다. NAK 1개는 재시도를 한 번 하도록 만들지만 에러 횟수에 포함되지 않는다.

제어 전송은 데이터를 잃어버리지 않기 위해 데이터 토글(USB 2.0), 시퀀스 번호(인핸스드 슈퍼스피드)를 사용한다. USB 2.0 제어 읽기 전송의 DATA 스테이지에서는, 호스트가 디바이스로부터 데이터를 수신할 때 일반적으로 ACK로 응답하고 STATUS 스테이지를 시작하기 위해 OUT 토큰 패킷을 보낸다. 디바이스가 어떤 이유에서든 전송의 마지막 데이터 패킷 후에 ACK를 보지 못하면 디바이스는 OUT 토큰 패킷을 수신한 것을 그것으로 해석하고 STATUS 스테이지를 시작할 수 있다.

에러가 없다면 디바이스는 모든 SETUP 패킷을 받아들여야 한다. 이전의 제어 전송을 완료하기 전에 새로운 SETUP 패킷이 도착하면 이전 전송을 포기하고 새로운 전송을 시작해야 한다.

디바이스 의무사항

USB 2.0 디바이스는 제어 엔드포인트에서 다음과 같은 책임을 갖는다.

- 에러 없이 수신한 모든 SETUP 패킷에 대해 ACK로 응답해야 한다.
- 제어 쓰기 요청을 지원하려면, DATA 스테이지(존재한다면)에서 수신한 데이터와 STATUS 스테이지에서 반환한 ZLP에 대해 ACK로 응답해야 한다.
- 제어 읽기 요청을 지원하려면, DATA 스테이지의 IN 토큰 패킷과 STATUS 스테이지에서 수신한 ZLP에 대해 데이터로 응답해야 한다.
- 지원하지 않는 요청이라면 DATA 또는 STATUS 스테이지에서 STALL을 반환해야 한다.

SETUP 스테이지를 제외한 모든 경우, ACK, ZLP, 데이터, STALL 앞에 NAK가 1개 이상 선행해도 그 스테이지의 타이밍 제한 내에서는 용인된다.

인핸스드 슈퍼스피드 디바이스는 제어 엔드포인트 전송에서 다음과 같은 책임을 갖는다.

- 데이터 패킷에서 에러 없이 수신한 SETUP 데이터에 대해 ACK 트랜잭션 패킷으로 응답해야 한다.
- 제어 쓰기 요청을 지원려면, DATA 스테이지가 있을 때 데이터 패킷에서 수신한 데이터에 대해 ACK 트랜잭션 패킷으로 응답해야 한다. STATUS 스테이지에서는 수신한 STATUS 트랜잭션 패킷에 대해 ACK 트랜잭션 패킷으로 응답해야 한다.
- 제어 읽기 요청을 지원하려면, 응답을 수신하고 ACK 트랜잭션 패킷에서 데이터 송신을 요청하고 데이터 패킷에서 데이터를 보내야 한다. STATUS 스테이지에서는 수신한 STATUS 트랜잭션 패킷에 대한 응답으로 ACK 트랜잭션 패킷을 보낸다.
- 지원하지 않는 요청이라면, DATA 또는 STATUS 스테이지에서 STALL을 반환해야 한다.

SETUP 스테이지를 제외한 모든 경우, NRDY 트랜잭션 패킷이 ACK 트랜잭션 패킷이나 데이터, STALL 트랜잭션 패킷 앞에 1개 이상 선행해도 그 스테이지의 타이밍 제한 내에서는 용인된다.

벌크 전송

벌크 전송은 전송 타이밍이 중요하지 않은 데이터 전송에서 유용하다. 벌크 전송은 다른 전송에게 버스를 양보하고 사용할 수 있을 때까지 기다리기 때문에 다른 전송을 방해하지 않고 대량 데이터를 보낼 수 있다. 벌크 전송의 사용 예로는 프린터로 데이터를 전송하거나, 디스크 읽기/쓰기 등이 있다. 벌크 전송이 아닌 전송이 버스를 점유하고 있지 않으면 벌크 전송이 가장 빠른 전송 방식이다.

가용성

로우스피드는 벌크 전송을 지원하지 않는다. 디바이스가 꼭 벌크 전송을 지원할 필요는 없지만 어떤 디바이스 클래스는 벌크 전송을 필수로 요구할 수도 있다. 예를 들어, 대용량 저장장치 클래스에 속하는 디바이스는 각 방향으로 벌크 엔드포인트를 갖고 있어야 한다.

구조

USB 2.0 벌크 전송은 IN, OUT 트랜잭션 1개 이상으로 구성된다(그림 3-5). 모든 벌크 전송은 단방향이다. 양방향으로 데이터를 전송하려면 각 방향으로 별도의 파이프가 필요하다.

벌크 전송은 둘 중 한 가지 방법으로 종료한다. 데이터가 예상한 양만큼 전송됐거나 트랜잭션이 0바이트 데이터를 포함한 엔드포인트의 최대 패킷 크기보다 적은 양의 데이터를 갖고 있으면 전송을 종료한다. USB 2.0 규격에는 벌크 전송에서 전송할 데이터 크기를 알려주는 프로토콜이 없다. 필요하다면 디바이스/호스트가 제조사 프로토콜, 특정 클래스 프로토콜 등으로 전해줄 수 있다. 예를 들면 전송할 데이터 크기를 알려주는 헤더로 전송을 시작할 수도 있고, 디바이스/호스트가 데이터 크기를 알려달라고 요청하는 클래스 프로토콜, 제조사 프로토콜을 사용할 수도 있다.

하이스피드에서 다른 점

버스 시간을 효율적으로 사용하기 위해 호스트는 일부 하이스피드 벌크 전송에서 PING 프로토콜을 사용할 수도 있다. 하이스피드 벌크 OUT 전송이 데이터 패킷을 1개 이상 갖고 디바이스가 패킷을 받은 후 NYET로 응답하면 호스트는 PING을 사용해 추가 데이터를 보낼 수 있는지 확인할 수 있다. 로우스피드나 풀스피드 디바이스가 연결된 하이스피드 버스상에서 호스트가 벌크 전송을 할 때는 모든 전송의 트랜잭션에서 분할 트랜잭션을 쓴다.

벌크와 인터럽트 전송
IN 트랜잭션

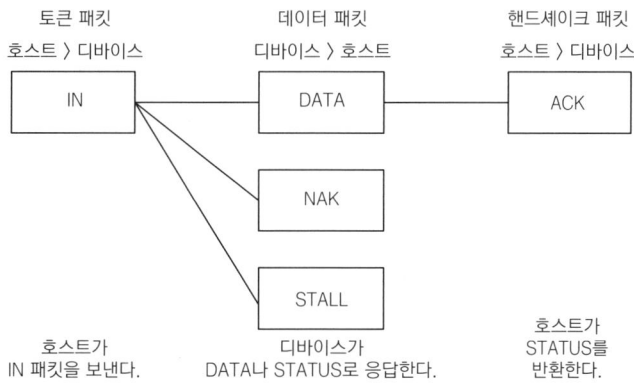

OUT 트랜잭션

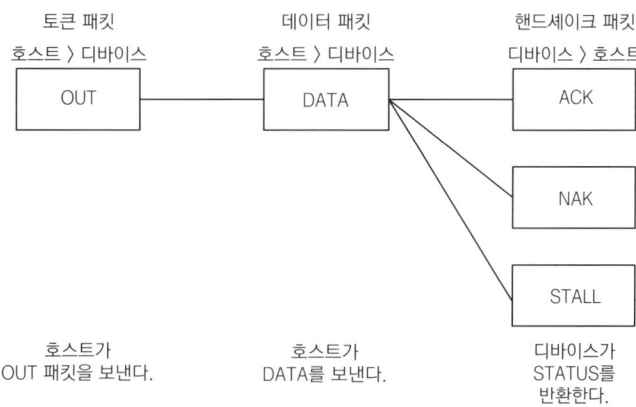

▲ **그림 3-5** USB 2.0 벌크 전송과 인터럽트 전송은 구조적으로 동일하지만 호스트가 다르게 스케줄링한다. 이 그림에는 PING 프로토콜은 나와 있지 않다. PING 프로토콜은 데이터 패킷을 다수 보내는 일부 하이스피드 벌크 OUT 전송이나 하이스피드 버스에 연결된 로우스피드, 풀스피드 디바이스가 사용하는 분할 트랜잭션에서 쓴다. 출처: Universal Serial Bus Specification, Revision 2.0

인핸스드 슈퍼스피드에서 다른 점

그림 3-6은 인핸스드 슈퍼스피드 벌크 IN, OUT 트랜잭션을 나타낸 것이다. IN 트랜잭션에서 호스트는 데이터 패킷을 1개 이상 요청하는 ACK 트랜잭션 패킷을 보내고 이전 데이터가 있다면 이전 데이터에 대해 확인 응답한다. 그런 다음 디바이

스는 데이터 패킷, NRDY, STALL을 보낸다. 호스트가 데이터 패킷을 받으면 ACK 트랜잭션 패킷을 반환한다. 호스트가 NumP > 1로 설정해 데이터 패킷을 여러 개 요청했다면 디바이스는 다음 패킷을 보내기 전에 각 ACK를 기다리지 않아도 된다. 호스트가 ACK 트랜잭션 패킷 안에 NumP > 0을 설정해 수신한 데이터에 대한 응답으로 보내면 그 패킷은 데이터를 더 요청하는 것으로 해석될 것이다.

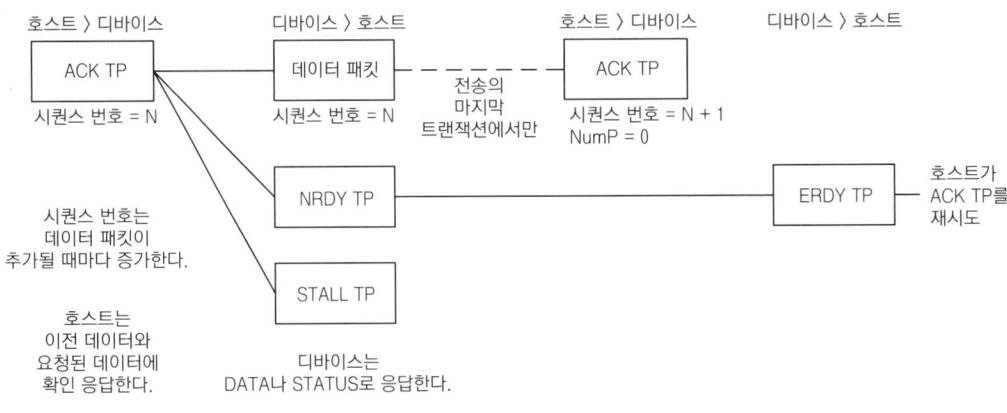

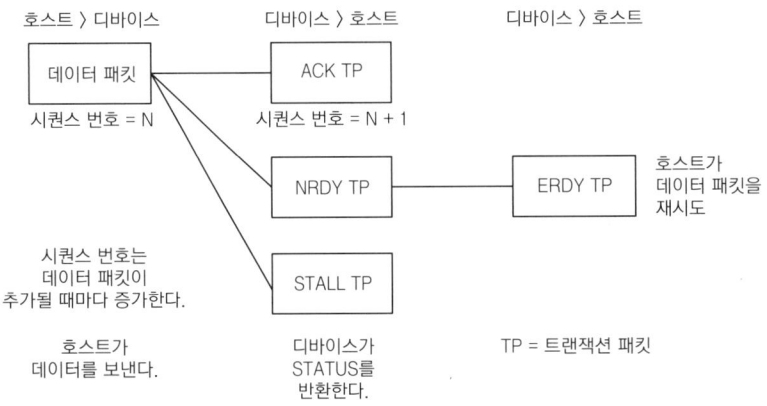

▲ **그림 3-6** 인핸스드 슈퍼스피드 벌크 전송과 인터럽트 전송은 리퀘스트나 데이터 확인 응답으로 ACK 트랜잭션 패킷을 쓴다. 출처: Universal Serial Bus 3.1 Specification, Revision 1.0

OUT 트랜잭션에서는 호스트가 데이터 패킷에서 데이터를 보내고 디바이스가 받은 데이터에 대해 ACK 트랜잭션 패킷으로 확인 응답하거나 NRDY 또는 STALL 을 반환한다. 엔드포인트가 NRDY를 보낸 후에는 엔드포인트가 ERDY를 송신하지 못하더라도 호스트가 통신 재개를 시도할 수 있다.

인핸스드 슈퍼스피드 벌크 전송은 단일 엔드포인트를 사용해 독립적인 데이터 스트림을 다중으로 보내는 스트림 프로토콜Stream Protocol을 사용할 수 있다. 어떤 클래스나 기타 호스트 드라이버가 스트림 사용을 정의할 수 있다. 각 스트림은 각기 자신의 엔드포인트 버퍼를 갖는다. CStream ID는 현재 스트림을 식별하는 값인데, 데이터 패킷 헤더와 ACK, NRDY, ERDY 트랜잭션 패킷 안에 있다.

데이터 크기

벌크 트랜잭션의 데이터 패킷에 담을 수 있는 최대 데이터 크기는 버스 속도에 따라 다양하다.

버스 속도	데이터 패킷 최대 크기
풀스피드	8, 16, 32, 64
하이스피드	512
슈퍼스피드/슈퍼스피드 플러스	1024

이 크기 값은 데이터 패킷(USB 2.0)이나 데이터 패킷 페이로드(인핸스드 슈퍼스피드) 안에서 전송되는 정보만 의미한다. 즉 PID와 CRC 비트는 제외한 것이다.

각 벌크 엔드포인트 최대 패킷 크기는 호스트가 열거를 할 때 디바이스 디스크립터에서 읽는다. 전송 데이터 크기는 최대 패킷 크기보다 작을 수도 있고, 같을 수도 클 수도 있다. 데이터양이 패킷 1개 크기보다 크면 호스트는 전송을 완료하기 위해 트랜잭션을 여러 개 사용한다.

속도

호스트 컨트롤러는 벌크 전송을 정상적으로 완결하는 것은 보장하지만 전송 대역폭은 보장하지 않는다. 제어 전송은 로우스피드와 풀스피드는 대역폭을 10%, 하이스피드와 인핸스드 슈퍼스피드는 20%를 예약해놓는다. 인터럽트 전송과 등시성 전송은 예약되지 않은 남은 대역폭을 이용할 수도 있다. 그러므로 버스가 아주 바쁘면 벌크 전송은 매우 오래 걸릴 수도 있다.

반대로 버스가 IDLE 상태면 벌크 전송이 가장 빠른 전송 방식이다. 거의 모든 대역폭을 점유할 수 있고 오버헤드가 적기 때문이다. 풀스피드 벌크 엔드포인트의 패킷 최대 크기가 64 이하이면 일부 호스트 컨트롤러는 대역폭이 남아도 프레임당 패킷을 1개 이상 처리하지 않는다. 따라서 가장 좋은 성능을 내려면 풀스피드 벌크 엔드포인트의 패킷 최대 크기를 64로 쓰는 것이 정석이다.

풀스피드에서 버스가 IDLE 상태면 최대 19개의 64바이트 벌크 전송이 1프레임당 1,216바이트, 즉 1.216MB/s의 속도로 전송할 수 있다. 하이스피드에서 버스가 IDLE 상태면 512바이트 벌크 전송을 최대 13개 써서 1마이크로프레임에 6,656바이트, 즉 이론적으로 53.248MB/s 속도로 전송할 수 있다. 실제 성능은 호스트 컨트롤러 하드웨어와 드라이버, 시스템 메모리에 접근할 때 걸리는 지연 시간 등 호스트 아키텍처에 따라 달라진다. 일부 하이스피드 호스트는 약 50MB/s 속도의 벌크 전송으로 데이터를 전송할 수 있다. 슈퍼스피드 버스는 약 460MB/s 속도의 벌크 전송으로 전송할 수 있다. 슈퍼스피드 플러스 버스는 약 1.1GB/s 속도의 벌크 전송으로 전송할 수 있다.

에러 검출과 에러 처리

USB 2.0 디바이스가 핸드셰이크 패킷으로 응답하지 않으면 호스트는 두 번까지 다시 시도한다. 호스트가 NAK 핸드셰이크를 받아도 역시 다시 시도한다. 클래스/호스트 드라이버는 NAK를 연속적으로 받으면 포기할지 결정한다. 인핸스드 슈퍼스피드 엔드포인트에서는 디바이스가 NRDY, ERDY를 쓴다. NRDY, ERDY는 엔드포인트의 데이터 수신 준비가 안 됐거나 보낼 데이터가 없을 때 호스트의 데이터 송수신 요청을 중단한다. 데이터 토글(USB 2.0)이나 시퀀스 번호(인핸스드 슈퍼스피드)로 데이터 유실이나 중복 데이터를 감지한다.

디바이스 의무사항

USB 2.0 디바이스는 벌크 엔드포인트 전송에서 다음 사항을 지켜야 한다.

- OUT 전송: 데이터 패킷으로 데이터를 받고 ACK를 보냄
- IN 전송: IN 토큰 패킷에 대한 확인 응답으로서, 데이터 패킷으로 데이터를 반환

ACK나 데이터 앞에 NAK가 1개 이상 선행해도 타이밍 제한에 걸리지만 않으면 유효하다.

인핸스드 슈퍼스피드 디바이스는 벌크 엔드포인트 전송에서 다음 사항을 지켜야 한다.

- OUT 전송: 데이터 패킷으로 데이터를 받고 응답으로 ACK 트랜잭션 패킷을 보냄
- IN 전송: ACK 트랜잭션 패킷에서 데이터 송신 리퀘스트와 수신한 데이터의 확인 응답을 수신하고 데이터 패킷에서 데이터를 보냄

ACK 트랜잭션 패킷이나 데이터 앞에 NRDY가 1개 이상 선행해도 타이밍 제한에 걸리지만 않으면 유효하다.

인터럽트 전송

인터럽트 전송은 지연 없이 데이터를 전송해야 할 때 유용하다. 일반적으로 키보드, 포인팅 디바이스, 게임 컨트롤러, 허브 상태 보고 등에 쓴다. 사용자는 키를 누

르거나 마우스를 움직인 후 화면에 반응이 나타날 때까지 오래 기다리는 것을 잘 참지 못한다. 허브는 디바이스 연결과 제거를 즉각 보고해야 한다. 로우스피드 디바이스는 제어 전송과 인터럽트 전송만 사용할 수 있기 때문에 인터럽트 전송을 쓰는 편이다.

로우스피드, 풀스피드에서 인터럽트 엔드포인트가 사용할 수 있는 대역폭은 제한돼 있지만 하이스피드, 인핸스드 슈퍼스피드는 제한을 완화했다.

인터럽트 전송은 일반적으로 말하는 하드웨어 인터럽트 기능과 비슷한 방식으로 동작해 호스트에 대한 응답을 보장한다. 일반적으로 벌크 엔드포인트, 인터럽트 엔드포인트는 펌웨어가 인터럽트를 써서 신규 데이터 수신을 감지한다. USB 2.0 버스에서 벌크 엔드포인트, 인터럽트 엔드포인트에서 데이터를 송신하려면 호스트가 데이터를 요청할 때까지 기다려야 한다. 슈퍼스피드에서는 벌크 엔드포인트, 인터럽트 엔드포인트가 ERDY 트랜잭션 패킷을 보내 호스트에게 알릴 수 있지만 호스트가 데이터 패킷을 요청할 때까지는 여전히 기다려야 한다.

가용성

인터럽트 전송은 모든 속도에서 사용할 수 있다. 인터럽트 전송이 필수는 아니지만 디바이스 클래스에 따라서는 필수로 요구할 수도 있다. 예를 들어, HID 클래스 디바이스는 데이터를 호스트로 보내기 위해 인터럽트 IN 전송을 지원해야만 한다.

구조

USB 2.0 인터럽트 전송은 IN이나 OUT 트랜잭션 1개 이상으로 구성된다. 양방향 데이터 전송은 각 방향으로 별개의 전송과 파이프가 필요하다.

버스상에서 인터럽트 전송은 벌크 전송과 동일하지만(그림 3-5, 3-6) 다음 사항은 다르다.

- 인터럽트 트랜잭션은 최대 지연을 보장하므로 호스트에 의해 다르게 스케줄링된다.

- 호스트는 하이스피드 인터럽트 전송에서 PING 프로토콜을 사용할 수 없다.
- 인핸스드 슈퍼스피드 인터럽트 전송은 스트림을 지원하지 않는다.
- 인핸스드 슈퍼스피드 버스에서 호스트가 NRDY를 수신한 후 인터럽트 엔드포인트에서 통신을 재개하려면 ERDY를 기다려야 한다. 벌크 엔드포인트에서 이 대기는 옵션이다.

인터럽트 전송은 데이터를 정해진 만큼 전송하거나, 트랜잭션 데이터가 0바이트이거나, 엔드포인트 최대 패킷 크기보다 작으면 전송이 끝난다. USB 규격은 인터럽트 전송에서 전송할 데이터 크기를 알려주는 프로토콜을 갖고 있지 않다. 필요한 경우 디바이스, 호스트가 클래스나 제조사 프로토콜을 사용해 이 정보를 전달하면 된다.

하이스피드에서 다른 점

하이스피드 버스에 연결된 로우스피드, 풀스피드 디바이스가 인터럽트 전송을 하면 호스트는 모든 전송의 트랜잭션에 분할 트랜잭션을 사용한다. 하이스피드 OUT 인터럽트 전송은 하이스피드 OUT 벌크 전송과 다르게 여러 개의 트랜잭션으로 전송해도 PING 프로토콜을 사용할 수 없다.

인핸스드 슈퍼스피드에서 다른 점

호스트는 IN 엔드포인트에서 디바이스가 모든 데이터를 보내거나, 디바이스가 데이터 패킷 헤더에 EOB(End Of Burst) 비트를 설정해서 반환하거나, 디바이스가 NRDY나 STALL 트랜잭션 패킷을 반환하기 전까지 ACK 트랜잭션 패킷을 스케줄링한다. 호스트는 OUT 엔드포인트에서 호스트가 더 이상 보낼 데이터가 없거나, 디바이스가 NRDY나 STALL 트랜잭션 패킷을 반환하기 전까지 데이터 패킷을 보낸다. 호스트가 NRDY를 받으면 엔드포인트로 통신을 재개하기 위해 ERDY 트랜잭션 패킷을 받아야 한다. 디바이스가 통신 준비가 됐을 때 재빠르게 응답하게 만들려면 호스트가 ERDY를 받고 ACK 트랜잭션 패킷을 보내는 사이의 지연이 엔드포인트 디스크립터에 지정한 서비스 인터벌의 두 배에 가까운 값이어야 한다.

USB 3.1 규격에서 인핸스드 슈퍼스피드 인터럽트 전송은 정의된 서비스 인터벌 안에 전송할 수 있는 작은 양의 데이터만 전송하라고 권고한다. 즉 큰 데이터를 전송할 때는 벌크 전송 같은 전송 방식을 쓰는 편이 낫다.

데이터 크기

인터럽트 트랜잭션 데이터 패킷에서 최대 데이터 크기는 버스 속도, 마이크로프레임당 패킷 수(하이스피드), 버스 인터벌당 패킷 수, bMaxBurst 값(인핸스드 슈퍼스피드)에 따라 다양하다.

버스 속도	최대 데이터 패킷 크기	인터벌당 보증하는 최대 패킷 수
로우스피드	1~8	1/10프레임
풀스피드	1~64	1/프레임
하이스피드	1~1024	1/마이크로프레임
	513~1024	2/마이크로프레임
	683~1024	3/마이크로프레임
슈퍼스피드, 슈퍼스피드 플러스	1~1024, bMaxBurst = 0	1/버스 인터벌
	1024, bMaxBurst > 0	3/버스 인터벌

이 크기는 전송되는 데이터 패킷(USB 2.0)이나 데이터 패킷 페이로드(슈퍼스피드/슈퍼스피드 플러스)에서 PID, CRC 비트는 제외한 실제 정보만 나타내는 크기다.

USB 2.0, USB 3.1 규격은 패킷 최대 크기가 64바이트 이하인 기본 인터페이스에서 인터럽트 엔드포인트를 요구한다. 최대 패킷 크기보다 더 크게 사용하려면 호스트는 대체 인터페이스나 컨피규레이션을 선택할 수 있는 기능을 지원해야 한다.

속도

인터럽트 전송은 최대 지연이나 각 트랜잭션을 시도하는 간격에 걸리는 시간을 보장한다. 즉 전송률을 보장한다는 뜻이 아니라 트랜잭션 최대 지연 시간 안에 가용할 수 있는 대역폭을 보장한다는 뜻이다.

로우스피드 엔드포인트는 매 10ms당 8바이트만 요청할 수 있다. 디바이스의 엔트포인트가 초당 800바이트 이상을 전송해야 한다면 로우스피드는 사용할 수 없다. 풀스피드 엔드포인트는 프레임당 64바이트를 요청할 수 있다. 하이스피드 엔드포인트는 마이크로프레임당 1024바이트 패킷을 3개까지 요청해 최대 24.576MB/s까지 전송률을 낼 수 있다. 하이스피드 엔드포인트가 마이크로프레임당 1024바이트 이상을 요청하면 고대역폭 엔드포인트high-bandwidth endpoint라 부른다. 고대역폭 인터럽트 전송을 지원하지 않는 호스트는 8.192MB/s가 최대 속도다. 호스트 드라이버가 대체 인터페이스를 지원하지 않으면 기본 인터페이스에서 최대 속도는 64KB/s다. 인핸스드 슈퍼스피드 엔드포인트는 버스 인터벌당 1024바이트 패킷을 3개까지 요청해 순간적으로 최대 24.576MB/s까지 데이터 전송률을 낼 수 있으며, 이것은 하이스피드와 같은 것이다.

최대 지연 시간은 디바이스에 있는 엔드포인트 디스크립터로 지정한다. 로우스피드 디바이스에서 최대 지연 시간은 10~255ms, 풀스피드에서 1~255ms 사이의 값을 갖는다. 하이스피드와 슈퍼스피드에서는 125μs에서 4.096s 사이 값을 갖고 125μs 단위로 증가한다. 최대 지연이 125μs인 하이스피드, 인핸스드 슈퍼스피드 인터럽트 엔드포인트는 인터벌마다 1~3개의 트랜잭션을 요청할 수 있다.

호스트는 바로 앞 트랜잭션이 시작된 후 지정한 최대 지연 사이에는 아무 때나 트랜잭션을 시작할 수 있다. 예를 들어, 최대 지연이 10ms인 풀스피드 버스에서 전송 5개는 5ms가 걸릴 수도 있고 50ms가 걸릴 수도 있다. 로우스피드, 풀스피드용 OHCI 호스트 컨트롤러는 1, 2, 4, 8, 16, 32ms 주기로 트랜잭션을 스케줄링할 수 있다. 풀스피드 디바이스의 최대 지연이 8~15ms이면 OHCI 호스트가 8ms마다 트랜잭션을 시작하고, 최대 지연이 32~255ms이면 32ms마다 시작한다. 그러나 디바이스는 호스트 컨트롤러의 유형에 의존하면 안 된다. 호스트는 규격만을 따른다고 생각해야 한다. 호스트 컨트롤러의 유형에 대해서는 8장에서 다룬다.

호스트가 요청된 전송률보다 빠르게 데이터를 보내는 것은 자유이므로 인터럽트 전송은 정확한 전송률을 보장하지는 못한다. 유일한 예외는 최대 전송 지연이 가장 빠른 전송률과 같을 때다. 예를 들면, USB 1.1 호스트에서 풀스피드 인터럽트 파이프가 1ms당 1개의 트랜잭션을 보내도록 설정됐으면 각 프레임마다 1개의 트랜잭션을 위한 대역폭을 예약한다.

인터럽트 IN 엔드포인트용 클래스, 디바이스 드라이버는 각 인터벌 안의 IN 트랜잭션을 스케줄링할 수 있게 호스트 컨트롤러에게 요청할 수 있다. HID 클래스 드라이버가 그런 방식이다. 또는 애플리케이션이 데이터를 요청할 때만 드라이버가 IN 트랜잭션을 스케줄링하도록 호스트 컨트롤러로 요청할 수 있다. WinUSB 드라이버가 그런 방식이다. 인터럽트 OUT 데이터용 드라이버는 애플리케이션이나 그 밖의 소프트웨어 컴포넌트가 데이터를 보낼 때만 트랜잭션을 요청한다.

인핸스드 슈퍼스피드 인터럽트와 등시성 전송을 합치면 전체 대역폭의 90% 정도까지 사용할 수 있다. 하이스피드에서 인터럽트 전송과 등시성 전송을 합치면 마이크로프레임 대역폭의 80% 정도까지 사용할 수 있다. 풀스피드 등시성 전송과 로우/풀 스피드 인터럽트 전송을 합치면 프레임의 90% 정도까지 사용할 수 있다. 3장 뒷부분의 '시간 제약 전송' 절에서 인터럽트 전송의 능력과 한계를 다룬다.

에러 검출과 에러 처리

디바이스가 핸드셰이크 패킷으로 응답하지 않으면 호스트 컨트롤러는 두 번 더 재시도한다. NAK를 수신하면 USB 2.0 호스트는 제한 없이 계속 재시도하기도 한다. 예를 들면, 키보드는 키가 눌리기 전엔 며칠 동안 IDLE 상태일 수도 있다. 호스트 드라이버는 모든 미완결 트랜잭션에 대해 에러 카운트를 증가시키고(핸드셰이크 패킷을 수신하지 못했을 때) 디바이스 데이터나 ACK를 반환하면 카운트 값을 리셋하며, 에러 카운트가 지정한 값에 다다르면 엔드포인트와 통신을 중단하기도 한다. 이런 에러는 드물게 발생하는 것이 좋다. 긴 시간 동안 NAK가 발생하면 이것이 누적돼 호스트가 통신을 중단하게 만들 수 있다. 이런 상황에서 드라이버를 변경해 에러 카운터와 재시도 횟수를 리셋할 수 없다면 해법은 'NOP$_{\text{no operation}}$' 코드를 정의해 디바이스가 주기적으로 데이터를 전송하게 만드는 것이다.

인핸스드 슈퍼스피드 엔드포인트는 2장에서 설명한 것처럼 엔드포인트가 데이터를 수신할 준비가 되지 않았거나 보낼 데이터가 없을 때 호스트가 데이터를 송수신하는 것을 중지시키기 위해, 그리고 엔드포인트가 통신 재개를 요청할 수 있게 NRDY, ERDY를 사용한다.

인터럽트 전송은 데이터를 에러 없이 수신하기 위해 데이터 토글(USB 2.0), 시퀀스 번호(인핸스드 슈퍼스피드)를 쓴다. 가장 최근 데이터만 얻는 목적이라면 데이터 토글과 시퀀스 번호를 무시할 수도 있다.

디바이스 의무사항

인터럽트 엔드포인트에서 디바이스는 벌크 엔드포인트처럼 동작하면 된다.

등시성 전송

등시성 전송은 가끔씩 발생하는 에러를 허용할 수 있고 데이터가 일정한 전송률이나 지정된 시간 내에 도착해야만 의미가 있는 스트리밍, 실시간 전송에 적합하다. 등시성 전송은 풀스피드와 인핸스드 슈퍼스피드에서 인터럽트 전송보다 단위 프레임, 단위 인터벌에 더 많은 데이터를 전송할 수 있지만 받은 데이터에 에러가 있을 때 자동화된 재전송은 지원하지 않는다.

예를 들어, 등시성 전송은 실시간으로 재생해야 하는 인코딩된 오디오와 비디오에 사용한다. 하지만 일정한 전송률로 소모되는 데이터라도 항상 등시성 전송을 사용해야 하는 건 아니다. 예를 들어, 호스트가 음악 파일을 디바이스로 보낼 때 벌크 전송을 사용할 수 있다. 이 경우 디바이스는 파일을 받은 다음, 리퀘스트에 따라 음악을 플레이할 수 있다.

등시성 전송을 사용하는 데이터가 반드시 오디오, 비디오 등 실시간 데이터일 필요는 없다. 등시성 전송은 버스가 혼잡한 상황에서도 예약한 대역폭으로 데이터 블록을 보내는 방법이 될 수 있다. 벌크 전송과 달리, 요청한 컨피규레이션에 따른 등시성 대역폭을 호스트가 보장하므로 전송 완료 시간을 예측할 수 있다.

가용성

로우스피드는 등시성 전송을 지원하지 않는다. 등시성 전송이 필수는 아니지만 디바이스 클래스에 따라서는 필수로 요구할 수도 있다. 예를 들어 많은 오디오 클래스, 비디오 클래스 디바이스가 등시성 엔드포인트를 사용한다.

구조

등시성isochronous이란 모든 프레임, 마이크로프레임, 버스 인터벌 안에 정해진 크기의 데이터를 고정된 전송률로 전송하는 것을 말한다.

USB 2.0 등시성 전송은 각 인터벌당 IN 트랜잭션 1개 이상이나 OUT 트랜잭션 1개 이상으로 구성되며, 같은 인터벌끼리 전송을 위한 대역폭을 예약한다. 양방향으로 데이터를 전송하려면 각 방향마다 별도의 파이프가 필요하다. 하이스피드, 인핸스드 슈퍼스피드 등시성 전송은 더 유연하다. 마이크로프레임마다 트랜잭션 최대 3개(USB 2.0), 또는 버스 인터벌당 트랜잭션 48개(슈퍼스피드)에서 최소 1개를 각 32,768마이크로프레임/버스 인터벌마다 요청할 수 있다.

그림 3-7은 풀스피드 등시성 IN, OUT 트랜잭션의 패킷을 보여준다. 등시성 전송은 단방향이다. 하나의 전송에서 트랜잭션은 모두 IN 트랜잭션이거나 모두 OUT 트랜잭션이어야 한다. 양방향 데이터 전송을 하려면 방향마다 별도의 파이프가 필요하다.

USB 2.0 규격은 등시성 전송에서 전송할 데이터 크기를 알려주는 프로토콜이 없다. 필요하다면 디바이스, 호스트가 이 정보를 전달하는 클래스/제조사 프로토콜을 사용해 이 정보를 넘기면 된다.

등시성 전송
IN 트랜잭션

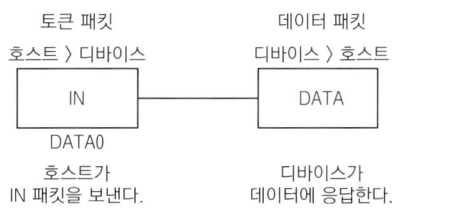

OUT 트랜잭션

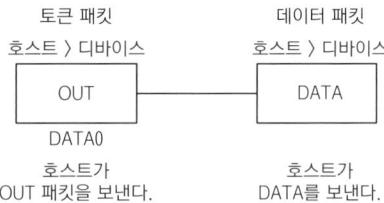

▲ **그림 3-7** USB 2.0 등시성 전송은 핸드셰이크 패킷을 갖지 않는다. 따라서 가끔 발생하는 에러는 그냥 용인돼야 한다. 여기에는 하이스피드 버스상의 풀스피드 디바이스가 쓰는 분할 트랜잭션, 하이스피드 전송에서 마이크로프레임당 복수 데이터 패킷을 보내는 데이터 PID 시퀀싱은 나와 있지 않다. 출처: Universal Serial Bus Specification, Revision 2.0

호스트 컨트롤러는 등시성 대역폭이 필요한 디바이스 컨피규레이션을 요청하기 전에 예약되지 않은 사용 가능한 버스 대역폭과 최대 패킷 크기, 등시성 엔드포인트 컨피규레이션 전송률을 비교해서 요청할 대역폭이 가능한지 판단하여 결정한다.

등시성 엔드포인트를 갖춘 모든 디바이스는 등시성 전송용 대역폭이 아닌 리퀘스트를 받을 수 있는 인터페이스를 갖춰야 한다. 그래야만 호스트가 예약 기능한 대역폭이 없더라도 디바이스를 설정할 수 있다. 이 인터페이스에 추가적으로 디바이스용 최적 대역폭을 요청하는 인터페이스, 더 작은 등시성 데이터 패킷을 사용하는 대체 인터페이스, 마이크로프레임당 적은 개수의 등시성 패킷을 지원하기도 한다. 그러면 필요에 따라서는 디바이스 드라이버가 더 느린 속도로 데이터를 전송하는 인터페이스를 사용하도록 요청할 수 있다. 또는 드라이버가 필요한 대역폭을 나중에는 사용할 수 있을 거라는 가정하에 다시 시도할 수 있다. 호스트가 디바이스를 설정하고 인터페이스를 선정하면 해당 전송에 필요한 시간을 보장받는다.

각 트랜잭션은 오버헤드를 가지며 버스를 다른 디바이스와 공유해야 한다. 호스트는 스케줄링된 (마이크로)프레임이나, 버스 인터벌 내의 어디에서나 트랜잭션을 스케줄링할 수 있다. 등시성 전송은 다른 데이터 소스나 수신 측, SOF 패킷(USB 2.0) 또는 등시성 타임스탬프 패킷(인핸스드 슈퍼스피드)과 동기화할 수도 있다. 예를 들어, 마이크 입력은 스피커 출력과 동기화할 수도 있다. 등시성 엔드포인트를 위한 디스크립터는 동기화 방식을 정할 수 있고 엔트포인트가 갖고 있는 것이 데이터인지 동기화 관리에 사용한 피드백 정보인지 식별하는 값도 정할 수 있다.

하이스피드에서 다른 점

호스트가 하이스피드 버스에서 풀스피드 디바이스와 등시성 전송을 수행 중이면 호스트는 모든 트랜잭션을 2장에서 설명한 분할 트랜잭션으로 처리한다. 등시성 OUT 트랜잭션은 분할 트랜잭션으로 시작하지만 완료 시에는 분할 트랜잭션을 쓰지 않는다. 호스트로 되돌려보낼 상태 정보가 없기 때문이다. 등시성 전송은 PING 프로토콜을 쓰지 않는다.

인핸스드 슈퍼스피드에서 다른 점

그림 3-8은 인핸스드 슈퍼스피드 등시성 IN, OUT 트랜잭션을 보여준다. 하나의 서비스 인터벌 내 첫 번째 데이터 패킷은 시퀀스 번호가 0이다. 시퀀스 번호는 서비스 인터벌 내에서 전송되는 데이터 패킷마다 증가한다. IN 트랜잭션에서 호스트가 하나의 서비스 인터벌 내 데이터 패킷을 1개 이상 요청하는 ACK 트랜잭션 패킷을 1개 보내면, 디바이스는 패킷(들)을 보낸다. OUT 트랜잭션에서는 호스트가 데이터 패킷을 보내고 디바이스는 아무것도 보내지 않는다. 해당 엔드포인트 디스크립터는 하나의 서비스 인터벌 길이와 서비스 인터벌당 데이터 패킷 개수를 정한다. 서비스 인터벌 내 마지막 데이터 패킷은 보낸 쪽에서 데이터 패킷 헤더 안에 마지막 패킷임을 나타내는 플래그를 설정하고 있다.

등시성 IN 트랜잭션

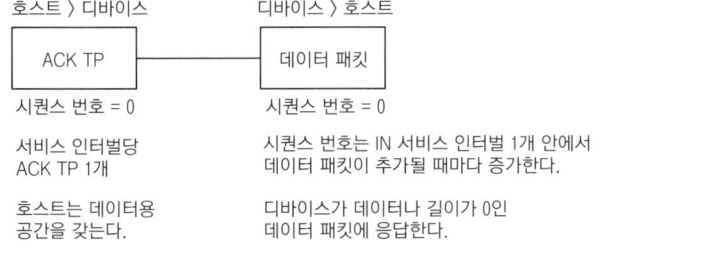

시퀀스 번호는 IN 서비스 인터벌 1개 안에서
데이터 패킷이 추가될 때마다 증가한다.

디바이스가 데이터나 길이가 0인
데이터 패킷에 응답한다.

등시성 OUT 트랜잭션

호스트 〉 디바이스

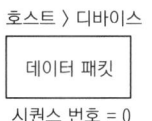

시퀀스 번호 = 0

시퀀스 번호는 IN 서비스 인터벌 1개 안에서
데이터 패킷이 추가될 때마다 증가한다.

호스트가 데이터를 보낸다.   TP = 트랜잭션 패킷

▲ **그림 3-8** USB 2.0처럼 인핸스드 슈퍼스피드 엔드포인트는 등시성 데이터 패킷에 대해 확인 응답을 하지 않는다. 출처: Universal Serial Bus 3.1 Specification, Revision 1.0

데이터 크기

등시성 트랜잭션에서 데이터 패킷의 최대 크기는 버스 속도와 마이크로프레임당 패킷 개수(하이스피드), 버스 인터벌 내 패킷 개수, bMaxBurst 값(인핸스드 슈퍼스피드)에 따라 다양하다.

버스 속도	최대 데이터 패킷 크기	인터벌당 최대 패킷 개수
풀스피드	0~1023	1/프레임
하이스피드	0~1024	1/마이크로프레임
	513~1024	2/마이크로프레임
	683~1024	3/마이크로프레임
슈퍼스피드	0~1024이고 bMaxBurst = 0	3/버스 인터벌
	1024이고 bMaxBurst > 0	48/버스 인터벌

(이어짐)

버스 속도	최대 데이터 패킷 크기	인터벌당 최대 패킷 개수
슈퍼스피드 플러스	0~1024이고 bMaxBurst = 0	3/버스 인터벌
	1024이고 bMaxBurst > 0	6/버스 인터벌

여기서 각 크기 값은 PID, CRC 비트를 제외하고 데이터 패킷(USB 2.0)이나 데이터 패킷 페이로드(인핸스드 슈퍼스피드) 안의 유효 정보만 말한 것이다.

데이터 크기가 단일 패킷에 맞지 않으면 호스트는 트랜잭션을 여러 개 써서 전송을 완결한다. USB 2.0 전송 안에서는 각 트랜잭션 안의 데이터 크기 합이 같지 않아도 되고 최대 패킷 크기일 필요도 없다. 예를 들면 44,100샘플/초 데이터는 각각 44개의 샘플을 갖는 패킷이 9개 온 후 45개의 샘플을 갖는 패킷 1개가 올 수도 있다.

슈퍼스피드 엔드포인트는 서비스 인터벌당 버스트 트랜잭션을 최대 3개까지 지원하고, 각 버스트는 데이터 패킷을 16개까지 담을 수 있다. 버스트에서 마지막 데이터 패킷을 제외하면 엔드포인트 최대 패킷 크기와 같아야 한다. 그리고 마지막을 제외한 각 버스트는 데이터 패킷 개수가 같아야 한다. 각 버스트 안의 데이터 패킷 개수는 마지막을 제외하면 2, 4, 8, 16개다.

예를 들어 엔드포인트가 버스트당 16개의 데이터 패킷을 지원한다면 최대 크기 데이터 패킷 48개를 전송할 때 16 데이터 패킷, 3 버스트로 전송하는 것이 가장 빠르다. 엔드포인트가 서비스 인터벌당 3 버스트를 지원하면 서비스 인터벌 1개로 모든 데이터를 전송할 수 있다. 보내는 쪽은 8 데이터 패킷 6 버스트, 4 데이터 패킷 12 버스트, 2 데이터 패킷 24 버스트, 버스트 없이 48 데이터 패킷으로 보내는 옵션을 취할 수도 있다.

슈퍼스피드 플러스 등시성 엔드포인트는 슈퍼스피드 엔드포인트보다 두 배 많이 처리할 수 있다. 즉 서비스 인터벌당 6개의 버스트 트랜잭션을 지원하며, 각 버스트는 16개의 데이터 패킷으로 구성된다. 슈퍼스피드 플러스 호스트는 엔드포인트에서 지원하는 최대 크기까지 모든 크기의 버스트를 사용할 수 있다.

속도

풀스피드 등시성 트랜잭션은 프레임당 1023바이트, 즉 1.023MB/s까지 전송할 수 있다. 하이스피드 등시성 트랜잭션은 1024바이트까지 전송할 수 있다. 하이스피드 등시성 엔드포인트에서 데이터가 마이크로프레임마다 1024바이트 이상 필요하면 마이크로프레임당 2~3개의 트랜잭션, 즉 최대 속도 24.576MB/s를 요청한다. 버스트 모드가 아닌 슈퍼스피드 등시성 트랜잭션은 최대 1024바이트까지 보낼 수 있다. 슈퍼스피드 등시성 버스트 트랜잭션은 서비스 인터벌 1개로 1024바이트 데이터 패킷을 16개까지 보낼 수 있다. 엔드포인트 1개는 서비스 인터벌당 3개의 버스트 트랜잭션을 요청할 수 있으며, 최대 속도는 393MB/s다. 슈퍼스피드 플러스 등시성 엔드포인트는 서비스 인터벌당 6개의 버스트 트랜잭션을 요청할 수 있으며, 최대 속도는 서비스 인터벌당 98,304kB이거나 786MB/s 이상이다.

윈도우는 고대역폭 등시성 엔드포인트를 지원한다. 고대역폭 등시성 엔드포인트는 마이크로프레임당 여러 개의 트랜잭션을 요청할 수 있다. 하이스피드, 인핸스드 슈퍼스피드 등시성 엔드포인트는 모든 (마이크로)프레임이나 서비스 인터벌에서 대역폭을 남겨둘 필요가 없기 때문에 풀스피드보다 요청할 수 있는 대역폭이 적다. 최소 요청 대역폭은 4.096초마다 1바이트다. 하지만 모든 엔드포인트는 최대 예약 대역폭보다 적은 데이터를 전송하는 것이 가능하다. 이때는 유효 트랜잭션을 건너뛰거나 전송당 최대 데이터 크기보다 적게 전송하는 방법을 쓴다. 전송할 데이터가 없는 인핸스드 슈퍼스피드 등시성 IN 엔드포인트는 데이터 요청에 대해 크기가 0인 DATA 페이로드 데이터로 응답한다.

인핸스드 슈퍼스피드 인터럽트, 등시성 전송은 둘을 합쳐 전체 버스 대역폭의 90% 이상 쓸 수 없다. 하이스피드 인터럽트 전송, 등시성 전송은 두 전송을 합쳐 마이크로프레임의 80% 이상 쓸 수 없다. 풀스피드 등시성 전송과, 로우스피드와 풀스피드 인터럽트 전송을 합쳐 프레임의 90% 이상 쓸 수 없다.

뒷부분의 '시간 제약 전송' 절에서 등시성 전송의 기능을 더욱 자세히 다룬다.

에러 검출과 에러 처리

등시성 전송은 큰 데이터 블록을 시간에 맞춰 전송하는 대신, 에러 보정을 하지 않는다. 등시성 전송은 작은 에러를 가끔 허용해도 되는 경우에 쓴다. 예를 들면 음악이나 목소리는 중간에 짧게 끊어져도 청취가 가능할 것이며, 심지어 알아채지 못할 수도 있다. 실제로 USB 전송은 신호선 잡음 에러가 일반적인 환경에서는 거의 발생하지 않는다. USB 3.1 규격은 인핸스드 슈퍼스피드 물리 계층에서 10^{12}비트마다 1개보다 적은 에러율을 예측하고 있다. 등시성 전송은 스케줄에 충실해야 하기 때문에 받는 쪽이 BUSY 상태이거나 에러를 검출해도 보낸 쪽에 재전송을 요청할 수 없다. 받는 쪽에서 에러가 의심스러우면 보낸 쪽에 전체를 다시 전송하라고 요청할 수도 있지만 매우 비효율적이다.

디바이스나 호스트가 받을 데이터를 받지 못하거나 받은 데이터 패킷에 에러가 있다면 그다음에 취할 행동을 정의하면 된다. 데이터를 그냥 넘기거나 이전 패킷과 동일한 패킷 또는 '더미$_{dummy}$' 데이터를 삽입하는 방법들이 있다.

디바이스 의무사항

USB 2.0 디바이스는 등시성 엔드포인트로 전송할 때 다음 사항을 준수해야 한다.

- OUT 전송: 데이터 패킷 안의 수신 데이터를 수락한다.
- IN 전송: IN 토큰에 대한 응답으로 데이터 패킷을 통해 데이터를 반환한다.

인핸스드 슈퍼스피드 디바이스는 등시성 엔드포인트로 전송할 때 다음 사항을 수행해야 한다.

- OUT 전송: 데이터 패킷 안의 데이터를 수락한다.
- IN 전송: ACK 트랜잭션 패킷 리퀘스트에 대한 응답으로 데이터 패킷을 통해 데이터를 전송한다.

시간 제약 전송

엔드포인트가 일정한 전송률로 데이터를 전송하도록 보장한다고 할 때, 이것이 꼭 특정 디바이스와 호스트가 그 속도를 달성할 수 있음을 의미하지는 않는다. 애플리케이션이 디바이스가 요청하는 전송률로 데이터를 송수신할 수 없는 경우도 있으며, 원인은 다양하다. 버스 대역폭, 디바이스 성능, 디바이스 드라이버와 애플리케이션 소프트웨어 성능, 호스트 하드웨어와 소프트웨어 지연 시간 등이 그것이다.

버스 대역폭

사용 가능한 대역폭보다 많은 인터럽트, 등시성 전송을 디바이스가 요청하면 호스트는 디바이스 컨피규레이션을 거부한다. 하이스피드 인터럽트 엔드포인트는 각 마이크로프레임당 1024바이트 데이터 패킷을 최대 3개까지 요청해 버스 대역폭의 40%까지 사용할 수 있다. 디바이스가 열거 작업을 문제없이 성공하려면 디바이스 기본 인터페이스의 인터럽트 엔드포인트가 최대 패킷 크기로 64바이트 이하를 사용해야 한다. 디바이스 드라이버는 그 이후에 대체 인터페이스 설정이나 컨피규레이션을 요청해 엔드포인트의 예약 대역폭을 자유롭게 증가시킬 수 있다.

그러나 많은 드라이버가 대체 인터페이스 설정이나 컨피규레이션을 지원하지 않는다. 예를 들어, 윈도우에서 휴먼 인터페이스 디바이스_{HID, human interface device} 클래스 드라이버는 대체 인터페이스 선정을 지원하지 않는다. WinUSB 드라이버는 애플리케이션에서 대체 인터페이스 설정을 선정할 수 있다.

등시성 엔드포인트는 사용 가능한 대역폭 이상을 요청할 수도 있다. 특히 인핸스드 슈퍼스피드 엔드포인트는 사용 가능한 총 대역폭이 아닌 경우에도 버스의 절반 이상을 요청할 수 있다. 디바이스 기본 인터페이스는 등시성 대역폭을 요청하면 안 되는데, 열거 작업의 정상적인 동작을 보장하기 위해서다. 즉 기본 인터페이스는 등시성 데이터를 전송할 수 없으므로 일반적으로 등시성 엔드포인트를 갖추지 않는다. 열거가 끝난 후 디바이스 드라이버는 등시성 대역폭을 요청할 수 있다. 대체 인터페이스 설정이나 등시성 엔드포인트를 1개 이상 갖는 컨피규레이션을 요청하면 된다.

일부 호스트는 디바이스를 비호환 기본 인터페이스로 컨피규레이션할 수도 있지만 새로 나올 운영체제는 알려진 규격에 따라서만 동작할 것이며, 그렇지 않은 디바이스 컨피규레이션을 거부할 수도 있다.

일반적으로 어떤 디바이스가 버스 대역폭의 30~40%를 사용할 수 있다면, 호스트가 BUSY 상태인 경우에도 컨피규레이션이 대부분 성공한다.

디바이스 기능

호스트가 요청받은 USB 대역폭에 대한 사용을 보장하더라도 디바이스의 필요에 따라 데이터를 송수신할 준비가 완전히 돼 있다는 뜻은 아니다.

효과적으로 데이터를 전송하려면 보내는 쪽과 받는 쪽 모두 원하는 속도로 데이터를 보내고 받을 수 있어야 한다. 데이터를 보내는 디바이스는 보낼 데이터를 늦지 않게 엔드포인트 전송 버퍼에 기록해야 한다. 그래야 호스트가 요청했을 때 데이터를 바로 보낼 수 있다. 그렇지 않으면 엔드포인트가 NAK, NRDY로 응답해 호스트가 재시도하는 데 시간을 소비한다. 여기서 등시성 엔드포인트는 제외다. 데이터를 받는 디바이스는 엔드포인트 버퍼에서 도착한 데이터를 새 데이터가 도착하기 전에 읽어야 한다. 그렇지 않으면 옛날 데이터를 덮어쓰거나 디바이스가 NAK, NRDY로 응답하고 호스트가 재시도를 요청한다.

디바이스가 항상 전송 준비 상태로 있으려면 6장에서 설명할 다중 버퍼를 지원하는 디바이스 컨트롤러를 사용하는 것도 하나의 방법이다. 더블 버퍼링double buffering, 쿼드러플 버퍼링quadruple buffering은 펌웨어가 다음에 보낼 데이터를 쓰거나 방금 받은 데이터를 읽는 데 시간적으로 여유를 갖게 해준다.

호스트 기능

호스트 쪽 디바이스 드라이버, 애플리케이션 소프트웨어의 기능과 성능은 데이터 손실 없이 가능한 한 효과적으로 전송을 수행하는 데 영향을 미친다.

디바이스 드라이버는 저수준 드라이버로 I/O 리퀘스트 패킷$_{IRP}$을 보내 전송을 요청한다. 호스트 컨트롤러는 인터럽트, 등시성 전송에서 호스트가 엔드포인트에 대해 IRP를 확실하게 보냈을 때만 트랜잭션 스케줄링을 시도한다. 드라이버가 전송 기회를 놓치지 않으려면 큰 크기의 데이터를 송수신할 때 앞의 전송이 완료되는 대로 즉시 새 IRP를 보내야 한다.

데이터를 실제로 사용할 애플리케이션도 전송에 맞춰서 동작해야 한다. 예를 들어, 윈도우 운영체제에서 HID 클래스 디바이스 드라이버가 인터럽트 전송으로 받은 리포트 데이터를 버퍼에 쓰면 애플리케이션은 `ReadFile` API나 닷넷 `FileStream` 메소드를 사용해 리포트를 읽는다. 새 리포트가 도착했을 때 버퍼가 꽉 차 있으면 드라이버는 가장 오래된 리포트를 버리고 새 리포트를 쓴다. 애플리케이션이 개별 전송과 호흡을 맞추지 못하면 일부 리포트를 잃어버리게 된다. 이 문제를 해결하려면 드라이버가 사용하는 버퍼 크기를 늘리거나 리포트를 한 번에 여러 개 읽으면 된다.

애플리케이션이 최소 지연으로 데이터를 송수신하려면 디바이스 드라이버에서 통신 관련 코드를 스레드에 위치시키면 된다. 이 스레드는 통신을 관리하는 작업 외에 다른 작업은 최소화해야 한다.

작은 크기의 전송을 여러 번 하는 것보다 큰 전송을 적게 하는 것도 좋은 방법이다. 호스트 애플리케이션은 보통 작은 덩어리로 여러 번 수행하는 것보다 큰 데이터 덩어리로 횟수를 줄이는 것이 보내고 받는 데 빠르다. 전송마다 트랜잭션이 여러 개 있으면 저수준 드라이버가 스케줄링도 신경을 써야 한다.

호스트 지연

시간이 중요한 USB 전송에서 성능에 영향을 끼치는 원인이 또 있다. 윈도우는 멀티태스킹multi-tasking을 다루는 데 있어 지연이 있다. 윈도우는 실시간 운영체제로 설계되지 않았으므로 주변기기와의 데이터 전송 속도를 보장하지 않는다.

멀티태스킹은 프로그램 스레드를 동시에 여러 개 실행하는 것을 말한다. 운영체제는 각 스레드에 사용 가능한 시간의 일부분을 나눠준다. 서로 다른 스레드는 각기 다른 우선순위를 가질 수 있지만, 윈도우에서 스레드는 '1ms에 한 번' 같은 정확한 스케줄링을 보장할 수는 없다. 윈도우에서 지연은 보통 1ms 이하지만 때로는 100ms 이상이 될 수도 있다. 최신 버전의 윈도우는 이전 판에 비해 성능이 향상됐다.

USB 디바이스와 소프트웨어는 호스트 CPU가 다른 태스크를 어떻게 실행하고 CPU가 얼마나 빠른지 알 수 없기 때문에 시간 제약 전송의 경우엔 이런 종류의 지연이 해결하기 힘든 문제가 된다. 일반적으로 가장 좋은 방법은 실시간 처리가 필요한 부분은 디바이스가 다루게 함으로써 호스트와 통신하는 작업을 가능한 시간에 민감하지 않게 만드는 것이다. 예를 들어, 1ms에 한 번씩 센서 데이터를 읽는 풀스피드 디바이스에서 데이터를 읽을 때마다 인터럽트 전송으로 읽은 값을 보낼 수 있지만 어떤 이유로든 전송을 건너뛰면 호스트는 데이터를 잃어버리게 된다. 대신 디바이스가 여러 번 읽은 값을 모아 큰 데이터 한 덩어리로 가끔 보내면 타이밍에 훨씬 덜 민감해진다. 데이터 압축도 전송할 데이터양을 줄이는 데 도움이 된다.

4장
열거: 호스트가 디바이스에 관한 정보를 얻는 방법

애플리케이션이 디바이스와 통신하려면 먼저 디바이스에 관한 정보를 얻고 적합한 디바이스 드라이버를 결정해야 한다. 열거enumeration는 이런 작업을 수행하는 정보 교환 과정을 말한다. 열거에는 디바이스 주소 할당, 디바이스로부터 디스크립터 읽기, 적합한 디바이스 드라이버 선정과 로딩, 디바이스 전원 요구사항과 인터페이스를 지정하는 컨피규레이션 선정 등이 있다. 디바이스는 이런 작업을 마친 후에야 전송할 준비가 된다.

4장에서는 열거 작업 중 호스트가 디바이스로부터 읽어오는 디스크립터 구조를 포함해 열거에 관한 전반적인 내용을 다룬다. 디바이스에 들어 있는 디스크립터를 생성하고 열거 요청에 응답하는 펌웨어를 개발하려면 열거 작업을 확실히 이해해야 한다.

이벤트와 리퀘스트

허브의 임무 중 하나는 하향 포트에 연결된 디바이스의 장착과 탈착을 감지하는 것이다. 각 허브는 인터럽트 IN 엔드포인트를 이용해 이런 이벤트를 호스트로 보고한다. 시스템이 부팅될 때 허브는 어떤 디바이스가 허브 자신과 하향 포트에 장착된 추가 허브에 장착되어 있는지 호스트에게 알린다. 부팅이 완료되면 호스트는 이어서 주기적으로 폴링을 하거나(USB 2.0) ERDY 트랜잭션 패킷(인핸스드 슈퍼스피드)을 수신해 새로운 디바이스가 장착됐는지 탈착됐는지 알아낸다.

호스트가 새 디바이스에 대한 정보를 얻기 위해 디바이스 허브로 리퀘스트를 보내면 허브는 디바이스와 호스트 간에 통신 경로를 설정한다. 호스트는 경로가 설정된 후 표준 USB 리퀘스트가 들어 있는 제어 전송을 보내서 디바이스 열거를 시도한다. 모든 USB 디바이스는 제어 전송, 표준 리퀘스트, 엔드포인트 0을 지원해야 한다. 열거를 성공적으로 수행하려면 디바이스는 각 리퀘스트에 대해 그에 해당하는 정보로 응답하거나 요청된 기타 동작을 수행해야 한다.

열거를 사용자 관점에서 살펴보면, 열거 작업은 자동적으로 수행되므로 설정 성공 같은 메시지 정도를 보는 것 외에 사용자가 따로 볼 수 있는 것은 없다. 때로는 호스트에 디바이스를 처음으로 연결할 때 디바이스 드라이버를 선택하거나 호스트가 드라이버 파일을 찾을 곳을 지정해줘야 한다. 윈도우에서는 열거가 끝나면 새 디바이스를 장치 관리자에서 볼 수 있다(**컴퓨터 우클릭 > 관리 > 장치 관리자**).

사용자가 디바이스를 제거하면 장치 관리자에서도 디바이스가 사라진다. 일반적인 디바이스라면 펌웨어가 요청된 정보를 해석하고 응답한다. 어떤 컨트롤러는 EEPROM이나 기타 메모리에 들어 있는 제조사 제공 값만 제외하면 열거를 하드웨어가 전부 처리하기도 한다. 호스트 측에서는 운영체제가 열거를 처리한다.

설정 상태 얻기

USB 2.0 규격은 디바이스 상태 6개를 정의하고 있다. 디바이스는 열거 중 전원 공급됨Powered, 기본Default, 주소Address, 설정됨Configured까지 네 종류의 상태를 거친다

(나머지 두 가지 상태는 장착됨Attached과 서스펜드Suspend다). 각 상태별로 디바이스는 정의된 기능과 동작을 갖는다.

일반적인 USB 2.0 순서

다음 각 과정은 윈도우에서 열거 중 발생하는 전형적인 이벤트 순서다. 디바이스 펌웨어는 열거 리퀘스트와 이벤트가 정해진 순서로 진행될 거라고 가정해서는 안 된다. OS나 OS 버전에 따라서 순서가 다를 수도 있기 때문이다. 디바이스가 항상 잘 동작하려면 USB 규격에 명시된 제어 리퀘스트와 기타 버스 이벤트를 감지하고 그에 대해 어느 때나 응답해야 한다. 그림 4-1은 디바이스 열거 중에 수신된 리퀘스트와 이벤트를 나타낸 것이다.

Item	Device	Endpoint	Interface	Status	Speed	Payload
Enter text here	Ent...	Ente...	Ente...	E...	E...	Enter text here
Reset (4.1 s)						
Suspended (104.9 ms)						
Reset (11.1 ms)						
High speed Detection Handshake				TIME...		
GetDescriptor (Device)	0 (14)	0		OK	FS	8 bytes (12 01 00 02 00 00 00 08)
Reset (10.6 ms)						
High speed Detection Handshake				TIME...		
SetAddress (14)	0 (14)	0		OK	FS	No data
GetDescriptor (Device)	14	0		OK	FS	18 bytes (12 01 00 02 00 00 00 08...
GetDescriptor (Configuration)	14	0		OK	FS	41 bytes (09 02 29 00 01 01 00 C0...
GetDescriptor (String lang IDs)	14	0		OK	FS	4 bytes (04 03 09 04)
GetDescriptor (String iProduct)	14	0		OK	FS	24 bytes (18 03 47 00 65 00 6E 00...
GetDescriptor (Device)	14	0		OK	FS	18 bytes (12 01 00 02 00 00 00 08...
GetDescriptor (Configuration)	14	0		OK	FS	9 bytes (09 02 29 00 01 01 00 C0 ...
GetDescriptor (Configuration)	14	0		OK	FS	41 bytes (09 02 29 00 01 01 00 C0...
SetConfiguration (1)	14	0		OK	FS	No data

▲ **그림 4-1** 새로 연결된 디바이스를 열거하려면 호스트는 일련의 리퀘스트를 보내서 디스크립터를 얻고 디바이스 버스 주소와 컨피규레이션을 설정해야 한다(Ellisys USB Explorer 분석기에서 캡처한 화면이다).

1. **시스템이 새 디바이스를 갖는다.** 사용자가 USB 포트에 디바이스를 장착하거나 디바이스를 장착한 상태에서 시스템 전원을 넣는다. 포트는 호스트의 루트 허브에 있거나 호스트 하위의 추가 허브에 있을 수도 있다. 허브가 포트에 전원을 공급하면 디바이스는 전원 공급됨Powered 상태가 된다. 디바이스는 버스로부터 100mA까지 전류를 얻을 수 있다.

2. 허브가 디바이스를 감지한다. 허브는 각 포트의 신호선(D+와 D-) 전압을 감시한다. 허브의 각 신호선은 14.25~24.8kΩ의 풀다운 저항이 있다. 디바이스는 풀스피드 디바이스에서는 D+에, 로우스피드 디바이스에서는 D-에 900~1575Ω의 풀업 저항이 있다. 하이스피드 디바이스는 장착 시에는 풀스피드로 연결된다. 포트에 디바이스를 장착하면 디바이스의 풀업 저항이 신호선을 하이 상태로 띄우므로 허브가 디바이스 연결을 알아챌 수 있다. 디바이스는 VBUS가 0.8V 이상인 것을 검출한 이후 1초 이내에 연결돼야 하는데, 전력이 약하거나 모두 소모된 배터리를 사용하는 디바이스는 제외다. 디바이스는 상향 버스 영역이 멈춤 suspend 상태라도 장착 후 1초 동안은 버스에서 100mA를 계속해서 공급받을 수 있다. 허브는 디바이스 연결을 감지한 후 전력을 계속 공급한다. 그러나 아직 디바이스로 USB 트래픽을 보내지는 않는다. 16장에서 허브가 디바이스를 감지하는 방법을 상세히 설명한다.

3. 호스트가 새 디바이스 정보를 얻는다. 각 허브는 인터럽트 엔드포인트를 이용해 발생한 이벤트를 보고한다. 이 보고는 이벤트가 발생한 곳이 허브인지 포트인지(어느 포트인지) 알려준다. 호스트는 발생한 이벤트에 대해 자세히 알아내기 위해 Get Port Status 리퀘스트를 허브로 보낸다. Get Port Status와 여기서 언급하는 그 밖의 리퀘스트는 표준 허브 클래스 리퀘스트이며, 모든 허브가 지원해야 한다. 이제 호스트는 반환된 정보를 통해 새 디바이스를 호스트에 장착했음을 감지할 수 있다.

4. 허브는 디바이스가 풀스피드인지 로우스피드인지 감지한다. 허브가 디바이스를 리셋하기 바로 전에 두 신호선 전압을 검사해 디바이스가 로우스피드인지 풀스피드인지 판단한다. 허브는 IDLE 상태에서 어느 신호선 전압이 높은지 확인해 디바이스 속도를 알아낸다. 허브는 디바이스 속도 정보를 다음번 Get Port Status 리퀘스트 응답에서 호스트로 보낸다. USB 1.1 허브는 버스 리셋 직후 바로 디바이스 속도를 감지할 수도 있다. USB 2.0은 리셋 전에 속도를 감지해야 한다. 그래야 리셋 중에 하이스피드 디바이스 기능 검사를 할지 말지 결정할 수 있다.

5. 허브가 디바이스를 리셋한다. 호스트가 새 디바이스 장착을 알아채면 Set Port Feature 리퀘스트를 허브로 보내 포트 리셋을 요청한다. 허브는 디바이스의 USB 데이터 선을 리셋 상태로 최소 10ms 이상 유지한다. 리셋은 D+, D-가 모두 논리적 로우인 특수 상태다(일반적으로는 두 선의 신호 값이 서로 논리적 반대 값을 갖는다). 허브는 새 디바이스에 대해서만 리셋을 보내고 버스에 장착한 다른 허브나 디바이스는 리셋을 알 수 없다.

6. 호스트는 풀스피드 디바이스가 하이스피드도 지원하는지 확인한다. 디바이스가 하이스피드를 지원하는지 검사할 때 두 가지 특별한 신호 상태를 이용한다. 첩$_{Chirp}$ J 상태에서 D+ 선만을 구동하고 첩 K 상태에선 D- 선만을 구동한다.

하이스피드를 지원하는 디바이스는 리셋 과정에서 첩 K를 보낸다. 하이스피드를 지원하는 허브는 첩 K를 감지하면 첩 K, 첩 J를 번갈아 보내는 것으로 응답한다. 디바이스가 KJKJKJ의 패턴을 감지하면 풀스피드 풀업을 제거하고 이후 모든 통신을 하이스피드로 진행한다. 허브가 디바이스의 K에 응답하지 않으면 디바이스는 계속 풀스피드로 통신을 해야 한다. 모든 하이스피드 디바이스는 풀스피드에서 열거 요청에 응답을 할 수 있어야 한다.

7. 허브는 디바이스와 버스 사이의 신호 경로를 설정한다. 호스트는 Get Port Status 리퀘스트를 보내 디바이스가 리셋 상태를 빠져나왔는지 확인한다. 디바이스가 아직 리셋 상태인지 반환된 데이터에 있는 특정 비트를 보고 알 수 있다. 호스트는 필요하다면 디바이스가 리셋 상태에서 빠져나올 때까지 이 단계를 반복한다. 허브가 포트의 리셋 상태를 끝내면 디바이스는 기본$_{Default}$ 상태가 된다. 디바이스의 USB 레지스터는 초기 상태가 되고 디바이스는 엔드포인트 0에서 제어 전송에 응답할 준비가 된다. 디바이스는 디폴트 주소 0x00을 사용해 호스트와 통신한다.

8. 호스트는 Get Descriptor 리퀘스트를 보내 기본 파이프의 최대 패킷 크기를 알아낸다. 호스트는 디바이스 주소 0x00, 엔드포인트 0으로 리퀘스트를 보낸다. 호스

트는 한 번에 1개씩 열거를 하기 때문에 동시에 여러 디바이스를 장착하더라도 디바이스 주소 0으로 보내는 통신에 디바이스는 1개만 응답한다.

디바이스 디스크립터의 8번째 바이트에 엔드포인트 0이 지원하는 최대 패킷 크기가 들어 있다. 윈도우 호스트는 64바이트를 요청하지만 단지 패킷 1개(64바이트인지는 확인하지 않음)만 받고 나면 호스트는 STATUS 스테이지를 시작한다.

STATUS 스테이지가 완료되면 윈도우는 앞서 설명한 5단계 작업처럼 허브에게 디바이스 리셋을 요청한다. USB 2.0 규격은 여기서 리셋을 요청하지 않는다. 디바이스를 리셋하는 것이 디바이스를 초기 상태로 만드는 가장 확실한 방법이다. 윈도우 8과 이후 버전에서는 하이스피드 디바이스의 두 번째 리셋을 생략한다. 이런 디바이스들이 일반적으로 두 번째 리셋이 필요하지 않기 때문이다. 두 번째 리셋 없이 열거가 실패하면 윈도우는 다음 열거를 시도할 때 두 번째 리셋을 추가한다.

9. 호스트가 주소를 할당한다. 리셋이 완결되면 호스트 컨트롤러는 Set Address 리퀘스트를 디바이스로 보내 고유 주소를 할당한다. 디바이스는 기본 주소를 사용한 리퀘스트의 STATUS 스테이지를 완결하고 새 주소를 사용한다. 디바이스는 이제 주소$_{Address}$ 상태가 되고 이 시점부터 모든 통신은 새 주소를 사용한다. 할당받은 주소는 디바이스 제거, 허브가 포트를 리셋할 때, 시스템 리부팅 때까지 유효하다. 열거를 다시 하면 호스트는 디바이스에 할당되는 주소가 달라질 수 있다.

10. 호스트는 디바이스 기능에 관한 정보를 읽어온다. 호스트는 새 주소로 Get Descriptor 리퀘스트를 보내 디바이스 디스크립터를 읽는다. 이때 호스트가 전체 디스크립터를 가져온다. 여기에는 엔드포인트 0의 최대 패킷 크기, 디바이스가 지원하는 컨피규레이션 개수와 그 외 디바이스에 관한 기본 정보 등이 담겨 있다.

호스트는 디바이스 디스크립터에 지정돼 있는 컨피규레이션 디스크립터를 1개 이상 요청해 디바이스에 관한 상세 정보를 얻는다. 컨피규레이션 디스크립터를 요청하는 것은 실제로는 요청한 바이트만큼 컨피규레이션 디스크립터와 부수적인 디스크립터를 다 요청하는 것이다.

호스트가 255바이트를 요청했다면 디바이스는 컨피규레이션 디스크립터를 보내서 응답하는데, 여기에는 컨피규레이션 디스크립터의 모든 부속 디스크립터가 따라오며, 인터페이스 디스크립터를 포함하고 여기에는 인터페이스를 위한 모든 엔드포인트 디스크립터가 따라온다. 어떤 컨피규레이션은 클래스나 제조사 전용 디스크립터를 갖기도 한다.

컨피규레이션 디스크립터의 필드 중 하나는 컨피규레이션 디스크립터와 부속 디스크립터의 전체 길이 값을 나타낸다. 그 값이 255보다 크다면 디바이스는 255바이트를 반환한다. 윈도우는 그다음에 컨피규레이션 디스크립터를 다시 요청하는데, 이때에는 컨피규레이션 디스크립터에 지정한 전체 길이만큼 모두 요청한다.

윈도우 구버전에서는 컨피규레이션 디스크립터의 9바이트만 요청하는 것으로 시작해 전체 길이를 판별한 다음, 전체 디스크립터 세트를 요청한다.

11. 호스트가 디바이스에게 추가 정보를 요청한다. 이제 호스트는 디바이스로부터 추가적인 디스크립터를 요청할 수 있다. 디바이스는 어떤 경우에도 디스크립터를 요청할 때 STALL을 반환하는 것을 지원하지 않는다.

디바이스 디스크립터가 디바이스가 USB 2.1 이상이라는 것을 보고하면 호스트는 BOS 디스크립터를 요청한다. 디바이스가 BOS 디스크립터를 반환하면 호스트는 BOS 디스크립터의 전체 길이 값을 이용해 BOS 디스크립터와 부속 디스크립터들을 요청한다.

호스트는 문자열 디스크립터 0을 요청하는데, 이 디스크립터에는 추가적으로 사용 가능한 언어를 식별할 수 있는 코드를 1개 이상 담고 있다.

디바이스 디스크립터가 디바이스가 일련번호 문자열 디스크립터를 갖고 있다고 보고하면 호스트는 그 디스크립터를 요청한다.

디바이스 디스크립터가 디바이스가 제품 문자열 디스크립터를 갖고 있다고 인지하면 호스트는 그 디스크립터도 요청한다.

USB 2.0 이상의 디바이스에서 윈도우가 마이크로소프트 전용 MS OS 문자열 디스크립터를 가져온 적이 없으면 OS가 그 디스크립터를 요청한다.

BOS 디스크립터나 마이크로소프트 OS 문자열 디스크립터가 추가적인 마이크로소프트 정의 디스크립터를 인지하면 호스트는 그 디스크립터들을 요청한다.

USB 1.1 상향 허브, 풀스피드로 동작하는 USB 2.0 이상 디바이스에서 호스트는 디바이스 한정자$_{\text{device qualifier}}$ 디스크립터를 요청한다. 이 디스크립터를 반환하는 디바이스는 모든 상향 포트가 USB 2.0 이상일 때 하이스피드로 동작하는 기능을 갖춘다.

12. 호스트가 디바이스 드라이버를 할당하고 메모리로 가져온다(혼성 디바이스는 예외).
호스트는 디스크립터로부터 디바이스에 관한 정보를 얻은 후 디바이스와 통신하는 작업을 관리할 최적의 디바이스 드라이버를 찾는다. 윈도우 호스트는 INF 파일을 이용해 최적 드라이버를 식별한다. INF 파일은 USB 클래스용 시스템 파일 또는 제조사 제공 파일이다. 이 안에는 디바이스의 Vendor ID, Product ID가 들어 있다. 드라이버 선정과 INF 파일에 대해서는 9장에서 더 자세히 살펴본다.

디바이스가 이전에 열거된 적이 있으면 윈도우는 INF 파일을 검색하지 않고 이미 저장돼 있는 정보를 이용하기도 한다. 운영체제가 드라이버를 할당하고 로드한 후 드라이버는 디바이스에게 디스크립터 전송을 다시 요청할 수도 있고 기타 클래스 전용 디스크립터 전송을 요청할 수도 있다.

혼성 디바이스의 경우는 예외다. 혼성 디바이스에서는 1개의 컨피규레이션 안에 있는 복수의 인터페이스에 있어서 인터페이스마다 다른 드라이버를 할당할 수 있다. 이 경우 호스트는 인터페이스를 활성화한 후에야 드라이버를 할당할 수 있으므로 호스트는 다음에 설명할 디바이스 컨피규레이션 작업을 먼저 수행해야 한다.

13. 호스트 디바이스 드라이버가 컨피규레이션을 선정한다. 디스크립터에서 디바이스 정보를 얻은 후 디바이스 드라이버는 원하는 컨피규레이션 번호를 Set Configuration 리퀘스트에 넣고 전송해 컨피규레이션을 요청한다. 많은 디바이스가 컨피규레이션을 1개만 지원한다. 디바이스가 컨피규레이션을 여러 개 지원하면 드라이버는 디바이스를 어떻게 사용할 것인가에 관한 정보로 컨피규레이션을 결정하거나, 사용자에게 물어보거나, 그냥 첫 번째 컨피규레이션을 고르거나 한다. 디바이스가 Set Configuration을 수신하면 요청받은 컨피규레이션을 활성화한다. 디바이스는 이제 설정됨Configured 상태가 되고 인터페이스도 활성화된다.

혼성 디바이스에서는 호스트가 이제서야 드라이버를 할당할 수 있다. 그 밖의 디바이스는 호스트가 디바이스로부터 얻은 정보를 사용해 컨피규레이션에 있는 각각의 활성 인터페이스용 드라이버를 찾을 수 있다. 이제 디바이스는 사용할 준비가 완료된다.

허브 또한 USB 디바이스이므로 호스트는 새로 장착된 허브도 열거를 통해 여타 디바이스와 마찬가지 과정을 거친다. 허브에 디바이스가 장착되면 허브가 장착된 디바이스의 존재를 호스트에게 알린 다음 열거를 시작한다.

연결됨 상태. 허브가 디바이스의 VBUS 선에 전원을 공급하지 않으면 디바이스는 연결됨Attached 상태가 된다. 허브가 과전류 상황을 검출하거나 호스트가 허브 포트의 전원을 제거하라고 요청하면 전원 공급이 중단될 수 있다. VBUS에 전원이 없으면 호스트와 디바이스가 통신을 할 수 없기 때문에 디바이스가 연결되지 않은 것과 마찬가지다.

서스펜드 상태. 디바이스는 최소 3ms 동안 SOF 마커를 포함한 버스 활동이 없으면 서스펜드Suspend 상태로 들어간다. 서스펜드 상태에서 디바이스는 버스 전원 사용을 제한해야 한다. 디바이스는 설정 여부에 관계없이 이 상태를 지원해야 한다. 17장에서 서스펜드 상태를 자세히 설명한다.

인핸스드 슈퍼스피드에서 다른 점

인핸스드 슈퍼스피드 열거는 USB 2.0과 다른 점이 몇 가지 있다.

- 하향 포트가 인핸스드 슈퍼스피드로 끝나는 것을 감지하면 허브는 포트의 링크를 초기화하고 조작한다. 그 후 더 이상 속도 감지를 따로 하지 않고 슈퍼스피드나 슈퍼스피드 플러스 열거 작업을 진행한다.
- 호스트가 새 디바이스에 대해 알아낸 후에는 포트 리셋을 요청하지 않는다.
- 버스 전류 제한은 컨피규레이션 이전에는 150mA, 이후에는 900mA다.
- 호스트는 Set Isochronous Delay 리퀘스트를 보내 디바이스에게 등시성 패킷 버스 지연을 알린다.
- 호스트는 Set SEL 리퀘스트를 보내 디바이스에게 시스템 탈출 지연을 알린다(저전력 상태에서 빠져나오는 데 필요한 총 시간 값).
- 서스펜드 상태로 진입하고 탈출하는 프로토콜이 다르다.
- 허브에서 호스트는 Set Hub Depth 리퀘스트를 보내 허브 깊이 값을 설정한다.

디바이스 제거

사용자가 버스에서 디바이스를 제거하면 허브는 디바이스를 장착했던 포트를 비활성화한다. 그 후 허브가 호스트에게 이벤트가 발생했음을 알리고 호스트가 디바이스 제거를 알아챈 후 Get Port Status 리퀘스트를 보내 어떤 이벤트가 발생했었는지 알아낸다. 이제 디바이스는 장치 관리자에서 사라지고 디바이스 주소를 나중에 새로 장착할 다른 디바이스에서 사용할 수 있게 해준다.

성공적인 열거를 위한 팁

열거를 성공하지 못하면 디바이스와 호스트는 통신 작업을 수행할 수 없다. 칩 제조사는 대부분 예제 코드를 제공한다. 예제 코드가 작성하려는 애플리케이션과 정확히 일치하지 않아도 이런 코드는 개발에 도움을 준다. 외부 CPU와 컨트롤러 인터페이스를 해야 하는 경우에는 외부 칩용 예제 코드를 적용해야 할 때도 있다.

일반적으로 디바이스는 호스트가 보내는 리퀘스트나 이벤트에 관해 어떤 것도 가정하면 안 되고, 발생하는 이벤트나 호스트가 보내는 리퀘스트에 대해 정해진 대로 응답해야 한다. 다음 팁을 통해 일반적으로 발생할 수 있는 흔히 발생하는 문제를 피할 수 있다.

이벤트는 정해진 순서로 발생하지 않을 수도 있다는 점을 주의한다. 디바이스를 주소 상태, 컨피규레이션 상태로 만드는 Set Configuration 리퀘스트 등 일부 리퀘스트는 디바이스가 Set Address 리퀘스트를 수락한 후에만 유효하지만, 호스트는 열거 중에 어떤 리퀘스트를 언제 보낼 것인지에 대한 유연성을 조금 갖는다. 또 호스트는 연결된 후 최소 1초 동안은 버스를 아무 때라도 리셋, 서스펜드할 수 있고, 그러면 디바이스는 이벤트를 감지하고 그에 따라 적절하게 응답해야 한다.

제어 전송은 재빠르게 이뤄져야 하며 유사시에는 신속하게 포기해야 한다. 새로운 SETUP 패킷을 받으면 디바이스는 진행 중인 모든 전송을 포기하고 전송을 새로 시작해야 한다. OUT 토큰 패킷이나(USB 2.0) STATUS 트랜잭션 패킷(인핸스드 슈퍼스피드)을 받으면 디바이스가 DATA 스테이지에서 요청받은 데이터를 다 보내지 못했더라도 호스트가 STATUS 스테이지를 시작했다고 판단해야 한다.

호스트가 요청한 데이터보다 많이 보내면 안 된다. 제어 읽기 전송 DATA 스테이지에서 디바이스는 호스트가 요청한 것보다 많은 데이터를 보내면 안 된다. 호스트가 9바이트를 요청하면 디바이스는 9바이트 이하의 데이터를 보내야 한다.

필요하면 ZLP(zero-length data packet)를 보낸다. 특정 상황에서는 디바이스가 요청받은 데이터보다 적은 데이터를 반환하는 경우도 있고, 데이터 크기가 엔드포인트 최대 패킷 크기의 배수로 딱 떨어지는 경우도 있다. 추가 데이터 요청을 수신하면 디바이스는 더 이상 보낼 데이터가 없다는 걸 알려주기 위한 응답으로 ZLP(USB 2.0)나 길이가 0인 데이터 페이로드(인핸스드 슈퍼스피드)를 보내야 한다.

지원하지 않는 리퀘스트는 STALL로 응답한다. 호스트가 보내는 리퀘스트 중에서 디바이스가 모르는 리퀘스트가 있을 수도 있다. 디바이스는 지원하지 않는 리퀘스트에 대해서는 STALL로 응답해야 한다.

주소를 너무 빨리 지정하면 안 된다. Set Address 리퀘스트에서 디바이스는 리퀘스트의 STATUS 스테이지를 완결해야 새 주소를 설정할 수 있다.

서스펜드 상태에 대한 준비를 해야 한다. 호스트는 디바이스의 전원 상태에 관계없이 버스를 서스펜드로 진입시킬 수 있다. 디바이스를 연결한 후 1초 안의 시간만 제외하면 디바이스는 버스가 서스펜드 상태에 있을 때 버스 전원 사용을 감소시켜야만 한다.

다른 호스트 컨트롤러 환경에서도 테스트해야 한다. 디바이스는 규격을 따르기만 한다면 어떤 호스트 컨트롤러와도 동작해야 한다. 어떤 풀스피드 호스트 컨트롤러는 단일 프레임에서 여러 스테이지 제어 전송을 스케줄링하지만 어떤 호스트 컨트롤러는 그렇지 않다. 디바이스는 두 가지를 모두 처리할 수 있어야 한다. 호스트 컨트롤러는 8장에서 자세히 설명한다.

디스크립터

USB 디스크립터는 호스트가 디바이스에 대한 상세 정보를 얻을 수 있는 자료 구조다. 각 디스크립터는 디바이스 전체나 각 구성요소에 관한 정보를 갖고 있다.

모든 USB 디바이스는 표준 USB 디스크립터 리퀘스트에 응답해야 한다. 디바이스는 디스크립터에 정보를 저장하고 디스크립터 리퀘스트에 응답한다.

디스크립터 유형

표 4-1은 USB 2.0과 USB 3.1 규격에 정의된 디스크립터를 나열한 것이다. 복합 디바이스를 제외하면 각 디바이스가 갖는 디바이스 디스크립터는 1개뿐이고 거기

서 디바이스가 지원하는 컨피규레이션 개수를 알 수 있다. 디바이스는 컨피규레이션마다 컨피규레이션 디스크립터를 1개 갖고, 이 디스크립터는 컨피규레이션이 지원하는 인터페이스 개수와 전원 이용 정보에 대한 것이다. 또 디바이스는 인터페이스 디스크립터를 1개 갖는다. 이 디스크립터는 엔드포인트 개수를 정한다. 각 엔드포인트는 엔드포인트 디스크립터를 갖는다. 이 디스크립터는 엔드포인트와 통신하는 데 필요한 정보를 담는다. 엔드포인트 디스크립터가 없는 인터페이스는 제어 엔드포인트를 사용해야 한다.

▼ 표 4-1 디스크립터 안에 있는 bDescriptorType 필드는 디스크립터 유형을 식별하는 값을 담는다. 출처: Universal Serial Bus Specification, Revision 2.0 / Universal Serial Bus 3.1 Specification, Revision 1.0

bDescriptorType	디스크립터 유형	요청 여부
0x01	디바이스	예
0x02	컨피규레이션	예
0x03	문자열	아니요(클래스나 제조사 드라이버가 요청하지 않는 한). 옵션으로 설명문을 담을 수 있음
0x04	인터페이스	예
0x05	엔드포인트	예(엔드포인트 0 이외를 쓸 때)
0x06	디바이스 한정자 (device_qualifier)	예(디바이스가 풀스피드와 하이스피드를 둘 다 지원하는 경우) 아니요(그 외 디바이스의 경우)
0x07	다른 속도 컨피규레이션 (other_speed_configuration)	예(디바이스가 풀스피드와 하이스피드를 둘 다 지원하는 경우) 아니요(그 외 디바이스의 경우)
0x08	인터페이스 전원 (interface_power)	아니요(제안됐지만 아직 구현, 공인되지 않았음)
0x09	OTG	예(OTG(On-The-Go) 디바이스)
0x0A	디버그	아니요
0x0B	인터페이스 연관 (interface_association)	예(일부 혼성 디바이스에서)

(이어짐)

bDescriptorType	디스크립터 유형	요청 여부
0x0C	보안	무선 디바이스용
0x0D	키	
0x0E	암호 방식	
0x0F	바이너리 디바이스 오브젝트 스토어(BOS)	예(인핸스드 슈퍼스피드, 무선 디바이스, 링크 전원 관리 지원 디바이스 전용)
0x10	디바이스 기능	
0x11	무선 엔드포인트 짝	무선 디바이스용
0x30	슈퍼스피드 엔드포인트 짝	예(인핸스드 슈퍼스피드에서)
0x31	슈퍼스피드 플러스 등시성 엔드포인트 짝	예(슈퍼스피드 플러스 등시성 엔드포인트일 때, 서비스 인터벌당 48KB 이상 요청할 때)

컨피규레이션 디스크립터 리퀘스트를 받으면 디바이스는 컨피규레이션 디스크립터와 컨피규레이션의 인터페이스, 엔드포인트, 그 외 부속 디스크립터 전체를 요청한 크기만큼 반환해야 한다. 예를 들어, 엔드포인트 디스크립터만 가져오는 표준 리퀘스트는 없다. 풀스피드와 하이스피드를 모두 지원하는 디바이스는 추가적으로 디바이스 한정자$_{\text{device\_qualifier}}$와 다른 속도 컨피규레이션$_{\text{other\_speed\_configuration}}$ 디스크립터 유형을 지원한다. 이 디스크립터 2개와 그 부속 디스크립터는 현재는 사용하지 않은 속도를 사용하려고 할 때 디바이스에 관한 정보를 담는다.

인핸스드 슈퍼스피드 디바이스는 바이너리 디바이스 오브젝트 스토어$_{\text{BOS, binary device object store}}$ 디스크립터를 제공해야 한다. 또한 부속으로 따라오는 디바이스 기능 디스크립터 2개(슈퍼스피드 USB 디스크립터, USB 2.0 확장 디스크립터)도 제공해야 한다. 그 밖의 디바이스도 BOS와 디바이스 기능 디스크립터를 쓸 수 있다. 모든 슈퍼스피드 인핸스드 엔드포인트 디스크립터는 슈퍼스피드 엔드포인트 짝 디스크립터를 부속으로 갖는다.

문자열 디스크립터는 제조사나 디바이스 이름, 일련번호 등 텍스트를 저장할 수 있다. 또 다른 디스크립터에서는 문자열 디스크립터를 가리키는 인덱스 값을 담으면 된다. 이렇게 하면 호스트가 Get Descriptor 리퀘스트로 문자열 디스크립터를 읽을 수 있다.

특정 클래스 전용, 특정 제조사 전용 디스크립터를 이용하면 디바이스나 인터페이스가 기능에 관한 더 자세한 정보를 구조화된 방법으로 제공할 수 있다. 예를 들어, 인터페이스 디스크립터에서 인터페이스가 HID 클래스를 갖고 있다고 지정하면 인터페이스는 HID 클래스 디스크립터를 갖고 있는 것이다.

표준 디스크립터는 디스크립터의 길이를 나타내는 bLength로 시작한다. 이어서 디스크립터 유형을 식별하는 bDescriptorType이 온다.

Get Descriptor 리퀘스트에서 SETUP 스테이지의 데이터 패킷은 wValue, wLength 값을 디바이스로 넘긴다. wValue 필드는 요청한 디스크립터를 식별한다. wLength 필드는 호스트가 디바이스로 요청한 바이트 크기다. Get Descriptor 리퀘스트는 5장에서 자세히 설명한다.

클래스 전용, 제조사 전용 디스크립터 중 일부는 다른 디스크립터를 확장하거나 수정한 것이다. 확장하거나 수정한 디스크립터는 컨피규레이션과 부속 디스크립터 리퀘스트에 대한 응답으로 반환된 디스크립터 다음에 온다. 표준 디스크립터처럼 특정 클래스 전용, 제조사 전용 디스크립터도 bLength, bDescriptorType으로 시작한다.

표준 디스크립터를 수정하거나 확장하지 않은 디스크립터(예: HID 클래스 리포트 디스크립터 리퀘스트)에서는 호스트가 Get Descriptor 리퀘스트를 써서 클래스나 제조사 전용 디스크립터 형식과 리퀘스트 인덱스를 정한다. 클래스 규격이나 제조사는 이 디스크립터의 형식을 정의한다.

각 디스크립터는 bLength, bDescriptorType으로 시작한다. 디스크립터 유형에 따라 필드는 다양하다.

디스크립터 내에서 여러 바이트에 걸친 값은 버스상에서 리틀 엔디안 순서로 (LSB$_{\text{least-significant byte}}$에서 MSB$_{\text{most significant byte}}$ 순으로) 전송된다. 예를 들어, Vendor ID 0x0925는 0x25 다음에 0x09가 전송된다.

디바이스

디바이스를 장착하면 호스트는 제일 먼저 디바이스 디스크립터를 읽는다. 이 디스크립터는 호스트가 디바이스에서 추가 정보를 가져오는 데 필요한 정보를 담고 있다. 호스트는 SETUP 트랜잭션의 wValue 필드 상위 바이트에 0x01을 넣은 Get Descriptor 리퀘스트를 보내 디바이스 디스크립터를 가져온다.

이 디스크립터(표 4-2)는 디바이스, 디바이스 컨피규레이션, 디바이스가 속한 클래스 등에 관한 정보를 제공한다.

▼ **표 4-2** 디바이스 디스크립터는 제품과 제조사를 식별하고, 엔드포인트 0의 최대 패킷 크기를 설정하며, 디바이스 클래스를 정할 수 있다. 출처: Universal Serial Bus Specification, Revision 2.0

오프셋(10진수)	필드	크기(바이트)	설명
0	bLength	1	디스크립터 바이트 크기(0x12)
1	bDescriptorType	1	상수 값 DEVICE(0x01)
2	bcdUSB	2	USB 규격 릴리스 번호(BCD)
4	bDeviceClass	1	클래스 코드
5	bDeviceSubClass	1	서브클래스 코드
6	bDeviceProtocol	1	프로토콜 코드
7	bMaxPacketSize0	1	엔드포인트 0의 최대 패킷 크기
8	idVendor	2	Vendor ID
10	idProduct	2	Product ID
12	bcdDevice	2	디바이스 릴리스 번호(BCD)
14	iManufacturer	1	제조사에 대한 문자열 디스크립터 인덱스
15	iProduct	1	제품에 대한 문자열 디스크립터 인덱스
16	iSerialNumber	1	일련번호에 대한 문자열 디스크립터 인덱스
17	bNumConfigurations	1	가능한 컨피규레이션 개수

bcdUSB는 해당 디바이스와 그 디스크립터가 준수하는 USB 규격의 버전 BCD_{binary-coded decimal}(이진화 십진수) 값이다. 버전 값을 십진수로 생각한다면 상위 바이트는 정수 부분, 다음 4비트는 소수점 이하 첫째 자리, 마지막 4비트는 소수점 이하 둘째 자리를 나타낸다. 즉 버전 1.1은 0x0110(0x0101이 아님을 주의), 버전 2.0은 0x0200, USB 2.1은 0x0210, USB 3.0은 0x0300, USB 3.1은 0x0310이다.

디바이스 bcdUSB가 0x0210 이상이면 BOS 디스크립터를 지원해야 한다. 무선 USB 1.0을 준수하는 디바이스 와이어 어댑터는 bcdUSB가 0x0250이다.

bDeviceClass는 디바이스 수준에서 디바이스 펑션을 정의한 경우 디바이스 클래스를 알려준다. 0x01부터 0xFE까지는 USB 규격에 정의된 클래스용으로 예약돼 있다. 표 4-3에 정의된 코드를 정리했다. 0xFF는 제조사용 클래스임을 의미한다. 대다수의 디바이스는 인터페이스 디스크립터에서 클래스를 지정하고, 그 경우 디바이스 디스크립터의 bDeviceClass는 펑션이 인터페이스 연관 디스크립터를 사용하지 않으면 0x00, 사용하면 0xEF다.

▼ **표 4-3** 디바이스 디스크립터에 있는 bDeviceClass 필드는 디바이스가 속한 클래스를 알려준다. 출처: usb.org

bDeviceClass	설명
0x00	인터페이스 디스크립터가 클래스를 나타내고 펑션이 인터페이스 연관 디스크립터를 사용하지 않는다(0xEF 참조).
0x02	통신 디바이스(인터페이스 수준에서 대체 선언 가능)
0x09	허브 bDeviceSubClass = 0x00 　bDeviceProtocol = 0x00: 풀스피드 　bDeviceProtocol = 0x01: 단일 트랜잭션 변환기의 하이스피드 　bDeviceProtocol = 0x02: 복스 트랜잭션 변환기의 하이스피드 　bDeviceProtocol = 0x03: 슈퍼스피드/슈퍼스피드 플러스
0x0F	개인용 헬스케어 디바이스(인터페이스 수준에서 선언)
0xDC	진단 디바이스(인터페이스 수준에서 대체 선언 가능) bDeviceSubClass = 0x01 　bDeviceProtocol = 0x01: USB2 준수 디바이스

(이어짐)

bDeviceClass	설명
0xE0	무선 컨트롤러(블루투스 전용, 다른 모든 프로토콜은 인터페이스 수준에서 선언되어야 함) bDeviceSubClass = 0x01 　bDeviceProtocol = 0x01: 블루투스 프로그래밍 인터페이스(인터페이스 수준에서 선언되어야 함) bDeviceSubClass = 0x04: 블루투스 AMP 컨트롤러(인터페이스 수준에서 선언되어야 함)
0xEF	기타 bDeviceSubClass = 0x01 　bDeviceProtocol = 0x01: 액티브 싱크(active sync) 　bDeviceProtocol = 0x02: 팜 싱크(Palm sync) bDeviceSubClass = 0x02 　bDeviceProtocol = 0x01: 인터페이스 연관 디스크립터 　bDeviceProtocol = 0x01: 멀티펑션 주변기기 유선 어댑터(무선 USB)
0xFF	제조사 전용(인터페이스 수준에서 대체 선언 가능)

bDeviceSubClass는 클래스 내 서브클래스를 지정한다. 서브클래스를 통해 클래스 내 그룹의 공유 펑션, 추가 기능을 지원할 수 있다. bDeviceClass가 0x00이면 bDeviceSubClass도 0x00이어야 한다. bDeviceClass가 0x01~0xFE이면 bDeviceSubClass는 0x00 또는 디바이스 클래스에 정의된 코드여야 한다. 표준 클래스에서 제조사 정의 서브클래스는 0xFF를 쓴다.

bDeviceProtocol은 선택된 클래스, 서브클래스용 프로토콜을 지정한다. 예를 들면 USB 2.0 허브는 허브가 현재 하이스피드를 지원하는지 여부를 나타내기 위해 이 필드를 사용하고, 허브가 하이스피드를 지원하면 1개 또는 복수 트랜잭션 변환기를 지원하는지를 나타낸다. bDeviceClass가 0x01~0xFE이면 프로토콜은 0x00 또는 디바이스 클래스에 정의된 코드여야 한다.

bMaxPacketSize0은 엔드포인트 0용 최대 패킷 크기를 나타낸다. 호스트는 디바이스 디스크립터를 위한 리퀘스트 이후의 리퀘스트에 이 값을 쓴다. USB 2.0에서 최대 패킷 크기는 이 필드 값과 같고 로우스피드에서는 8, 풀스피드에서는 8,

16, 32, 64, 하이스피드에서는 64다. 인핸스드 슈퍼스피드에서 최대 패킷 크기는 $2^{bMaxPacketSize0}$이고 bMaxPacketSize0은 최대 패킷 크기가 512임을 뜻하는 9여야 한다.

idVendor는 USB-IF에서 할당한 Vendor ID 값이다. USB-IF 멤버이거나 관리 비용을 내면 고유한 Vendor ID를 사용할 권리를 얻는다. 호스트는 이 값을 포함하는 INF 파일을 가질 수 있고 그러면 윈도우는 적합한 디바이스 드라이버를 찾을 때 이 값을 사용한다. 개인이 내부에서만 사용하는 경우를 제외하면 모든 디바이스 디스크립터는 이 필드에 유효한 Vendor ID 값을 가져야 충돌을 방지할 수 있다.

idProduct는 제조사 디바이스를 식별하는 Product ID다. Vendor ID의 소유자는 디바이스를 확인하기 위해 Product ID를 할당한다. 디바이스 디스크립터와 호스트의 디바이스 INF 파일은 이 값을 갖고 있을 수 있고, 호스트가 적합한 디바이스 드라이버를 찾을 때 이 값을 사용한다. 각 Product ID는 Vendor ID에 한정적이므로 여러 제조사가 같은 Product ID 값을 사용해도 충돌이 발생하지 않는다.

bcdDevice는 BCD 형식의 디바이스 릴리스 번호다. 제조사가 이 값을 할당한다. 호스트가 적합한 드라이버를 고를 때 사용할 수도 있다.

iManufacturer는 제조사 이름이 들어 있는 문자열 디스크립터를 가리키는 인덱스 값이다. 제조사 디스크립터가 없으면 이 값은 0이다.

iProduct는 제품명이 들어 있는 문자열 디스크립터를 가리키는 인덱스 값이다. 문자열 디스크립터가 없으면 이 값은 0이다.

iSerialNumber는 디바이스 일련번호가 들어 있는 문자열을 가리키는 인덱스 값이다. 일련번호가 없으면 이 값은 0이다. 일련번호는 사용자가 동일한 디바이스를 여러 개 사용할 때 리부팅 후에도 디바이스를 식별할 수 있게 해준다. 즉 일련번호를 통해 전에 사용했던 주변기기인지 아니면 같은 Vendor ID, Product

ID를 갖고 있지만 새로운 주변기기인지 확인할 수 있게 해준다. Vendor ID, Product ID, 디바이스 릴리스 번호가 같은 디바이스는 일련번호가 서로 달라야 한다. 벌크 전송만 쓰는 대용량 저장장치는 일련번호를 갖춰야 한다.

bNumConfigurations는 현재 동작 속도에서 디바이스가 지원하는 컨피규레이션 개수다.

디바이스 한정자

풀스피드, 하이스피드를 둘 다 지원하는 디바이스는 디바이스 한정자_{device_qualifier} 디스크립터를 갖춰야 한다(표 4-4). 디바이스가 속도를 바꾸면 디바이스 디스크립터 필드 몇 개가 바뀔 수도 있다. 디바이스 한정자 디스크립터는 현재 사용 중이 아닌 속도의 그 필드 값을 갖는다. 즉 디바이스가 사용하는 속도가 바뀔 때마다 디바이스의 필드와 디바이스 한정자 디스크립터 내용이 서로 교환된다. 호스트는 SETUP 트랜잭션 `wValue` 필드 상위 바이트에 0x06을 넣은 Get Descriptor 리퀘스트를 전송해 디바이스 한정자를 읽는다.

▼ **표 4-4** 풀스피드, 하이스피드를 모두 지원하는 디바이스에서 디바이스 한정자 디스크립터는 현재 사용 중이지 않은 속도의 디바이스 정보를 담는다. 출처: Universal Serial Bus Specification, Revision 2.0

오프셋(10진수)	필드	크기(바이트)	설명
0	bLength	1	디스크립터 바이트 크기(0x0A)
1	bDescriptorType	1	DEVICE_QUALIFIER 상수(0x06)
2	bcdUSB	2	USB 규격 릴리스 번호(BCD)
4	bDeviceClass	1	클래스 코드
5	bDeviceSubClass	1	서브클래스 코드
6	bDeviceProtocol	1	프로토콜 코드
7	bMaxPacketSize0	1	엔드포인트 0 최대 패킷 크기
8	bNumConfigurations	1	가능한 컨피규레이션 수
9	Reserved	1	예약 공간

Vendor ID, Product ID, 디바이스 릴리스 번호, 제조사 이름, 제품명, 일련번호는 사용하는 속도가 변해도 바뀌지 않기 때문에 디바이스 한정자 디스크립터에 포함되지 않는다.

컨피규레이션

호스트는 디바이스 디스크립터를 받으면 디바이스의 컨피규레이션 인터페이스, 엔드포인트 디스크립터를 읽어올 수 있다.

각 디바이스는 디바이스의 특성과 기능을 지정하는 컨피규레이션을 1개 이상 갖춘다. 보통 컨피규레이션은 1개면 충분하지만 다용도로 사용하거나 다양한 모드를 갖춘 디바이스는 컨피규레이션을 여러 개 지원할 수도 있다. 그러나 컨피규레이션은 한 번에 한 가지만 활성화되고, 컨피규레이션마다 디스크립터가 필요하다. 컨피규레이션 디스크립터는 디바이스 전원 사용, 지원하는 인터페이스 개수 등에 관한 정보를 갖는다(표 4-5).

▼ 표 4-5 컨피규레이션 디스크립터는 디바이스가 요구하는 현재 버스의 최대 전류량, 부속 디스크립터의 최대 길이를 정한다. 출처: Universal Serial Bus Specification, Revision 2.0 / Universal Serial Bus 3.1 Specification, Revision 1.0

오프셋(10진수)	필드	크기(바이트)	설명
0	bLength	1	디스크립터 바이트 크기(0x09)
1	bDescriptorType	1	CONFIGURATION(0x02) 상수 값
2	wTotalLength	2	컨피규레이션 디스크립터와 그 부속 디스크립터의 총 크기(바이트)
4	bNumInterfaces	1	컨피규레이션의 인터페이스 개수
5	bConfigurationValue	1	Set Configuration, Get Configuration 리퀘스트 식별자
6	iConfiguration	1	컨피규레이션용 문자열 디스크립터 인덱스
7	bmAttributes	1	자체/버스 전원과 원격 깨움 설정
8	bMaxPower	1	필요한 버스 전원, USB 2.0에서 2mA 단위, 인핸스드 슈퍼스피드에서 8mA 단위

각 컨피규레이션 디스크립터는 부속 디스크립터를 갖췄으며 여기에는 1개 이상의 인터페이스 디스크립터, 옵션인 엔드포인트 디스크립터가 있다. 호스트는 SETUP 트랜잭션 wValue 필드 상위 바이트에 0x02를, wLength 필드에 wTotalLength를 넣은 Get Descriptor 리퀘스트를 보내 컨피규레이션 디스크립터와 부속 디스크립터를 읽는다.

호스트는 Set Configuration 리퀘스트로 컨피규레이션을 선택하고 Get Configuration 리퀘스트로 현재 컨피규레이션 번호를 읽어온다.

wTotalLength는 컨피규레이션 디스크립터와 모든 부속 디스크립터의 크기를 바이트 값으로 나타낸 것이다.

bNumInterfaces는 컨피규레이션에서 인터페이스 개수다. 최솟값은 0x01이다.

bConfigurationValue는 Get Configuration, Set Configuration 리퀘스트에서 컨피규레이션을 식별한다. 값은 0x01 이상이어야 한다. 이 값을 0으로 해서 Set Configuration 리퀘스트를 보내면 디바이스는 설정되지 않음Not Configured 상태가 된다.

iConfiguration은 컨피규레이션을 설명하는 문자열의 인덱스다. 설명 문자열이 없으면 0이다.

bmAttributes는 디바이스가 자체 전원을 쓰면 6번 비트가 1이고, 버스 전원을 쓰면 0이다. 원격 깨움 기능을 지원하면 5번 비트가 1이다. 원격 깨움 기능은 서스펜드 상태인 USB 디바이스가 통신을 재개하도록 알릴 수 있다. 필드 내 다른 비트는 사용하지 않는다. 비트 0~4는 0으로 설정하고, 비트 7은 USB 1.0 호환일 때 1로 설정한다.

bMaxPower는 디바이스가 요청하는 버스 전류량을 나타낸다. USB 2.0에서 bMaxPower는 2mA의 배수다. 디바이스가 200mA를 필요로 하면 bMaxPower 값은 0x64다. 디바이스가 요청할 수 있는 최대 전류는 USB 2.0에서 500mA, 인핸스드 슈퍼스피드에서 900mA다. 요청하는 전류를 공급할 수 없으면 호스트는 디바이스 컨피규레이션을 거부한다. 이때는 드라이버가 사용 가능한 대체 컨피규레이션을 요청할 수도 있다.

디바이스와 호스트가 'USB Power Delivery Rev. 2.0, v1.0'을 지원하면, 호스트는 17장에서 설명할 디스크립터로부터 디바이스의 전원 필요량을 얻을 수 있다.

다른 속도 컨피규레이션

풀스피드, 하이스피드를 모두 지원하는 디바이스에만 사용하는 기타 디스크립터로 다른 속도 컨피규레이션other_speed_configuration 디스크립터가 있다(표 4-6). 디스크립터의 구조는 컨피규레이션 디스크립터와 동일하다. 유일한 차이점은 다른 속도 컨피규레이션 디스크립터는 디바이스가 현재 활성화되지 않은 속도용 컨피규레이션이라는 것이다. 다른 속도 컨피규레이션 디스크립터는 컨피규레이션 디스크립터가 가진 것과 동일한 부속 디스크립터를 갖고 있다.

▼ 표 4-6 다른 속도 컨피규레이션(other_speed_configuration) 디스크립터는 컨피규레이션 디스크립터와 같은 필드를 갖지만 현재는 사용 중이지 않은 속도에 관한 정보를 담는다. 출처: Universal Serial Bus Specification, Revision 2.0 / Universal Serial Bus 3.1 Specification, Revision 1.0

오프셋(10진수)	필드	크기(바이트)	설명
0	bLength	1	디스크립터 바이트 크기(0x09)
1	bDescriptorType	1	OTHER_SPEED_CONFIGURATION 상수 값(0x07)
2	wTotalLength	2	컨피규레이션 디스크립터와 그 부속 디스크립터의 총 크기(바이트)
4	bNumInterfaces	1	컨피규레이션의 인터페이스 개수
5	bConfigurationValue	1	Set Configuration, Get Configuration 리퀘스트 식별자
6	iConfiguration	1	컨피규레이션용 문자열 디스크립터 인덱스
7	bmAttributes	1	자체/버스 전원과 원격 깨움 설정
8	MaxPower	1	필요한 버스 전원, USB 2.0에서 2mA 단위, 슈퍼스피드/슈퍼스피드 플러스에서 8mA 단위

호스트는 SETUP 트랜잭션 wValue 필드 상위 바이트에 0x07을 넣은 Get Descriptor 리퀘스트를 보내 다른 속도 컨피규레이션 디스크립터를 읽는다.

인터페이스 연관 디스크립터

인터페이스 연관 디스크립터IAD, interface association descriptor는 특정 펑션function과 관련 있는 인터페이스 1개 이상을 식별한다(표 4-7). '인터페이스'라는 용어는 디바이스와 그 디스크립터 관계에서 디바이스가 구현하는 펑션이나 특성을 말한다.

▼ **표 4-7** 인터페이스 연관 디스크립터는 여러 인터페이스에서 단일 펑션으로 연결할 수 있다. 출처: Universal Serial Bus 3.1 Specification, Revision 1.0

오프셋(10진수)	필드	크기(바이트)	설명
0	bLength	1	디스크립터 바이트 크기(0x08)
1	bDescriptorType	1	인터페이스 연관 디스크립터임을 나타내는 상수 값(0x0B)
2	bFirstInterface	1	펑션과 관련되어 있는 첫 번째 인터페이스임을 나타냄
3	bInterfaceCount	1	펑션과 관련되어 있는 근접 인터페이스 개수
4	bFunctionClass	1	클래스 코드
5	bFunctionSubClass	1	서브클래스 코드
6	bFunctionProtocol	1	프로토콜 코드
7	iFunction	1	펑션을 위한 문자열 디스크립터 인덱스

대다수 디바이스 클래스는 디바이스 수준보다 인터페이스 수준의 클래스를 지정한다. 펑션을 인터페이스에 할당하기 때문에 컨피규레이션 1개로 펑션 여러 개를 지원할 수 있다. 1개의 컨피규레이션에서 인터페이스가 2개 이상 같은 펑션에 연관되면 인터페이스 연관 디스크립터가 호스트에게 인터페이스 연관 관계를 알려준다. 예를 들어, 비디오 카메라 펑션은 카메라 제어용 인터페이스 1개와 비디오 데이터 전송용 인터페이스 1개를 사용할 수도 있다.

인터페이스 연관 디스크립터 ECN에 따르면 이 디스크립터는 단일 디바이스 평션을 관리하는 복수 개의 인터페이스를 사용하는 디바이스를 구현할 때 반드시 지원해야 한다고 정해놓았다. 비디오 클래스와 오디오 2.0 규격을 따르는 복합 디바이스는 인터페이스 연관 디스크립터를 사용해야 한다. 물론 클래스 규격보다 먼저 나온 IAD의 경우 필수는 아니다. 예를 들어, 오디오 1.0 클래스 규격은 1개의 평션 안에 오디오 인터페이스와 연관시키는 클래스 전용 디스크립터를 정의한다. 이 디스크립터를 지원하지 않는 호스트는 디스크립터를 무시한다. 윈도우 운영체제는 윈도우 XP SP2부터 인터페이스 연관 디스크립터를 지원하기 시작했다. 인핸스드 슈퍼스피드 디바이스에서는 복수 인터페이스를 갖는 모든 평션이 IAD를 사용해야 한다.

호스트가 인터페이스 연관 디스크립터를 사용하는 디바이스를 식별하려면 디바이스 디스크립터가 다음 값을 포함해야 한다.

```
bDeviceClass = 0xEF(기타 디바이스 클래스)
bDeviceSubClass = 0x02(공통 클래스)
bDeviceProtocol = 0x01(인터페이스 연관 디스크립터)
```

이 코드 전체를 멀티 인터페이스 평션 디바이스 클래스 코드_{Multi-interface Function Device Class Codes}라고 부르기도 한다. 호스트는 컨피규레이션 디스크립터 요청에 대한 응답에서 부속 디스크립터 중 하나로서 인터페이스 연관 디스크립터를 얻는다. IAD는 IAD가 지정하는 인터페이스 디스크립터에 선행한다.

bFirstInterface는 평션과 연관된 여러 개의 인터페이스 중 첫 번째 인터페이스의 인터페이스 번호를 알려준다. 인터페이스 번호는 인터페이스 디스크립터의 `bInterfaceNumber` 값이다. 연관 인터페이스의 인터페이스 번호는 연속적이다.

bInterfaceCount는 평션과 연관된 연속적인 인터페이스의 개수다.

bFunctionClass는 연관된 인터페이스가 공유하는 펑션용 클래스 코드다. 사용할 값을 지정하지 않은 클래스이면 첫 번째 연관된 인터페이스의 디스크립터에 있는 bInterfaceClass 값을 주로 쓴다. 0x01~0xFE는 USB 정의 클래스용으로 예약돼 있다. 0xFF는 제조사 정의 클래스를 나타낸다. 0은 쓸 수 없다.

bFunctionSubClass는 연관된 인터페이스가 공유하는 펑션용 서브클래스 코드다. 사용할 값을 지정하지 않은 클래스이면 첫 번째 연관 인터페이스의 디스크립터에 있는 bInterfaceSubClass 값을 주로 쓴다.

bInterfaceProtocol은 연관된 인터페이스가 공유하는 펑션용 프로토콜 코드다. 사용할 값을 지정하지 않은 클래스이면 첫 번째 연관 인터페이스의 디스크립터에 있는 bInterfaceProtocol 값을 주로 쓴다.

iFunction은 펑션을 설명하는 문자열 인덱스다. 문자열 디스크립터가 없으면 0이다.

인터페이스 디스크립터

인터페이스 디스크립터는 디바이스가 구현한 펑션이나 기능에 관한 정보를 제공한다. 디스크립터는 클래스, 서브클래스, 프로토콜 정보, 인터페이스가 사용하는 엔드포인트 개수를 갖는다(표 4-8).

▼ **표 4-8** 인터페이스 디스크립터는 부속 엔드포인트 개수를 정하고 USB 클래스를 정할 수도 있다. 출처: Universal Serial Bus Specification, Revision 2.0

오프셋(10진수)	필드	크기(바이트)	설명
0	bLength	1	디스크립터 바이트 크기(0x09)
1	bDescriptorType	1	인터페이스를 나타내는 상수(0x04)
2	bInterfaceNumber	1	이 인터페이스를 식별하는 번호
3	bAlternateSetting	1	대체 설정으로 디스크립터를 식별하는 번호

오프셋(10진수)	필드	크기(바이트)	설명
4	bNumEndpoints	1	지원하는 엔드포인트 개수, 엔드포인트 0은 세지 않는다.
5	bInterfaceClass	1	클래스 코드
6	bInterfaceSubClass	1	서브클래스 코드
7	bInterfaceProtocol	1	프로토콜 코드
8	iInterface	1	인터페이스에 대한 문자열 디스크립터 인덱스

컨피규레이션은 동시에 활성화된 여러 개의 인터페이스를 갖는 것이 가능하다. 인터페이스는 단일 펑션에 연관될 수도 있고, 서로 관련이 없을 수도 있다. 각 인터페이스는 자신의 인터페이스 디스크립터와 부속 디스크립터를 갖춘다. 또한 이들 인터페이스는 각각 대체 인터페이스 설정을 1개 이상 갖는 것이 가능하다. 각 설정은 상호 배타적이다. 오직 한 번에 설정 1개만이 유효하다. 각 설정은 인터페이스 디스크립터와 부속 디스크립터를 필요한 대로 갖춘다. 등시성 전송을 사용하는 디바이스에서 기본 인터페이스는 등시성 대역폭을 요청하면 안 되기 때문에 반드시 대체 인터페이스를 갖는다.

호스트는 컨피규레이션 디스크립터 요청에 대한 응답으로 부속 디스크립터를 보내고, 이때 인터페이스 디스크립터를 얻는다.

bInterfaceNumber는 인터페이스를 식별한다. 혼성 디바이스에서는 컨피규레이션 하나가 동시에 활성화된 여러 개의 인터페이스를 갖는다. 각 인터페이스는 이 필드에 유일한 고유 값을 가진 디스크립터 1개를 갖춰야 한다. 기본 인터페이스는 0x00이다.

bAlternateSetting은 기본 인터페이스 설정이나 대체 설정을 식별한다. bInterfaceNumber마다 디바이스는 bAlternateSetting = 0x00인 인터페이스 디스크립터를 지원한다. 이 인터페이스는 기본 설정이다. 대체 설정을 위한 이 디스크립터는 bInterfaceNumber는 같은 값, bAlternateSetting은 유일한 값, 디스크립터의 마지막 다섯 바이트에는 필요에 따라 각기 다른 값, 필요에 따라 각기 다른 부속 디스크립터를 갖는다.

bInterfaceNumber마다 bAlternateSetting은 한 시점에 1개만 유효하다. 대체 설정을 이용하면 호스트가 다른 대역폭이나 다른 요구사항과 기능을 갖는 인터페이스를 요청할 수 있다. Get Interface 리퀘스트는 현재 활성화된 bAlternateSetting을 얻는다. Set Interface 리퀘스트는 bInterfaceNumber가 사용할 bAlternateSetting을 선택한다.

bNumEndpoints는 인터페이스가 엔드포인트 0 외에 추가로 지원하는 엔드포인트 개수다. 엔드포인트 0만 지원하는 디바이스면 이 값은 0이다.

bInterfaceClass는 디바이스 디스크립터의 bDeviceClass와 유사하지만 인터페이스가 정한 클래스와 디바이스를 위한 것이다. 표 4-9는 이것을 정의한 코드 값을 나열한 것이다. 0x01~0xFE까지 값은 USB 정의 클래스용으로 예약돼 있다. 0xFF는 제조사 정의 클래스를 나타낸다. 0은 예약돼 있다.

▼ **표 4-9** 인터페이스 디스크립터 안에 있는 bInterfaceClass 필드는 인터페이스에 속한 클래스 이름을 지정할 수 있다. 출처: Universal Serial Bus Specification, Revision 2.0 / USB-IF class specifications

클래스 코드	설명
0x00	예약됨
0x01	오디오
0x02	통신 디바이스: 통신 인터페이스
0x03	휴먼 인터페이스 디바이스
0x05	물리적 클래스
0x06	이미지 bInterfaceSubClass = 0x01 　bInterfaceProtocol = 0x01: 이미지 디바이스
0x07	프린터
0x08	대용량 저장장치
0x09	허브(디바이스 디스크립터에서도 확정 선언해야 함)

클래스 코드	설명
0x0A	통신 디바이스: 데이터 인터페이스
0x0B	스마트 카드
0x0D	컨텐츠 보안 bInterfaceSubClass = 0x01 　bInterfaceProtocol = 0x01: 컨텐츠 보안 디바이스
0x0E	비디오
0x0F	개인용 헬스케어 디바이스(디바이스 수준에서 대체 선언 가능)
0x10	오디오/비디오(AV): bInterfaceSubClass = 0x01 　bInterfaceProtocol = 0x00: AV 제어 인터페이스 bInterfaceSubClass = 0x02 　bInterfaceProtocol = 0x00: AV 데이터 비디오 스트리밍 인터페이스 bInterfaceSubClass = 0x03 　bInterfaceProtocol = 0x00: AV 데이터 오디오 스트리밍 인터페이스
0xDC	진단 디바이스(디바이스 수준에서 대체 선언 가능) bInterfaceSubClass= 0x01 　bInterfaceProtocol = 0x01: USB2 규격 준수 디바이스
0xE0	무선 컨트롤러 bInterfaceSubClass = 0x01 　bInterfaceProtocol = 0x01: 블루투스 프로그래밍 인터페이스(디바이스 수준에서 확정 선언 가능) 　bInterfaceProtocol = 0x02: UWB 전파 제어 인터페이스(무선 USB) 　bInterfaceProtocol = 0x03: RNDIS 　bInterfaceProtocol = 0x04: 블루투스 AMP 컨트롤러(디바이스 수준에서 확정 선언 가능) bInterfaceSubClass = 0x02: 호스트와 디바이스 와이어 어댑터(무선 USB) 　bInterfaccProtocol = 0x01: 호스트 와이어 어댑터 제어/데이터 인터페이스 　bInterfaceProtocol = 0x02: 디바이스 와이어 어댑터 제어/데이터 인터페이스 　bInterfaceProtocol = 0x03: 디바이스 와이어 어댑터 등시성 인터페이스
0xEF	기타 bInterfaceSubClass = 0x01 　bInterfaceProtocol = 0x01: 액티브 싱크 　bInterfaceProtocol = 0x02: 팜 싱크 bInterfaceSubClass = 0x02 　bInterfaceProtocol = 0x01: 인터페이스 연관 디스크립터 　bInterfaceProtocol = 0x02: 와이어 어댑터 다기능 주변기기 프로그래밍 인터페이스

(이어짐)

클래스 코드	설명
0xEF	bInterfaceSubClass = 0x03: 케이블 기반 연관 프레임워크(무선 USB)
	bInterfaceProtocol = 0x01: 케이블 기반 연관 프레임워크 디바이스
	bInterfaceSubClass = 0x04
	bInterfaceProtocol = 0x01: RNDIS 오버 이더넷
	bInterfaceProtocol = 0x02: RNDIS 오버 WiFi
	bInterfaceProtocol = 0x03: RNDIS 오버 Maxim
	bInterfaceProtocol = 0x04: RNDIS 오버 WWAN
	bInterfaceProtocol = 0x05: RNDIS(Raw IPv4)
	bInterfaceProtocol = 0x06: RNDIS(Raw IPv6)
	bInterfaceProtocol = 0x07: RNDIS(GPRS)
	bInterfaceSubClass = 0x05: 머신 비전 디바이스(USB3 비전)
	bInterfaceProtocol = 0x00: USB3 비전 제어 인터페이스
	bInterfaceProtocol = 0x01: USB3 비전 이벤트 인터페이스
	bInterfaceProtocol = 0x02: USB3 비전 스트리밍 인터페이스
0xFE	애플리케이션 특화
	bInterfaceSubClass = 0x01: 디바이스 펌웨어 업그레이드
	bInterfaceSubClass = 0x02: IrDA 브리지
	bInterfaceSubClass = 0x03: 실험 및 측정(USBTMC)
	bInterfaceProtocol = 0x00: USBTMC 규격 준수
	bInterfaceProtocol = 0x01: USBTMC USB488 서브클래스 규격 준수
0xFF	제조사 전용(디바이스 수준에서 대체 선언 가능)

bInterfaceSubClass는 디바이스 디스크립터의 bDeviceSubClass와 유사하지만 인터페이스가 정의한 클래스와 디바이스를 위한 것이다. bInterfaceClass가 0x00이면 bInterfaceSubClass도 0x00이어야 한다. bInterfaceClass가 0x01~0xFE 사이 값이면 bInterfaceSubClass는 0x00이나 인터페이스 클래스에 정의된 코드 값이어야 한다. 0xFF는 제조사 정의 서브클래스임을 의미한다.

bInterfaceProtocol은 디바이스 디스크립터의 bDeviceProtocol과 유사하지만 인터페이스가 정의한 클래스를 갖는 디바이스를 위한 것이다. 이 필드는 선택된 bInterfaceClass, bInterfaceSubClass에서 사용할 프로토콜을 지정할 수 있다. bInterfaceClass가 0x01~0xFE이면 bInterfaceProtocol은 0x00이거

나 인터페이스 클래스용으로 정의된 코드 값이어야 한다. 0xFF는 제조사 정의 프로토콜을 의미한다.

iInterface는 인터페이스를 설명하는 문자열 인덱스 값이다. 설명 문자열이 없으면 0이다.

엔드포인트

인터페이스 디스크립터에 지정된 각 엔드포인트는 엔드포인트 디스크립터를 갖는다(표 4-10). 엔드포인트 0은 디스크립터를 갖지 않는다. 엔드포인트 0은 모든 디바이스가 지원하고 디바이스 디스크립터가 최대 패킷 크기를 담고 있으며 USB 규격이 엔드포인트에 관한 기타 모든 것을 정의하기 때문이다. 호스트가 컨피규레이션 디스크립터를 요청하면 이에 대한 응답으로 오는 부속 디스크립터로서 엔드포인트 디스크립터를 얻는다.

▼ 표 4-10 엔드포인트 디스크립터는 엔드포인트 주소에 관한 정보를 제공한다. 출처: Universal Serial Bus Specification, Revision 2.0

오프셋(10진수)	필드	크기(바이트)	설명
0	bLength	1	디스크립터 바이트 크기(0x07)
1	bDescriptorType	1	엔드포인트 디스크립터임을 나타내는 상수(0x05)
2	bEndpointAddress	1	엔드포인트 번호와 방향
3	bmAttributes	1	전송 방식과 추가 정보
4	wMaxPacketSize	2	지원하는 최대 패킷 크기
6	bInterval	1	서비스 인터벌이나 NAK 레이트

오디오 1.0 클래스 디바이스는 오디오 전용 정보 2바이트로 엔드포인트 디스크립터를 확장한다. 이것은 표준 디스크립터 유형의 길이를 변경해야만 가능한 확장이다. 그 밖의 규격은 확장 정보를 반환하는 부속 디스크립터로 분리해 정의해야

한다. 예를 들어 USB 3.1은 인핸스드 슈퍼스피드용 엔드포인트 정보를 반환하는 엔드포인트 짝 디스크립터를 정의한다.

bEndpointAddress는 엔드포인트 번호와 방향을 지정한다. 비트 0~3이 엔드포인트 번호다. 로우스피드 디바이스는 엔드포인트를 최대 3개(보통 0~2까지 사용) 갖는다. 풀스피드, 하이스피드 디바이스는 16개(0~15)를 갖는다. 비트 7은 방향을 나타낸다. Out = 0, In = 1이고 비트 4, 5, 6은 사용하지 않고 0이다.

bmAttributes는 비트 0~1로 엔드포인트가 지원하는 전송 방식을 지정한다. 각기 00_b = 제어, 01_b = 등시성, 10_b = 벌크, 11_b = 인터럽트를 나타낸다. 비트 6~7은 예약돼 있으며 0이어야 한다. 남은 비트의 기능은 엔드포인트 형식과 속도에 따라 다양하다.

등시성 엔드포인트에서 비트 2~5는 동기화 방식과 데이터나 피드백 사용 방식을 나타낼 수 있다.

인핸스드 슈퍼스피드 인터럽트 엔드포인트에서 비트 4~5는 '알림'과 '주기'의 사용 방식을 나타낸다. 인터럽트 엔드포인트는 호스트의 필요에 따라 크게 두 가지 용도를 갖는다. 어떤 엔드포인트는 빠른 응답이나 일정한 주기로 빈번한 데이터 전송을 요구한다. 예를 들어, 마우스를 움직이거나 키를 누를 때 사용자가 지연을 알아차리지 못할 정도가 돼야 한다. 이런 엔드포인트는 '주기' 방식으로 정해놓고 사용해야 한다. 비정기적인 알림이나 타이밍이 중요한 데이터를 지원해야 하는 엔드포인트도 있다. 예를 들어, 허브 알림은 디바이스 장착/제거 등의 이벤트를 호스트에게 알린다. 이런 엔드포인트는 '알림' 방식으로 정해놓고 사용해야 한다. 호스트는 이 방법을 통해 포트를 저전력 상태로 더 오래 놔둘 것인지 결정할 수도 있다. 정의되지 않은 비트는 예약된 비트다.

wMaxPacketSize는 트랜잭션에서 엔드포인트가 전송할 수 있는 최대 데이터 크기다. 디바이스 속도와 전송 방식에 따라 사용할 수 있는 값이 달라진다.

USB 2.0에서 비트 0~10은 최대 패킷 크기이며 0~1024 값이다 USB 1.1에서는 0~1023이다. USB 2.0에서 비트 11~12는 하이스피드에서 인터럽트/등시성 엔드포인트가 마이크로프레임당 지원하는 추가 트랜잭션 수를 나타낸다. 00_b = 추가 트랜잭션 없음(마이크로프레임당 트랜잭션 1개), 01_b = 1개 추가(마이크로프레임당 트랜잭션 2개), 10_b = 2개 추가(마이크로프레임당 트랜잭션 3개), 11_b = 예약. USB 1.1에서 이 비트는 예약이며 0이다. 비트 13~15는 예약이며 0이다.

인핸스드 슈퍼스피드 벌크 엔드포인트에서 이 값은 1024다. 인핸스드 슈퍼스피드에서 인터럽트/등시성 엔드포인트는 슈퍼스피드 엔드포인트 짝 디스크립터에 있는 bMaxBurst 값에 따라 허용 값이 달라진다. bMaxBurst = 0이면 wMaxPacketSize는 등시성 엔드포인트에서 0~1024, 인터럽트 엔드포인트에서 1~1024의 값을 갖는다. bMaxBurst > 0이면 wMaxPacketSize = 1024다.

bInterval은 인터럽트 엔드포인트, 등시성 엔드포인트의 서비스 인터벌을 정한다. 서비스 인터벌이란 호스트가 엔드포인트 트랜잭션용으로 확보해야 하는 시간 간격이다. 이 간격은 정수 값이며, 로우스피드, 풀스피드에서는 프레임 수, 하이스피드에서는 마이크로프레임, 인핸스드 슈퍼스피드에서는 버스 인터벌이다. 허용 범위와 bInterval의 용법은 디바이스 속도, 전송 방식, USB 버전에 따라 다양하다.

로우스피드 인터럽트 엔드포인트에서 bInterval은 ms 단위의 최대 지연 값이고 범위는 10~155다. 풀스피드 인터럽트 엔드포인트와 1.1 디바이스상의 풀스피드 등시성 엔드포인트에서 인터벌은 bInterval ms다. 인터럽트 엔드포인트에서 이 값은 1~255 범위의 값이다. USB 1.1 등시성 엔드포인트에서 이 값은 1이다. 풀스피드 USB 2.0 디바이스에서 이 값은 1~16이고 인터벌은 $2^{bInterval-1}$ms이며 허용 범위는 1ms~32.768s다.

하이스피드, 인핸스드 슈퍼스피드 엔드포인트에서 이 값은 125μs를 단위로 한 값이다. 이 값이 인터럽트 엔드포인트, 등시성 엔드포인트라면 1~16 범위의 값을 갖고 인터벌은 $2^{bInterval-1}$이며 125μs~4.096s 범위의 값을 갖는다.

하이스피드 벌크 엔드포인트와 제어 OUT 엔드포인트에서 이 필드는 규격 준수 검증용으로만 사용하는 최대 NAK 레이트를 담을 수 있다. 디바이스는 일반적으로 이 필드를 0으로 설정한다. 그 밖의 벌크 전송, 제어 전송에서 이 값은 예약돼 있다.

슈퍼스피드 엔드포인트 짝

모든 슈퍼스피드, 슈퍼스피드 플러스 엔드포인트는 인핸스드 슈퍼스피드 기능을 지원하는 짝 디스크립터를 갖는다(표 4-11). USB 3.1 호스트는 컨피규레이션에 엔드포인트가 1개 이상 있을 때, 부속 디스크립터가 컨피규레이션 디스크립터를 요청했을 때 그에 대한 응답으로서 엔트포인트 짝 디스크립터를 얻는다.

▼ **표 4-11** 인핸스드 슈퍼스피드 엔드포인트는 최대 버스트 값을 지원하는 짝 디스크립터를 갖는다. 출처: Universal Serial Bus 3.1 Specification, Revision 1.0

오프셋(10진수)	필드	크기(바이트)	설명
0	bLength	1	디스크립터 바이트 크기(0x06)
1	bDescriptorType	1	디스크립터 식별 상수 SUPERSPEED_USB_ENDPOINT_COMPANION(0x30)
2	bMaxBurst	1	엔드포인트가 버스트 1개에서 보내고 받는 최대 패킷 개수 - 1
3	bmAttributes	1	벌크 엔드포인트에서는 스트림의 최대 개수, 등시성 엔드포인트에서는 서비스 인터벌 하나 안의 최대 패킷 개수. 비트 7은 슈퍼스피드 플러스 등시성 엔드포인트 짝 디스크립터 사용 여부를 나타낸다.
4	wBytesPerInterval	2	주기적인 인터럽트 엔드포인트, 등시성 엔드포인트에서 서비스 인터벌당 전송될 것으로 예상되는 엔드포인트 최대 크기

bMaxBurst는 엔드포인트가 버스트 1개에서 보내거나 받는 최대 패킷 개수 - 1을 나타낸다. 이 값이 0이면 버스트당 패킷이 1개다. 최댓값은 15이고 버스트당 16 패킷을 나타낸다. 버스트 1개 안에 있는 데이터 패킷 1개는 버스트상의 이전 데이터 패킷의 ACK를 대기하는 것 없이 전송할 수 있다.

bmAttributes는 벌크/등시성 전송 엔드포인트에 관련한 정보를 제공한다. 벌크 엔드포인트에서 비트 0~4는 MaxStreams 값으로, 엔드포인트가 지원하는 최대 스트림 개수를 나타낸다. 이 값이 0이면 엔드포인트가 스트림을 사용하지 않는 것이다. 값이 1~16이면 스트림의 개수는 $2^{\text{MaxStreams}}$이고 최댓값은 65,536이다.

등시성 엔드포인트에서 비트 7 = 0이면 비트 0~1은 Mult 값으로, bMaxBurst와 함께 서비스 인터벌 1개 안의 최대 패킷 개수를 나타낸다. 패킷의 최대 개수는 (bMaxBurst + 1) × (Mult + 1)이다. Mult는 0~2만 유효한 값이다. 따라서 최대 허용 패킷 개수는 (15 + 1) × (2 + 1)이므로 48이다. 따라서 wMaxPacketSize = 1024인 경우 전송량은 서비스 인터벌당 49,152바이트가 된다.

슈퍼스피드 플러스 엔드포인트가 서비스 인터벌당 48KB 이상을 전송하면 다른 방식을 사용하는데, 서비스 인터벌당 최대 패킷 수를 지정하는 방식이다.

wBytesPerInterval은 주기적인 인터럽트나 등시성 엔드포인트가 서비스 주기당 전송할 수 있는 최대 바이트 크기다.

슈퍼스피드 플러스 등시성 엔드포인트 짝

이름에서 알 수 있듯이 슈퍼스피드 플러스 등시성 엔드포인트 짝 디스크립터(표 4-12)는 Gen 1 속도 이상에서 동작하는 등시성 엔드포인트와 관련한 정보를 갖는다. 엔드포인트가 서비스 인터벌당 48KB 이상을 요청하면 이 디스크립터를 반환하고 이어서 이 엔드포인트 짝 디스크립터를 반환해야 한다. 이 디스크립터는 서비스 인터벌당 전송할 엔드포인트의 전체 바이트 크기를 지정한다.

dwBytesPerInterval의 최댓값은 98,304(서비스 인터벌 1개마다 1024바이트/데이터 패킷 × 16데이터 패킷/버스트 × 6버스트)다.

▼ 표 4-12 슈퍼스피드 플러스 등시성 엔드포인트는 추가 정보가 필요할 때 짝 디스크립터를 갖기도 한다.
출처: Universal Serial Bus 3.1 Specification, Revision 1.0

오프셋(10진수)	필드	크기(바이트)	설명
0	bLength	1	디스크립터 바이트 크기(0x08)
1	bDescriptorType	1	디스크립터 유형 상수 SUPERSPEED_ISOCHRONOUS_USB_ENDPOINT_COMPANION(0x31)
2	wReserved	2	0
4	dwBytesPerInterval	4	서비스 인터벌당 엔드포인트 전체 바이트 값

문자열

문자열 디스크립터(표 4-13)는 설명 문자열을 담는다. 문자열 디스크립터 외의 디스크립터는 다양한 문자열(제조사, 상품, 일련번호, 컨피규레이션, 인터페이스를 나타내는 문자열) 인덱스를 갖는다. 특정 클래스/제조사용 디스크립터는 문자열 디스크립터 인덱스를 추가적으로 갖는다. 문자열 디스크립터 지원은 옵션이지만 어떤 클래스는 필수로 요청할 수도 있다. 호스트는 SETUP 트랜잭션에서 Get Descriptor 리퀘스트(wValue 필드 상위 바이트에 0x03을 넣음)를 전송해 문자열 디스크립터를 읽는다.

▼ 표 4-13 문자열 디스크립터는 지원하는 언어를 식별하거나 텍스트 문자열을 저장한다. 출처: Universal Serial Bus Specification, Revision 2.0

오프셋(10진수)	필드	크기(바이트)	설명
0	bLength	1	디스크립터 크기(다양)
1	bDescriptorType	1	디스크립터 식별 상수(0x03)
2	bSTRING이나 wLANGID	다양	0이면 1개 이상의 언어 식별 코드 배열이다. 기타 문자열 디스크립터이면 유니코드 UTF-16LE 문자열이다.

호스트가 문자열 디스크립터를 요청하면 wValue 필드의 하위 바이트는 인덱스 값이다. 인덱스 값이 0이면 language ID를 요청하는 특수 기능으로 동작하지만 인덱스 값이 0이 아니면 문자열을 요구한다.

wLANGID[0~n]은 문자열 디스크립터 0에서만 유효하다. 이 필드는 16비트 language ID 코드를 1개 이상 담는다. language ID 코드는 언어를 식별하는 문자열이며, 운영체제에서 보통 기본적으로 지원하는 U.S. 영어(0x0409)로 표현돼 있다. 어떤 문자열이든 유효한 의미를 나타내려면 wLANGID 값이 유효해야 한다. 문자열 디스크립터가 없는 디바이스는 language ID 배열을 반환하면 안 된다. USB-IF 웹사이트에는 언어 식별자LANGID, Language Identifier 목록을 제공한다.

bString은 문자열 디스크립터가 0x01 이상이면 유니코드 UTF-16LE 형식 문자열을 나타낸다. 이 형식은 대부분의 문자를 16비트 코드 단위로 인코딩한다. 여기서 먼저 전송되는 코드가 하위 바이트다. U.S. 영어에서 코드 단위의 하위 바이트가 아스키ASCII 코드로 나타낸 문자다. 예를 들어, 문자 A 전송은 0x41 다음에 0x00이 온다(LSB 선행). 드물게 문자가 16비트 코드 단위 2개로 이뤄진 대체 짝으로 사용되는 경우도 있다. 문자열은 널null 문자로 종료하는 스타일은 아니다.

바이너리 오브젝트 스토어와 디바이스 기능

일부 디바이스는 디바이스 펑션, 기술을 나타내는 정보를 저장하기 위해 추가적인 디스크립터를 사용한다. 이런 정보를 표준적인 방법으로 제공하기 위해 무선 USB 규격에는 새로운 디스크립터 유형 두 가지를 추가했는데, 바로 바이너리 디바이스 오브젝트 스토어BOS, binary device object store와 디바이스 기능 디스크립터device capability descriptor다. 'Universal Serial Bus 3.1 Specification, Revision 1.0' 규격 또한 이들 디스크립터를 포함하고 있다. 기타 USB 규격과 마이크로소프트 OS 2 디스크립터도 이 디스크립터를 사용할 수 있다.

바이너리 디바이스 오브젝트 스토어BOS 디스크립터(표 4-14)는 디바이스 기능 디스크립터 1개 이상의 베이스 디스크립터로 동작한다. 디바이스 기능 디스크립터(표 4-15)는 특정 기능이나 기술에 관한 정보를 제공한다.

▼ 표 4-14 바이너리 디바이스 오브젝트 스토어(BOS) 디스크립터는 디바이스에 관한 추가 정보를 저장하는 디스크립터를 지원한다. 출처: Universal Serial Bus 3.1 Specification, Revision 1.0

오프셋(10진수)	필드	크기(바이트)	설명
0	bLength	1	디스크립터 바이트 크기(0x05)
1	bDescriptorType	1	BOS(0x0F)
2	wTotalLength	2	이 디스크립터와 부속 디스크립터 전체의 바이트 크기
4	bNumDeviceCaps	1	이 BOS 디스크립터 부속 디바이스 기능 디스크립터의 개수

▼ 표 4-15 디바이스 기능 디스크립터는 특수 기능, 기타 디바이스 기능에 관한 정보를 제공한다. 출처: Universal Serial Bus 3.1 Specification, Revision 1.0

오프셋(10진수)	필드	크기(바이트)	설명
0	bLength	1	디스크립터 바이트 크기(다양)
1	bDescriptorType	1	DEVICE CAPABILITY(0x10)
2	bDevCapabilityType	1	0x01 = Wireless_USB 0x02 = USB 2.0 EXTENSION 0x03 = SUPERSPEED_USB 0x04 = CONTAINER ID 0x05 = PLATFORM 0x06 = POWER_DELIVERY_CAPABILITY 0x07 = BATTERY_INFO_CAPABILITY 0x08 = PD_CONSUMER_PORT_CAPABILITY 0x09 = PD_PROVIDER_PORT_CAPABILITY 0x0A = SUPERSPEED_PLUS 0x0B = PRECISION_TIME_MEASUREMENT 0x0C = Wireless_USB_Ext 0x0D = Billboard 0x00, 0x0E~0xFF(예약됨)
3	Capability-Dependent	다양	기능 전용 데이터와 형식

USB 3.1 규격은 다음과 같은 디바이스 기능 디스크립터를 정의하고 있다.

- CONTAINER_ID는 유일한 식별자인 128비트의 UUID 값으로, 디바이스 인스턴스를 식별한다. 이 디스크립터는 USB 3.1 허브에서는 의무적으로 지원해야 하고, 기타 인핸스드 슈퍼스피드 디바이스의 경우에는 옵션이다.
- PLATFORM은 특수 플랫폼이나 운영체제에 관한 디바이스 기능을 정의한다. 마이크로소프트 OS 2.0 디스크립터가 이 디스크립터를 사용한다.
- PRECISION_TIME_MEASUREMENT는 USB 3.1 허브 또는 디바이스가 정밀한 시간 측정PTM, precision time measurement 기능을 지원할 때 이를 알려준다. PTM을 통해 디바이스의 더 정확한 버스 타이밍을 지원하기 위해 허브를 통과하는 링크 지연, 전파 지연을 측정할 수 있다. 슈퍼스피드 플러스를 지원하는 허브는 이 디스크립터를 지원해야 한다. 이 디스크립터는 USB 3.0 허브를 포함한 그 밖의 인핸스드 슈퍼스피드 디바이스에서는 옵션이다.
- SUPERSPEED_USB는 전체 기능, 전원 관리 기능을 지원하는 디바이스 최저 속도, 슈퍼스피드를 포함한 디바이스 최고 속도를 나타낸다. 모든 인핸스드 슈퍼스피드 디바이스는 이 디스크립터를 지원해야 한다
- SUPERSPEED_PLUS는 슈퍼스피드 플러스로 동작하는 기능과 특성을 나타낸다. 모든 슈퍼스피드 플러스 디바이스는 이 디스크립터를 지원해야 한다.
- USB 2.0 EXTENSION은 로우, 풀, 하이 스피드 동작에서 디바이스가 링크 전원 관리 프로토콜을 지원하는지 나타낸다. 모든 인핸스드 슈퍼스피드 디바이스는 이 디스크립터를 지원해야 하고 하이스피드에서 동작할 때 링크 전원 관리를 지원해야 한다. 'USB 2.0 Link Power Management Addendum' 규격은 USB 2.0 규격에서 이 디스크립터를 정의하고 있다. 링크 전원 관리를 지원하는 USB 2.0 디바이스 또한 이 디스크립터를 지원해야 한다(USB 2.1 디바이스도 동일함).

'USB Power Delovery Rev. 2.0, v1.0' 규격은 다음과 같은 디바이스 기능 디스크립터를 정의하고 있다.

- `POWER_DELIVERY_CAPABILITY`는 전력 공급 지원과 기능을 나타낸다.
- `BATTERY_INFO_CAPABILITY`는 배터리 기능을 나타낸다. `POWER_DELIVERY_CAPABILITY` 디스크립터를 갖고 있는 디바이스는 이 디스크립터를 통해 전력 공급원이 배터리임을 보고한다.
- `PD_CONSUMER_PORT_CAPABILITY`는 전력 소모 특징과 기능을 나타낸다. `POWER_DELIVERY_CAPABILITY` 디스크립터를 갖는 디바이스는 이 디스크립터를 통해 전력 소모가 가능하다는 것을 보고한다.
- `PD_PROVIDER_PORT_CAPABILITY`는 전력 공급 특징과 기능을 나타낸다. `POWER_DELIVERY_CAPABILITY` 디스크립터를 갖는 디바이스는 이 디스크립터를 통해 전력 공급이 가능하다는 것을 보고한다.

'Wireless Universal Serial Bus' 규격은 다음 디바이스 기능 디스크립터를 정의하고 있다.

- `Wireless_USB`는 무선 USB 디바이스 기능을 나타낸다.
- `Wireless_USB_Ext`는 무선 USB 1.1 디바이스 기능을 나타낸다.

'빌보드 디바이스를 위한 디바이스 클래스 정의Device Class Definition for Billboard Devices'는 빌보드 기능을 지원하는 디바이스를 위한 디바이스 기능 디스크립터를 정의한다.

호스트가 BOS 디스크립터와 이 디스크립터의 부속 디바이스 기능 디스크립터 전체를 얻으려면, SETUP 트랜잭션의 wValue 필드 상위 바이트에 0x0F를 넣고 wLength 필드에 디스크립터의 wTotalLength 값을 넣은 Get Descriptor 리퀘스트를 보낸다. 디바이스 기능 디스크립터만 읽기 위한 요청은 없다.

OTG 디스크립터

OTG의 호스트 교섭 프로토콜HNP, Host Negotiation Protocol이나 세션 요청 프로토콜SRP, Session Request Protocol을 지원하는 디바이스는 OTG 디스크립터를 갖춘다. 이 디스크립터는 지원하는 프로토콜을 알려준다. 21장에서 이 디스크립터를 상세히 설명한다.

마이크로소프트 OS 디스크립터

마이크로소프트 OS 디스크립터는 윈도우용 정보를 저장하는데, 마이크로소프트 WinUSB 드라이버를 사용하는 디바이스를 식별할 때 사용하는 데이터 등이 있다. 이 디스크립터에 정보를 저장한다는 것은 디바이스를 장착했을 때 INF 파일이나 PC상의 다른 리소스에 접근하지 않고도 정보를 얻을 수 있다는 뜻이다.

윈도우 XP SP1 이상의 윈도우는 마이크로소프트 OS 1 디스크립터를 지원한다. 윈도우 8.1 이상은 마이크로소프트 OS 2 디스크립터를 지원하고 이 디스크립터는 OS 1 디스크립터의 부족한 점과 제약사항을 해소했다. 15장에서 마이크로소프트 OS 디스크립터에 대해 다룰 것이다.

USB 2.0용 디스크립터로 업데이트

USB 1.1 디바이스용 디스크립터를 USB 2.0용으로 업데이트하려면 일부 디바이스를 제외하고 등시성 엔드포인트를 갖는 모든 디바이스에서 디바이스 디스크립터의 bcdUSB를 0x0200 이상으로 변경하면 된다. USB 2.0 디바이스의 기본 인터페이스는 등시성 대역폭을 요청하지 않으므로 등시성 전송을 하려는 인터페이스는 최소 1개의 대체 인터페이스 설정과 최소 1개의 부속 엔드포인트 디스크립터를 갖는 대체 인터페이스 디스크립터를 갖춰야 한다.

USB 3.1용 디스크립터로 업데이트

USB 3.0 디바이스를 위한 디스크립터를 USB 3.1로 업데이트하려면, 많은 슈퍼스피드 전용 디바이스에서 한 가지만 바꾸면 된다. 즉 디바이스 디스크립터에서 bcdUSB를 0x0310으로 바꾸면 된다.

슈퍼스피드 플러스를 지원하는 디바이스는 슈퍼스피드 플러스 USB 디바이스 기능 디스크립터를 갖춰야 한다.

슈퍼스피드 플러스 디바이스에서 등시성 엔드포인트가 서비스 인터벌당 48KB 이상을 요청하는 경우라면 슈퍼스피드 플러스 등시성 엔드포인트 짝 디스크립터를 갖춰야 한다.

PTM을 지원하는 허브와 디바이스는 정밀 시간 측정 디바이스 기능 디스크립터를 요청한다.

5장
제어 전송: 중요 데이터를 위한 구조화된 요청

USB의 네 종류 전송 방식 중에서 제어 전송은 구조가 가장 복잡하다. 또한 USB 규격 자체에서 정의한 기능을 갖춘 유일한 전송 방식이다. 5장에서는 제어 전송의 상세 구조와 표준 리퀘스트 규격을 설명한다.

제어 전송의 요소

제어 전송은 호스트와 디바이스가 디바이스 기능에 관한 정보를 교환할 때 사용한다. 또 디바이스는 제어 전송으로 클래스, 제조사 정보를 전송할 수도 있다. 3장에서 설명한 것처럼 제어 전송은 SETUP 스테이지, DATA 스테이지(일부 전송에서는 옵션임), STATUS 스테이지로 이뤄진다. 각 스테이지는 트랜잭션 1개 이상으로 구성된다.

다음 패킷에 관한 설명은 USB 2.0 이하 버전의 전송에 적용되는 설명이다. 인핸스드 슈퍼스피드 전송은 같은 정보를 교환하지만 3장에서 설명한 인핸스드 슈퍼스피드의 패킷 구조와 프로토콜을 쓴다.

제어 전송 리퀘스트와 응답 내부에 있는 멀티 바이트 값은 버스를 이동할 때 리틀 엔디안 순서, 즉 LSB_{least-significant byte}에서 MSB_{most significant byte} 방향이다. 예를 들어, 0x0001인 wIndex 값은 0x01 다음에 0x00으로 전송된다.

SETUP 스테이지

SETUP 스테이지는 SETUP 트랜잭션으로 구성된다. 이 트랜잭션은 제어 전송임을 식별하고 디바이스가 리퀘스트를 완수하는 데 필요한 그 밖의 정보와 리퀘스트를 전송한다.

디바이스는 에러 없이 수신한 모든 SETUP 트랜잭션에 대해 ACK를 반환해야 한다. 엔드포인트가 다른 제어 전송을 하는 중이면 그 전송을 포기하고 새로운 SETUP 트랜잭션을 승인해야 한다.

토큰 패킷

목적: 수신자 식별과 SETUP 트랜잭션임을 식별한다.

보내는 쪽: 호스트

PID: SETUP

추가 내용: 디바이스와 엔드포인트 주소

데이터 패킷

목적: 리퀘스트나 관련 정보를 전송한다.

보내는 쪽: 호스트

PID: DATA0

추가 내용: 필드 5개(8바이트)

bmRequestType은 데이터 흐름 방향, 리퀘스트 형식, 수신자를 지정한다.

비트 7은 방향 비트다. DATA 스테이지에서 데이터 흐름 방향을 알려준다. DATA 스테이지가 없거나 호스트에서 디바이스 방향(OUT)이면 0, 디바이스에서 호스트 방향(IN)이면 1이다.

비트 5~6은 리퀘스트 형식 비트다. 리퀘스트가 USB 표준 리퀘스트 중 하나면 00_b, USB 클래스 전용 리퀘스트면 01_b, 특정 제품에 맞춰 제조사 전용 드라이버에 정의된 리퀘스트면 10_b다.

비트 0~4는 수신자 비트다. 리퀘스트가 디바이스로 향하면 00000_b, 특정 인터페이스로 향하면 00001_b, 엔드포인트로 향하면 00010_b, 디바이스에 있는 그 밖의 요소로 가면 00011_b다.

bRequest는 리퀘스트를 식별한다.

wValue는 디바이스에게 리퀘스트에 특화된 정보를 전달할 수 있다. 각 리퀘스트는 이 두 바이트의 의미를 자체적으로 정의할 수 있다. 예를 들어, Set Address 리퀘스트에서 wValue는 디바이스 주소를 담는다.

wIndex는 디바이스에게 리퀘스트에 특화된 정보를 전달할 수 있다. 일반적으로 인터페이스, 엔드포인트 번호 등 인덱스, 오프셋을 전달하는 데 쓰지만 각 리퀘스트는 이 두 바이트의 의미를 자체적으로 정의할 수도 있다. 엔드포인트 인덱스를 전달할 때 비트 0~3은 엔드포인트 번호를 나타내고, 비트 7은 제어나 OUT 엔드포인트이면 0, IN 엔드포인트이면 1이다. 인터페이스 인덱스를 전달할 때는 비트 0~7이 인터페이스 번호다. 사용하지 않는 모든 비트는 0이다.

wLength는 다음에 오는 스테이지인 DATA 스테이지의 데이터 크기를 담는다. 이 필드의 크기는 2바이트다. wLength는 호스트에서 디바이스로 전송할 때 호스트가 전송하려는 크기와 일치한다. 디바이스에서 호스트로 전송할 때는 wLength가 최댓값을 의미하며, 이보다 작은 양을 전송할 수도 있다. wLength가 0이면 DATA 스테이지는 없다.

핸드셰이크 패킷

목적: 디바이스 ACK를 전송한다.

보내는 쪽: 디바이스

PID: ACK

추가 내용: 없음. 핸드셰이크 패킷은 PID만으로 이루어진다.

참고: 수신한 SETUP 패킷, 데이터 패킷에서 디바이스가 에러를 검출하면 디바이스는 핸드셰이크를 반환하지 않는다. 일반적으로 디바이스 하드웨어가 에러 검출과 ACK 전송을 처리하기 때문에 펌웨어로 지원할 필요는 없다.

DATA 스테이지

제어 전송에서 DATA 스테이지는 이 스테이지가 있는 경우에만 IN이나 OUT 트랜잭션 1개 이상으로 구성된다. DATA 스테이지 IN 트랜잭션이면 디바이스가 호스트로 데이터를 보낸다. 예를 들어, Get Descriptor 리퀘스트는 디바이스가 호스트로 요청받은 디스크립터를 보낸다. DATA 스테이지 OUT 트랜잭션이면 호스트가 디바이스로 데이터를 보낸다. 예를 들면, 호스트가 디바이스로 리포트를 보내는 HID 클래스 리퀘스트인 Set Report가 있다. SETUP 트랜잭션에서 wLength 필드가 0이면 그 전송은 DATA 스테이지가 없다. 예를 들면 Set Configuration 리퀘스트에서는 호스트가 디바이스로 컨피규레이션 값을 보내는데, SETUP 스테이지 데이터 패킷의 wValue 필드에 이 값을 넣어 보내기 때문에 DATA 스테이지는 필요 없다.

디바이스 디스크립터에서 bMaxPacketSize0은 패킷당 최대 바이트 수를 지정한다. 패킷 1개로 데이터를 모두 처리할 수 없으면 그 스테이지는 트랜잭션을 여러 개 사용한다. DATA 스테이지의 트랜잭션은 모두 같은 방향이어야 한다. DATA 스테이지가 있지만 전송할 데이터가 없으면 데이터 패킷은 ZLP다.

디바이스가 로우, 풀 스피드이고 디바이스와 호스트 사이의 허브가 상향으로 하이스피드인 경우, 호스트는 DATA 스테이지에서 분할 트랜잭션을 사용한다. 디바이스가 하이스피드이고 DATA 스테이지가 OUT 트랜잭션을 사용하며, 트랜잭션이

1개 이상인 경우, 호스트는 PING 프로토콜을 사용할 수도 있다.

DATA 스테이지의 각 IN/OUT 트랜잭션은 토큰, 데이터, 핸드셰이크 패킷을 갖는다.

토큰 패킷

목적: 수신 측을 확인하고 트랜잭션이 IN이나 OUT 트랜잭션인지 확인한다.

보내는 쪽: 호스트

PID: 리퀘스트에 따라 디바이스가 호스트에게 데이터를 보내야 하는 요청이면 PID는 IN, 반대로 호스트가 디바이스에게 데이터를 보내야 하는 요청이면 OUT 이다.

추가 내용: 디바이스와 엔드포인트 주소

데이터 패킷

목적: SETUP 트랜잭션 데이터 패킷의 wLength 필드에 지정한 데이터 전체 또는 일부를 전송한다.

보내는 측: 토큰 패킷 PID가 IN이면 디바이스가 데이터 패킷을 보낸다. 토큰 패킷 PID가 OUT이면 호스트가 데이터 패킷을 보낸다.

PID: 첫 번째 패킷은 DATA1. 이후 DATA 스테이지의 추가 패킷은 DATA0, DATA1을 번갈아 사용

추가 내용: 호스트는 데이터나 ZLP를 보낼 수 있다. 디바이스는 데이터, ZLP, STALL(지원하지 않는 리퀘스트이거나 엔드포인트가 HALT), NAK를 보낼 수 있다.

핸드셰이크 패킷

목적: 데이터 패킷을 받은 쪽에서 상태 정보를 반환한다.

보내는 쪽: DATA 스테이지에서 데이터 패킷을 받는 쪽. 토큰 패킷 PID가 IN이면 호스트가 핸드셰이크 패킷을 보낸다. 토큰 패킷 PID가 OUT이면 디바이스가 핸드셰이크 패킷을 보낸다.

PID: 디바이스는 ACK(수신 데이터 유효), NAK(엔드포인트 BUSY), STALL(지원하지 않는 리퀘스트이거나 엔드포인트가 HALT)을 반환할 수 있다. 하이스피드 디바이스가 다중 데이터 패킷을 받을 때는 NYET를(현재 트랜잭션 데이터는 받아들였지만 엔드포인트가 추가 데이터 패킷을 받을 준비가 되지 않았으면) 반환할 수도 있다. 호스트는 ACK만 반환할 수 있다.

추가 내용: 없음. 핸드셰이크 패킷은 PID만으로 돼 있다.

참고: 수신 측이 토큰 패킷 또는 데이터 패킷에서 에러를 감지하면 핸드셰이크 패킷을 반환하지 않는다.

STATUS 스테이지

STATUS 스테이지는 전송을 완결 짓는다. 몇 가지 상황에서(열거하는 동안 디바이스 디스크립터의 첫 번째 패킷을 받은 후 같은) 호스트는 DATA 스테이지를 완결하기 전에 STATUS 스테이지를 시작할 수도 있는데, 디바이스는 STATUS 스테이지의 토큰 패킷을 감지해 DATA 스테이지를 포기하고 STATUS 스테이지를 끝내야 한다.

토큰 패킷

목적: 수신 측을 확인하고 STATUS 스테이지의 데이터 패킷 방향을 알려준다.

보내는 쪽: 호스트

PID: 이전 트랜잭션 데이터 패킷의 반대 방향. DATA 스테이지 PID가 OUT이었거나 DATA 스테이지가 없었으면 STATUS 스테이지 PID는 IN이다. DATA 스테이지 PID가 IN이었으면 STATUS 스테이지 PID는 OUT이다.

추가 내용: 디바이스와 엔드포인트 주소

데이터 패킷

목적: DATA 스테이지의 데이터를 받은 쪽이 전송 상태를 표시할 수 있게 해준다.

보내는 쪽: STATUS 스테이지의 토큰 패킷 PID가 IN이면 디바이스가 데이터 패

킷을 보내고, STATUS 스테이지의 토큰 패킷 PID가 OUT이면 호스트가 데이터 패킷을 보낸다.

PID: DATA1

추가 내용: 호스트는 ZLP를 보낸다. 디바이스는 ZLP(성공), NAK(BUSY), STALL(지원하지 않는 리퀘스트이거나 엔드포인트가 HALT)을 보낼 수 있다.

참고: 대부분 표준 리퀘스트에서 디바이스가 보내는 ZLP는 요청한 행동을 수행했다는 것을 나타낸다. Set Address만 예외이며, 디바이스는 STATUS 스테이지를 완결한 후에 요청한 작업을 수행한다.

핸드셰이크 패킷

목적: DATA 스테이지에서 데이터를 보낸 쪽이 전송 상태를 얻는다.

보내는 쪽: STATUS 스테이지에서 데이터 패킷을 받은 쪽. STATUS 스테이지의 토큰 패킷 PID가 IN이면 호스트가 핸드셰이크 패킷을 보낸다. 토큰 패킷 PID가 OUT이면 디바이스가 데이터 패킷을 보낸다.

PID: 디바이스는 ACK(성공), NAK(BUSY), STALL(지원하지 않는 리퀘스트이거나 엔드포인트가 HALT)로 응답한다. 호스트가 데이터 패킷을 에러 없이 수신하면 호스트는 ACK로 응답한다.

추가 내용: 없음. 핸드셰이크 패킷은 PID만으로 돼 있다.

참고: STATUS 스테이지의 핸드셰이크 패킷은 전송의 마지막 단계다. 수신 측이 토큰이나 데이터 패킷에서 에러를 검출하면 수신 측은 핸드셰이크 패킷을 반환하지 않는다.

모든 리퀘스트는 실행하는 데 수십~수백 ms가 걸릴 수도 있으므로, 리퀘스트는 리퀘스트가 종료했는지 알 수 있는 다른 방법을 정의해야 한다. 그렇게 해야 호스트가 오랜 시간 동안 ACK를 기다리느라 시간을 낭비하는 것을 막을 수 있다. 허브로 보내는 Set Port Feature(PORT_RESET)이 대표적인 예다. 리셋 신호는 최소 10ms 동안 지속돼야 한다. 호스트가 디바이스 리셋 완료를 긴 시간 동안 기다리는 대신 리셋 상태가 시작된 허브 포트가 리퀘스트를 수신하면 ACK를 보내는 방식을 취한다. 리셋을 완결하면 호스트가 여유 있을 때 Get Port Status 리퀘스트로 확인할 수 있게 허브가 비트 값을 바꾼다.

에러 처리

디바이스가 수신한 리퀘스트를 펌웨어가 지원하지 않을 수도 있고 디바이스가 응답하지 못하는 경우도 있다. 펌웨어가 망가졌거나 엔드포인트가 HALT 상태, 디바이스가 버스에서 탈착된 상태면 디바이스가 응답을 할 수 없다. 또 호스트는 특정한 문제로 전송을 일찍 종료할 수도 있다.

예를 들어, 지원하지 않는 리퀘스트는 디바이스 펌웨어가 알 수 없는 리퀘스트 코드를 사용하기 때문에 어떻게 응답할지 알 수 없다. 또 디바이스가 리퀘스트를 지원하긴 하지만 SETUP 스테이지 안에 있는 정보가 디바이스에서 예상한 정보나 지원하는 내용과 다를 수도 있다. 이런 경우 '리퀘스트 에러$_{Request\ Error}$' 상태가 되며 디바이스는 STALL로 호스트에게 알려줘야 한다. 디바이스는 SETUP 트랜잭션에 대해 반드시 ACK로 응답해야 하기 때문에 STALL을 전송해야 하는 상황이라면 DATA 스테이지나 STATUS 스테이지에서 전송해야 한다. 가능하다면 디바이스는 STALL을 DATA 스테이지에서 반환해야 한다.

무응답, 수신 데이터에서 에러 감지, 엔드포인트 HALT 상태면 호스트는 전송을 포기한다. 그리고 호스트는 새로운 SETUP 트랜잭션을 위한 토큰 패킷을 보내 통신 재설정을 시도한다. 새 토큰 패킷이 디바이스를 복구하지 못하면 호스트는 디바이스 포트 리셋을 디바이스 허브에 요청한다.

호스트는 모든 DATA 스테이지 트랜잭션을 완료하기 전에 STATUS 스테이지를 시작해 전송을 빨리 끝낼 수도 있다. 이런 경우 디바이스는 STATUS 스테이지에 대해 모든 데이터를 전송할 때와 똑같이 응답해야 한다.

디바이스 펌웨어

USB 2.0 디바이스 펌웨어는 일반적으로 다음에 설명하는 순서에 따라 제어 전송을 수행해야 한다. 실제 구현 내용은 디바이스 아키텍처와 프로그래밍 언어에 따라 다양하다.

DATA 스테이지가 있는 제어 쓰기 리퀘스트

DATA 스테이지가 있는 제어 쓰기 리퀘스트를 완료하려면 디바이스는 SETUP 스테이지에서 리퀘스트를 감지하고, DATA 스테이지에서 데이터를 수락하고, STATUS 스테이지에서 ZLP를 보낸다.

1. 하드웨어가 수신된 SETUP 패킷을 감지하고, 트랜잭션의 데이터 패킷 내용을 저장하며, ACK를 반환한 다음 인터럽트 발생을 담당한다.

2. 인터럽트가 검출되면, 디바이스가 리퀘스트를 디코딩하고 엔드포인트 0을 설정한다. 엔드포인트 0을 설정해야 OUT 토큰 패킷 뒤에 도착하는 데이터를 받을 준비를 할 수 있다. 엔드포인트는 또한 호스트가 전송을 포기하면 새로운 SETUP 패킷에 대해 ACK를 처리해야 하며, IN 토큰 패킷에서 ZLP를 반환해야 한다. 여기서 ZLP는 호스트가 앞의 전송이 끝났음을 알리는 패킷이다.

3. 호스트가 엔드포인트 0으로 OUT 토큰 패킷을 보내면 DATA 스테이지를 개시한다. 엔드포인트는 수신한 데이터를 저장하고 핸드셰이크 패킷으로 ACK를 반환한다. 인터럽트는 하드웨어가 발생시킨다.

4. 인터럽트를 검출하면 디바이스 프로세스가 필요한 데이터를 수신한다.

5. DATA 스테이지에 추가 데이터 패킷이 있으면 SETUP 트랜잭션의 wLength 값까지 추가 OUT 트랜잭션을 위해 3단계와 4단계를 반복한다.

6. 전송을 완결하면 호스트는 IN 토큰 패킷을 보낸다. 디바이스는 ZLP로 응답하고 호스트는 다시 ACK를 반환한다.

DATA 스테이지가 없는 제어 쓰기 리퀘스트

DATA 스테이지가 없는 제어 쓰기 리퀘스트를 완결하려면 디바이스는 SETUP 스테이지에서 리퀘스트를 감지하고 STATUS 스테이지에서 ZLP를 보내야 한다.

1. 하드웨어가 SETUP 패킷을 감지하고, 트랜잭션 데이터 패킷 내용을 저장하며, ACK를 반환한 다음 인터럽트를 발생시킨다.

2. 인터럽트를 감지하면 디바이스가 리퀘스트를 디코딩하고 요청받은 동작을 수행하는 데 필요한 작업을 하며, IN 토큰 패킷에 대해 응답하도록 엔드포인트 0을 설정한다. 호스트가 전송을 포기하면 엔드포인트는 새로운 SETUP 패킷에 대해 ACK 처리를 해야 한다.

3. 전송을 완료하려면 호스트가 IN 토큰 패킷을 보내고 디바이스는 ZLP로 응답하며 호스트가 ACK를 반환한다.

제어 읽기 리퀘스트

제어 읽기 리퀘스트를 완료하려면 디바이스는 SETUP 스테이지에서는 리퀘스트를 감지하고, DATA 스테이지에서는 데이터를 보내며, STATUS 스테이지에서는 받은 핸드셰이크에 대한 ACK를 반환한다.

1. 하드웨어가 SETUP 패킷을 감지하고, 트랜잭션 데이터 패킷 내용을 저장하며, ACK를 반환한 다음, 인터럽트를 발생시킨다.

2. 인터럽트를 감지하면 디바이스가 리퀘스트를 디코딩하고 받은 IN 토큰 패킷에서 요청한 데이터를 보내기 위해 엔드포인트 0을 설정한다. 엔드포인트는 또한 호스트가 전송을 포기하는 경우 새로운 SETUP 패킷에 대해 ACK를 처리하고, 호스트가 STATUS 스테이지를 일찍 시작하면 OUT 패킷에 대한 응답으로 ZLP를 반환해야 한다.

3. 호스트가 엔드포인트 0으로 IN 토큰 패킷을 보내면 DATA 스테이지가 개시된다. 디바이스 하드웨어는 데이터를 보내고, 호스트가 보내는 ACK를 확인하며 인터럽트를 발생시킨다.

4. 디바이스는 인터럽트를 감지하면, 더 보내야 할 데이터가 있는 경우 다음 IN 토큰 패킷을 수신했을 때 데이터를 보내도록 엔드포인트를 설정하고 3단계와 4단계를 반복한다.
5. ZLP 뒤에 OUT 토큰 패킷을 받으면 엔드포인트는 전송을 완료하기 위해 ACK를 반환한다.

표준 리퀘스트

표 5-1은 USB 2.0, USB 3.1 규격에서 정의한 리퀘스트를 요약한 것이다.

▼ 표 5-1 USB 2.0과 3.1 규격에서 정의하고 있는 제어 전송용 리퀘스트. 출처: Universal Serial Bus Specification, Revision 2.0 / Universal Serial Bus 3.1 Specification, Revision 1.0

리퀘스트 코드 리퀘스트 이름	대상	wValue	wIndex	DATA 스테이지	
				데이터 소스	wLength; 내용
0x00 Get Status	디바이스, 인터페이스, 엔드포인트	0x0000	0x0000(디바이스), 인터페이스, 엔드포인트	디바이스	0x0002; 상태
0x01 Clear Feature	디바이스, 인터페이스, 엔드포인트	특징(기능)	0x0000(디바이스), 인터페이스, 엔드포인트	없음	0x0000
0x03 Set Feature	디바이스, 인터페이스, 엔드포인트	특징(기능)	0x0000(디바이스), 인터페이스, 엔드포인트	없음	0x0000
0x05 Set Address	디바이스	디바이스 주소	0x0000	없음	0x0000
0x06 Get Descriptor	디바이스	디바이스 유형과 인덱스	0x0000 또는 language ID	디바이스	디스크립터 길이; 디스크립터
0x07 Set Descriptor	디바이스	디바이스 유형과 인덱스	0x0000 또는 language ID	호스트	디스크립터 길이; 디스크립터
0x08 Get Configuration	디바이스	0x0000	0x0000	디바이스	0x0001; 컨피규레이션

(이어짐)

리퀘스트 코드 리퀘스트 이름	대상	wValue	wIndex	DATA 스테이지	
				데이터 소스	wLength; 내용
0x09 Set Configuration	디바이스	컨피규레이션	0x0000	없음	0x0000
0x0A Get Interface	인터페이스	0x0000	인터페이스	디바이스	0x0001; 대체 설정
0x0B Set Interface	인터페이스	인터페이스	인터페이스	없음	0x0000
0x0C Synch Frame	엔드포인트	0x0000	엔드포인트	디바이스	0x0002; 프레임 번호
0x30 Set SEL	디바이스	0x0000	0x0000	호스트	0x0006; 탈출 지연 값
0x31 Set Isochronous Delay	디바이스	ns 단위 딜레이	0x0000	없음	0x0000

Get Status

목적: 호스트가 디바이스의 기능, 인터페이스, 엔드포인트의 각 상태를 요구한다.

리퀘스트 번호(bRequest): 0x00

데이터 소스: 디바이스

데이터 길이(wLength): 0x0002

wValue 필드 내용: 0x0000

wIndex 필드 내용: 디바이스는 0x0000, 인터페이스는 인터페이스 번호, 엔드포인트는 엔드포인트 번호

DATA 스테이지에서 데이터 패킷 내용: 디바이스, 인터페이스, 엔드포인트 상태

지원하는 상태: 기본$_{Default}$: 정의되지 않음. 주소$_{Address}$: 주소 0, 엔드포인트 0이면 OK, 아니면 디바이스는 STALL로 응답한다. 설정됨$_{Configured}$: OK

에러 발생 시 동작: 인터페이스나 엔드포인트가 없으면 디바이스는 STALL로 응답한다.

참고: USB 2.0 속도로 동작 중인 디바이스로 리퀘스트를 보낼 때 리퀘스트에는 상태 비트 2개가 정의돼 있다. 비트 0은 자체 전원 필드다. 0 = 버스 전원, 1 = 자체 전원. 호스트는 이 값을 바꿀 수 없다. 비트 1은 원격 깨움 필드다. 리셋을 하면 기본 값은 0(비활성화)이다. 인핸스드 슈퍼스피드 디바이스는 자체 전원 비트와 전원 관리 옵션용 비트 2~4를 쓴다. 비트 2 = 1이면 디바이스는 U1 진입 초기화가 활성화된다. 비트 3 = 1이면 디바이스는 U2 진입 초기화가 활성화된다. 비트 4 = 1이면 디바이스는 지연 허용 오차 메시지Latency Tolerance Messages 전송이 활성화된다.

USB 3.1 버스에서 해당 기능에 있는 첫 번째 인터페이스로 리퀘스트를 보낼 때 그 기능이 원격 깨움을 지원하면 비트 0 = 1이고, 호스트가 원격 깨움 기능을 켜면 비트 1 = 1이다. USB 2.0 버스에서 인터페이스로 리퀘스트를 보낼 때 모든 비트는 예약된 상태다.

엔드포인트로 보내는 리퀘스트는 비트 0만 정의돼 있다. 비트 0 = 1이면 HALT 상태다.

원격 깨움, HALT에 대한 내용은 Set Feature, Clear Feature에 나와 있다. 할당되지 않은 모든 비트는 예약된 상태다.

Clear Feature

목적: 호스트가 디바이스, 인터페이스, 엔드포인트 기능을 비활성화하도록 요청한다.

리퀘스트 번호(bRequest): 0x01

데이터 소스: DATA 스테이지 없음

데이터 길이(wLength): 0x0000

wValue 필드 내용: 비활성화하고자 하는 기능

wIndex 필드 내용: 디바이스는 0x0000, 인터페이스 기능이면 인터페이스 번호, 엔드포인트 기능이면 엔드포인트 번호

지원하는 상태: 기본Default: 정의되지 않음. 주소Address: 주소 0, 엔드포인트 0인 경우 OK, 아니면 디바이스는 STALL로 응답한다. 설정됨Configured: OK

에러 발생 시 동작: 지정한 기능, 디바이스, 엔드포인트가 없는 경우나 기능을 초기화할 수 없는 경우 디바이스는 STALL로 응답한다. wLength > 0x0000일 때 동작은 정의된 것이 없다.

참고: USB 2.0에서 이 리퀘스트는 DEVICE_REMOTE_WAKEUP, ENDPOINT_HALT 기능을 초기화할 수 있다. 이 리퀘스트로 TEST_MODE 특성은 초기화할 수 없다.

인핸스드 슈퍼스피드에서 이 리퀘스트는 ENDPOINT_HALT, LTM_ENABLE, U1_ENABLE, U2_ENABLE 기능을 클리어할 수 있다(FUNCTION_SUSPEND를 초기화하려면 Set Feature 설명을 참조한다).

Clear Feature(ENDPOINT_HALT)는 벌크, 인터럽트, 등시성 데이터 토글을 DATA0(USB 2.0)으로 리셋하거나 시퀀스 번호를 0(인핸스드 슈퍼스피드)으로 만들고 인핸스드 슈퍼스피드 벌크 엔드포인트의 버스트 크기를 리셋한다.

허브는 추가 기능을 지원한다.

Set Feature와 Get Status를 참조하라.

Set Feature

목적: 호스트가 디바이스, 인터페이스, 엔드포인트 기능 활성화를 요청한다.

리퀘스트 번호(bRequest): 0x03

데이터 소스: DATA 스테이지가 없음

데이터 길이(wLength): 0x0000

wValue 필드 내용: 활성화할 기능

wIndex 필드 내용: 디바이스이면 0x00, 인터페이스이면 인터페이스 번호, 엔드포인트면 엔드포인트 번호, 인핸스드 슈퍼스피드 FUNCTION_SUSPEND 리퀘스트에서는 상위 바이트를 통해 서스펜드Suspend 상태(비트 0 = 1)/일반 동작(비트 0 = 1), 원격 깨움 켜기(비트 1 = 1)/끄기(비트 1 = 0)를 요청할 수 있다. TEST_MODE 기능을 설정하려면 wIndex의 상위 바이트로 테스트를 선정하거나 값을 표현한다.

지원하는 상태: TEST_MODE를 제외한 기능에서, 기본Default: 미정의. 주소Address: 주소 0, 엔드포인트 0이면 OK다. 그 밖의 상황에서는 디바이스가 STALL을 반환. 설정됨Configured: OK. 하이스피드는 기본, 주소, 설정됨 상태에서 TEST_MODE 기능을 지원해야 한다.

에러 발생 시 동작: 지정된 엔드포인트나 인터페이스가 없으면 디바이스는 STALL로 응답한다.

참고: USB 2.0과 인핸스드 슈퍼스피드 디바이스는 다음과 같은 기능을 정의한다. ENDPOINT_HALT는 엔드포인트에 적용된다. 벌크 엔드포인트와 인터럽트 엔드포인트는 HALT 조건을 지원해야 한다. HALT 조건이 발생한 이벤트는 에러를 전송하고 디바이스는 엔드포인트를 정지시키는 Set Feature 리퀘스트를 수신한다. DEVICE_REMOTE_WAKEUP은 디바이스에 적용된다. 호스트가 이 기능을 갖는 경우, 서스펜드 상태에 있는 디바이스가 호스트에게 통신 재개를 요청할 수 있다. TEST_MODE는 상향 포트를 테스트 모드로 진입시킨다. OTG 디바이스는 b_hnp_enable, a_hnp_support, a_alt_hnp_support 기능을 사용해 역할 전환을 시행한다. 무선 USB 디바이스는 WUSB_DEVICE를 사용한다.

인핸스드 슈퍼스피드 디바이스는 추가 기능을 지원한다. FUNCTION_SUSPEND는 서스펜드 상태를 켜고 끄거나 원격 깨움을 켜거나 끈다. U1_ENABLE, U2_ENABLE은 U1, U2 저전력 상태를 켠다. LTM_ENABLE은 전력 관리를 위한 LTMLatency Tolerance Messages(지연 허용 메시지) 전송을 켠다. LDM_ENABLE은 PTMPrecision Time Measurement(정밀 시간 측정)에서 사용한다. OTG 디바이스는 B3_NTF_HOST_REL, B3_RSP_ENABLE을 이용해 역할 전환을 시행한다.

허브는 추가 기능을 지원한다. Get Status 리퀘스트는 호스트에게 무슨 기능이 켜져 있는지 알린다. 더 많은 내용은 Clear Feature에 있다.

Set Address

목적: 호스트가 디바이스와 통신할 때 사용할 주소를 지정한다.

리퀘스트 번호(bRequest): 0x05

데이터 소스: DATA 스테이지 없음

데이터 길이(wLength): 0x0000

wValue 필드 내용: 새 디바이스 주소. 허용 값은 0x0001~0x007F다. 루트 허브를 포함해 버스상의 모든 디바이스는 각기 유일한 주소를 가져야 한다.

wIndex 필드 내용: 0x0000

지원하는 상태: 기본$_{Default}$, 주소$_{Address}$

에러 발생 시 동작: 지정되지 않음

참고: 전원을 켜거나 디바이스를 장착한 후 허브가 포트를 켜면 포트는 호스트가 Set Address 리퀘스트를 완료할 때까지 기본 주소 0x0000을 쓴다.

이 리퀘스트는 그 밖의 리퀘스트와 다른 점이 있다. 디바이스가 ZLP를 보내 STATUS 스테이지의 리퀘스트를 완결할 때까지 디바이스는 다른 리퀘스트를 처리할 수 없기 때문이다. 호스트는 STATUS 스테이지의 토큰 패킷을 기본 주소로 보내기 때문에 디바이스는 주소를 바꾸기 전에 이 패킷을 감지하고 응답해야 한다.

이 리퀘스트를 완결한 후에는 모든 통신이 새 주소를 사용한다.

기본 주소 0x0000을 사용하는 디바이스는 기본$_{Default}$ 상태다. 새 주소를 설정하기 위한 Set Address 리퀘스트를 완결하면 디바이스는 주소$_{Address}$ 상태가 된다. 디바이스는 리퀘스트를 받은 후 50ms 이내에 핸드셰이크 패킷을 보내야 하고, STATUS 스테이지가 완료된 후 2ms 이내에 리퀘스트를 실행해야 한다.

Get Descriptor

목적: 호스트가 디스크립터를 요청한다.

리퀘스트 번호(bRequest): 0x06

데이터 소스: 디바이스

데이터 길이(wLength): 반환할 데이터 크기. 디스크립터 크기가 wLength보다 크면 디바이스는 wLength바이트만큼만 보낸다. 디스크립터 크기가 wLength보다 작으면 디바이스는 디스크립터 전체를 보낸다. 디스크립터 크기가 wLength보다 작고 엔드포인트 최대 패킷 크기로 나눴을 때 딱 나눠 떨어지면 디바이스는 디스크립터 다음에 ZLP를 보내야 한다. 호스트는 요청한 크기만큼의 데이터를 받았거나 최대 패킷 크기보다 작은 데이터 패킷(ZLP 포함)을 받아 수신 중인 데이터의 끝을 감지한다.

wValue 필드 내용: 상위 바이트: 디스크립터 유형. 하위 바이트: 같은 유형의 디스크립터가 여러 개 있을 때 어떤 디스크립터를 응답할 것인가를 지정하는 디스크립터 인덱스

wIndex 필드 내용: 문자열 디스크립터인 경우 language ID, 그 외에는 0x0000

DATA 스테이지에서 데이터 패킷 내용: 요청한 디스크립터

지원하는 상태: 기본Default, 주소Address, 설정됨Configured

에러 발생 시 동작: 디바이스가 지정한 디스크립터를 지원하지 않으면 STALL을 반환한다.

참고: 호스트는 다음과 같은 디스크립터 유형을 요청할 수 있다. 디바이스, 디바이스 한정자, 컨피규레이션, 다른 속도 컨피규레이션, BOS, 문자열이다. 컨피규레이션이나 다른 속도 컨피규레이션 디스크립터에 대한 리퀘스트를 받으면 디바이스는 요청한 디스크립터와 그 부속 인터페이스, 엔드포인트, 엔드포인트 짝, 클래스 전용 디스크립터를 요청한 바이트 크기만큼 반환해야 한다. 그리고 클래스나 제조사는 HID 클래스 리포트 디스크립터처럼 호스트가 요청할 수 있는 추가 디스크립터를 정의할 수 있다. Set Descriptor를 참조하라.

Set Descriptor

목적: 호스트가 디스크립터를 추가하거나 이미 있는 디스크립터를 업데이트한다.

리퀘스트 번호(bRequest): 0x07

데이터 소스: 호스트

데이터 길이(wLength): 호스트가 디바이스에게 보낼 데이터 크기

wValue 필드 내용: 상위 바이트: 디스크립터 유형(Get Descriptor 참조). 하위 바이트: 같은 유형의 디스크립터가 여러 개 있을 때 어떤 디스크립터를 응답할 것인가를 지정하는 디스크립터 인덱스

wIndex 필드 내용: 문자열 디스크립터인 경우 language ID. 그 외에는 0x0000

DATA 스테이지에서 데이터 패킷 내용: 디스크립터 길이

지원하는 상태: 주소Address, 설정됨Configured

에러 발생 시 동작: 디바이스가 리퀘스트에서 지정한 디스크립터를 지원하지 않으면 STALL을 반환한다.

참고: 이 리퀘스트로 호스트가 새 디스크립터를 추가하거나 이미 있는 디스크립터를 변경할 수 있다. 잘못된 소프트웨어가 디스크립터에 부정확한 정보를 넣을 수 있기 때문에 극소수의 디바이스만 이 리퀘스트를 지원한다. Get Descriptor를 참조하라.

Get Configuration

목적: 호스트가 현재 디바이스 컨피규레이션 값을 요청한다.

리퀘스트 번호(bRequest): 0x08

데이터 소스: 디바이스

데이터 길이(wLength): 0x0001

wValue 필드 내용: 0x0000

wIndex 필드 내용: 0x0000

DATA 스테이지에서 데이터 패킷 내용: 컨피규레이션 값

지원하는 상태: 주소Address(0을 반환), 설정됨Configured

에러 발생 시 동작: 지정되지 않음

참고: DATA 스테이지에서 컨피규레이션되지 않은 디바이스는 0x00을 반환한다. Set Configuration을 참조하라.

Set Configuration

목적: 호스트가 디바이스에게 지정한 컨피규레이션을 사용하도록 요청한다.

리퀘스트 번호(bRequest): 0x09

데이터 소스: DATA 스테이지 없음

데이터 길이(wLength): 0x0000

wValue 필드 내용: 하위 바이트는 컨피규레이션을 지정한다. 디바이스가 지원하는 값이면 디바이스는 요청한 컨피규레이션을 수행한다. 이 값이 0x00이면 설정하지 않음을 나타내고, 디바이스는 주소Address 상태로 들어가서 새로운 Set Configuration 리퀘스트를 기다린다.

wIndex 필드 내용: 0x000

지원하는 상태: 주소Address, 설정됨Configured

에러 발생 시 동작: wValue가 0x0000이 아니거나 디바이스가 지원하는 컨피규레이션이 아니면 디바이스는 STALL을 반환한다.

참고: 지원하는 컨피규레이션을 지정한 Set Configuration 리퀘스트를 완료한 후 디바이스는 설정됨Configured 상태가 된다. 대부분 표준 리퀘스트는 디바이스가 설정됨 상태에 있어야만 한다. Get Configuration을 참조하라. 이 리퀘스트는 벌크, 인터럽트, 등시성 데이터 토글을 DATA0으로 초기화하거나(USB 2.0) 시퀀스 번호를 0으로 초기화하고(인핸스드 슈퍼스피드), 인핸스드 슈퍼스피드 벌크 엔드포인트의 버스트 크기를 초기화한다.

Get Interface

목적: 인터페이스가 여러 설정 중 하나만 선택할 수 있는 인터페이스인 경우 호스트가 현재 활성화된 인터페이스 설정을 요청한다.

리퀘스트 번호(bRequest): 0x0A

데이터 소스: 디바이스

데이터 길이(wLength): 0x0001

wValue 필드 내용: 0x0000

wIndex 필드 내용: 인터페이스 번호(bInterfaceNumber)

DATA 스테이지에서 데이터 패킷 내용: 현재 설정(bAlternateSetting)

지원하는 상태: 설정됨Configured

에러 발생 시 동작: 인터페이스가 없으면 디바이스는 STALL을 반환한다.

참고: wIndex 필드의 인터페이스 번호는 인터페이스 디스크립터의 bInterfaceNumber 필드 값이다. 이 값으로 인터페이스를 여타 인터페이스와 구분한다. DATA 스테이지에서는 디바이스가 bAlternateSetting 값을 반환한다. 이 값은 디바이스가 현재 사용 중인 인터페이스를 식별한다. 각각의 선택적 인터페이스는 인터페이스 디스크립터와 필요에 따라 부속 디스크립터를 갖는다. 대부분 디바이스는 인터페이스 설정을 1개만 지원한다. Set Interface를 참조하라.

Set Interface

목적: 인터페이스가 여러 설정 중 하나만 선택할 수 있는 인터페이스인 경우 호스트가 디바이스에게 특정 인터페이스 설정을 사용하도록 요청한다.

리퀘스트 번호(bRequest): 0x0B

데이터 소스: DATA 스테이지 없음

데이터 길이(wLength): 0x0000

wValue 필드 내용: 선택하려는 설정(bAlternateSetting)

wIndex 필드 내용: 인터페이스 번호(bInterfaceNumber)

지원하는 상태: 설정됨Configured

에러 발생 시 동작: 요청한 인터페이스나 설정이 없으면 디바이스는 STALL을 반환한다.

참고: 이 요청은 벌크, 인터럽트, 등시성 데이터 토글을 DATA0으로 초기화(USB 2.0)하거나 시퀀스 번호를 0으로 초기화(인핸스드 슈퍼스피드)하고 인핸스드 슈퍼스피드 벌크 엔드포인트의 버스트 크기를 0으로 초기화한다. Get Interface를 참조하라.

Synch Frame

목적: 디바이스가 엔드포인트의 동기 프레임을 정하고 보고한다.

리퀘스트 번호(bRequest): 0x0C

데이터 소스: 호스트

데이터 길이(wLength): 0x0002

wValue 필드 내용: 0x0000

wIndex 필드 내용: 엔드포인트 번호

DATA 스테이지에서 데이터 패킷 내용: 프레임 번호

지원하는 상태: 기본Default: 정의되지 않음. 주소Address: 디바이스가 STALL을 반환한다. 설정됨Configured: OK

에러 발생 시 동작: 엔드포인트가 이 리퀘스트를 지원하지 않으면 STALL을 반환해야 한다.

참고: 등시성 전송에서 디바이스 엔드포인트는 순서에 따라 다양한 크기의 데이터 패킷을 요청할 수도 있다. 예를 들어 엔드포인트는 8, 8, 8, 64바이트 크기를 순차적으로 반복하는 데이터를 보낼 수 있다. Synch Frame 리퀘스트로 호스트와 엔드포인트가 어떤 프레임부터 순서를 시작할 것인지 맞출 수 있다. Synch

Frame 리퀘스트를 받으면 엔드포인트는 프레임을 시작하기 전에 프레임 크기를 반환한다.

이 리퀘스트가 제공하는 정보를 필요로 하는 경우는 드물다. 따라서 이 리퀘스트는 거의 사용하지 않는다.

Set SEL

목적: 인핸스드 슈퍼스피드 디바이스에서 전원 관리용 시스템 탈출 지연을 설정한다.

리퀘스트 번호(bRequest): 0x30

데이터 소스: 호스트

데이터 길이(wLength): 0x0006

wValue 필드 내용: 0x0000

wIndex 필드 내용: 0x0000

DATA 스테이지에서 데이터 패킷 내용: 탈출 지연 값

지원하는 상태: 주소Address, 설정됨Configured

에러 발생 시 동작: 디바이스가 이 리퀘스트를 지원하지 않으면 STALL을 반환해야 한다.

참고: 인핸스드 슈퍼스피드 전원 관리는 17장에서 자세히 다룬다.

Set Isochronous Delay

목적: 인핸스드 슈퍼스피드 디바이스에서 호스트가 등시성 패킷을 전송할 때와 디바이스가 패킷을 수신할 때 걸리는 총 ns 시간 값을 나타내며, 지연 값을 계산할 수 있다.

리퀘스트 번호(bRequest): 0x31

데이터 소스: 호스트

데이터 길이(wLength): 0x0000

wValue 필드 내용: 지연 값(ns)

wIndex 필드 내용: 0x0000

지원하는 상태: 기본Default, 주소Address, 설정됨Configured

에러 발생 시 동작: 디바이스가 이 리퀘스트를 지원하지 않으면 STALL을 반환해야 한다.

참고: wValue 값은 0x0000~0xFFFF 범위다.

기타 리퀘스트

USB 2.0과 USB 3.1 규격에 정의된 리퀘스트 외에도, 디바이스는 클래스 또는 제조사 전용의 제어 리퀘스트에 응답할 수 있다.

클래스 전용 리퀘스트

임의의 클래스는 필수 리퀘스트나 옵션 리퀘스트를 정의할 수 있다. 호스트에 있는 클래스 드라이버는 필수 리퀘스트를 지원해야 하며, 옵션 리퀘스트를 지원할 수도 있다. 일부 리퀘스트는 표준 리퀘스트와 관련이 없지만, 어떤 리퀘스트는 표준 리퀘스트에 클래스 전용 필드를 정의해 만든다. 표준 리퀘스트와 관련 없는 리퀘스트의 예시로는 일부 대용량 저장장치에서 지원하는 Get Max LUN 리퀘스트가 있다. 호스트는 이 리퀘스트로 인터페이스가 지원하는 논리 유닛의 개수를 알 수 있다. 기존 리퀘스트 위에 만든 리퀘스트의 예시로는 허브가 지원하는 Get Port Status 리퀘스트가 있다. 이 리퀘스트는 표준 Get Status 리퀘스트처럼 구조화돼 있지만 비트 0~4 = 00011$_b$이면 리퀘스트가 디바이스, 인터페이스, 엔드포인트가 아닌 허브 포트에 적용한다는 것을 나타낸다. wIndex 필드는 포트 번호를 갖고 있다.

제조사 전용 리퀘스트

제어 전송에서 제조사 정의 리퀘스트를 수행하려면 다음 항목을 갖춰야 한다.

- 리퀘스트의 SETUP, DATA 스테이지에서 필요한 제조사 정의 필드를 갖춰야 한다. SETUP 스테이지 데이터 패킷에서 비트 5~6은 제조사 전용 리퀘스트를 식별하는 10_b로 설정해야 한다.
- 디바이스에 SETUP 패킷의 리퀘스트 번호를 검출하는 코드가 있어야 하며 어떻게 응답할 것인지 알고 있어야 한다.
- 호스트는 리퀘스트를 지원하는 제조사 전용 디바이스 드라이버를 갖춰야 한다. 드라이버는 애플리케이션이 리퀘스트를 초기화할 수 있는 함수를 따로 제공한다.

6장
칩 선택

6장에서는 USB 디바이스 컨트롤러를 선택할 때 유의할 점을 알아본다. 여기서 설명하는 컨트롤러 칩의 범위는 마이크로컨트롤러를 비롯해 USB를 지원하는 하이엔드 프로세서, USB 인터페이스 칩, 특수 기능 칩을 포함한다. 임베디드 호스트와 OTG 디바이스 컨트롤러는 21장에서 다룬다.

USB 디바이스의 컴포넌트

모든 USB 디바이스는 USB 포트의 리퀘스트와 이벤트를 감지하고 그에 응답하는 지능성을 갖춰야 한다. USB 디바이스에서 이런 기능은 임베디드 펌웨어를 탑재한 프로세서나 ASIC(application-specific intergrated circuit)가 수행한다.

디바이스 컨트롤러 칩은 USB 통신을 구현하는 방법이나 통신이 요구하는 펌웨어 수준에 따라 다양하다. 어떤 컨트롤러는 버퍼 접근을 지원하고 USB 데이터를 가져오는 작업 외에 약간의 추가 지원만 요구한다. 또 어떤 컨트롤러는 디바이스 펌웨어가 호스트로 보내는 디스크립터 전송 관리, 데이터 토글 값 바꾸기뿐만 아니라 엔드포인트가 적절한 핸드셰이크 패킷을 반환하게 보장하는 등 더 많은 프로토콜을 처리한다. 일반적으로 저수준 펌웨어는 각기 다른 아키텍처를 쓰는 칩끼리는 바꿔 쓸 수 없지만 칩 회사들은 표준적인 작업과 애플리케이션을 위한 예제 펌웨어를 제공한다.

일부 디바이스 컨트롤러는 칩 내에 프로그램과 데이터 메모리를 갖고 있거나 외부 메모리와 인터페이스할 수 있는 프로세서를 갖춘 마이크로컨트롤러다. 그와는 반대로 어떤 디바이스 컨트롤러는 반드시 외부 프로세서와 인터페이스해야 한다. 이런 경우 외부 CPU는 비 USB 작업과 USB 컨트롤러가 필요한 통신을 처리한다. 이런 칩은 USB 기능을 갖춘 마이크로컨트롤러와 구분하기 위해 USB용 마이크로컨트롤러라고 부른다.

고성능이 필요한 대량 생산 제품의 경우 커스텀 디자인된 ASIC를 사용하기도 한다. 여러 업체에서 USB 컨트롤러를 위한 주문 제작 ASIC용 VHDL이나 베릴로그 Verilog 소스 코드를 제공한다.

USB 2.0 컨트롤러의 내부

일반적인 USB 컨트롤러는 USB 송수신기, 직렬 인터페이스 엔진, USB 데이터를 보관하기 위한 버퍼, 컨피규레이션과 상태, USB 통신과 관계된 제어 정보를 저장하기 위한 레지스터들을 갖고 있다.

송수신기

USB 송수신기는 디바이스의 USB 커넥터와 USB 통신을 제어하는 회로 사이의 하드웨어 인터페이스다. 송수신기는 칩에 내장돼 있는 것이 보통이지만 일부 컨트롤러는 외부 송수신기와 인터페이스할 수도 있다. 이런 송수신기를 PHY$_{physical\ layer}$라고 부른다.

직렬 인터페이스 엔진

송수신기와 인터페이스하는 회로는 직렬 인터페이스 엔진_{SIE, serial interface engine}이라 불리는 유닛을 구성한다. SIE는 일반적으로 트랜잭션에서 데이터를 보내고 받는 처리를 한다. SIE는 데이터를 해석하지 않고 사용하지도 않는다. 단지 보낼 준비가 된 데이터를 버스로 보내고, 받은 데이터를 저장하기만 한다. SIE가 하는 일은 보통 다음과 같다.

- 도착하는 패킷 감지
- 패킷 보내기
- 패킷 시작_{Start-of-Packet}, 패킷 끝_{End-of-Packet}, 리셋_{Reset}, 신호 처리 재개_{Resume}
- 버스상에서 사용할 데이터를 비트 스터핑 NRZI로 인코딩, 디코딩
- CRC 값 생성과 검사
- 패킷 ID 생성과 검사
- USB 직렬 데이터, 레지스터나 메모리상의 병렬 데이터 간 변환

ULPI_{UTMI+ Low Pin Interface}는 PHY에서 SIE로 연결되는 8선 또는 12선 인터페이스다. 이 인터페이스는 비영리 ULPI 워킹 그룹의 제품이며, 그 이전의 UTMI_{USB 2.0 Transceiver Macrocell Interface}와 UTMI+ 인터페이스에서 나온 것이다.

버퍼

USB 컨트롤러는 수신한 데이터나 버스로 보낼 준비가 된 데이터를 저장하기 위해 버퍼를 사용한다. PLX 테크놀로지_{PLX Technology}의 USB 3380 칩은 프로세서가 레지스터를 읽고 써서 버퍼에 접근한다. 반면 사이프레스 세미컨덕터_{Cypress Semiconductor}의 EZ-USB 시리즈는 일정 부분의 데이터 메모리를 버퍼로 사용한다.

빠른 전송을 위해 일부 칩은 각 방향으로 완전한 데이터를 저장할 수 있는 이중 버퍼를 갖고 있다. 펌웨어가 한 블록의 데이터를 전송할 때 다음 블록에 데이터를 쓸 수 있기 때문에 첫 번째 블록의 전송이 완료되면 바로 다음 블록의 데이터를 보낼 수 있다. 수신 시에는 펌웨어가 이전 트랜잭션으로 받은 데이터를 모두 처리하

기 전에도 새로운 트랜잭션 데이터가 도착할 수 있도록 확장 버퍼를 쓴다. 이때 하드웨어가 자동으로 두 버퍼 사이를 전환한다. 사이프레스 EZ-USB FX2LP 등 일부 컨트롤러는 4중 버퍼를 지원하며, 슈퍼스피드 사이프레스 EZ-USB FX3는 시스템 메모리 안에 원하는 데이터 버퍼를 설정할 수 있다.

컨피규레이션, 상태, 제어 정보

일반적으로 USB 컨트롤러 칩은 각종 정보를 담고 있는 레지스터를 갖춘다. 활성화된 엔드포인트, 받은 바이트 수, 보낼 준비가 된 바이트 수, 서스펜드 상태, 에러 검출 정보, 기타 상태 정보와 제어 정보를 제공한다. 레지스터 개수, 내용, 접근 방법은 칩 아키텍처별로 다양하다. 이런 이유로 USB 통신용 저수준 펌웨어는 칩 패밀리 간에 옮겨 사용할 수 없다.

클록

USB 통신은 타이밍 기준이 필요하다. 일반적으로는 수정 발진기를 쓴다. 로우 스피드 USB는 클록 속도의 오차를 좀 더 허용하는 편이라 저렴한 세라믹 공진회로를 사용하기도 한다. 일부 컨트롤러는 칩 내부에 오실레이터를 갖추고 있으므로 외부 타이밍 기준이 필요 없다.

기타 디바이스 요소

일반적인 USB 디바이스 회로는 USB 인터페이스 외에도 CPU, 프로그램, 데이터 메모리, 기타 I/O 인터페이스, 타이머, 카운터 등의 부가 기능이 있다. 이런 회로는 컨트롤러 칩이나 분리된 다른 부품에 들어 있다.

CPU

USB에서 CPU나 프로세서는 8051이나 ARM 등의 범용 아키텍처를 사용할 수도 있고, USB 애플리케이션용으로 설계된 전용 아키텍처를 사용할 수도 있다. 인터페이스만 갖춘 USB 컨트롤러는 인터페이스만 호환되면 어떤 CPU든 인터페이스할 수 있다.

프로그램 메모리

프로그램 메모리에는 CPU가 실행할 코드가 들어 있다. 프로그램 코드는 USB 통신을 수행하고 칩이 처리해야 하는 기타 다양한 작업을 수행한다. 이 메모리는 마이크로컨트롤러에 들어 있기도 하고 분리된 외부 칩에 들어 있기도 한다.

프로그램 메모리는 ROM, 플래시 메모리, EEPROM, MTP 메모리, RAM 등을 사용할 수 있다. RAM을 제외하면(배터리 백업을 하지 않는 경우) 모두 비휘발성이므로 전원이 꺼진 후에도 데이터를 유지한다. 프로그램 메모리 크기는 메가바이트나 그 이상이 될 수도 있다.

프로그램 메모리에 저장돼 있는 코드는 펌웨어라고 부르기도 한다. 일반적으로 펌웨어는 비휘발성 메모리에 저장하며, RAM에 로드해 쉽게 변경할 수 있는 코드는 아니다. 이 책에서 펌웨어라고 하면 다양한 메모리에 저장돼 있는 컨트롤러 프로그램 코드라고 생각하면 된다. 여기서 메모리는 기타 다양한 유형의 휘발성 메모리도 포함한다.

ROM_{read-only memory}은 공장에서 마스크 프로그래밍을 하기 때문에 내용을 지울 수 없다. ROM은 대량 생산인 경우에만 실용적이다.

플래시 메모리는 전기적으로 지울 수 있어 프로젝트 개발용으로 인기가 좋다. 프로그램 용량이 적거나 실제 필드에서 펌웨어 업데이트가 필요하다면 개발 코드가 아닌 최종 코드도 플래시 메모리를 쓴다. 현재 플래시 메모리 기술은 10,000번의 삭제/재프로그래밍 사이클을 보장한다. 웨어 레벨링_{wear leveling}과 기타 메모리 관리 기술을 통해 메모리 블록의 수명이 획기적으로 증가했다.

EEPROM_{electrically erasable Programmable ROM}은 플래시 메모리보다 접근 시간이 길지만 컨피규레이션 데이터처럼 가끔 변경되는 데이터를 저장할 때 유용하다. 사이프레스 EZ-USB 컨트롤러는 펌웨어를 EEPROM에 저장하고 전원을 켜면 펌웨어를 RAM으로 옮긴다. EEPROM은 병렬 인터페이스를 지원하는 것도 있고, 마이크로와이어_{Microwire}, I^2C, SPI 등 동기식 직렬 인터페이스를 지원하는 것도 있다. 현재 EEPROM 기술로는 약 100만 회 정도의 삭제/재프로그램이 가능하다.

MTP~multi-time-programmable~ 메모리는 플래시 메모리와 비슷한 신기술이며, 컨피규레이션 데이터 같은 작은 용량의 데이터를 저장할 때 가격이 가장 저렴하다.

RAM~random-access memory~은 삭제와 다시 쓰기를 끝없이 할 수 있지만 전원을 끄면 저장한 데이터를 모두 잃는다. RAM을 프로그램 메모리로 사용하려면 배터리로 백업하거나 전원을 켤 때 PC에서 RAM으로 코드를 로드하는 방법을 쓴다. 사이프레스 EZ-USB 칩은 RAM을 프로그램 공간으로 쓸 수 있다. 이를 위해 특수한 하드웨어와 드라이버 코드를 쓴다. 이때 드라이버 코드는 전원을 켜거나 디바이스를 장착하면 코드를 칩에 로드하는 기능을 수행한다. 이런 방식으로 RAM에 프로그램을 로드하면 삭제와 다시 쓰기 횟수에 제한이 없다. 배터리 백업 RAM을 쓰면 배터리 수명이 제약사항이 될 것이다. 접근 속도는 RAM이 가장 빠르다.

데이터 메모리

데이터 메모리는 프로그램이 실행하는 동안 사용하는 임시 저장소다. 데이터 메모리 내용은 USB 포트로부터 받은 데이터, USB 포트로 보낼 데이터, 계산에 사용되는 값, 또는 칩이 기억해야 하는 모든 것이 될 수 있다. 데이터 메모리는 RAM이다.

기타 I/O

거의 모든 USB 컨트롤러는 USB 포트 외에 추가로 외부 인터페이스를 갖춘다. 인터페이스만 가진 칩은 디바이스 CPU와 연결하는 로컬 버스나 기타 인터페이스를 갖춰야 한다. 대다수 칩은 주변 회로와 연결할 수 있는 다양한 범용 입출력 핀이 있다. 이런 칩은 RS-232용 비동기 직렬 인터페이스나 동기식 직렬 인터페이스, 이더넷 등 외부 직렬 인터페이스를 탑재하기도 한다. 일부 칩은 디스크 드라이브, 오디오, 비디오 등 특수 목적 인터페이스를 지원한다.

기타 기능

디바이스 컨트롤러 칩은 하드웨어 타이머, 카운터, 아날로그-디지털/디지털-아날로그 컨버터, 펄스폭 변조~PWM, pulse-width-modulation~ 출력 등의 확장 기능을 갖추기도 한다. 범용 마이크로컨트롤러에서 흔히 볼 수 있는 거의 모든 기능을 USB 디바이스 컨트롤러에서 지원한다.

디바이스 개발 간소화

프로젝트를 쉽고 빠르게 수행하려면 다음 사항을 고려해 적절한 칩을 찾아야 한다.

- 익숙한 칩 아키텍처와 컴파일러
- 하드웨어 문서가 잘 구비돼 있어야 한다.
- 문서화가 잘 돼 있어야 한다. 개발하려는 것과 비슷한 예제 펌웨어가 있어야 하며, 이런 예제에는 버그가 없어야 한다.
- 펌웨어를 쉽게 다운로드하고 디버깅할 수 있는 개발 환경

이 외에도 클래스 드라이버가 운영체제에 포함돼 있으면 좋다. 또는 칩 제조사나 기타 경로로 문서화가 잘 된 버그 없는 클래스 드라이버를 구할 수 있는지 살펴본다.

그런 경우 해당 드라이버를 그대로 사용하거나 최소한의 변경만으로 사용할 수 있으므로 개발이 수월하다. 칩 선정을 잘해야 시간 낭비나 시행 착오를 미연에 방지할 수 있다.

디바이스 요구사항

프로젝트에 적합한 디바이스 컨트롤러를 선택하려면 다음 사항을 고려해야 한다.

버스 속도. 디바이스의 데이터 전송 속도는 디바이스와 버스의 지원 속도와 전송 방식, 버스의 혼잡도 등에 달려 있다. 디바이스 설계자가 사용자의 버스의 혼잡 수준을 조정하긴 어렵지만 한도 내에서 애플리케이션이 최고 성능을 낼 수 있는 속도, 전송 방식을 선택할 수 있다.

제품에 로우스피드 인터럽트 전송이나 제어 전송 이상이 필요하지 않으면 로우스피드 칩을 사용해 회로 설계, 부품, 케이블에서 비용을 절감할 수도 있다. 그러나 로우스피드 디바이스는 트랜잭션당 8바이트만 전송할 수 있고 USB 규격은 인터럽트 엔드포인트를 위한 보장된 대역폭을 800바이트/s, 즉 1.5Mbps의 버스 속도 이하로 제한한다는 점을 기억해야 한다. 게다가 로우스피드의 느린 에지 레이트$_{edge\ rate}$를 구현하다 보면 로우스피드 컨트롤러 칩의 제조 비용을 증가시키기도 하므로 비슷하거나 더 저렴한 가격에 같은 동작을 하는 풀스피드, 하이스피드 칩을 찾는 편이 나을 수도 있다.

로우/풀 스피드와 비교해 하이스피드, 인핸스드 슈퍼스피드 디바이스용 회로 디자인은 더 어렵고 비용이 많이 들 수도 있다. 하이스피드를 지원하는 디바이스는 가능하면 풀스피드도 지원해야 한다. 대부분 USB 1.1 호스트, 허브와도 연결하기 때문이다. 인핸스드 슈퍼스피드 디바이스 또한 USB 2.0을 지원해야 하며, 슈퍼스피드 플러스 디바이스는 슈퍼스피드를 지원해야 한다.

엔드포인트. 각 엔드포인트 주소는 전송 방식과 방향을 지원한다. 제어 전송만 하는 디바이스는 기본 엔드포인트만 필요하다. 인터럽트, 벌크, 등시성 전송은 추가 엔드포인트가 필요하다. 모든 칩이 전송 방식 네 종류를 모두 지원하지는 않는다. 대부분 최대 가능한 엔드포인트 개수보다 적은 엔드포인트만 지원하지만, 최대로 필요한 디바이스도 가끔 있다.

펌웨어 업그레이드. 실사용 환경에서 펌웨어를 업그레이드하려면 플래시 메모리나 EEPROM에 프로그램 코드를 저장하거나, 디바이스 장착 시 호스트로부터 RAM으로 로드해야 한다. 디바이스 펌웨어 업그레이드 USB 클래스 규격에는 호스트에서 디바이스로 펌웨어를 로드하는 프로토콜을 정의한다. 이 클래스는 7장에서 자세히 설명한다.

케이블. 마우스는 로우스피드를 사용한다. 로우스피드 케이블은 요구사항이 엄격하지 않으므로 더 가늘고 유연한 케이블을 사용할 수 있기 때문이다. 로우스피드 디바이스에 연결하는 케이블은 최대 3m까지만 허용하지만 풀스피드, 하이스피드 케이블은 5m까지 가능하다(마이크로 B와 USB C형 커넥터는 제외).

기타 고려사항. 기타 I/O의 개수와 유형, 프로그램 메모리와 데이터 메모리의 크기, 온 칩on-chip 타이머, 특정 애플리케이션이 요구하는 기타 특수 기능 등도 디바이스 고려사항이다.

문서와 예제 코드

대다수 제조사는 데이터 시트 외에 추가로 기술 매뉴얼, 애플리케이션 노트, 예제 코드, 기타 문서 등을 제공한다. 펌웨어를 처음 개발할 때는 개발하려는 애플리케이션과 유사한 예제 코드로 시작하는 것이 가장 좋은 방법이다.

개발하려는 애플리케이션과 정확히 일치하는 코드가 아니더라도 예제는 여러 모로 유용하다. 열거 코드는 어떤 디바이스든 유용할 뿐만 아니라 제어 전송을 수행하는 모델도 제공해준다. Get Descriptor 부분은 제어 읽기 전송용 모델을 알 수 있다. Set Address 부분은 DATA 스테이지가 없는 제어 쓰기 전송용 모델을 알 수 있다. DATA 스테이지를 갖는 제어 쓰기 전송용 예제 코드는 찾기가 더 힘들다. Set Descriptor는 호스트에서 디바이스로 가는 DATA 스테이지에서 표준이나 특정 클래스 전용 요청이 아니면 지원하는 경우가 매우 드물다. 호스트가 DATA 스테이지에서 직렬 포트 파라미터를 보낼 때 통신 디바이스 클래스의 Set Line Coding 리퀘스트 코드를 보면 그런 코드를 찾을 가능성이 있다.

펌웨어 관점에서 보면 벌크, 인터럽트 전송은 동일하다(벌크 전송에서 인핸스드 슈퍼스피드가 지원하는 스트림은 제외). 따라서 벌크, 인터럽트 전송을 쓰는 어떤 펌웨어용 모델이라도 두 전송 방식의 코드는 한 가지 모델로 제공될 수 있다. 예를 들어, 인터럽트 전송으로 보고되는 변환용 HID 코드가 있다.

칩과 개발 도구 제조사에 따라 문서의 양과 품질, 제공하는 예제 코드가 많이 다르며, 예제 코드를 찾을 수 있는 경로는 그 밖에도 많다.

호스트 드라이버

디바이스가 호스트 쪽 운영체제에서 지원하는 클래스에 딱 맞으면 디바이스 드라이버를 입수하거나 작성할 필요가 없다. 예를 들어, 윈도우에 포함된 HID 드라이버와 통신하는 표준 API 함수를 사용하면 HID 클래스 디바이스에 접근하는 애플리케이션을 쉽게 만들 수 있다.

일부 칩 제조사는 디바이스와 데이터를 교환할 수 있는 범용 드라이버를 제공한다. 사이프레스 세미컨덕터Cypress Semiconductor, 마이크로칩 테크놀로지Microchip Technology, 실리콘 랩Silicon Laboratories은 모두 범용 드라이버를 제공한다. 또한 윈도우 시스템용 디바이스는 마이크로소프트의 범용 WinUSB 드라이버를 사용할 수 있는 옵션이 있다. 윈도우, 리눅스, MAC OS는 오픈소스 libusb 범용 드라이버를 사용한다. 클래스와 디바이스 드라이버는 7장과 8장에서 자세히 설명한다.

개발 보드

쉬운 디버깅은 프로젝트를 쉽게 진행하고 완성하는 데 있어 굉장히 중요한 부분이다. 칩 제조사나 관련 회사에서 제공하는 개발 보드와 소프트웨어를 통해 제품 개발에 도움을 얻을 수 있다. 프로토콜 분석기는 디버깅 시간을 많이 단축해준다. 프로토콜 분석기는 18장에서 자세히 설명한다.

칩 제조사의 개발 보드

칩 제조사는 개발 보드와 디버깅 소프트웨어를 제공한다. 디버깅 소프트웨어는 개발자가 새 디자인을 쉽게 테스트하고 디버깅할 수 있게 해준다(그림 6-1). 개발 보드를 쓰면 PC로부터 칩의 프로그램 메모리나 칩 하드웨어를 에뮬레이트하는 회로에 프로그램을 로드할 수 있다.

▲ **그림 6-1** PICDEM 익스플로러 보드는 플러그인 모듈(PIM, Plug-in Module)로서 다양한 마이크로컨트롤러를 지원하며 플러그인 모듈은 보드에 소켓 형태로 장착이 가능하다.

개발 보드와 함께 제공되는 일반적인 디버깅 소프트웨어는 PC에서 실행하는 모니터 프로그램이다. 이 모니터 프로그램을 쓰면 프로그램 수행을 제어할 수 있고 결과를 볼 수 있다. 공통 기능으로는 프로그램 스텝 단위 실행, 브레이크포인트breakpoint 설정, 칩 레지스터와 메모리 내용 보기 등이 있다. 모니터 프로그램과 테스트 애플리케이션을 동시에 실행할 수도 있다. 이렇게 하면 칩이 애플리케이션과 통신하면서 칩 내부에서 발생하는 일을 정확하게 살펴볼 수 있다.

브레이크포인트로 브레이크를 잡으면 USB의 타이밍 요구사항 제한에 걸릴 수 있다. 예를 들어, 열거 중에 HALT를 발생시키면 호스트는 열거를 포기하고 열거를 재시작해야 한다. 이런 단점이 있긴 하지만 모니터 프로그램은 펌웨어를 실행할 때 내부를 살펴볼 수 있는 유용한 도구다. 마이크로칩의 MPLAB X IDE는 디버깅 기능을 지원하는 호스트 소프트웨어 중 하나다.

JTAG 포트를 이용하면 개발 중 컴포넌트들을 모니터링하거나 제어할 수 있다.

실리콘 랩의 C8051F34x 컨트롤러에는 추가 메모리나 포트를 쓰지 않는 디버깅 전용 2선 인터페이스가 있다. 이런 칩은 디버깅용으로 칩 리소스를 따로 할당할 필요가 없다.

칩 제조사 외 개발 보드

개발 비용이 충분하지 않으면 칩 제조사의 개발 키트 대신 칩 제조사 외의 전문 회사에서 만드는 저렴한 인쇄회로 보드PCB, printed-circuit board를 사용할 수도 있다. 또한 이런 보드를 새로운 제품, 소규모 프로젝트의 기반으로 사용하면 컨트롤러 칩 보드를 디자인하고 제작하는 시간과 비용을 절약할 수 있다.

개발자가 I/O 핀에 접근하는 것을 원한다면 I/O를 지원하는 펌웨어가 프로그램 된 보드를 사용하면 쉽게 시작할 수 있다. 피젯Phidgets 사의 모듈 중에는 아날로그와 디지털 I/O 포트, 드라이버, 다양한 프로그램 언어로 작성된 예제 코드를 지원하는 제품이 있다(그림 6-2). 이 회사는 센서, 릴레이, 스위치, 모터, 원격 제어, RFID 모듈, 디스플레이, 그리고 I/O 포트를 이용하는 개발자의 컴포넌트를 바로 사용할 수 있는 환경을 제공한다.

피젯 사는 모든 OS에서 HID 클래스 호스트 드라이버를 사용한다. 피젯 사는 윈도우용 DLL을 제공하며, 이 DLL은 HID 드라이버와 통신하는 것을 관리하고 모듈에 접근하는 외부 함수를 제공한다. 애플 OS, 리눅스, 모바일 OS에서도 비슷한 방법으로 드라이버를 제공한다. 예제 애플리케이션은 12개가 넘는 프로그래밍 언어로 작성되어 있으며(소스 코드 포함) 모듈과 통신하는 방법을 보여준다.

피젯 사가 제공하는 다양한 모듈 중에 1018 피젯 인터페이스 키트 보드는 8개의 디지털 입력, 8개의 디지털 출력을 갖추고 있다. 이 보드는 사이프레스 CY7C64215 enCoRe III 풀스피드 USB 컨트롤러를 갖추고 있으며, 마이크로칩의 MCP23S17 16비트 I/O 확장과 마이크로칩의 MCP3008 10비트 ADC도 탑재했다.

▲ **그림 6-2** 피젯 인터페이스 키트(상단)를 USB 호스트에 장착하고 IO 모듈과 기타 컴포넌트(하단)를 모니터링, 제어할 수 있다.

디지털 I/O의 또 다른 선택은 FTDI의 모듈을 사용하는 것이다. FTDI에 대해서는 6장 후반부에서 설명한다.

일부 개발 보드는 제조사가 개발 보드에 펌웨어를 저장하고 실행하는 것과 거의 비슷한 방법으로 개발자의 펌웨어를 저장하고 실행할 수 있는데, 더 낮은 가격, 더 간결한 설계나 기능을 포함하는 쪽이 유리하다.

비글본 블랙BeagleBone Black(그림 6-3)은 저렴하고 커뮤니티의 지원을 받는 개발 플랫폼 중 하나이며, 리눅스와 기타 OS에서 실행할 수 있다. 이 보드는 TI Texas Instruments 사의 Sitara ARM Cortex-A8 프로세서를 사용하며, 2개의 하이스피드 OTG 포트를 갖췄다. 비글본 블랙 보드에서 OTG포트 1개는 표준 A 커넥터의 호스트 포트 전용으로 설정되어 있으며, 다른 포트 1개는 미니 B 커넥터의 디바이스 포트로 할당되어 있다.

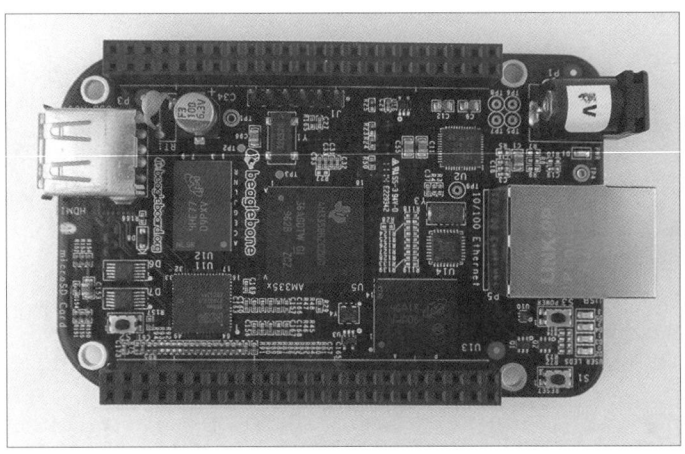

▲ 그림 6-3 비글본 블랙은 USB 디바이스와 USB 호스트 기능을 모두 갖는다.

리눅스 가젯 드라이버는 특수한 기능을 위해 디바이스 포트를 설정할 수 있다. 다기능 복합 가젯(g_multi)은 대용량 저장장치, 가상 직렬 포트, 이더넷 브리지 기능을 갖는 복합 USB 디바이스를 구현한다. 21장에서 호스트 포트와 임베디드 시스템에 대해 다룬다.

USB 마이크로컨트롤러

요즘 CPU는 개발자가 어떤 CPU 패밀리를 선호하든 간에 USB 기능이 추가된 버전이 존재할 가능성이 크다. 키보드, 디스크 드라이브, 인터페이스 컨버터 등 일반 애플리케이션은 해당 애플리케이션을 지원하도록 하드웨어에 특화된 컨트롤러가 있다. 7장에서는 특정 애플리케이션을 위한 컨트롤러에 대해 설명한다.

다음 절부터는 CPU를 탑재한 USB 컨트롤러를 설명한다. 개발에 사용할 만한 칩을 고르는 데 참고할 수 있을 것이다. 소개된 칩은 시장에 나와 있는 것 중 일부다. 새로운 칩이 계속 발표되고 있으므로, 어떤 프로젝트를 시작하든 가장 최근의 시장 공급 상황을 검토해야 한다.

마이크로칩 PIC18

마이크로칩 테크놀로지의 PIC 마이크로컨트롤러는 저렴한 가격, 다양한 용도와 종류, 고성능, 저전력의 장점으로 인기 있는 칩이다. PIC18F46J50은 로우스피드, 풀 스피드에서 동작하는 컨트롤러를 갖췄다.

아키텍처

PIC18F46J50은 마이크로칩의 고성능, 저가인 8비트 PIC18 시리즈 중 하나다. 펌웨어는 플래시 메모리 64KB에 탑재된다. 이 칩은 또한 3.8KB의 RAM을 갖췄다. 부트로더bootloader를 쓰면 USB 포트를 통해 펌웨어를 업그레이드할 수도 있다.

이 칩은 35개의 I/O 핀을 갖췄다. 이 I/O 핀에는 13채널 10비트 아날로그-디지털 컨버터, 인핸스드 USART 모듈, I^{2}C나 SPI로 설정할 수 있는 동기화 직렬 포트, 8비트 병렬 포트, 터치 감지를 위한 충전 시간 측정 유닛CTMU, charge time measurement unit, 저항 비교 및 캡처, PWM 출력, 아날로그 비교기 2개가 포함된다.

USB 모듈과 CPU는 개별 클록을 사용할 수 있고, CPU가 전력을 절약하도록 저속 클록을 쓰게 할 수도 있다.

USB 컨트롤러

USB 컨트롤러는 전송 방식 네 종류를 모두 지원하고, 엔드포인트 주소를 최대 30개 지원하며, 기본 엔드포인트를 사용할 수 있다. 엔드포인트는 메모리 3.8KB를 USB RAM으로 공유하고, 더블 버퍼링 전송을 사용할 수도 있다. 등시성 전송용으로 USB 데이터를 스트리밍 병렬 포트에 직접 송수신할 수 있다.

펌웨어는 활성화된 각 엔드포인트 주소에 대해 데이터 버퍼나 버퍼 디스크립터BD, Buffer Descriptor 메모리를 확보해둬야 한다. 버퍼 디스크립터는 레지스터 4개로 구성된다. 펌웨어는 레지스터의 내용에 32비트 값 1개나 바이트 배열로 이뤄진 구조체로 접근할 수 있다(리스트 6-1).

리스트 6-1 마이크로칩의 컨트롤러 펌웨어는 엔드포인트의 버퍼 디스크립터 내용을 나타내는 구조체를 사용한다.

```
// 버퍼 디스크립터 테이블은 4바이트다.
// 이 공용체를 통해 펌웨어가 각기 다른 방법으로 바이트에 접근할 수 있다.

typedef union __BDT
{
    struct                  // 8비트 변수 4개
    {
        BD_STAT STAT;       // 상태 바이트 구조체
        BYTE CNT;           // 바이트 카운트, 0-7비트
        BYTE ADRL;          // RAM의 엔드포인트 주소, 하위 바이트
        BYTE ADRH;          // RAM의 엔드포인트 주소, 상위 바이트
    };

    struct                  // RAM의 엔드포인트 주소
    {
        unsigned :8;
        unsigned :8;
        BYTE* ADR;          // 주소 포인터
    };

    DWORD Val;              // 32비트 값

    BYTE v[4];              // 4바이트 배열

} BDT_ENTRY

// 공용체는 버퍼 디스크립터의 8비트 상태 레지스터를
// 다양한 방법으로 표현할 수 있다.

typedef union _BD_STAT
{
    BYTE Val;       // 바이트 변수

    struct          // CPU에게 버퍼 소유권이 있을 때 사용하는 값
    {
        unsigned BC8:1;         // 바이트 카운트, 8번째 비트
        unsigned BC9:1;         // 바이트 카운트, 9번째 비트
        unsigned BSTALL:1;      // 버퍼 STALL 활성화
        unsigned DTSEN:1;       // 데이터 토글 동기화 활성화
```

```c
        unsigned INCDIS:1;      // 주소 증가 비활성화
        unsigned KEN:1;         // 버퍼 디스크립터 유지 활성화
        unsigned DTS:1;         // 데이터 토글 동기화 값
        unsigned UOWN:1;        // USB 소유권
    };

    struct          // USB 모듈에게 버퍼 소유권이 있을 때 사용하는 값
    {
        unsigned BC8:1;         // 바이트 카운트, 8번째 비트
        unsigned BC9:1;         // 바이트 카운트, 9번째 비트
        unsigned PID0:1;        // PID, 0번째 비트
        unsigned PID1:1;        // PID, 1번째 비트
        unsigned PID2:1;        // PID, 2번째 비트
        unsigned PID3:1;        // PID, 3번째 비트
        unsigned :1;
        unsigned UOWN:1;        // USB 소유권
    };

    struct          // 4비트 PID
    {
        unsigned :2;
        unsigned PID:4;
        unsigned :2;
    };

} BD_STAT;
```

상태 레지스터는 상태 정보와 엔드포인트 바이트 카운트 상위 2비트를 갖는다. 바이트 카운트 레지스터에 상태 레지스터의 2비트를 더한 것이 IN 트랜잭션에서 보낼 바이트 크기나 OUT 트랜잭션에서 받을 바이트 크기를 갖는다. 하위 주소 레지스터와 상위 주소 레지스터는 USB RAM에서 엔드포인트 버퍼의 시작 주소를 갖는다.

마이크로컨트롤러의 CPU와 USB SIE는 버퍼와 버퍼 디스크립터를 공유한다. 버퍼 디스크립터에 있는 상태 레지스터의 UOWN 비트는 CPU나 SIE 중 어느 것이 버퍼와 버퍼 디스크립터의 소유권을 갖는지 결정한다. SIE는 데이터를 보낼 준비

가 되거나 버스에서 데이터를 받기 위해 기다릴 때 소유권을 갖는다. SIE가 소유권을 가지면 펌웨어는 UOWN 비트를 읽는 것 외에는 버퍼나 버퍼 디스크립터에 접근하면 안 된다. 엔드포인트가 전송을 실행할 준비가 됐을 때 펌웨어가 마지막으로 하는 동작은 상태 레지스터의 UOWN 비트를 설정해 소유권을 SIE에 넘기는 것이다. 트랜잭션이 끝나면 SIE는 UOWN 비트를 클리어하고 펌웨어가 제어할 수 있도록 소유권을 CPU에 되돌려준다.

또한 각 엔드포인트 번호는 같은 엔드포인트 번호의 제어 엔드포인트, IN 엔드포인트, OUT 엔드포인트, IN, OUT 엔드포인트를 활성화할 수 있는 제어 레지스터를 갖춘다. 그 밖의 레지스터 비트는 엔드포인트를 멈추거나 핸드셰이크를 비활성화(등시성 트랜잭션에서)할 수 있다.

추가 레지스터는 버스상의 디바이스 주소를 저장하고 USB 통신과 인터럽트를 위한 상태 정보와 제어 정보를 갖고 있다.

이 칩은 마이크로칩의 다양한 USB 지원 마이크로컨트롤러 중 하나의 예다. 16비트, 32비트 컨트롤러, I/O와 메모리가 다른 컨트롤러도 있다.

프로그래밍 지원

애플리케이션용 마이크로칩 라이브러리는 USB 통신용 USB 프레임워크 펌웨어 라이브러리와 데모 프로젝트를 탑재하고 있다. 펌웨어는 마이크로칩의 MPLAB XC 컴파일러로 작성됐다. 이 프레임워크는 범용 USB 작업과 일부 클래스 전용 작업을 처리할 수 있다. 소스 파일은 애플리케이션에 맞게 조금만 수정, 추가하면 적용할 수 있도록 되어 있다. 제공되는 예제 프로젝트로는 조이스틱, 키보드, 마우스, 커스텀 HID, 대용량 저장장치, 가상 직렬 포트, 제조자 정의 디바이스 등이 있다. 이들 예제는 마이크로칩 개발 보드나 그 밖의 보드에서 실행해볼 수 있다.

제한 없는 무료 컴파일러를 사용할 수 있지만 최적화 옵션은 60일 제한이 있다. 그 밖의 C 컴파일러로는 CCS 사의 CCS C 컴파일러와 HI-TECH 소프트웨어 사의 HI-TECH C 컴파일러가 있다.

사이프레스 EZ-USB

사이프레스 세미컨덕터의 EZ-USB 패밀리는 전원을 켜거나 디바이스를 장착할 때 펌웨어를 로드할 수 있는 기능을 갖춘 강력한 펌웨어를 탑재하고 있으며 다양한 옵션을 지원한다.

아키텍처

EZ-USB 컨트롤러는 풀/하이 스피드 FX2LP와 슈퍼스피드 FX3를 탑재했다. FX2LP는 8051 호환 명령어 세트를 사용하며, FX3는 32비트 ARM9 코어를 갖췄다.

EZ-USB 컨트롤러는 모든 코드, 데이터 메모리가 내부 RAM에 존재한다. 이 칩은 제조자 펌웨어를 탑재할 비휘발성 메모리가 없다. 대신 컨트롤러가 외부 메모리나 USB 호스트로부터 펌웨어를 로드할 수 있다. 펌웨어의 외부 소스가 없다면 이 컨트롤러는 열거 시에 사이프레스가 제공한 호스트 드라이버를 사용한 제조사 정의 디바이스로서 인식되어 펌웨어를 디바이스로 다운로드시킨다.

FX3의 USB 포트는 슈퍼스피드, 하이스피드, 풀스피드를 지원하는 디바이스 포트로 동작할 수 있으며 OTG 포트로서 하이, 풀, 로우 스피드를 지원하는 호스트가 될 수도 있다.

이 컨트롤러는 GPIF II 범용 프로그래머블 인터페이스를 갖는다. 이 인터페이스는 외부 프로세서, FPGA, 이미지 센서와 통신할 수 있다. 이 인터페이스는 8, 16, 24, 32비트 데이터 버스를 사용할 수 있다. 이 칩은 또한 UART, I^2C, SPI, I^2SIntegrated Interchip Sound(통합 칩 간 사운드) 직렬 인터페이스와, 펌웨어 및 데이터를 위한 256KB 또는 512KB의 RAM을 갖는다.

FX2LP는 풀/하이 스피드를 지원하며 16KB의 RAM을 탑재했다. OTG 호스트 기능과 I^2S, SPI 인터페이스는 없다.

USB 컨트롤러

EZ-USB 패밀리는 펌웨어를 적재하는 다양한 옵션을 제공하므로 유연성이 좋지만 USB 아키텍처와 프로토콜이 상대적으로 복잡하다.

FX3에서 디바이스 리셋이나 파워 리셋이 발생하면 3개의 PMODE 핀이 펌웨어의 소스를 결정해 로드한 후 실행한다. 핀 상태에 따라서 컨트롤러의 임베디드 부트로더는 GPIF II, I²C, SPI, USB 인터페이스로부터 펌웨어를 읽는다(표 6-1). 예를 들어 외부 프로세서나 FPGA가 펌웨어 소스라면 펌웨어는 GPIF II 인터페이스를 통해 지원될 것이며, 직렬 EEPROM이 I²C를 사용한다면 I²C, 직렬 EEPROM이나 플래시 메모리가 SPI를 사용한다면 SPI, 또는 USB 호스트가 펌웨어를 USB 포트로 보내줄 수도 있다.

▼ 표 6-1 EZ-USB FX3의 PMODE 입력에 따라 펌웨어를 로드할 소스가 결정된다.

PMODE 비트			부트 소스
2	1	0	
float	0	0	GPIF II, 동기 ADMux
float	0	1	GPIF II, 비동기 ADMux
float	1	1	USB
float	0	float	GPIF II, 비동기 SRAM
float	1	float	I²C, 실패 시, USB
1	float	float	I²C
0	float	1	SPI, 실패 시, USB

USB를 이용해 펌웨어를 로드하려면 FX3의 임베디드 부트로더는 처음에 풀/하이 스피드 USB 디바이스로 열거된다. 이때 사용하는 Vendor ID와 Product ID는 사이프레스의 것이다. 제조사 펌웨어를 로드하기 위해서는 사이프레스가 제공하는 드라이버를 사용하여 이 드라이버가 제조사 정의 리퀘스트를 통해 디바이스에 새로운 펌웨어를 초기화한다. 이 디바이스 펌웨어는 추가적인 리퀘스트를 통해 버스 상에서 디바이스를 전기적으로 제거했다가 재장착하는 것을 에뮬레이트한다. 재장착이 이뤄지면 디바이스는 새로 로드한 펌웨어를 통해 열거되어 인식된다.

이 펌웨어는 아스키ASCII 문자 'CY'로 시작하는 기정의된 자료 구조 안에 있으며 체크썸checksum과 기타 정보를 포함한다.

GPIF II 인터페이스는 세 종류의 모드로 사용할 수 있다. 동기 ADMux 인터페이스 모드에서는 FX3로 클록 입력을 사용해 데이터 전송 동기화를 맞춘다. 비동기 ADMux 인터페이스(멀티플렉스화 주소/데이터 라인)는 클록을 사용해 데이터 전송을 제어하지 않고 읽기/쓰기 신호를 사용한다. 비동기 SRAM 인터페이스는 공업 표준 SRAM 버스를 사용한다.

FX2LP는 상대적으로 적은 펌웨어 소스를 제공한다. 이 컨트롤러는 펌웨어를 외부 EEPROM, USB 호스트, 내부 ROM에서 로드할 수 있다. PMODE를 사용하지 않고 컨트롤러가 외부 EEPROM에 있는 초기 바이트를 살펴보고 펌웨어 소스를 결정한다. 만약 외부 EEPROM에 그 내용이 존재한다면 칩은 외부 입력으로 펌웨어 소스를 결정할 것이다.

프로그래밍 지원

FX3 펌웨어 개발자는 GNU 툴체인과 이클립스 IDE를 사용할 수 있으며 무료이며 오픈소스다. FX3 소프트웨어 개발 키트_{SDK, software development kit}는 펌웨어 API 라이브러리와 많은 USB 디바이스 클래스의 샘플 코드를 갖추고 있다. 라이브러리는 USB가 디바이스, 호스트, OTG 디바이스로 동작하는 모든 경우를 지원한다. 효율적인 작업 관리가 필요하다면, Express Logic ThreadX 실시간 OS_{RTOS, real-time OS}의 기능을 이용해볼 수 있다. 이 RTOS는 사용자 프로그램을 추가적인 비용 없이 쓸 수 있다. JTAG 포트를 사용하면 외부 JTAG 프로브_{probe}를 통해 디버깅할 수 있다.

SDK의 컨트롤 센터_{Control Center} 애플리케이션을 사용하면 FX3와 FX2LP 모두에서 펌웨어를 로드하고 EEPROM에 기록할 수 있다.

FX3 SDK는 호스트 애플리케이션 개발을 위한 범용 USB 디바이스 드라이버, 닷넷 매니지드 클래스 라이브러리, 샘플 코드를 제공한다. 이 SDK는 리눅스와 애플 OS를 위한 호스트 자원도 비슷하게 제공한다.

FX3 프로그래밍의 가장 좋은 안내서는 존 하이드_{John Hyde}의 『SuperSpeed Device Design By Example』이다. 사이프레스는 FX3 SuperSpeed Explorer 키트를 저렴하게 공급하고 있다(그림 6-4).

▲ 그림 6-4 사이프레스 세미컨덕터 사의 FX3 슈퍼스피드 익스플로러 키트는 슈퍼스피드 프로젝트를 저렴하게 시작할 수 있는 방법 중 하나다.

사이프레스는 FX2LP용 펌웨어 프레임워크를 제공하며 케일 소프트웨어Keil Software의 C 컴파일러와 IDE를 사용한다. 디바이스에 접근하는 호스트 애플리케이션을 개발할 때도 FX3와 비슷한 지원을 받을 수 있다.

ARM 프로세서

하이엔드 애플리케이션에서는 많은 개발자가 ARM 프로세서를 선택하는 추세다. ARM은 빠르고, 효율적이며, 32, 64비트 RISC 아키텍처다. ARM 홀딩스Holdings는 지적 재산권IP, intellectual property 코어를 칩 회사들이 자사 칩에 사용할 수 있도록 라이선스해준다. ARM 패밀리는 각각의 기능에 따른 코어 군을 갖추고 있다.

비글본 블랙은 TITexas Instruments의 Sitara ARM Cortex-A8, 사이프레스 EX-USB FX3 컨트롤러는 ARM 기반의 USB 디바이스 컨트롤러의 대표적인 예다. 이에 대해서는 앞 절에서 설명한 바 있다.

또 다른 예로는 아트멜Atmel의 AT91SAM7S321 칩이 있다. 이 칩은 풀스피드 USB 포트와 펌웨어용 플래시 메모리 32KB와 RAM 8KB를 갖췄다. 그 밖의 I/O

로는 8채널 10비트 ADC와 동기 및 비동기 직렬 포트가 있다. 이 칩은 무료 GNU GCC 컴파일러나 IAR Systems의 컴파일러를 사용해 프로그래밍할 수 있다. NXP Semiconductors 또한 ARM 기반의 디바이스 컨트롤러를 제공하는 회사다.

외부 CPU와 인터페이스하는 컨트롤러

외부 CPU와 인터페이스하는 컨트롤러를 쓰면 어떤 CPU도 USB로 통신할 수 있다. 인터페이스 칩은 CPU와 로컬 버스를 통해 통신하며, 이 로컬 버스는 직렬 또는 병렬 인터페이스다. 외부 메모리와 빠른 전송을 하기 위해 그런 칩은 DMAdirect memory access를 지원한다. DMA를 사용하면 CPU의 개입 없이 데이터 블록을 읽거나 쓸 수 있다. 컨트롤러가 USB 데이터를 받았거나 새로운 데이터를 보낼 준비가 되면 인터럽트 핀을 통해 CPU에 신호를 줄 수 있다.

표 6-2는 인터페이스 칩을 비교한 것이다. 여기의 설명을 통해 사용할 만한 칩의 범위를 좁힐 수 있을 것이다. 소개된 칩들은 전체 중 일부일 뿐이다. 새로운 칩이 계속 나오고 있으므로 새로운 프로젝트를 시작할 때는 항상 최신 공급 상황을 점검해야 한다.

▼ **표 6-2** 외부 CPU와 인터페이스하는 USB 인터페이스 칩 목록

회사	칩	CPU 인터페이스	버스 속도
FTDI	FT231X	비동기 직렬	풀
	FT240X	병렬	풀
	FT2232H, FT4232H	비동기 직렬, 병렬	하이, 풀
Maxim	MAX3420E	SPI	풀
PLX Technology	NET2282	PCI	하이, 풀
	USB 3380	PCI Express	슈퍼스피드, 하이, 풀

맥심 MAX3420E

맥심Maxim의 MAX3420E는 풀스피드 USB 인터페이스 칩이다. 이 칩은 외부 CPU와 SPI로 통신할 수 있다.

아키텍처

MAX3420E와 인터페이스하는 CPU는 SPI 마스터 인터페이스를 갖춰야 한다. SPI 마스터 인터페이스는 하드웨어로 지원하거나 펌웨어로 완전하게 구현되어 있어야 한다. SPI 버스는 CPU상에 클록과 출력 선택이 있으며, 각 방향으로 하나의 데이터 신호선이 있거나 하나의 양방향 데이터 신호선을 갖는다. USB 이벤트가 발생한 것을 CPU에게 알릴 때는 MAX3420E의 인터럽트 출력을 사용한다.

MAX3420E와 CPU는 레지스터들을 이용해 통신한다. 각 레지스터를 통해 칩의 운영을 설정하고 USB 엔드포인트와 범용 I/O 비트에 읽기/쓰기를 할 수 있다. 레지스터에 접근하려면 CPU는 SPI 버스를 통해 명령 바이트를 쓴다. 명령 바이트에는 레지스터 번호와 데이터 흐름 방향이 들어 있으며, 지정한 레지스터에 1개 이상의 데이터를 읽고 쓸 수 있다.

이 칩은 4개의 범용 입력, 4개의 범용 출력을 갖는다.

USB 컨트롤러

제어 엔드포인트 0 외에도 이 칩은 2개의 64바이트 이중 버퍼 인터럽트 또는 벌크 OUT 엔드포인트를 지원하며, 2개의 64바이트 이중 버퍼 인터럽트 또는 벌크 IN 엔드포인트를 지원하고, 추가적으로 1개의 64바이트 인터럽트 또는 벌크 IN 엔드포인트를 지원한다. 분리된 8바이트 버퍼는 제어 전송에서 수신한 SETUP 데이터를 유지한다.

프로그래밍 지원

맥심은 SPI를 통한 MAX3420E 통신용 C 예제 코드를 제공한다. 이 예제에는 열거 및 기타 USB 전송을 수행하는 내용이 담겨 있다.

개발 보드는 2개의 SPI 포트를 갖춘 필립스 LPC2138 프로세서를 탑재한 케일 소프트웨어Keil Software 보드에 접속할 수 있다. 케일 ULINK JTAG은 코드를 로드하고 디버깅할 수 있다. 케일 컴파일러의 무료 시험판을 제공한다. 개발 보드는 또한 MAX3421E USB 호스트와 주변기기 컨트롤러를 지원하며, 테스트와 디버깅 시 같은 설정을 사용할 수 있다.

PLX 테크놀로지 USB 3380

슈퍼스피드 디바이스를 개발하려면 PLX 테크놀로지의 USB 3380 PCI Express Gen 2 → USB 3.0 슈퍼스피드 주변기기 컨트롤러를 사용할 수 있다. 이름에서 알 수 있겠지만, 이 컨트롤러는 PCI 익스프레스 I/O 버스와 USB 사이를 변환해준다.

아키텍처

PCI 익스프레스 인터페이스는 데이터를 위한 차동 짝과 레퍼런스 클록을 갖는다. USB 3380은 USB가 데이터를 받으면 PCI 익스프레스의 내부 RAM에 저장하고, PCI 익스프레스를 통해 데이터를 보내면 USB 인터페이스가 데이터를 보낸다. DMA 컨트롤러가 RAM과 PCI 익스프레스 인터페이스 사이의 데이터 흐름을 관리한다. 이 칩은 레지스터에 USB 컨피규레이션 데이터와 상태, 제어 정보를 담고 있으며, 4개의 범용 I/O 핀을 갖는다.

이 칩은 외부 프로세서와 인터페이스할 수도 있고, 내장된 8051 마이크로컨트롤러를 사용해 단독으로 동작할 수도 있다. 직렬 EEPROM과 인터페이스하면 설정 데이터나 디바이스 펌웨어를 저장할 수 있다.

USB 2.0을 설계할 때는 PLX 테크놀로지의 2282 PCI → 하이스피드 USB 2.0 컨트롤러를 사용할 수 있다. 이 칩은 비슷한 아키텍처이며 3380과 같은 소프트웨어를 사용한다.

USB 컨트롤러

USB 3380의 USB 컨트롤러는 슈퍼스피드, 하이스피드, 풀스피드를 지원한다. 엔드포인트 0 외에 추가적으로 범용 디바이스에서 사용할 수 있는 8개의 엔드포인트 주소가 있으며, 칩 레지스터에 접근하는 전용 엔드포인트 주소가 6개 있다.

프로그래밍 지원

SDK는 몇 가지 USB 디바이스 유형에 따른 C 예제 펌웨어를 포함하고 있다. 개발 보드는 PCI 익스프레스 Gen 2 카드로 설정되어 있으며 USB 3.0 디바이스 포트를 갖췄다.

FTDI 인터페이스 칩

퓨처 테크놀로지 디바이스 인터내셔널FTDI, Future Technology Device International은 가상 직렬 포트로서 접근하는 디바이스를 만들거나, USB 클래스에 딱 맞게 정의돼 있지 않고 벌크와 등시성 전송만 필요한 디바이스를 만들 때 유용한 컨트롤러를 제공한다.

아키텍처

FTDI의 칩은 USB 디자인에 있어서 다른 접근 방식을 갖는다. 이 칩들은 열거나 기타 USB 통신을 하드웨어로 완전히 처리한다. 외부 프로세서는 UART, I^2C, SPI, 병렬 인터페이스 등을 통해 칩과 연결된다.

예를 들어, FT231X USB UART 칩은 디바이스 CPU와 비동기 직렬(UART) 포트로 인터페이스한다. FT231X가 USB의 모든 프로토콜을 처리한다. 호스트 컴퓨터로 데이터를 보내면 CPU의 펌웨어가 FT231X의 비동기 직렬 포트로 데이터를 쓴다. 데이터를 받을 때는 FT231X가 USB 포트상의 데이터를 읽는다. 호스트 컴퓨터가 FT231X의 USB 포트로 데이터를 보내면 FT231X가 비동기 직렬 포트로 데이터를 사용할 수 있게 해주며, CPU는 비동기 직렬 포트를 통해 데이터를 읽을 수 있다.

다른 FTDI 칩 기능도 비슷한 방식으로 다른 인터페이스를 지원한다. FT240X USB FIFO는 CPU가 양방향 병렬 포트로 인터페이스할 수 있다. I²C와 SPI를 지원하는 컨트롤러도 있다. FTDI의 모든 컨트롤러는 풀스피드 USB를 지원하고, USB 충전 포트를 검출할 수 있으며, 데이터 전송 모드에서 충전 모드로 전환할 수 있다.

FT2232H는 하이스피드 버전이며, UART나 병렬 포트로 사용할 수 있는 포트 2개를 갖췄다. FT4232H는 하이스피드, 4 포트다.

USB 컨트롤러

FT231X, FT240X는 512바이트의 송수신 버퍼를 갖췄다. 이 칩들은 벌크 전송을 쓰며, 각 전송 방향을 위해 기본적으로 엔드포인트 1개를 쓴다. 등시성 전송을 위한 드라이버 또한 준비돼 있다.

시제품을 쉽게 만들려면 FTDI의 모듈(그림 6-5)을 사용하면 된다. 모듈은 컨트롤러 칩, USB 커넥터, 관련 회로로 구성돼 있으며 DIP(dual in-line package) 소켓으로 마운트할 수 있다.

▲ 그림 6-5 FTDI의 컨트롤러를 사용한 시제품을 쉽게 개발하려면 UMFT231XA USB → 풀 핸드셰이크 UART 개발 모듈과 UMFT240XA USB → 8비트 245 FIFO 개발 모듈을 사용할 수 있다.

실리콘 랩은 비슷한 컨트롤러 시리즈를 제공하는데, HID 클래스 USB를 UART로 전환해주는 브리지와 USB를 I²S 디지털 오디오로 전환해주는 브리지 컨트롤러도 있다.

프로그래밍 지원

호스트 컴퓨터는 FTDI가 제공한 드라이버를 사용하면 된다. 드라이버를 통해 애플리케이션이 USB 가상 직렬 포트나 드라이버 전용 API를 사용해 칩에 접근할 수 있다.

많은 USB/RS-232 어댑터는 FTDI 칩을 쓴다. RS-232를 통해 PC와 통신하는 디바이스를 갖고 있다면 FT231X를 쓰는 것이 USB로 업그레이드하는 가장 빠른 방법이다. 대부분 FT231X를 쓰면 RS-232 디바이스를 USB로 바꾸기 위해 디바이스 펌웨어나 호스트 애플리케이션 소프트웨어를 전혀 변경할 필요가 없다. 디바이스를 RS-232 직렬 포트를 통해 연결한 것처럼 호스트가 디바이스에 접근할 수 있는 것이다.

호스트 컴퓨터 비동기 직렬 포트를 갖고 있지 않더라도 FT240X를 USB 가상 직렬 포트로서 접근할 수 있다. 호스트는 디바이스 USB 포트 안쪽에서 발생하는 일들을 몰라도 된다.

FTDI의 컨트롤러는 온 칩 EEPROM이나 MTP를 갖추고 있으며 그 안에 Vendor ID, Product ID, 일련번호 문자열, 기타 설명 문자열과 디바이스가 버스에서 전원을 공급받는지, 자체 전원을 사용하는지 식별하는 값 등, 제조사 전용 데이터를 저장한다. 이 컨트롤러는 저장해둔 사용자 데이터가 없으면 기본 데이터를 사용한다. FTDI는 칩 내 메모리에 관련 정보를 프로그래밍할 수 있는 유틸리티를 제공한다. 기본 값으로는 FTDI의 Vendor ID, Product ID를 쓴다. 개발자가 Vendor ID, Product ID를 요청하면 FTDI가 승인한 각 ID를 할당받아 사용할 수 있다. 또는 자사의 Vendor ID, Product ID를 써도 된다.

두 칩은 또한 USB 디바이스 CPU와 연결하지 않고도 기본적인 USB 디바이스처럼 동작하는 비트 뱅Bit Bang 모드를 지원한다. 호스트 컴퓨터는 LED, 릴레이, 기타 회로와 스위치 상태, 논리 게이트 출력을 제어하기 위해 칩의 I/O 비트를 감시/제어할 수 있다.

7장

디바이스 클래스

7장에서는 USB 클래스를 소개한다. 클래스를 설계할 때 이미 정의되어 있는 클래스에 맞출 것인지, 새로 설계할 것인지 결정하는 방법도 다룬다.

◈ 사용 목적

대부분의 USB 디바이스는 비슷한 기능의 다른 디바이스와 공통점이 많다. 예를 들어, 모든 마우스는 이동과 버튼 클릭에 관한 정보를 호스트로 보낸다. 디스크 드라이브는 파일을 전송한다. 프린터는 인쇄할 데이터를 받고 종이가 떨어졌을 때 호스트로 그 사실을 알린다.

다수의 디바이스가 비슷한 서비스를 제공하거나 요청할 때 해당 디바이스 전체가 사용할 공용 프로토콜을 정의해놓으면 편리하다. 따라서 클래스 규격을 정의하면 프로그래머가 디바이스 펌웨어나 호스트 드라이버를 개발하기 수월하다. 이런 클래스 드라이버를 운영체제 수준에서 지원하면 클래스에서 지원하는 디바이스에 대해서는 각 제조사가 개별 디바이스용 드라이버를 공급할 필요가 없다.

클래스에 속한 디바이스가 클래스 드라이버가 포함하지 않은 고유한 특징, 기능을 갖는다면 디바이스 드라이버를 완전히 새로 작성할 필요 없이 디바이스 제조사가 필터 드라이버를 제공하면 된다.

운영체제가 현 수준에서 지원하지 않는 디바이스 클래스일지라도 차기 운영체제에서 해당 클래스를 지원할 가능성이 있다. 펌웨어가 클래스 규격을 준수하면 차기 운영체제에 추가되는 드라이버와 호환될 가능성이 크다.

공인 규격

USB-IF는 클래스 규격을 개발하는 디바이스 워킹 그룹을 후원한다. 정의된 클래스는 디바이스 공통 기능을 대부분 다룬다. 표 7-1은 USB-IF가 승인한 규격을 갖는 클래스를 나열한 것이다. 허브 클래스는 별도 문서가 아닌 USB 2.0과 USB 3.1 규격에 정의돼 있다. 모든 호스트는 모든 통신에서 루트 허브가 필요하기 때문에 모든 운영체제는 허브 클래스를 지원해야 한다.

▼ 표 7-1 공인 클래스 규격

클래스 버전	클래스 코드	클래스가 선언된 디스크립터 위치	윈도우 지원 여부
오디오	0x01	인터페이스	예
오디오/비디오	0x21	인터페이스	아니요
빌보드	0x11	디바이스 또는 BOS	아니요
커뮤니케이션(CDC)	0x02	디바이스 또는 인터페이스	예
컨텐츠 보안	0x0D	인터페이스	아니요
디바이스 펌웨어 업그레이드(DFU)	0xFE, bInterfaceSubClass = 0x01	인터페이스(애플리케이션 전용 인터페이스의 서브클래스)	아니요
허브	0x09	디바이스	예
휴먼 인터페이스 (HID)	0x03	인터페이스	예

클래스 버전	클래스 코드	클래스가 선언된 디스크립터 위치	윈도우 지원 여부
IrDA 브리지	0xFE, bInterfaceSubClass = 0x02	인터페이스(애플리케이션 전용 인터페이스의 서브클래스)	아니요
대용량 저장장치	0x08	인터페이스	예
개인용 헬스케어	0x0F	인터페이스(우선) 또는 디바이스	아니요
프린터	0x07	인터페이스	예
스마트 카드	0x0B	인터페이스	예
스틸 이미지 캡처	0x06	인터페이스	예
실험 및 계측	0xFE, bInterfaceSubClass = 0x03	인터페이스(애플리케이션 전용 인터페이스의 서브클래스)	아니요
비디오	0x0E	인터페이스	예

일부 클래스는 USB-IF가 아닌 회사나 기관에서 정의하고 있다. 예를 들어, 블루투스 USB 규격은 블루투스 SIG(Bluetooth Special Interest Group)에서 얻을 수 있다. 4장에서 디바이스와 인터페이스 디스크립터용으로 정의된 클래스 코드를 나열한 바 있다.

윈도우는 수많은 클래스용 드라이버를 지원한다. OS와 클래스 규격이 발전하면서 지원하는 클래스와 지원 수준이 향상됐다. 디바이스 펌웨어 업그레이드 클래스 등 잘 쓰이지 않는 일부 클래스는 규격이 승인된 지 수년이 지났지만 윈도우가 아직 드라이버를 제공하지 않는다.

클래스 규격의 구성요소

클래스 규격은 해당 클래스에서 디바이스가 쓰는 필수 엔드포인트나 옵션 엔드포인트 디바이스의 개수와 유형을 정의한다. 클래스 규격 문서는 또한 애플리케이션 데이터, 상태, 제어 정보 등 전송할 데이터 형식을 정의한다. 일부 클래스 규격은 전송 데이터의 사용법을 정의한다. 예를 들면 HID 클래스는 키보드, 마우스, 조이스틱이 보내는 데이터를 해석하는 법을 정의한 용례(usage) 테이블을 갖췄다. 일부 클래스는 다른 규격이 정의한 형식의 데이터를 전송하기 위해 USB를 사용한다. 예를 들면 대용량 저장장치에서 사용하는 SCSI 명령이 있다.

클래스 규격은 클래스 전용 디스크립터, 인터페이스, 제어 리퀘스트를 정의할 수 있고 표준 디스크립터에 있는 필드 값을 정의할 수도 있다. 예를 들면, 허브용 디바이스 디스크립터는 디바이스가 허브 클래스에 속해 있다는 것을 식별하기 위해 `bDeviceClass` 값 0x09를 갖는다. 허브는 `bDescriptorType = 0x29`인 클래스 전용 허브 디스크립터도 갖춰야 한다. 또한 허브는 클래스 전용 리퀘스트를 지원해야 한다. 예를 들어, 호스트가 `Index` 필드에 포트 번호를 넣은 Get Port Status 리퀘스트를 허브에 보내면 허브는 포트의 상태 정보로 응답한다. 그리고 클래스는 특정 엔드포인트 지원과 표준 리퀘스트에 대한 더 정확한 타이밍을 디바이스에게 요청하기도 한다. 4장에서 디바이스와 인터페이스 디스크립터가 클래스를 선언하는 방법을 설명한 바 있다.

규격에 정의되어 있는 클래스

이제 USB-IF가 정의한 클래스를 알아보자. 새로운 설계를 할 때 규격에 있는 클래스를 쓸 수 있는지, 쓸 수 있다면 디바이스 컨트롤러는 어떤 것을 쓸 것인지, 호스트 드라이버는 어떤 것을 사용할 수 있는지 참고할 수 있다. 클래스에 관한 더 많은 정보는 클래스 규격 문서를 찾아보자.

오디오

오디오 클래스는 인코딩된 소리, 음악, 기타 사운드를 보내고 받는 디바이스를 총괄하는 클래스다. 오디오 기능은 비디오, 저장장치, 그 밖의 기능도 함께 지원하는 디바이스의 일부분이 될 수도 있다. 오디오 클래스에 속한 디바이스는 오디오 스트림용으로 등시성 전송을 쓸 수도 있고, 인코딩된 MIDI(Musical Instrument Digital Interface) 프로토콜 데이터를 위해 벌크 전송을 쓸 수도 있다.

오디오 클래스 규격 버전 2.0은 버전 1.0에서 정의한 많은 프레임워크를 유지하고 있지만 하위 호환성이 있는 것은 아니다. 즉 오디오 2.0 디바이스는 오디오 1.0 호스트 드라이버를 쓸 수 없다. 버전 2.0은 하이스피드를 완전히 지원하고, 인터페이스 연관 디스크립터를 의무적으로 사용해야 하며, 새로운 기능과 컨트롤이 추가됐다.

문서

오디오 규격은 오디오 데이터 형식, 터미널 형식, MIDI 디바이스용 지원 문서와 주 클래스 규격으로 구성된다. MIDI 표준은 MIDI 제조사 협회MIDI Manufacturers Association(midi.org)에서 구할 수 있다.

개요

디바이스의 각 오디오 기능은 인터페이스가 1개 이상인 오디오 인터페이스 컬렉션Audio Interface Collection을 갖춘다. 인터페이스는 오디오 컨트롤AC, AudioControl 인터페이스를 1개 갖추고, 오디오 스트리밍AS, AudioStreaming 인터페이스를 0개 이상, MIDI 스트리밍MS, MIDIStreaming 인터페이스를 0개 이상 갖춘다(그림 7-1). 즉 모든 오디오 인터페이스 컬렉션은 오디오 컨트롤 인터페이스를 반드시 갖추지만, 오디오 스트리밍과 MIDI 스트리밍 인터페이스는 옵션이다.

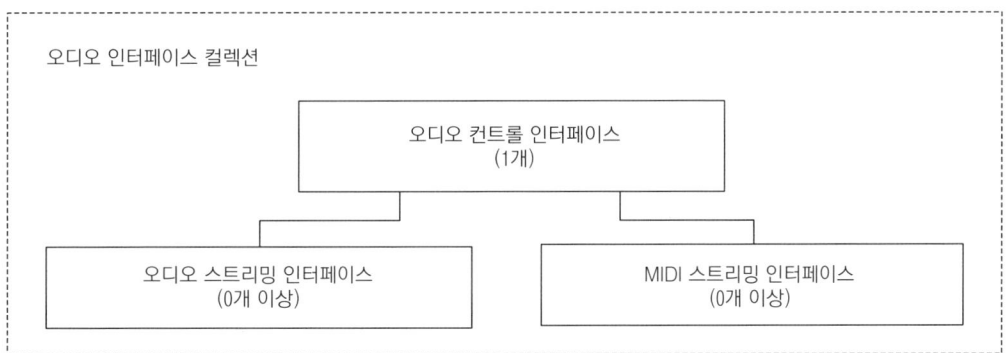

▲ **그림 7-1** 각 오디오 기능은 인터페이스를 1개 이상 갖는 오디오 인터페이스 컬렉션을 갖는다.

오디오 2.0 디바이스는 인터페이스 연관 디스크립터IAD, interface association descriptor 하나가 컬렉션 1개를 소유한 인터페이스를 지정한다. 오디오 1.0 디바이스는 클래스 전용 AC 인터페이스 헤더 디스크립터에 이 정보를 저장한다.

오디오 컨트롤 인터페이스는 볼륨, 소리 죽임, 저음, 고음 같은 컨트롤 접근을 활성화할 수 있다. 오디오 스트리밍 인터페이스는 등시성 전송으로 오디오 데이터를 전송하고, 스트리밍 데이터와 관련 있는 제어 데이터를 보내기도 한다. MIDI 스트리밍 인터페이스는 MIDI 데이터를 전송한다.

MIDI는 신디사이저, 사운드 카드, 음악과 소리를 만들어내는 전자 디바이스를 제어하기 위한 표준이다. MIDI는 음 높이, 길이, 볼륨과 기타 특성을 사용해 소리를 표현한다. 순수한 MIDI 하드웨어 인터페이스는 비동기 데이터를 31.25kbps 속도로 전달한다. MIDI 데이터를 전달하는 USB 인터페이스는 MIDI 데이터 포맷을 사용하지만 MIDI의 비동기 인터페이스는 사용하지 않는다. 대신 MIDI 데이터는 벌크 전송으로 전달한다.

디바이스는 동시에 활성화된 다중 오디오 인터페이스 컬렉션을 가질 수 있고, 각 컬렉션은 오디오 기능을 동시에 독립적으로 제어한다.

디스크립터

각 오디오 인터페이스 유형은 표준 디스크립터와 클래스 전용 디스크립터를 사용한다. 호스트는 이들 디스크립터를 통해 인터페이스 정보, 엔드포인트 정보, 엔드포인트가 전송하는 데이터 종류 등을 알 수 있다. 규격에는 오디오 기능을 지정하기 위한 정보를 지원하는 다양한 클래스 전용 디스크립터가 정의돼 있다. 오디오 1.0 엔드포인트 디스크립터는 USB 2.0 규격에 정의된 7바이트 다음에 2바이트를 더 갖는다. 오디오 2.0 엔드포인트 디스크립터는 표준 7바이트 자료 구조를 쓴다.

클래스 전용 리퀘스트

오디오 클래스는 옵션으로 클래스 전용 리퀘스트를 지원한다. 이 리퀘스트는 오디오 제어 상태를 알아내거나 설정하고, 그 밖에 범용 데이터도 주고받는다.

칩

어떤 USB 컨트롤러는 오디오 기능을 칩 내에 갖고 있다. 지원하는 기능으로는 코덱 기능, 아날로그-디지털 변환ADC, analog-to-digital converter, 디지털-아날로그 변환 DAC, digital-to-analog converter, 소니/필립스 디지털 인터페이스S/PDIF, Sony/Philips Digital Interface 인코딩 등이 있다. 이런 기능은 디지털 형식으로 오디오 데이터를 전송하기 위한 것이다.

TI 사는 다양한 USB 오디오 칩을 보유하고 있다. PCM2903C는 풀스피드 USB 포트와 16비트 ADC, DAC, S/PDIF를 갖춘 스테레오 오디오 코덱이다. 이 칩은 오디오 컨트롤 인터페이스, 방향별 오디오 스트리밍 인터페이스, 파라미터 3개 상태를 알려주는 HID 인터페이스를 갖췄다. 이 USB 프로토콜 컨트롤러는 제조사가 따로 펌웨어를 제공할 필요가 없다. 이 칩은 데이터를 48, 44.1, 32kHz로 샘플링할 수 있고, 디지털 감쇠와 뮤트mute를 지원한다. TUSB3200A USB 스트리밍 컨트롤러는 최대 7개의 IN/OUT 엔드포인트를 지원하는 8052 호환 마이크로컨트롤러를 내장했다. 이 오디오 지원은 코덱 포트 인터페이스, 코덱 포트에 대한 스트리밍 등 시성 데이터 패킷용 4 채널 DMA 컨트롤러, PLLphase lock loop, 동기화 모드를 지원하기 위한 ACGadaptive clock generator를 포함한다.

호스트 지원

윈도우는 USB 오디오 1.0과 마이크로소프트 유니버설 오디오 아키텍처UAA, Universal Audio Architecture를 지원한다. UAA는 오디오 지원을 제공하고 OS의 오디오 드라이버가 사용할 디바이스 요구사항을 정의한다. USB 오디오 클래스 시스템 드라이버 (usbaudio.sys)와 호환되는 모든 디바이스는 UAA를 준수한다.

마이크로소프트 미디어 파운데이션Microsoft Media Foundation은 오디오 기능을 프로그래밍할 수 있는 개발자용 API를 제공한다. 고성능을 요구하는 게임을 프로그래밍할 때는 XAudio2를 통해 적은 지연의 오디오 생성을 할 수 있는 API를 쓸 수 있다. 미디어 파운데이션과 XAudio2는 윈도우 SDK에 포함되어 있으며, 언매니지드 코드unmanaged code를 사용한다.

XMOS의 xCORE-USB 마이크로컨트롤러 패밀리는 USB 오디오 2.0을 지원하며, XMOS는 윈도우 드라이버를 제공한다. Thesycon Systemsoftware & Consulting GmbH(틀린 철자가 아니다!)는 윈도우용 USB 오디오 2.0 클래스 드라이버를 제공한다.

오디오/비디오

오디오/비디오(AV, audio/video) 클래스 규격은 USB 비디오 디스플레이 및 오디오/비디오 기능을 갖는 기타 디바이스와 통신하는 방법을 지정한다. AV 클래스를 사용해 PC와 스마트폰에 모니터를 연결, 미디어 플레이어와 스마트폰을 TV에 연결할 수 있다.

문서

이 규격의 문서는 AV 기능 정의, 형식 정의, XML 스키마에 있다. XML 스키마는 AV 설명 문서를 위한 형식을 정의한다.

개요

USB는 오디오 클래스를 1998년에, 비디오 클래스를 2003년에 정의했다. AV 클래스 규격은 2011년에 발표됐으며, 오디오와 비디오를 아우르는 내용을 담았다.

이 클래스는 모듈식의 아키텍처로 구성되어 있으며 기본적인 내용을 수용하고 저해상도 디바이스뿐만 아니라 풍부한 기능과 고해상도의 디바이스에 대한 내용도 담고 있다. 이 클래스는 오디오/비디오의 강건한 동기화 기능과 압축/비압축 데이터를 지원한다.

슈퍼스피드, 특별히 슈퍼스피드 플러스는 DisplayPort와 HDMI처럼 비디오 인터페이스 전용 인터페이스와 견주어도 비교할 만한 디스플레이 대역폭을 갖는다.

어떤 AV 클래스 디스플레이는 USB/DisplayPort 또는 USB/HDMI 어댑터를 갖춘 USB 호스트처럼 보인다. 이때 오디오 정보는 전용 엔드포인트를 사용하는 USB 오디오 클래스를 경유한다. 호스트 드라이버는 컨텐츠 보안 기능을 지원할 수도 있다. 이 기능은 고대역 디지털 컨텐츠 보호 기능(HDCP, high-bandwidth digital content protection)을 사용한다.

모든 AV 디바이스는 AV 설명 문서AVDD, AV Description Document라고 부르는 XML 문서를 갖는다. AVDD는 AVSchema를 따르는데, 이 스키마는 AVDD 컨텐츠의 문법과 구조를 정하는 XML 문서다. XML은 USB 디스크립터에서 사용하는 형식에 비해 AV 디바이스의 길고 복잡한 디스크립터를 다루는 데 적합하다.

AVDD는 디바이스 디스크립터와 오디오, 비디오, 기타 기능에 접근할 수 있는 AVControl도 담고 있다. 각 AVControl은 호스트가 접근할 수 있는 1개 이상의 속성이 있다. 예를 들어, 어떤 AVControl은 밝기와 명암 속성을 지원하는 비디오 기능에 접근할 수 있다.

특정 속성을 설정하거나 얻고, 알림을 수신하려면 호스트는 AVControl 시퀀스를 발급한다. 대부분의 AVControl 시퀀스는 다음과 같은 두 단계를 거친다. 호스트가 명령 메시지를 보내고 디바이스가 명령을 받은 다음, 응답 메시지를 보낸다. 알림 제어 시퀀스 디바이스가 호스트로 알림을 보내는 것으로 끝난다. AVControl 시퀀스는 벌크 전송을 사용한다.

디스크립터

여타 USB 디바이스와 비슷하게, AV 디바이스는 Get Descriptor 리퀘스트를 통해 디스크립터 세트를 반환한다. 다만 AV 클래스에서는, 부팅 중이거나 기타 AV 드라이버 전체를 사용할 수 없을 때에도 디바이스 기능의 부분집합을 사용할 수 있도록 지원한다. 이런 규격을 갖는 디스크립터를 레거시 뷰Legacy View 디스크립터라고 한다.

디바이스 1개는 1개 이상의 인터페이스 디스크립터에서 AV 기능을 하나 선언한다. AVControl 인터페이스 디스크립터는 AV 기능에 관한 최상위 수준 디스크립터다. AV 디바이스용 인터페이스 디스크립터는 표준 인터페이스 디스크립터 형식을 따르지 않으므로 bDescriptorType 필드에 클래스 전용 코드를 사용한다. AVControl 인터페이스 디스크립터에서 bDescriptorType = 0x21인데, 이것은 AVCONTROL_IF 유형을 지정하는 것이다. 인터페이스 연관 디스크립터 1개는 그 기능과 관계된 어떠한 추가 인터페이스와도 연동할 수 있다.

이 디바이스의 완전한 디스크립터 세트는 AVDD 안에 있다. 모든 AV 디바이스는 AVDD의 길이 속성 1개를 담고 있는 AVDD Info Control 1개와 XML 형식의 완전한 AVDD 속성 1개를 담고 있는 AVDD Content Control을 갖고 있다.

AVDD를 얻으려면, 호스트는 먼저 Get Control Sequence를 AVDD Info Control로 보내고, 디바이스가 AVDD의 길이를 반환한다. 그런 다음 호스트가 Get Control Sequence를 AVDD Content Control로 보내면 디바이스는 XML 형식으로 된 AVDD를 반환한다.

클래스 전용 리퀘스트

이 클래스는 클래스 전용 제어 리퀘스트가 없다.

칩

프레스코 로직Fresco Logic 사는 AV 클래스를 지원하는 디바이스 컨트롤러를 판매하고 있다.

호스트 지원

윈도우는 AV 클래스 드라이버를 제공하지 않는다. USB 컴퓨터 모니터 공급자 중 하나인 릴리퍼트 일렉트로닉스Lilliput Electronics Co., Ltd는 제조자 전용 드라이버를 제공한다.

빌보드

이 디바이스는 아무런 USB 기능을 갖지 않지만, 'USB Power Delivery Rev. 2.0, v1.0' 규격에 정의된 대체 모드Alternate Modes를 지원한다. 빌보드 클래스는 호스트가 디바이스를 인식할 수 있게 해준다.

문서

이 클래스 문서는 'Universal Serial Bus Device Class Definition for Billboard Devices, Revision 1.0'에 있고 2014년에 발표됐다.

개요

이 디바이스는 1개 이상의 대체 모드를 지원하지만 다른 USB 기능은 없다. 빌보드 클래스는 디바이스 인식은 가능해야 한다. 빌보드 디바이스는 USB 디바이스가 될 수도 있고, 1개 이상의 USB 기능과 빌보드 기능을 지원하는 디바이스 컨테이너가 될 수도 있다.

독립된 빌보드 디바이스는 단 1개의 제어 엔드포인트만 갖는다.

20장에서 대체 모드에 대해 설명한다.

디스크립터

빌보드 기능 디스크립터 목록은 대체 모드를 지원하고 각 모드에 관한 문자열을 제공하기도 한다. 이 디스크립터는 BOS 디스크립터 뒤에 있는 디바이스 기능 디스크립터다(4장 참조).

클래스 전용 리퀘스트

이 클래스는 클래스 전용 리퀘스트가 없다.

칩

'USB Power Delivery Rev. 2.0, v1.0'을 지원하는 범용 디바이스 컨트롤러라면 이 클래스를 지원한다. 이 디바이스는 USB C형 커넥터를 갖춰야 한다.

호스트 지원

호스트는 'USB Power Delivery Rev. 2.0, v1.0' 프로토콜과 디바이스 대체 모드를 지원해야 한다.

통신 디바이스

통신 디바이스 클래스CDC, communications device class는 전화와 네트워크 및 가상 직렬 포트를 포함한 기타 통신 기능을 수행하는 광범위한 디바이스 유형을 말한다.

통신 데이터는 애플리케이션 전용 프로토콜을 일반적으로 쓰며, 모뎀 제어용 V.250, 네트워크 데이터용 이더넷 등이 있다.

문서

통신 디바이스 클래스 문서는 주 클래스 규격과 일부 서브클래스 규격으로 구성된다.

헤이즈Hayes AT 모뎀 명령 세트의 파생 규격은 V.250 '직렬 비동기 자동 다이얼링 및 제어' 추천으로 명시되어 있는데, 이 표준은 국제전기통신연합International Telecommunication Union(itu.int)에서 얻을 수 있다. 이더넷 표준(IEEE 802.3)은 IEEE(ieee.org)에서 얻을 수 있다. 원격 네트워크 드라이버 인터페이스 규격RNDIS, Remote Network Driver Interface Specification은 네트워크 인터페이스를 설정하고 USB와 기타 버스를 사용하는 프로토콜을 정의하며, 이더넷 프레임 데이터를 전송한다. 원격 NDIS는 NDIS를 기반으로 하며, NDIS는 네트워크 어댑터와 상위 수준 드라이버로 통신하는 것을 관리하는 프로토콜이다. NDIS와 RNDIS는 마이크로소프트의 규격이다.

개요

통신 디바이스는 디바이스 관리, 호 관리(필요한 경우에만), 데이터 전송을 담당한다. 디바이스 관리란 디바이스를 설정, 제어하고 이벤트가 발생하면 호스트에 통보하는 작업을 말한다. 호 관리call management는 전화 통화와 기타 연결을 생성, 끊는 작업에 관련된다. 모든 드라이버가 호 관리를 필요로 하지는 않는다. 여기서 데이터 전송은 전화 통화와 모뎀이나 네트워크를 통해 파일을 보내는 등 애플리케이션 데이터를 주고받는 작업을 말한다.

통신 디바이스 클래스는 통신용 모델을 여러 개 지원한다.

다음 모델은 주로 전화 통신용이다.

- 공공 스위치 전화 네트워크PSTN, public switched telephone network 디바이스에는 음성 모뎀, 전화, 직렬 에뮬레이션(가상 직렬 포트) 디바이스가 있다. 일부 이더넷 프레임 데이터를 교환하는 디바이스는 제조사 전용 프로토콜로 PSTN 모델을 사용한다.

- 비동기 통신 모드 디바이스ATM, asynchronous transfer mode로는 ADSL 모뎀이 있다.
- ISDN 디바이스로는 ISDN 라인을 위한 터미널 어댑터 등이 있다.
- 무선 이동 통신WMC, wireless mobile communications 디바이스로는 셀 폰과 기타 다기능 디바이스 등이 있다.

다음 모델은 네트워크 통신용이다.

- 이더넷 에뮬레이션 모델EEM, Ethernet emulation model 디바이스는 이더넷 프레임 데이터를 교환한다. EEM 디바이스는 한 쌍의 벌크 엔드포인트를 사용한다. 각 EEM 패킷 앞에는 2바이트 헤더가 있다. EEM은 라우팅이나 인터넷 연결성을 지원하는 용도는 아니다.
- 케이블 모뎀을 포함한 이더넷 제어 모델ECM, Ethernet control model 디바이스는 이더넷 프레임 데이터를 교환한다. 클래스 전용 리퀘스트와 알림을 통해 인터페이스를 관리한다.
- 네트워크 제어 모델NCM, network control model 디바이스는 데이터 전송률이 높은, 개선된 ECM이다. NCM 디바이스는 1개의 벌크 전송에 여러 개의 이더넷 프레임을 보낼 수 있다.
- 모바일 광대역 인터페이스 모델MBIM, mobile broadband interface model 디바이스는 더 효율적인 전송을 위해 NCM을 확장한 것이다. MBIM 디바이스는 이더넷 프레임 대신 저수준 IP 패킷을 전송한다. 이 모델은 모바일 광대역 네트워크 디바이스를 위한 것이다. 대체 인터페이스 세팅 디바이스로 NCM과 MBIM을 모두 지원할 수 있다.

전화벨 울림, 네트워크 연결/끊기 등 이벤트를 알려주는 알림 기능은 인터럽트나 벌크 파이프를 통해 호스트에 전달된다. 대부분의 디바이스는 인터럽트 파이프를 쓴다. 각 알림은 8바이트 헤더와 가변 길이 데이터 필드로 구성된다. 일부 디바이스 유형은 알림 기능이 필요 없다.

디스크립터

통신 디바이스 클래스의 디스크립터는 디바이스나 인터페이스 수준의 통신 클래스를 정할 수 있다. 디바이스 수준에서 정하면 모든 디바이스 인터페이스는 통신 기능에 속한다. 디바이스 디스크립터에서 bDeviceClass = 0x02이면 CDC다 (그림 7-2). 혼성 디바이스에서는 인터페이스 연관 디스크립터_{IAD, interface association descriptor}가 통신 기능에 속한 인터페이스를 정한다.

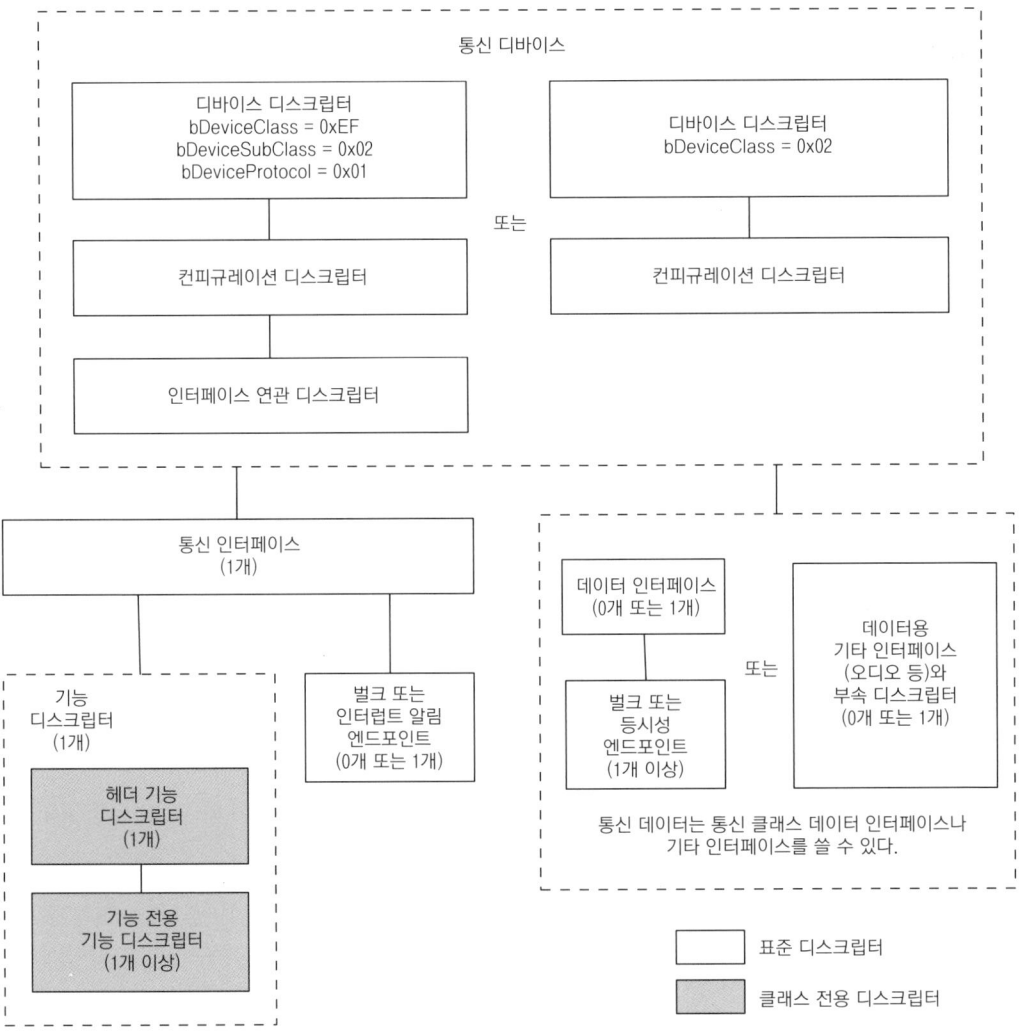

▲ **그림 7-2** 통신 디바이스는 데이터와 알림 인터페이스를 지원한다.

모든 통신 디바이스는 통신 인터페이스를 나타내기 위해 bInterfaceClass = 0x02인 인터페이스 디스크립터가 있어야 한다. 이 인터페이스는 디바이스 관리와 호 관리를 처리한다. bInterfaceSubClass 필드는 통신 모델을 지정한다. 표 7-2는 서브클래스에서 사용하는 값을 정의한 것이다. bInterfaceProtocol 필드는 서브클래스가 지원하는 프로토콜을 지정할 수 있다. 표 7-3은 프로토콜에서 사용하는 값을 정의한 것이다.

▼ **표 7-2** 통신 디바이스용 인터페이스 디스크립터에서 bInterfaceSubClass 필드는 디바이스가 지원하는 통신 모델을 나타낸다. 출처: Universal Serial Bus Class Definitions for Communications Devices Revision 1.2

bInterface-SubClass	모델	애플리케이션
0x00	예약	–
0x01	PSTN 다이렉트 라인 제어 모델	데이터 압축과 에러 보정을 지원하는 호스트와 동작하는 전화 모뎀. 디바이스, 호스트는 보뎀 데이터의 변조/복조를 지원한다.
0x02	PSTN 추상 제어 모델	데이터 압축과 에러 보정, 모뎀 데이터 변조/복조를 지원하는 디바이스와 동작하는 전화 모뎀
0x03	PSTN 전화 제어 모델	전화
0x04	ISDN 멀티채널 제어 모델	다중, 다중화 채널로 동작하는 ISDN 디바이스
0x05	ISDN CAPI 제어 모델	COMMON-ISDN-API(CAPI) 명령과 메시지를 지원하는 ISDN 디바이스
0x06	ECM	케이블 모뎀
0x07	ATM	ADSL 모뎀
0x08	WMC 무선 핸드셋 제어 모델	논리적 핸드셋
0x09	WMC 디바이스 관리 모델	AT 명령 전용
0x0A	WMC 모바일 다이렉트 라인 모델	무선 터미널 어댑터의 일부 기능을 USB 호스트 모델로 옮긴 것
0x0B	WMC OBEX 모델	데이터 교환 프로토콜
0x0C	EEM	이더넷 프레임 데이터를 교환하는 디바이스
0x0D	NCM	고속 이더넷 프레임 데이터를 교환하는 디바이스
0x0E	MBIM	모바일 광대역 네트워킹 디바이스
0x0F~0x7F	예약	나중에 사용
0x80~0xFE	제조사 전용	제조사가 정의

▼ 표 7-3 통신 인터페이스용 디스크립터에서 bInterfaceProtocol 필드는 지원하는 통신 모델 프로토콜을 나타낸다. 출처: Universal Serial Bus Class Definitions for Communications Devices Revision 1.2

코드	설명
0x00	클래스 전용 프로토콜이 필요 없음
0x01	AT 명령(ITU V.250에서 정한 것)
0x02~0x06	WMC 디바이스가 쓰는 AT 명령
0x07	이더넷 에뮬레이션 모델(EEM)
0x08~0xFD	나중에 사용
0xFE	외부 프로토콜. 명령 세트 기능 디스크립터로 정의한 명령이다.
0xFF	제조사 전용

통신 인터페이스 디스크립터 다음에는 헤더 기능 디스크립터로 구성된 클래스 전용 기능 디스크립터가 온다. 헤더 기능 디스크립터 뒤에는 1개 이상의 디스크립터들이 오는데(기능 디스크립터Funtional descriptor라고 부름) 이 디스크립터들은 통신 기능에 관한 정보를 제공한다. 표 7-4는 이들 디스크립터용으로 정의된 값이다.

▼ 표 7-4 기능 디스크립터는 헤더 기능 디스크립터 다음에 기능 지정 디스크립터를 1개 이상 갖는다. 출처: Universal Serial Bus Class Definitions for Communications Devices Revision 1.2

bInterfaceSubClass	기능 디스크립터 유형
0x00	헤더
0x01	호 관리
0x02	추상 제어 관리
0x03	다이렉트 라인 제어 관리
0x04	전화 벨
0x05	전화 호와 라인 상태 보고 기능
0x06	통합
0x07	국가 선택
0x08	전화 수행 모드

bInterfaceSubClass	기능 디스크립터 유형
0x09	USB 터미널
0x0A	네트워크 채널 터미널
0x0B	프로토콜 유닛
0x0C	확장 유닛
0x0D	멀티채널 관리
0x0E	CAPI 제어 관리
0x0F	이더넷 네트워킹
0x10	ATM 네트워킹
0x11	무선 핸드셋 제어
0x12	모바일 다이렉트 라인 모델(MDLM)
0x13	MDLM 상세
0x14	디바이스 관리 모델
0x15	OBEX
0x16	명령어 세트
0x17	명령어 세트 상세
0x18	전화 제어 모델
0x19	OBEX 서비스 식별자
0x1A~0x7F	예약(추후 사용)
0x80~0xFE	제조사 전용

이 디스크립터 중 하나인 결합 기능 디스크립터Union Functional descriptor는 특수 기능을 갖는다. 이 디스크립터는 단위 기능을 구성하는 인터페이스 사이의 관계를 정의한다. 이 디스크립터는 그중 1개의 인터페이스를 마스터 인터페이스나 제어 인터페이스로 지정해 전체 그룹에 적용하는 메시지를 송수신할 수 있게 해준다. 예를 들어, 통신 인터페이스는 통신 인터페이스와 데이터 인터페이스로 구성된 하나의 그룹을 위한 마스터 인터페이스가 될 수 있다. 그룹을 구성하는 인터페이스는 오디

오와 HID 같은 관련 인터페이스뿐만 아니라 통신 클래스 인터페이스도 포함할 수 있다.

통신 인터페이스가 이벤트 알림을 위한 벌크 엔드포인트나 인터럽트 엔드포인트를 갖추면 엔드포인트는 표준 엔드포인트 디스크립터를 갖는다.

통신 클래스 디바이스는 데이터 인터페이스를 나타내는 bInterfaceClass = 0x0A인 인터페이스 디스크립터를 갖추기도 한다. 데이터 인터페이스는 애플리케이션 데이터를 전달하기 위해 벌크 엔드포인트나 등시성 엔드포인트를 갖출 수 있다. 각 엔드포인트는 표준 엔드포인트 디스크립터를 갖는다. 일부 디바이스는 애플리케이션 데이터를 위해 다른 클래스나 제조사 전용 인터페이스를 쓴다. 예를 들어, 전화는 음성 데이터를 주고받기 위해 오디오 인터페이스를 사용한다.

가상 직렬 포트 디바이스는 가상 COM 포트 디바이스라고도 부르며, 직렬 포트 에뮬레이션을 제공한다. 애플리케이션은 디바이스가 PC에서 RS-232 포트를 직접 연결한 것과 같은 방법으로 디바이스에 접근해 직렬 포트 기능을 쓸 수 있다. 디바이스는 외부 회로와 비동기 직렬 인터페이스로 통신하지만 비동기 인터페이스가 필요한 것은 아니다. USB 호스트는 디바이스가 직렬 포트 데이터를 어떻게 사용하는 알 필요가 없다.

가상 직렬 포트 디바이스는 추상 제어 모델을 지정할 때는 bInterfaceSubClass = 0x02이고 AT 명령을 지정할 때는 bInterfaceProtocol = 0x01이다. 윈도우 드라이버와 호환성을 지키려면 디바이스가 AT 명령을 사용하지 않아도 인터페이스가 이 서브클래스를 지원해야 한다. 통신 인터페이스는 인터럽트 엔드포인트를 갖추고, 데이터 인터페이스는 각 방향으로 벌크 엔드포인트를 갖는다.

개선된 성능의 일부 가상 직렬 포트 디바이스는 제조사 전용 드라이버를 사용해 통신 디바이스 클래스에 속하지 않는다. 내가 쓴 『Serial Port Complete 직렬 포트 완전 정복』는 USB 가상 직렬 포트 디바이스에 관한 더 많은 정보를 담고 있다.

원격 NDIS 디바이스로 동작하는 CDC 디바이스는 통신 인터페이스와 데이터 인터페이스로 구성된다. 통신 인터페이스에서 추상 제어 모델을 지정할 때 bInterfaceClass = 0x02이고, 제조사 전용 프로토콜을 지정할 때 bInterfaceProtocol = 0xFF다. 통신 인터페이스는 인터럽트 엔드포인트를 갖고, 데이터 인터페이스는 벌크 엔드포인트를 2개 갖는다. 각 엔드포인트는 엔드포인트 디스크립터를 갖는다.

클래스 전용 리퀘스트

클래스 전용 리퀘스트를 통해 상태와 제어 정보를 얻거나 설정할 수 있다. 지원하는 리퀘스트는 서브클래스와 디바이스에 따라 다양하다.

칩

가상 직렬 포트 디바이스를 탑재한 많은 통신 디바이스는 풀스피드 이상을 지원하는 범용 디바이스 컨트롤러에서 사용된다. 6장에서 소개한 FTDI의 USB UART 컨트롤러로 가상 직렬 포트를 구현할 수 있지만 통신 클래스를 소유하고 있지는 않기 때문에 이 컨트롤러는 제조사 전용 드라이버를 사용한다.

SMSC/마이크로칩 테크놀로지와 액시스 일렉트로닉스 사(Asix Electronics Corporation)는 USB 이더넷 브리지 컨트롤러를 시판 중이며, 이 컨트롤러는 USB와 이더넷을 변환해주며 기가비트 이더넷 속도까지 가능하다.

호스트 지원

윈도우 모뎀 드라이버(usbser.sys)는 추상 제어 모델을 사용하는 모뎀 및 가상 직렬 포트 디바이스를 갖는 기타 디바이스와 호환된다. 윈도우에서 CDC 가상 직렬 포트는 디바이스의 Vendor ID, Product ID를 담은 INF 파일을 갖춰야 한다. 9장에 예제가 있다.

윈도우는 원격 NDIS와 WMC를 위한 드라이버를 지원한다. 윈도우 8은 MBIM 드라이버를 추가했다.

윈도우가 지원하지 않는 서브클래스용 드라이버는 제조사가 지원해야 한다. 벨카라 테크놀로지스(Belcarra Technologies Corporation), 정고(Jungo Ltd.), MCCI, Thesycon 사에서는 제조사 드라이버를 제공한다.

컨텐츠 보안

컨텐츠 보안 클래스는 버스로 전송하는 파일, 음악, 비디오, 데이터에 대한 접근 제어 방법을 정의한다. 이 클래스는 두 종류의 컨텐츠 보안 방법(CSM, content security method), 즉 디지털 전송 컨텐츠 보호(DTCP, digital transmission content protection)와 고대역 디지털 컨텐츠 보호(HDCP, high-bandwidth digital content protection)를 제공한다.

문서

클래스 문서는 프레임워크 규격 1개와 각각의 컨텐츠 보안 방법에 관한 규격 문서로 구성된다. DTCP 규격과 라이선스 정보는 디지털 전송 저작권 관리자(Digital Transmission Licensing Administrator)(dtcp.com)에서 얻을 수 있다. HDCP 규격과 라이선스 정보는 디지털 전송 보호 LLC(Digital Content Protection LLC)(digital-cp.com)에서 얻을 수 있다.

개요

이 클래스는 컨텐츠 보안 메소드를 활성화/비활성화하고 컨텐츠 보안 메소드를 채널에 연동시키는 프로토콜을 정의한다. 채널은 인터페이스/엔드포인트와 CSM 1개 이상 사이의 관계를 나타낸다. 한 번에 CSM 1개만 채널에 활성화할 수 있다.

DTCP와 HDCP는 USB나 기타 버스를 통해 인증되지 않은 오디오와 비디오 컨텐츠의 복사를 금지한다. CSM-2는 DTCP를 구현하고 있으며, DTCP는 복사 허용 여부를 지정하고, 인증된 사용자를 식별하며 암호화 방법을 정할 수 있다. CSM-5는 HDCP를 구현하고 있으며 인증 프로토콜을 사용한다. 이 인증 프로토콜은 비인증 디바이스가 도청하는 것을 막는 공유 보안 영역을 확보하는 프로토콜이다.

DTCP나 HDCP를 사용하려는 컨텐츠 공급자는 라이선스 동의에 사인하고 해마다 사용료(저렴하진 않다)를 지불해야 한다.

디스크립터

인터페이스 디스크립터에서 bInterfaceClass = 0x0D이면 이 디스크립터는 컨텐츠 보안 클래스를 나타낸 것이다. 이 클래스는 클래스 전용 디스크립터를 갖고, 각 CSM이 문자열 디스크립터 1개를 정의한다.

클래스 전용 리퀘스트

클래스 전용 리퀘스트는 2개가 있고, 모든 CSM 인터페이스에 적용된다. Get Channel Settings 리퀘스트는 호스트가 채널에 할당된 CSM을 알아낼 수 있다. Set Channel Settings 리퀘스트를 쓰면 호스트가 채널에 CSM을 할당하거나 전에 할당했던 CSM을 비활성화할 수 있다. 각 CSM은 추가적으로 제어 리퀘스트를 갖는다.

칩

컨텐츠 보안을 쓰는 디바이스에 맞는 USB 컨트롤러를 선택하려면 보호하려는 컨텐츠 교환에 필요한 기능을 살펴봐야 한다. 컨텐츠 보안 기능을 추가하는 것은 단지 제어 엔드포인트를 가끔 사용하는 정도이며, CSM-2를 위해서는 인터럽트 엔드포인트가 2개 필요하다.

호스트 지원

윈도우는 컨텐츠 보안 클래스용 드라이버를 지원하지 않는다.

디바이스 펌웨어 업그레이드

디바이스 펌웨어 업그레이드 DFU, device firmware upgrade 클래스는 디바이스로 새 펌웨어나 패치를 전송하는 프로토콜을 정의한다. 펌웨어 업그레이드를 받으면 새 펌웨어로 열거를 다시 해야 한다.

문서

'디바이스 펌웨어 업그레이드' 규격 문서에 이 클래스가 정의되어 있다.

개요

규격에 명시되어 있는 대로 펌웨어를 업그레이드하려면, 디바이스는 런타임 디스크립터와 DFU 모드 디스크립터 두 세트를 완전하게 갖춰야 한다. 런타임 디스크립터 중에는 통상적인 동작을 수행하는 디스크립터와 호스트에게 디바이스가 펌웨어 업그레이드를 할 수 있다고 알려주는 디스크립터가 있다. DFU 모드 디스크립터는 디바이스 펌웨어를 업그레이드할 때 사용한다. 예를 들어, 키보드는 런타임 디스크립터로 HID 클래스 디바이스를 열거하고 키가 눌린 정보를 호스트로 보낸다. 펌웨어 업그레이드를 할 때는 디바이스가 키보드로서의 정상 동작을 멈추고 DFU 모드 디스크립터를 사용해 호스트의 DFU 드라이버와 통신한다.

업그레이드 작업은 4단계로 이뤄진다. 디바이스 열거 단계에서 디바이스는 런타임 디스크립터를 호스트로 보내고 정상으로 동작한다. 컨피규레이션을 다시 시작하면 호스트는 DFU Detach 리퀘스트를 보낸 후 디바이스를 리셋하고 열거를 다시 한다. 이때 디바이스는 DFU 모드 디스크립터를 반환한다. 전송 단계가 되면 호스트는 디바이스로 펌웨어 업그레이드를 전송한다. 디바이스가 호스트에게 업그레이드를 받았다고 알려주면 표현 단계가 시작된다.

디바이스가 새 펌웨어 로드 작업을 완결하면 디바이스 설정에 따라 호스트가 디바이스를 리셋할 것인지 디바이스를 분리한 후 다시 장착한 것처럼 리셋 초기화할 것인지 결정한다. 열거를 다시 할 때는 디바이스가 업그레이드된 새 펌웨어를 사용한다. 업그레이드 작업 중에 디바이스는 미리 정의되어 있는 상태를 전환해간다.

호스트에 저장된 업그레이드 파일은 업그레이드용 펌웨어와 호스트가 특정 디바이스 펌웨어가 유효하고 적절한 것인지 확인할 수 있는 DFU 추가 정보를 담고 있다. 추가 정보는 에러 검증 값, 문자열 'DFU'의 아스키ASCII 코드를 포함한 서명 값, 옵션으로 Vendor ID, Product ID, 펌웨어를 적용할 수 있는 디바이스인지 식별하는 제품 릴리스 번호 등이 들어 있다. 추가 정보는 호스트만 사용하고 호스트가 디바이스로 보내지는 않는다.

호스트가 펌웨어 업그레이드 작업을 하려면 수정된 새 드라이버를 로드하기 위해 디바이스는 런타임과 DFU 모드 디바이스 디스크립터에 각기 다른 Product ID

를 사용해야 한다.

DFU 통신은 제어 엔드포인트만 쓴다.

디스크립터

DFU 기능은 인터페이스 서브클래스 수준에서 정의됐다. DFU를 지원하는 디바이스에서 런타임과 DFU 모드 디스크립터는 모두 표준 인터페이스 디스크립터를 갖고 있다. 표준 인터페이스 디스크립터는 bInterfaceClass = 0xFE이고, 이것은 애플리케이션 전용 클래스를 나타낸다. bInterfaceSubClass = 0x01은 디바이스 펌웨어 업그레이드 클래스를 나타낸다. DFU 모드에서 DFU 인터페이스는 디바이스에서 유일하게 활성화된 인터페이스여야 한다.

두 디스크립터 세트 런타임 DFU 기능 디스크립터를 탑재한다. 이 디스크립터는 디바이스가 표현 단계가 끝나면 바로 통신을 할 수 있는지, DFU Detach 리퀘스트를 받은 후에 리셋을 위해 얼마나 기다리는지, 펌웨어 업그레이드를 할 때 제어 쓰기 전송에서 디바이스가 받을 수 있는 최대 바이트 크기 등을 지정한다.

클래스 전용 리퀘스트

이 클래스는 전용 리퀘스트가 7개이며, DFU 프로세스와 리퀘스트 상태 정보를 제어한다.

칩

이 클래스를 지원하는 USB 컨트롤러를 선택하려면 런타임 모드의 디바이스 요구사항을 살펴봐야 한다. 또한 디바이스는 업그레이드 펌웨어를 저장하고 업그레이드를 구현할 충분한 메모리와 리소스를 갖춰야 한다. ST마이크로일렉트로닉스 STMicroelectronics는 ST마이크로일렉트로닉스의 마이크로컨트롤러를 사용한 윈도우 드라이버와 펌웨어 예제를 제공한다.

호스트 지원

윈도우는 이 클래스를 지원하지 않는다.

휴먼 인터페이스

휴먼 인터페이스 디바이스HID, human interface device 클래스에는 키보드, 포인팅 디바이스, 게임 컨트롤러 등이 있다. 호스트는 이 모든 디바이스에서 키 누름이나 마우스 움직임 같은 사람의 입력을 읽고 동작할 수 있다. 호스트는 사용자의 동작과 그에 대한 반응 사이에 지연을 느낄 수 없도록 빠르게 반응해야 한다.

바코드 리더는 키 누름을 흉내 내는 방식으로 HID 키보드인 것처럼 바코드 데이터를 다룬다. 무정전 전원 공급 장치UPS, uninterruptible power supply나 사용자 설정을 위해 HID를 쓰는 디스플레이 모니터 등도 HID 인터페이스를 쓴다. 제조사 전용 기능을 수행하는 일부 디바이스 또한 HID 클래스를 사용하기도 한다.

모든 HID 데이터는 이미 정의된 형식으로 구조화돼 있는 리포트로 전달한다. 리포트의 Usage 태그를 통해 호스트나 디바이스에서 수신한 데이터를 사용하는 방법을 알 수 있다. 예를 들어, Usage 페이지 값이 0x09이면 버튼을 나타내며, 버튼이 눌리면 Usage ID 값으로 어떤 버튼인지 알 수 있다.

윈도우뿐만 아니라 그 밖의 운영체제도 USB를 지원하는 최초 버전부터 HID 드라이버를 탑재했기 때문에 HID 클래스는 다양한 제조사 전용 기능을 갖춘 디바이스용으로 인기 있는 클래스가 됐다. HID는 어떤 목적의 데이터도 교환할 수 있지만 제어 전송과 인터럽트 전송만 사용할 수 있다.

문서

주 HID 규격 외에도 각기 다른 종류의 디바이스 유형을 위해 Usage 태그 값을 정의한 규격 문서가 있다. HID Usage 테이블에는 키보드, 포인팅 디바이스, 다양한 게임 컨트롤러, 디스플레이, 전화 제어 등을 위해 마련된 값이 있다.

각 디바이스를 위한 규격은 각각의 개별 문서를 갖는다.

'물리적 인터페이스 디바이스용 클래스 정의Class Definition for Physical Interface Devices' 문서는 포스 피드백 조이스틱과 입력에 대해 물리적 반응을 나타내는 디바이스용 값을 정의한다.

'모니터 제어' 규격 문서는 사용자 제어와 디스플레이 모니터 전원 관리를 위한 값을 정의한다. HID 인터페이스는 디스플레이 설정만 제어한다. 이미지 데이터는 다른 하드웨어 인터페이스를 사용한다.

'HID 전원 디바이스 Usage 테이블'은 UPS 디바이스와 배터리나 기타 전원 컴포넌트를 모니터하고 제어하기 위한 값을 정의한다.

'POS_{Point of Sale} Usage 테이블' 규격 문서는 바코드 리더, 저울 디바이스, 자기카드 리더용 값을 정의한다.

추가 Usage 테이블로는 게임 표준 연합_{Gaming Standards Association}(gamingstandards.com)과 인텔의 오픈 아케이드 아키텍처 디바이스 데이터 포맷 규격_{Open Arcade Architecture Device Data Format Specification}(usb.org) 등이 있다.

HID 핵심 규격에 있어서 1.0과 1.1의 주된 변경사항은 USB 1.1 규격에서 허용하는 바, 호스트가 리포트를 인터럽트 OUT 전송에서 보낼 수 있다는 점이다. HID 1.0 인터페이스에서는 호스트가 모든 리포트를 제어 전송 전송을 통해 보냈다.

HID 디바이스와 호스트 프로그래밍에 대해서는 11~13장에서 자세히 다룰 것이다.

개요

HID는 제어 전송과 인터럽트 전송을 통해 리포트를 교환하는 방식으로 통신한다. 입력과 출력 리포트는 제어 전송이나 인터럽트 전송을 사용할 수 있다. 특성 리포트는 제어 전송을 쓴다. 리포트 디스크립터는 각 리포트의 크기와 리포트 데이터용 Usage 값을 정의한다.

디스크립터

인터페이스 디스크립터에서 bInterfaceClass = 0x03이면 HID 클래스를 나타낸다. bInterfaceSubClass 필드는 HID의 부트 프로토콜 지원 유무를 나타낸다. 부트 프로토콜은 디바이스의 리포트 디스크립터에 정의된 리포트 프로토콜 대신 호스트가 사용할 수 있는 프로토콜이다. 부트 프로토콜을 쓰면 HID 드라이버를 로드하기 전에 마우스와 키보드를 사용할 수 있다.

인터페이스 디스크립터 다음으로는 리포트 디스크립터의 크기와 같은 클래스 전용 HID 디스크립터가 있다. 리포트 디스크립터는 HID 리포트 데이터에 관한 정보를 갖는다. 드물게 사용하지만 물리 디스크립터는 제어를 활성화하는 신체 부위를 기술하는 옵션이 있다.

클래스 전용 리퀘스트

이 클래스는 제어 리퀘스트 6개를 갖는데, 포트를 보내고 받기, IDLE 비율Idle rate 읽기/설정하기, 현재 활성화된 프로토콜(부트 프로토콜인지 리포트 프로토콜인지) 읽기/설정하기를 담당한다. 호스트는 Get Descriptor 리퀘스트로 리포트 디스크립터나 물리 디스크립터를 얻는다. 이때 wValue의 상위 바이트가 0x022이면 리포트 디스크립터를 요청하는 것이고, 0x23이면 물리 디스크립터를 요청하는 것이다.

칩

HID 디바이스는 로우스피드 정도면 입력을 받아 사용자가 지연 없이 인식하는 데 충분한 속도다. 어떤 HID는 유연하고 저렴한 케이블이 필요해 로우스피드를 사용한다. 그러나 HID는 어떤 스피드라도 사용할 수는 있다.

알코르 마이크로 사Alcor Micro Corporation는 키보드 매트릭스와 인터페이스하는 컨트롤러 제조사다. 사이프레스 세미컨덕터Cypress Semiconductor의 CY7C638xx 시리즈는 USB와 PS/2 인터페이스를 모두 지원해 키보드나 마우스용 이중 인터페이스를 쉽게 설계할 수 있다.

코드 머서네리즈Code Mercenaries는 키보드, 포인팅 디바이스, 조이스틱용으로 프로그램된 칩을 공급한다. MouseWarrior 시리즈는 USB, PS/2, 비동기 직렬, 애플 데스크톱 버스ADB, Apple Desktop Bus를 지원하고, 센서와 버튼 인터페이스를 갖췄다. KeyWarrior 시리즈는 USB, PS/2, ADB를 지원하고 키보드 매트릭스와 옵션으로 키보드 매크로를 지원한다. JoyWarrior 시리즈는 다양한 게임 컨트롤러 입력을 지원한다. 6장에서 설명한 Phidgets 모듈은 HID 드라이버를 사용해 센서, 모터 제어, 기타 기능을 수행한다.

호스트 지원

애플리케이션은 API 함수와 닷넷 클래스를 통해 제조사 정의 HID들과 통신할 수 있다. 리포트를 교환하려면, HIDClass 지원 루틴Support Routines에 있는 API 함수와 ReadFile/WriteFile API 함수, 닷넷 FileStream 클래스를 사용한다.

윈도우는 시스템 키보드와 포인팅 디바이스에서 입출력 리포트에 대해 배타적 접근을 한다. API 함수로 리포트를 얻어오는 작업을 시도하면 에러 메시지 'Access Denied(접근 불가)'가 발생한다. 애플리케이션은 키 눌림, 마우스 움직임, 마우스 버튼 클릭에 대한 리포트를 직접 읽어올 필요가 없다. 대신 운영체제가 리포트를 읽고 애플리케이션은 고수준 방법으로 데이터에 접근하면 된다. 예를 들어 닷넷 애플리케이션의 폼에 있는 버튼은 사용자가 버튼을 클릭했을 때 실행하는 코드를 담고 있는 클릭 이벤트를 갖춘다. 시스템이 키보드나 포인팅 디바이스를 여러 개 갖췄다면 애플리케이션은 해당 디바이스 전부를 하나의 가상 키보드와 포인팅 디바이스로 취급한다.

HID에 접근하는 기타 옵션으로는 DirectX의 DirectInput 컴포넌트와 Raw Input API가 있다. DirectInput은 빠르며 키보드, 마우스, 게임 컨트롤러 데이터에 더 직접적으로 접근할 수 있다. Raw Input API를 쓰면 키보드, 마우스를 포함한 특정 디바이스에서 HID 데이터를 읽을 수 있으며, 키보드가 여러 개 연결된 상황에서도 특정 키보드의 HID 데이터를 읽을 수 있다.

IrDA 브리지

IrDAInfrared Data Association 인터페이스는 짧은 거리에서 적외선으로 데이터를 교환하는 데 필요한 하드웨어 요구사항, 프로토콜을 정의한다. USB IrDA 브리지를 쓰면 USB와 IrDA 간에 데이터를 변환하고 호스트가 USB를 사용해 IrDA 인터페이스를 모니터링, 제어, 데이터 교환을 할 수 있다.

문서

USB IrDA 브리지 규격은 'IrDA 브리지 디바이스 정의$_{\text{IrDA Bridge Device Definition}}$'에 있다. IrDA 규격은 irda.org에서 얻을 수 있다.

개요

IrDA 링크의 데이터는 적외선 링크 액세스 프로토콜$_{\text{IrLAP, Infrared Link Access Protocol}}$을 사용한다. 이 프로토콜은 데이터, 주소, 상태 정보와 제어 정보를 나르는 IrDA 프레임 형식을 정의한다. IrLAP 페이로드는 IrLAP 프레임 내에서 주소, 제어, 옵션 정보, 데이터, 필드로 구성된다. IrLAP 페이로드에 추가로 각 프레임은 에러 검증 값과 프레임 시작과 끝을 나타내는 표시가 있다.

USB IrDA 브리지는 호스트와 데이터를 교환할 때 벌크 파이프를 쓴다. 호스트와 브리지는 상태 정보와 제어 정보를 IrDA 브리지 규격에 정의돼 있는 형식으로 헤더에 집어넣는다. IrDA 링크에서 데이터를 받으면 IrDA 브리지는 IrLAP 페이로드를 추출한 후 헤더를 붙여 호스트로 넘긴다. 헤더는 IrDA 링크의 `Media_Busy`와 `Link_Speed` 파라미터 값을 포함할 수 있다. 호스트에서 IrDA 데이터를 받으면 IrDA 브리지는 호스트가 붙인 헤더를 제거한다. 헤더는 `Link_Speed`를 위한 값과 프레임 시작 마커 개수를 지정할 수 있다. 그리고 브리지는 전송할 IrDA 페이로드를 IrDA 프레임에 집어넣는다.

디스크립터

IrDA 브리지 기능은 인터페이스 서브클래스 수준에서 정의됐다. 인터페이스 디스크립터에서 `bInterfaceClass` = 0xFE이면 애플리케이션 전용 인터페이스를 나타낸다. `bInterfaceSubClass` = 0x02는 IrDA 브리지 디바이스를 나타낸다. 클래스 전용 디스크립터는 IrDA 프레임의 최대 크기, 지원 보레이트$_{\text{baud rate}}$ 속도 등 IrDA 전용 정보를 포함한다.

클래스 전용 리퀘스트

다음과 같은 클래스 전용 리퀘스트 5개가 있다.

리퀘스트	bRequest	설명
Receiving	0x01	디바이스가 현재 IrLAP 프레임을 받았는가?
Check_Media_Busy	0x03	적외선 트래픽이 있는가?
Set_IrDA_Rate_Sniff	0x04	모든 속도나 단일 속도에서 프레임을 수락한다.
Set_IrDA_Unicast_List	0x05	이름이 붙여진 주소로부터만 프레임을 수락한다.
Get_Class_Specific_Descriptors	0x06	클래스 전용 디스크립터를 반환한다.

칩

IrDA 브리지 기능을 지원하려면 디바이스가 벌크 엔드포인트의 USB 포트와 IrDA 인터페이스를 갖춰야 한다. USB 긴드롤러는 비동기 직렬 포트를 통해 IrDA 송수신기와 인코더/디코더에 인터페이스한다. TI$_{\text{Texas Instruments}}$의 TUSB3410은 8052 마이크로컨트롤러와 풀스피드 USB 포트, 외장 IrDA 송수신기를 통해 직렬 통신을 할 수 있는 온 칩 IrDA 인코더/디코더를 갖췄다.

호스트 지원

윈도우는 IrDA를 irda.sys 드라이버와 UART 기반 어댑터를 위한 irsir.sys 미니포트 드라이버를 통해 IrDA를 지원한다. 윈도우는 USB IrDA 브리지 기능용 드라이버를 제공하지 않는다.

대용량 저장장치

대용량 저장장치 클래스는 데이터 저장을 위한 파일 시스템을 제공하는 디바이스다. 여기에는 하드디스크뿐만 아니라 CD, DVD, 플래시 메모리 드라이브도 포함된다. 카메라는 카메라 메모리에 들어 있는 사진 파일에 접근할 때 대용량 저장장치 클래스를 사용할 수 있다. 윈도우에서 대용량 저장장치 드라이버를 사용하는 디바이스는 탐색기에서 드라이브로 보이고 파일 시스템을 통해 디바이스 안에 있는 파일을 복사, 이동, 삭제할 수 있다.

대용량 저장장치는 복잡한 주제다. 내가 쓴 책 『USB Mass Storage USB 대용량 저장장치』는 USB 프로토콜, 파일 시스템, 저장 미디어에 접근하는 SCSI 명령을 더 자세히 설명한다.

문서

대용량 저장장치 USB 규격은 개요와 개별 프로토콜과 기능에 관한 문서로 나뉘어 있다.

벌크 전용 전송 BOT, bulk-only transport 프로토콜 규격은 대부분의 대용량 저장장치 디바이스에서 지원한다. USB 3.0에서는 인핸스드 슈퍼스피드 이중 단방향 인터페이스의 장점을 살린 새로운 프로토콜이 등장했다. UAS USB Attached SCSI 표준은 t10.org에 있으며, 슈퍼스피드에서 대용량 저장장치를 더 빠르게 전송할 수 있는 프로토콜을 제시하고 그보다 낮은 속도에서도 효율을 증가시킬 수 있다. USB-IF의 UASP USB Attached SCSI Protocol 는 UAS 표준을 구현하는 방법을 정하고 있다.

'잠금 가능 저장장치 기능 규격 Lockable Storage Devices Feature Specification'은 주소 보안과 미디어 컨텐츠의 프라이버시 보호를 위한 프로토콜을 정의했다. 잠금 가능 저장장치는 호스트가 지원해야 하며, 호스트가 디바이스 미디어에 접근 권한을 얻을 때 사용자에게 암호 입력을 요구할 수 있다.

각 미디어 형식은 디바이스를 제어하고 상태 정보를 읽는 산업 표준 명령 블록 세트를 갖춘다.

범용 SCSI 미디어는 t10.org에 있는 SPC SCSI Primary Command 명령어 세트와, SBC SCSI Block Command 명령어 세트를 필수적으로 구비해야 한다.

SATA Serial ATA 인터페이스를 사용하는 디스크 드라이브는 USB를 이용해 통신할 수 있는 브리지 컨트롤러를 사용한다.

개요

대용량 저장장치는 데이터를 교환하기 위해 벌크 전송을 사용한다. 제어 전송은 클래스 전용 리퀘스트를 보내고 벌크 엔드포인트의 STALL 조건을 초기화할 수 있다. 그 밖의 정보를 교환할 때는 가상의 모든 디바이스가 BOT 프로토콜을 사용한다.

벌크 전용 프로토콜에서 정상적인 데이터 전송은 2~3 스테이지로 구성되는데, 바로 명령 전송, 데이터 전송(필요에 따라), 상태 전송 스테이지다. 명령 전송 스테이지에서 호스트는 명령 블록 래퍼CBW, Command Block Wrapper라는 자료 구조에 명령을 넣어 보낸다. 데이터 전송 스테이지에서는 호스트나 디바이스가 요청받은 데이터를 보낸다. 상태 전송 스테이지에서는 디바이스가 명령 상태 래퍼CSW, Command Status Wrapper라 불리는 자료 구조에 상태 정보를 넣어 보낸다. 일부 명령에는 데이터 전송 스테이지가 없다.

표 7-5는 CBW의 필드를 정리한 것이다. CBWCB 필드에서 명령 블록 값의 의미는 인터페이스 디스크립터의 bInterfaceSubClass 필드로 지정한 명령 세트에 따라 다양하다.

▼ **표 7-5** CBW는 명령 블록과 명령에 관한 정보를 담고 있다.

이름	비트	설명
dCBWSignature	32	값은 0x43425355이며, CBW 구조체임을 나타낸다.
dCBWTag	32	디바이스가 응답 시 보낼 CSW와 본 CBW를 관련짓는 태그
dCBWDataTransferLength	32	데이터 전송 스테이지에서 호스트가 기대하는 전송 바이트 수
bmCBWFlags	8	데이터 전송 스테이지의 방향을 정한다. OUT(호스트에서 디바이스로) 전송에서는 비트 7 = 0이다. IN(디바이스에서 호스트로) 전송에서는 비트 7 = 1이다. 기타 모든 비트는 0이다. 데이터 전송 스테이지가 없다면 비트 7은 무시된다.
Reserved	4	0이다.
bCBWLUN	4	다중 LUN을 갖는 디바이스에서 명령 블록을 지정하는 LUN을 정한다. 다중 LUN이 아니면 이 값은 0이다.
Reserved	3	0이다.
bCBWCBLength	5	명령 블록의 길이(1~16)이며 바이트 단위다.
CBWCB	128	디바이스가 실행할 명령 블록이다.

디바이스가 CBW를 받으면 받은 자료 구조에 유효하고 의미 있는 내용을 담았는지 확인해야 한다. CBW가 유효하려면, CSW 또는 리셋 후에 CBW를 받고 길이가 31바이트이며 dCBWSignature가 맞는 값을 갖고 있어야 한다. 모든 예약된 비트가 0이고 bCBWLUN가 지원하는 LUN 값이 들어 있으며 bCBWCBLength와 CBWCB가 인터페이스의 서브클래스용으로 유효하면 해당 내용이 의미 있다고 간주한다.

표 7-6은 CSW의 필드를 정리한 것이다. CSW를 받으면 호스트는 받은 자료 구조가 유효하고 의미 있는 내용을 갖췄는지 확인해야 한다. CSW가 유효하려면, 길이가 13바이트이고 dCSWSignature가 맞는 값을 갖고 있으며 dCSWTag가 대응하는 CBW의 dCBWTag에 일치하는 값이 있어야 한다. bCSWStatus가 0x02이거나, bCSWStatus가 0x00 또는 0x01이고, dCSWDataResidue가 dCBWDataTransferLength 이하이면 내용이 의미 있다고 간주한다.

▼ **표 7-6** CSW는 명령 정보와 관계된 상태를 담고 있다.

이름	비트	설명
dCSWSignature	32	값은 0x53425355이며 CSW 구조체임을 식별한다.
dCSWTag	32	호스트로부터 수신받은 CBW 안의 dCBWTag 값이다.
dCSWDataResidue	32	OUT 전송에서는 dCBWDataTransferLength와 디바이스가 처리한 바이트 수의 차이 값이다. IN 전송에서는 dCBWDataTransferLength와 디바이스가 보낸 바이트 수의 차이 값이다.
bCSWStatus	8	0x00 = 명령을 넘겼다. 0x01 = 명령이 실패했다. 0x02 = 단계 에러

디스크립터

인터페이스 디스크립터에서 bInterfaceClass = 0x08이면 대용량 저장장치 클래스다.

bInterfaceSubClass 필드는 지원하는 명령 블록 세트를 나타낸다. 근래의 설계 경향을 따르려면 이 필드를 0x06(범용 SCSI 미디어)으로 설정한다. 그리고 호스트는 SCSI INQUIRY 명령을 통해 특정 디바이스 유형을 결정한다. 디바이스의 응답을 통해 주변기기 유형PDT, peripheral device type을 결정한다. SCSI 기본 명령SPC, SCSI Primary Commands 규격에 PDT 코드가 정의돼 있다. 이 코드에서 하드디스크와 플래시 드라이브는 0x00이다. `bInterfaceProtocol` 필드는 지원하는 전송 프로토콜을 나타낸다. 근래의 설계 경향을 따르려면, 이 필드를 0x50(벌크 전용)으로 설정해야 한다.

모든 BOT 대용량 저장장치는 USB 문자열 디스크립터에 일련번호를 갖춰야 한다. 일련번호는 0~9와 A~F 사이의 글자만 사용할 수 있고 최소 12자는 돼야 한다. 마지막 12글자는 Vendor ID와 Product ID 짝으로 유일성이 있어야 한다. 운영체제는 일련번호를 이용해 드라이브 문자를 바꿀 때, 사용자가 디바이스의 포트를 옮길 때, Vendor ID/Product ID가 같은 디바이스를 여러 개 연결할 때 접근 정책 등의 특성을 유지할 수 있다.

BOT/UAS를 지원하는 디바이스는 각 방향으로 벌크 엔드포인트를 갖춰야 한다.

잠금 가능 저장장치는 잠금 기능을 지원하는 디스크립터를 추가하고 있다.

클래스 전용 리퀘스트

BOT 프로토콜에 정의된 제어 리퀘스트는 2개로, 벌크 전용 대용량 저장장치 리셋(디바이스를 리셋)과 Get Max Lun(디바이스가 지원하는 논리 유닛이나 파티션 개수를 얻음)이다. 기타 모든 명령과 상태 정보는 벌크 전송으로 이동한다.

잠금 가능 지장장치는 추가적으로 잠금 기능용 리퀘스트를 지원한다.

칩

대용량 저장장치 디바이스 컨트롤러는 벌크 엔드포인트를 각 방향으로 갖춰야 하며 충분한 메모리와 저장공간을 보유해야 한다. 제네시스 로직Genesys Logic, 루시드포트 테크놀로지LucidPort Technology, Inc., 프로리픽 테크놀로지Prolific Technology, 텍사스 인스트루먼츠Texas Instruments, VIA 랩스VIA Labs, Inc 등에서 USB/SATA 브리지 컨트롤러를 제공한다.

호스트 지원

윈도우는 BOT와 `bInterfaceSubClass` 코드 0x02, 0x05, 0x06인 디바이스를 지원한다. USB 저장장치 포트 드라이버(usbstor.sys)는 저수준 USB 드라이버와 윈도우 저장장치 클래스 드라이버 간 통신을 관리한다. 지원하는 파일 시스템으로 디바이스가 포맷돼 있으면 운영체제는 디바이스에 드라이브 문자를 할당하고 윈도우 탐색기에 디바이스가 나타난다.

윈도우 8 이상은 USB 3.0 UASP 드라이버를 갖췄으며, UASP를 지원하는 PC와 디바이스에서 사용할 수 있다.

윈도우에서는 이동식 디바이스와 이동 미디어 간에 혼동을 일으키기 쉽다. 모든 USB 드라이브는 PC에 쉽게 연결하고 분리할 수 있기 때문에 이동식 디바이스다. 이동식 디바이스는 제거 불능 미디어나 제거 가능 미디어를 모두 지원한다. CD, DVD는 제거 가능 미디어다. 하드디스크는 디스크를 드라이브에서 쉽게 제거할 수 없기 때문에 제거 불능 미디어다. 윈도우의 자동 재생 기능은 제거 가능 미디어를 갖는 디바이스에 적용된다. 디스크나 기타 제거 가능 미디어가 삽입되면 자동 재생 기능이 동작해 운영체제가 프로그램을 실행하거나 영화를 재생하거나 기타 동작을 수행할 수 있다. 일부 디바이스는 제거 불능 미디어만 갖더라도 제거 가능 미디어를 에뮬레이트해 자동 재생을 지원한다.

개인용 헬스케어

개인용 헬스케어 디바이스 클래스는 의료, 건강, 질병 관리, 노인들의 독립적인 삶을 가능하게 하는 데 도움을 주는 디바이스를 모두 포함한다. 이 클래스에 속한 디바이스는 심박이나 혈압을 감시하기도 하고, 혈당계, 환자용 산소 측정계, 움직임 센서, 알약 감시 등도 수행한다.

문서

이 클래스는 데이터나 메시징 프로토콜을 정의하지 않는다. 이 클래스에 속한 디바이스들은 ISO/IEEE 11073-20601 기본 교환 프로토콜에 정의된 데이터와 메시징 표준을 사용하기도 한다.

개요

이 클래스에 속한 디바이스는 데이터를 간헐적으로(불규칙할 수도 있고 드문 간격일 수도 있다) 또는 연속적으로 보내도 된다. 디바이스는 호스트로 데이터를 보내기 전에 이미 데이터를 수집해 저장한다. 호스트로부터 분리하면 그때부터 데이터를 수집한다. 예를 들어, 조깅 데이터를 측정하는 의류에 장착해 조깅으로 뛴 내역을 감시하려면 집에 돌아와서 데이터를 업로드하는 방식이다. 디바이스는 호스트에서 디바이스로 보내는 통신을 지원하기도 한다. 디바이스 측에서 설정 정보도 받고 호스트로부터 기타 간헐적인 데이터를 받기도 한다.

디스크립터

이 클래스 코드는 인터페이스 디스크립터에 있는 것이 좋지만 디바이스 디스크립터에 클래스를 선언하는 것도 허용한다. 각 방향으로 적어도 1개 이상 벌크 엔드포인트를 갖춰야 클래스 기능을 구현할 수 있다. 인터럽트 IN 엔드포인트와 추가 엔드포인트는 옵션이다. 클래스 전용 정보를 제공하기 위해 몇몇 클래스 전용 디스크립터가 필요한 경우도 있다.

클래스 전용 리퀘스트

Set Feature, Clear Feature 리퀘스트는 클래스 전용 메타 데이터 메시지 프리앰블 기능Meta-Data Message Preamble을 켜고 끈다. Get Status 리퀘스트는 데이터를 갖는 엔드포인트의 비트 구성 정보를 요청한다.

칩
필요한 엔드포인트를 갖춘 풀스피드 이상의 디바이스이기만 하면 된다.

호스트 지원
윈도우는 이 클래스를 위한 드라이버를 제공하지 않는다.

프린터
프린터 클래스는 수신한 데이터를 종이나 기타 미디어에 문자나 이미지로 변환하는 디바이스를 위한 클래스다. 가장 기본적인 프린터는 단일 폰트로 문자열을 인쇄한다. 대부분의 레이저와 잉크젯 프린터는 1개 이상의 페이지 서술 언어(PDL, page description language)를 해석하며, 이미지뿐만 아니라 다양한 폰트로 글자를 인쇄할 수 있다.

문서
USB 프린팅 디바이스 규격은 모든 유형의 프린터를 위한 것이다. ieee.org에 있는 IEEE-1284 표준은 병렬 포트용 인터페이스를 설명하고, USB 프린터가 사용하는 Device ID를 위한 형식 등의 정보를 정의한다.

프린터 언어로는 'Epson ESC/P Reference Manual'에 기술되어 있는 ESC/P, HP 사의 'Printer Job Language Technical Reference Manual'에 기술되어 있는 PJL(Printer Job Language), HP 사의 'PCL 5 Printer Language Technical Reference Manual'에 기술되어 있는 PCL(Printer Command Language), 어도비(Adobe) 사의 'PostScript Language Reference'에 기술되어 있는 PostScript가 있다.

개요
프린터 데이터는 벌크 OUT 파이프를 사용한다. 호스트는 제어 요청이나 옵션인 벌크 IN 파이프에서 상태 정보를 얻는다.

디스크립터

인터페이스 디스크립터에서 bInterfaceClass = 0x07이면 프린터 클래스임을 식별한다. 인터페이스 디스크립터의 bInterfaceProtocol 필드는 프린터 인터페이스 유형을 명명하는 값을 갖는다.

bInterfaceProtocol	유형
0x01	단방향
0x02	양방향
0x03	IEEE-1284.4 호환 양방향

세 종류 인터페이스 프로토콜 모두 호스트가 프린터로 데이터를 보내기 위해 벌크 OUT 엔드포인트를 사용한다. 단방향 프로토콜에서 호스트는 클래스 전용 Get Port Status 리퀘스트를 보내 상태 정보를 얻는다. 양방향 프로토콜에서 호스트는 Get Port Status나 벌크 IN 파이프로 상태 정보를 얻을 수 있다. 이 방법은 더 자세한 정보를 제공한다. IEEE-1284.4 호환 양방향 프로토콜은 양방향 프로토콜과 비슷하지만, 복합 기능 주변기기에서 각 기능과 통신할 수 있는 기능을 추가했다.

클래스 전용 리퀘스트

프린터 클래스에는 클래스 전용 리퀘스트가 3개 있다.

디바이스는 Get Device Id 리퀘스트에 대한 응답에서 IEEE-1284 표준에 지정된 포맷으로 Device ID를 반환한다. Device ID의 처음 두 바이트는 MSB_{most significant} 우선으로 바이트 길이다. 길이 뒤에 일련의 키와 그 값 형태의 문자열이 다음 형식으로 따라온다.

키 : 값 {, 값 };

모든 Device ID는 MANUFACTURER, COMMAND SET, MODEL이나 그 약자 형태(MFG, CMD, MDL)의 키를 포함해야 한다. COMMAND SET 키는 휴렛 팩커드 Hewlett Packard의 프린터 제어 언어_{PCL, Printer Control Language}, 어도비 포스트스크립트

Adobe Postscript 등 프린터가 지원하는 PDL이 될 수 있다. 제조사가 정의할 수 있는 추가 키는 옵션이다.

다음은 Device ID의 예다.

```
MFG:My Printer Company;
MDL:Model 5T;
CMD:MLC,PCL,PML;
DESCRIPTION:My Printer Company Laser Printer 5T;
CLASS:PRINTER;
REV:1.3.2;
```

디바이스는 Get Port Status 리퀘스트에 대한 응답으로 병렬 프린터 포트의 상태 포트 바이트를 에뮬레이트하는 바이트를 반환한다. 이 바이트의 세 비트가 상태 정보를 갖는다.

비트	이름	1일 때 의미	0일 때 의미
3	Not error	에러 없음	에러
4	Select	프린터가 선택됨	프린터가 선택되지 않음
5	Paper empty	종이가 떨어짐	종이가 있음

상태 정보를 얻을 수 없는 프린터는, 에러가 없고 프린터가 선택됐으며 종이가 있음을 강조하기 위해 0x18로 응답해야 한다. 병렬 포트 프린터에는 추가 상태 비트 2개가 있다. 추가 비트는 BUSY, ACK이며 흐름 제어용으로 사용하지만 USB 프린터에는 적용되지 않는다.

Soft Reset 리퀘스트를 받으면 디바이스는 모든 버퍼를 비우고 인터페이스의 벌크 파이프를 기본 상태로 리셋하며 모든 STALL 상태를 지워야 한다. Soft Reset 리퀘스트에서 SETUP 트랜잭션의 bmRequestType 값은 리퀘스트가 인터페이스로 향하고 DATA 스테이지가 없는 클래스 전용 리퀘스트임을 명확히 하기 위해 0x21을 사용해야 한다. 하지만 프린터 클래스 규격 버전 1.0은 Soft Reset용 bmRequestType을 0x23으로 잘못 표기해놓았다. 그러므로 안전한 동작을 보장하려면 디바이스는 이 리퀘스트의 경우 bmRequestType에 0x23을 사용해 호스트에 응답해야 하고, 호스트는 맞는 값(0x21)을 사용한 리퀘스트의 응답으로 STALL을 받으면 잘못된 값(0x23)이지만 이 값으로 다시 시도해야 한다.

칩

풀스피드 이상의 모든 컨트롤러는 프린터 기능을 위한 벌크 엔드포인트를 한두 개 갖고 있다. 프로리픽 테크놀로지Prolific Technology는 병렬 프린터를 USB로 변환하는 PL-2305 USB-to-IEEE-1284 브리지 컨트롤러를 제공한다. 이 칩의 IEEE-1284 병렬 포트는 프린터나 기타 주변기기의 병렬 포트에 인터페이스할 수 있다.

호스트 지원

윈도우는 포스트스크립트와 비포스트스크립트 작업을 처리하는 드라이버를 갖췄다. 프린터 제조사는 커스텀 정보를 담은 텍스트 파일인 프린터 데이터 파일을 제공함으로써 특정 프린터용 드라이버를 커스텀화할 수 있다. WDKWindows Driver Kit에 프린터 데이터 파일을 작성하는 방법이 들어 있다.

닷넷은 애플리케이션 프로그래머를 위한 강화된 프린팅을 지원하는 WPFWindows Presentation Foundation 서브시스템을 도입했다.

스마트 카드

스마트 카드는 흔한 플라스틱 카드의 일종이다. 이 카드는 폰 카드, 기프트 카드, 열쇠가 없는 출입증, 고속도로 요금소, 대중교통, 의료 정보/보험 데이터 저장 등에 사용한다. 적은 용량의 정보만 저장하면 되고, 쉽고 편리하게 휴대할 수 있는 모든 애플리케이션에 사용할 수 있다. 스마트 카드라는 용어 외에 ICCintegrated circuits card 라는 용어도 쓴다.

각 카드는 메모리가 있고 CPU 모듈이 있는 경우도 있다. 많은 카드가 내용을 갱신할 수 있다. 예를 들어, 들어 있는 금전적인 액수나 출입 코드를 바꿀 수 있다. 일부 카드는 전기 접점을 외부에 갖추고, 어떤 카드는 내장 안테나로 통신한다.

스마트 카드에 접근하려면 먼저 칩 카드 인터페이스 디바이스CCID, chip card interface device에 연결해야 한다. 일반적으로 카드를 슬롯에 삽입하거나 비접촉 카드의 경우 무선 인터페이스를 갖춘 리더 근처에서 흔들면 된다. CCID는 스마트 카드 리더라고도 부른다(일부 CCID는 카드에 쓰는 기능도 갖췄다). 스마트 카드가 USB에서 언급되는 이유는 일부 CCID가 USB 호스트와 통신하는 USB 인터페이스를 갖췄기 때문이다.

ICC 디바이스ICCD는 자신의 USB 인터페이스를 갖춘 스마트 카드다. 따라서 CCID와 구분할 필요는 없다. ICCD는 제조사 전용 USB 커넥터를 쓴다. ICCD는 다른 말로 USB-ICC라고도 한다. 용어를 헷갈리기 쉬우므로 표 7-7에 요약했다.

▼ 표 7-7 스마트 카드 용어

용어	의미
스마트 카드 칩 카드 ICC	카드
CCID 스마트 카드 리더	카드와 통신하는 디바이스. USB 인터페이스를 갖추기도 함
ICCD USB-ICC	하나의 카드로, CCID 기능과 USB 인터페이스를 디바이스 하나에 갖춤

문서

CCID와 ICCD는 각기 규격 문서가 있다. 'Device Class: Smart Card CCID'와 'Device Class: Smart Card ICCD'가 규격 문서다. iso.org에서 구할 수 있는 ISO/IEC 7816 표준은 명령, 물리적/전기적 특성을 정의한다.

개요

모든 CCID는 각 방향으로 벌크 엔드포인트를 갖는다. 제거 가능한 카드를 사용하는 모든 리더는 인터럽트 IN 엔드포인트도 갖춰야 한다.

호스트와 디바이스는 벌크 파이프로 메시지를 교환한다. CCID 메시지는 10바이트 헤더 다음에 메시지 전용 데이터가 온다. 이 클래스 규격은 호스트가 메시지로 데이터/상태/제어 정보를 보낼 때 사용하는 명령을 정의하고 있다. 모든 명령은 CCID로부터 적어도 1개의 응답 메시지를 요청한다. 응답에는 메시지 코드와 상태 정보가 담겨 있고 추가 요청 데이터가 담길 수도 있다. 이 클래스에 속한 디바이스는 에러 또는 카드 삽입/제거를 보고하기 위해 인터럽트 엔드포인트를 쓴다.

ICCD는 인터럽트 IN 엔드포인트나 벌크 엔드포인트 짝이 있을 수도 있고, 둘 다 있을 수도 있으며, 제어 엔드포인트만 사용할 수도 있다.

디스크립터

CCID, ICCD의 인터페이스 디스크립터에서 CCID 클래스임을 나타내려면 `bInterfaceClass` = 0x0B이다. ICCD에서는 `bInterfaceProtocol`이 디바이스가 어떤 엔드포인트를 쓰는지 알 수 있는 프로토콜을 지정한다. 인터페이스 디스크립터 다음에는 `bDescriptorType` = 0x21인 클래스 전용 CCID 클래스 디스크립터가 온다. 클래스 디스크립터는 슬롯 수, 슬롯 전압, 지원 프로토콜, 지원 클록 주파수, 데이터 전송 속도, 최대 메시지 길이 등의 파라미터를 담고 있다. CCID와 ICCD는 클래스 전용 디스크립터를 같은 것으로 사용하지만 ICCD는 일부 필드를 무시한다.

클래스 전용 리퀘스트

CCID는 전송 취소, 클록 주파수 얻기, 데이터 전송 속도 얻기를 요청하는 제어 리퀘스트를 정의한다. ICCD는 데이터와 기타 정보를 전송하기 위해 클래스 전용 리퀘스트를 사용한다.

칩

일부 USB 컨트롤러는 CCID 기능을 자체적으로 탑재했다. 알코르 마이크로 사(Alcor Micro Corporation)와 마이크로칩(Microchip) 등 몇몇 회사에서는 스마트 카드 리더를 위한 USB 컨트롤러를 제공한다.

호스트 지원

윈도우에서는 Wudfusbcciddriver.dll이 USB 스마트 카드 리더를 관리한다. 애플리케이션은 `DeviceIoControl` API 함수를 사용해 CCID와 통신할 수 있다.

정지 이미지 캡처

정지 이미지_{still-image} 클래스에 속하는 디바이스로는 정지 이미지를 수신하는 카메라(비디오가 아닌)나 스캐너 등이 있다. 정지 이미지 디바이스에서 USB 인터페이스의 주 임무는 이미지 데이터를 디바이스에서 호스트로 전송하는 것이다. 일부 디바이스는 호스트에서 이미지를 받을 수도 있다. 카메라에서 이미지 파일을 전송하는 데만 필요하다면 대용량 저장장치 드라이버를 사용하면 된다.

문서

정지 이미지 클래스 규격은 ISO 15740 PTP_{picture transfer protocol}에 기능과 명령어가 정의되어 있으며, 디지털 정지 사진 디바이스를 위한 것이다. 이 규격은 디지털 정지 사진 디바이스와 이미지를 교환하는 프로토콜을 정의하고 있다. 이 규격은 iso.org에서 얻을 수 있다.

USB-IF의 'MTP_{Media Transfer Protocol}' 규격은 PTP의 확장 규격이며 디지털 카메라, 휴대용 미디어 플레이어, 모바일 폰, 기타 디바이스에서 사용한다. 이들 디바이스는 대용량의 저장소를 갖추고 있으며 버스에 연결하지 않은 상태에서도 본연의 기능을 수행한다. 예를 들어, 디지털 카메라로 이미지를 저장한 후 이미지를 전송할 때만 카메라를 버스에 연결한다. MTP는 정지 이미지에만 쓸 수 있는 것은 아니다. MTP를 이용해 비디오나 기타 데이터 형식을 전송할 수 있다.

개요

정지 이미지 디바이스는 이미지 데이터와 비이미지 데이터를 전송하기 위한 벌크 IN/OUT 엔드포인트를 각 1개씩 갖는다. 이 규격은 또 이벤트 데이터용 인터럽트 IN 엔드포인트도 있어야 한다.

벌크와 인터럽트 파이프에서 주요 정보는 컨테이너라 부르는 자료 구조를 통해 이동한다. 컨테이너 형식은 네 종류로 명령 블록, 데이터 블록, 응답 블록, 이벤트 블록이다. 벌크 OUT 파이프는 명령과 데이터 블록을 전송한다. 벌크 IN 파이프는 데이터와 응답 블록을 나른다. 인터럽트 IN 파이프는 이벤트 블록을 실어 나른다.

벌크 파이프에서 호스트는 3단계(명령, 데이터, 응답) 프로토콜을 사용해 통신한다. 짧은 패킷 하나가 단계의 끝을 나타낸다. 명령 단계에서 호스트는 명령 블록을 보낸다. 여기서 명령 블록은 ISO 15740에 정의한 동작을 지정한다. 명령 블록은 해당 동작이 데이터 전송을 필요로 하는지 아닌지 여부와 데이터가 필요하다면 전송 방향을 결정하는 동작 코드를 포함한다. 데이터 전송이 있으면 데이터는 데이터 단계의 데이터 블록으로 이동한다. 데이터 블록의 처음 4바이트는 전송할 데이터의 바이트 길이다. 일부 동작은 데이터 단계가 없다. 마지막 단계는 디바이스가 응답 블록을 보내는 응답 단계다. 응답 블록에는 완료 정보 등이 들어 있다.

인터럽트 파이프에서 이벤트 블록은 이벤트 코드를 최대 3개 포함할 수 있다. 이벤트 코드에는 배터리 전원 부족 경고, 메모리 카드 제거 등 상태 정보의 알림 값이 들어 있다. Check Device Condition Event Code는 이벤트에 관한 상세 정보를 얻기 위해 이 클래스 전용인 Get Extended Event Data 리퀘스트를 보내라고 호스트에게 요청한다.

이 디바이스는 벌크 전용 프로토콜을 사용하는데, 벌크 엔드포인트를 STALL해 전송을 취소할 수 있다. 그러면 호스트는 클래스 전용 Get Device Status 리퀘스트를 보내고 STALL된 엔드포인트를 클리어하기 위해 Clear Feature 리퀘스트를 사용한다. 호스트는 이 클래스 전용인 Cancel Request 리퀘스트를 보내 전송을 취소할 수 있다. 디바이스가 Get Device Status 리퀘스트에 대한 응답으로 OK(ISO 15740 응답 코드 0x2001)를 반환하면 데이터 전송을 재개할 준비가 된 것이다.

디스크립터

하나의 인터페이스 디스크립터에서 bInterfaceClass = 0x06이면 정지 이미지 디바이스임을 알린다. bInterfaceSubClass = 0x01이면 이미지 인터페이스임을 알리며, bInterfaceProtocol = 0x01이면 정지 이미지 캡처 기능을 나타낸다. 인터페이스는 벌크 IN, 벌크 OUT, 인터럽트 IN 엔드포인트를 위한 디스크립터를 갖춰야 한다.

클래스 전용 리퀘스트

이 클래스는 클래스 전용 제어 리퀘스트를 4개 갖는다. Cancel Request는 리퀘스트에 명시한 ISO 15740 트랜잭션을 취소하도록 요청한다. Get Extended Event Data는 이벤트나 제조사에 관한 추가 정보를 요청한다. 이 리퀘스트는 옵션이다. Device Reset Request 리퀘스트는 디바이스가 IDLE 상태로 돌아가도록 요청한다. 이 리퀘스트는 호스트가 벌크 엔드포인트에 대해 STALL로 응답하거나 제조사 전용 상태 값을 클리어한 후에 사용할 수 있다. Get Device Status 리퀘스트는 HALT 상태인 엔드포인트를 클리어하는 데 필요한 정보를 요청한다. 디바이스가 데이터 전송을 취소한 후 호스트가 이 리퀘스트를 사용한다.

칩

풀스피드 이상을 지원하는 모든 USB 컨트롤러는 정지 이미지 클래스가 필요로 하는 엔드포인트 3개를 갖추고 있다.

호스트 지원

윈도우는 윈도우 이미지 획득WIA, Windows Image Acquisition API를 지원하며, 이 API를 통해 윈도우 정지 이미지 클래스에 속한 디바이스와 통신할 수 있다. 애플리케이션은 ReadFile, WriteFile, DeviceIoControl API 함수를 사용해 디바이스와 통신한다. usbscan.sys 드라이버는 WIA에 USB 지원을 추가했다.

사진 전송 프로토콜PTP, picture transfer protocol을 사용하는 카메라는 제조사 제공 드라이버 컴포넌트가 필요 없지만, 드라이버를 향상하고 제조사 전용 특성과 기능을 지원하는 미니 드라이버를 제조사가 제공하기도 한다. 스캐너의 경우 제조사는 마이크로 드라이버를 제공해야 한다. 마이크로 드라이버는 드라이버 통신이나 스캐너용 언어를 번역하는 헬퍼helper DLL이다. 미니 드라이버를 통해 디바이스와 통신을 할 수도 있다.

실험 및 계측

실험 및 계측test-and-measurement 클래스(USBTMC)는 타이밍을 보장할 필요가 없는 데이터를 쓰는 계측기에 적합하다. 이런 디바이스로는 보통 ADC, DAC, 센서, 트랜스듀서 등의 컴포넌트가 있다.

USB 이전에는 실험 및 계측 디바이스 대부분이 범용 인터페이스 버스GPIB, General Purpose Interface Bus라고 부르는 IEEE-488 병렬 인터페이스를 사용했다. 실험 및 계측 클래스의 USB488 서브클래스는 IEEE-488의 데이터 형식과 명령으로 통신하는 프로토콜을 정의한다.

문서

이 클래스 규격에는 주 문서인 USBTMC 규격 문서와 USB488 서브클래스용 별도 문서가 있다. IEEE-488 표준은 ieee.org에서 얻을 수 있다.

개요

USBTMC는 벌크 OUT 엔드포인트와 벌크 IN 엔드포인트를 요구한다. 인터럽트 IN 엔드포인트는 USB488 서브클래스 디바이스에 필요하고 USB488 서브클래스 디바이스가 아닌 경우 이벤트나 상태 정보를 반환하는 데 필요하지만 옵션이다.

벌크 파이프가 메시지를 교환하고 각 메시지는 헤더 뒤에 데이터로 구성된다. 벌크 OUT 엔드포인트는 명령 메시지를 받고 벌크 IN 엔드포인트는 응답 메시지를 보낸다. 명령 메시지 헤더는 메시지 ID, 각 전송을 식별하는 bTag 값, 메시지 전용 정보를 갖는다. 응답 메시지의 헤더는 메시지 ID, 응답을 유발한 명령의 bTag 값, 메시지 전용 정보를 갖는다.

디스크립터

USBTMC 기능은 인터페이스 서브클래스 수준에서 지정됐다. 인터페이스 디스크립터에서 bInterfaceClass = 0xFE이면 애플리케이션 전용 인터페이스임을 나타낸다. bInterfaceSubClass = 0x03이면 USBTMC임을 나타낸다. 이 클래스에는 클래스 전용 디스크립터가 없다.

클래스 전용 리퀘스트

이 클래스는 인터페이스의 상태를 제어/요청하거나 인터페이스의 속성과 기능에 관한 정보를 전송/요청하는 데 사용하는 제어 리퀘스트 8개를 정의한다.

칩

USBTMC 디바이스는 풀스피드 이상을 지원하는 모든 컨트롤러를 사용할 수 있다.

호스트 지원

윈도우에는 이 클래스용 드라이버가 없다. 내셔널 인스트루먼츠National Instruments는 자사 하드웨어에 사용하는 드라이버를 제공한다. 실험 및 계측 디바이스가 벌크 전송을 사용하므로 대용량 저장장치 클래스나 WinUSB 또는 libusb 드라이버, 제조사 전용 드라이버를 쓰는 방법도 있다. HID 클래스 디바이스도 제어/인터럽트 전송을 이용해 실험 및 계측 기능을 수행할 수 있다. 이미 존재하는 IEEE-488 인터페이스 디바이스를 위한 가장 빠른 해결책은 상용 IEEE-488/USB 컨버터를 사용하는 것이다.

애질런트 테크놀로지Agilent Technologies, Inc.는 GNU 자유 문서 라이선스GNU Free Documentation License를 따르는 USBTMC 드라이버를 제공한다.

비디오

USB 비디오 클래스UVC, USB video class는 디지털 캠코더, 웹캠, 동영상 등을 송수신하고 조작하는 디바이스를 지원한다. 이 클래스는 비디오 디바이스에서 정지 영상 전송도 지원한다.

문서

비디오 규격은 다양한 문서로 구성된다. 주 클래스 규격은 비디오 디바이스용 표준 디스크립터, 클래스 전용 디스크립터, 클래스 전용 제어 리퀘스트를 정의한다. 비디오 미디어 전송 터미널 규격은 비디오 카메라와 기타 연속적인 미디어에 스트림 데이터를 저장하는 디바이스를 위한 디스크립터와 리퀘스트를 정의한다. 기타 규격 문서로는 특수한 페이로드 형식에 관한 디스크립터와 프로토콜을 정의한 문서들이 있다. 추가 문서로는 FAQ, 구현 예제 등이 있다.

개요

그림 7-3은 USB 디바이스에서 비디오 기능을 구성하는 요소를 보여준다. 모든 기능은 입출력과 각 기능의 기타 컴포넌트에 관한 정보를 제공하는 비디오 컨트롤 VideoControl 인터페이스를 갖춰야 한다. 그리고 기능 대부분은 비디오 데이터를 전송 해주는 비디오 스트리밍 VideoStreaming 인터페이스를 1개 이상 갖춘다. 비디오 인터페이스 컬렉션 Video Interface Collection 은 비디오 컨트롤 인터페이스와 이에 연관된 비디오 스트리밍 인터페이스로 구성된다. 이 디바이스는 여러 개의 독립된 비디오 컨트롤 인터페이스와 비디오 인터페이스 컬렉션을 갖추기도 한다.

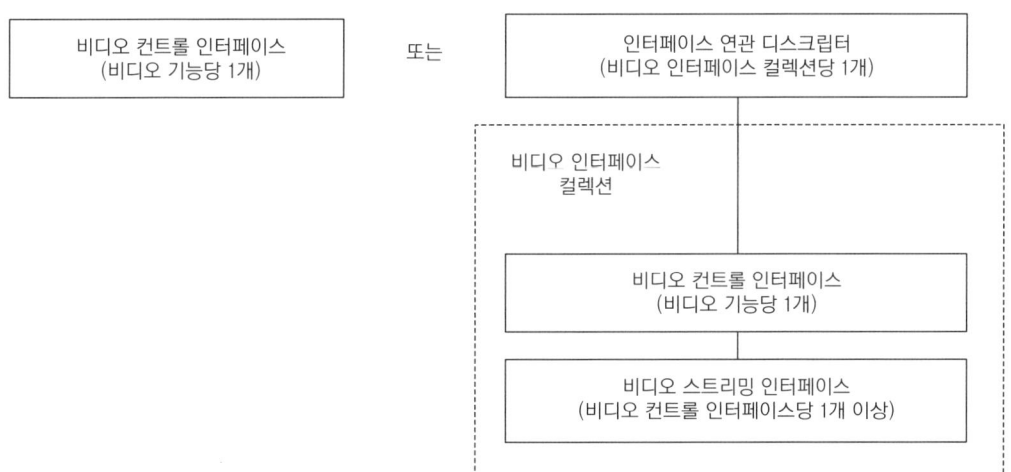

▲ **그림 7-3** 비디오 인터페이스는 비디오 컨트롤 인터페이스와 비디오 스트리밍 인터페이스 0개 이상으로 구성된다.

비디오 컨트롤 인터페이스는 제어 엔드포인트를 사용하고 인터럽트 IN 엔드포인트를 사용할 수도 있다. 각 비디오 스트리밍 인터페이스는 비디오 데이터용 등시성 엔드포인트나 벌크 엔드포인트를 1개 갖추며, 정지 이미지 데이터용 벌크 엔드포인트는 옵션이다.

디스크립터

비디오 클래스는 각 디바이스가 디바이스 기능에 관한 상세한 정보를 제공해주는 광범위한 디스크립터 집합을 정의한다. 각 비디오 인터페이스 컬렉션은 첫 번째 비디오 컨트롤 인터페이스 번호와 그 기능에 연관된 비디오 스트리밍 인터페이스 번호를 지정하는 인터페이스 연관 디스크립터를 갖춰야 한다.

비디오 컨트롤 인터페이스. 비디오컨트롤 인터페이스(그림 7-4)는 비디오 클래스임을 나타내는 `bInterfaceClass = 0x0E`인 표준 인터페이스 디스크립터를 갖는다. 이 디스크립터의 `iFunction` 필드는 U.S. 영어로 명시된 기능 이름을 포함한 문자열 디스크립터를 가리켜야 한다(그 밖의 언어는 옵션이다). 클래스 전용 비디오 컨트롤 인터페이스 디스크립터는 비디오 컨트롤 인터페이스 헤더 디스크립터와 1개 이상의 터미널Terminal 또는 유닛Unit 디스크립터로 구성된다.

터미널은 정보가 들어오거나 나가는 시작점이나 끝점이다. 터미널 1개는 USB 엔드포인트, CCD 센서, 디스플레이 모듈, 컴포지트 비디오 입출력 등 컴포넌트를 나타낼 수 있다. 정의된 터미널의 형식으로는 범용 입출력 터미널에 2개의 특수 목적 형식이 있다. 미디어 전송 터미널Media Transport Terminal은 순차적인 데이터를 USB 호스트로 또는 USB 호스트에서 스트리밍할 수 있다. 카메라 터미널Camera Terminal은 렌즈와 센서 특성을 갖는 비디오 캡처 디바이스의 기능을 제어할 수 있다.

유닛은 해당 기능을 통해 이동하는 데이터를 변환한다. 선택기 유닛Selector Unit은 데이터 스트림을 출력으로 라우팅한다. 처리 유닛Processing Unit은 비디오 속성을 제어한다. 인코딩 유닛Encoding Unit은 비디오 인코더의 속성을 제어한다. 확장 유닛Extension Unit은 제조사 정의 기능을 수행한다.

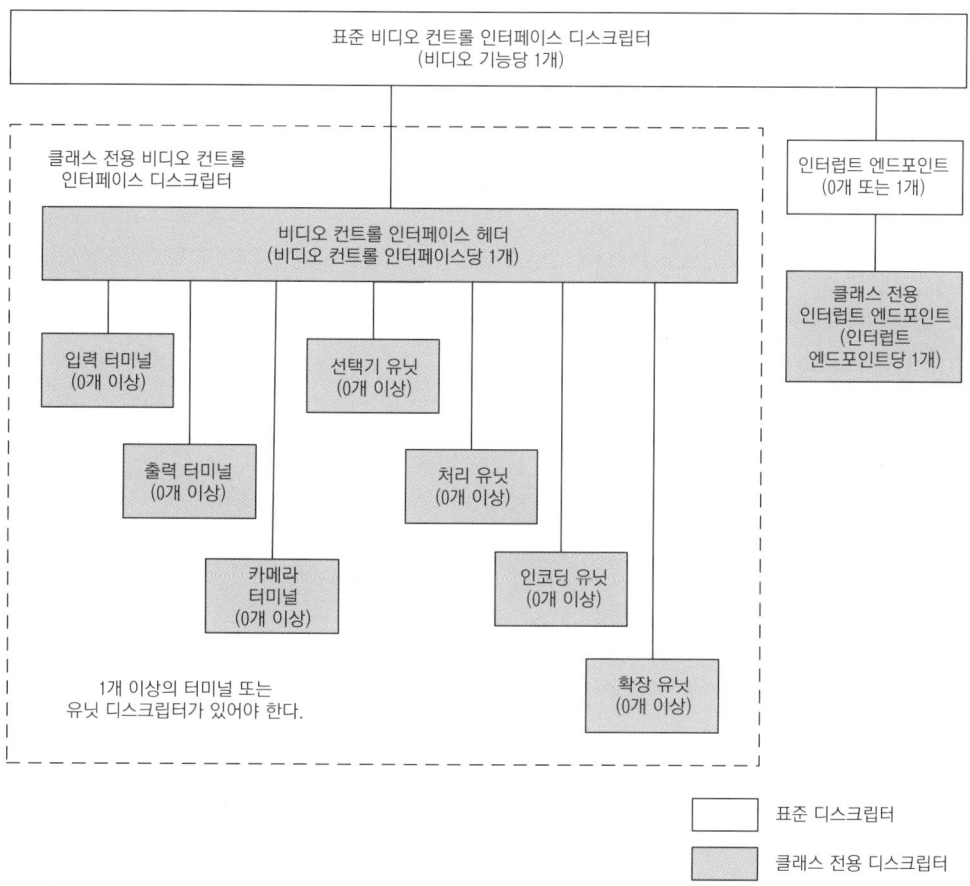

▲ **그림 7-4** 비디오 컨트롤 인터페이스는 입출력이나 비디오 기능 기타 컴포넌트에 관한 정보를 제공한다.

인터페이스가 인터럽트 엔드포인트를 갖고 있으면 이 엔드포인트는 표준 엔드포인트 디스크립터와 클래스 전용 엔드포인트 디스크립터를 갖는다.

비디오 스트리밍 인터페이스. 각 비디오 스트리밍 인터페이스(그림 7-5)는 표준 인터페이스 디스크립터를 갖는다. 이 디스크립터 다음으로는, IN 엔드포인트가 있는 인터페이스는 클래스 전용 비디오 스트리밍 입력 헤더_{VideoStreaming Input Header} 디스크립터를 갖고, OUT 엔드포인트를 갖는 인터페이스는 클래스 전용 비디오 스트리밍 출력 헤더_{VideoStreaming Output Header} 디스크립터를 갖는다.

7장_ 디바이스 클래스 **291**

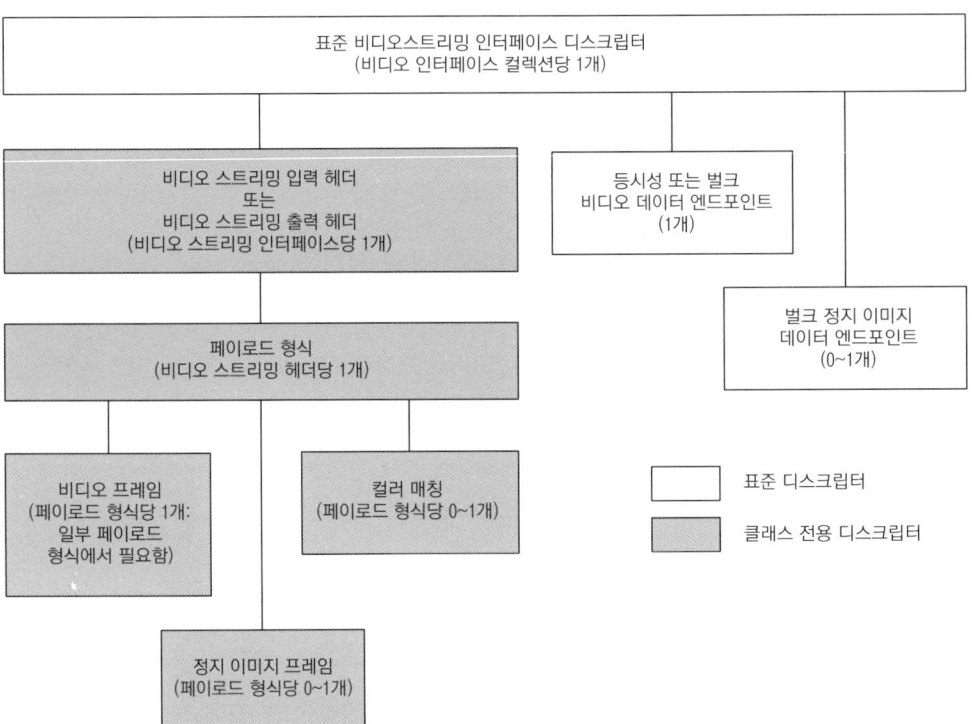

▲ 그림 7-5 비디오 스트리밍 인터페이스는 비디오 데이터용 엔드포인트를 갖고, 옵션으로 정지 이미지 데이터용 엔드포인트를 갖는다.

헤더 디스크립터 다음으로는, 지원하는 각 비디오 형식에 따라 페이로드 형식 Payload Format 디스크립터가 온다. 프레임 기반 형식을 위해 페이로드 형식 디스크립터 다음에 비디오 프레임 크기와 해당 형식 전용의 특성을 기술한 비디오 프레임 Video Frame 디스크립터가 1개 이상 온다. 정지 이미지 캡처를 지원하는 일부 디바이스는 정지 이미지 프레임 Still Image Frame 디스크립터를 갖는다. 페이로드 형식 Paylode Format 안에는 컬러 프로파일을 기술한 컬러 매칭 Color Matching 디스크립터가 있을 수도 있다. 각 비디오 스트리밍 인터페이스는 비디오 데이터를 위한 등시성 엔드포인트를 1개 이상 갖거나 벌크 엔드포인트 디스크립터를 갖는다. 정지 이미지 데이터용 벌크 엔드포인트는 옵션이다.

클래스 전용 리퀘스트

클래스 전용 제어 리퀘스트를 통해 비디오 컨트롤과 비디오 스트리밍 인터페이스의 제어 상태를 읽거나 설정할 수 있다.

칩

비디오는 큰 버스 대역폭을 요구하는 편이므로 비디오 애플리케이션이 사용하는 컨트롤러는 하이스피드, 슈퍼스피드, 슈퍼스피드 플러스를 사용하는 편이다. 비디오 클래스를 지원하는 USB 컨트롤러를 제공하는 칩 회사로는 알코르 마이크로Alcor Micro, 제네시스 로직Genesys Logic, 리얼텍 세미컨덕터Realtek Semiconductor Corp. 등이 있다.

호스트 지원

윈도우 XP SP2는 비디오 클래스 1.0 버전(usbvideo.sys)과 호환되는 드라이버를 도입했다. 윈도우 7은 이 클래스의 버전 1.1을, 윈도우 8은 버전 1.5를 지원하며 버전 1.5는 더 효율적인 압축을 위한 H.264 비디오 코덱을 탑재했다. 이 드라이버를 사용하는 비디오 클래스 디바이스 제조사는 다른 드라이버 소프트웨어를 제공할 필요가 없지만, 제조사 전용 기능을 지원하려면 컨트롤이나 스트리밍 확장을 제공해야 한다.

애플리케이션은 윈도우 SDK에 있는 DirectShow API 문서를 사용해 비디오 디바이스에 접근할 수 있다.

리눅스 UVC 프로젝트는 일부 비디오 클래스 디바이스에 대한 커널 지원을 제공한다.

기타 규격에 정의된 클래스

일부 USB 클래스 코드는 USB-IF에서가 아닌 단체에서 정의한 것도 있으며, 주 클래스 규격에는 명시되지 않은 것도 있다.

블루투스

USB/블루투스 어댑터는 블루투스의 단거리 RF 무선 인터페이스와 USB 사이를 변환해준다. 블루투스 SIG~Special Interest Group~ 사(bluetooth.org)의 블루투스 규격에는 이런 디바이스에 관한 통신 프로토콜이 정의되어 있다. 이 어댑터는 내부 또는 외부, 마더보드상의 부품, 칩상의 서브시스템 등, 분리된 디바이스로 존재할 수 있다.

이 규격은 2개의 컨트롤러 유형을 정의한다. 주 컨트롤러~Primary Controller~에는 2개의 USB 인터페이스가 있는데, 1개는 벌크와 인터럽트 엔드포인트, 또 1개는 등시성 엔드포인트다. 인터페이스 2개를 사용하면 USB 호스트가 벌크나 인터럽트 전송에서 인터럽트를 대기하는 일 없이 대체 등시성 인터페이스를 선택할 수 있다. 대체 AMP 컨트롤러~Alternate MAC/PHY Controller~는 벌크와 인터럽트 엔드포인트가 있는 인터페이스 1개를 갖춘다.

USB 블루투스 디바이스는 디바이스나 인터페이스 디스크립터 안에서 다음 값을 사용한다.

디스크립터 필드	값	설명
클래스	0xE0	무선 컨트롤러
서브클래스	0x01	RF 컨트롤러
프로토콜	0x01	블루투스 주 컨트롤러
	0x04	블루투스 AMP 컨트롤러

USB/블루투스 어댑터를 위한 또 다른 옵션은 USB/직렬 포트 어댑터를 사용하는 것이다. 이 어댑터는 직렬 포트와 어댑터를 인터페이스해주며, 호스트는 블루투스 UART 전송 계층에 정의된 프로토콜을 사용하면 된다.

무선 USB

USB-IF의 무선 USB 규격은 디바이스 와이어 어댑터~Device Wire Adapter~를 정의하고 있다. 이 어댑터는 USB A 커넥터를 이용해 디바이스를 장착하고 무선 USB 호스트와 무선 통신을 할 수 있다.

디바이스 와이어 어댑터는 인터페이스 디스크립터에 다음 값을 사용한다.

디스크립터 필드	값	설명
bInterfaceClass	0xE0	무선 컨트롤러
bInterfaceSubClass	0x02	무선 USB 와이어 어댑터
bInterfaceProtocol	0x02	디바이스 와이어 어댑터 제어/데이터 스트리밍 인터페이스
	0x03	디바이스 와이어 어댑터 트랜스패런트 RPipe 인터페이스(옵션)

무선 옵션에 대해서는 20장에서 설명한다.

USB3 비전

머신 비전 디바이스는 관찰, 추적, 제품 생산 라인의 아이템 정렬, 외과 로봇의 가이드, 폭발 감지 등의 기능을 수행한다. USB3 비전 규격은 USB 3.0을 사용하는 머신 비전 디바이스의 프로토콜을 정의하고 있다.

자동화 이미징 협회AIA, Automated Imaging Association(visiononline.org)는 USB3 비전 표준 위원회의 스폰서이며 규격을 출판한다.

USB3 비전 디바이스는 인터페이스 디스크립터에 다음 값을 사용한다.

디스크립터 필드	값	설명
bInterfaceClass	0xEF	기타
bInterfaceSubClass	0x05	USB3 비전
bInterfaceProtocol	0x00	디바이스 제어
	0x01	디바이스 이벤트(옵션)
	0x02	디바이스 스트리밍

USB 비전 디바이스는 호스트로 데이터를 스트리밍할 때, 디바이스 제어 및 옵션 이벤트 메시지를 위해 벌크 엔드포인트를 사용한다.

USB3 비전 카메라는 XML 디바이스 설명 파일을 갖춰야 한다. 이 파일은 카메라의 기능을 설명하며, GenICam 표준(genicam.org)에 정의된 문법을 사용해야 한다.

USB3 비전 규격은 안전한 연결을 위해 스크류 체결을 사용한 커넥터류를 정의하고 있는데, 머신 비전 애플리케이션을 빠른 움직임이나 힘을 받는 곳에서도 사용하기 때문이다.

비표준 기능 구현

어떤 디바이스 기능은 이미 존재하는 USB 클래스와 정확히 맞지 않는 경우도 있다. 실험 및 계측 디바이스, 디바이스 펌웨어 업그레이드 등은 표준 클래스이지만 윈도우나 기타 운영체제가 드라이버를 지원하지 않아 다른 접근 방식을 찾아야 한다. 많은 구형 직렬, 병렬 포트 디바이스가 제조사 전용 기능을 수행한다. 두 호스트를 연결하는 것도 표준 클래스에는 정확하게 일치하지 않는다. USB는 이런 디바이스들의 요구사항을 모두 수용할 만큼 유연하다.

드라이버 선택

제조사 정의 기능을 갖춘 일부 디바이스는 클래스 드라이버로 HID, CDC, 대용량 저장장치를 쓰기도 한다. HID는 제어와 인터럽트 전송으로 제한되지만, 다른 용도로 데이터 전송을 해도 된다. CDC 가상 직렬 포트는 벌크 전송으로 데이터를 교환할 수 있는데, INF 파일을 제조사가 제공해야 한다. 대용량 저장장치는 파일 안에 있는 데이터를 전송하는 디바이스에 적합하다.

표준이지만 실험 및 계측, 디바이스 펌웨어 업그레이드 같은 미지원 클래스의 경우 서드파티가 제공하는 클래스 드라이버를 구하면 된다.

범용 드라이버 사용

범용 드라이버를 사용하면 표준 클래스에 정확하게 일치하지 않는 디바이스에 대한 해법을 찾을 수 있다. 일반적으로 범용 드라이버를 쓰면 드라이버 고유 API를 통해 애플리케이션이 제어, 인터럽트, 벌크, 등시성 전송 요청을 할 수 있다.

14~15장에서 설명할 마이크로소프트 WinUSB와 오픈소스 libusb 드라이버를 사용하는 방법도 있다. 앤드루 파지터Andrew Pargeter & Associates, 정고Jungo Ltd., Thesycon 등에서 제공하는 범용 드라이버 소스도 있다. 이들 드라이버 중 대다수는 요구된 INF 파일을 생성하는 툴킷을 갖추고 있으며, 예제 애플리케이션 코드를 같이 제공한다. 6장에서 설명한 것처럼 일부 칩 회사는 자사 칩에 사용하는 범용 드라이버를 제공한다.

RS-232에서 변환하기

RS-232 직렬 포트는 초창기 PC의 기능이었으며, 많은 PC와 주변기기가 오랫동안 사용해왔다. RS-232를 사용하는 모든 디바이스는 USB로 대체할 수 있으며, 다양한 접근 방법이 있다.

어떤 RS-232 디바이스는 이미 정의된 USB 클래스에 정확히 맞는다. 모뎀은 CDC 디바이스다. 포인팅 디바이스, 무정전 전원 공급 장치, POS 디바이스는 HID로 설계한다.

그 밖의 대부분 디바이스는 6장에서 소개한 FTDI의 USB UART 시리즈를 사용하면 빠르게 USB로 업그레이드할 수 있다. 이 칩을 쓰면 현재 사용 중인 RS-232 디바이스의 설계를 최소한으로 변경함으로써 USB로 변환할 수 있고 호스트 소프트웨어와 디바이스 펌웨어는 전혀 바꿀 필요가 없는 것이 대부분이다.

그림 7-6은 사용 예다. RS-232 인터페이스를 갖춘 전형적인 디바이스 중에는 RS-232 통신에서 사용하는 직렬 데이터를 CPU가 사용하는 병렬 데이터로 변환해주는 UART가 있다. UART의 라인 쪽 신호를 컨버터에 연결한다. 이 컨버터는 UART 측의 신호선을 드라이버와 RS-232 전압을 UART가 사용하는 5V 로직으로 변환하는 수신 측에 연결한다. RS-232에서 USB로 변환하려면 RS-232 컨버터를 FT231X나 비슷한 컨버터 칩으로 바꾸면 된다. 그 후 호스트 컴퓨터는 FTDI의 드라이버를 사용해 디바이스에 접근할 수 있으며, 애플리케이션은 RS-232 통신을 쓸 때와 같은 함수를 사용하면 된다.

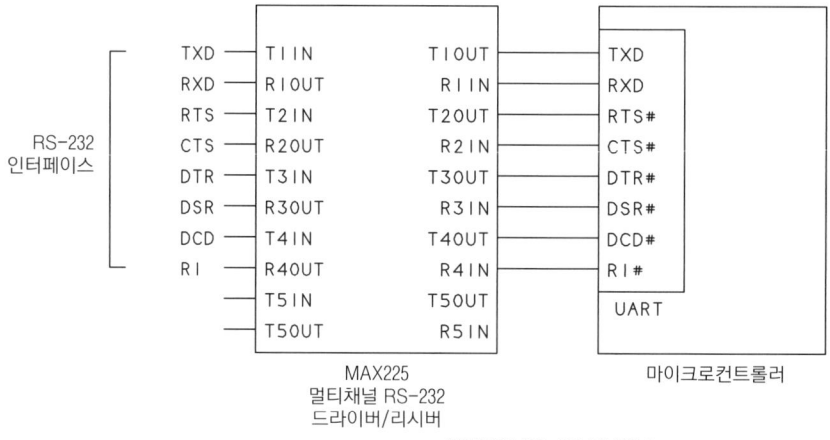

일반적인 RS-232 디바이스

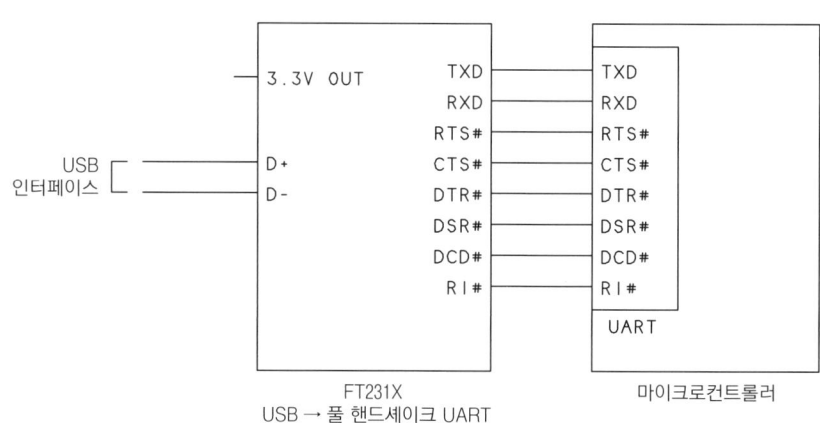

RS-232 디바이스를 USB로 변환

▲ **그림 7-6** FTDI의 FT231X USB UART는 RS-232 인터페이스를 USB로 변환해준다. FTDI에서 제공한 드라이버를 쓰면 호스트 애플리케이션이 COM 포트를 쓰는 것처럼 디바이스를 쓸 수 있다.

대부분의 RS-232/USB 어댑터 모듈은 FT231X 또는 비슷한 계열의 칩과 RS-232 인터페이스 칩, RS-232와 USB 커넥터를 탑재한다. 사용자는 RS-232 디바이스에 외장 어댑터를 장착해 USB나 RS-232를 골라서 사용할 수 있다.

USB/RS-232 어댑터를 사용할 때, 디바이스가 예전 방식대로 상태/제어 신호를 쓰고 엄격한 타이밍 요구사항이 있다면 디바이스 하드웨어, 펌웨어, 애플리케이션 소프트웨어를 변경해야 할 수도 있다.

병렬 포트로부터 변환

병렬 포트는 PC 최초부터 갖췄던 포트로 원래 프린터를 연결하기 위한 것이었지만 다른 디바이스도 병렬 포트를 많이 이용했다. 병렬 포트 프린터용 어댑터 모듈을 사용하면 USB를 통해 PC에 연결할 수 있다.

프린터 외에 기타 기능 디바이스들은 USB로 다시 설계해야 하는 경우가 있다. 디바이스는 WinUSB 드라이버나 범용, 커스텀 드라이버를 사용하기도 한다. 이런 디바이스는 드라이버와 통신하기 위한 새로운 애플리케이션이 필요할 것이다. 주변기기 측 병렬 포트 인터페이스는 8개의 양방향 데이터 핀, 5개의 상태 출력, 4개의 상태 입력이 있다. I/O 비트를 17개 이상 갖춘 USB 컨트롤러는 병렬 포트를 에뮬레이트할 수 있다. 이런 디바이스는 USB와 병렬 포트 데이터를 변환하는 제조사 전용 펌웨어가 필요하다. 또한 호스트 드라이버와 새로운 애플리케이션 소프트웨어도 필요하다.

PC 간 통신

모든 PC는 USB 포트를 갖추고 있으므로, 어떤 애플리케이션은 USB를 통해 PC 간 통신을 했으면 할 것이다. 그러나 한 가지만 제외하면 USB는 호스트끼리 직접 데이터를 교환하는 것을 금지한다. 모든 USB 통신은 호스트와 디바이스 간에 발생해야 한다.

PC가 이더넷 포트까지 갖추고 있다면 가장 값싼 해법은, USB는 잊고 이더넷을 사용하는 것이다. 크로스오버 케이블로 PC를 직접 연결할 수도 있고, 허브나 라우터를 통해 연결할 수도 있다.

이더넷 포트가 없는 PC라면 USB 호스트 간 브리지 케이블로 같은 작업을 할 수 있다. 이 케이블은 USB 디바이스 컨트롤러 2개를 갖췄다(같은 칩 안에 들어 있을 수도 있다). 각 컨트롤러는 각 USB 디바이스를 나타낸다. 각 디바이스는 각기 다른 PC에 연결되고 디바이스는 공유 버퍼를 통해 데이터를 교환한다(그림 7-7). PC가 자신에게 연결된 디바이스로 데이터를 보내면 해당 디바이스는 데이터를 공유 버퍼에 쓴다. 브리지에 있는 다른 쪽 디바이스가 버퍼로부터 데이터를 읽어온 후 자신에게 연결된 PC로 다시 전송하는 방식이다.

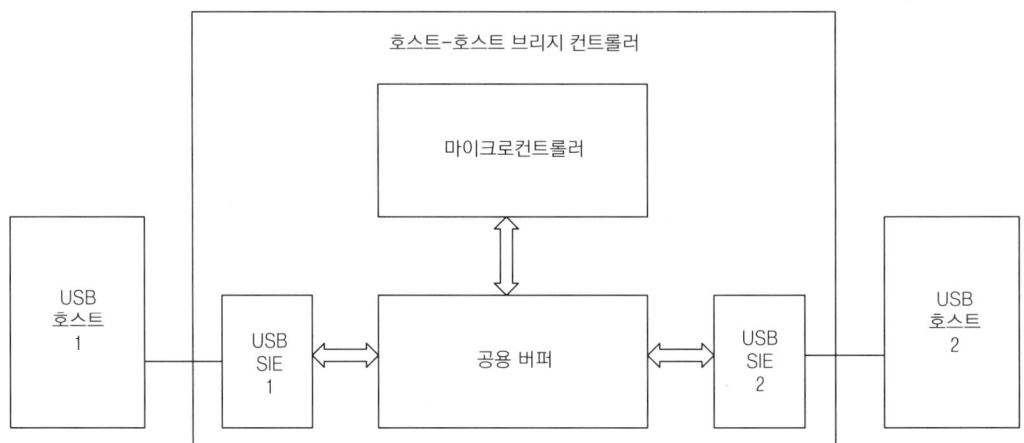

▲ **그림 7-7** USB 호스트 2개가 상대방과 통신하려면 USB 직렬 인터페이스 엔진 2개가 공유 버퍼를 갖추고 USB 데이터를 공유 버퍼로 복사한 후 각 상대 디바이스가 버퍼로부터 데이터를 가져와 호스트로 보내주면 된다.

프로리픽 테크놀로지Prolific Technology의 PL-25A1 USB 2.0 호스트-호스트 브리지 컨트롤러Host-to-Host Bridge Controller는 이런 유형의 호스트-호스트 애플리케이션을 위해 설계된 단일 칩 컨트롤러다. 이 칩은 8032 마이크로컨트롤러와 공용 버퍼를 액세스할 수 있는 USB SIE를 2개 갖췄다. 보통은, 브리지 케이블용 드라이버를 통해 네트워크로 연결된 상대방 컴퓨터를 볼 수 있다.

또 다른 방법으로 USB/이더넷 어댑터를 사용하여 USB를 통해 네트워크를 연결하는 방식도 있다.

호스트 간 통신에 대한 다른 접근 방법 중 하나는 FTDI의 FT231X나 비슷한 USB UART 2개를 사용해 비동기 인터페이스를 널 모뎀null-modem 설정으로 크로스 연결하는 것이다. 그러면 각 PC는 가상 직렬 포트를 통해 상대방 PC와 통신할 수 있다.

호스트는 반드시 디바이스와 통신해야 한다는 규칙에도 예외가 한 가지 있다. 바로 USB 3.1 표준 A-USB 3.1 표준 A 케이블인데, 호스트 드라이버가 지원하면 인핸스드 슈퍼스피드 디바이스가 이 케이블로 상대방 PC와 통신할 수 있다. 이 케이블은 20장에서 다룬다.

8장

호스트와 통신

8장에서는 윈도우가 USB 디바이스 통신을 관리하는 방법을 설명한다.

디바이스 드라이버

디바이스 드라이버는 소프트웨어 컴포넌트다. 애플리케이션은 디바이스 드라이버를 사용해 하드웨어 디바이스에 접근할 수 있다. 여기서 하드웨어 디바이스란 프린터, 모뎀, 키보드, 비디오 디스플레이, 데이터 수집 장치 유닛 등 CPU가 접근 가능한 회로로 제어하는 모든 디바이스를 말한다. 윈도우에서 모든 USB 디바이스는 할당된 디바이스 드라이버가 있다.

계층적 드라이버 모델

윈도우 운영체제에서 USB 통신은 계층적 드라이버 모델을 사용한다. 이 모델은 드라이버가 통신의 각 부분을 일렬로 수행하거나 스택으로 수행하는 계층 구조다. 스택의 최상위는 운영체제가 디바이스를 할당하는 기능을 담당하는 클라이언트 드라이버다. 클라이언트 드라이버를 다른 말로 펑션 드라이버라고도 한다. USB 클래스 드라이버와 제조사 전용 디바이스 드라이버는 클라이언트 드라이버다. 클라이언트 드라이버는 애플리케이션이 USB 디바이스와 통신으로 접근할 때 쓴다. 클라이언트 드라이버는 결과적으로 하드웨어에 접근하는 저수준 버스 및 포트 드라이버와 통신한다.

계층 구조로 통신을 나누는 것은 디바이스가 같은 작업에 대해 공통 코드를 공유할 수 있으므로 효율적이다. 예를 들어, 모든 USB 디바이스에서 사용하는 공통 작업이 있다면 같은 드라이버를 사용하는 것이 효율적이다. 운영체제가 이런 드라이버를 제공해주면 디바이스 제조사가 같은 작업을 되풀이할 필요가 없다.

사용자 모드와 커널 모드

윈도우 운영체제에서 프로그램 코드는 사용자 모드나 커널 모드 둘 중 한 가지 모드로 실행된다. 각 모드는 메모리와 기타 시스템 리소스에 접근할 때 다른 수준의 권한을 허용한다. 그림 8-1은 USB 통신에서 사용자 모드와 커널 모드의 주요 컴포넌트를 보여준다. 애플리케이션은 사용자 모드로 실행된다. USB 디바이스는 커널 모드 클라이언트 드라이버를 반드시 갖춰야 하고, 사용자 모드 드라이버는 부가적으로 갖는다.

사용자 모드에서는 메모리나 기타 시스템 리소스의 접근이 제한된다. 운영체제가 보호 구역으로 설계한 메모리를 애플리케이션과 사용자 모드 클라이언트 드라이버가 접근할 수 없다. 이런 방식으로 메모리 접근을 제한하기 때문에 PC가 여러 애플리케이션을 동시에 실행할 수 있다. 또한 애플리케이션에 문제가 생겨도 다른 애플리케이션이 영향을 받지 않는다.

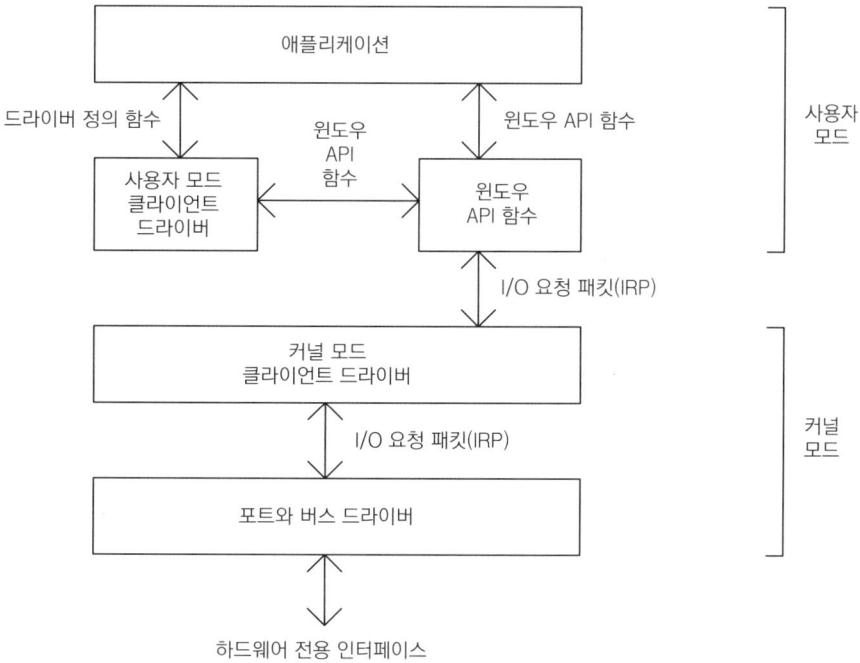

▲ **그림 8-1** USB는 윈도우에서 계층적 드라이버 모델을 사용한다.

커널 모드 코드는 실행 코드가 메모리 관리 명령과 I/O 포트 접근 제어 등 시스템 리소스에 자유롭게 접근할 수 있다. 커널 모드 드라이버는 모든 애플리케이션 또는 특정 애플리케이션만 디바이스에 접근할 수 있게 허가한다. 윈도우에서 커널 모드 드라이버는 DMA 전송, 하드웨어 인터럽트 처리 등 할 수 있는 일이 더 있다.

세부적인 사항은 드라이버에 따라 다르지만 애플리케이션은 일반적으로 윈도우 API 함수에 포함된 커널 모드 드라이버, 기타 사용자 모드 드라이버 지원 함수, 닷넷 프레임워크 안에 있는 속성, 메소드, 클래스 이벤트와 통신한다. 애플리케이션은 USB 디바이스와 통신할 때 USB 프로토콜이나 USB를 어떤 방식으로 쓸지 전혀 몰라도 되는 경우도 많다.

커널 모드 드라이버는 운영체제가 지원하는 I/O 리퀘스트 패킷_{IRP, I/O request packet}이라는 자료 구조로 통신한다. 각 IRP 리퀘스트는 단일 입력이나 출력 동작을 요청한다. USB 디바이스용 커널 모드 클라이언트 드라이버는 USB 통신을 처리하는 버스 드라이버와 통신할 때 IRP를 사용한다.

드라이버는 I/O 리퀘스트를 처리하는 디바이스 오브젝트를 생성한다. DEVICE_OBJECT 자료 구조가 디바이스 오브젝트의 내용을 표현한다. 물리 디바이스 오브젝트PDO, physical device object는 버스 드라이버용 디바이스를 나타낸다. 기능 디바이스 오브젝트FDO, functional device object는 클라이언트 드라이버용 디바이스를 표현한다. 필터 디바이스 오브젝트filter DO는 필터 드라이버용 디바이스를 표현한다.

윈도우 PnP 관리자는 버스 드라이버에게 요청해 버스상의 각 디바이스용 PDO를 생성한다. PnP 관리자는 각 PDO를 위해 FDO와 필터 DO를 차례로 생성하는 클라이언트와 필터 드라이버를 로드하고 호출하기도 한다.

각 계층의 내부

USB 디바이스 접근에 관련 있는 컴포넌트로는 애플리케이션, 사용자 모드 클라이언트 드라이버, 커널 모드 클라이언트 드라이버, 버스 드라이버가 있다.

애플리케이션

애플리케이션이 디바이스와 통신을 시작하려면 먼저 디바이스 전원을 켜거나 호스트에 장착해야 한다. 그러면 4장에서 설명한 것처럼 운영체제가 디바이스 열거를 수행한다. 윈도우는 사용할 드라이버를 식별하려고 시스템 INF 파일에 있는 정보와 얻어온 디스크립터를 비교한다. INF 파일은 9장에서 더 자세히 설명한다. 열거를 완료하고 드라이버를 로드하면 애플리케이션이 디바이스에 접근할 수 있다.

일부 드라이버는 애플리케이션이 디바이스로 데이터를 요청하든 안 하든 디바이스에서 데이터를 지속적으로 요청하기도 한다. 예를 들어, 호스트는 일정 시간마다 키보드에서 키 입력 데이터를 요청한다. 반대로 애플리케이션이나 다른 프로그램 코드가 요청할 때만 디바이스에 접근하는 드라이버도 있다.

윈도우 API

비주얼 C#과 그 밖의 언어들로 작성한 애플리케이션은 윈도우 API 함수를 호출해 다양한 디바이스에 접근할 수 있다. 지원하는 함수는 드라이버에 따라 다르지만 일반적으로 애플리케이션은 `CreateFile` 함수로 통신을 열고, `ReadFile`, `ReadFileEx`, `WriteFile`, `WriteFileEx`, `DeviceIoControl` 함수 조합으로 데이터를 교환하며, `CloseHandle` 함수로 통신을 닫는다. 마이크로소프트 윈도우 소프트웨어 개발 키트SDK 문서에서 이 함수들의 설명을 찾아볼 수 있다.

함수 이름 때문에 파일을 다루는 함수처럼 여겨지지만 `ReadFile`, `WriteFile`(파생 함수인 `ReadFileEx`, `WriteFileEx` 포함) 함수는 드라이버와 통신할 수 있다. 이 드라이버는 핸들을 기반으로 다루는 디바이스 유형에 접근한다. 함수를 호출할 때는 읽고 쓸 데이터를 저장하는 버퍼로 포인터를 넘기는 방식을 쓴다. 드라이버에 따라서 `ReadFile`을 호출하면 디바이스로 데이터를 요청하기도 하고 드라이버가 이미 요청해 드라이버 버퍼에 저장된 데이터를 반환하기도 한다.

`DeviceIoControl`은 데이터를 전송하는 또 하나의 방법이다. 각 `DeviceIoControl` 리퀘스트 안에는 특정 명령어를 식별할 수 있는 제어 코드가 들어 있다. 예를 들어, `IOCTL_STORAGE_GET_MEDIA_TYPES` 코드는 대용량 저장장치 지원의 미디어 형식을 요청한다. 함수 하나가 특정 드라이버로 코드를 전송하기 때문에 여러 드라이버가 같은 코드를 사용할 수 있다.

닷넷 클래스 사용

쉽고 안전한 프로그래밍을 하려면 마이크로소프트 닷넷 프레임워크를 사용한다. 닷넷 프레임워크를 쓰면 애플리케이션 코드에서 API 함수 호출을 많이 줄일 수 있다. 대신 애플리케이션은 공통 언어 런타임CLR, Common Language Runtime 컴포넌트와 통신한다. 이 CLR은 내부적으로 API 함수를 차례로 호출할 것이다. CLR은 또한 애플리케이션 프로그래밍을 할 때 메모리 관리나 기타 저수준 작업을 최소한으로 할 수 있게 해준다. 예를 들어 애플리케이션이 드라이브에 있는 파일에 접근할 때 `ReadFile`, `WriteFile`을 사용하지 않고 닷넷의 `Directroy`, `File` 클래스에 있는 메소드를 사용하면 간편하다. 닷넷 프레임워크에 있는 컴포넌트와 CLR로 작업하면 파일에 접근할 때 애플리케이션 코드를 API 호출로 변환한다.

닷넷 클래스가 모든 API 함수를 구현한 것은 아니다. 예를 들어, 닷넷은 HID 클래스 디바이스에서 기능 리포트 교환에 관한 메소드를 지원하지 않는다.

사용자 모드 클라이언트 드라이버

사용자 모드 클라이언트 드라이버는 애플리케이션이 디바이스에 접근할 수 있는 드라이버 전용 API를 정의할 수 있다. 이 드라이버는 DLL_{dynamic link library}(동적 링크 라이브러리) 안에 있다. 사용자 모드 USB 드라이버의 예로 winusb.dll이 있다. 이 DLL은 WinUSB 커널 모드 드라이버를 사용하는 디바이스에 접근하는 루틴을 애플리케이션 영역으로 꺼내놓았다. 이 루틴들이 WinUSB API를 이룬다. 비슷한 방식으로 hid.dll은 HID API 루틴을 꺼내놓은 사용자 모드 드라이버다. HID API는 HID 커널 모드 클래스 드라이버를 사용해 디바이스에 접근한다.

사용자 모드 드라이버는 드라이버가 정의한 함수와 윈도우 API를 변환해준다. 예를 들어, 애플리케이션이 `Hid_GetFeature` API 함수를 호출하면 사용자 모드 HID 드라이버는 `DeviceIoControl` API 함수를 호출한다. 그러면 커널 모드 HID 드라이버가 디바이스로부터 HID 특성 리포트를 요청한다.

커널 모드 클라이언트 드라이버

커널 모드 클라이언트 드라이버는 사용자 모드 코드와 저수준 USB 드라이버 사이의 통신을 관리한다. 커널 모드 클라이언트 드라이버는 마이크로소프트 윈도우 드라이버 모델_{WDM, Windows Driver Model}을 준수해야 한다. 이 드라이버들은 확장자가 .sys다(그 밖의 드라이버 유형도 이런 확장자를 쓸 때가 있다). 커널 모드 클라이언트 드라이버의 예로는 winusb.sys(WinUSB)와 hidclass.sys(HID)가 있다.

커널 모드 클라이언트 드라이버는 윈도우나 제조사 제공 드라이버를 갖춘 클래스 드라이버일 수도 있다. 이 드라이버는 지정한 디바이스나 디바이스 클래스와의 통신을 관리한다. 이런 클래스 드라이버는 또한 미니클래스 드라이버와 통신하기도 한다. 미니클래스 드라이버는 클래스 안에 있는 디바이스 서브셋과의 통신을 관리한다.

클라이언트 드라이버나 미니클래스 드라이버는 저수준 필터 드라이버를 1개 이상 갖출 수 있다(그림 8-2). 고수준 필터 드라이버는 애플리케이션과 클라이언트 드라이버 사이의 통신을 감시하거나 변경할 수 있다. 저수준 필터 드라이버는 클라이언트 드라이버와 버스 드라이버 사이의 통신을 감시하거나 변경할 수 있다.

▲ **그림 8-2** 클라이언트 드라이버는 디바이스와 통신하는 것을 감시하거나 변경하는 필터 드라이버를 1개 이상 갖출 수 있다.

혼성 디바이스에서는 윈도우가 버스 드라이버와 디바이스 인터페이스를 위한 클라이언트 드라이버 사이의 USB 공통 클래스 범용 부모 드라이버(usbccgp.sys)를 로드한다. 범용 부모 드라이버는 디바이스 전체로는 동기화, PnP, 전원 관리 기능을 처리하고, 혼성 디바이스 인터페이스용 저수준 USB 드라이버와 클라이언트 드라이버 사이의 통신을 관리한다.

사용자 모드 프로그래머는 비주얼 베이직, C#, C/C++ 등의 프로그래밍 언어를 선택할 수 있다. 커널 모드 드라이버는 다양한 윈도우 플랫폼 간에 이식성이 좋고 기능을 갖춘 C 언어를 쓴다. WDK_{Windows Driver Kit}는 C 헤더 파일을 제공한다. 이 헤더 파일은 드라이버가 사용할 데이터 자료형과 상수 값을 정의한다. C++도 일부 커널 모드 드라이버에 적합할 때가 있다. 단, 마이크로소프트 문서에는 C++를 사용할 때 메모리 관리, 라이브러리 생성과 사용, 정적 변수와 전역 변수의 사용에 관한 문제점과 위험성이 언급돼 있다.

USB 통신은 IRP를 사용한다. IRP 안에는 USB 리퀘스트 블록$_{\text{URB, USB Request Block}}$이라는 자료 구조가 있다. URB를 통해 드라이버가 디바이스를 설정하고 데이터를 전송할 수 있다. WDK 문서에는 URB에 관한 내용이 있다. 커널 모드 클라이언트 드라이버는 URB를 생성하고 IRP 안에 있는 URB를 승인해 저수준 드라이버로 전송을 요청한다. 버스와 호스트 컨트롤러 드라이버는 버스상의 트랜잭션 스케줄링에 관한 세부사항을 처리한다. 인터럽트 전송, 등시성 전송에서 어떤 엔드포인트용 중요 IRP가 없다면 스케줄링 시간이 왔을 때 호스트 컨트롤러가 트랜잭션을 건너뛸 것이다.

USB 통신에서 URB 하나는 트랜잭션 1개 이상으로 구성할 수 있는 USB 트랜잭션 1개를 요청한다. 저수준 드라이버는 클라이언트와 통신하는 것까지는 요청하지 않고 전송 트랜잭션을 스케줄링한다.

새로 만든 드라이버를 쓰지 않고 이미 존재하는 클라이언트 드라이버를 사용한다면 해당 드라이버의 애플리케이션 수준 인터페이스에 접근하는 법을 알아둬야 하지만 자체 IRP, URB를 고려할 필요는 없다. 클라이언트 드라이버를 직접 작성한다면 시스템 USB 드라이버와 통신하는 IRP를 제공해야 한다.

저수준 호스트 드라이버

윈도우와 기타 OS들은 루트 허브와 호스트 컨트롤러를 관리하는 저수준 USB 드라이버를 제공한다. 마이크로소프트는 이들 드라이버에 대한 문서를 많이 제공하지 않는다. 애플리케이션 및 디바이스 드라이버 제작자는 각 드라이버 내부가 어떻게 동작하는지 몰라도 된다. 저수준 통신 구현에 대해 알고 싶다면 리눅스 USB 프로젝트에서 소스 코드와 문서를 참고하는 것도 하나의 방법이다. 도서로는 벤저민 데이비드 런트Benjamin David Lunt의 『USB: The Universal Serial Bus』가 있다.

USB 3.0 드라이버

USB 3.0 호스트에서, 윈도우는 허브/버스 드라이버, 호스트 컨트롤러 확장 드라이버, 호스트 컨트롤러 드라이버를 제공한다(그림 8-3). 이들 드라이버는 USB 3.1에서도 비슷할 것이다.

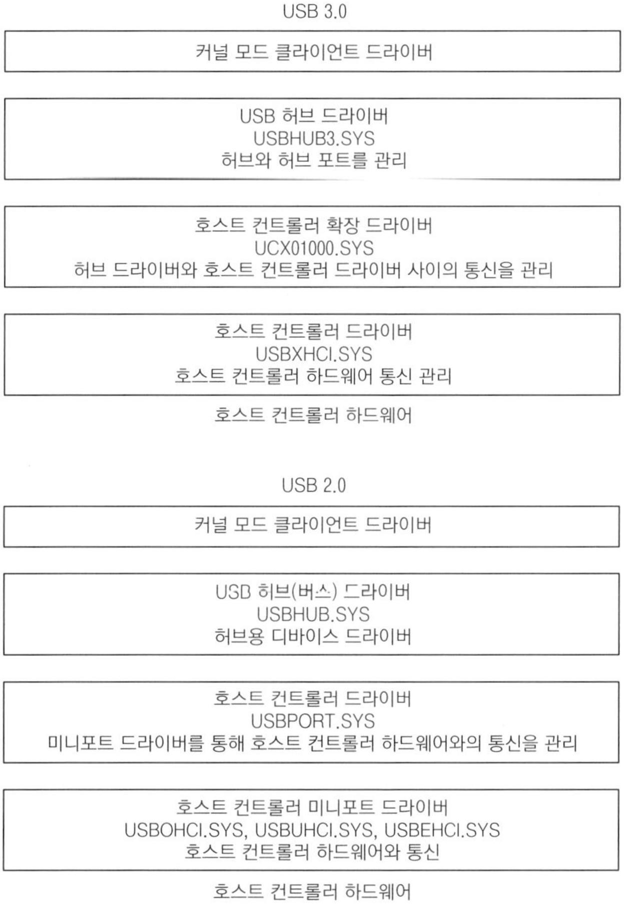

USB 3.0

| 커널 모드 클라이언트 드라이버 |

| USB 허브 드라이버
USBHUB3.SYS
허브와 허브 포트를 관리 |

| 호스트 컨트롤러 확장 드라이버
UCX01000.SYS
허브 드라이버와 호스트 컨트롤러 드라이버 사이의 통신을 관리 |

| 호스트 컨트롤러 드라이버
USBXHCI.SYS
호스트 컨트롤러 하드웨어 통신 관리 |

호스트 컨트롤러 하드웨어

USB 2.0

| 커널 모드 클라이언트 드라이버 |

| USB 허브(버스) 드라이버
USBHUB.SYS
허브용 디바이스 드라이버 |

| 호스트 컨트롤러 드라이버
USBPORT.SYS
미니포트 드라이버를 통해 호스트 컨트롤러 하드웨어와의 통신을 관리 |

| 호스트 컨트롤러 미니포트 드라이버
USBOHCI.SYS, USBUHCI.SYS, USBEHCI.SYS
호스트 컨트롤러 하드웨어와 통신 |

호스트 컨트롤러 하드웨어

▲ **그림 8-3** 윈도우에서 USB 통신은 허브/버스 드라이버, 호스트 컨트롤러 드라이버, 각 컨트롤러 유형에 따른 드라이버를 포함한다.

허브 드라이버(usbhub3.sys)는 허브와 허브 포트를 관리한다. 이 드라이버는 또한 버스상의 디바이스를 열거하고 각 디바이스를 위한 PDO를 생성한다.

호스트 컨트롤러 확장 드라이버(ucx01000.sys)는 허브 드라이버와 호스트 컨트롤러 드라이버 사이의 인터페이스를 제공한다.

호스트 컨트롤러 드라이버(usbxhci.sys)는 확장 호스트 컨트롤러 인터페이스(xHCI, Extensible Host Controller Interface) 호스트 컨트롤러 하드웨어를 관리한다. xHCI 호스트 컨트롤러는 로우스피드에서 슈퍼스피드 플러스까지 모든 속도를 처리한다.

USB 2.0 드라이버

USB 2.0 호스트에서 윈도우는 허브/버스 드라이버, 포트 드라이버, 일부 예외적으로 로우/풀 스피드 호스트 컨트롤러를 위한 미니포트 드라이버, 하이스피드 컨트롤러를 위한 미니포트 드라이버를 지원한다.

허브 드라이버(usbhub.sys)는 버스상의 디바이스를 식별하고, 디바이스를 위한 PDO를 생성하며, 전체적인 버스상의 클라이언트 드라이버로서 동작한다.

포트 드라이버(usbport.sys)는 모든 호스트 컨트롤러에서 공통적인 작업을 관리한다.

미니포트 드라이버(하이스피드: usbehci.sys, 로우스피드/풀스피드: usbohci.sys 또는 usbuhci.sys)는 호스트 컨트롤러의 하드웨어 유형에 따른 통신을 각각 관리한다.

호스트 컨트롤러 유형

하이스피드 디바이스에서는 USB 2.0 호스트가 EHCI(Enhanced Host Controller Interface, 향상된 호스트 컨트롤러 인터페이스) 표준을 따르는 호스트 컨트롤러를 사용한다. EHCI 컨트롤러는 하이스피드 통신만 처리한다. EHCI 규격은 EHCI를 지원하는 호스트는 로우스피드와 풀스피드도 지원해야 한다고 명시하고 있는데, 모든 포트에 하이스피드 디바이스가 영구적으로 장착된 상황은 예외다.

로우스피드, 풀스피드 디바이스를 지원하려면 USB 2.0 호스트 대부분은 로우/풀 스피드 디바이스를 모두 지원하는 통합 허브를 사용한다.

USB 1.1 호스트는 로우/풀 스피드를 지원하기 위해 OHCI~Open Host Controller Interface~나 UHCI~Universal Host Controller Interface~ 호스트 컨트롤러를 사용한다. USB 2.0 호스트는 로우/풀 스피드를 위해 OHCI/UHCI 컨트롤러를 사용할 수 있지만, 대부분은 그냥 내장 허브를 사용한다. USB-IF 웹사이트에서 관련 규격을 찾아볼 수 있다.

일반적으로, 사용자와 애플리케이션 프로그래머는 호스트 컨트롤러가 디바이스와 어떻게 통신하는지 알 필요도 없다. 윈도우는 가장 좋은 성능을 보장하기 위해 하이스피드 디바이스가 다른 포트에 장착되어 있는 경우 사용자에게 알림을 준다.

윈도우의 호스트 컨트롤러 유형에 따른 정보를 보려면 장치 관리자 밑에 있는 **범용 직렬 버스 컨트롤러** 부분을 찾아보면 된다. 드라이버 이름을 보려면 호스트 컨트롤러 항목에서 마우스 오른쪽 버튼을 클릭한 후 **속성 > 드라이버 > 드라이버 정보**를 선택한다. 목록에 있는 드라이버 중 최소 하나는 이름이 xhci, ehci, ohci, uhci 중 하나다. 장치 관리자는 9장에서 자세히 설명한다.

호스트 컨트롤러의 차이점

개발자는 하나의 컨트롤러 유형에 대한 테스트 결과를 가지고 디바이스가 잘 동작한다고 가정해서는 안 된다. 호스트 컨트롤러가 다르면 USB 규격을 준수하더라도 버스 트래픽을 다르게 관리할 수 있다.

예를 들어, OHCI 컨트롤러는 단일 프레임에 제어 전송 스테이지를 1개 이상 스케줄링할 수 있지만 UHCI 컨트롤러는 각 스테이지를 항상 다른 프레임에 스케줄링한다. UHCI 호스트를 사용하는 개발자는 디바이스를 OHCI 호스트에 연결한 후 동작하지 않는 상황을 가끔 겪는데, 디바이스가 프레임 1개 안에 있는 제어 전송 스테이지가 여러 개라고 가정하지 않았기 때문이다.

드라이버 작성

디바이스가 제조사 전용 기능을 지원하려면 제조사 전용 커널 모드 드라이버나 사용자 모드 드라이버를 사용한다. 단, 사용자 모드 드라이버를 사용할 때는 운영체제나 제조사가 제공한 커널 모드 드라이버와 통신하는 기능을 갖춘다.

마이크로소프트는 이 과정을 쉽게 하도록 WDM 드라이버용 프레임워크(WDF, Windows Driver Foundation)를 제공한다. WDF 드라이버를 개발할 때 개발자는 PnP, 전원 관리, 디바이스 I/O 이벤트를 위한 기본 프로세스를 지원하는 드라이버 기능부터 개발해야 한다. 디바이스 특화 동작을 지원하려면 기본 처리 작업보다 우선하는 코드를 추가한다. 이 프레임워크를 쓰면 드라이버의 복잡한 부분을 많이 숨길 수 있으므로 결과적으로 더 안정적인 제품을 만들 수 있다.

이 절에서는 제조사 제공 드라이버가 필요할 때 디바이스를 위한 드라이버를 생성하는 옵션에 대해 알아본다.

커널 모드

커널 모드 클라이언트 드라이버를 작성하려면 WDK가 필요하다. WDK는 C 컴파일러, 링커, 빌드 유틸리티, 예제 소스 코드가 있는 문서 등이 모두 들어 있다. WDK는 마이크로소프트에서 무료로 내려받을 수 있다.

커널 모드 드라이버는 커널 모드 드라이버 프레임워크(KMDF, Kernel-Mode Driver Framework) 라이브러리를 사용할 수 있다. KMDF는 IRP 생성과 IRP를 전달하는 상세 작업, PnP 관리, 전원 관리 기능 등에서 드라이버 코드를 격리시킨다.

KMDF 드라이버는 드라이버를 대표하는 프레임워크 드라이버 객체와 각 디바이스용 프레임워크 디바이스 객체를 생성한다. KMDF 드라이버는 IRP를 생성하고 전달하는 작업을 하지 않고 속성, 메소드, 프레임워크 디바이스 객체 이벤트를 통해 드라이버 기능을 수행한다. PnP와 전원 관리를 직접 처리하지 않고 이 프레임워크가 필요한 경우에 이벤트 알림을 제공하는 콜백 함수를 사용해 이런 기능을 관리한다.

이 프레임워크는 드라이버가 사용할 수 있는 리소스를 대표하는 추가 객체 유형을 정의하고 있다. USB 통신은 USB 디바이스, 인터페이스, 파이프를 대표하는 객체를 사용한다. 파일, 타이머, 문자열, 그 밖의 리소스를 대표하는 프레임워크 객체도 있다.

사용자 모드

사용자 모드 드라이버는 WDK에 포함된 사용자 모드 드라이버 프레임워크(UMDF, User-Mode Driver Framework) 라이브러리를 사용한다. UMDF 드라이버는 커널 모드 함수를 쓰지 않고 윈도우 API를 통해 통신한다. UMDF 드라이버 개발자는 C++로 프로그래밍하고 사용자 모드 디버거로 디버깅할 수 있다. UMDF 드라이버를 사용한 애플리케이션의 예로는, WinUSB 커널 모드 드라이버를 사용하고 디바이스 인터페이스용 핸들을 여러 개 열어야 하는 디바이스를 들 수 있다. 사용자 모드 WinUSB 드라이버 컴포넌트는 한 번에 핸들을 1개만 열 수 있게 제한하는 반면, 제조사가 제공하는 UMDF 드라이버는 핸들을 여러 개 여는 것을 허용할 수 있다.

테스트 도구

WDK는 커널 모드 디버깅을 위한 디버깅 엔진을 제공한다. 이 디버거는 비주얼 스튜디오, 마이크로소프트 윈도우 디버거(WinDbg), 기타 디버깅 환경과 통합되어 있다.

◈ GUID 사용

전역적으로 유일한 식별자(GUID, Globally Unique Identifier)는 128비트 값으로 클래스나 그 밖의 엔티티를 유일무이하게 식별한다. 윈도우는 디바이스 클래스 두 종류를 식별하는 데 GUID를 쓴다. 디바이스 셋업 GUID는 디바이스 셋업 클래스를 식별한다. 같은 셋업 클래스에 속한 디바이스는 같은 방법으로 설치한다. 디바이스 인터페이스 GUID는 디바이스 인터페이스 클래스를 식별한다. 이 클래스는 애플리케이션이 클래스 내에서 디바이스에 할당된 드라이버와 통신하는 메커니즘을 제공한다. 대부분 특정 디바이스 셋업 클래스에 속한 디바이스는 같은 디바이스 인터페이스 클래스에도 속한다. 일부 `SetupDi_` API 계통 함수는 두 형식의 GUID를 모두 허용하지만, 각 GUID는 해당 목적에 맞는 형식에 대해 접근하는 것을 지원한다.

GUID를 표현하는 전통적인 형식은 GUID를 5개의 16진수 세트로 나누고 각 세트는 '-'로 분리하는 식이다.

다음은 HIDCLASS 디바이스 셋업 클래스용 GUID다.

```
745a17a0-74d3-11d0-b6fe-00a0c90f57da
```

다음은 HID 디바이스 인터페이스 클래스용 GUID다.

```
4d1e55b2-f16f-11cf-88cb-001111000030
```

드라이버 개발자와 커스텀 GUID를 제공할 필요가 있는 개발자는 비주얼 스튜디오에서도 제공하고 마이크로소프트에서 무료로 다운로드할 수 있는 guidgen 유틸리티를 사용하면 만들 수 있다. 이 유틸리티는 다른 사람이 동일한 GUID를 만들 가능성이 거의 없는 알고리즘을 사용한다. 비주얼 스튜디오 프로페셔널 이상 버전에서 GUID를 생성하려면 **Tools > Create GUID**를 선택한다.

디바이스 셋업 GUID

디바이스 셋업 GUID는 윈도우에서 같은 클래스 인스톨러와 보조 인스톨러를 통해 같은 방법으로 설정하는 디바이스를 식별한다. WDK에 있는 시스템 파일 devguid.h는 다양한 클래스를 위한 디바이스 셋업 GUID를 정의한다. 그림 8-4는 셋업 GUID에 정의되어 있는 디바이스 기능 중 일부를 나타낸 것이다.

대부분 디바이스는 프린터, 디스크 드라이브 등 디바이스의 기능에 해당하는 디바이스 셋업 클래스를 사용해야 한다. HID, 마우스 같은 단일 디바이스가 셋업 클래스 여러 개에 속할 수도 있다. 이미 정의되어 있는 클래스에 꼭 맞지 않는 기능의 디바이스라면 USB 디바이스 클래스나 제조사 정의 클래스를 사용할 수 있다. USB 버스 디바이스 클래스는 시스템이 공급하는 드라이버를 사용하는 허브나 호스트 컨트롤러를 위한 것이다. 각 디바이스 셋업 GUID는 시스템 레지스트리의 클래스 키에 대응한다. 각 클래스 키는 클래스 안에 개별 디바이스 인스턴스 서브키를 갖고 있다. 클래스 키는 9장에서 자세히 다룬다.

배터리 디바이스
바이오메트릭 디바이스
블루투스 디바이스
CD-ROM 드라이브
디스크 드라이브
디스플레이 어댑터
휴먼 인터페이스 디바이스(HID)
이미징 디바이스
IrDA 디바이스
키보드
모뎀
마우스
멀티미디어
네트워크 어댑터
프린터
센서
스마트 카드 리더
USB 디바이스(다른 클래스에는 속하지 않는 디바이스)
윈도우 CE USB 액티브싱크 디바이스
윈도우 포터블 디바이스(WPD)
USB 버스 디바이스

▲ **그림 8-4** 윈도우는 USB 디바이스들이 지원할 수 있는 많은 기능을 위한 셋업 GUID를 정의하고 있다.

애플리케이션이 디바이스에서 정보를 가져오고 다양한 설치 작업을 수행하려면 디바이스 셋업 GUID를 사용한다. WDK에 있는 디바이스 콘솔 유틸리티(devcon.exe) 예제는 디바이스를 감지, 디바이스 정보 얻기, 드라이버 활성화/비활성화, 재시작, 업데이트 기능 수행, 디바이스 제거에 관한 GUID 사용법을 담고 있다. 윈도우 장치 관리자를 통해서도 같은 작업을 할 수 있다. 이 예제는 C++ 소스 코드를 포함하고 있다.

디바이스 인터페이스 GUID

클래스나 디바이스 드라이버는 애플리케이션이 드라이버로 디바이스에 대한 정보를 얻고 통신할 수 있도록 디바이스 인터페이스 클래스를 1개 이상 등록할 수 있다. 각 디바이스 인터페이스 클래스는 디바이스 인터페이스 GUID를 갖는다.

애플리케이션은 디바이스 인터페이스 GUID와 `SetupDi_` 함수로 디바이스 인터페이스 클래스에 속하는 장착된 모든 디바이스를 찾을 수 있다. 디바이스를 감지하면 애플리케이션은 `CreateFile` 함수를 쓸 때 넘겨줄 디바이스 경로명을 얻을 수 있다. `CreateFile`은 애플리케이션이 디바이스에 접근할 때 사용할 수 있는 핸들을 반환한다. 애플리케이션은 또한 디바이스를 장착하거나 제거했을 때 알림을 요청하기 위해 디바이스 인터페이스 GUID를 사용하기도 한다. 10장에서 이런 용도로 GUID를 사용하는 방법을 자세히 설명한다.

디바이스 인터페이스 GUID는 디바이스 셋업 GUID와는 달리 파일 1개에 저장할 수 없다. 드라이버 패키지는 디바이스 인터페이스 GUID를 정의한 C 헤더 파일이나 비주얼 C# 변수/상수를 포함할 수 있다. WinUSB 드라이버를 사용하는 애플리케이션은 특정 디바이스에 접근하기 위한 GUID를 정의할 수 있다. HID 클래스에서는 애플리케이션이 `HidD_GetHidGuid` 함수로 디바이스 인터페이스 GUID를 얻을 수 있다.

표준적인 주변기기 기능을 수행하는 디바이스들은 애플리케이션이 다른 방법으로 디바이스를 찾고 접근 권한을 얻는다. 예를 들어, 디스크 드라이브에 접근할 때 닷넷 프레임워크의 `Directory` 클래스는 애플리케이션에서 시스템상(USB 사용 유무와 관계없이)의 모든 논리 드라이브를 찾을 수 있는 `GetLogicalDrives` 메소드를 지원한다. 제조사 전용 드라이버는 또한 GUID를 제공하지 않아도 애플리케이션이 디바이스에 접근할 수 있는 API를 정의할 수 있다.

9장

디바이스와 드라이버 결합

새로 연결한 USB 디바이스를 운영체제가 감지하면 디바이스에 할당할 드라이버를 결정해야 한다. 9장에서는 윈도우가 장치 관리자와 시스템 레지스트리를 이용해 디바이스와 드라이버에 관한 정보를 저장하는 방법과 윈도우가 디바이스를 위한 드라이버를 선택하는 방법에 대해 설명한다.

장치 관리자 사용

윈도우의 장치 관리자Device Manager는 설치한 모든 디바이스의 정보를 보여주고 디바이스 활성/비활성화, 디바이스 제거, 할당한 드라이버 업데이트/변경을 할 수 있는 사용자 인터페이스를 제공한다.

디바이스 보기

장치 관리자를 보는 방법은 여러 가지가 있다. 먼저 윈도우의 검색 상자에 'devmgmt'를 입력하고 엔터를 치는 방법이 있고, **프로그램**Programs ➤ **관리 도구**

Administrator Tools ➤ 컴퓨터 관리Computer Management ➤ 장치 관리자Device Manager를 선택하거나, 프로그램Programs ➤ 윈도우 시스템Windows System ➤ 제어판Control Panel ➤ 장치 관리자Device Manager를 선택하는 방법이 있다. 클릭과 키입력keystroke을 저장하려면 devmgmt.msc를 마우스로 가리킨 후 바로가기를 생성한다. 이 파일은 %SystemRoot%\System32에 있으며, %SystemRoot%는 윈도우 디렉토리다.

장치 관리자의 **보기**View 메뉴는 디바이스 정보를 볼 수 있는 옵션을 제공한다. 그림 9-1은 디바이스를 형식별로 본 것이며, 기능에 따라 디바이스를 모아서 볼 수 있다. 그림 9-2는 물리적인 연결에 따라 디바이스를 모아서 본 것이며 각 호스트 컨트롤러와 루트 허브에서부터 추가 허브, 장착된 디바이스 순으로 볼 수 있다.

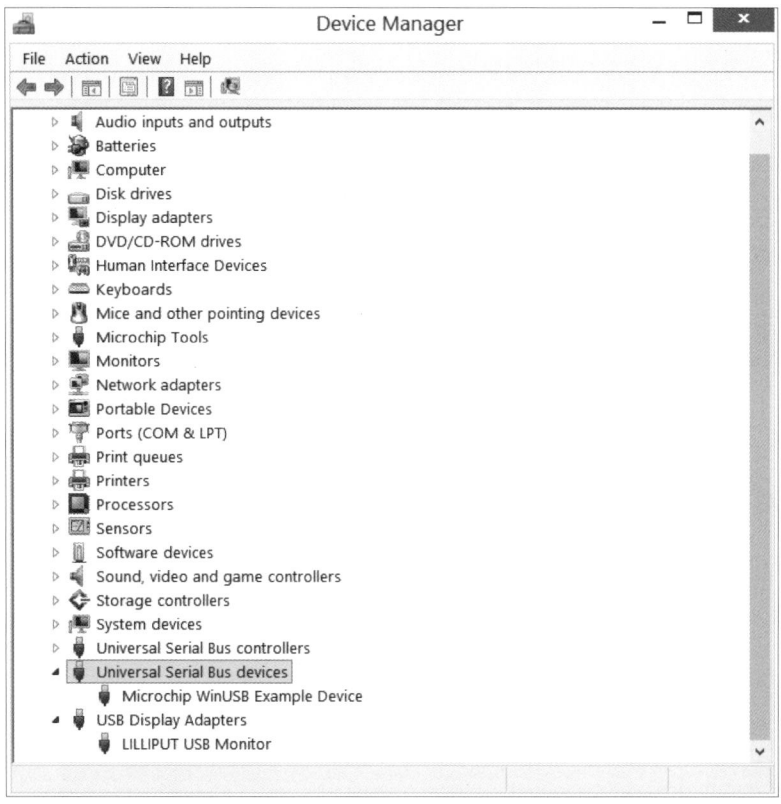

▲ **그림 9-1** 장치 관리자에서는 사용자가 디바이스를 형식이나 기능별로 묶어서 볼 수 있다. 키보드나 디스크 드라이브처럼 지원하는 기능에 꼭 맞는 디바이스가 아닌 경우에는 범용 직렬 버스 장치 유형을 보면 된다.

▲ **그림 9-2** 이 그림은 장치 관리자에서 xHCI 호스트 컨트롤러의 목록을 확장해 연결된 디바이스의 정보를 보는 화면이다.

장치 관리자는 연결된 USB 디바이스만 보여주는 것이 기본이다. 드라이버를 설치한 적이 있지만 분리한 디바이스를 보려면 **보기**View > **숨김 장치 보기**Show Hidden Devices를 클릭하면 된다.

속성 페이지

장치 관리자에서 각 목록은 속성 페이지가 있다. 이 속성 페이지는 디바이스에 관한 추가 정보나 디바이스와 드라이버를 설정하는 인터페이스를 제공한다. 속성 페이지를 보려면 디바이스 항목을 더블클릭하거나, 우클릭의 항목 중 **속성**Properties을 선택하면 된다. 여기서 디바이스를 활성/비활성화하거나 디바이스 드라이버 보기, 업데이트, 되돌리기roll back, 제거를 할 수 있다. '자세히Details' 페이지는 하드웨어 ID, 디바이스가 사용하는 필터 드라이버나 보조 인스톨러, 전원 기능을 포함한 부가 정보를 제공한다. 드라이버는 필요시 커스텀 속성 페이지를 제공한다.

◆ 레지스트리 내부의 디바이스 정보

시스템 레지스트리는 윈도우 운영체제가 시스템에 설치한 하드웨어와 소프트웨어에 관한 중요 정보를 관리하는 데이터베이스다. 레지스트리는 설치한 디바이스에 관한 정보를 현재 연결 상태와 관계없이 모두 저장한다.

열거 시 새로운 디바이스를 감지하면 윈도우는 디바이스에 관한 정보를 레지스트리에 저장한다. 레지스트리는 일부 정보는 버스 드라이버로부터 얻는다. 이 일부 정보는 버스 드라이버가 디바이스로부터 얻은 것이다. 이 밖에도 디바이스에 드라이버를 할당할 때 운영체제가 선택한 INF 파일에서도 정보를 얻는다.

레지스트리의 내용을 보려면 윈도우의 레지스터 편집기('regedit'를 검색)를 사용한다. 레지스트리 편집기를 통해 레지스트리 내용을 변경할 수도 있지만 이런 식으로 변경하는 건 권장하지 않고, 필요한 경우도 거의 없다. 윈도우 SDK는 애플리케이션에서 레지스트리를 읽고 쓰는 API 함수를 문서화했다. 디바이스를 설치하면 레지스트리에 디바이스 정보를 추가하거나 변경한다. 장치 관리자나 그 밖의 애플리케이션을 통해 디바이스 제거를 요청할 때도 레지스트리를 변경한다.

시스템 레지스트리는 윈도우에서 매우 중요한 컴포넌트이므로 예외 상황을 대비해 여러 벌의 백업본을 관리한다. 윈도우의 시스템 복구 유틸리티('recovery'를 검색)는 레지스트리를 예전 상태로 복구할 수 있다.

레지스트리 편집기는 레지스트리 데이터를 트리 구조를 사용해 보여준다. 트리의 각 노드는 레지스트리 키를 나타낸다. 각 키는 할당된 값과 서브키를 갖는다. 서브키는 다시 항목과 서브키를 가질 수 있다.

시스템 하드웨어와 설치된 소프트웨어에 관한 정보는 HKEY_LOCAL_MACHINE\SYSTEM 키 밑에 있다. USB 디바이스에 관한 정보는 하드웨어 키hardware key, 클래스 키class key, 드라이버 키driver key, 서비스 키service key 등 여러 서브키에 속해 있다.

하드웨어 키

하드웨어 키는 인스턴스 키나 디바이스 키라고도 한다. 이 키는 특정 디바이스의 인스턴스에 관한 정보를 저장한다. USB 디바이스를 위한 하드웨어 키는 Enum\USB 키에 속하며 다음과 같다.

HKEY_LOCAL_MACHINE\System\CurrentControlSet\Enum\USB

USB 키 밑에는 USB 디바이스의 Vendor ID와 Product ID를 갖는 서브키가 있다. 각 디바이스의 서브키 밑에는 1개 이상의 하드웨어 키가 있고, 이 키들은 각각 Vendor ID와 Product ID를 갖는 디바이스 인스턴스에 대한 정보를 담고 있다.

그림 9-3은 Vendor ID가 0x0925이고 Product ID는 0x7001인 디바이스에 대한 하드웨어 키를 나타낸 것이다. 표 9-1은 하드웨어 키에 속한 항목 일부를 보여준다.

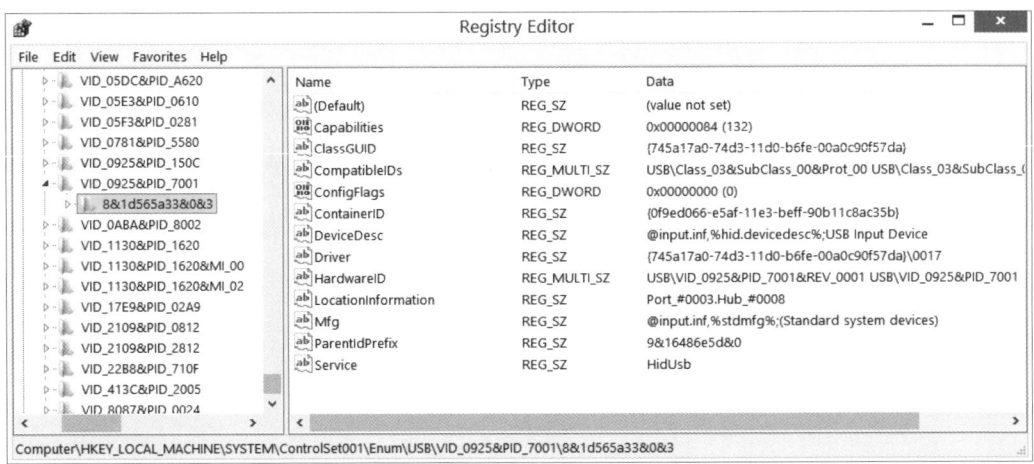

▲ 그림 9-3 하드웨어 키는 Vendor ID, Product ID로 지정한 디바이스의 인스턴스에 관한 정보를 담고 있다. 이 목록은 제조사 정의 HID 클래스 디바이스의 것이다.

▼ 표 9-1 USB 디바이스 하드웨어 키에 있는 항목 일부

키	설명	정보가 있는 곳
ClassGUID	디바이스 셋업 클래스의 GUID	INF 파일
DeviceDesc	디바이스 설명	INF 파일, 모델 섹션, 디바이스 설명 항목
HardwareID	디바이스 Vendor ID와 Product ID를 갖는 ID 문자열	디바이스 디스크립터
CompatibleIDs	디바이스 클래스와 (옵션인) 서브클래스와 프로토콜을 포함한 ID 문자열	디바이스와 인터페이스 디스크립터
Mfg	디바이스 제조사	INF 파일, 제조사 섹션, 제조사 이름 항목
Driver	디바이스 드라이버 키	시스템 레지스트리. CurrentControlSet\Control\Class 밑에 있음
Location Information	허브와 포트 번호	장착된 허브와 포트
Service	디바이스의 서비스 키 이름	시스템 레지스트리. HKLM\System\CurrentControlSet\Services 밑에 있음

USB 일련번호 문자열 디스크립터가 없는 디바이스는 전에 연결한 적이 없는 포트에 연결할 때마다 새 하드웨어 키를 얻는다. 디바이스를 버스에서 물리적으로 제거한 후 디스크립터가 동일한, 다른 디바이스를 동일 포트에 연결하면 새 하드웨어 키를 생성하지 않는다. 운영체제가 변경된 사항을 알지 못하기 때문이다. USB 일련번호가 있는 디바이스는 장착하는 포트와 상관없이 디바이스마다 하드웨어 키를 1개씩 갖는다.

각 하드웨어 키는 디바이스 파라미터 부제Device Parameter subheading를 갖는데, 여기에는 디바이스 인터페이스 GUID와 선택적 서스펜드가 켜져 있는지 등 부가 정보가 들어 있다.

클래스 키

클래스 키는 디바이스 셋업 클래스와 그에 속한 디바이스 정보를 저장한다. 클래스 키는 다음 레지스트리 키 밑에 있다.

HKEY_LOCAL_MACHINE\System\CurrentControlSet\Control\Class

클래스 키 이름은 클래스에 대한 디바이스 셋업 GUID다. 이것은 ClassGUID에 속한 클래스에 있는 디바이스용 하드웨어 키 값과 동일하다.

그림 9-4는 HID 클래스에 대한 클래스 키를 나타낸다. 이 키는 GUID와 IconPath 값(장치 관리자와 기타 셋업 정보를 표시할 윈도우에서 사용할 아이콘의 위치를 지정)을 정의한 헤더 파일 안에 있는 클래스 이름을 갖는다. 애플리케이션에서 SetupDiGetClassBitmapIndex를 호출하면 해당 클래스에 대한 미니 아이콘 인덱스를 가져올 수 있다. 제조사 전용 클래스 인스톨러나 보조 인스톨러는 제조사 전용 아이콘을 제공할 수 있다.

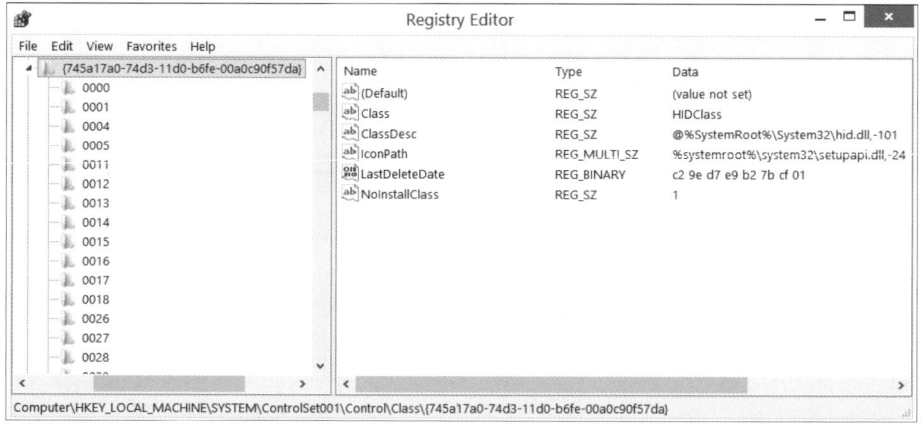

▲ 그림 9-4 HID 클래스용 클래스 키에는 읽기 쉽게 만들어진 이름과 아이콘용 인덱스가 들어 있다.

클래스 키에 있는 옵션 항목은 디바이스를 설치할 때 사용자가 보는 내용에 영향을 준다. NoInstallClass가 있고 값이 0이 아니면 사용자는 클래스에 디바이스를 수동으로 설치할 필요가 전혀 없다. SilentInstall이 있고 값이 0이 아니면 PnP 관리자는 대화상자를 표시하지 않거나 사용자 요청 없이 디바이스를 클래스에 설치한다. NoDisplayClass가 있고 값이 0이 아니면 장치 관리자는 클래스의 아이템을 표시하지 않는다.

UpperFilters, LowerFilters 항목은 클래스에 속한 모든 디바이스에 적용할 수 있는 상위 필터와 하위 필터를 지정한다.

드라이버 키

클래스 키에서 각 디바이스 셋업 GUID는 소프트웨어 키라고도 부르는 드라이버 키를 1개 이상 갖는다. 이 키는 각각 드라이버 인스턴스와 연결되어 있다. 시스템 레지스트리에서 각 드라이버 키는 10진수 4자리 숫자다(0000, 0001 등).

그림 9-5는 HID 클래스 디바이스용 키를 나타낸다. 표 9-2는 드라이버 키의 일부 항목을 나타낸 것이다. 드라이버 키의 MatchingDeviceId는 하드웨어 ID 나 호환 ID를 담고 있으며 이들은 INF 파일과 디바이스를 매칭시킬 때 사용한다.

InfPath와 InfSection 항목은 INF 파일의 이름과 섹션을 담고 있으며 드라이버 파일을 지정한다.

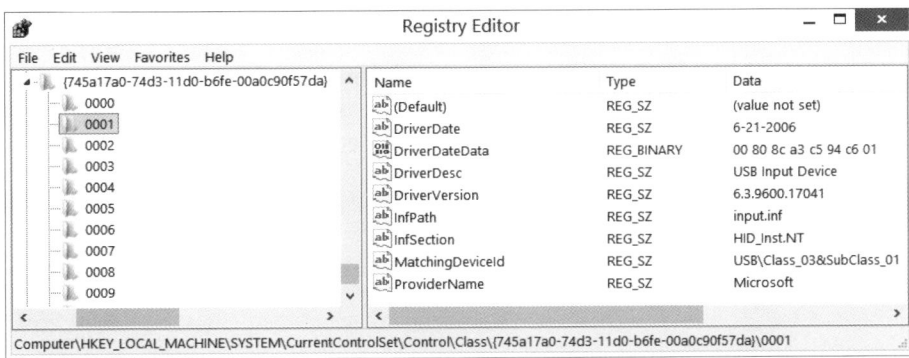

▲ 그림 9-5 각 클래스 키 밑의 드라이버 키는 클래스에 속한 디바이스 인스턴스 할당 내역을 갖는다.

▼ 표 9-2 드라이버 키는 드라이버가 디바이스를 할당한 정보를 담고 있다.

키	설명	정보가 있는 곳
DriverDate	드라이버 파일의 날짜	INF 파일, Version 섹션, DriverVer 지시자
DriverDesc	드라이버 설명	INF 파일
DriverVersion	드라이버 버전	INF 파일, Version 섹션, DriverVer 지시자
InfPath	INF 파일 이름	INF 파일 이름
InfSection	드라이버의 DDInstall 섹션 이름	INF 파일
InfScctionExt	INF 파일에서 사용하는 '부가' INF 파일 확장자(.NTamd64 등)	INF 파일
MatchingDeviceID	드라이버 할당을 위해 사용하는 하드웨어나 호환 ID	디바이스 디스크립터 또는 INF 파일
ProviderName	드라이버 공급자	INF 파일, 공급자 문자열

서비스 키

서비스 키 밑에는 드라이버 파일의 위치와 드라이버 파라미터 옵션 등 드라이버에 대한 정보가 들어 있다. 서비스 키는 다음 키 밑에 있다.

HKEY_LOCAL_MACHINE\System\CurrentControlSet\Services

서비스 키로는 각 호스트 컨트롤러 유형, 허브, 저장장치(USBSTOR), 프린터 (usbprint), HID 펑션(HidBatt, HidServ, HidUsb) 등을 위한 키가 있다. 그림 9-6은 HidUsb용 서비스 키를 나타낸다.

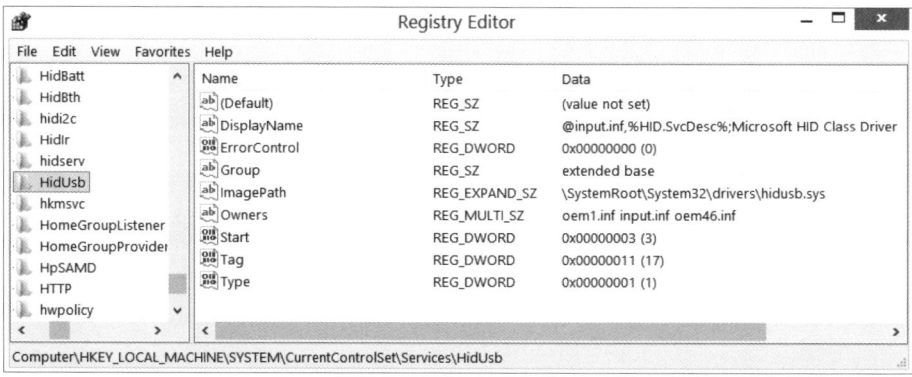

▲ **그림 9-6** 서비스 키는 드라이버 파일 이름을 갖는다.

◈ INF 파일 사용

디바이스 셋업 정보 파일 또는 INF 파일은 디바이스 셋업 클래스 내에 있는 디바이스 1개 이상에 관한 정보를 갖춘 텍스트 파일이다. 이 파일은 사용할 드라이버를 시스템에게 알려주고 레지스트리에 저장할 정보가 들어 있다. 윈도우는 운영체제가 제공하는 드라이버에 대한 INF 파일을 갖고 있다.

이 파일은 %SystemRoot%\inf에 들어 있다. 이 폴더는 기본적으로 보이지 않는다. 윈도우 탐색기에서 이 폴더를 볼 수 없으면 **보기**View 메뉴를 선택하고 **숨김 항목**

Hidden items과 **파일 확장자**File name extensions를 선택한다.

디바이스용 드라이버를 제공하는 제조사는 INF 파일을 반드시 제공해야 한다. 제조사는 추가 INF 파일을 제공할 수도 있는데, 시스템 제공 드라이버와 사용하거나 시스템 INF 파일에 제조사 전용 정보를 추가하는 리퀘스트를 위한 것이다. 제조사가 제공한 INF 파일를 이용해 최초 열거를 수행할 때는 윈도우가 INF 파일을 %SystemRoot%\inf로 복사한다.

디바이스를 처음으로 장착할 때 윈도우는 USB 디바이스에서 디스크립터를 가져온 후 디스크립터에 있는 정보와 시스템의 INF 파일에 있는 정보가 일치하는 것을 찾는다.

드라이버 서명 요구사항

윈도우는 드라이버의 정확성을 검토하기 위해 드라이버와 함께 관련 카탈로그 파일(.cat)을 사용할 것인지 드라이버 내부에 디지털 서명이 되어 있는지 고려해야 한다. 윈도우는 디지털 서명을 통해 드라이버가 서명된 후 변조된 적이 없는지 검증할 수 있으며 드라이버의 출처나 공급자를 식별할 수 있다.

INF 파일은 디바이스 드라이버의 구성요소 중 하나로 취급되어야 한다. Product ID, 디바이스 릴리스 번호나 문자열을 추가/변경하는 것을 포함해 INF 파일에 어떤 변경이 있다면 INF 파일을 지시하는 카탈로그 파일의 디지털 서명도 새 것으로 교체해야 한다.

18장에서 드라이버를 배포할 때 필요한 시험 통과 요건과 비용, 디지털 서명을 입수하는 방법에 대해 설명한다. 다행히도 많은 USB 디바이스는 시스템 드라이버나 기타 디지털 서명이 된 드라이버와 INF 파일을 사용할 수 있다. 18장에서는 개발용 단일 PC상에서 사용할 수 있는 시험용 인증을 생성하는 방법과 비용 없이 시험하는 방법에 대해 설명한다.

INF 파일을 제공할 필요가 있을 때는 예제로부터 시작할 수도 있고, 필요에 따라 커스터마이즈할 수도 있다. WDK 문서는 INF 파일의 상세한 참고자료와 다양한 예제를 제공한다. 리스트 9-1은 USB CDC 드라이버를 사용하는 가상 직렬 포트 디바이스용 INF 파일이다.

> **리스트 9-1** 아래 INF 파일은 usbser.sys 드라이버를 사용하는 USB 가상 직렬 포트 디바이스를 위한 것이다.

```
; USB CDC 가상 직렬 포트 셋업 파일

[Version]
Signature="$Windows NT$"
Class=Ports
ClassGuid={4D36E978-E325-11CE-BFC1-08002BE10318}
Provider=%MFG%
CatalogFile=%MFGFILENAME%.cat
DriverVer=11/12/2014

[Manufacturer]
%MFG%=Models,NTamd64

[DestinationDirs]
DefaultDestDir=12

; Vendor ID와 Product ID

[Models]
%DESCRIPTION%=DDInstall,USB\VID_0925&PID_2030

[Models.NTamd64]
%DESCRIPTION%=DDInstall,USB\VID_0925&PID_2030

; 모든 OS용
[SourceDisksNames]
[SourceDisksFiles]
[FakeModemCopyFileSection]

[Service_Inst]
DisplayName=%SERVICE%
ServiceType=1
StartType=3
ErrorControl=0
ServiceBinary=%12%\usbser.sys
```

```
; 32비트 OS용

[DDInstall.NTx86]
include=mdmcpq.inf
CopyFiles=FakeModemCopyFileSection
AddReg=DDInstall,NTx86.AddReg

[DDInstall.NTx86.AddReg]
HKR,,DevLoader,,*ntkern
HKR,,NTMPDriver,,%DRIVERFILENAME%.sys
HKR,,EnumPropPages32,,"MsPorts.dll,SerialPortPropPageProvider"

[DDInstall.NTx86.Services]
include=mdmcpq.inf
AddService=usbser, 0x00000002, Service_Inst

; 64비트 OS용

[DDInstall.NTamd64]
include=mdmcpq.inf
CopyFiles=FakeModemCopyFileSection
AddReg=DDInstall.NTamd64.AddReg

[DDInstall.NTamd64.AddReg]
HKR,,DevLoader,,*ntkern
HKR,,NTMPDriver,,%DRIVERFILENAME%.sys
HKR,,EnumPropPages32,,"MsPorts.dll,SerialPortPropPageProvider"

[DDInstall.NTamd64.Services]
include=mdmcpq.inf
AddService=usbser, 0x00000002, Service_Inst

; 문자열들

[Strings]
MFGFILENAME="lvrcdc"
DRIVERFILENAME="usbser"
MFG="Lakeview Research"              ; 장치 관리자 공급자 속성
DESCRIPTION="USB Virtual Serial Port" ; 장치 관리자 쉬운 이름 속성
SERVICE="USB to Serial Driver"
```

파일 구조

INF 파일 내용은 다음 몇 가지 문법을 따라야 한다.

- 각 정보는 섹션으로 배치하고 각 섹션은 아이템이 1개 이상 있다. 섹션 이름은 대괄호 [] 안에 들어 있다. 일부 섹션(Version, Manufacturer)은 모든 INF 파일에서 표준 섹션이다. 그 밖의 섹션은 다른 섹션 안에 지정된 값을 지정할 때 사용할 수 있다. 예를 들어, Models 섹션은 디바이스 설치에서 사용하는 정보를 제공하는 DDInstall 섹션을 참조한다.
- 세미콜론(;)으로 시작하면 주석을 나타낸다.
- % 기호로 둘러싸인 텍스트(%MFG%)는 문자열을 지정하는 토큰이다. 다음 예를 참고한다.

    ```
    Provider=%MFG%
    ```

    문자열을 정의하는 문자열 섹션 안의 아이템은 다음과 같이 한다.

    ```
    MFG="Lakeview Research"
    ```

- 윈도우는 시스템 경로를 참고하는 Dirid 값을 정의한다. 윈도우 디렉토리(보통 \Windows) 값은 10이다. 윈도우 디렉토리를 나타내는 다른 방식도 있다. 환경 변수 %SystemRoot%, %windir%는 윈도우 디렉토리를 나타낸다. 시스템 디렉토리(%SystemRoot%\system32)의 값은 Dirid 11이다. 드라이버 디렉토리(%SystemRoot%\system32\drivers)는 Dirid 12다.
- 일부 섹션 이름은 운영체제나 CPU를 지정하는 확장자를 갖는다. 예를 들어, NTx86은 해당 섹션이 x86 기반 CPU나 윈도우 XP 이상에만 적용할 수 있음을 의미한다.

    ```
    [DDInstall.NTx86]
    ```

NTamd64는 x86 아키텍처 기반의 64비트 CPU를 의미한다. 이런 확장자 유형의 섹션 이름을 부가 섹션 이름이라고 부른다.

INF 파일의 내부

INF 파일의 내용은 디바이스나 동작하는 윈도우 버전의 드라이버에 따라 다르다. 리스트 9-1의 INF 파일은 USB 가상 직렬 포트를 위한 것으로서, INF 파일이 제공하는 정보가 어떤 것이 있는지 알 수 있는 예제다.

Version 섹션과 이 섹션의 Signature 항목은 필수 항목이다. "$Windows NT$"는 모든 버전의 윈도우를 의미한다.

Class 항목은 디바이스를 위한 디바이스 셋업 클래스를 지칭한다. ClassGuid는 가리키는 클래스의 디바이스 셋업 GUID다.

Provider는 INF 파일 공급자의 이름 문자열을 가리키는 토큰(%MFG%)이다. 이 문자열은 장치 관리자에서 장치 공급자로 표시된다.

CatalogFile은 INF 파일의 카탈로그 파일이거나 %MFGFILENAME% 토큰을 가진 드라이버 패키지다. %MFGFILENAME%는 파일명에서 .cat 확장자를 뺀 토큰이다.

DriverVer는 INF 파일을 포함한 드라이버 패키지 내의 모든 파일 중 가장 최근 파일의 날짜를 나타낸다. INF 파일을 변경할 때는 DriverVer 값을 갱신하는 것을 잊으면 안 된다.

Manufacturer 섹션은 디바이스와 디바이스 드라이버를 위한 INF 파일에서 필수 항목이다. 이 값은 Models 섹션이 사용하는 이름을 가리키는 토큰을 담고 있다(Models는 예제에서 볼 수 있다). 이때 0개 이상의 TargetOSVersion 확장자를 갖는 Models 섹션이 있으며, OS 버전을 각각 지칭한다(예제에는 NTamd64가 나와 있다).

DestinationDirs 섹션은 INF 파일의 목적 디렉토리를 가리킨다. 목적 디렉토리 파일을 복사하고, 삭제하고, 이름을 바꾼다. 예제 INF 파일에도 이 섹션이 있으며 CopyFiles 지시자를 포함하고 있다.

Models 섹션 안에서 Models와 Models.NTamd64는 각각 INF 파일 섹션 (DDInstall)의 이름을 가리키며, 이것은 디바이스 또는 INF 파일이 지원하는 디바이스에 관한 설치 정보를 제공한다. %DESCRIPTION% 토큰은 디바이스를 설명하는 문자열을 가리킨다. 장치 관리자의 디바이스 속성에서 이름 속성을 표시하는 문자열이다.

 `Models` 섹션의 각 항목은 또한 디바이스 하드웨어 ID(예제에서는 `USB\VID_0925&PID_2030`)를 갖는다. 항목 하나는 콤마로 분리해 여러 개의 하드웨어 ID를 담을 수 있다. 윈도우가 지원하는 INF 파일은 각 제조사를 위한 `Models` 섹션이 있는 복수의 제조사를 지원하기도 한다. 예를 들어 MyCompany, MyCompany.NTamd64 등 비슷한 추가 제조사를 지원한다.

 `SourceDisksNames`, `SourceDisksFiles`, `FakeModemCopyFileSection`은 예제 INF 파일엔 없는 항목이다. 이 파일들은 배포 미디어에서 복사해오는 것을 지정하지 않았다.

 `Service_Inst` 섹션은 usbser.sys 드라이버에 관한 정보를 제공한다. `DisplayName`은 드라이버를 설명하는 문자열을 가리킨다. `ServiceType=1`은 커널 모드 드라이버임을 지정한다. `StartType=3`은 드라이버가 디바이스 열거를 포함해 요청 시에만 시작한다는 것을 지정한다. `ErrorControl=0`은 드라이버를 로드하지 못했거나 초기화하지 못했을 때 에러를 무시하라고 지정한다. `ServiceBinary`는 드라이버의 경로를 지정한다.

 `DDInstall.NTx86` 섹션은 32비트 OS에 적용하는 내용이다. 윈도우는 usbser.sys 드라이버를 사용하는 모뎀들을 mdmcpq.inf 파일을 통해 지원한다. usbser.sys를 사용하는 모뎀 외에도 USB 가상 직렬 포트를 포함한 디바이스에서는 마이크로소프트의 권고사항이 있는데, mcpq.inf와 mdmcpq.inf에 있는 `FakeModemCopyFileSection`을 지정하는 `CopyFiles` 항목을 위한 지시자를 포함하는 것이다(mdmcpq.inf 안에서 `FakeModemCopyFileSection`의 단일 항목이 usbser.sys다).

 `AddReg` 항목은 OS의 시스템 레지스트리에 `DDInstall.NTx86.AddReg` 섹션의 정보를 추가한다.

 `DDInstall.NTx86.AddReg` 섹션에서 HKR 시리즈 항목은 드라이버의 레지스트리 키에 정보를 추가한다. 각 항목은 서브키를 지정하며 서브키의 값들이 따라온다.

`DDInstall.NTx86.Services` 섹션에는 mdmcpq.inf를 포함하도록 지정하는 지시자가 있다. `AddService` 지시자는 usbser 드라이버를 지정하며, 이 드라이버는 디바이스 PnP 기능 드라이버로서 서비스로 0x00000002를 할당하고 있다. `Service_Inst`는 INF 파일의 `Service_Inst` 섹션을 가리킨다. 이 섹션은 드라이버에 관한 정보를 담고 있다.

예제에 나오는 그다음 섹션들은 64비트 OS에서 사용하기 위한 3개의 `DDInstall.NTamd64` 섹션이며 내용은 비슷하다.

`Strings` 섹션은 INF 파일 참조하는 문자열을 정의한다.

리스트 9-1의 INF 파일을 편집하면 usbser.sys 드라이버를 사용하는 다른 USB 가상 직렬 포트 디바이스에서 사용할 수 있다. `Version` 섹션의 `DriverVer` 항목을 개발자의 INF 파일의 날짜로 바꾸고 `Models` 섹션의 0925와 2030을 개발자의 Vendor ID, Product ID 16진 값으로 바꾸면 된다. `Strings` 섹션에서도 `MFGFILENAME` 문자열을 개발자의 카탈로그 파일에서 .cat 확장자를 제거하여 넣고 `MFG` 문자열을 개발자 회사의 이름으로 바꾼다.

디바이스 식별 문자열 사용

디바이스를 위한 드라이버를 식별하려면 윈도우는 시스템의 INF 파일에서 디바이스 디스크립터의 정보에서 생성된 문자열과 일치하는 디바이스 식별 문자열을 찾아야 한다. 디바이스 식별 문자열에는 디바이스 ID, 하드웨어 ID, 호환 ID 등이 있다.

디바이스 ID

디바이스 ID$_{device\ ID}$는 디바이스 버스 드라이버에서 얻은 정보를 사용하는 디바이스를 식별하는 문자열이다. USB 디바이스에서 이 정보는 Vendor ID, Product ID, 리비전 번호, 디바이스의 디스크립터와 관련 있는 그 밖의 정보를 갖는다. PnP 관리자는 디바이스 인스턴스를 위한 하드웨어 키를 담고 있는 레지스트리 서브키를 생성하기 위해 디바이스 ID를 사용한다. 디바이스 ID는 하드웨어 ID와 같은 형식을 사용한다.

하드웨어 ID

하드웨어 ID_{hardware ID}는 디바이스, 다비이스 인터페이스, 또는 Vendor ID, Product ID, 리비전 번호나 기타 클래스 전용 정보를 사용하는 HID 컬렉션을 식별한다. 드라이버를 할당할 때 INF 파일에 있는 하드웨어 ID가 맞는 것이 가장 좋은 결합이다. USB 디바이스에서 하드웨어 ID는 다음 형식으로 쓴다.

```
USB\Vid_xxxx&Pid_yyyy&Rev_zzzz
```

xxxx, yyyy, zzzz의 값은 각기 4글자다. xxxx = idVendor, yyyy = idProduct, zzzz = bcdDevice이며 디바이스 디스크립터에서 온 것이다. xxxx, yyyy 값은 16진수 값이고 zzzz는 BCD 형식이다.

예를 들어 Vendor ID = 0x0925, Product ID = 0x1234, bcdDevice = 0x0310인 디바이스의 디바이스 ID는 다음과 같다.

```
USB\Vid_0925&Pid_1234&Rev_0310
```

INF 파일은 bcdDevice 값을 생략할 수도 있다.

```
USB\Vid_xxxx&Pid_yyyy
```

혼성 디바이스는 각 인터페이스를 위한 드라이버를 지정할 수 있다. 이 경우 디바이스는 기능 하나를 표현하는 인터페이스마다 디바이스 ID를 1개씩 갖는다. 인터페이스를 위한 디바이스 ID는 다음과 같은 형식이다.

```
USB\Vid_xxxx&Pid_yyyy&Rev_zzzz&MI_ww
```

ww의 두 글자 값은 디바이스 인터페이스 중 하나를 위한 인터페이스 디스크립터 안에 있는 bInterfaceNumber와 같다.

1개 이상의 최상위 컬렉션을 포함하는 리포트 디스크립터를 갖는 HID 클래스는 각 컬렉션을 위한 디바이스 ID를 갖추기도 한다(HID 컬렉션에 대해서는 12장을 참고한다). 컬렉션을 위한 디바이스 ID는 컬렉션 번호를 나타내는 bb 값과 함께 다음 형식이다.

```
USB\Vid_xxxx&Pid_yyyy&Rev_zzzz&MI_ww&Colbb
```

어떤 클래스의 디바이스는 다른 형식을 사용한다.

CDC 디바이스용 하드웨어 ID는 서브클래스를 지정하는 값을 갖기도 한다. 이 디바이스 ID는 CDC 서브클래스 0x08을 지정한다

```
USB\Vid_0925&Pid_0902&Rev_0210&Cdc_08
```

USB 대용량 저장소 드라이버(usbstor.sys), 대용량 저장소 디바이스는 디스크 드라이브를 위한 하드웨어 ID를 생성한다. 예를 들어 다음과 같다.

```
USBSTOR\ST3000DM001-1CH166_____CC44
```

ID는 8글자의 제조사 식별자(ST3000DM)와 16글자의 제품 식별자(001-1CH166_____), 4글자의 리비전 수준(CC44)으로 구성되어 있다.

프린터에서는 USB 프린터 드라이버가 하드웨어 ID를 생성하고 다음과 같은 형식이다.

```
USBPRINT\BrotherHL-4150CDN_se922A
```

ID는 제조사 이름과 최대 20글자를 사용할 수 있는 모델명(BrotherHL-4150CDN_se), 4글자의 체크썸(922A)으로 구성되어 있다.

키보드, 마우스, 게임 컨트롤러, 기타 시스템 HID에서는 윈도우가 특수 목적 하드웨어 ID를 사용한다. 예를 들어 HID_DEVICE_SYSTEM_KEYBOARD, HID_DEVICE_SYSTEM_MOUSE가 있다. 제조사 제공 INF 파일은 HID_DEVICE_SYSTEM_으로 시작하는 이런 하드웨어 ID를 포함하면 안 된다.

HID Usage Page와 Usage를 지정할 때 윈도우는 디바이스 ID를 다음 형식으로 사용한다.

```
HID_DEVICE_UP:p(4)_U:u(4)
```

여기서 p(4)는 4글자의 16진수 값이며 Usage Page를 지정하고, u(4)는 4글자의 16진수 값이며 Usage를 지정한다.

예를 들어 Usage Page가 0x0C(Consumer), Usage가 0x01(Consumer Control)인 하드웨어 ID는 다음과 같이 된다.

```
HID_DEVICE_UP:000C_U:0001
```

제조사 제공 INF 파일은 Usage Page 하드웨어 ID를 포함하면 안 된다.

호환 ID

호환 ID$_{compatible\ ID}$는 클래스나 옵션 서브클래스, 프로토콜 코드로 디바이스를 식별한다.

디바이스가 디바이스 전용 설치 요구사항이 없고 시스템 INF 파일이 관련 호환 ID를 포함하고 있다면, 디바이스 제조사는 하드웨어 ID가 있는 INF 파일을 제공할 필요가 없다. 제조사 제공 INF 파일에는 호환 ID가 들어 있으면 안 된다.

호환 ID는 다음 형식을 취할 수 있다.

```
USB\Class_aa&SubClass_bb&Prot_cc
USB\Class_aa&SubClass_bb
USB\Class_aa
```

aa, bb, cc 값은 디바이스 디스크립터나 인터페이스 디스크립터 값과 일치하고 각기 두 글자다. aa는 bDeviceClass나 bInterfaceClass 값이고, bb는 bDeviceSubClass나 bInterfaceSubClass 값이며, cc는 bDeviceProtocol이나 bInterfaceProtocol 값이다. 이 값은 16진수로 표현한다.

예를 들어, 프린터(printer.inf)를 위한 시스템 INF 파일은 프린터 클래스의 디바이스를 위한 호환 ID로서 다음 ID를 갖는다.

```
USB\Class_07
```

usbstor.sys 드라이버는 호환 ID를 제공하며, 이것은 다양한 유형의 대용량 저장장치 디바이스를 지원한다. 예를 들어, 범용 SCSI 미디어 서브클래스의 디바이스는 벌크 프로토콜만 사용할 때 다음 호환 ID를 사용할 수 있다.

```
USB\CLASS_08&SUBCLASS_06&PROT_50
```

INF 파일에서 식별 문자열 얻기

INF 파일에서 Models 섹션의 각 항목은 디바이스 식별 문자열이 1개 이상 있다. 제조사 제공 INF 파일에는 하드웨어 ID가 1개 이상 있어야 한다. 시스템 제공 INF 파일은 하드웨어 ID와 호환 ID를 갖고 있을 수도 있다.

일치하는 것 검색

디바이스에서 가져온 정보와 INF 파일에서 가져온 정보에서 가장 잘 맞는 조합을 찾을 때 윈도우는 모든 가능성에 대해 순위를 매기고 가장 잘맞는 순서대로 작은 값을 부여한다. 서명된 드라이버는 더 좋은 순위를 받고, 64비트 윈도우는 서명된 드라이버를 필요로 한다.

가장 정확한 조합은 서명된 드라이버의 INF 파일에 디바이스 ID와 하드웨어 ID가 일치하는 것이다. 설치 프로그램이 어떤 조합도 찾지 못하면 '새 하드웨어 설치' 마법사를 실행하고 사용자가 INF 파일의 위치를 지정할 수 있게 한다.

혼성 디바이스에서는 호환 ID USB\COMPOSITE로 USB 공통 클래스 범용 부모 드라이버를 로드한다. 이 드라이버는 각 인터페이스를 위한 디바이스와 호환 ID를 생성하고 설치 프로그램이 각 인터페이스에게 드라이버를 할당한다.

검색 속도를 높이기 위해 윈도우는 디바이스 설치 시 새로운 INF 파일을 사용할 때 프리컴파일 INF$_{PNF}$ 파일을 생성한다. PNF 파일은 INF 파일과 같은 정보를 담고 있지만, 빠른 검색을 할 수 있는 형식으로 되어 있다.

INF 파일 제공

시스템의 클래스 드라이버를 사용하는 많은 디바이스는 윈도우가 제공하는 클래스의 INF 파일을 사용할 수 있다. 다음 표는 USB 클래스에 대한 INF 파일 제공 내역이다.

클래스	INF 파일	드라이버
오디오	wdma_usb.inf	usbaudio.sys
블루투스	bth.inf	bthusb.sys
CDC 모뎀	mdmcpq.inf, mdm*.inf(특정 모델에서)	usbser.sys
HID	input.inf	hidclass.sys, hidusb.sys
허브	usb.inf	usbhub.sys
대용량 저장장치	usbstor.inf	usbstor.sys
프린터	usbprint.inf	usbprint.sys
정지 이미지	sti.inf	usbscan.sys
비디오	usbvideo.inf	usbvideo.sys

추가적으로 winusb.inf 파일은 WinUSB 드라이버를 사용하는 디바이스를 설치할 수 있게 해준다.

윈도우는 서명된 드라이버를 선호하는데(실질적으로는 요구사항에 가깝다) 지원하는 클래스에 있는 비서명 드라이버를 공급하려면 윈도우가 공급자의 드라이버를 사용하지 않고 클래스 INF 파일에 있는 호환 ID를 선정할 것이다. CDC USB 가상 COM 포트는 자신의 INF 파일을 반드시 공급해야 하는데, 시스템이 지원하는 드라이버를 사용할 때에도 그렇다. 제조사 제공 드라이버를 사용하는 디바이스는 INF 파일이 반드시 있어야 한다.

윈도우가 제공하는 일부 INF 파일은 제조사 전용 정보가 있는 Models 섹션이 있다. 디바이스가 WHQL 테스트를 통과하면 마이크로소프트는 디바이스 섹션을 현재 있는 INF 파일에 추가하거나, 제조사 전용 INF 파일을 윈도우와 함께 배포하는 파일에 추가한다.

도구와 진단에 관한 지원

마이크로소프트는 INF 파일 제작과 테스트를 쉽게 할 수 있는 도구를 제공한다. 문법 검사기인 ChkINF는 INF 파일의 구조와 문법을 테스트한다. 로그 파일은 디바이스 설치 중에 일어나는 이벤트를 기록한다.

ChkINF는 펄Perl 인터프리터를 사용하는 펄 스크립트이며 www.activeware.com이나 그 밖의 곳에서 무료로 받을 수 있다. ChkINF WDK에 포함되어 있다. 이 스크립트는 명령 프롬프트에서 실행하며, INF 파일에 에러와 경고가 주석으로 달린 HTML 페이지를 만든다.

디바이스 설치 중 PnP 관리자와 윈도우 설정, 디바이스 설치 서비스(SetupAPI)는 이벤트와 에러를 로그 기록을 텍스트 파일로 남긴다. 이 로그는 디바이스 설치에 관련한 문제를 디버깅할 때 매우 유용하다. 이 파일 setupapi.dev.log는 %SystemRoot%\inf 안에 있다.

INF 파일 사용 팁

제품 개발 중이나 개발 후 INF 파일을 사용할 때 쓸 만한 몇 가지 팁을 다음에 소개한다.

유효한 Vendor ID와 Product ID 조합 사용

통제할 수 있는 환경이 아닌 곳에서 사용하는 펌웨어는 USB-IF에 의해 할당된 Vendor ID를 사용해야 한다. 이 책의 예제 코드에서는 내 회사인 레이크뷰 리서치

Lakeview Research에 할당된 0x0925를 Vendor ID로 사용했다. Vendor ID의 소유자는 각 제품과 버전이 유일한 Vendor ID/Product ID 조합을 갖도록 보장할 책임이 있다. 다른 사람의 Vendor ID를 빌리는 경우 ID 소유자가 각기 다른 디바이스에 같은 값을 사용하는 경우가 발생해 충돌이 생길 수도 있다.

INF 파일을 찾는 방법

디바이스와 새 INF 파일을 설치할 때 윈도우는 INF 파일을 %SystemRoot%\inf에 복사하고 oem*.inf로 파일 이름을 바꾸거나 oem*.pnf 형식의 .pnf 파일을 만들기도 한다. 여기서 *는 번호다. oem 파일명에 번호를 붙이면 같은 제조사가 INF 파일을 같은 이름으로 제공하는 경우 발생하는 충돌을 막을 수 있다.

특정 Vendor ID, Product ID를 담고 있는 INF 파일을 찾으려면 윈도우 탐색기에서 %SystemRoot%\inf를 찾아 열고, **검색**Search을 선택한 다음, **고급 옵션**Advanced Options에서 **파일 내용**File Contents을 체크하고, 검색 박스에서 'VID_xxxx&PID_yyyy'를 입력한다. 여기서 xxxx는 디바이스의 Vendor ID이고, yyyy는 Product ID다.

디바이스 정보 삭제

제품을 개발하는 중에 디바이스의 디스크립터에 관한 정보를 변경하려면, 윈도우가 이전 열거 시에 얻은 디바이스 정보를 사용하는 것을 볼 수 있다. 윈도우가 설치된 디바이스의 변경된 내용을 인지하려면 장치 관리자에서 디바이스를 우클릭으로 선택한 후 **제거**Uninstall를 선택한다. 그런 다음 장치를 제거하고 다시 장착하고 설치하면 드라이버 검색을 새로 할 것이다.

사용자가 볼 수 있는 것

사용자는 USB 디바이스를 장착한 다음에는 윈도우 에디션, 디바이스의 INF 파일 내용, 드라이버 위치, 드라이버가 보조 인스톨러를 갖고 있는지 여부, 디지털 서명 여부, 디바이스를 이전에 장착하고 열거한 적이 있는지 여부, 일련번호의 여부에 따라 다양한 내용을 볼 수 있다.

디바이스와 클래스 인스톨러

디바이스와 클래스 인스톨러는 디바이스 설치에 관련된 기능을 제공하는 DLL이다. 윈도우는 지원하는 디바이스 셋업 클래스가 지원하는 디바이스에 대해 기본 인스톨러를 제공한다. 디바이스 제조사는 클래스 내의 일부 디바이스에 특화된 동작을 지원하기 위해 클래스 인스톨러와 함께 동작하는 보조 인스톨러를 제공하기도 한다. 디바이스 보조 인스톨러는 레지스트리에 정보를 추가하고 사용자에게서 추가 컨피규레이션 정보를 요청한다. 여기서 장치 관리자는 디바이스 전용 속성 페이지를 제공하고 디바이스 설치에 관한 여타 작업을 수행할 수 있다. WDK에는 윈도우 인스톨러 패키지를 생성할 수 있는 드라이버 설치 프레임워크DIFx, Driver Install Frameworks 도구가 들어 있다.

드라이버 검색

시스템을 켜거나 디바이스를 장착하면 디바이스 디스크립터를 얻은 다음, 윈도우가 디스크립터 안에 있는 정보과 일치하는 하드웨어 키를 찾는다. 키를 찾는 데 성공하면 운영체제는 디바이스에 드라이버를 할당할 수 있다. 하드웨어 키의 드라이버 항목은 드라이버 키를 가리키고, 드라이버 키는 INF 파일을 지정한다. 하드웨어 키의 서비스 항목은 서비스 키를 가리키고, 서비스 키는 드라이버 파일에 관한 정보를 갖는다.

디바이스를 최초로 장착할 때는 윈도우에 일치하는 하드웨어 키가 없으므로 키를 찾기 위해 INF 파일을 검색한다. 일치하는 키를 찾지 못하면 새 하드웨어 마법사를 시작한다. 서명된 드라이버라면 설치 프로그램은 제공된 INF 파일을 사용자 시스템상의 INF 폴더에 복사하기 위해 `SetupCopyOEMInf` API를 사용한다. 일치하는 INF 파일을 찾았다면 윈도우는 (그 파일이 아직 존재하지 않으면) 파일을 %SystemRoot%\inf에 복사하고, 필요에 따라 파일에 지정된 드라이버를 로드하고 시스템 레지스트리에 적절한 키를 추가한다. 여기까지 마치면 장치 관리자에 디바이스가 표시된다.

디바이스를 설치한 후에 일련번호만 다른 동일한 추가 디바이스를 설치하는 경우에는, 드라이버의 디지털 서명 여부에 따라 윈도우가 다르게 동작한다. 드라이버가 서명됐으면 윈도우는 현재 사용자가 권한이 없더라도 추가 디바이스를 위한 드라이버를 설치하기 위해 관리자 권한을 사용한다. 드라이버가 서명돼 있지 않으면 윈도우는 추가 디바이스를 위한 드라이버를 설치할지 결정하는 데 현재 사용자 권한을 사용한다.

이전에 장착했던 디바이스를 다시 장착할 때는 디바이스의 디스크립터에 USB 일련번호 문자열이 들어 있어야 윈도우가 드라이버 키를 찾을 수 있다. 디바이스의 일련번호가 없으면 전에 장착했던 포트에 장착해야만 하드웨어 키를 찾을 수 있다. 디바이스의 일련번호가 있으면 디바이스를 어떤 포트에 연결하더라도 하드웨어 키를 찾을 수 있다.

10장

디바이스 감지

10장은 애플리케이션 프로그램이 장착된 디바이스의 정보를 얻는 방법, 디바이스와 통신하기 위한 핸들을 요청하는 방법, 장착/제거를 감지하는 방법을 설명한다. 이런 작업들은 윈도우 API 함수와 8장에서 소개한 GUID 디바이스 인터페이스를 이용한다. 수많은 닷넷 프로그래머들은 API 함수에 익숙하지 않으므로 짧은 튜토리얼을 통해 설명할 것이다.

API 함수 호출 방법 개요

윈도우 API 함수를 사용하지 않아도 다양한 프로그램을 만들 수 있다. 마이크로소프트의 닷넷 프레임워크는 사용자 인터페이스, 파일 접근, 텍스트 조작, 그래픽스, 범용 주변기기 유형에 대한 접근, 네트워킹, 보안 기능, 예외 처리 등 공통 작업용 클래스를 제공한다. 클래스의 메소드는 내부적으로 API 함수를 호출하지만, 클래스는 좀 더 안전하고 보안성이 우수하며 모듈식이고 객체지향적인 방법을 제공해 프로그래머들이 작업을 더 나은 방법으로 수행할 수 있다. 닷넷 프레임워크를 사용할 수 있는 언어에는 비주얼 베이직, 비주얼 C#, 비주얼 C++가 있다.

그러나 닷넷의 클래스가 모든 것을 해결해주지는 않는다. 어떤 애플리케이션은 윈도우 API 함수를 호출하는 작업을 직접 수행해야 한다. 닷넷 애플리케이션은 닷넷이 지원하지 않는 영역에 대해서는 윈도우 API 호출도 가능하다. 이 책의 예제 코드는 다음과 같은 코드 구문을 선행한다고 가정하고 있으니 참고한다.

```
using Microsoft.Win32.SafeHandles;
using System;
using System.Management;
using System.Runtime.InteropServices;
```

매니지드 코드와 언매니지드 코드

매니지드 코드managed code란 닷넷 프레임워크 클래스의 이벤트, 메소드, 속성 등에 접근하는 프로그램 코드를 뜻한다. 매니지드 코드는 MSILMicrosoft Intermediate Language이라는 중간 코드로 컴파일되며, CPU에 의존하지 않는 명령어로 구성되어 있다. 애플리케이션이 실행될 때 닷넷의 공통 언어 실행 환경인 CLRcommon language runtime은 MSIL 코드를 해당 CPU에 맞는 전용 코드로 해석해 실행한다.

모든 닷넷 언어는 동일한 CLR을 사용하기 때문에 각기 다른 언어로 작성된 닷넷 요소는 쉽게 상호 동작할 수 있다. 예를 들어, 비주얼 베이직으로 작성된 애플리케이션은 호출 규칙calling convention이 달라도 비주얼 C#으로 작성된 함수를 호출할 수 있다. 또한 CLR은 메모리 관리를 위한 가비지 컬렉션garbage collection을 구현하므로 더 이상 사용하지 않는 객체에 대한 제거를 수행한다. 반대로 윈도우 API 함수는 언매니지드 코드unmanaged code로, 그 DLL에는 특정 CPU에서만 실행되게 컴파일된 기계어가 들어 있다.

비주얼 C++ 애플리케이션은 매니지드 코드, 언매니지드 코드 혹은 둘이 조합된 코드로 컴파일될 수 있다. 비주얼 C++는 언매니지드 코드에서처럼 매니지드 코드가 API 함수를 호출하는 기술을 포함한다.

닷넷의 다른 언어를 위해 매니지드 코드는 System.Runtime.InteropServices 라는 네임스페이스의 메소드로 API를 호출할 수 있다. 이 네임스페이스는 PInvoke나 P/Invoke로 알려진 플랫폼 호출 서비스Platform Invocation Services를 지원한다. 매니지드 코드에서 언매니지드 함수를 호출하는 프로세스는 인터롭Interop이라고 부른다.

DLL

윈도우에 포함된 DLL은 일반적으로 %SystemRoot%\system32 폴더에 저장돼 있다. 운영체제는 애플리케이션이 DLL에 정의되어 있는 함수를 호출할 때 이 폴더를 검색한다. 윈도우 API 함수에 대한 헤더 파일과 문서는 WDKWindows Driver Kit와 SDKSoftware Development Kit에서 찾아볼 수 있다.

기능	DLL	헤더 파일
디바이스 검색	setupapi.dll	setupapi.h
핸들 기반 동작을 지원하는 디바이스 접근	kernel32.dll	kernel32.h

헤더 파일은 DLL 함수의 C 언어 선언, 상수, 변수, 구조체와 기능에 접근하는 각 요소의 정의가 담겨 있다. 애플리케이션은 해당 선언을 통해 함수를 찾아내고 함수의 파라미터를 전달할 수 있다.

비주얼 C# 애플리케이션은 C 언어로 표현된 정의를 비주얼 C# 문법과 데이터 자료형으로 변환해야 한다. 닷넷에서는 변수와 구조체 형식이 일대일 대응 관계를 갖지 않는 경우가 있으므로, C 언어로부터의 변환은 단순한 문법 변환보다 복잡하다. 닷넷 코드는 매니지드 코드와 언매니지드 코드가 데이터를 안전하게 주고받을 수 있게 마샬링marshaling을 요구할 수도 있다.

마샬링

비주얼 C# 애플리케이션들은 매니지드 코드에서 언매니지드 코드로, 또는 반대 방향으로 데이터가 이동할 때 데이터를 잃지 않고 정상적으로 전송될 수 있게 특별한 주의가 필요하다. 닷넷 프레임워크는 이를 위해 Marshal 클래스를 제공한다. 마샬링은 데이터의 유효성을 보장하기 위해 필요한 작업을 수행한다는 뜻이다.

마샬 클래스는 언매니지드 코드로 변수를 전달할 때나, 언매니지드 코드와 매니지드 코드 사이에 데이터를 복사할 때 데이터 자료형을 변환하는 데 필요한 메모리 할당 메소드를 제공한다. 예를 들어, PtrToStringAuto 메소드는 언매니지드 메모리의 문자열 포인터를 받아 문자열을 반환한다. 다음 코드는 API 함수가 반환하는 포인터(IntPtr pDevicePathName)로부터 문자열을 가져온다.

```
String devicePathName =
    Marshal.PtrToStringAuto(pDevicePathName);
```

MarshalAs 속성은 언매니지드 코드가 반환하는 구조체의 배열에 접근할 수 있도록 배열 크기를 정의한다. 다음 예제는 배열(Reserved)을 선언하는데, Int16 값 16개로 구성되어 있다. 이 배열은 API 함수에 넘기는 구조체의 요소 중 하나다.

```
[MarshalAs(UnmanagedType.ByValArray, SizeConst = 17)]
    internal Int16[] Reserved;
```

MarshalAs 속성은 UnmanagedType.ByValArray 1개를 Reserved 배열 안에 마샬링한다. SizeConst 필드는 배열 안에 있는 요소의 개수다(예제에서는 17).

가비지 컬렉터가 건드리는 것을 원하지 않는 메모리를 할당하려면, 마샬링으로 메모리를 할당할 수 있다. 이렇게 하면 언매니지드 함수가 접근할 수 있는 데이터(애플리케이션이 넘기거나 언매니지드 함수가 반환해 애플리케이션이 접근하는 데이터)를 마샬링으로 강제할 수 있다. 다음 예제는 버퍼에 메모리를 할당한다.

```
Dim bufferSize As Int32 = 168;
IntPtr detailDataBuffer = Marshal.AllocHGlobal(bufferSize);
```

애플리케이션은 언매니지드 함수로 넘기는 데이터를 위해 마샬링을 이용해 버퍼에 데이터를 저장할 수 있다. 다음 예제는 애플리케이션이 버퍼의 첫 번째 위치에 값을 쓴다.

```
Marshal.WriteInt32(detailDataBuffer, 8);
```

그런 다음 이 애플리케이션은 버퍼의 포인터를 API 함수로 넘긴다. API 함수는 버퍼의 남은 공간에 데이터를 채울 것이다. 함수가 반환될 때 애플리케이션은 버퍼의 내용에 접근할 수 있다.

`Marshal.FreeHGlobal` 메소드는 애플리케이션이 더 이상 메모리에 접근할 필요가 없을 때 메모리를 해제한다.

```
Marshal.FreeHGlobal(unManagedBuffer);
```

코드의 메모리와 리소스 해제를 확실히 하기 위해 위 코드는 `Try...Catch...Finally` 구문 중 `Finally` 블록에 위치시킨다. 이 책의 예제에서는 `Try` 구문을 생략했다.

함수 선언

모든 API 함수는 함수의 위치와 파라미터를 정하는 선언부가 필요하다. 다음 예제는 `HidD_GetNumInputBuffers` 함수의 선언 예제다. 애플리케이션은 이 함수를 이용해 HID 클래스 디바이스의 드라이버가 저장할 수 있는 입력 리포트의 개수를 알아낼 수 있다.

```
[DllImport("hid.dll", SetLastError=true)]
internal static extern Boolean HidD_GetNumInputBuffers
    (SafeFileHandle HidDeviceObject,
    ref Int32 NumberBuffers);
```

위의 선언은 다음 정보를 담고 있다.

- `DllImport` 속성은 함수의 실행 코드(hid.dll)를 담고 있는 파일 이름을 지정한다. 옵션으로 `SetLastError` 필드를 `true`로 설정하면 `GetLastWin32Error` 메소드로 에러 코드를 알아낼 수 있다.
- 함수의 이름(`HidD_GetNumInputBuffers`)

- 함수가 운영체제에 넘겨줄 파라미터들(HidDeviceObject, NumberBuffers)
- 전달할 값의 데이터 자료형(SafeFileHandle, Int32)
- 함수가 파라미터를 값으로 전달하는지, 참조로 전달하는지에 대한 정보. 기본은 값에 의한 전달이다. 참조로 전달하려면 파라미터 이름을 ref로 시작한다. 위의 함수는 HidDeviceObject는 값으로 전달하고, NumberBuffers는 참조로 전달했다.
- 함수가 반환하는 값의 데이터 자료형이다(Boolean). 일부 API 호출은 반환 값이 없다.

extern 한정자는 해당 함수가 다른 파일에 위치한다는 뜻이다.

NativeMethods 클래스의 사용

마이크로소프트는 클래스 안의 언매니지드 코드의 선언부를 NativeMethods라고 부르는 곳에 위치시킬 것을 권고한다. 이 클래스는 internal로 선언하며, 클래스의 메소드는 static과 internal로 선언해야 한다.

이 클래스를 선언하려면 다음과 같이 한다.

```
internal static class NativeMethods
{
    // 언매니지드 함수 예제

    [DllImport("hid.dll", SetLastError=true)]
    internal static extern Boolean HidD_GetNumInputBuffers
        (SafeFileHandle HidDeviceObject,
        ref Int32 NumberBuffers);

    // 추가 언매니지드 함수는 여기에 ...
}
```

언매니지드 함수를 호출할 때 NativeMethods 클래스를 지정한다.

```
NativeMethods.HidD_GetHidGuid(ref myGuid);
```

함수 호출

애플리케이션은 함수와 전달 파라미터를 정의한 후 함수를 호출할 수 있다. 다음은 앞서 선언한 `HidD_GetNumInputBuffers` 함수를 호출하는 예제다.

```
Boolean success = NativeMethods.HidD_GetNumInputBuffers
    (hidDeviceObject,
    ref numberOfInputBuffers);
```

`hidDeviceObject` 파라미터는 `CreateFile` 함수가 반환한 `SafeFileHandle`이고, `numberOfInputBuffers` 파라미터는 `Int32` 자료형이다. 이 함수가 성공적으로 동작했다면 `success = true`를 반환하고, `numberOfInputBuffers` 변수는 입력 버퍼의 개수를 갖는다.

데이터 관리

API 함수가 데이터를 전달하는 방법과 API 함수가 반환하는 데이터를 사용하는 방법을 이해하려면 닷넷의 데이터 자료형과 CLR이 데이터를 언매니지드 코드에 전달하는 방법을 이해해야 한다. 다음 설명은 이후 예제 코드에 대한 배경지식을 제공한다.

데이터 자료형

API 함수의 헤더 파일은 닷넷 프레임워크가 지원하지 않는 많은 데이터 자료형을 사용한다. API 호출을 위한 변수의 자료형을 지정하기 위해 동일한 길이를 갖는 닷넷의 데이터 자료형을 사용할 수 있는 경우가 많다. 예를 들어, 32비트 정수형인 `DWORD`는 `Int32`로 대체할 수 있다. `GUID`는 닷넷의 `System.Guid` 자료형을 사용할 수 있다. 포인터는 닷넷이 제공하는 `IntPtr` 자료형을 사용한다. `IntPtr`의 크기는 플랫폼에 따라 32비트, 64비트로 조정된다. `IntPtr.Zero`는 널 포인터다.

C 언어 형식인 `HANDLE`로 정의한 파라미터는 `IntPtr`을 사용할 수 있지만 좀 더 안전하고 신뢰성 있는 옵션으로는 `SafeHandle` 객체가 있다. `IntPtr`이 핸들을 참

조하는 일부 상황에서는 예외exception가 핸들 누수를 일으킬 수 있고 종결자finalizer가 비동기 동작에서 핸들을 계속 사용해 충돌을 일으킬 수 있다. IntPtr 핸들을 재활용하면 다른 리소스에 속했던 데이터를 노출시킬 수 있다. SafeHandle 객체는 이런 취약점이 없다.

SafeHandle 클래스는 추상 클래스다. SafeHandle 객체를 사용하려면 SafeHandle에서 파생된 클래스를 사용하거나 SafeHandle 클래스에서 새로운 클래스를 파생시켜 만들어야 한다.

변수 전달

함수로 전달되는 모든 파라미터는 요소 자료형과 전달 방법을 갖는다. 요소 자료형은 값이나 참조이고, 전달 방법은 '값'으로 전달하느냐 또는 '참조'로 전달하느냐로 나뉜다. 요소 자료형은 전달 방법에 부분적으로 영향을 준다.

값 형식은 데이터다. 예를 들어 값 3이 할당된 Byte 변수는 00000011_b 비트 값을 갖는 변수 한 바이트로 이뤄진다. 값 형식에는 모든 숫자 데이터 자료형(Boolean, Char, Date 자료형), 구조체(속한 멤버가 참조형이라도 가능), 열거형이 포함된다.

참조형은 메모리 어딘가에 있는 변수의 데이터 위치를 가리키는 참조나 포인터다. 예를 들어, 배열 변수는 배열의 내용이 저장되어 있는 위치가 들어 있다. 참조형에는 문자열, 배열(배열의 요소가 값 형식이어도 상관없다), 클래스, 델리게이트delegate가 있다.

파라미터를 값으로 전달할지 참조로 전달할지는 함수가 원하는 정보와 전달될 요소의 자료형에 따라 결정되며, 가끔은 블릿 허용blittable 자료형인지에 따라서도 결정된다. 여러 가지 방법이 같은 결과를 도출하는 경우도 자주 있다.

값 형식으로 값을 전달할 때 변수의 값은 복사돼 전달된다. 호출된 함수가 변수나 변수의 멤버 변수를 수정하더라도 호출한 함수는 변경된 값을 알 수 없다. 예를 들어, 디바이스로부터 데이터를 읽기 위해 WinUsb_ReadPipe 함수를 호출하면 애플리케이션은 디바이스에게 요청할 데이터의 길이를 갖는 UInt32 변수를 전달한다. 호출된 함수는 전달받은 값을 사용하지만 자신을 호출한 함수에 그 값을 반환하지 않아도 된다. 즉 애플리케이션은 값 형식을 이용해 변수의 값을 전달할 수 있다.

값 형식의 변수를 참조형으로 전달할 때는 변수의 포인터를 전달한다. 호출된 함수가 변수나 그 멤버를 변경한 경우 변경한 값은 원본 변수에도 반영돼 호출 함수도 변경된 값을 알 수 있다. 예를 들어, WinUsb_ReadPipe 함수는 UInt32 변수를 참조형으로 전달한다. 이 참조에는 반환해야 하는 데이터의 크기를 바이트 단위로 갖는 공간이 있다. 호출된 함수는 해당 참조에 값을 기록하고 함수가 반환되면 호출한 함수가 기록된 값을 알 수 있다.

값에 의한 참조형을 전달하는 것은 변수의 포인터를 전달하는 것이다. 그러나 그 영향은 해당 변수형이 블릿 허용 자료형인지 아닌지에 따라 다르다. 블릿 허용 자료형이란 닷넷의 데이터 자료형으로 매니지드 코드와 언매니지드 코드를 동일한 방법으로 표현하는 데이터 자료형이다. 즉 매니지드 코드와 언매니지드 코드 사이에 변환이 필요하지 않다. 블릿 허용 자료형에는 Byte, SByte, Int16, UInt16, Int32, UInt32, Int64, UInt64, IntPtr, UIntPtr, Single, Double, IntPtr이 있고, IN 파라미터로 사용하는 SafeHandles가 있다.

애플리케이션이 값에 의한 참조로 블릿 가능형을 언매니지드 함수에 넘길 때 애플리케이션은 원본 변수에 대한 참조를 넘긴다. CLR은 함수가 실행되는 동안 가비지 컬렉터가 변수를 옮기지 못하게 변수를 메모리에 고정시킨다. 호출한 루틴은 변수 값의 변화를 볼 수 있지만 변수의 인스턴스 변화를 알 수는 없다. 이렇게 원본 변수의 참조를 넘기면, 오버헤드가 줄어들고 값 형식으로 전달할 때에 비해 성능이 향상된다.

값에 의한 참조로 블릿 허용 자료형을 넘기는 예로는 WinUsb_ReadPipe를 호출할 때 Byte 배열을 넘기는 경우다. 이 함수는 디바이스로부터 읽은 데이터를 해당 포인터가 가리키는 배열에 채운다. Byte 배열은 참조형이고, Byte는 블릿 허용 자료형이므로 배열을 값으로 전달하면 호출된 함수는 원본 배열에 대한 포인터를 받는다. 함수가 배열에 데이터를 기록한 후 반환하면 호출한 함수는 새로운 데이터에 접근할 수 있다.

블릿 허용 자료형이 아닌 자료형을 이용할 때는 CLR이 호출한 함수가 받을 수 있는 자료형으로 데이터를 변경하고 변경된 데이터에 대한 포인터를 전달한다.

호출한 함수는 호출된 함수가 변수의 인스턴스에 대해 변경한 내용은 알 수 없고 값의 변경만 알 수 있다. 예를 들어, 호출된 함수가 변수를 null로 설정하면 호출 함수는 변경 내용을 알 수 없다.

참조에 의한 참조형 전달은 변수의 포인터를 포인터로 넘기는 방식이다. 호출한 함수는 변수의 변경과 변수 인스턴스에 대한 변경을 볼 수 있다. 이 책의 예제는 이런 전달 방식을 사용하지 않는다.

구조체 전달

어떤 API 함수는 다른 자료형으로 선언된 변수 여러 개로 구성된 구조체를 전달하거나 반환한다. 구조체는 헤더 파일에 C 문법으로 선언돼 있다.

일반적으로 닷넷 애플리케이션은 동등한 구조체 또는 해당 구조체가 들어 있는 아이템을 갖춘 클래스를 선언한다. 구조체가 매니지드 코드와 언매니지드 코드 모두에서 동일하게 배치, 정렬하려면 배열 선언이나 클래스 정의에서 StructLayout 속성을 LayoutKing.Sequential로 설정한다.

[StructLayout(LayoutKind.Sequential)]

비주얼 C# 컴파일러는 구조체를 포함한 (클래스 제외) 값 형식에 대해 항상 LayoutKind.Sequential을 지정한다. 따라서 코드 내에서 구조체를 LayoutKind.Sequential로 지정하는 것은 그냥 옵션이다.

옵션인 CharSet 필드는 언매니지드 코드로 전달할 문자열을 전달하기 전 ANSI로 변환할지, 유니코드_{Unicode}로 변환할지를 결정한다. 목적 플랫폼에 따라 CharSet.Auto는 8비트 ANSI나 16비트 유니코드 문자를 선택한다. DllImport 속성 또한 CharSet 필드를 사용할 수 있다.

[StructLayout(LayoutKind.Sequential, CharSet=CharSet.Auto)]

비주얼 C#에서 공통으로 사용하기 어렵거나 불가능한 구조체도 있다. 한 가지 해결책은 버퍼를 같은 크기로 사용하는 것이다. 버퍼를 이용해 구조체형 데이터를 전달하고 데이터를 반환받는 방식으로 사용할 수 있다.

옵션인 `Pack` 필드는 구조체의 데이터 필드의 정렬을 맞춘다. 구조체 안에 있는 필드가 시작하는 오프셋을 `Pack` 값 바이트의 곱으로 정렬한다. 예를 들어, `Pack=4`로 설정하면 각 필드는 4바이트 경계에 맞춰 정렬된다.

```
[StructLayout(LayoutKind.Sequential, Pack=4)]
```

`Pack=0`은 기본 값을 사용하며, 4바이트를 기본 값으로 사용하는 언매니지드 구조체를 제외하면 기본 값은 8이다.

디바이스 검색

윈도우는 디바이스 인터페이스 클래스의 모든 디바이스를 찾을 수 있고 각 디바이스의 경로를 얻는 `SetupDi_` 계열의 API를 제공한다. `CreateFile` 함수는 이 경로를 이용해 디바이스에 접근할 때 사용할 핸들을 얻는다. 8장에서 설명했듯이 이 함수들은 WinUSB 드라이버를 사용하거나, 제조사 전용 기능을 수행하는 HID 클래스 장치, 제조사 전용 드라이버를 사용하는 디바이스를 검색할 때 사용한다.

디바이스 경로를 얻으려면 다음 절차를 따른다.

1. 디바이스 인터페이스의 GUID를 얻는다.
2. 디바이스 인터페이스 클래스 내에 설치했거나 현재 존재하는 디바이스에 대한 정보를 포함한 디바이스 정보 세트의 포인터를 요청한다.
3. 디바이스 정보 세트 내의 디바이스 인터페이스에 대한 정보를 갖는 구조체 포인터를 요청한다.
4. 디바이스 인터페이스의 경로를 갖는 구조체를 요청한다.
5. 구조체로부터 디바이스 경로를 얻는다.

애플리케이션은 디바이스의 경로를 얻은 후에야 디바이스와 통신할 수 있는 핸들을 열 수 있다.

표 10-1은 앞의 과정을 수행할 때 사용하는 API 함수 목록이다.

▼ **표 10-1** 애플리케이션은 이 함수들로 디바이스를 찾고 디바이스에 접근할 수 있는 디바이스 경로를 얻는다.

API 함수	DLL	목적
HidD_GetHidGuid	hid	HID 클래스 안에 있는 디바이스 인터페이스 GUID를 얻는다.
SetupDiDestroyDeviceInfoList	setupapi	SetupDiGetClassDevs로 얻은 리소스의 해제
SetupDiGetClassDevs	setupapi	지정한 클래스 안에 있는 디바이스에 대한 디바이스 정보를 얻는다.
SetupDiGetDeviceInterfaceDetail	setupapi	디바이스 경로를 얻는다.
SetupDiEnumDeviceInterfaces	setupapi	디바이스 정보 세트 내의 디바이스 정보를 얻는다.

다음 코드는 API 함수로 디바이스를 찾고 경로를 얻는 방법을 나타낸 것이다. 비주얼 C# 예제와 함수 사용법은 janaxelson.com에서 얻을 수 있다.

디바이스 인터페이스 GUID 얻기

8장에서 설명한 것처럼 애플리케이션은 많은 드라이버에 대해 C 헤더 파일이나 드라이버와 함께 제공하는 선언부에서 디바이스 인터페이스 GUID를 얻을 수 있다. 여기서 디바이스 INF 파일은 같은 GUID를 담고 있어야 한다. 15장에서 설명할 WinUSB 디바이스는 디바이스 펌웨어에 GUID를 저장하는 옵션을 갖는다.

HID 클래스 드라이버의 GUID는 윈도우가 제공하는 hidclass.h에 정의된 API 함수로 얻을 수 있다.

정의

```
[DllImport("hid.dll", SetLastError=true)]
internal static extern void HidD_GetHidGuid
    (ref Guid HidGuid);
```

사용

```
Guid myGuid = Guid.Empty;
NativeMethods.HidD_GetHidGuid(ref myGuid);
```

다른 방식으로, GUID 문자열 상수 값을 System.Guid 객체로 변환해 사용하는 법도 있다.

정의

```
private const String DeviceInterfaceGuid =
    "{ecceff35_146c_4ff3_acd9_8f992d09acdd}";
```

사용

```
var myGuid = new Guid(DeviceInterfaceGuid);
```

디바이스 정보 세트 포인터 요청

SetupDiGetClassDevs는 GUID가 지정하는 디바이스 인터페이스 클래스 내의 모든 디바이스에 대한 정보를 갖는 구조체 배열의 포인터를 반환한다.

정의

```
[DllImport("setupapi.dll", SetLastError=true,
    CharSet = CharSet.Auto)]
internal static extern IntPtr SetupDiGetClassDevs
    (ref Guid classGuid,
    IntPtr enumerator,
    IntPtr hwndParent,
    Int32 flags);
```

사용

```
internal const Int32 DIGCF_PRESENT = 2;
internal const Int32 DIGCF_DEVICEINTERFACE = 0X10;

var deviceInfoSet = new IntPtr();
```

```
deviceInfoSet = NativeMethods.SetupDiGetClassDevs
    (ref myGuid,
    IntPtr.Zero,
    IntPtr.Zero,
    NativeMethods.DIGCF_PRESENT |
        NativeMethods.DIGCF_DEVICEINTERFACE);
```

상세 설명

HID 클래스 디바이스의 `ClassGuid` 파라미터는 `HidD_GetHidGuid` 함수가 반환한 `HidGuid` 값이다. 여타 드라이버의 경우 적절한 GUID에 대한 참조를 넘길 수 있다. 예제에서는 `enumerator`와 `hwndParent`에 대해서는 `null` 포인터를 넘겼다. `flags` 파라미터는 `setupapi.h` 파일에 정의된 시스템 상수를 사용한다. 예제에서 `flags`를 설정해 함수를 사용하면 현재 장착되어 있거나 `ClassGuid` 파라미터로 식별한 클래스에 열거된 멤버의 디바이스 인터페이스를 검색한다.

반환된 `deviceInfoSet` 값은 디바이스 정보 세트에 대한 포인터인데, 이 디바이스 정보 세트는 현재 장착한 디바이스와 지정한 디바이스 인터페이스 클래스에 열거된 디바이스의 정보를 갖는다. 즉 디바이스 정보 세트는 세트나 배열에 있는 각 디바이스의 정보를 포함한다. 각 디바이스 정보 요소는 디바이스의 `devnode`(디바이스를 표현하는 구조체)에 대한 핸들을 갖고, 해당 디바이스 연관성이 있는 디바이스 인터페이스의 연결 리스트를 갖는다.

디바이스 정보 세트의 사용이 끝나면 10장의 후반부에서 설명하는 `SetupDiDestroyDeviceInfoList`를 호출해 해당 리소스를 해제해야 한다.

디바이스 인터페이스 식별

`SetupDiEnumDeviceInterfaces` 함수는 기존에 얻은 `deviceInfoSet` 배열에서 디바이스 인터페이스를 식별하는 구조체의 포인터를 얻는다. 이 함수를 호출할 때는 디바이스 인터페이스를 지정하는 배열의 인덱스를 전달한다. 배열 안의 모든 디바이스에 대한 정보를 알고 싶으면 함수가 0을 반환할 때까지 인덱스 값을 증가시

키면서 함수를 호출하면 된다. 0을 반환하면 배열에 더 이상의 인터페이스가 없다는 뜻이다.

특정 Vendor ID, Product ID를 갖는 HID 클래스의 디바이스를 찾는 등 특수한 경우에 애플리케이션은 얻어낸 디바이스 인터페이스가 찾고자 하는 것이 맞는지 확인하기 위해 좀 더 많은 정보를 요청할 때도 있다.

정의

```
internal struct SP_DEVICE_INTERFACE_DATA
{
    internal Int32 cbSize;
    internal Guid InterfaceClassGuid;
    internal Int32 Flags;
    internal IntPtr Reserved;
}

[DllImport("setupapi.dll", SetLastError = true)]
internal static extern Boolean SetupDiEnumDeviceInterfaces
    (IntPtr DeviceInfoSet,
    IntPtr DeviceInfoData,
    ref Guid InterfaceClassGuid,
    Int32 MemberIndex,
    ref SP_DEVICE_INTERFACE_DATA DeviceInterfaceData);
```

사용

```
Int32 memberIndex = 0;
var myDeviceInterfaceData =
    new NativeMethods.SP_DEVICE_INTERFACE_DATA();
myDeviceInterfaceData.cbSize =
    Marshal.SizeOf(myDeviceInterfaceData);

Boolean success = NativeMethods.SetupDiEnumDeviceInterfaces
    (deviceInfoSet,
    IntPtr.Zero,
    ref myGuid,
    memberIndex,
    ref myDeviceInterfaceData);
```

상세 설명

`SP_DEVICE_INTERFACE_DATA` 구조체의 `cbSize` 파라미터는 해당 구조체의 바이트 크기다. `Marshal.Sizeof` 메소드는 구조체 크기를 반환한다. `myGuid`, `deviceInfoSet` 파라미터는 기존에 얻은 값이다.

`DeviceInforData` 파라미터는 특정 디바이스 인스턴스를 찾을 때 검색을 제한하는 구조체 포인터이거나 `null` 포인터다. `memberIndex` 파라미터는 `deviceInfoSet` 배열 안에 있는 구조체를 가리키는 인덱스다. `MyDeviceInterfaceData` 파라미터는 함수가 반환하는 `SP_DEVICE_INTERFACE_DATA` 구조체의 포인터다. 이 함수는 성공하면 `true`를 반환한다.

디바이스 경로 이름으로 구조체 요청

`SetupDiGetDeviceInterfaceDetail` 함수는 `SP_DEVICE_INTERFACE_DATA` 구조체에서 식별된 디바이스 인터페이스를 위한 디바이스 인터페이스 경로 이름을 갖는 구조체를 반환한다.

이 함수를 처음 호출할 때는 `DeviceInterfaceDetailDataSize` 파라미터로 전달할 `DeviceInterfaceDetailData` 구조체의 바이트 크기를 알 수 없다. 이 함수는 호출 시 정확한 데이터 크기를 모르면 원하는 구조체를 반환하지 않는다. 해결법은 이 함수를 두 번 호출하는 것이다. 처음 호출에서는 `GetLastError`가 시스템 호출에 전달한 데이터 영역이 너무 작다는 에러를 반환한다. 이때 `RequiredSize` 파라미터는 올바른 `DeviceInterfaceDetailDataSize` 값을 얻는다. 두 번째 호출에서는 반환받은 데이터 크기를 이용하고, 이때 함수는 원하는 구조체를 반환한다.

다음 코드는 `DeviceInterfaceDetailData` 파라미터를 전달하지 않는다. 대신 일반 버퍼를 할당받고 버퍼의 포인터를 전달한 후 이 버퍼로 디바이스 경로를 얻는다. 따라서 다음 코드는 구조체 선언이 필요 없다. 그러나 반환받은 버퍼의 내용을 확인하는 코드를 추가했다.

정의

```csharp
internal struct SP_DEVICE_INTERFACE_DETAIL_DATA
{
    internal Int32 cbSize;
    internal String DevicePath;
}

[DllImport("setupapi.dll", SetLastError = true,
    CharSet = CharSet.Auto)]
internal static extern Boolean SetupDiGetDeviceInterfaceDetail
    (IntPtr DeviceInfoSet,
    ref SP_DEVICE_INTERFACE_DATA DeviceInterfaceData,
    IntPtr DeviceInterfaceDetailData,
    Int32 DeviceInterfaceDetailDataSize,
    ref Int32 RequiredSize,
    IntPtr DeviceInfoData);
```

사용

```csharp
Int32 bufferSize = 0;
IntPtr detailDataBuffer = IntPtr.Zero;

NativeMethods.SetupDiGetDeviceInterfaceDetail
    (deviceInfoSet,
    ref myDeviceInterfaceData,
    IntPtr.Zero,
    0,
    ref bufferSize,
    IntPtr.Zero);

detailDataBuffer = Marshal.AllocHGlobal(bufferSize);

Marshal.WriteInt32
    (detailDataBuffer,
    (IntPtr.Size == 4) ? (4 + Marshal.SystemDefaultCharSize) : 8);

NativeMethods.SetupDiGetDeviceInterfaceDetail
    (deviceInfoSet,
    ref MyDeviceInterfaceData,
    detailDataBuffer,
    bufferSize,
    ref bufferSize,
    IntPtr.Zero);
```

상세 설명

SetupDiGetDeviceInterfaceDetail을 호출하면 bufferSize는 다음에 호출할 때 DeviceInterfaceDetailDataSize 파라미터로 전달할 값을 갖는다. 그러나 이 함수를 다시 두 번째 호출할 때는 몇 가지 주의가 필요하다. 두 번째 호출할 때 반환하는 포인터(detailDataBuffer)가 가리키는 SP_DEVICE_INTERFACE_DETAIL_DATA 구조체는 언매니지드 메모리에 위치한다.

Marshal.AllocGlobal 메소드는 반환받은 bufferSize 값으로 이 구조체를 저장할 메모리를 할당한다.

Marshal.WriteInt32 메소드는 cbSize 값을 detailDataBuffer의 첫 번째 멤버에 복사한다. '?' 조건 연산자로 32비트, 64비트 시스템에 맞는 값을 각기 선택한다.

SetupDiGetDeviceInterfaceDetail 함수를 두 번째 호출할 때는 detailDataBuffer의 포인터를 전달하고 deviceInterfaceDetailDataSize 파라미터를 첫 번째 호출할 때 RequiredSize로 받은 bufferSize와 같은 값으로 설정한다.

두 번째 함수 호출이 끝나면 detailDataBuffer는 디바이스 경로를 갖는 구조체를 가리킨다.

디바이스 경로 추출

detailDataBuffer에서 첫 번째 4바이트는 cbSize 멤버 변수다. 디바이스 경로를 담은 문자열은 5번째 바이트부터 시작한다.

```
String devicePathName = "";
var pDevicePathName = new IntPtr(detailDataBuffer.ToInt64() + 4);

devicePathName = Marshal.PtrToStringAuto(pDevicePathName);
Marshal.FreeHGlobal(detailDataBuffer);
```

상세 설명

pDevicePathName 변수는 버퍼 안의 문자열을 가리킨다. Marshal.PtrToStringAuto 는 이 버퍼로부터 문자열을 추출한다. 버퍼 사용이 끝나면 Marshal.FreeHGlobal 로 버퍼 할당에 사용한 메모리를 해제한다.

통신 종료

애플리케이션은 SetupDiGetClassDevs가 반환한 DeviceInfoSet의 사용이 끝나면 SetupDiDestroyDeviceInfoList를 호출해 반드시 리소스를 해제해야 한다.

정의

```
[DllImport("setupapi.dll", SetLastError = true)]
internal static extern Int32 SetupDiDestroyDeviceInfoList
    (IntPtr deviceInfoSet);
```

사용

```
NativeMethods.SetupDiDestroyDeviceInfoList(deviceInfoSet);
```

핸들 얻기

애플리케이션은 디바이스 경로를 얻은 후 이를 이용해 디바이스와 통신할 수 있는 핸들을 얻는다. 표 10-2는 핸들 요청과 관련 있는 함수 목록이다.

▼ **표 10-2** 애플리케이션은 디바이스 핸들을 얻을 때 CreateFile을 사용하고, 핸들이 사용한 리소스를 해제할 때 CloseHandle을 사용한다.

API 함수	DLL	목적
CloseHandle	kernel32	CreateFile로 확보한 리소스를 해제한다. SafeHandle 용 핸들을 닫으려면 Close 메소드를 사용한다. 이 메소드는 내부적으로 CloseHandle을 호출한다.
CreateFile	kernel32	디바이스와 통신할 핸들을 얻는다.

통신용 핸들 요청

애플리케이션은 디바이스 경로를 얻은 후 디바이스와 통신을 시작할 준비가 된다. CreateFile 함수는 객체의 핸들을 요청하는데, 이 객체는 파일이 될 수도 있고 핸들 기반으로 동작하는 드라이버 사용 리소스일 수도 있다. 예를 들어, 애플리케이션은 핸들로 HID 클래스 디바이스와 리포트를 교환할 수 있다. WinUSB 드라이버를 사용하는 디바이스에서는 CreateFile로 애플리케이션이 디바이스 접근에 필요한 WinUSB 디바이스 핸들을 얻는다.

CreateFile을 호출할 때 SECURITY_ATTRIBUTES 구조체를 전달하면 핸들 접근을 제한하고, IntPtr.Zero를 전달하면 제한을 하지 않는다.

정의

```
internal const Int32 FILE_ATTRIBUTE_NORMAL = 0X80;
internal const Int32 FILE_FLAG_OVERLAPPED = 0X40000000;
internal const Int32 FILE_SHARE_READ = 1;
internal const Int32 FILE_SHARE_WRITE = 2;
internal const UInt32 GENERIC_READ = 0X80000000;
internal const UInt32 GENERIC_WRITE = 0X40000000;
internal const Int32 OPEN_EXISTING = 3;

[DllImport("kernel32.dll", SetLastError = true,
    CharSet = CharSet.Unicode)]
internal static extern SafeFileHandle CreateFile
    (String lpFileName,
    UInt32 dwDesiredAccess,
    Int32 dwShareMode,
    IntPtr lpSecurityAttributes,
    Int32 dwCreationDisposition,
    Int32 dwFlagsAndAttributes,
    IntPtr hTemplateFile);
```

사용

```
SafeFileHandle deviceHandle = NativeMethods.CreateFile
    (devicePathName,
```

```
        (NativeMethods.GENERIC_WRITE | NativeMethods.GENERIC_READ),
            NativeMethods.FILE_SHARE_READ |
                NativeMethods.FILE_SHARE_WRITE,
            IntPtr.Zero,
            NativeMethods.OPEN_EXISTING,
            NativeMethods.FILE_ATTRIBUTE_NORMAL |
                NativeMethods.FILE_FLAG_OVERLAPPED,
            IntPtr.Zero);
```

상세 설명

이 함수는 `SetupDiGetDeviceInterfaceDetail` 호출에서 반환한 `devicePathName`의 포인터를 전달한다.

`dwDesiredAccess`는 디바이스로 읽기나 쓰기를 요청한다.

`dwShareMode`는 핸들이 열려 있는 동안 다른 프로세스의 해당 장치 접근 여부를 결정한다.

`lpSecurityAttributes`는 `null` 포인터다(또는 `SECURITY_ATTRIBUTES` 구조체 포인터다).

`dwCreationDisposition`은 디바이스에서 반드시 `OPEN_EXISTING`이어야 한다. WinUSB 드라이버를 사용할 때는 `dwFlagsAndAttributes` 파라미터를 반드시 `FILE_FLAG_OVERLAPPED`로 설정한다. `FILE_ATTRIBUTE_NORMAL` 속성은 숨김, 읽기 전용, 암호화 같은 속성을 설정하지 않는다는 뜻이다.

예제에서는 `hTemplate` 파라미터를 사용하지 않고 `IntPtr.Zero`를 전달한다.

이 함수는 `SafeFileHandle` 객체를 반환한다.

핸들 닫기

디바이스와 통신을 끝낼 때는 `CreateFile`로 할당했던 리소스를 해제해야 한다.

```
deviceHandle.Close();
```

상세 설명

`SafeFileHandle` 객체는 `Close` 메소드를 지원한다. `Close` 메소드는 해당 핸들의 리소스를 풀고 해제하도록 표시하는 역할을 한다. 이 메소드는 내부적으로 `CloseHandle` API 함수를 호출한다.

디바이스 장착/제거 감지

디바이스 장착과 제거 상태를 알아내는 일은 많은 애플리케이션에서 중요하다. 디바이스 장착을 감지하면 애플리케이션이 디바이스와 통신을 시작할 수 있고, 제거를 감지하면 재장착 전까지 통신을 정지시킬 수 있다.

WMI의 사용

WMI_{Windows Management Instrumentation}는 디바이스 감지, 제거, 사용 가능한 디바이스에 관한 정보 획득 같은 시스템 관리 활동을 지원하는 서비스를 제공한다. `System.Management` 네임스페이스는 WMI 동작을 지원하는 클래스를 제공한다.

이 클래스는 목적 디바이스의 상태를 담고 있는 아래 변수를 사용한다.

```
private Boolean _deviceReady;
```

새 디바이스를 위한 핸들러 추가

디바이스를 사용할 수 있을 때 실행하는 핸들러를 생성하려면 다음과 같이 한다.

1. `ManagementScope` 객체를 생성한다. 이 객체는 관리 활동을 위한 스코프, 네임스페이스를 설정한다.
2. WMI 이벤트 쿼리_{query}를 생성한다. 이 쿼리는 원하는 디바이스 검색 기준을 정의한다.

3. ManagementEventWatcher를 생성한다. 이것은 지정한 스코프 내에 지정한 디바이스가 있는지 살펴보기 위한 것이다.

새로 장착한 디바이스를 위한 핸들러를 생성하고 구현하는 코드는 다음과 같다.

사용

```csharp
private ManagementEventWatcher deviceArrivedWatcher;

private void AddDeviceArrivedHandler()
{
    const Int32 pollingIntervalSeconds = 3;
    var scope = new ManagementScope("root\\CIMV2");
    scope.Options.EnablePrivileges = true;

    var q = new WqlEventQuery();
    q.EventClassName = "__InstanceCreationEvent";
    q.WithinInterval = new TimeSpan(0, 0, pollingIntervalSeconds);
    q.Condition = @"TargetInstance ISA 'Win32_USBControllerdevice'";
    deviceArrivedWatcher = new ManagementEventWatcher(scope, q);
    deviceArrivedWatcher.EventArrived += DeviceAdded;
    deviceArrivedWatcher.Start();
}

private void DeviceAdded(object sender, EventArrivedEventArgs e)
{
    FindDevice();

    // 필요한 추가 액션을 수행한다.
}
```

상세 설명

deviceArrivedWatcher는 WMI 이벤트를 감시하는 ManagementEventWatcher 클래스의 인스턴스다. WMI 이벤트는 새로운 디바이스를 감지하면 이를 알린다.

AddDeviceArrivedHandler 루틴은 새 디바이스를 감지하기 위한 핸들러를 생성하고 시작한다.

`pollingIntervalSeconds` 새 디바이스를 감지할 주기를 설정한다.

`scope`는 `ManagementScope` 객체이며 관리 활동의 네임스페이스를 설정한다. 기본 네임스페이스는 WMI 쿼리용이며 `"root\\CIMV2"`다.

`Options.EnablePrivileges` 속성은 관리 활동을 위한 모든 사용자 권한을 활성화하기 위해 `true`로 설정한다.

`WqlEventQuery` 객체 `q`는 검색을 위한 WMI 이벤트를 나타낸다.

`EventClassName`은 해당 쿼리를 위한 WMI 클래스를 지정한다. `"__InstanceCreationEvent"` 클래스는 새 인스턴스가 지정한 네임스페이스에 추가됐을 때 이벤트를 보고한다. `__InstanceCreationEvent`의 앞에 밑줄 2개가 있다는 점을 주의한다.

`WithinInterval` 속성은 쿼리를 위한 폴링 인터벌을 설정한다. `TimeSpan` 구조체에 시간, 분, 초로 간격을 설정한다.

`Condition` 속성 `@"TargetInstance ISA 'Win32_USBControllerdevice'"`는 모든 이벤트를 얻기 위한 쿼리를 설정한다. 앞에 붙어 있는 `@`는 문자열 안의 작은따옴표를 있는 그대로 해석하게 만드는 표시다.

`deviceArrivedWatcher`는 지정한 `ManagementScope`와 `WqlEventQuery`를 사용한 이벤트 알림을 구독한다. `ManagementEventWatcher` 객체에 에러가 발생했는데 처리할 수 없다면, **Project > Add Reference**로 가서 **System.Management**를 추가한다.

`DeviceAdded`는 애플리케이션 코드이며, `EventArrived` 이벤트가 발생했을 때 실행된다.

`Start` 메소드는 `ManagementEventWatcher`를 시작하고 `EventArrived` 이벤트를 사용한 알림을 전송한다.

이벤트 알림이 발생하면 `DeviceAdded` 루틴이 특정 디바이스를 찾는 등 원하는 행동을 취할 수 있다.

목적 디바이스 검출

다음 예제는 이벤트 알림에서 `FindDevice` 루틴을 호출한다. 이 루틴은 특정 Vendor ID와 Product ID를 갖는 디바이스를 찾기 위한 `ManagementObjectSearcher`를 사용할 수 있다.

사용

```
void FindDevice()
{
    const String deviceIdString = @"USB\VID_0925"&PID_150C";

    _deviceReady = false;

    var searcher = new ManagementObjectSearcher ("root\\CIMV2",
        "SELECT PNPDeviceID FROM Win32_PnPEntity");

    foreach (ManagementObject queryObj in searcher.Get())
    {
        if (queryObj["PNPDeviceID"].ToString().Contains
            (deviceIdString))
        {
            _deviceReady = true;
        }
    }
}
```

상세 설명

`deviceIdString`은 `PNPDeviceID`이며, 이것은 원하는 디바이스 Vendor ID(0925)와 Product ID(150C)를 포함하는 문자열이다. 앞에 붙어 있는 @는 문자열 안의 역슬래시를 탈출 문자가 아닌, 있는 그대로 해석하게 만든다.

`searcher`는 `ManagementObjectSearcher` 객체와 ("SELECT PNPDeviceID FROM Win32_PnPEntity")를 실행하기 위한 쿼리다. `ManagementObjectSearcher` 객체는 ("root\\CIMV2") 쿼리를 위한 `ManagementScope`를 지정한다. 이 쿼리는 WMI

클래스 Win32_PnPEntity의 PNPDeviceID 속성을 찾는다. 이 클래스는 USB 디바이스를 포함한 PnP_{Plug and Play} 디바이스의 속성을 나타낸다.

foreach 반복문은 목적 문자열을 포함하고 _deviceReady가 true인 PNPDeviceID를 찾는다.

ManagementObjectSearcher는 PNPDeviceID 외의 속성을 찾을 수 있다.

"winusb" Description 속성을 찾으려면 다음과 같이 한다.

```
var searcher = new ManagementObjectSearcher ("root\\CIMV2",
    "SELECT Description FROM Win32_PnPEntity");

foreach (ManagementObject queryObj in searcher.Get())
{
    if (queryObj["Description"].ToString().ToLower().Contains
        ("winusb"))
    {
        _deviceReady = true;
    }
}
```

WinUSB ClassGUID를 사용해 디바이스를 찾으려면 다음과 같이 한다.

```
const String classGuid = "88bae032-5a81-49f0-bc3d-a4ff138216d6";

var searcher = new ManagementObjectSearcher ("root\\CIMV2",
    "SELECT ClassGUID FROM Win32_PnPEntity");

foreach (ManagementObject queryObj in searcher.Get())
{
    if (queryObj["ClassGUID"].ToString().Contains(classGUID))
    {
        _deviceReady = true;
    }
}
```

애스터리스크 문자를 이용해 모든 속성을 검색하려면 다음과 같이 한다.

```
var searcher = new ManagementObjectSearcher ("root\\CIMV2",
    "SELECT * FROM Win32_PnPEntity");
```

enum 구조체는 Win32_PnPEntity 안에서 관련 있는 디바이스 속성만 담을 수 있다.

```
class:
    private enum WmiDeviceProperties
    {
        Caption,
        Description,
        Manufacturer,
        Name,
        CompatibleID,
        PNPDeviceID,
        DeviceID,
        ClassGUID,
        Availability
    }
```

foreach 반복문은 enum의 멤버들을 순환하며 찾은 디바이스의 속성을 표시한다.

```
foreach (WmiDeviceProperties wmiDeviceProperty
    in Enum.GetValues(typeof(WmiDeviceProperties)))
{
    Console.WriteLine(wmiDeviceProperty.ToString() + ": {0}",
        queryObj[wmiDeviceProperty.ToString()]);
}
```

제거된 디바이스를 위한 핸들러 추가

비슷한 방법으로, Management 함수는 목적 디바이스를 더 이상 사용할 수 없을 때 이를 감지할 수 있다. 이 루틴은 제거된 디바이스를 위한 핸들러를 생성한다.

사용

```
private ManagementEventWatcher deviceRemovedWatcher;

private void AddDeviceRemovedHandler()
{
    const Int32 pollingIntervalSeconds = 3;
    var scope = new ManagementScope("root\\CIMV2");
    scope.Options.EnablePrivileges = true;

    var q = new WqlEventQuery();
    q.EventClassName = "__InstanceDeletionEvent";
    q.WithinInterval = new TimeSpan(0, 0, pollingIntervalSeconds);
    q.Condition = @"TargetInstance ISA 'Win32_USBControllerdevice'";
    deviceRemovedWatcher = new ManagementEventWatcher(scope, q);
    deviceRemovedWatcher.EventArrived += DeviceRemoved;
    deviceRemovedWatcher.Start();
}

private void DeviceRemoved(object sender, EventArgs e)
{
    FindDevice();

    // 필요한 경우, 추가 코드를 작성한다.
}
```

상세 설명

이 루틴은 AddDeviceArrivedHandler 루틴과 비슷하지만 "__InstanceDeletionEvent"를 사용하고 DeviceRemoved 루틴을 호출한다.

deviceRemovedWatcher는 ManagementEventWatcher 클래스의 인스턴스이며, 디바이스 제거 시 발생하는 WMI 이벤트를 감시한다.

DeviceRemoved 루틴은 FindDevice 루틴을 호출하고 이 루틴은 목적 디바이스가 사용 가능한지 여부를 알아낸다.

11장
휴먼 인터페이스 디바이스: 기능

휴먼 인터페이스 디바이스HID, human interface device 클래스는 호스트 시스템에서 키보드, 마우스 등의 디바이스를 광범위하게 사용할 수 있도록 지원한다. HID 클래스는 특정 애플리케이션용으로 만들어진 전용 데이터 교환을 지원하기 때문에 많은 디바이스가 HID 클래스를 쓴다.

이 클래스에 대해서는 7장에서 이미 소개한 바 있다. 11장에서는 디바이스가 HID 클래스에 적합한지 결정하는 방법을 다루고, HID 전용 리퀘스트를 소개하며, HID 펌웨어 옵션을 설명한다. 12장에서는 HID가 정보를 교환할 때 사용하는 리포트를 설명하고, 13장은 애플리케이션에서 HID에 접근하는 방법을 설명한다.

HID란?

HID는 '휴먼 인터페이스 디바이스'라는 이름이 나타내듯이 사람과 직접 상호작용한다. 마우스는 사용자가 버튼을 누르거나 마우스를 움직이면 그 움직임을 감지한다. 호스트는 조이스틱을 사용할 때 사용자가 인지할 수 있는 효과로 전환되는 데이터를 보낼 수도 있다. HID 클래스는 키보드, 마우스, 조이스틱 외에 HID 인터페이스를 쓰는 디바이스(리모컨, 전화 키패드, 게임 컨트롤, 데이터 글로브, 자동차 운전대, 바코드 리더, UPS 유닛)를 포함한다. 디바이스는 호스트에 가상 제어 패널을 갖추고 HID 인터페이스를 통해 디바이스에 제어 패널 데이터를 보낼 수 있다. 디바이스를 제어할 때 물리적인 제어 패널 대신 가상 제어 패널을 구현하면 더욱 싸게 만들 수 있다.

HID 클래스에 속한 디바이스가 반드시 휴먼 인터페이스 디바이스일 필요는 없다. HID 클래스 규격의 범위 내에서만 동작하면 된다. 다음은 HID 클래스 디바이스 주요 기능과 한계를 정리한 것이다.

- 모든 교환 데이터는 리포트라 부르는 고정 길이 구조체에 들어 있다. 호스트는 제어 전송이나 인터럽트 전송으로 리포트를 주고받는 방식으로 데이터를 송수신한다. 리포트 형식은 유연하며 모든 유형의 데이터를 다룰 수 있다. 또한 단일 디바이스가 여러 리포트를 지원할 수 있다. 단, 각각의 리포트 정의는 고정 길이다.
- HID 인터페이스는 입력 리포트를 보내기 위한 인터럽트 IN 엔드포인트가 1개 있어야 한다.
- HID 인터페이스는 최소한 인터럽트 IN 엔드포인트 1개와 인터럽트 OUT 엔드포인트가 1개 있어야 한다.
- 인터럽트 IN 엔드포인트를 쓰면 호스트가 예측할 수 없는 상황에도 HID가 정보를 보낼 수 있다. 예를 들어, 컴퓨터는 사용자가 키보드의 키를 언제 누를지 알 수 없기 때문에 호스트 드라이버는 인터럽트 트랜잭션을 사용해 디바이스를 주기적으로 폴링해 새 데이터를 얻는다.
- 데이터 교환 속도는 로우스피드와 풀스피드로 제한된다. 3장에서 설명한 것처럼 호스트는 로우스피드 인터럽트 엔드포인트에서 최대 800B/s의 속도를 보장한다. 풀스피드 엔드포인트의 경우 최고는 64KB/s다. 하이스피드와 인핸스드 슈퍼스피드는 더 빠른 속도를 지원하지만 USB 2.0, 3.0 규격에 따르

면 기본 인터페이스에서 엔드포인트는 64KB/s 이상 요구할 수 없다. 윈도우에서는 대체 HID 인터페이스를 지원할 때 제조사 제공 드라이버를 요구한다. 이 드라이버를 사용하면 윈도우 기본 제공 드라이버를 사용할 때의 장점은 사라진다. 제어 전송은 버스상의 모든 제어 전송을 위해 예약된 대역폭 외의 대역폭을 보장하지 않는다.

HID는 디바이스에 있는 여러 개의 인터페이스 중 하나일 수도 있다. 예를 들어 USB 스피커는 오디오에 대해서는 등시성 전송을 사용하고 볼륨, 밸런스, 트레블, 베이스 제어에 대해서는 HID 인터페이스를 사용한다.

하드웨어 요구사항

HID 규격을 준수하려면 인터페이스의 엔드포인트와 디스크립터가 몇 가지 요구사항을 지켜야 한다.

엔드포인트

모든 HID 전송은 제어 엔드포인트나 인터럽트 엔드포인트를 사용해야 한다. 모든 HID는 호스트로 데이터를 보내기 위해 인터럽트 IN 엔드포인트가 있어야 한다. 인터럽트 OUT 엔드포인트는 옵션이다. 표 11-1은 HID에서 사용하는 전송 방식과 일반적인 사용 예를 보인 것이다.

▼ 표 11-1 HID 전송에서 사용하는 전송 방식은 칩 기능과 보내는 데이터의 요구사항에 따라 다르다.

전송 방식	데이터 소스	일반적인 데이터	파이프 요구 여부
제어	디바이스(IN 전송)	엄격한 타이밍이 필요 없는 데이터	예
	호스트(OUT 전송)	엄격한 타이밍이 필요 없는 데이터 또는 OUT 인터럽트 파이프가 없으면 모든 데이터	
인터럽트	디바이스(IN 전송)	주기적이거나 작은 지연 데이터	예
	호스트(OUT 전송)	주기적이거나 작은 지연 데이터	아니오

리포트

인터럽트 IN 엔드포인트를 위한 요구사항은 모든 HID가 HID 리포트 디스크립터에 정의된 입력 리포트를 최소 1개 이상 갖춰야 한다는 것이다. 출력Output 리포트나 특성Feature 리포트는 옵션이다.

제어 전송

HID 규격은 클래스 전용 리퀘스트를 6개 정의한다. 그중 Set Report, Get Report는 호스트와 디바이스가 제어 전송으로 리포트를 주고받는 방법을 제공한다. Set Idle, Get Idle은 IDLE 비율rate을 설정하고 읽는 데 사용한다. IDLE 비율은 마지막 리포트 이후 바뀐 것이 없을 때 디바이스가 데이터를 재전송할지 결정한다. Set Protocol, Get Protocol은 프로토콜 값을 설정하고 읽는다. 이 값을 쓰면 시스템 부팅 중간 등 전체 HID 드라이버를 호스트가 로드하지 않았을 때 디바이스가 간략한 프로토콜로 동작할 수 있다.

인터럽트 전송

인터럽트 엔드포인트는 수신 측이 주기적인 데이터를 얻어야 하거나 최소한의 지연으로 데이터를 교환할 때 사용한다. 제어 전송은 버스가 매우 바쁘면 지연될 수 있다. 그에 비해 인터럽트 전송에서는 열거가 성공한 후 사용할 수 있는 대역폭이 보장돼 있다.

　인터럽트 OUT 전송 기능은 USB 1.1에서 추가됐고, 인터럽트 OUT 파이프를 사용하는 옵션이 HID 1.1에서 추가됐다.

펌웨어 요구사항

디바이스의 디스크립터는 HID 클래스, 클래스 전용 HID 디스크립터, 인터럽트 IN 엔드포인트 디스크립터를 위한 인터페이스 디스크립터를 갖춰야 한다. 인터럽트 OUT 엔드포인트 디스크립터는 옵션이다. 펌웨어는 또한 리포트 데이터의 형식과 사용에 관한 정보를 담은 클래스 전용의 리포트 디스크립터를 갖춰야 한다.

HID 1개는 리포트를 1개 이상 지원할 수 있다. 리포트 디스크립터는 디바이스 리포트의 데이터 크기와 내용을 지정하며, 데이터 수신 측의 데이터 사용 방법에 관한 정보를 갖추기도 한다. 디스크립터 안에 있는 값에 따라 각 리포트는 입력, 출력, 특성 리포트로 정의한다. 호스트는 입력 리포트에서 데이터를 받고, 출력 리포트로 데이터를 보낸다. 특성 리포트는 어느 방향으로도 이동할 수 있다.

모든 디바이스는 입력 리포트를 최소 1개 이상 지원해야 하고, 호스트는 인터럽트 전송이나 제어 요청으로 입력 리포트를 가져올 수 있다. 출력 리포트는 옵션이며, 제어 또는 인터럽트 전송을 사용할 수 있다. 특성 리포트는 옵션이며, 항상 제어 전송을 사용한다.

디스크립터

다른 모든 USB 디바이스처럼, HID 디스크립터는 호스트가 디바이스와 통신할 때 필요한 것을 알려준다. 리스트 11-1은 제조사 전용 HID를 위한 예제 디바이스, 컨피규레이션, 인터페이스, 클래스, 엔드포인트 디스크립터를 보여준다.

리스트 11-1 제조사 정의 HID를 위한 예제 디스크립터

```
UCHAR device_descriptor[0x12] =
{
    0x12,           // bLength              디스크립터 크기 (18바이트)
    0x01,           // bDescriptorType      디스크립터 유형 (디바이스)
    0x00, 0xx02,    // bcdUSB               USB 규격(2.00)
    0x00,           // bDeviceClass         인터페이스 디스크립터에 선언된 클래스
    0x00,           // bDeviceSubClass      서브클래스 코드
    0x00,           // bDeviceProtocol      프로토콜 코드
    0x08,           // bMaxPacketSize0      엔드포인트 0 최대 패킷 크기
    0x25, 0x09,     // idVendor             Vendor ID(0x0925)
    0x34, 0x12,     // idProduct            Product ID(0x1234)
    0x00, 0x01,     // bcdDevice            디바이스 릴리스 번호(0x0100)
    0x01,           // iManufacturer        제조사 문자열 인덱스
    0x02,           // iProduct             제품 문자열 인덱스
    0x00,           // iSerialNumber        디바이스 시리얼 번호 문자열 인덱스
```

```
        0x01            // bNumConfigurations      컨피규레이션 개수(1)
}

UCHAR configuration_descriptor[0x29] =
{
    // 컨피규레이션 디스크립터
    0x09,           // bLength                 디스크립터 크기 (9바이트)
    0x02,           // bDescriptorType         디스크립터 유형 (컨피규레이션)
    0x29, 0x00,     // wTotalLength            이 디스크립터 + 부속 디스크립터의
                    //                         길이 (41)
    0x01,           // bNumInterfaces          인터페이스 개수
    0x01,           // bConfigurationValue     이 컨피규레이션의 인덱스
    0x00,           // iConfiguration          컨피규레이션 문자열 인덱스
    0xA0,           // bmAttributes            버스 전원, 원격 깨움 지원
    0x32,           // bMaxPower               최대 전력 소모량(100mA)

    // 인터페이스 디스크립터
    0x09,           // bLength                 디스크립터 크기 (9바이트)
    0x04,           // bDescriptorType         디스크립터 유형 (인터페이스)
    0x00,           // bInterfaceNumber        인터페이스 번호
    0x00,           // bAlternateSetting       대체 설정 번호
    0x02,           // bNumEndpoints           엔드포인트 개수
    0x03,           // bInterfaceClass         인터페이스 클래스 (HID)
    0x00,           // bInterfaceSubClass      인터페이스 서브클래스
    0x00,           // bInterfaceProtocol      인터페이스 프로토콜
    0x00,           // iInterface              인터페이스 문자열 인덱스

    // HID 디스크립터
    0x09,           // bLength                 디스크립터 크기 (9바이트)
    0x21,           // bDescriptorType         디스크립터 유형 (HID)
    0x10, 0x01,     // bcdHID                  HID 릴리스 번호(1.1)
    0x00,           // bCountryCode            국가 코드
    0x01,           // bNumDescriptors         클래스 디스크립터 개수
    0x22,           // bDescriptorType         디스크립터 유형 (리포트)
    0x2F, 0x00,     // wDescriptorLength       리포트 디스크립터 크기 (47바이트)

    // 인터럽트 IN 엔드포인트 디스크립터
    0x07,           // bLength                 디스크립터 크기 (7바이트)
    0x05,           // bDescriptorType         디스크립터 유형 (엔드포인트)
    0x81,           // bEndpointAddress        엔드포인트 1 IN
    0x03,           // bmAttributes            전송 방식 (인터럽트)
```

```
    0x40, 0x00,     // wMaxPacketSize         최대 패킷 크기
    0x0A,           // bInterval              폴링 인터벌(ms)

    // 인터럽트 OUT 엔드포인트 디스크립터
    0x07,           // bLength                디스크립터 크기 (7바이트)
    0x05,           // bDescriptorType        디스크립터 유형 (엔드포인트)
    0x01,           // bEndpointAddress       엔드포인트 1 OUT
    0x03,           // bmAttributes           전송 방식 (인터럽트)
    0x40, 0x00,     // wMaxPacketSize         최대 패킷 크기
    0x0A,           // bInterval              폴링 인터벌(ms)
}
```

호스트는 열거에서 HID 인터페이스에 관한 정보를 얻는다. 이때 호스트는 HID 인터페이스를 포함한 컨피규레이션을 얻기 위해 Get Descriptor 리퀘스트를 전송한다. 이 인터페이스 디스크립터는 HID 인터페이스를 지정한다. HID 클래스 디스크립터는 인터페이스가 지원하는 리포트의 개수와 물리적인 디스크립터 조합을 지정한다. 열거하는 동안 HID 드라이버는 리포트 디스크립터와 물리적인 디스크립터 전체를 요구한다.

HID 인터페이스

인터페이스 디스크립터에서 bInterfaceClass = 0x03이면 인터페이스가 HID임을 나타낸다. 인터페이스 디스크립터에서 HID 전용 정보를 갖는 그 밖의 필드로는 bInterfaceSubClass, bInterfaceProtocol 필드가 있으며, 부트 인터페이스를 지정할 수 있다.

bInterfaceSubClass = 0x01이면 디바이스는 부트 인터페이스를 지원한다. 부트 인터페이스가 있는 HID는 호스트의 HID 드라이버가 로드되지 않아도 통신이 가능하다. 이런 상황은 시스템 셋업 화면으로 들어가거나, 시스템 문제 해결을 위한 윈도우 안전 모드를 사용할 때 발생한다.

부트 인터페이스가 있는 키보드, 마우스는 대부분의 호스트가 UEFI나 BIOS로

지원하는 단순화된 프로토콜을 사용할 수 있다. UEFI나 BIOS는 부팅할 때 비휘발성 메모리에서 로드하며 모든 운영체제 모드에서 사용할 수 있다. HID 규격은 키보드와 마우스를 위한 부트 인터페이스도 정의한다. 디바이스에 부트 인터페이스가 있으면 `bInterfaceProtocol` 필드는 디바이스가 키보드(0x01) 또는 마우스(0x02)를 지원하는지 나타낸다.

HID Usage 테이블 문서는 부트 프로토콜을 사용하는 키보드와 마우스를 위한 리포트 형식을 정의한다. 시스템이 부트 프로토콜을 지원하면 부트 디바이스가 이 프로토콜을 지원한다고 가정하고 있으므로 디바이스로부터 리포트 디스크립터를 읽을 필요가 없다. 리포트를 전송하거나 요청하기 전에 부트 프로토콜 사용을 요청하기 위해 HID 전용 Set Protocol 리퀘스트를 사용할 수 있다. 완전한 HID 드라이버가 로드되면 드라이버는 Set Protocol을 호출하며, 디바이스는 부트 프로토콜에서 리포트 프로토콜로 바뀐다. 리포트 프로토콜은 리포트 디스크립터에 정의된 리포트 형식을 사용한다. HID가 부트 프로토콜을 지원하지 않으면 `bInterfaceSubClass` 필드는 0x00이다.

HID 클래스 디스크립터

HID 클래스 디스크립터는 HID 통신을 위한 추가적인 디스크립터를 식별한다(표 11-2). 클래스 디스크립터는 추가 디스크립터 개수에 따라 필드를 7개 이상 갖는다.

▼ 표 11-2 HID 클래스 디스크립터는 리포트 디스크립터의 길이를 지정한다. 출처: Device Class Definition for Human Interface Devices (HID) Version 1.11

오프셋(10진수)	필드	크기(바이트)	설명
0	bLength	1	디스크립터 크기(바이트)
1	bDescriptorType	1	이 디스크립터의 유형. 0x21은 HID 클래스임을 나타낸다.
2	bcdHID	2	HID 규격 릴리스 번호(BCD)
4	bCountryCode	1	지역화된 하드웨어를 위한 지역 식별 번호(BCD) 또는 0x00

오프셋(10진수)	필드	크기(바이트)	설명
5	bNumDescriptors	1	부속 리포트와 물리 디스크립터의 개수
6	bDescriptorType	1	이 클래스 전용 디스크립터의 유형(리포트 디스크립터는 유형 0x22)
7	wDescriptorLength	2	바로 위에서 식별한 디스크립터의 전체 길이
9	bDescriptorType	1	옵션. 다음 클래스 전용 디스크립터의 유형(물리 디스크립터는 유형 0x23)
10	wDescriptorLength	2	바로 위에서 식별한 디스크립터의 전체 길이. 이 길이는 바로 위에 있는 bDescriptorType에 대한 것이다. 뒤에 추가로 오는 wDescriptorType, wDescriptorLength 필드는 추가적으로 물리 디스크립터를 식별하기 위해 온다.

리포트 디스크립터

리포트 디스크립터는 HID 리포트의 형식과 데이터 사용 방법을 정의한다. 디바이스가 마우스이면 데이터는 마우스 움직임과 버튼 클릭을 보고한다. 디바이스가 릴레이 컨트롤러이면 데이터는 어떤 릴레이를 열거나 닫을지 지정한다. 디스크립터 형식은 기능이 다양한 여러 디바이스에서 사용할 수 있도록 충분히 유연해야 한다

리포트 디스크립터는 클래스 전용 디스크립터다. 호스트는 wValue 필드의 상위 바이트에 0x22를 넣은 Get Descriptor 리퀘스트를 전송해 이 디스크립터를 가져온다.

리스트 11-2는 입력 리포트, 출력 리포트, 특성 리포트를 정의하는 리포트 디스크립터다. 디바이스는 입력 리포트에 제조사 정의 데이터를 2바이트 보낸다. 호스트는 출력 리포트에 제조사 정의 데이터를 2바이트 보낸다. 특성 리포트는 제조사 정의 데이터 2바이트를 호스트에서 디바이스로 보내거나 그 반대로 보낸다.

리스트 11-2 이 리포트 디스크립터는 입력 리포트, 출력 리포트, 특성 리포트를 정의한다. 각 리포트는 제조사 정의 2바이트를 전송한다.

```
UCHAR report_descriptor[0x2F] =
{
    0x06, 0xA0, 0xFF,    // Usage 페이지(제조사 정의)
    0x09, 0x01,          // Usage(제조사 정의)

    0xA1, 0x01,          // 컬렉션(애플리케이션)

    0x09, 0x03,          // Usage(제조사 정의)
    0x15, 0x00,          // 논리적 최솟값(0)
    0x26, 0xFF, 0x00,    // 논리적 최댓값(255)
    0x75, 0x08,          // 리포트 크기(8비트)
    0x95, 0x02,          // 리포트 개수(2)
    0x81, 0x02,          // 입력 리포트(데이터, 변수, 절댓값)

    0x09, 0x04,          // Usage(제조사 정의)
    0x15, 0x00,          // 논리적 최솟값(0)
    0x26, 0xFF, 0x00,    // 논리적 최댓값(255)
    0x75, 0x08,          // 리포트 크기(8비트)
    0x95, 0x02,          // 리포트 개수(2)
    0x91, 0x02,          // 출력 리포트(데이터, 변수, 절댓값)

    0x09, 0x05,          // Usage(제조사 정의)
    0x15, 0x00,          // 논리적 최솟값(0)
    0x26, 0xFF, 0x00,    // 논리적 최댓값(255)
    0x75, 0x08,          // 리포트 크기(8비트)
    0x95, 0x02,          // 리포트 개수(2)
    0xB1, 0x02,          // 특성 리포트(데이터, 변수, 절댓값)

    0xC0                 // 컬렉션 끝
}
```

리포트 디스크립터는 다음 예제와 유사하며, 제조사 전용 기능을 갖춘 대부분의 HID에서 적용할 수 있다. 디바이스 펌웨어는 루프백 테스트를 통해 입력 리포트로부터 수신한 데이터를 출력 리포트를 통해 호스트로 되돌려 보낼 수 있다. '조명과 스위치' 애플리케이션에서는 펌웨어가 입력 리포트 데이터를 받아서 LED를 제어

하고 출력 리포트로 스위치의 논리 상태를 전송한다.

리포트 디스크립터에 있는 각 아이템은 아이템을 식별하는 1바이트와 아이템의 데이터를 나타내는 1개 이상의 바이트로 구성되어 있다. HID 규격에서는 하나의 리포트가 나타내는 아이템 유형을 정의하고 있다. 12장에서는 리포트 형식에 대해 더 자세히 알아볼 것이다. 여기서는 예제 리포트 디스크립터 안에 있는 각 아이템의 기능에 대해 학습한다.

Usage 페이지 아이템(0x06)은 범용 데스크톱 제어, 게임 제어, 문자 디스플레이 등 디바이스의 일반적인 기능을 지정한다. HID Usage 테이블 문서는 기타 Usage 페이지를 지원한다. 제조사 전용 Usage 페이지는 0xFF00~0xFFFF 범위의 값을 쓴다. 예제 디스크립터에서 Usage 페이지는 제조사 정의 값 0xFFA0이다.

Usage 아이템(0x09)은 Usage 페이지 안에 있는 개별 리포트의 기능을 지정한다. 예를 들어 범용 데스크톱 제어에 사용할 수 있는 Usage로는 마우스, 조이스틱, 키보드 등이 있다. 예제 Usage 페이지가 특정 제조사 전용이므로, 이 Usage 페이지 안의 모든 Usage 또한 이 제조사 전용이다. 예제에서 Usage는 0x01이다.

컬렉션(애플리케이션) 아이템(0xA1)은 키보드, 마우스 등의 단일 기능을 함께 수행하는 아이템 그룹을 시작한다. 각 리포트 디스크립터는 애플리케이션 컬렉션을 갖춰야 한다.

컬렉션은 리포트를 3개 포함한다. 각 리포트는 다음 아이템을 갖는다.

- 제조사 정의 Usage는 그 리포트의 데이터에 적용된다.
- 논리적 최솟값과 논리적 최댓값은 리포트가 갖는 값의 범위를 지정한다. 예제에서 이 값은 0~255 범위다.
- 리포트 크기Report Size 아이템은 보고하는 각 데이터 아이템의 비트 크기를 나타낸다. 예제에서 각 데이터 아이템은 8비트다.
- 리포트 개수Report Count 아이템은 리포트의 아이템 개수를 나타낸다. 예제에서 각 리포트는 데이터 아이템을 2개씩 갖는다.

- 마지막 아이템은 리포트가 입력 리포트(0x81)인지, 출력 리포트(0x91)인지, 특성 리포트(0xB1)인지를 지정한다. 두 번째 바이트는 상댓값/절댓값 판별 등 리포트 데이터에 대한 추가 정보를 담는다.

컬렉션 끝End Collection 아이템(0xC0)은 애플리케이션 컬렉션Application Collection을 끝낸다.

HID 전용 리퀘스트

HID 규격은 제어 전송을 이용하는 HID 전용 데이터를 위한 6개의 리퀘스트를 정의한다(표 11-3).

▼ **표 11-3** HID 클래스는 6개의 HID 전용 리퀘스트를 정의한다. 출처: Device Class Definition for Human Interface Devices (HID) Version 1.11

리퀘스트 번호	리퀘스트	데이터 소스 (DATA 스테이지)	wValue (상위 바이트, 하위 바이트)	wIndex	데이터 길이 (바이트, wLength)	DATA 스테이지의 내용	필수 여부
0x01	Get Report	디바이스	리포트 유형, Report ID	인터페이스	리포트 길이	리포트	예
0x02	Get Idle	디바이스	0x00, Report ID	인터페이스	0x0001	IDLE 기간	아니요
0x03	Get Protocol	디바이스	0x0000	인터페이스	0x0001	프로토콜	예(부트 프로토콜을 지원하는 HID)
0x09	Set Report	호스트	리포트 유형, Report ID	인터페이스	리포트 길이	리포트	아니요
0x0A	Set Idle	DATA 스테이지 없음	IDLE 기간, Report ID	인터페이스	–	–	부트 프로토콜을 사용하는 키보드를 제외하고 없음
0x0B	Set Protocol	DATA 스테이지 없음	0x00, 프로토콜	인터페이스	–	–	예(부트 프로토콜을 지원하는 HID)

Get Report

목적: 호스트가 제어 전송을 사용해 HID에게 입력 리포트나 특성 리포트를 요구한다.

리퀘스트 번호(bRequest): 0x01

데이터 소스: 디바이스

데이터 길이(wLength): 리포트 길이

wValue 필드 내용: 상위 바이트는 리포트 유형(0x01 = 입력, 0x03 = 특성)을 나타내고, 하위 바이트는 Report ID를 갖고 있다. 기본 Report ID는 0x00이다.

wIndex 필드 내용: 리퀘스트가 가리키는 인터페이스 번호

DATA 스테이지의 데이터 패킷 내용: 리포트

참고: HID 규격에 따르면 모든 HID는 이 리퀘스트를 지원해야 한다. 어떤 호스트는 이 리퀘스트를 지원하지 않는 HID와 열거, 통신을 할 수도 있지만, 앞으로 나올 운영체제들은 이 요구사항을 반드시 지켜야만 동작할 것이다. 'Set Report'를 참조하라.

Get Idle

목적: 호스트가 HID에서 현재 IDLE 비율을 읽는다.

리퀘스트 번호(bRequest): 0x02

데이터 소스: 디바이스

데이터 길이(wLength): 0x0001

wValue 필드 내용: 상위 바이트는 0x00이다. 하위 바이트는 리퀘스트가 적용되는 Report ID를 나타낸다. 하위 바이트가 0x00이면 리퀘스트는 HID의 모든 입력 리포트에 적용된다.

wIndex 필드 내용: 이 요청을 지원하는 인터페이스 번호

DATA 스테이지의 데이터 패킷 내용: 4ms 단위로 표현된 IDLE 비율

참고: HID가 이 리포트를 꼭 지원할 필요는 없다. 좀 더 상세한 내용은 'Set Idle'을 참조하라.

Get Protocol

목적: 호스트가 HID에서 부트 프로토콜이나 리포트 프로토콜 중 현재 활성화된 프로토콜을 알아낸다.

리퀘스트 번호(bRequest): 0x03

데이터 소스: 디바이스

데이터 길이(wLength): 0x0001

wValue 필드 내용: 0x0000

wIndex 필드 내용: 이 리퀘스트를 지원하는 인터페이스 번호

DATA 스테이지의 데이터 패킷 내용: 프로토콜(0x00 = 부트 프로토콜, 0x01 = 리포트 프로토콜)

참고: 부트 디바이스는 이 리퀘스트를 지원해야 한다. 'Set Protocol'도 참조하라.

Set Report

목적: 제어 전송을 사용해 호스트가 HID에게 출력 리포트나 특성 리포트를 보낸다.

리퀘스트 번호(bRequest): 0x09

데이터 소스: 호스트

데이터 길이(wLength): 리포트 길이

wValue 필드 내용: 상위 바이트는 리포트 유형(0x02 = 출력, 0x03 = 특성)을 나타내고, 하위 바이트는 Report ID를 갖는다. 기본 Report ID는 0x00이다.

wIndex 필드 내용: 리퀘스트를 가리키는 인터페이스 번호

DATA 스테이지의 데이터 패킷 내용: 리포트

참고: HID 인터페이스에 인터럽트 OUT 엔드포인트가 없거나 호스트가 HID 규

격 버전 1.0만 준수할 때는 이 리퀘스트가 호스트에서 HID에게 데이터를 보낼 수 있는 유일한 방법이다. HID가 이 리포트를 반드시 지원할 필요는 없다. 'Get Report'도 참조하라.

Set Idle

목적: 마지막으로 보고한 후에 데이터가 바뀌지 않았으면 인터럽트 IN 엔드포인트의 리포트 전송 빈도를 제한해 대역폭을 절약한다.

리퀘스트 번호(bRequest): 0x0A

데이터 길이(wLength): 0x0000

wValue 필드 내용: 상위 바이트는 기간$_{duration}$이나 리포트 사이의 최대 시간을 정한다. 이 값이 0x00이면 HID는 리포트 데이터가 변할 때만 리포트를 보낸다. 하위 바이트는 리퀘스트가 적용되는 Report ID를 나타낸다. 하위 바이트가 0x00이면 리퀘스트는 HID의 모든 입력 리포트에 적용된다.

wIndex 필드 내용: 이 리퀘스트를 지원하는 인터페이스 번호

참고: 기간은 4ms 단위이므로 4~1020ms 사이의 값을 갖는다. 기간 값이 얼마든 상관없이 마지막 입력 리포트를 보낸 후에 데이터가 변하고 인터럽트 IN 토큰 패킷을 받으면 HID는 리포트를 보낸다. 데이터가 바뀌지 않고 마지막 리포트 후 지정한 기간만큼의 시간이 지나지 않았으면 HID는 NAK를 반환하고 지정한 기간이 지났으면 리포트를 보낸다.

기간 값이 0x00이면 무한히 긴 기간을 의미한다. HID는 리포트 데이터가 변한 경우에만 리포트를 보내고 아닌 경우에는 NAK를 반환한다. HID를 열거할 때 윈도우 HID 드라이버는 IDLE 비율을 0x00으로 하려고 시도한다.

HID가 부트 프로토콜을 사용하는 키보드가 아니면 이 리퀘스트를 꼭 지원할 필요는 없다. 모든 디바이스 컨트롤러가 IDLE 비율을 지원하는 하드웨어를 갖춘 것은 아니지만 펌웨어가 하드웨어 타이머를 통해 이 기능을 지원할 수 있다.

HID는 STALL를 반환해 이 리퀘스트를 무시할 수 있다. 'Get Idle'도 참조하라.

Set Protocol

목적: HID가 부트 프로토콜을 사용할 것인지 리포트 프로토콜을 사용할 것인지 호스트가 정하는 리퀘스트다.

리퀘스트 번호(bRequest): 0x0B

데이터 길이(wLength): 0x0000

wValue 필드 내용: 프로토콜(0x0000 = 부트 프로토콜, 0x0001 = 리포트 프로토콜)

wIndex 필드 내용: 이 리퀘스트를 지원하는 인터페이스 번호

참고: 부트 디바이스는 이 리퀘스트를 반드시 지원해야 한다. 'Get Protocol'도 참조하라.

데이터 전송

호스트는 열거가 끝나면 디바이스 인터페이스를 HID로 식별하고 인터페이스 엔드포인트와 파이프를 개설하며, 데이터를 주고받을 때 사용할 리포트 형식을 입수한다.

이후 호스트는 인터럽트 IN 전송, 제어 전송을 통해 Get Report 리퀘스트로 리포트를 요청할 수 있다. 디바이스는 인터럽트 OUT 전송, 제어 전송을 통해 Set Report 리퀘스트로 리포트를 받는 옵션도 있다.

펌웨어 작성

펌웨어 컴파일러는 대부분 HID 예제를 제공한다. 마이크로칩은 마이크로칩 컴파일러상에서 동작하는 PIC 마이크로컨트롤러용 HID 예제 코드를 제공한다. 애플리케이션용 마이크로칩 라이브러리는 범용 HID, 마우스, 기타 HID 예제를 포함하고

있다. janaxelson.com을 방문하면 인터럽트와 제어 두 전송을 모두 사용한 리포트 교환을 지원하는 범용 HID 예제를 볼 수 있다. TI~Texas Instruments~ 또한 MSP430 시리즈에서 사용할 수 있는 HID 예제 코드를 제공한다.

도구

마이크로칩 디바이스 컨트롤러 개발자는 트레이스 시스템즈~Trace Systems, Inc.~의 HIDmaker 32를 사용할 수도 있다. 소프트웨어 마법사가 개발자의 디바이스에 관한 질문을 던진 후 개발자가 지정한 입력, 출력, 특성 리포트를 구현한 펌웨어를 생성한다. 이 마법사는 8, 16, 32비트 컨트롤러를 지원하고 8비트 컨트롤러만 지원하는 저렴한 버전도 있다. 이 마법사는 몇 가지 프로그래밍 언어로 작성된 PC 애플리케이션 코드를 생성할 수 있다.

HIDmaker Test Suite는 도구 2개를 더 제공한다. AnyHID 애플리케이션을 쓰면 리포트 디스크립터를 보여주고, 장착된 후 열거된 HID와 데이터를 주고받을 수 있다(시스템 마우스와 키보드는 제외). USBwatch는 HID를 위한 저비용 USB 분석기다. USB 분석기를 사용하려면 제공된 코드를 개발자의 디바이스 펌웨어에 추가하고 디바이스의 비동기 직렬 포트를 PC의 직렬 포트(RS-232, USB/직렬 포트 어댑터 등)에 연결한다. 펌웨어가 디버깅 데이터를 직렬 포트를 통해 보내면 USBwatch 애플리케이션에서 볼 수 있다. USBwatch를 사용하면 열거 데이터와 애플리케이션 데이터를 볼 수 있다. 또한 펌웨어 코드의 지정한 위치에서 개발자가 지정한 메시지를 전송할 수 있다.

12장
휴먼 인터페이스 디바이스: 리포트

11장에서는 HID가 데이터를 교환할 때 사용하는 리포트를 소개했다. 리포트는 바이트로 이루어진 기본 버퍼일 수도 있고, 각 아이템에 할당한 기능과 단위를 갖춘 복잡한 아이템이 모여 있을 수도 있다. 12장에서는 리포트를 특정 애플리케이션에 맞게 생성하는 방법을 설명한다.

리포트 구조

리포트 디스크립터는 HID가 주고받는 데이터에 관한 정보를 제공한다. 이 디스크립터는 디바이스의 기능을 식별하며, 리포트 데이터의 사용법이나 단위를 지정할 수 있다. 컨트롤 아이템과 데이터 아이템은 리포트 1개 이상으로 전송되는 값을 설명한다. 컨트롤 아이템은 버튼, 스위치, 기타 디바이스 방향을 조종하거나 움직이는 물리적 요소다. 이 외의 모든 것은 데이터 아이템이다.

제조사 공급 애플리케이션에 맞는 제조사 전용 디바이스에서는 애플리케이션이 리포트의 데이터 자료형, 크기, 순서를 미리 알고 있는 경우가 많으므로 이 정보를 디바이스에서 다시 가져올 필요가 없다. 예를 들면, 데이터 수집 장치의 제조사가 그 디바이스를 사용하기 위한 애플리케이션을 만들 경우 디바이스가 리포트에 보내는 데이터 형식을 제조사가 이미 알고 있다. 애플리케이션이 특정 설정이나 동작을 요청할 수 있는지 알아내려면 디바이스에서 Product ID와 릴리스 번호를 확인해야 한다. 애플리케이션이 선호하는 방식은 이렇다. 호스트와 디바이스가 버퍼에 담긴 내용을 정의한 리포트 디스크립터에 의존하지 않고 제조사 정의 버퍼로 데이터를 교환한다.

리포트 디스크립터를 생성하거나 디버깅할 때 유용한 도구로는 무료인 RDD(HID 리포트 디스크립터 디코더Report Descriptor Decoder, sourceforge.net)가 있다. 이 도구는 커맨드라인을 통해 개발자가 16진 문자열로 데이터를 입력하거나, 16진 문자열 또는 바이너리 데이터를 담은 파일을 지정하면, 데이터를 디코딩하고 모든 에러를 알기 쉽게 강조해준다. 또한 제공된 데이터로부터 C 헤더 파일을 생성해준다. 이 도구는 Rexx 인터프리터가 필요하며, Rexx는 다양한 경로에서 입수할 수 있다.

USB-IF는 HID 디스크립터 도구를 제공한다. 이 도구를 쓰면 리포트 디스크립터를 만들 수 있지만 최근 수년간 업데이트가 없어서 사용성이 한정적이다.

컨트롤 아이템과 데이터 아이템 값

리포트가 담을 수 있는 값은 여러 문서에 정의돼 있다. 가장 먼저 봐야 할 문서는 'HID Usage 테이블' 문서다. 이 문서에는 범용 데스크톱 컨트롤, 시뮬레이션 컨트롤, 게임 컨트롤, LED, 버튼, 전화에서 쓰는 값을 정의한다. 그 밖의 값들은 메인 HID 규격에 정의돼 있으며 모니터, 전원, POS 디바이스용 HID 규격도 있다.

아이템 유형

HID 규격은 짧은 아이템short item과 긴 아이템long item이라는 두 가지 유형을 정의한다. HID 1.11은 긴 아이템을 정의하지 않았다.

짧은 아이템의 1바이트 접두어prefix는 아이템 유형, 아이템 태그, 아이템 크기를 지정한다. 다음은 접두어 바이트를 구성하는 요소다.

비트 번호	내용	설명
0~1	아이템 크기	아이템의 바이트 수
2~3	아이템 유형	아이템의 범위: 메인(Main), 전역(Global), 지역(Local)
4~7	아이템 태그	아이템 기능

아이템 크기는 아이템이 담고 있는 데이터의 바이트 크기를 지정한다. 아이템 크기 11_b는 4바이트 데이터에 해당한다는 점을 주의한다(3바이트가 아니다).

아이템 크기(이진)	실제 바이트 크기
00	0
01	1
10	2
11	4

아이템 유형은 아이템의 범위를 설명한다. 메인(00_b), 전역(01_b), 지역(10_b)으로 구분된다. 이 장에서 아이템 유형에 관한 더 많은 정보를 제공한다.

아이템 태그는 아이템의 기능을 지정한다.

메인 아이템 유형

메인Main 아이템은 리포트 디스크립터 내의 데이터 아이템을 정의하거나 그룹으로 만든다. 메인 아이템 유형은 다섯 가지가 있다. 입력Input, 출력Output, 특성Feature 아이템은 하나의 리포트 유형에서 필드를 각각 정의한다. 컬렉션Collection과 컬렉션 끝End Collection 아이템은 리포트 내에서 관련 아이템을 그룹으로 만든다. 모든 메인 아이템에서 기본 값은 0이다.

입력, 출력, 특성 아이템

표 12-1은 입력, 출력, 특성 아이템에서 지원하는 값을 나타낸 것이다. 각 아이템은 1바이트의 접두어가 있고 이어서 리포트 데이터를 설명하는 1~2바이트를 갖는다.

▼ 표 12-1 입력, 출력, 특성 아이템 접두어 비트는 리포트 안에 있는 데이터를 설명한다. 출처: Device Class Definition for Human Interface Devices (HID) Version 1.11

접두어	아이템 데이터		
	비트 번호	비트 = 0일 때 의미	비트 = 1일 때 의미
입력 (100000nn, nn = 접두어 다음에 오는 데이터 안에서 바이트 수) 예를 들어 0x81은 아이템 데이터가 1바이트다. 0x82는 아이템 데이터가 2바이트다.	0	데이터	상수
	1	배열	변수
	2	절댓값	상댓값
	3	노 랩(No wrap)	랩(Wrap)
	4	선형	비선형
	5	선호 상태	선호 상태 없음
	6	널(null) 위치 없음	널 상태
	7	예약	
	8	비트 필드	버퍼된 바이트
	9~31	예약	
출력 (100100nn, nn = 접두어 다음에 오는 데이터 안에서 바이트 수) 예를 들어 0x91은 아이템 데이터가 1바이트다. 0x92는 아이템 데이터가 2바이트다.	0	데이터	상수
	1	배열	변수
	2	절댓값	상댓값
	3	노 랩	랩
	4	선형	비선형
	5	선호 상태	선호 상태 없음
	6	널 위치 없음	널 상태
	7	비휘발성	휘발성
	8	비트 필드	버퍼된 바이트
	9~31	예약	

접두어	아이템 데이터		
	비트 번호	비트 = 0일 때 의미	비트 = 1일 때 의미
특성 (101100nn, nn = 접두어 다음에 오는 데이터 안에서 바이트 수) 예를 들어 0xB1은 아이템 데이터가 1바이트다. 0xB2는 아이템 데이터가 2바이트다.	0	데이터	상수
	1	배열	변수
	2	절댓값	상댓값
	3	노 랩	랩
	4	선형	비선형
	5	선호 상태	선호 상태 없음
	6	널 위치 없음	널 상태
	7	비휘발성	휘발성
	8	비트 필드	버퍼된 바이트
	9~31	예약	

입력 아이템은 디바이스가 호스트로 데이터를 보낼 때 사용한다. 입력 리포트는 입력 아이템을 1개 이상 포함한다. 호스트는 인터럽트 IN 전송이나 입력 리포트를 요구할 때 Get Report 리퀘스트를 사용한다.

출력 아이템은 호스트가 디바이스로 정보를 보낼 때 사용한다. 출력 리포트는 출력 아이템을 1개 이상 갖는다. 호스트는 인터럽트 OUT 전송과 Set Report 리퀘스트로 출력 리포트를 보낼 수 있다.

특성 리포트는 특성 아이템 1개 이상을 담고 있다. 이 리포트는 양방향으로 전송할 수 있다. 일반적으로 특성 리포트는 디바이스와 디바이스 컴포넌트의 전체 행동에 영향을 주는 컨피규레이션 설정을 담는다. 예를 들어, 호스트는 사용자가 디바이스 설정을 선택하고 제어할 수 있는 가상(화면상의) 제어 패널을 갖추기도 한다. 호스트는 특성 리포트를 주고받을 때 제어 전송에서 Set Report, Get Report를 사용한다.

입력, 출력, 특성 아이템의 각 접두어 뒤에는 아이템의 데이터를 설명하는 최대 9비트의 데이터가 붙는다(추가 23비트는 예약됐다). 입력 아이템 접두어 값이 0x81이면 8비트의 데이터가 따라온다. 상위 4비트는 입력 아이템을 나타내는 0x8이고, 하위 4비트는 아이템 데이터가 1바이트를 사용한다는 것을 나타내는 0x1 값을 갖는다. 입력 아이템의 접두어 값이 0x82이면 하위 바이트가 0x2이고 이것은 아이템 데이터가 2바이트를 사용한다는 것을 나타낸다.

이런 비트 기능은 입력, 출력, 특성 아이템에서 모두 같지만 입력 아이템은 휘발성/비휘발성 비트를 지원하지 않는다. 각 비트는 다음과 같이 사용한다.

데이터 | 상수. 이 비트가 데이터인 경우 아이템의 내용을 수정할 수 있다는 의미다(읽기/쓰기). 상수인 경우 내용을 수정할 수 없음을 의미한다(읽기 전용).

배열 | 변수. 이 비트는 데이터가 모든 제어 상태(변수)를 보고할지 아니면 단지 특정됐거나asserted 활성화된 제어 상태(배열)만 보고할지를 지정한다. 키보드처럼 많은 제어 값(키)을 갖고 있지만 동시에 1개나 몇 개만 검출되는 디바이스의 경우에는 특정된 제어 상태만 보고하는 것이 더 간결한 리포트가 된다.

예를 들어 키패드가 키를 8개 갖고 이 비트를 변수로 설정한다면 키패드의 리포트는 각 키에 해당하는 비트를 갖출 것이다. 리포트 디스크립터에서 리포트 크기는 1비트이고, 리포트 카운트는 8이며, 전송할 총 데이터는 8비트다. 이 비트를 배열로 설정하면 각 키는 할당된 인덱스를 갖고 키패드 리포트는 눌린 키의 인덱스만 갖는다. 키가 8개 있을 때 3비트 크기의 리포트로 키 넘버 0에서 7까지 보고할 수 있다. 리포트 카운트는 거의 동시에 눌렸을 때 보고할 수 있는 최대 키 개수다. 키를 한 번에 1개만 누를 수 있다면 리포트 카운트는 1이며, 전송할 총 데이터는 단지 3비트다. 동시에 모든 키를 누를 수 있다면 리포트 카운트는 8이며, 전송할 총 데이터는 24비트가 된다.

배열 아이템에서 범위 외의 값은 특정된 제어 상태 값이 없음을 뜻한다.

절댓값 | 상댓값. 이 비트가 절댓값이면 고정된 원점을 사용한 값임을 나타낸다. 상댓값으로 비트를 설정했으면 마지막 읽은 값에서 변화된 값임을 나타낸다. 조이스틱은 보통 절대 데이터(조이스틱의 현재 위치)를 보고하지만, 마우스는 상대 데

이터(마지막 리포트 이후에 마우스가 움직인 값)를 보고한다.

노 랩 | 랩. 이 비트가 랩으로 설정돼 있으면 데이터 값이 최댓값에 도달한 후에도 계속 증가하면 최솟값으로 돌아간다는 뜻이고, 반대로 최솟값에 도달한 후에도 계속 감소하면 최댓값으로 돌아간다는 뜻이다. 아이템이 노 랩으로 지정된 상태에서 특정 한계를 초과하면 한계를 벗어난 값을 보고할 수도 있다. 이 비트는 배열 데이터에 적용되지 않는다.

선형 | 비선형. 이 비트가 선형이면 측정 데이터와 보고 값이 선형 관계를 가졌다는 뜻이다. 즉 보고 데이터의 그래프와 측정 데이터의 그래프가 직선이다. 비선형 데이터에서는 보고 데이터의 그래프와 측정 데이터의 그래프가 곡선이다. 이 비트는 배열 데이터에 적용되지 않는다.

선호 상태 | 선호 상태 없음. 선호 상태는 사용자가 인터페이스를 만지지 않으면 돌아가는 특정 상태를 나타낸다. 일시적 푸시 버튼momentary push-button은 버튼을 누르지 않으면 선호 상태(눌리지 않음, 튀어나옴)를 갖고 있다. 토글 스위치는 선호 상태가 없고 사용자가 선택한 마지막 상태로 계속 남아 있다. 이 비트는 배열 데이터에 적용되지 않는다.

널 위치 없음 | 널 상태. 컨트롤에 의미 있는 데이터를 보낼 수 없는 위치에 대한 정보를 지원하면 이것은 널 상태 지원이다. 컨트롤은 논리적 최소와 논리적 최대로 정의된 범위에서 벗어나는 값을 보내 널 상태에 있음을 나타낸다. 널 위치 없음은 컨트롤이 보내는 모든 데이터가 의미 있는 데이터라는 것을 나타낸다. 조이스틱 위의 햇 스위치hat switch는 누르지 않았을 때 널 상태다. 이 비트는 배열 데이터에 적용되지 않는다.

비휘발성 | 휘발성. 휘발성 비트는 출력 리포트, 특성 리포트 데이터에만 적용된다. 휘발성 비트가 설정돼 있으면 호스트가 디바이스에게 값을 바꾸라고 요청하는 리포트를 보내지 않아도 자체적으로 값을 바꿀 수 있으며, 호스트와 상호작용 없이도 역시 값을 바꿀 수 있다. 예를 들어, 컨트롤 패널은 사용자가 두 가지

방법으로 값을 바꿀 수 있는 컨트롤을 갖추기도 한다. 사용자가 스크린의 버튼을 마우스로 클릭하거나 디바이스에 있는 물리적 버튼을 누르면 호스트가 디바이스에게 리포트를 보낸다. 비휘발성은 호스트가 리포트로 새 값을 요청하는 경우에만 디바이스가 값을 바꿀 수 있음을 의미한다.

호스트가 리포트를 보내면서 휘발성 아이템이 바뀌는 것을 원하지 않을 경우에는 데이터를 상댓값으로 정의하고 값을 0으로 보내거나, 절댓값으로 정의하고 범위 바깥의 값을 할당해주면 된다. 절댓값으로 정의되어 있는 경우, 범위 바깥의 값을 할당해주면 된다. 이 비트는 배열 데이터에는 적용되지 않는다.

비트 필드 | 버퍼된 바이트. 이 비트를 비트 필드로 설정하면 한 바이트 안의 비트나 비트 그룹이 분리된 데이터 덩어리를 표현한다. 버퍼된 바이트로 설정하면 데이터가 한 바이트 이상으로 구성됐음을 의미한다. 버퍼된 바이트 아이템에서 리포트 크기는 8이다. 이 비트는 배열 데이터에는 적용되지 않는다. 이 비트는 아이템 데이터에서 8번째 비트에 위치하므로 이 비트를 사용하려면 아이템 데이터를 2바이트로 써야 한다는 점을 주의한다.

컬렉션

모든 리포트 유형은 관계있는 아이템을 그룹화하는 컬렉션Collection과 컬렉션 끝End Collection 아이템을 사용한다. 리포트 디스크립터에서 각 컬렉션 아이템(0xA1) 다음에는 컬렉션 형식(표 12-2)을 나타내는 값이 온다. 컬렉션 끝 아이템은 단일 바이트로서 값은 0xC0이다.

모든 리포트 아이템은 애플리케이션 컬렉션 안에 있어야 한다. 그 밖의 컬렉션 형식을 사용하는 것은 옵션이다. 컬렉션 아이템과 해당 컬렉션 끝 아이템 사이의 모든 메인 아이템은 컬렉션의 일부다. 각 컬렉션은 Usage 태그를 갖춰야 한다. 컬렉션은 중첩될 수 있다.

▼ 표 12-2 컬렉션과 컬렉션 끝 메인 아이템 태그용 데이터 값. 출처: Device Class Definition for Human Interface Devices (HID) Version 1.11

값	유형	설명
0x00	물리적	단일 좌표계 점의 데이터
0x01	애플리케이션	공통 목적을 갖거나 기능을 전달하는 아이템
0x02	논리적	데이터 구조를 설명하는 아이템
0x03	리포트	리포트 내에서 필드를 감쌈
0x04	이름이 있는 배열	선택한 사용법에 따른 배열
0x05	Usage 스위치	컬렉션에서 목적이나 Usage의 기능을 변경
0x06	Usage 변경자	목적이나 Usage의 기능을 변경
0x07~0x7F	예약	-
0x80~0xFF	제조사 정의	-

최상위 수준 컬렉션은 다른 컬렉션 안에 중첩되지 않은 컬렉션이다. HID 인터페이스는 최상위 수준 컬렉션을 1개 이상 갖추고 각 최상위 수준 컬렉션은 각기 다른 HID를 나타낸다. 예를 들어, 임베디드 포인팅 디바이스를 갖춘 키보드는 최상위 수준 컬렉션이 2개 있는 단일 HID 인터페이스를 쓴다. 이때 1개는 포인팅 디바이스의 리포트용이고, 다른 1개는 키보드 리포트용이다. 분리된 인터페이스가 있는 복합 디바이스 HID와 달리, 이런 HID 기능은 인터럽트 엔드포인트를 공유한다.

◈ 전역 아이템 유형

전역Global 아이템은 리포트를 식별하고 데이터의 기능, 허용하는 최솟값/최댓값, 리포트 아이템의 개수와 크기 등의 특성을 포함한 리포트 내 데이터를 기술한다. 전역 아이템 태그는 다음 전역 아이템 태그가 나오기 전까지 뒤따라오는 모든 아이템에 적용된다. 따라서 이어서 오는 아이템에 변한 내용이 없으면 리포트 디스크립터에 같은 값이 반복되지 않아도 된다. 표 12-3은 정의되어 있는 전역 아이템을 보여준다.

▼ 표 12-3 전역 아이템은 12개가 정의되어 있다. 출처: Device Class Definition for Human Interface Devices (HID) Version 1.11

아이템 유형	값(이진수, nn = 다음에 나오는 바이트의 수)	설명
Usage 페이지	000001nn	데이터 사용법 또는 기능을 정함
논리적 최솟값	000101nn	아이템이 취할 수 있는 가장 작은 값
논리적 최댓값	001001nn	아이템이 취할 수 있는 가장 큰 값
물리적 최솟값	001101nn	물리적 단위로 표현한 논리적 최솟값
물리적 최댓값	010001nn	물리적 단위로 표현한 논리적 최댓값
단위 지수(exponent)	010101nn	10의 제곱 단위
단위	011001nn	단위 값
리포트 크기	011101nn	비트들에서 아이템 필드의 크기
Report ID	100001nn	리포트를 식별하는 접두어
리포트 개수	100101nn	아이템용 데이터 필드의 크기
푸시(Push)	101001nn	스택에 전역 아이템 상태 테이블의 복사를 남김
팝(Pop)	101101nn	아이템 상태 테이블을 스택에 푸시한 마지막 구조체로 바꿈
예약됨	110001nn~111101nn	나중에 사용

리포트 식별

Report ID. HID는 같은 유형의 여러 리포트를 지원할 수 있는데, 각 리포트는 자신의 Report ID와 내용을 갖는다. 이런 식으로 각 리포트는 데이터 전체를 담을 필요는 없다. 수신 측이 데이터 전체를 자주 갱신할 필요가 없다면 여러 개의 리포트를 사용하는 편이 효율적이다.

리포트 디스크립터에서 Report ID 아이템은 다음 Report ID를 만나기 전에 뒤따라오는 모든 아이템에 적용된다. Report ID 아이템이 없으면 그 리포트는 기본 ID인 0x00을 쓴다. 디스크립터에서 Report ID를 0x00으로 선언하면 안 된다. Report ID는 각 리포트 유형을 지정하므로 하나의 HID는 기본 Report ID를 갖는 각 리포트 유형을 각각 하나 갖는다.

그러나 리포트 유형이 여러 개의 Report ID를 사용하면 HID의 모든 리포트는 선언된 Report ID를 가져야 한다. 예를 들어, 디스크립터가 특성 리포트용으로 Report ID 0x01, Report ID 0x02를 선언하면 모든 입력 리포트나 출력 리포트 또한 0x00보다 큰 Report ID를 가져야 한다.

Set Report, Get Report 리퀘스트를 사용하는 전송에서는, 호스트가 SETUP 트랜잭션에서 wValue 필드의 하위 바이트에 Report ID를 지정한다. 인터럽트 전송에서 인터페이스가 Report ID를 2개 이상 지원하면 버스상에서 Report ID가 리포트 데이터 앞에 온다. 인터페이스가 기본 Report ID인 0x00만 지원하면 인터럽트 전송에서 리포트를 보낼 때 Report ID를 같이 전송하지 않는다.

윈도우 애플리케이션에서는 API 함수로 시원하는 리포트 버퍼는 리포트뿐 아니라 추가로 Report ID 1바이트를 넣을 수 있을 만큼 커야 한다. 이것은 Report ID가 0x00일 때도 마찬가지다. HID가 각기 다른 크기의 입력 리포트용으로 여러 개의 Report ID를 지원하면 윈도우 HID 드라이버는 애플리케이션에게 가장 큰 리포트에 맞는 큰 버퍼를 요구한다.

HID가 같은 유형이면서 각기 다른 크기의 복수 리포트를 지원할 때, HID가 엔드포인트 최대 패킷 크기의 정수배 길이의 리포트를 전송하는 중이면 리포트 데이터의 끝을 알려주기 위해 ZLP를 보낸다.

HID에서 입력 리포트를 얻어오는 인터럽트 전송에서 입력 Report ID가 여러 개이면 호스트 드라이버는 디바이스로부터 리포트를 지정해 요청할 방법이 없다. 디바이스 펌웨어가 호스트로 전송할 엔드포인트 버퍼에서 리포트 위치를 결정한다. 호스트에서 HID 드라이버는 받은 리포트 데이터와 Report ID를 저장한다.

데이터 사용에 관한 설명

데이터와 사용법을 나타내는 전역 아이템으로는 Usage 페이지, 논리적 최솟값/최댓값, 물리적 최솟값/최댓값, 단위Unit, 단위 지수Unit Exponent 등이 있다. 각 아이템을 통해 리포트 수신 측이 리포트 데이터를 해석할 수 있다. Usage 페이지를 제외한 모든 것은 원본 리포트 데이터를 단위가 붙은 값으로 변환하는 것과 관련 있다. 이들 아이템을 쓰면 간결한 데이터 형태로 리포트를 구성할 수 있다. 여기서 데이터를 의미 있는 값으로 변환하는 작업은 데이터 수신 측이 해야 한다.

Usage 페이지. 아이템의 Usage는 디바이스 기능을 식별하는 32비트 값이다. Usage는 2개의 값을 갖는데, 상위 16비트는 전역 Usage 페이지 아이템이고, 하위 16비트는 로컬 Usage 아이템이다. 이 값은 로컬 Usage 아이템에서 Usage ID다. 'Usage'란 용어는 32비트 값이나 16비트 로컬 값을 가리킨다. 혼동을 피하기 위해 32비트 값을 지정할 때는 Extended Usage라는 용어를 사용하기도 한다. 마이크로소프트는 USAGE 형식을 Usage 페이지나 Usage ID를 가질 수 있는 16비트 값으로 정의했다.

다중 아이템은 각기 다른 Usage ID를 갖는 동안에도 Usage 페이지를 공유할 수 있다. Usage 페이지가 리포트에 나타난 후 따라오는 모든 Usage ID는 디스크립터가 새 Usage 페이지를 선언할 때까지는 해당 Usage 페이지를 사용한다. HID Usage 테이블 문서는 다양한 Usage 페이지를 정의한다. 일반적인 데스크톱 컨트롤(마우스, 키보드, 조이스틱), 디지타이저digitizer, 바코드 스캐너, 카메라 제어, 게임 컨트롤러 등 다양한 공통 디바이스 유형을 위한 Usage 페이지도 있다. 각 제조사는 0xFF00부터 0xFFFF 사이 값을 사용하는 Usage 페이지를 정의할 수 있다.

논리적 최솟값과 논리적 최댓값. 논리적 최솟값Logical Minimum과 논리적 최댓값Logical Maximum은 리포트 값에 대한 한계를 정의한다. 여기서 한계는 값을 적용할 때 같은 단위를 사용하는 '논리적 단위'로 표현한다. 예를 들어, 디바이스가

500mA까지 2mA 단위로 보고하면 논리적 최댓값은 250이다.

최상위 바이트의 최상위 비트가 1이면 이 값은 2의 보수로 표현한 음수다(2의 보수로 표현된 음수 값을 찾으려면 각 비트를 보수화해 뒤집은 후에 1을 더하면 된다. 2의 보수로 표현한 음수 값을 얻으려면 같은 작업을 수행한다). 1바이트 값을 사용하면 0x00에서 0x7F는 양의 10진수로 0에서 127이고, 0xFF에서 0x80은 음의 10진수로 -1에서 -128이다.

HID 규격에서는 논리적 최솟값과 논리적 최댓값 양쪽 모두 양수로 간주하기 때문에 부호 비트가 필요 없다고 한다. 0에서 255의 값을 사용할 때는 안전하게 2바이트 값을 최댓값으로 사용하는 것이 좋다.

```
0x15, 0x00,        // 논리적 최솟값
0x26, 0xFF, 0x00   // 논리적 최댓값
```

논리적 최댓값 아이템 태그가 이번에는 0x26(0x25가 아니다)이라는 점을 주의한다. 이것은 태그 뒤의 데이터가 2바이트임을 의미한다. 논리적 최댓값의 $MSB_{\text{most-significant bit}}$가 0이므로 값은 양수다.

단위 변경

물리적 최솟값, 물리적 최댓값, 단위 지수, 단위 아이템은 보고된 값을 의미 있는 단위로 변환하는 방법을 정의한다.

물리적 최솟값과 물리적 최댓값. 물리적 최솟값$_{\text{Physical Minimum}}$과 물리적 최댓값$_{\text{Physical Maximum}}$은 단위$_{\text{Unit}}$ 태그로 정의한 단위로 표현할 때 값의 한계를 정의한다. 2mA 단위이고 값의 범위가 0~250인 앞의 예제에서 물리적 최솟값은 0이고 물리적 최댓값은 500이다. 수신 측 디바이스는 논리적 한계 값과 물리적 한계 값을 사용해 원하는 단위의 값을 얻는다. 예제에서는 데이터를 2mA 단위로 보고했는데, 이렇게 하면 값을 1바이트로 전송할 수 있고 데이터 수신 측은 물리적 최솟값과 최댓값으로 값을 mA로 변환할 수 있다. 이렇게 하면 mA당 1비트로 보고하는 것에 비해 해상도가 떨어진다는 단점은 있다. 리포트 디스크립터가 이들 아이템을 지정하지 않으면 기본적으로 논리적 최솟값 및 논리적 최댓값과 같다.

단위 지수. 단위 지수Unit Exponent는 논리적/물리적 한계를 사용해 값을 변환한 후 10의 승수를 지정해 원하는 단위를 얻을 때 사용한다. USB 2.0 규격은 지수를 4비트로 제한하는지 여부가 불명확하다. 그러나 일반적으로는 4비트로 사용한다. 지수 값이 0이면 10^0이기 때문에 지수를 곱하지 않은 것과 같다. 다음은 지수 코드다.

지수	0	1	2	3	4	5	6	7	-8	-7	-6	-5	-4	-3	-2	-1
코드 (16진수)	00	01	02	03	04	05	06	07	08	09	0A	0B	0C	0D	0E	0F

예를 들어, 값이 1234이고 단위 지수가 0x0E이면 최종 값은 12.34다.

단위. 단위Unit 태그는 값을 물리적Physical 아이템과 단위 지수Unit Exponent 아이템을 사용해 변환한 후에 리포트 데이터에 적용할 단위를 지정한다. HID 규격은 길이, 무게, 시간, 온도, 전류, 광량 기본 단위용 코드를 정의한다. 그 밖의 단위는 대부분 이들에서 유도할 수 있다.

단위 값 지정은 생각보다 더 복잡하다. 표 12-4를 참고한다. 이 값은 최대 4바이트가 될 수도 있고, 각 니블nibble은 정의된 기능을 갖는다. 니블 0(LSNleast significant nibble)은 측정 시스템이 영국식인지 국제 표준(SI, 국제 단위 시스템)인지 지정하고, 측정이 선형linear인지 각도 단위angular unit인지를 지정한다. 뒤따라 오는 각 니블은 측정 특성을 나타내고, 니블 값은 적용할 지수를 나타낸다. 예를 들어, 니블 값이 0x2이면 그 값은 제곱 단위다. 니블 값이 -3을 나타내는 0xD이면 단위는 1/단위^{3}임을 의미한다. 이 지수는 데이터에 적용하는 10의 승수인 단위 지수와는 별개이며, 단위에 적용하는 지수다.

▼ 표 12-4 보고된 값에 단위를 적용하려면 측정 시스템과 지수 값을 단위 아이템에 지정해야 한다.
출처: Device Class Definition for Human Interface Devices (HID) Version 1.11

니블 번호	측정 특성	측정 시스템(니블 0 값)				
		없음 (0x0)	SI 선형 (0x1)	SI 순환형 (0x2)	영국식 선형 (0x3)	영국식 순환형 (0x4)
1	길이	없음	센티미터	라디안	인치	도
2	무게	없음	그램		슬러그(Slug)	
3	시간	없음	초			
4	온도	없음	켈빈		화씨	
5	전류	없음	암페어			
6	광량	없음	칸델라(Candela)			
7	예약	없음				

길이와 온도를 표현하는 기본 SI 단위는 미터와 킬로그램이지만 HID 규격은 단위 태그를 통해 센티미터와 그램을 기본 단위로 사용한다는 점을 주의한다.

원본 데이터 변환

원본 데이터를 단위가 있는 값으로 바꾸려면 세 가지가 있어야 한다. 펌웨어의 리포트 디스크립터는 변환에 필요한 정보를 갖춰야 한다. 송신 측은 리포트 디스크립터 규격에 맞는 데이터를 제공해야 한다. 그리고 수신 측은 리포트 디스크립터에 지정된 변환을 적용해야 한다.

다음은 디스크립터와 원본 및 변환된 데이터 예제다. HID 규격에 태그가 있다는 이유 하나만으로 반드시 태그를 사용해야 하는 것은 아니다. 애플리케이션이 보내고 받는 값에 대해 사용할 형식과 단위를 알고 있으면 펌웨어가 이 아이템을 지정할 필요가 없다.

1분까지의 시간을 초로 지정하려면 리포트 디스크립터는 다음 정보를 포함할 것이다.

- 논리적 최솟값: 0x00
- 논리적 최댓값: 0x3C(60)
- 물리적 최솟값: 0x00
- 물리적 최댓값: 0x3C(60)
- 단위: 0x1003. 영국식 선형 측정 시스템을 선택해 니블 0 = 3이다(사실 이 경우 1에서 4 사이의 아무 값이나 상관없다). 니블 3 = 1로 초 단위를 선택
- 단위 지수: 0x00

이 정보를 통해서 받은 값이 초 단위 시간이라는 사실을 수신 측이 알 수 있다.

시간을 1/10초 단위로 최대 1분까지 지정하려면 논리적 최댓값과 물리적 최댓값을 증가시키고 단위 지수를 바꾸면 된다.

- 논리적 최솟값: 0x00
- 논리적 최댓값: 0x0258(600)
- 물리적 최솟값: 0x00
- 물리적 최댓값: 0x0258(600)
- 단위: 0x1003. 영국식 선형 측정 시스템을 선택해 니블 0 = 3이다. 니블 3 = 1로 초 단위를 선택
- 단위 지수: 0x0F. 이 값은 지수 -1을 나타내기 때문에 초 대신 1/10초 단위로 값이 표현된다.

600처럼 큰 값을 전송하려면 2바이트가 필요하고, 펌웨어가 리포트 크기Report Size 태그에서 그것을 지정해야 한다.

-20에서 110도 사이의 화씨 온도 값을 1바이트로 전송하려면 리포트 디스크립터는 다음과 같은 정보를 담는다.

- 논리적 최솟값: 0x80(10진수로 -128임. 이것을 2의 보수로 만들고 16진수로 표현한 것)
- 논리적 최댓값: 0x7F(10진수로 127)

- 물리적 최솟값: 0xEC(10진수로 -20임. 이것을 2의 보수로 만들고 16진수로 표현한 것)
- 물리적 최댓값: 0x6E(10진수로 110)
- 단위: 0x10003. 영국식 선형 측정 시스템을 선택해 니블 0 = 3이다. 니블 4 = 1 로 화씨를 선택
- 단위 지수: 0x00

이 값은 1바이트 리포트 아이템으로 가능한 최대 해상도를 보장한다. 전송되는 값이 0에서 255 사이에 있기 때문이다.

이 경우 논리적 한계와 물리적 한계가 서로 다르므로 변환이 필요하다. 다음 함수는 10진 값을 받아 논리적인 단위당 비트 수를 반환한다.

```
private Single BitsPerLogicalUnit
    (Int32 logical_maximum,
    Int32 logical_minimum,
    Int32 physical_maximum,
    Int32 physical_minimum,
    Int32 unit_exponent)
{
    Single calculatedBitsPerLogicalUnit = Convert.ToSingle
        ((logical_maximum - logical_minimum) /
        ((physical_maximum - physical_minimum) *
        (Math.Pow(10, unit_exponent))));

    return calculatedBitsPerLogicalUnit;
}
```

예제 값에서 해상도는 1도당 1.96비트, 또는 1비트당 0.51도다.

다음 함수는 논리적인 값을 지정한 물리적 단위로 변환한다.

```
private Single ValueInPhysicalUnits
    (Int32 value,
    Int32 logical_maximum,
    Int32 logical_minimum,
    Int32 physical_maximum,
    Int32 physical_minimum,
```

```
    Int32 unit_exponent)
{
    Single calculatedValueInPhysicalUnits = Convert.ToSingle
        (value *
        ((physical_maximum - physical_minimum) *
        (Math.Pow(10, unit_exponent))) /
        (logical_maximum - logical_minimum));

    return calculatedValueInPhysicalUnits;
}
```

논리적 단위(원본 데이터)의 값이 63이면 지정 단위로 변환한 값은 화씨 32도다.

데이터 크기와 형식 설명

전역 아이템 2개는 리포트 데이터의 크기와 형식을 설명한다.

- **리포트 크기**Report Size: 입력, 출력, 특성 아이템에서 필드 크기를 비트로 지정한다. 각 필드는 데이터 조각을 갖는다.
- **리포트 개수**Report Count: 입력, 출력, 특성 아이템의 필드 수를 지정한다.

예를 들어 리포트가 8비트 필드를 2개 갖는 경우 리포트 크기는 0x08이고, 리포트 개수는 0x02다. 리포트가 16비트 필드를 1개 갖는 경우 리포트 크기는 0x10이고, 리포트 개수는 0x01이다.

단일 입력, 출력, 특성 리포트는 여러 개의 아이템을 가질 수 있고, 각 아이템은 자신의 리포트 크기와 리포트 개수를 갖는다.

전역 아이템 저장/복구

마지막 전역 아이템 2개는 전역 아이템 세트를 저장하고 복구할 때 사용한다. 이 아이템은 디바이스에서 최소한의 저장 공간을 사용하면서도 리포트 형식을 유연하게 운영할 수 있게 해준다.

- **푸시**Push: 전역 아이템 상태 테이블을 CPU 스택에 복제한다. 전역 아이템 상태 테이블은 앞에서 정의된 모든 전역 아이템에 대한 현재 설정이 들어 있다.
- **팝**Pop: 푸시의 반대다. 앞에서 푸시를 통해 저장한 전역 아이템 상태를 복구한다.

로컬 아이템 유형

로컬Local 아이템은 리포트 내에 있는 컨트롤과 데이터 아이템의 특성qualities을 지정한다. 로컬 아이템의 값은 디스크립터가 새 값을 할당할 때까지 메인 아이템 내에서 뒤따라오는 모든 아이템에 적용된다. 로컬 아이템은 다음 메인 아이템으로 넘어가지 않는다. 각 메인 아이템은 정의된 로컬 아이템 없이 깨끗하게 시작한다.

로컬 아이템은 일반적인 용도, 신체 부분 지시자body-part designator, 문자열과 관계있다. 구분자delimiter 아이템은 로컬 아이템의 집합을 그룹으로 만들어준다. 표 12-5는 각 아이템의 값과 의미를 보여준다.

▼ **표 12-5** 로컬 아이템은 Usage, 신체 부위, 문자열에 관한 정보를 제공한다. 출처: Device Class Definition for Human Interface Devices (HID) Version 1.11

로컬 아이템 유형	값(이진수, nn = 다음에 나오는 아이템 바이트의 수)	설명
Usage	000010nn	아이템, 컬렉션을 위한 사용 인덱스
Usage 최솟값	000110nn	배열, 비트맵 요소와 관련 있는 Usage 시작
Usage 최댓값	001010nn	배열, 비트맵 요소와 관련 있는 Usage 끝
지시자 인덱스	001110nn	물리 디스크립터에서 지시자 값. 적용되는 신체 부위를 알려줌
지시자 최솟값	010010nn	배열, 비트맵 요소와 관련 있는 지시자 시작
지시자 최댓값	010110nn	배열, 비트맵 요소와 관련 있는 지시자 끝
문자열 인덱스	011110nn	아이템, 컨트롤을 문자열과 엮음

(이어짐)

로컬 아이템 유형	값(이진수, nn = 다음에 나오는 아이템 바이트의 수)	설명
문자열 최솟값	100010nn	연속 문자열 그룹을 배열, 비트맵에 있는 컨트롤에 할당할 때 시작 문자열 인덱스
문자열 최댓값	100110nn	연속 문자열 그룹을 배열, 비트맵에 있는 컨트롤에 할당할 때 끝 문자열 인덱스
구분자	101010nn	로컬 아이템 세트의 시작(1)과 끝(0)
예약	101011nn~111110nn	나중에 사용

Usage. 로컬 Usage 아이템은 전역 Usage 페이지와 함께 컨트롤, 데이터, 컬렉션의 기능을 기술할 때 사용하는 Usage ID다.

HID Usage 테이블 문서는 다양한 Usage ID의 목록을 제공한다. 예를 들어, 버튼 Usage 페이지는 눌린 버튼을 식별하는 0x0001에서 0xFFFF 사이의 값을 갖는 로컬 Usage ID를 쓴다. 이 값이 0이면 눌린 버튼이 없다는 뜻이다.

컨트롤이나 데이터 아이템들 앞에 단일 Usage가 있으면 해당 Usage는 모든 컨트롤, 데이터 아이템에 적용된다. 다중 Usage가 컨트롤이나 데이터 아이템 앞에 오고 Usage 개수와 같으면 각 Usage는 컨트롤 1개나 데이터 아이템에 적용되고, Usage와 컨트롤, 데이터 아이템은 순서대로 짝을 이룬다.

다음 예제에서 리포트는 2바이트를 갖는다. Usage의 첫 번째 바이트는 X이고, 두 번째 바이트는 Y다.

```
Usage (X),
Usage (Y),
Report Count (0x02),
Report Size (0x08),
Input (Data, Variable, Absolute),
```

다중 Usage가 컨트롤이나 데이터 아이템 앞에 오고 Usage 개수보다 많으면 각 Usage는 컨트롤 1개나 데이터 아이템과 순서대로 쌍을 이루고, 마지막 Usage는 남아 있는 컨트롤/데이터 아이템 모두에 적용된다.

다음 예제에서 리포트는 16바이트다. Usage X는 첫 번째 바이트에 적용되고, Usage Y는 두 번째 바이트에 적용되고, 제조사 정의 Usage는 세 번째부터 16번째 바이트까지 적용된다.

```
Usage (X)
Usage (Y)
Usage (vendor defined)
Report Count (0x10),
Report Size (0x08),
Input (Data, Variable, Absolute)
```

Usage 최솟값과 Usage 최댓값. Usage 최솟값$_{Usage\ Minimum}$과 Usage 최댓값$_{Usage\ Maximum}$을 통해 배열이나 비트맵 안의 요소에 Usage ID를 할당할 수 있다. 다음 예제는 버튼 3개의 각 상태(0 또는 1)를 갖는 리포트를 기술한다. Usage 최솟값과 Usage 최댓값은 첫 번째 버튼에 Usage ID 0x01을 할당하고, 두 번째 버튼에 Usage ID 0x02를, 세 번째 버튼에 Usage ID 0x03을 할당한다.

```
Usage Page (Button Page)
Logical Minimum (0x00)
Logical Maximum (0x01)
Usage Minimum (0x01)
Usage Maximum (0x03)
Report Count (0x03)
Report Size (0x01)
Input (Data, Variable, Absolute)
```

지시자 인덱스. 물리 디스크립터를 갖춘 아이템에서 지시자 인덱스$_{Designator\ Index}$는 물리 디스크립터 안의 지시자 값을 지정한다. 지시자는 컨트롤이 사용하는 신체를 지정한다.

지시자 최솟값과 지시자 최댓값. 리포트가 비트맵, 배열 안의 요소에 적용되는 다중 지시자 인덱스를 갖추면 지시자 최솟값$_{Designator\ Minimum}$과 지시자 최댓값$_{Designator\ Maximum}$은 각 비트나 배열 아이템에게 순차적 지시자 인덱스를 할당할 수 있다.

문자열 인덱스. 아이템, 컨트롤은 관련 있는 문자열에 대한 문자열 인덱스String Index를 가질 수 있다. 문자열은 4장에서 설명한 제품, 제조사, 일련번호 문자열 형식으로 저장한다.

문자열 최솟값과 문자열 최댓값. 리포트가 비트맵, 배열 안의 요소에 적용되는 다중 문자열 인덱스를 갖추면 문자열 최솟값String Minimum과 문자열 최댓값String Maximum은 각 비트나 배열 아이템에 순차적 문자열 인덱스를 할당할 수 있다.

구분자. 구분자Delimiter는 로컬 아이템의 시작(0x01)과 끝(0x00)을 정의한다. 구분된 로컬 아이템은 컨트롤을 위해 다른 선택적 Usage를 포함할 수도 있다. 그래서 다른 애플리케이션이 디바이스의 컨트롤을 다른 방식으로 정의할 수 있다. 예를 들어 버튼은 일반적 사용(버튼 1) 방식과 특정 사용(보내기, 끝내기 등) 방식을 갖는다.

물리 디스크립터

물리 디스크립터는 컨트롤을 활성화하는 신체 부위를 지정한다. 예를 들어, 손가락마다 컨트롤을 할당할 수 있다. 비슷한 물리 디스크립터끼리 물리 디스크립터 세트로 그룹화할 수 있다. 이 세트는 헤더와 그 뒤의 물리 디스크립터로 구성된다. 물리 디스크립터는 HID 전용 디스크립터다. 호스트는 Get Descriptor 리퀘스트를 전송해 물리 디스크립터 세트를 얻을 수 있다. 이때 wValue 필드의 상위 바이트에는 0x23, 하위 바이트에는 디스크립터 세트의 번호를 넣는다.

물리 디스크립터는 선택사항이다. 대부분의 디바이스에서는 이 디스크립터를 전혀 적용하지 않거나 쓸모없는 경우가 많다. 물리 디스크립터를 사용하는 더 자세한 방법은 HID 규격을 참고한다.

패딩

디스크립터에 여분padding의 비트를 붙여 디스크립터를 8비트 배수 크기로 맞추려면 디스크립터는 할당된 Usage가 없는 메인 아이템을 추가한다. 다음은 키보드의 리포트 디스크립터가 출력 리포트를 지정할 때 5비트 데이터와 3비트의 여분을 전송하는 코드에서 가져온 것이다.

```
Usage Page (LED)
Usage Minimum (0x01)
Usage Maximum (0x05)
Output (Data, Variable, Absolute) (1비트 LED 5개)
Report Count (0x01)
Report Size (0x03)
Output (Constant) (3비트 패딩)
```

13장
휴먼 인터페이스 디바이스: 호스트 애플리케이션

10장은 디바이스와 통신하는 핸들을 얻는 방법을 다뤘다. 13장에서는 호스트 애플리케이션이 HID 클래스 디바이스에 접근할 때 핸들을 사용하는 방법을 설명한다.

HIDClass 지원 루틴

윈도우 `HIDClass`는 애플리케이션이 HID 리포트의 내용을 얻고, 리포트 데이터를 송수신할 때 사용하는 함수를 제공한다.

이 루틴들은 각 리포트 아이템을 버튼이나 값으로 인식한다. 버튼은 ON(1), OFF(0) 등의 2진수 값을 갖는 컨트롤이나 데이터 아이템이다. 버튼은 버튼, 키보드, LED Usage 페이지에서 정의한 고유의 Usage ID로 표현하는 아이템을 포함한다. 버튼이 아닌 리포트 아이템은 값 Usage다. 리포트 디스크립터는 각 값 Usage의 범위를 정의한다.

HID 정보 요청

표 13-1은 HID와 HID의 리포트에 대한 정보를 요청하는 루틴들을 나타낸다. 대부분의 애플리케이션은 이 중 몇 가지만 사용한다. HidD_GetPreparsedData는 HID의 리포트 정보가 저장된 버퍼의 포인터를 얻는다. HidP_GetCaps는 그 포인터를 이용해 디바이스가 지원하는 리포트 종류와, 리포트가 갖는 정보의 종류에 대한 정보를 기술하는 HIDP_CAPS 구조체를 얻는다. 예를 들어 이 구조체는 HIDP_BUTTON_CAPS 구조체의 개수를 기술하는데, HIDP_BUTTON_CAPS에는 버튼이나 버튼 세트에 대한 정보가 들어 있다. 애플리케이션은 HidP_GetButtonCaps를 이용해 이런 구조체들을 얻어낸다.

▼ **표 13-1** 애플리케이션이 HID와 HID 리포트에 관한 정보를 얻는 데 사용하는 함수

함수	목적
HidD_FreePreparsedData	HidD_GetPreparsedData가 사용한 리소스를 해제한다.
HidD_GetAttributes	HID의 Vendor ID, Product ID, 디바이스 릴리스 번호를 포함한 구조체를 얻는다.
HidD_GetPhysicalDescriptor	물리 디스크립터를 얻는다.
HidD_GetPreparsedData	HID 리포트에 관한 정보를 담은 버퍼의 핸들을 반환한다.
HidP_GetButtonCaps	지정된 리포트 유형을 위한 최상위 수준 컬렉션에서 버튼에 관한 정보를 담은 배열을 얻는다.
HidP_GetCaps	HID 리포트를 기술하는 구조체를 얻는다.
HidP_GetExtendedAttributes	HID 파서가 식별할 수 없는 전역 아이템에 관한 정보를 담은 구조체를 얻는다.
HidP_GetLinkCollectionNodes	최상위 수준 컬렉션 내에 있는 컬렉션에 관한 정보를 담은 구조체를 얻는다.
HidP_GetSpecificButtonCaps	HidP_GetButtonCaps와 비슷하지만 Usage 페이지, Usage ID, 링크 컬렉션을 지정할 수 있다.
HidP_GetSpecificValueCaps	HidP_GetValueCaps와 비슷하지만 Usage 페이지, Usage ID, 링크 컬렉션을 지정할 수 있다.
HidP_GetValueCaps	리포트 유형을 지정한 최상위 수준 컬렉션 내에 있는 값에 관한 정보를 담은 배열을 얻는다.

함수	목적
HidP_IsSameUsageAndPage	Usage 페이지, Usage ID로 구성되는 2개의 Usage가 같은지 판단한다.
HidP_MaxDataListLength	HidP_GetData가 HID 리포트 유형이나 최상위 컬렉션에서 반환할 수 있는 HIDP_DATA 구조체의 최대 개수를 얻는다.
HidP_MaxUsageListLength	HidP_GetUsages가 리포트 유형이나 최상위 컬렉션에서 반환할 수 있는 Usage ID의 최대 개수를 얻는다.
HidP_TranslateUsagesToI8042ScanCodes	HID_USAGE_PAGE_KEYBOARD Usage 페이지상의 맵 Usage를 PS/2 스캔 코드로 변환한다.
HidP_UsageAndPageListDifference	2개의 Usage(Usage 페이지와 Usage ID) 배열 사이의 차이점을 얻는다.
HidP_UsageListDifference	2개의 Usage ID 사이의 차이점을 얻는다.

값인 경우에 해당 구조체는 `HIDP_VALUE_CAPS` 구조체의 개수를 명시한다. 애플리케이션은 `HidP_GetValueCaps`를 이용해 이런 구조체를 얻을 수 있다.

이들 지원 루틴들은 일련번호를 얻는 함수와 문자열을 얻는 함수도 지원한다. 표 13-2는 지원 함수 목록이다.

▼ **표 13-2** 애플리케이션이 HID로부터 문자열을 얻는 데 사용하는 함수

함수	목적
HidD_GetIndexedString	지정한 문자열을 얻는다.
HidD_GetManufacturerString	제조사 문자열을 얻는다.
HidD_GetProductString	제품 문자열을 얻는다.
HidD_GetSerialNumberString	일련번호 문자열을 얻는다.

리포트 송수신

표 13-3은 애플리케이션이 리포트를 송/수신할 때 사용하는 함수들의 목록이다.

▼ **표 13-3** 애플리케이션이 리포트를 송수신하는 데 사용하는 함수

함수	목적
HidD_GetFeature	특성 리포트를 읽는다.
HidD_GetInputReport	제어 전송을 사용해 입력 리포트를 읽는다.
HidD_SetFeature	특성 리포트를 전송한다.
HidD_SetOutputReport	제어 전송을 사용해 출력 리포트를 전송한다.

HidD_GetInputReport는 Get Report 리퀘스트와 제어 전송을 이용해 입력 리포트를 요청한다. 이 함수는 HID 드라이버의 입력 리포트 버퍼를 바이패스한다. HidD_SetOutputReport는 제어 전송과 Set Report 리퀘스트를 이용해 출력 리포트를 전송한다.

특성 리포트에서는 HidD_GetFeature를 통해 제어 전송과 Get Report를 이용하여 리포트를 얻고, HidD_SetFeature를 통해 제어 전송과 Set Report 리퀘스트를 이용하여 리포트를 보낸다. HidD_SetFeature는 표준 USB 리퀘스트인 Set Feature와는 다른 것임을 유의한다.

실패하거나 타임아웃이 발생하면 이들 함수는 에러 코드를 반환한다.

입력 리포트를 읽고 출력 리포트를 쓸 때는 인터럽트 전송을 이용한다. 애플리케이션은 닷넷의 FileStream 클래스를 사용할 수 있다. FileStream 클래스는 Read 및 Write 메소드와 동기적이다. 이들 클래스는 프로그램 스레드를 디바이스 응답이나 FileStream 닫힘이 발생할 때까지 블록할 것이다. 이보다 좋은 방법은 ReadAsync와 WriteAsync를 사용하는 것이다. 이들 함수는 데이터를 전송할 때나 데이터 수신을 기다려야 할 때 애플리케이션 스레드가 블록되지 않는다. 이들 메소드는 또한 타임아웃을 제공해 디바이스가 지정한 시간 내에 응답하지 않는 상황을 대비할 수 있다. 비동기 메소드는 닷넷 프레임워크 4.5에 추가됐다. 이 프레임워크

는 윈도우 XP나 이전 버전에는 설치되지 않으므로 예전 OS에서는 사용할 수 없다.

`FileStream`의 대안으로는 윈도우 API 함수인 `ReadFile`과 `WriteFile`이 있다.

리포트 데이터 제공과 사용

애플리케이션은 리포트를 얻은 후 버퍼에서 리포트 데이터를 직접 가져와 사용할 수도 있고, `HIDClass`를 이용해 버튼, 값 데이터를 얻을 수도 있다. 마찬가지로 애플리케이션은 전송할 데이터를 리포트 버퍼로 직접 쓸 수도 있고, `HIDClass`를 통해 전송 데이터를 버퍼에 쓸 수도 있다.

표 13-4는 리포트에서 정보를 얻는 루틴과 전송할 정보를 리포트에 저장하는 루틴을 나열한 것이다. 예를 들어 애플리케이션은 `HidP_GetButtons` 함수로 어떤 버튼이 눌렸는지 알 수 있다. `HidP_GetButtons` 함수는 지정된 Usage 페이지에 속해 있는 ON 상태인 버튼의 Usage ID를 갖는 버퍼를 반환한다. 애플리케이션은 `HidP_SetButtons`와 `HidP_UnsetButtons` 함수로 리포트를 전송해 버튼을 활성화$_{set}$, 비활성화$_{clear}$할 수 있다. 또한 `HidP_GetUsageValue`, `Hid_Set_UsageValue`로 리포트 내의 값을 얻거나 설정할 수 있다.

▼ 표 13-4 애플리케이션이 얻어온 리포트의 정보를 추출하고 전송할 리포트에 정보를 저장하는 데 사용하는 루틴

함수	목적
HidP_GetButtons	HidP_GetUsages와 같다.
HidP_GetButtonsEx	HidP_GetUsagesEx와 같다.
HidP_GetData	ON(1)으로 설정한 데이터 인덱스와 버튼 컨트롤의 상태나 데이터 인덱스와 값 컨트롤의 데이터를 식별하는 각 구조체를 담은 구조체 배열을 얻는다.
HidP_GetScaledUsageValue	리포트에서 부호, 비율이 있는 값을 얻는다.
HidP_GetUsages	지정한 Usage 페이지상에 있고 ON(1)으로 설정한 모든 버튼 목록을 얻는다.
HidP_GetUsagesEx	ON(1)으로 설정한 모든 버튼 목록을 얻는다.

(이어짐)

함수	목적
HidP_GetUsageValue	지정한 값에 대한 데이터를 얻는다.
HidP_GetUsageValueArray	같은 Usage ID 값을 갖는 배열 데이터를 얻는다.
HidP_InitializeReportForID	모든 버튼을 OFF(0)로 설정하고, null이 정의돼 있다면 모든 값을 null로 설정하고, 정의돼 있지 않다면 0으로 설정한다.
HidP_SetButtons	HidP_SetUsages와 같다.
HidP_SetData	버튼의 상태 리포트 내에 있는 값에 대한 데이터를 설정한다.
HidP_SetScaledUsageValue	부호, 비율이 있는 물리적 숫자를 Usage의 논리적 값으로 변환해 리포트에 값으로 설정한다.
HidP_SetUsages	리포트 내에 ON(1)인 버튼을 1개 이상 설정한다.
HidP_SetUsageValue	지정한 값으로 데이터를 설정한다.
HidP_SetUsageValueArray	같은 Usage ID 값에 대한 배열 데이터를 설정한다.
HidP_UnsetButtons	HidP_UnsetUsages와 같다.
HidP_UnsetUsages	리포트 내에 버튼 1개 이상을 OFF(0)로 설정한다.

HID 통신 관리

표 13-5는 HID 통신을 관리할 때 사용하는 루틴 목록이다.

▼ **표 13-5** 애플리케이션이 HID 통신을 관리하는 데 사용하는 루틴

함수	목적
HidD_FlushQueue	모든 입력 리포트를 버퍼에서 삭제한다.
HidD_GetHidGuid	HID 클래스 디바이스용 디바이스 인터페이스 GUID를 얻는다.
HidD_GetNumInputBuffers	입력 리포트가 유지할 수 있는 리포트 개수를 얻는다.
HidD_SetNumInputBuffers	입력 리포트가 유지할 수 있는 리포트 개수를 설정한다.
HidRegisterMinidriver	HID 미니 드라이버가 HID 클래스 드라이버를 등록하기 위해 초기화 작업을 하는 중간에 이 함수를 호출한다.

10장에서 HID 클래스 디바이스 인터페이스 GUID를 얻어내는 `HidD_GetHidGuid`의 사용법을 설명한 바 있다. `HidD_SetNumInputBuffers` 함수는 HID 입력 리포트를 위한 버퍼 크기 변경을 요청한다. 버퍼가 충분히 크면 애플리케이션이 버퍼 오버플로buffer overflow 전에 리포트를 읽어야 할 시점에서 바쁠 때도 처리가 용이하다. 이때 값의 집합은 버퍼가 보유해야 할 리포트 개수이며, 바이트 수는 아닙니다. `HidD_FlushQueue`는 버퍼에 있는 입력 리포트를 삭제한다.

디바이스 식별

10장의 설명에서처럼 애플리케이션은 HID 핸들을 얻은 후 `HIDClass`로 해당 디바이스가 애플리케이션이 원하는 디바이스인지 아닌지 확인할 수 있다. 애플리케이션은 디바이스의 Vendor ID, Product ID 또는 게임 컨트롤러 등 특정 Usage를 이용해 검색하는 방법으로 디바이스를 구분할 수 있다.

13장의 예제 코드는 다음 선언문을 전제로 한다.

```
using Microsoft.Win32.SafeHandles;
using System;
using System.Diagnostics;
using System.IO;
using System.Runtime.InteropServices;
using System.Threading;
using System.Threading.Tasks;
```

Vendor ID와 Product ID 읽기

표준 Usage를 갖지 않는 제조사 전용 디바이스이면 특정 Vendor ID와 Product ID를 갖는 디바이스를 검색하는 것이 좀 더 효과적이다. `HidD_GetAttributes`는 Vendor ID, Product ID, 디바이스 릴리스 번호를 갖는 구조체 포인터를 얻어낸다.

정의

```
internal struct HIDD_ATTRIBUTES
{
    internal Int32 Size;
    internal UInt16 VendorID;
    internal UInt16 ProductID;
    internal UInt16 VersionNumber;

    [DllImport("hid.dll", SetLastError = true)]
    internal static extern Boolean HidD_GetAttributes
        (SafeFileHandle HidDeviceObject,
        ref HIDD_ATTRIBUTES Attributes);
```

사용

```
internal NativeMethods.HIDD_ATTRIBUTES DeviceAttributes;

// Product ID와 Vendor ID 예제

Int16 myProductID = 0x1234;
Int16 myVendorID = 0x0925;

DeviceAttributes.Size = Marshal.SizeOf(DeviceAttributes);

Boolean success = NativeMethods.HidD_GetAttributes
    (hidHandle, ref DeviceAttributes);

if (success)
{
    if ((DeviceAttributes.VendorID == myVendorId) &&
        (DeviceAttributes.ProductID == myProductId))
    {
        Debug.WriteLine("My device detected");
    }
    else
    {
        Debug.WriteLine("Not my device.");

        hidHandle.Close();
    }
}
```

상세 설명

hidHandle 파라미터는 10장에서 설명한 CreateFile이 반환한 SafeFileHandle이다. HidD_GetAttributes는 HIDD_ATTRIBUTES 구조체와 구조체 길이를 설정한 Size 멤버를 넘긴다. 이 함수가 true를 반환하면 구조체는 에러 없이 데이터가 채워진 것이다. 그런 다음 애플리케이션은 얻어낸 구조체의 값을 원하는 Vendor ID, Product ID, 릴리스 번호와 비교할 수 있다.

해당 속성 값이 원하는 디바이스를 가리키지 않으면 애플리케이션은 반드시 해당 인터페이스 핸들을 닫아야 한다. 애플리케이션은 핸들을 닫은 후 10장에서 설명한 바와 같이 SetupDiGetClassDevs가 반환한 디바이스 정보 세트 내에 있는 그 다음 HID를 확인할 수 있다.

디바이스 기능 포인터 얻기

디바이스에 대한 더 많은 정보를 얻으려면 디바이스의 기능capability을 조사하면 된다. 이를 위해서는 먼저 HidD_GetPreparsedData를 호출해 디바이스의 기능 정보가 있는 버퍼의 포인터를 얻어낸다.

정의

```
[DllImport("hid.dll", SetLastError = true)]
internal static extern Boolean HidD_GetPreparsedData
    (SafeFileHandle HidDeviceObject, ref IntPtr PreparsedData);
```

사용

```
var preparsedData = new IntPtr();

NativeMethods.HidD_GetPreparsedData(hidHandle, ref preparsedData);
```

상세 설명

hidHandle 파라미터는 CreateFile이 반환한 핸들이다. preparsedData 변수는 해당 데이터를 가진 버퍼를 가리킨다. 이때 애플리케이션은 해당 버퍼의 데이터에 직접 접근할 필요는 없다. 해당 포인터를 다른 API 함수로 전달해주기만 하면 된다.

`PreparsedData` 버퍼의 사용이 끝나면 애플리케이션은 뒤에서 설명할 `HidD_FreePreparsedData`를 호출해 시스템 리소스를 해제해야 한다.

디바이스 기능 얻기

`HidP_GetCaps`는 디바이스의 기능 관련 정보를 담고 있는 구조체의 포인터를 반환한다. 이 구조체는 HID의 Usage 페이지, Usage, 리포트 길이, 버튼 기능 구조체의 개수, 값 기능 구조체, 지정한 컨트롤을 식별하기 위한 데이터 인덱스와 입력, 출력, 특성 리포트의 데이터 아이템을 담고 있다. 애플리케이션은 특정 HID를 구분하는 데 기능 정보를 이용할 수도 있고, 해당 디바이스의 리포트와 리포트 데이터에 대한 정보를 알아낼 때 사용할 수도 있다. 모든 디바이스가 구조체 안에 있는 아이템 전체를 사용하는 것은 아니다.

정의

```
internal struct HIDP_CAPS
{
    internal Int16 Usage;
    internal Int16 UsagePage;
    internal Int16 InputReportByteLength;
    internal Int16 OutputReportByteLength;
    internal Int16 FeatureReportByteLength;
    [MarshalAs(UnmanagedType.ByValArray, SizeConst = 17)]
    internal Int16[] Reserved;
    internal Int16 NumberLinkCollectionNodes;
    internal Int16 NumberInputButtonCaps;
    internal Int16 NumberInputValueCaps;
    internal Int16 NumberInputDataIndices;
    internal Int16 NumberOutputButtonCaps;
    internal Int16 NumberOutputValueCaps;
    internal Int16 NumberOutputDataIndices;
    internal Int16 NumberFeatureButtonCaps;
    internal Int16 NumberFeatureValueCaps;
    internal Int16 NumberFeatureDataIndices;
```

}

```
[DllImport("hid.dll", SetLastError = true)]
internal static extern Int32 HidP_GetCaps
    (IntPtr PreparsedData, ref HIDP_CAPS Capabilities);
```

사용

```
internal NativeMethods.HIDP_CAPS Capabilities;

Int32 result = NativeMethods.HidP_GetCaps
    (preparsedData, ref Capabilities);
```

상세 설명

preparsedData 파라미터는 HidD_GetPreparsedData가 반환한 포인터다. 이 함수가 리턴하면 애플리케이션은 해당 기능 Capabilities 구조체에서 얻으려는 모든 값을 사용하고 시험할 수 있다. 예를 들어, 조이스틱을 검색하고 싶다면 UsagePage = 0x0001, Usage = 0x0004인지 확인하면 된다.

InputReportByteLength, OutputReportByteLength, FeatureReportByteLength 는 리포트를 송수신하는 데 사용할 버퍼 크기를 설정하는 데 유용하다.

버튼, 값의 기능 얻기

애플리케이션은 리포트 내에 있는 각 버튼의 기능과 값도 얻어낼 수 있다. HidP_GetValueCaps는 리포트 내의 값에 대한 정보를 담은 구조체 배열의 포인터를 반환한다. HIDP_CAPS 구조체의 NumberInputValueCaps 속성은 HidP_GetValuesCpas 함수가 반환한 구조체 개수를 의미한다.

이 구조체 내의 아이템은 12장에 설명한 바와 같이 HID의 리포트 디스크립터에서 얻어낸 다양한 값을 포함한다. 아이템은 리포트 ID와 그 값이 절댓값/상댓값 여부, null 여부, 논리적/물리적 최댓값/최솟값을 포함한다. LinkCollection 식별자는 같은 컬렉션에서 Usage와 Usage 페이지를 갖는 컨트롤을 구별한다. 비슷한 방법으로 HidP_GetButtonCaps 함수는 리포트의 버튼에 대한 정보를 얻는다. 이 정보는 HidP_ButtonCaps 구조체에 저장된다. 모든 애플리케이션이 이 정보를 필요로 하는 것은 아니다.

리포트 전송과 수신

앞서 설명한 루틴들은 애플리케이션이 찾으려는 디바이스를 찾거나 해당 디바이스에 대한 정보를 얻는 데 사용하는 함수였다. 찾으려는 디바이스를 발견했을 때 애플리케이션과 디바이스는 리포트를 통해 데이터를 교환할 준비가 된 것이다.

표 13-3은 제어 전송을 사용해 리포트를 교환하는 루틴 목록이었다. 표 13-6은 호스트가 각기 다른 리포트 유형에 사용하는 전송 방식을 요약한 것이다. 애플리케이션은 전송 방식이나 드라이버가 사용하는 엔드포인트에 대해 알거나 신경 쓸 필요가 없다.

▼ **표 13-6** 리포트를 송수신할 때 사용하는 전송 방식에 따라 API 함수, 운영체제 버전, 사용 가능한 엔드포인트는 다양하다.

리포트 유형	API 함수 또는 닷넷 메소드	전송 방식
입력	FileStream: Read, ReadAsync	인터럽트 IN
	HidD_GetInputReport	제어, Get Report 리퀘스트
출력	FileStream: Write, WriteAsync	가능한 경우에는 인터럽트 OUT; 아닌 경우에는 제어, Set Report 리퀘스트
	HidD_SetOutputReport	제어, Set Report 리퀘스트
특성 IN	HidD_GetFeature	제어, Get Report 리퀘스트
특정 OUT	HidD_SetFeature	제어, Set Report 리퀘스트

인터럽트 전송을 사용한 출력 리포트 전송

애플리케이션은 핸들을 얻고 출력 리포트의 바이트 수를 알면 HID로 리포트를 전송할 수 있다. 다음 예제는 전송할 버퍼에 데이터를 준비한 다음, FileStream 객체를 통해 비동기 데이터 전송을 사용한다. 이때 디바이스가 응답하지 않을 경우 대비해 타임아웃을 사용한다.

사용

```
private FileStream deviceData;

private async void SendOutputReport()
{
    const Int32 writeTimeout = 5000;
    var outputReportBuffer =
        new Byte[Capabilities.OutputReportByteLength];

    outputReportBuffer[0] = 0;
    outputReportBuffer[1] = 85;
    outputReportBuffer[2] = 83;
    outputReportBuffer[3] = 66;

    Action onWriteTimeoutAction = OnWriteTimeout;
    var cts = new CancellationTokenSource();
    cts.CancelAfter(writeTimeout);
    cts.Token.Register(onWriteTimeoutAction);

    Task t = deviceData.WriteAsync
        (outputReportBuffer, 0, outputReportBuffer.Length,
        cts.Token);

    await t;

    switch (t.Status)
    {
        case TaskStatus.RanToCompletion:
            success = true;
            Debug.Print("Output report written to device");
            break;
```

```
        case TaskStatus.Canceled:
            Debug.Print("Task canceled");
            break;
        case TaskStatus.Faulted:
            Debug.Print("Unhandled exception");
            break;
    }
    cts.Dispose();
}

private void OnWriteTimeout()
{
    if (deviceData != null)
    {
        deviceData.Dispose();
        Debug.Print("The attempt to send a report timed out.");
    }
}
```

상세 설명

FileStream 객체인 deviceData는 디바이스에 데이터를 쓰는 방법을 제공한다.

SendOutputReport 루틴은 디바이스로 리포트 전송을 시도한다. async 한정자는 비동기 방식으로 루틴이 동작하도록 지정해 이 루틴을 호출한 스레드를 블록하지 않도록 만든다. 즉 디바이스가 데이터 전송을 수락하도록 기다리는 시간에도 SendOutputReport를 호출한 코드는 사용자 입력과 그 밖의 이벤트에 계속 응답할 수 있다는 뜻이다.

outputReportBuffer는 디바이스로 쓸 데이터를 저장할 버퍼다. 이 버퍼의 길이 속성은 HidP_GetCaps로 얻어내는 HIDP_CAPS 구조체의 OutputReportByteLength 멤버다.

이 버퍼의 첫 번째 요소는 Report ID다. 인터페이스가 기본 Report ID인 0만 지원한다면 Report ID를 버스상에 전송하지 않을 때도 버퍼상에는 존재해야 한다. 나머지 요소들은 리포트 데이터다. 예제에서는 Report ID가 0이고 리포트 데이터가 아스키 코드로 'USB'다.

writeTimeout 상수는 디바이스가 데이터를 수락할 때 기다리는 시간을 밀리초 단위로 설정한다.

cts는 CancellationTokenSource 객체이며, 이 객체는 타임아웃 때 수행할 액션을 지정한다. CancelAfter 메소드는 타임아웃 값을 지정한다.

cts 객체는 Action 위임자$_{delegate}$(onWriteTimeoutAction)가 필요하다. 이 위임자는 타임아웃(OnWriteTimeout)이 발생했을 때 수행할 루틴이다.

타임아웃 액션을 구현하려면 cts의 Token 속성에 onWriteTimeoutAction 위임자를 등록해야 한다. 태스크$_{task}$ t(비동기 동작)는 데이터 송신을 시도하고 타임아웃 시간 내에 동작이 완료되지 않으면 타임아웃에 걸린다.

deviceData의 WriteAsync 메소드는 보낼 데이터 버퍼(outputReportBuffer)를 지정하고, 오프셋은 버퍼에서 스트림(0)으로 복사를 시작할 바이트 위치다. outputReportBuffer.Length는 쓰기 작업을 할 최대 바이트 크기이며, 취소 요청을 모니터링하기 위해 cts.Token을 지정했다.

await 연산자는 태스크가 완료됐거나 타임아웃이 될 때까지 기다린다. 쓰기 작업이 완료되기를 기다리는 동안 SendOutputReport를 호출한 루틴은 다른 작업을 수행할 수 있다.

일련의 작업이 완료되면 t.Status는 다음 상태 중 하나의 상태가 된다. RanToCompletion(성공), Canceled(취소 요청을 받음), Faulted(처리할 수 없는 예외).

Dispose 메소드는 타임아웃 타이머를 정지하고 리소스를 폐기한다. Dispose를 호출하는 것을 대체하려면 using 구분 내에 cts를 사용한 코드로 감싸는 방법이 있다. using 구문은 다음 코드로 리소스를 폐기한다.

```
using (var cts = new CancellationTokenSource())
{
    // cts를 사용하는 코드를 여기에 배치한다.
}
```

쓰기 작업에서 타임아웃이 발생하면 `OnWriteTimeout` 루틴이 실행된다. 타임아웃 루틴은 `FileStream`을 폐기할 수 있으며 그 밖의 필요한 동작을 수행한다.

HID에 인터럽트 OUT 엔드포인트가 있으면 쓰기 동작은 리포트를 보내기 위한 인터럽트 전송을 초기화한다. 반대로 호스트는 HID 클래스 Set Report 리퀘스트와 제어 전송을 사용한다. 애플리케이션은 호스트가 사용하는 전송 방식을 신경 쓰거나 알 필요가 없다.

인터럽트 전송에서 입력 리포트 읽기

애플리케이션은 앞서 설명한 것과 비슷한 방식으로 디바이스로부터 입력 리포트를 얻을 수 있다. 다음 예제는 비동기로 리포트 데이터를 요청하며, 디바이스가 응답하지 않으면 타임아웃을 발생시킨다. `FileStream`은 HID 드라이버가 HID의 인터럽트 IN 엔드포인트로부터 요청받은 데이터를 읽는다.

사용

```
private FileStream deviceData;

private async void GetInputReport()
{
    const Int32 writeTimeout = 5000;
    var inputReportBuffer =
        new Byte[Capabilities.InputReportByteLength];

    Action onReadTimeoutAction = OnReadTimeout;

    var cts = new CancellationTokenSource();
    cts.CancelAfter(readTimeout);
    cts.Token.Register(onReadTimeoutAction);

    Task<Int32> t = deviceData.ReadAsync
        (inputReportBuffer, 0, inputReportBuffer.Length,
        cts.Token);

    Int32 bytesRead = await t;
```

```
        switch (t.Status)
        {
            case TaskStatus.RanToCompletion:
                success1 = 1;
                Debug.Print("Input report received from device");
                break;
            case TaskStatus.Canceled:
                Debug.Print("Task canceled");
                break;
            case TaskStatus.Faulted:
                Debug.Print("Unhandled exception");
                break;
        }
        cts.Dispose();
}

private void OnReadTimeout()
{
    deviceData.Dispose();
    Debug.Print("The attempt to send a report timed out.");}
}
```

상세 설명

FileStream 객체인 deviceData 디바이스로부터 데이터를 읽는다.

GetInputReport 루틴은 HID 드라이버의 버퍼로부터 수신한 리포트 읽기를 수행한다. SendOutputReport 루틴처럼, async 한정자는 이 루틴을 async 메소드로 정의한다. 디바이스가 리포트를 보내기를 기다리는 동안 GetInputReport를 호출한 이 코드는 사용자 입력이나 기타 이벤트에 대해 계속 응답할 수 있다. 디바이스가 정해진 시간 내에 리포트를 보내지 않으면 데이터를 얻는 시도는 타임아웃에 걸린다.

inputReportBuffer는 수신한 데이터를 저장할 버퍼다. HidP_GetCaps로 얻어내는 HIDP_CAPS 구조체의 InputReportByteLength 멤버 값은 버퍼의 Length 속성이 사용할 수 있는 최솟값이다.

`readTimeout` 상수는 디바이스로부터 데이터를 기다리는 시간을 밀리초 단위로 설정한다.

`cts`는 `CancellationTokenSource` 객체이며, 이 객체는 타임아웃 액션을 설정한다. `CancelAfter` 메소드는 타임아웃 값을 정한다.

`cts` 객체는 Action 위임자(`onReadTimeoutAction`)가 필요하다. 이 위임자는 타임아웃(`OnReadTimeout`)이 발생했을 때 수행할 루틴이다.

타임아웃 액션을 구현하려면 `cts`의 Token 속성에 `onReadTimeoutAction` 위임자를 등록해야 한다. 태스크 t는 데이터 수신을 시도하고 타임아웃 시간 내에 동작이 완료되지 않으면 타임아웃에 걸린다.

`deviceData`의 `ReadAsync` 메소드는 받을 데이터 버퍼(`inputReportBuffer`)를 지정하고, 오프셋은 버퍼에서 수신한 데이터(0)로 쓰기 시작할 바이트 위치다. `inputReportBuffer.Length`는 읽기 작업을 할 최대 바이트 크기이며, 취소 요청을 모니터링하기 위해 `cts.Token`을 지정했다.

`await` 연산자는 태스크가 완료됐거나 타임아웃이 될 때까지 기다린다. 읽기 작업이 완료되기를 기다리는 동안 `GetInputReport`를 호출한 루틴은 다른 작업을 수행할 수 있다.

일련의 작업이 완료되면 `bytesRead`는 수신한 바이트 크기를 담고 있으며, `t.Status`는 다음 상태 중 하나의 상태가 된다. `RanToCompletion`(성공), `Canceled`(취소 요청을 받음), `Faulted`(처리할 수 없는 예외).

`Dispose` 메소드는 타임아웃 타이머를 정지하고 리소스를 폐기한다.

태스크가 타임아웃에 걸리기 전에 1개 이상의 리포트가 도착했다면 태스크는 성공적으로 완료된 것이다. 작업을 성공했다면 `inputReportBuffer`의 처음 요소는 Report ID다. 인터페이스가 기본 Report ID인 0만 지원한다면, Report ID를 버스상에 전송하지 않을 때도 버퍼상에는 존재해야 한다. 나머지 요소들은 리포트 데이터다.

읽기 작업에서 타임아웃이 발생하면 OnReadTimeout 루틴이 실행된다. 타임아웃 루틴은 FileStream을 폐기할 수 있으며 그 밖의 필요한 동작을 수행한다.

읽기 작업은 버스상의 트래픽을 초기화하지 않는다. 호스트는 디바이스 열거를 끝낸 후에 디바이스에게 리포트 요청을 시작한다. 호스트의 HID 드라이버는 수신한 리포트를 링$_{ring}$ 버퍼에 저장한다. 리포트를 얻는 리퀘스트 1개는 버퍼에서 가장 오래된 리포트를 반환한다. 드라이버의 버퍼가 비어 있으면 읽기 동작은 타임아웃이 발생할 때까지 리포트 도착을 기다린다. 새 리포트가 도착했을 때 버퍼가 가득 차 있으면 버퍼는 가장 오래된 리포트를 버린다.

HID에 읽기 접근을 하는 각 핸들은 각각 자신의 입력 버퍼를 갖는다. 따라서 여러 애플리케이션과 여러 디바이스가 같은 리포트를 읽을 수 있다.

애플리케이션이 디바이스에게 리포트를 자주 요청하면 일부 리포트를 잃을 수 있다. 리포트 손실을 막는 한 가지 방법은 FileStream 객체의 리포트 버퍼 크기를 키우는 것이다. 여러 개의 리포트가 HID 드라이버의 버퍼에 빠르게 들어오는 상황에서 inputReportBuffer의 크기와 최대 크기 파라미터를 복수 리포트를 저장할 수 있게 설정하면 리포트가 많아도 읽기 작업이 inputReportBuffer에 맞추어 잘 동작할 것이다. 어떤 경우에도 리포트 손실이 없게 하려면 특성 리포트를 사용한다. 또한 3장에서 설명한 '시간 제약 전송'에 관한 부분을 살펴본다.

11장에서는 IDLE 비율에 대해 설명한 바 있다. IDLE 비율을 통해 마지막 전송 이후 데이터가 변경되지 않았을 때 디바이스의 리포트 전송 여부를 결정한다.

읽기 동작이 타임아웃됐다면 다음과 같은 상황을 의심해볼 수 있다.

- HID의 인터럽트 IN 엔드포인트가 리포트 데이터의 전송을 준비하지 않아 IN 토큰 패킷에 대해 NAK를 하고 있다. 일반적으로 엔드포인트의 인터럽트는 엔드포인트가 데이터를 전송한 후에 발생한다. 따라서 디바이스 펌웨어는 엔드포인트가 첫 번째 인터럽트 전에 첫 번째 리포트를 전송할 수 있게 준비해야 한다.

- 엔드포인트가 전송한 데이터 바이트 수가 리포트의 바이트 수와 다르거나 (HID가 기본 Report ID를 사용할 때), 리포트의 바이트 수 + 1과 다르다(HID가 다른 Report ID를 사용할 때).
- Report ID를 여러 개 사용하는 HID의 경우 첫 번째 바이트가 유효한 Report ID가 아니다.

특성 리포트 전송

특성 리포트를 디바이스로 전송하려면 HidD_SetFeature 함수를 사용한다. 이 함수는 HID 클래스 Set Report 리퀘스트와 제어 전송을 사용한다.

정의

```
[DllImport("hid.dll", SetLastError=true)]
internal static extern Boolean HidD_SetFeature
    (SafeFileHandle HidDeviceObject,
    Byte lpReportBuffer[],
    Int32 ReportBufferLength);
```

사용

```
var outFeatureReportBuffer =
    new Byte[Capabilities.FeatureReportByteLength];

outFeatureReportBuffer[0] = 0;
outFeatureReportBuffer[1] = 79;
outFeatureReportBuffer[2] = 75;

Boolean success = NativeMethods.HidD_SetFeature
    (hidHandle,
    outFeatureReportBuffer,
    outFeatureReportBuffer.Length);
```

상세 설명

HidD_SetFeature는 HID 핸들, 데이터를 쓸 배열, 배열의 길이를 요구한다. outFeatureReportBuffer의 첫 번째 바이트는 Report ID다. 배열의 길이는 FeatureReportByteLength이며, HidP_GetCaps에서 반환받은 HIDP_CAPS 구조체에 있다.

이 함수는 성공 시 true를 반환하며, 디바이스가 계속 NAK를 하면 타임아웃이 발생해 반환된다.

제어 전송으로 출력 리포트 쓰기

HidD_SetFeature와 거의 같은 방법으로 HidD_SetOutputReport는 출력 리포트를 디바이스로 쓴다. 이때 제어 전송과 Set Report 리퀘스트를 이용한다. 이 함수는 HID 핸들이 필요하며 출력 리포트를 담고 있는 바이트 배열의 포인터와 Report ID용으로 한 바이트를 더한 리포트 데이터 길이를 전달해야 한다. 첫 번째 바이트는 Report ID다.

특성 리포트 읽기

디바이스로부터 특성 리포트를 읽으려면 HidD_GetFeature를 사용한다. 이 함수는 HID 클래스 Get Feature 리퀘스트와 제어 전송을 이용한다. 이 엔드포인트는 DATA 스테이지에서 리포트 데이터를 반환한다.

정의

```
[DllImport("hid.dll", SetLastError=true)]
internal static extern Boolean HidD_GetFeature
    (SafeFileHandle HidDeviceObject,
    Byte[] lpReportBuffer,
    Int32 ReportBufferLength);
```

사용

```
Byte[] inFeatureReportBuffer = null;
inFeatureReportBuffer =
    new Byte[Capabilities.FeatureReportByteLength];

inFeatureReportBuffer[0] = 0;

Boolean success = NativeMethods.HidD_GetFeature
    (deviceHandle,
    inFeatureReportBuffer,
    inFeatureReportBuffer.Length);
```

상세 설명

`HidD_GetFeature`는 HID의 핸들과 수신한 리포트를 저장할 배열과 배열의 길이 정보가 필요하다. `inFeatureReportBuffer` 배열은 수신한 리포트를 저장하는 데 사용한다. 배열의 첫 번째 바이트는 Report ID다. 배열의 길이는 `FeatureReportByteLength`이며, `HidP_GetCaps`로 얻어낸 `HIDP_CAPS` 구조체에 들어 있다.

이 함수는 성공하면 `true`를 반환하며, 디바이스가 DATA 스테이지에서 계속에서 NAK를 하면 타임아웃이 발생하고 결국 반환한다.

제어 전송으로 입력 리포트 읽기

`HidD_GetFeature`와 거의 비슷한 방법으로, `HidD_GetInputReport`는 제어 전송과 Get Report 리퀘스트를 사용해 입력 리포트를 요청하는 방식으로 동작한다. HID 핸들, 입력 리포트를 저장할 배열, 이 배열의 크기가 필요하다. 이때 배열의 크기는 Report ID용으로 1바이트를 더해야 한다. 버퍼의 최초 바이트는 Report ID다.

이 함수는 HID 드라이버의 버퍼를 생략하고 디바이스로부터 리포트를 직접 요청한다.

통신 종료

디바이스와 통신이 끝나면 애플리케이션은 반드시 더 이상 사용하지 않는 모든 자원을 닫는 메소드를 호출해야 한다.

정의

```
[DllImport("hid.dll", SetLastError=true)]
internal static extern Boolean HidD_FreePreparsedData
    (IntPtr PreparsedData);
```

사용

```
Boolean success = HidD_FreePreparsedData(preparsedData);
if (deviceData != null)
{
    deviceData.Dispose();
}
```

상세 설명

애플리케이션은 `HidD_GetPreparsedData`가 반환한 `PreparsedData` 버퍼를 더 이상 사용하지 않으면, `HidD_FreePreparsedData`를 호출해야 한다.

`FileStream` 클래스의 `Dispose` 메소드는 핸들과 함께 `FileStream`을 닫는다.

14장

WinUSB와 제조사 전용 기능

제조사 전용 기능을 수행하는 디바이스가 표준 클래스에 딱 맞지 않을 때는 마이크로소프트의 WinUSB를 사용해볼 수 있다. 14장에서는 WinUSB 드라이버를 사용하는 디바이스를 개발하는 방법과 애플리케이션에서 WinUSB API로 디바이스에 접근하는 방법을 다룬다.

기능과 제약사항

디바이스가 WinUSB 드라이버를 사용하려면 디바이스와 호스트 컴퓨터는 다음 요구사항을 준수해야 한다.

디바이스 요구사항

디바이스는 다음과 같은 요구사항을 만족해야 한다.

- 애플리케이션 데이터는 제어, 인터럽트, 벌크, 등시성 전송의 조합 안에서 교환돼야 한다.
- 제조사 전용 기능을 지정하는 디스크립터를 갖춰야 한다.

호스트 요구사항

호스트는 다음 요구사항을 만족해야 한다.

- 윈도우 XP SP2 이상 버전(등시성 전송은 윈도우 8.1부터 가능)
- 디바이스를 위한 핸들을 1개 이상 동시에 열 수 있어야 한다.
- 디바이스와 통신하기 위한 제조사 제공 애플리케이션이 있어야 한다. 비주얼 C#과 윈도우 API 함수를 호출할 수 있는 그 밖의 언어들로 애플리케이션을 프로그래밍할 수 있다. 윈도우 8.1부터는 Windows.Devices.Usb 네임스페이스를 사용하는 윈도우 스토어(Windows Store) 앱을 만들어 실행할 수 있다.

드라이버 요구사항

디바이스가 CompatibleID가 "WINUSB"이고 제조사 정의된, 디바이스 전용 값이 들어 있는 마이크로소프트 OS 디스크립터를 갖고 있으면 호스트는 시스템이 제공하는 WinUSB INF 파일을 사용할 수 있다. 즉 디바이스는 디바이스의 Vendor ID와 Product ID를 제조사 정의 GUID와 맞춘 INF 파일을 제공해야 한다. 15장에서는 시스템 INF 파일을 사용할 수 있도록 디스크립터를 생성하는 방법을 설명한다.

디바이스 펌웨어

WinUSB 디바이스의 인터페이스 디스크립터에서 bInterfaceClass = 0xFF이며, 이는 제조사 전용 기능임을 나타낸다. 리스트 14-1은 WinUSB 디바이스 예제용 디스크립터를 보여주는데 인터럽트, 벌크, 등시성 엔드포인트를 사용한다. 이 예제에는 문자열 디스크립터들도 포함되어 있다.

리스트 14-1 WinUSB 드라이버를 사용하는 디바이스는 다음 디스크립터들을 사용할 수 있다.

```
UCHAR device_descriptor[0x12] =
{
    // 디바이스 디스크립터
    0x12,           // bLength              디스크립터 바이트 크기
    0x01,           // bDescriptorType      디스크립터 유형(디바이스)
    0x00, 0x02,     // bcdUSB               USB 릴리스 번호(BCD, 2.00)
    0x00,           // bDeviceClass         클래스 코드
    0x00,           // bDeviceSubClass      서브클래스 코드
    0x00,           // bDeviceProtocol      프로토콜 코드
    0x08,           // bMaxPacketSize0      엔드포인트 0 최대 패킷 크기
    0x25, 0x09,     // idVendor             Vendor ID(Lakeview Research)
    0x56, 0x14,     // idProduct            Product ID
    0x00, 0x01,     // bcdDevice            디바이스 릴리스 번호(BCD)
    0x01,           // iManufacturer        제조사 문자열 인덱스
    0x02,           // iProduct             제품 문자열 인덱스
    0x00,           // iSerialNumber        디바이스 일련번호 문자열 인덱스
    0x01            // bNumConfigurations   컨피규레이션 개수
}

UCHAR configuration_descriptor[0x3C] =
{
    // 컨피규레이션 디스크립터
    0x09,           // bLength              디스크립터 바이트 크기
    0x02,           // bDescriptorType      디스크립터 유형(컨피규레이션)
    0x3C, 0x00,     // wTotalLength         이 디스크립터와 부속 디스크립터의
                    //                      전체 크기(60)
    0x01,           // bNumInterfaces       인터페이스 개수
    0x01,           // bConfigurationValue  이 컨피규레이션의 인덱스
    0x00,           // iConfiguration       컨피규레이션 문자열 인덱스
    0xE0,           // bmAttributes         자체 전원, 원격 깨움 지원
    0x32,           // bMaxPower            최대 소모 전류(100mA)

    // 인터페이스 디스크립터
    0x09,           // bLength              디스크립터 바이트 크기
    0x04,           // bDescriptorType      디스크립터 유형(인터페이스)
    0x00,           // bInterfaceNumber     인터페이스 번호
    0x00,           // bAlternateSetting    대체 설정 번호
    0x06,           // bNumEndpoints        엔드포인트 개수
    0xFF,           // bInterfaceClass      인터페이스 클래스(제조사 전용)
```

```
0x00,           // bInterfaceSubClass    인터페이스 서브클래스
0x00,           // bInterfaceProtocol    인터페이스 프로토콜
0x00,           // iInterface            인터페이스 문자열 인덱스

// 인터럽트 IN 엔드포인트 디스크립터
0x07,           // bLength               디스크립터 바이트 크기
0x05,           // bDescriptorType       디스크립터 유형 (엔드포인트)
0x81,           // bEndpointAddress      엔드포인트 1 IN
0x03,           // bmAttributes          전송 방식 (인터럽트)
0x08, 0x00,     // wMaxPacketSize        최대 패킷 크기
0x0A,           // bInterval             폴링 간격 (ms)

// 인터럽트 OUT 엔드포인트 디스크립터
0x07,           // bLength               디스크립터 바이트 크기
0x05,           // bDescriptorType       디스크립터 유형 (엔드포인트)
0x01,           // bEndpointAddress      엔드포인트 1 OUT
0x03,           // bmAttributes          전송 방식 (인터럽트)
0x08, 0x00,     // wMaxPacketSize        최대 패킷 크기
0x0A,           // bInterval             폴링 간격 (ms)

// 벌크 IN 엔드포인트 디스크립터
0x07,           // bLength               디스크립터 바이트 크기
0x05,           // bDescriptorType       디스크립터 유형 (엔드포인트)
0x82,           // bEndpointAddress      엔드포인트 2 IN
0x02,           // bmAttributes          전송 방식 (인터럽트)
0x40, 0x00,     // wMaxPacketSize        최대 패킷 크기
0x00,           // bInterval             폴링 간격 (무시)

// 벌크 OUT 엔드포인트 디스크립터
0x07,           // bLength               디스크립터 바이트 크기
0x05,           // bDescriptorType       디스크립터 유형 (엔드포인트)
0x02,           // bEndpointAddress      엔드포인트 2 OUT
0x02,           // bmAttributes          전송 방식 (벌크)
0x40, 0x00,     // wMaxPacketSize        최대 패킷 크기
0x00,           // bInterval             폴링 간격 (무시)

// 등시성 IN 엔드포인트 디스크립터
0x07,           // bLength               디스크립터 바이트 크기
0x05,           // bDescriptorType       디스크립터 유형 (엔드포인트)
0x83,           // bEndpointAddress      엔드포인트 3 IN
```

```
    0x01,              // bmAttributes              전송 방식(등시성)
    0x08, 0x00,        // wMaxPacketSize            최대 패킷 크기
    0x01,              // bInterval                 폴링 간격

    // 등시성 OUT 엔드포인트 디스크립터
    0x07,              // bLength                   디스크립터 바이트 크기
    0x05,              // bDescriptorType           디스크립터 유형(엔드포인트)
    0x03,              // bEndpointAddress          엔드포인트 3 OUT
    0x01,              // bmAttributes              전송 방식(등시성)
    0x08, 0x00,        // wMaxPacketSize            최대 패킷 크기
    0x01               // bInterval                 폴링 간격
}

UCHAR string_descriptor_0[0x04] =
{
    // 문자열 디스크립터 0
    0x04,              // bLength                   디스크립터 바이트 크기
    0x03,              // bSTRING                   디스크립터 유형(문자열)
    0x09, 0x04         // wLANGID                   언어 ID(U.S. 영어)
}

UCHAR string_descriptor_1[0x24] =
{
    // 문자열 디스크립터 1
    0x22,              // bLength                   디스크립터 바이트 크기
    0x03,              // bSTRING                   디스크립터 유형(문자열)

    // 제조사 문자열, UTF-16LE 유니코드: "Lakeview Research"
    0x4C, 0x00, 0x61, 0x00, 0x6B, 0x00, 0x65, 0x00, 0x76, 0x00, 0x69, 0x00,
    0x65, 0x00, 0x77, 0x00, 0x20, 0x00, 0x52, 0x00, 0x65, 0x00, 0x73, 0x00,
    0x65, 0x00, 0x61, 0x00, 0x72, 0x00, 0x63, 0x00, 0x68, 0x00
}

UCHAR string_descriptor_2[0x2C] =
{
    // 문자열 디스크립터 2
    0x2A,              // bLength                   디스크립터 바이트 크기
    0x03,              // bSTRING                   디스크립터 유형(문자열)

    // 제품 문자열, UTF-16LE 유니코드: "WinUSB Example Device"
```

```
        0x57, 0x00, 0x69, 0x00, 0x6E, 0x00, 0x55, 0x00, 0x53, 0x00, 0x42, 0x00,
        0x20, 0x00, 0x45, 0x00, 0x78, 0x00, 0x61, 0x00, 0x6D, 0x00, 0x70, 0x00,
        0x6C, 0x00, 0x65, 0x00, 0x20, 0x00, 0x44, 0x00, 0x65, 0x00, 0x76, 0x00,
        0x69, 0x00, 0x63, 0x00, 0x65, 0x00
}
```

시스템이 제공하는 INF 파일에서는 USBDevice 클래스에 WinUSB 디바이스가 위치한다. 이 클래스의 디바이스에서 윈도우 8 이상이라면, 가능한 경우 INF 파일 안에 있는 설명문 대신 장치 관리자가 디바이스 디스크립터로부터 얻은 iProduct 문자열을 표시할 것이다.

모든 전송 방식에서 호스트 애플리케이션과 디바이스 펌웨어는 전송하는 데이터의 의미를 어떤 방법으로든 정의할 수 있다. 예를 들어 데이터 수집 장치의 경우 펌웨어는 제조사 전용 제어 리퀘스트와 bRequest = 0x01로 리퀘스트를 식별하도록 정의할 수 있으며, wIndex는 센서가 읽어서 반환하는 값을, wLength는 요청받은 데이터에 대해 디바이스가 반환할 바이트 크기로 정의할 수 있다. 또는 디바이스 펌웨어는 센서 데이터를 정의한 형식을 통해 보낼 수 있다. 이때 인터럽트나 벌크 엔드포인트를 사용할 수 있다. 비슷한 방식으로 호스트 애플리케이션은 디바이스로 데이터를 보낼 때 제어, 벌크, 인터럽트 전송을 사용할 수 있다.

마이크로칩Microchip의 USB 프레임워크는 자사의 마이크로컨트롤러를 위한 WinUSB 펌웨어를 제공한다. TI_Texas Instruments 역시 WinUSB 호스트 드라이버와 그에 맞는 펌웨어를 제공한다.

≋ 디바이스 접근

WinUSB 디바이스에 접근하려면 디바이스 찾기, 통신 초기화 및 필요에 따라 벌크, 인터럽트, 등시성, 제어 전송을 사용한 데이터 교환이 요구된다. WinUSB 드라이버의 winusb.dll이 제공하는 함수를 통해 디바이스 접근과 설정, 데이터 교환 작업을 할 수 있다.

14장의 예제 코드는 다음과 같은 구문으로 시작하는 것을 전제한다.

```
using Microsoft.Win32.SafeHandles;
using System;
using System.Runtime.InteropServices;
```

SafeWinUsbHandle 생성

WinUSB API는 WinUSB 초기화 루틴들을 제공하는데, 이 루틴은 WinUSB 디바이스에 접근하는 핸들을 가리키는 포인터를 반환한다. 10장에서 설명한 바와 같이 SafeHandle은 IntPtr을 선호한다. WinUSB 디바이스는 SafeHandle로 모든 클래스를 사용할 수 있는 것은 아니지만 제공된 클래스 중 하나로부터 새로운 SafeHandle 클래스 하나를 만들 수 있다. 다음 예제는 SafeHandle 문서에 있는 마이크로소프트 예제에서 수정한 것이다. 제공 클래스인 SafeHandleZeroOrMinusOneIsInvalid에서 SafeWinUsbHandle 클래스를 만들었다. SafeHandleZeroOrMinusOneIsInvalid는 잘못된 핸들일 때 0이나 -1인 핸들이다.

정의

```
[DllImport("winusb.dll", SetLastError = true)]
internal static extern Boolean WinUsb_Free
    (IntPtr InterfaceHandle);
```

사용

```
[SecurityPermission
    (SecurityAction.InheritanceDemand, UnmanagedCode = true)]
[SecurityPermission(SecurityAction.Demand, UnmanagedCode = true)]
internal class SafeWinUsbHandle : SafeHandleZeroOrMinusOneIsInvalid
{
    internal SafeWinUsbHandle()
        : base(true)
    {
        base.SetHandle(handle);
        this.handle = IntPtr.Zero;
```

```csharp
        }

        [ReliabilityContract
            (Consistency.WillNotCorruptState, Cer.MayFail)]
        protected override bool ReleaseHandle()
        {
            if (!this.IsInvalid)
            {
                this.handle = IntPtr.Zero;
            }
            return NativeMethods.WinUsb_Free(handle);
        }

        public override bool IsInvalid
        {
            get
            {
                if (handle == IntPtr.Zero)
                {
                    return true;
                }

                if (handle == (IntPtr)(-1))
                {
                    return true;
                }
                return false;
            }
        }

        public IntPtr GetHandle()
        {

            if (IsInvalid)
            {
                throw new Exception("The handle is invalid.");
            }
            return handle;
        }
}
```

SecurityPermisson 열거형에는 두 가지 보안 액션이 있으며 언매니지드 코드를 사용하기 위해 파생시킬 수 있다. SecurityAction.InheritanceDemand 액션은 언매니지드 코드를 사용하기 위한 권한을 갖는 상속 클래스를 요구한다. SecurityAction.Demand 액션은 언매니지드 코드를 사용하기 위한 권한을 갖는 클래스에 접근하는 호출자를 요구한다.

생성자는 SafeWinUsbHandle 클래스를 생성하고 핸들을 IntPtr.Zero로 초기화한다.

ReleaseHandle 메소드는 이 클래스의 ReleaseHandle 메소드를 오버라이드하여 WinUsb_Free API 함수에 핸들을 넘기며 호출한다. 이 메소드의 ReliabilityContract 속성은 메소드가 실패했는지 나타내는데, 실패했더라도 데이터는 유효한 상태에 있을 수 있다.

마이크로소프트는 파생된 클래스에서 IsInvalid 속성의 오버라이드를 규정하고 있다. 이 속성은 핸들이 0이거나 -1이면 true를 반환한다.

GetHandle 메소드는 핸들을 반환하는데, 핸들이 유효하지 않으면 예외를 발생시킨다.

WinUSB 핸들 얻기

WinUSB 디바이스와 데이터를 교환하려면 먼저 애플리케이션이 SetupDi_ 함수를 사용해 디바이스 경로명을 얻어야 한다. 그런 다음 애플리케이션이 핸들을 얻기 위해 CreateFile을 사용할 수 있다. 애플리케이션은 디바이스의 INF 파일 또는 디바이스 펌웨어에 저장되어 있는 디바이스 인터페이스 GUID를 알아내야 한다. CreateFile을 호출할 때는 dwFlagsandAttributes 파라미터에 반드시 FILE_FLAG_OVERLAPPED를 설정해야 한다.

8장에서는 GUID를 생성하는 방법을 설명했고, 10장에서는 CreateFile로 핸들을 얻고 디바이스 장착/탈착을 감지하기 위해 핸들을 사용하는 법을 다룬 바 있다.

핸들을 얻기 위해 CreateFile을 호출한 다음, 애플리케이션은 WinUSB 인터페이스 핸들을 얻기 위해 WinUsb_Initialize를 호출한다. 애플리케이션과 인터페이스의 모든 통신은 이 핸들을 사용한다.

정의

```
internal class DeviceInfo
{
    internal Byte BulkInPipe;
    internal Byte BulkOutPipe;
    internal Byte InterruptInPipe;
    internal Byte InterruptOutPipe;
    internal Byte IsochronousInPipe;
    internal Byte IsochronousOutPipe;
    internal UInt32 DeviceSpeed;
}

[DllImport("winusb.dll", SetLastError = true)]
internal static extern Boolean WinUsb_Initialize
    (SafeFileHandle DeviceHandle,
    ref SafeWinUsbHandle InterfaceHandle);
```

사용

```
private SafeWinUsbHandle winUsbHandle;
private DeviceInfo myDeviceInfo = new DeviceInfo();

var success = NativeMethods.WinUsb_Initialize
    (deviceHandle, ref winUsbHandle);
```

상세 설명

DeviceInfo 클래스는 디바이스와 엔드포인트에 관한 정보를 담는다. deviceHandle 파라미터는 CreateFile이 반환한 WinUSB 디바이스를 위한 핸들이다. 성공하면 WinUsb_Initialize는 true를 반환하고, winUsbHandle은 WinUSB 핸들을 가리키는 포인터다. WinUSB 핸들을 통해 애플리케이션이 디바이스에 접근할 수 있다.

인터페이스 디스크립터 요청

WinUsb_QueryInterfaceSettings 함수는 WinUSB 인터페이스에 관한 정보를 담은 구조체를 반환한다.

정의

```
internal struct USB_INTERFACE_DESCRIPTOR
{
    internal Byte bLength;
    internal Byte bDescriptorType;
    internal Byte bInterfaceNumber;
    internal Byte bAlternateSetting;
    internal Byte bNumEndpoints;
    internal Byte bInterfaceClass;
    internal Byte bInterfaceSubClass;
    internal Byte bInterfaceProtocol;
    internal Byte iInterface;
}

[DllImport("winusb.dll", SetLastError = true)]
internal static extern Boolean WinUsb_QueryInterfaceSettings
    (SafeWinUsbHandle InterfaceHandle,
    Byte AlternateInterfaceNumber,
    ref USB_INTERFACE_DESCRIPTOR UsbAltInterfaceDescriptor);
```

사용

```
var ifaceDescriptor = new NativeMethods.USB_INTERFACE_DESCRIPTOR();

var success = NativeMethods.WinUsb_QueryInterfaceSettings
    (winUsbHandle, 0, ref ifaceDescriptor);
```

상세 설명

이 함수는 WinUsb 핸들을 가리키는 포인터와 질의 인터페이스 설정을 나타내기 위해 인터페이스 디스크립터로부터 bAlternateSetting 번호를 받아들인다. 성공하면 이 함수는 true를 반환하고 요청한 인터페이스 디스크립터로부터 정보를 담은 USB_INTERFACE_DESCRIPTOR 구조체를 가리키는 포인터를 반환한다.

대체 설정을 사용하는 인터페이스에서는 USB_INTERFACE_DESCRIPTOR 구조체 배열을 생성할 수 있다.

```
var ifaceDescriptors =
    new NativeMethods.USB_INTERFACE_DESCRIPTOR[2];
```

그런 다음 ifaceDescriptor 배열 인덱스를 지정해 인터페이스 설정을 질의한다. 예를 들어 ifaceDescriptor[0], ifaceDescriptor[1]과 같은 방식이다.

엔드포인트 식별

애플리케이션은 인터페이스 디스크립터에 있는 각 엔드포인트에서 WinUsb_QueryPipe를 호출해 엔드포인트의 전송 방식과 방향을 알아낼 수 있다. myDeviceInfo 구조체는 이 정보를 저장할 수 있다.

정의

```
internal enum USBD_PIPE_TYPE
{
    UsbdPipeTypeControl,
    UsbdPipeTypeIsochronous,
    UsbdPipeTypeBulk,
    UsbdPipeTypeInterrupt,
}

internal struct WINUSB_PIPE_INFORMATION
{
    internal USBD_PIPE_TYPE PipeType;
    internal Byte PipeId;
    internal UInt16 MaximumPacketSize;
    internal Byte Interval;
}

[DllImport("winusb.dll", SetLastError = true)]
internal static extern Boolean WinUsb_QueryPipe
    (SafeWinUsbHandle InterfaceHandle,
    Byte AlternateInterfaceNumber,
    Byte PipeIndex,
    ref WINUSB_PIPE_INFORMATION PipeInformation);
```

사용

```csharp
var pipeInfo = new NativeMethods.WINUSB_PIPE_INFORMATION();

private Boolean UsbEndpointDirectionIn(Int32 addr)
{
    var directionIn = false;

    if (((endpointAddress & 0X80) == 0X80))
    {
        directionIn = true;
    }
    return directionIn;
}

private Boolean UsbEndpointDirectionOut(Int32 addr)
{
    var directionOut = false;

    if (((addr & 0X80) == 0))
    {
        directionOut = true;
    }

    return directionOut;

    for (var i = 0; i <= ifaceDescriptor.bNumEndpoints - 1; i++)
    {
        NativeMethods.WinUsb_QueryPipe
            (winUsbHandle,
            0,
            Convert.ToByte(i),
            ref pipeInfo);
        if (((pipeInfo.PipeType ==
            NativeMethods.USBD_PIPE_TYPE.UsbdPipeTypeBulk) &
            UsbEndpointDirectionIn(pipeInfo.PipeId)))
        {
            myDeviceInfo.BulkInPipe = pipeInfo.PipeId;
        }
        else if (((pipeInfo.PipeType ==
            NativeMethods.USBD_PIPE_TYPE.UsbdPipeTypeBulk) &
            UsbEndpointDirectionOut(pipeInfo.PipeId)))
        {
```

```
            myDeviceInfo.BulkOutPipe = pipeInfo.PipeId;
        }
        else if ((pipeInfo.PipeType ==
            NativeMethods.USBD_PIPE_TYPE.UsbdPipeTypeInterrupt) &
            UsbEndpointDirectionIn(pipeInfo.PipeId))
        {
            myDeviceInfo.InterruptInPipe = pipeInfo.PipeId;
        }
        else if ((pipeInfo.PipeType ==
            NativeMethods.USBD_PIPE_TYPE.UsbdPipeTypeInterrupt) &
            UsbEndpointDirectionOut(pipeInfo.PipeId))
        {
            myDeviceInfo.InterruptOutPipe = pipeInfo.PipeId;
        }
        else if ((pipeInfo.PipeType ==
            NativeMethods.USBD_PIPE_TYPE.UsbdPipeTypeIsochronous) &
            UsbEndpointDirectionIn(pipeInfo.PipeId))
        {
            myDeviceInfo.IsochronousInPipe = pipeInfo.PipeId;
        }
        else if ((pipeInfo.PipeType ==
            NativeMethods.USBD_PIPE_TYPE.UsbdPipeTypeIsochronous) &
            UsbEndpointDirectionOut(pipeInfo.PipeId))
        {
            myDeviceInfo.IsochronousOutPipe = pipeInfo.PipeId;
        }
    }
}
```

상세 설명

`UsbEndpointDirectionIn`, `UsbEndpointDirectionOut` 함수는 엔드포인트의 방향을 알아낸다. 이 애플리케이션은 각 인터페이스 엔드포인트에 관한 정보를 차례로 요구하고 저장할 수 있다. `PipeId` 값은 엔드포인트 디스크립터에 있는 `bEndpointAddress` 값과 같다. 유효한 엔드포인트는 0보다 큰 `PipeId`를 갖는다.

복수의 대체 설정을 갖는 인터페이스에서는 `pipeInfo` 구조체 배열을 생성할 수 있다.

```
var pipeInfo = new NativeMethods.WINUSB_PIPE_INFORMATION[2];
```

그런 다음 `ifaceDescriptor`를 지정하고 파이프 값을 얻어내고 설정할 때 각 대체 인터페이스를 위한 `pipeInfo`의 배열 인덱스를 지정하면 된다.

파이프 규칙 설정

애플리케이션은 엔드포인트를 식별한 다음 엔드포인트에서 전송을 위한 제조사 정의 규칙을 설정할 수 있다. 표 14-1은 해당 규칙들이다.

▼ **표 14-1** WinUsb_SetPipePolicy 함수는 드라이버가 전송을 수행하면서 데이터가 WinUSB의 큐잉과 에러 처리를 우회시킬 것인지 아닌지, 그리고 다양한 상태에 대해 응답하는 방법을 정할 수 있다.

파라미터	값	기본 값	설명
SHORT_PACKET_TERMINATE	0x01	False	True이면 쓰기 전송 중지는 wMaxPacketSize의 배수에서 ZLP다.
AUTO_CLEAR_STALL	0x02	False	True이면 STALL 상태를 자동으로 제거한다.
PIPE_TRANSFER_TIMEOUT	0x03	0	ms 단위로 전송 타임아웃 주기를 설정한다. 0이면 타임아웃이 없다.
IGNORE_SHORT_PACKETS	0x04	False	True이면 정한 바이트 크기만큼 수신했을 때만 읽기 수행을 완결한다. False이면 정한 바이트 크기나 짧은 패킷을 수신했을 때 읽기 수행을 완결한다.
ALLOW_PARTIAL_READS	0x05	True	엔드포인트가 요구한 데이터보다 많이 반환했을 때의 정책을 설정한다. True이면 읽기 수행을 완결하고 AUTO_FLUSH 설정에 따라서 여분의 데이터를 저장하거나 버린다. False이면 읽기 요청은 실패 처리된다.
AUTO_FLUSH	0x06	False	True이면 ALLOW_PARTIAL_READS가 True일 때 여분의 데이터를 버린다. False이면 ALLOW_PARTIAL_READS가 True일 때 여분의 데이터를 저장하고 다음 읽기 수행 때 반환한다. ALLOW_PARTIAL_READS가 False이면 무시한다.
RAW_IO	0x07	False	WinUSB의 큐잉과 에러 처리를 우회하는 WinUsb_ReadPipe를 호출할 것인지 결정한다. True이면 호출이 바로 USB 스택으로 연결되고, 읽기 버퍼는 wMaxPacketSize의 배수여야 하며, 호스트 컨트롤러의 전송당 최대 크기보다 작아야 한다. False이면 바로 USB 스택으로 보내지 않고 버퍼는 크기 제한을 적용하지 않아도 된다.

정의

```
internal enum POLICY_TYPE
{
    SHORT_PACKET_TERMINATE = 1,
    AUTO_CLEAR_STALL,
    PIPE_TRANSFER_TIMEOUT,
    IGNORE_SHORT_PACKETS,
    ALLOW_PARTIAL_READS,
    AUTO_FLUSH,
    RAW_IO,
}

[DllImport("winusb.dll", SetLastError = true)]
internal static extern Boolean WinUsb_SetPipePolicy
    (SafeWinUsbHandle InterfaceHandle,
    Byte PipeID,
    UInt32 PolicyType,
    UInt32 ValueLength,
    ref Byte Value);

[DllImport("winusb.dll", SetLastError = true,
    EntryPoint = "WinUsb_SetPipePolicy")]
internal static extern Boolean WinUsb_SetPipePolicy1
    (SafeWinUsbHandle InterfaceHandle,
    Byte PipeID,
    UInt32 PolicyType,
    UInt32 ValueLength,
    ref UInt32 Value);
```

사용

```
private Boolean SetPipePolicy(SafeWinUsbHandle winUsbHandle, Byte pipeId, UInt32 policyType, Byte value)
{
    var success = NativeMethods.WinUsb_SetPipePolicy
        (winUsbHandle, pipeId, policyType, 1, ref value);
    return success;
}

private Boolean SetPipePolicy(SafeWinUsbHandle winUsbHandle, Byte
```

```
pipeId, UInt32 policyType, UInt32 value)
{
    var success NativeMethods.WinUsb_SetPipePolicy1
        (winUsbHandle, pipeId, policyType, 4, ref value);
    return success;
}

var success = SetPipePolicy
    (winUsbHandle,
    myDeviceInfo.BulkOutPipe,
    Convert.ToUInt32
        (NativeMethods.POLICY_TYPE.IGNORE_SHORT_PACKETS),
    Convert.ToByte(false));

UInt32 pipeTimeout = 2000;

var success = NativeMethods.SetPipePolicy
    (winUsbHandle,
    myDeviceInfo.BulkOutPipe,
    Convert.ToUInt32
        (NativeMethods.POLICY_TYPE.PIPE_TRANSFER_TIMEOUT),
    pipeTimeout);
```

상세 설명

WinUsb_SetPipePolicy 함수는 PIPE_TRANSFER_TIMEOUT을 제외한 모든 정책에서 UInt32를 요구해도 value 파라미터로 Byte 값을 받아들인다. 두 자료형을 처리하려면 이 코드는 Byte 값을 받는 정의와 UInt32를 받는 별명$_{alias}$ WinUsb_SetPipePolicy1을 모두 갖춰야 한다. 두 오버로드 SetPipePolicy 함수는 각기 다른 value 파라미터에 자료형을 받고 WinUsb_SetPipePolicy나 WinUsb_SetPipePolicy1에 파라미터를 넘긴다.

SetPipePolicy 함수는 Byte 파라미터가 true/false 의미를 갖고 읽기 쉽도록 Boolean 값을 받으며, Convert.ToByte 메소드는 WinUsb_SetPipePolicy에 넘기기 위해 Byte를 변환한다.

예제는 벌크 IN 엔드포인트에 대해 두 정책을 설정했다. 개발자는 모든 인터페이스의 엔드포인트에 대한 정책을 비슷한 방식으로 설정할 수 있다. 파이프 정책을 읽는 계열 함수로는 WinUsb_GetPipePolicy가 있다.

벌크, 인터럽트 전송으로 데이터 쓰기

WinUsb_WritePipe 함수는 벌크, 인터럽트 전송을 사용해 데이터를 쓸 수 있다.

정의

```
[DllImport("winusb.dll", SetLastError = true)]
internal static extern Boolean WinUsb_WritePipe
    (SafeWinUsbHandle InterfaceHandle,
    Byte PipeID,
    Byte[] Buffer,
    UInt32 BufferLength,
    ref UInt32 LengthTransferred,
    IntPtr Overlapped);
```

사용

```
Byte[] buffer = new Byte[2];
UInt32 bytesToWrite = 2;
UInt32 bytesWritten = 0;

buffer[0] = 72;
buffer[1] = 105;
bytesToWrite = Convert.ToUInt32(buffer.Length);

var success = NativeMethods.WinUsb_WritePipe
    (winUsbHandle,
    myDeviceInfo.bulkOutPipe,
    buffer,
    bytesToWrite,
    ref bytesWritten,
    IntPtr.Zero);
```

상세 설명

`WinUsb_WritePipe` 함수는 `WinUsb_Initialize`로 얻은 WinUSB 핸들에 대한 포인터와 `WinUsb_QueryPipe`로 얻은 엔드포인트 주소, 보낼 데이터 버퍼, 쓰기 작업을 할 바이트 크기, 함수가 반환될 때 실제로 쓴 바이트 크기를 저장할 변수, 동기화 동작을 지정하기 위한 제로 포인터를 받는다. 예제는 2바이트 버퍼를 생성하고 거기에 2바이트를 저장한다.

예제는 동기식으로 동작한다. 즉 `WinUsb_WritePipe`가 반환될 때까지 호출한 스레드는 블록된다. 작업이 성공하면 이 함수는 `true`와 함께 `bytesWritten`에 실제로 쓴 바이트 크기를 반환한다. 인터럽트 전송을 통해 데이터를 보내려면 `myDevInfo.bulkOutPipe`를 `myDeviceInfo.interruptOutPipe`로 바꾼다.

이 함수는 함수가 성공하면서 반환될 수도 있고 타임아웃이나 실패로 반환될 수도 있다.

`wMaxPacketSize`의 정확한 배수 크기의 ZLP, `SHORT_PACKET_TERMINATE = True`인 `WinUsb_SetPipePolicy`를 호출하면 드라이버는 전송을 종결짓는다. 이 옵션을 사용하면 디바이스 펌웨어가 전송의 길이를 모를 때 전송의 끝을 식별할 수 있다.

블로킹 없이 데이터 전송

데이터를 비동기 또는 블로킹blocking 없이 전송하려면 작업을 초기화하고 그 작업이 끝났을 때 호출한 스레드에게 알림을 주는 위임자를 사용할 수 있다.

이렇게 데이터를 쓰려면 루틴 안에 다음 코드를 넣는다.

```
internal void SendDataViaBulkTransfer
    (SafeWinUsbHandle winUsbHandle,
    DeviceInfo myDeviceInfo,
    UInt32 bytesToWrite,
    Byte[] dataBuffer,
    ref UInt32 bytesWritten,
    ref Boolean success)
{
```

```
        success = NativeMethods.WinUsb_WritePipe
            (winUsbHandle,
            myDeviceInfo.BulkOutPipe,
            dataBuffer,
            bytesToWrite,
            ref bytesWritten,
            IntPtr.Zero);
}
```

그런 다음 비동기 루틴을 시작하기 위해 루틴 안에 위임자를 생성한다. 첫 번째로 할 일은 SendDataViaBulk와 같은 파라미터로 위임자 클래스를 생성하는 것이다.

```
private delegate void SendToDeviceDelegate
    (SafeWinUsbHandle winUsbHandle,
    DeviceInfo myDevInfo,
    UInt32 bufferLength,
    Byte[] buffer,
    ref UInt32 lengthTransferred,
    ref Boolean success);
```

그런 다음 SendToDeviceDelegate 클래스의 위임자를 생성한다.

```
SendToDeviceDelegate mySendToDeviceDelegate =
    SendDataViaBulkTransfer;
```

위임자의 BeginInvoke 메소드는 SendDataViaBulkTransfer의 파라미터에 2개의 추가 파라미터를 더한 파라미터를 갖는다. GetBulkDataSent는 쓰기 작업이 끝났을 때 호출할 루틴을 지정하고 mySendToDeviceDelegate 객체는 GetBulkDataSent 루틴에 정보를 넘긴다.

```
mySendToDeviceDelegate.BeginInvoke
    (winUsbHandle,
    myDeviceInfo,
    bytesToWrite,
    dataBuffer,
    ref bytesWritten
    ref success,
```

```
    GetBulkDataSent,
    mySendToDeviceDelegate);
```

SendDataViaBulkTransfer가 완료되면 GetBulkDataSent가 실행된다.

```
private void GetBulkDataSent(IAsyncResult ar)
{
    UInt32 bytesWritten = 0;
    var deleg = ((SendToDeviceDelegate)(ar.AsyncState));
    deleg.EndInvoke(ref bytesWritten, ref success, ar);

    if (ar.IsCompleted)
    {
        Debug.WriteLine(bytesWritten);
        Debug.WriteLine(success);
    }
}
```

EndInvoke 메소드는 BeginInvoke에 참조로 넘어온 파라미터를 반환한다. IAsycnResult 파라미터의 IsCompleted 속성은 메소드가 완료됐다면 true를 반환한다.

벌크, 인터럽트 전송으로 데이터 읽기

WinUsb_ReadPipe 함수는 벌크나 인텁럽트 전송을 통해 데이터를 읽을 수 있다.

정의

```
[DllImport("winusb.dll", SetLastError = true)]
internal static extern Boolean WinUsb_ReadPipe
    (SafeWinUsbHandle InterfaceHandle,
    Byte PipeID,
    Byte[] Buffer,
    UInt32 BufferLength,
    ref UInt32 LengthTransferred,
    IntPtr Overlapped);
```

사용

```
Byte[] buffer = new Byte[64];
UInt32 bytesRead = 0;
UInt32 bytesToRead = 64;

var success = NativeMethods.WinUsb_ReadPipe
    (winUsbHandle,
    myDeviceInfo.bulkInPipe,
    buffer,
    bytesToRead,
    ref bytesRead,
    IntPtr.Zero);
```

상세 설명

`WinUsb_ReadPipe` 함수는 `WinUsb_Initialize`로 얻은 WinUSB 핸들에 대한 포인터와 `WinUsb_QueryPipe`로 얻은 엔드포인트 주소, 수신한 데이터를 저장할 버퍼, 읽기 작업을 할 최대 바이트 크기, 함수가 반환될 때 실제로 읽은 바이트 크기를 저장할 변수, 동기화 동작을 지정하기 위한 제로 포인터를 받는다. 이 함수가 성공하면 `true`와 함께 `bytesRead`에 실제로 읽은 바이트 크기, 지정한 버퍼에 수신한 데이터를 반환한다. 인터럽트 전송을 통해 데이터를 보내려면 `myDeviceInfo.bulkInPipe`를 `myDeviceInfo.interruptInPipe`로 바꾼다.

읽은 바이트 크기는 `WinUsb_SetPipePolicy`로 설정한 정책에 따라 달라질 수 있다.

블로킹 없이 데이터 읽기

위의 예제에서는 `WinUsb_ReadPipe`가 반환될 때까지 호출한 스레드가 블록된다. 블로킹 없이 데이터를 읽는 것은 블로킹 없이 데이터를 쓸 때와 비슷하다. 위임자를 사용해 읽기 작업을 초기화하고 그 작업이 끝났을 때 호출한 스레드에게 알림을 줄 수 있다.

이렇게 데이터를 읽으려면 루틴 안에 다음 코드를 넣는다.

```
internal void ReceiveDataViaBulkTransfer
    (SafeWinUsbHandle winUsbHandle,
    DeviceInfo myDeviceInfo,
    UInt32 bytesToRead,
    ref Byte[] dataBuffer,
    ref UInt32 bytesRead,
    ref Boolean success)
{
    var success = NativeMethods.WinUsb_ReadPipe
        (winUsbHandle,
        myDeviceInfo.BulkInPipe,
        dataBuffer,
        bytesToRead,
        ref bytesRead,
        IntPtr.Zero);
}
```

그런 다음 비동기 루틴을 시작하기 위해 루틴 안에 위임자를 생성한다.

첫 번째로 할 일은 ReceiveDataViaBulk와 같은 파라미터로 위임자 클래스를 생성하는 것이다.

```
private delegate void ReceiveFromDeviceDelegate(
    SafeWinUsbHandle winUsbHandle,
    DeviceInfo myDeviceInfo,
    UInt32 bytesToRead,
    ref Byte[] dataBuffer,
    ref UInt32 bytesRead,
    ref Boolean success);
```

그런 다음 ReceiveFromDeviceDelegate 클래스의 위임자를 생성한다.

```
ReceiveFromDeviceDelegate myReceiveFromDeviceDelegate =
    ReceiveDataViaBulkTransfer;
```

위임자의 BeginInvoke 메소드는 ReceiveDataViaBulkTransfer 파라미터에 2개의 추가 파라미터를 더한 파라미터를 갖는다. GetBulkDataReceived는 쓰기 작업이 끝났을 때 호출할 루틴을 지정하고 myReceiveFromDeviceDelegate 객체는 GetBulkDataReceived 루틴에 정보를 넘긴다.

```
myReceiveFromDeviceDelegate.BeginInvoke
    (winUsbHandle,
    myDeviceInfo,
    bytesToRead,
    ref dataBuffer,
    ref bytesRead,
    ref success,
    GetBulkDataReceived,
    myReceiveFromDeviceDelegate);
```

ReceiveDataViaBulkTransfer가 완료되면 GetBulkDataReceived 루틴을 실행한다.

```
private void GetBulkDataReceived(IAsyncResult ar)
{
    UInt32 bytesRead = 0;
    var success = false;
    Byte[] receivedDataBuffer = null;
    var deleg = ((ReceiveFromDeviceDelegate)(ar.AsyncState));

    deleg.EndInvoke
        (ref receivedDataBuffer,
        ref bytesRead,
        ref success, ar);

    if (ar.IsCompleted)
    {
        Debug.WriteLine(bytesRead);
        Debug.WriteLine(success);
        for (Int32 i = 0; i <= bytesRead - 1; i++)
        {
            Debug.WriteLine(receivedDataBuffer[i]);
        }
    }
}
```

EndInvoke 메소드는 BeginInvoke에 참조로 넘어온 파라미터를 반환한다. IAsycnResult 파라미터의 IsCompleted 속성은 메소드가 완료됐다면 true를 반환한다.

제조사 정의 제어 전송 사용

데이터를 전송하는 옵션이 하나 더 있다. 제조사 정의 리퀘스트를 보내는 방법인데, WinUSB 인터페이스에 직접적으로 제어 전송을 통해 전송한다.

제조사 정의 전송의 리퀘스트들은 SETUP 패킷의 wValue와 wLength 값에 0x0000에서 0xFFFF 사이의 어떤 값이라도 사용할 수 있다. 리퀘스트가 디바이스로 직접 향한다면(bmRequestType 비트 0~4 = 00000$_b$), 전체 wIndex 필드 또한 원하는 대로 활용할 수 있다. 리퀘스트가 인터페이스로 향한다면(bmRequestType 비트 0~4 = 00001$_b$), WinUSB 드라이버는 wIndex의 하위 바이트에 인터페이스 번호를 넣고 제조사는 상위 바이트만 사용할 수 있다.

bmRequestType 필드에서 비트 5~6이 10$_b$이면 제조사 정의 리퀘스트임을 나타낸다. bRequest 필드는 제조사 정의 리퀘스트 번호다.

정의

```
internal struct WINUSB_SETUP_PACKET
{
    internal Byte RequestType;
    internal Byte Request;
    internal UInt16 Value;
    internal UInt16 Index;
    internal UInt16 Length;
}

[DllImport("winusb.dll", SetLastError = true)]
internal static extern Boolean WinUsb_ControlTransfer
    (SafeWinUsbHandle InterfaceHandle,
    WINUSB_SETUP_PACKET SetupPacket,
    Byte[] Buffer,
```

```
    UInt32 BufferLength,
    ref UInt32 LengthTransferred,
    IntPtr Overlapped);
```

사용

```
UInt32 bytesReturned = 0;
Byte[] dataStage = new Byte[2];
NativeMethods.WINUSB_SETUP_PACKET setupPacket;

// 다음은 제조사 전용 리퀘스트가 디바이스에서 호스트로 향하는
// DATA 스테이지가 있는 인터페이스를 위한 것일 때 사용한다.

// setupPacket.RequestType = 0XC1;

// 다음은 제조사 전용 리퀘스트가 호스트에서 디바이스로 향하는
// DATA 스테이지가 있는 인터페이스를 위한 것일 때 사용한다.

setupPacket.RequestType = 0X41;

setupPacket.Request = 1;
setupPacket.Value = 3;
setupPacket.Length = Convert.ToUInt16(dataStage.Length);

// 제어 쓰기 전송용(호스트에서 디바이스로 향하는 DATA 스테이지),
// DATA 스테이지에서 데이터를 제공한다. 예제는 다음과 같다.

dataStage[0] = 65;
dataStage[1] = 66;

var success = NativeMethods.WinUsb_ControlTransfer
    (winUsbHandle,
    setupPacket,
    dataStage,
    Convert.ToUInt16(dataStage.Length),
    ref bytesReturned,
    IntPtr.Zero);
```

상세 설명

`WINUSB_SETUP_PACKET` 구조체는 SETUP 스테이지의 데이터 패킷에 있는 필드의 내용을 갖는다. 이 내용은 2장에서 설명했다. 애플리케이션은 `RequestType`에서부터 `bmRequestType`까지 값을 설정하는데, 이것은 제조사 전용 리퀘스트를 인터페이스로 요청한다. 이때 DATA 스테이지 방향을 나타내는 비트 7을 설정한다. `Request`, `Value` 필드는 리퀘스트 안의 bRequest(리퀘스트 번호), wValue(제조사 정의 데이터) 값을 넣은 것이다.

리퀘스트들을 인터페이스로 향하려면 WinUSB 드라이버는 wIndex에 WinUSB 인터페이스의 인터페이스 번호를 설정한다. 리퀘스트들이 디바이스로 향하게 하려면(setupPacket.RequestType = 0x40 또는 0xC0), 애플리케이션은 `setupPacket.Index`로 값을 보낼 수 있다.

애플리케이션이 제어 쓰기 리퀘스트를 하려면 배열에 디바이스로 보낼 데이터를 넣는다. 애플리케이션이 제어 읽기 리퀘스트를 하려면 디바이스로부터 받은 데이터를 저장할 배열을 제공해야 한다.

`setupPacket.Length` 필드는 리퀘스트의 DATA 스테이지의 바이트 크기다.

`WinUsb_ControlTransfer` 함수는 제어 전송을 초기화한다. 이 함수에는 WinUSB 핸들에 대한 포인터부터 인터페이스, `WINUSB_SETUP_PACKET` 구조체, 송신할 데이터를 담은 바이트 배열이나 데이터를 수신받을 공간, 읽고 쓸 바이트 크기, 동기식 동작을 지정하는 제로 포인터를 넘겨야 한다. 함수가 성공하면 true와 함께 `LengthTransferred` 파라미터에 읽고 쓴 바이트 크기를 반환한다. 제어 읽기 전송에서는 배열을 넘겨서 수신 데이터를 담는다.

대체 인터페이스 선택

디바이스의 기본 인터페이스는 등시성 대역폭을 요청할 수 없다. 등시성 전송을 사용하려면 호스트가 대체 인터페이스를 선택해야 하며, 이 대체 인터페이스는 1개 이상의 등시성 엔드포인트를 갖고, 등시성 엔드포인트는 다시 wPacketSize가 0보다 커야 한다. WinUSB에서는 등시성 또는 다른 목적의 대체 인터페이스를 선택할 수 있다.

정의

```
[DllImport("winusb.dll", SetLastError = true)]
internal static extern Boolean WinUsb_SetCurrentAlternateSetting
    (SafeWinUsbHandle InterfaceHandle,
    Byte AlternateSetting);
```

사용

```
var success = NativeMethods.WinUsb_SetCurrentAlternateSetting
    (winUsbHandle,
    1);
```

상세 설명

`WinUsb_SetCurrentAlternateSetting` 함수는 bAlternateSetting을 선택하고 이것은 현재 인터페이스가 사용하는 값이다. `InterfaceHandle`은 WinUSB 핸들의 포인터로서 원하는 인터페이스를 가리킨다. `AlternateSetting`은 인터페이스 디스크립터와 원하는 엔드포인트 안에 있는 bAlternateSetting 값이다. 인터페이스 디스크립터의 배열을 사용하려면 배열에서 디스크립터를 지정하면 된다. 예를 들어 다음과 같이 한다.

```
ifaceDescriptors[1].bAlternateSetting
```

이 함수는 성공하면 `true`를 반환한다.

데이터 쓰기: 등시성 전송

등시성 OUT 전송은 윈도우 8.1부터 가능하며, 디바이스가 등시성 OUT 엔드포인트와 등시성 전송을 지원해야 한다.

정의

```
[DllImport("winusb.dll", SetLastError = true)]
internal static extern Boolean
    WinUsb_RegisterIsochBuffer
    (SafeWinUsbHandle InterfaceHandle,
    Byte PipeID,
    Byte[] Buffer,
    UInt32 BufferLength,
    out IntPtr BufferHandle);

[DllImport("winusb.dll", SetLastError = true)]
internal static extern Boolean WinUsb_WriteIsochPipeAsap
    (IntPtr BufferHandle,
    UInt32 Offset,
    UInt32 Length,
    Boolean ContinueStream,
    IntPtr Overlapped);

[DllImport("winusb.dll", SetLastError = true)]
internal static extern Boolean WinUsb_UnregisterIsochBuffer
    (IntPtr BufferHandle);
```

사용

```
IntPtr bufferHandle = IntPtr.Zero;
var dataOutBuffer = new Byte[24];
var success = false;

// 버퍼에 보낼 데이터 저장, 예를 들어

for (var i = 0; i <= 23; i++)
{
    dataOutBuffer[i] = (Byte) (97 + i);
}

success = NativeMethods.WinUsb_RegisterIsochBuffer
    (winUsbHandle,
    myDeviceInfo.IsochronousOutPipe,
    dataOutBuffer,
```

```
        (UInt32) dataOutBuffer.Length,
        out bufferHandle);

success = NativeMethods.WinUsb_WriteIsochPipeAsap
    (bufferHandle,
    0,
    (UInt32) dataBuffer.Length,
    false,
    IntPtr.Zero);

success = NativeMethods.WinUsb_UnregisterIsochBuffer
    (bufferHandle);
```

상세 설명

WinUsb_RegisterIsochBuffer는 등시성 전송에 사용할 버퍼를 등록한다. 이 함수는 WinUSB 인터페이스를 가리키는 핸들, WinUsb_QueryPipe로 얻은 PipeID, 등시성으로 전송할 데이터가 있는 버퍼, 버퍼의 길이, 함수가 반환될 때 버퍼를 가리키는 포인터를 받는다. 이 함수는 성공 시 true를 반환한다.

WinUsb_WriteIsochPipeAsap는 다음번에 유효한 프레임 번호를 사용해 등시성 OUT 엔드포인트에 데이터를 쓴다. 이 함수는 WinUsb_RegisterIsochBuffer가 반환한 버퍼, 데이터 전송을 시작할 버퍼상의 오프셋, 버퍼의 크기, ContinueStream 값, 등시성 동작을 위한 오버랩overlapped 구조체의 포인터 또는 IntPtr.Zero 중 하나를 받는다. ContinueStream이 true이면 호스트는 방금 전 전송 다음 첫 번째 프레임에서 스케줄링할 수 없을 때 전송을 취소한다. 이 함수는 성공 시 true를 반환한다.

전송이 완료되면 WinUsb_UnregisterIsochBuffer로 WinUsb_RegisterIsochBuffer가 할당한 리소스를 해제한다.

WinUsb_WriteIsochPipeAsap는 WinUsb_WriteIsochPipe로 대체할 수 있다. WinUsb_WriteIsochPipe는 전송을 할 때 시작 프레임 번호를 지정할 수 있다.

데이터 읽기: 등시성 전송

등시성 IN 전송은 윈도우 8.1 이상, 등시성 IN 엔드포인트와 등시성 전송을 지원하는 디바이스를 요구한다.

정의

```
internal struct USBD_ISO_PACKET_DESCRIPTOR
{
    internal UInt32 Offset;
    internal UInt32 Length;
    internal UInt32 Status;
}

[DllImport("winusb.dll", SetLastError = true)]
internal static extern Boolean WinUsb_ReadIsochPipeAsap
    (IntPtr BufferHandle,
    UInt32 Offset,
    UInt32 Length,
    Boolean ContinueStream,
    UInt32 NumberOfPackets,
    ref USBD_ISO_PACKET_DESCRIPTOR IsoPacketDescriptors,
    IntPtr Overlapped);
```

사용

```
IntPtr bufferHandle;
var dataInBuffer = new Byte[24];
UInt32 numberOfPackets = 3;
var isoPacketDescriptors =
    new NativeMethods.USBD_ISO_PACKET_DESCRIPTOR[numberOfPackets];

success = NativeMethods.WinUsb_RegisterIsochBuffer
    (winUsbHandle,
    myDeviceInfo.IsochronousInPipe,
    dataInBuffer,
    (UInt32) dataInBuffer.Length
    out bufferHandle)

success = NativeMethods.WinUsb_ReadIsochPipeAsap
```

```
        (bufferHandle,
        0,
        dataInBuffer.Length,
        false,
        numberOfPackets,
        ref isoPacketDescriptors[0],
        IntPtr.Zero);

for (var i = 0; i <= numberOfPackets - 1; i++) {
    Debug.WriteLine("packet offset = " +
        isoPacketDescriptors[i].Offset);
    Debug.WriteLine("packet length = " +
        isoPacketDescriptors[i].Length);
    Debug.WriteLine("packet status = " +
        isoPacketDescriptors[i].Status);
    for (var j = 0; j < isoPacketDescriptors [i].Length; j++)
    {
        Debug.WriteLine(dataInBuffer[j]);
    }
}

success = NativeMethods.WinUsb_UnregisterIsochBuffer
    (bufferHandle);
```

상세 설명

등시성 전송으로 읽기 작업을 하려면 USBD_ISO_PACKET_DESCRIPTOR 구조체의 배열이 필요하다. 이 배열은 읽기 작업에서 수신한 각 패킷을 위한 구조체를 갖는다. 읽기 작업이 완료됐을 때 각 구조체 안에 있는 Offset은 전송 버퍼 내부의 패킷의 바이트 오프셋이고 Length는 패킷 안에 수신한 바이트의 크기이며, Status는 패킷용 USBD_STATUS 코드다(이 코드는 WDK의 usbdi.h에 정의되어 있다).

등시성 OUT 전송과 마찬가지로, 애플리케이션은 WinUsb_RegisterIsochBuffer를 호출해 버퍼를 등록한다. IN 전송에서는 이 함수가 반환될 때 수신한 데이터가 버퍼에 들어 있다.

WinUsb_ReadIsochPipeAsap는 등시성 IN 엔드포인트로부터 데이터를 요청한다. 이때 엔드포인트상에서 대기 중인 모든 전송의 그다음 프레임 번호를 사용한다. 이 함수는 WinUsb_RegisterIsochBuffer가 반환한 버퍼, 데이터 수신을 시작할 버퍼상의 오프셋, 버퍼의 크기, ContinueStream 값, 수신한 데이터를 담을 때 필요한 등시성 패킷의 수, USBD_ISO_PACKET_DESCRIPTOR 구조체의 배열을 가리키는 포인터, 등시성 전송을 위한 오버랩 구조체의 포인터 또는 IntPtr.Zero 중 하나를 받는다. 이 함수는 성공 시 true를 반환한다.

이 예제는 8바이트 패킷을 읽는다. USBD_ISO_PACKET_DESCRIPTOR 구조체 안에는 수신한 데이터에 관한 정보, 데이터를 담고 있는 WinUsb_RegisterIsochBuffer로 등록한 데이터 버퍼가 있다.

전송이 완료되면 WinUsb_UnregisterIsochBuffer로 WinUsb_RegisterIsochBuffer가 할당한 리소스를 해제한다.

WinUsb_ReadIsochPipeAsap는 WinUsb_ReadIsochPipe로 대체할 수 있다. WinUsb_ReadIsochPipe 전송을 할 때 시작 프레임 번호를 지정할 수 있다.

통신 종료

디바이스와 통신을 종료할 때는, 애플리케이션이 리소스를 반납해야 한다.

사용

```
winUsbHandle.Close();
deviceHandle.Close();
```

상세 설명

Close 메소드는 각 핸들에 대해 리소스를 해제하고 반환한다.

15장

WinUSB의 시스템 INF 파일

윈도우 8 이상부터는 시스템 제공 winusb.inf 파일에서 디지털 서명 요구 및 디바이스 전용 INF 파일이 제거됐다. 디바이스 펌웨어를 통해 호스트 시스템이 디바이스가 WinUSB 드라이버를 사용한다는 사실을 감지할 수 있고, 애플리케이션이 통신을 원하는 디바이스를 찾을 수 있다.

윈도우 8 이전 버전에서 사용하는 시스템 INF 파일을 얻으려면 마이크로소프트 업데이트 카탈로그Microsoft Update Catalog에서 '윈도우 폰 winusb'를 찾고 winusbcompat.cat과 winusbcompat.inf가 있는 관련 .cab 파일을 내려받는다.

시스템 INF 파일을 사용하려면, 디바이스가 마이크로소프트 OS 1.0 디스크립터 또는 마이크로소프트 OS 2.0 디스크립터를 지원해야 한다. 마이크로소프트 OS 1.0 디스크립터는 윈도우 XP SP2 이상을 요구하며, 더 많은 기능이 있는 마이크로소프트 OS 2.0 디스크립터는 윈도우 8.1 이상을 요구한다.

❖ 마이크로소프트 OS 1.0 디스크립터

마이크로소프트 OS 1.0 디스크립터를 사용하는 WinUSB 디바이스는 다음 디스크립터를 반드시 제공해야 한다.

- 마이크로소프트 OS 문자열 디스크립터
- 확장 호환 ID OS 특성extended compat ID OS feature 디스크립터
- 확장 속성 OS 특성extended properties OS feature 디스크립터

리스트 15-1은 WinUSB 디바이스를 위한 마이크로소프트 1.0 디스크립터의 예를 보여준다.

> **리스트 15-1** 호스트는 마이크로소프트 OS 1.0 디스크립터를 통해 디바이스가 WinUSB 드라이버를 사용한다는 것을 판단할 수 있다.

```
// 마이크로소프트 OS 1.0 문자열 디스크립터

UCHAR ms_os_10_string_descriptor[0x12] =
{

    0x12,              // 디스크립터 크기(18바이트)
    0x03,              // 디스크립터 유형(문자열)

    // MSFT100 표식
    0x4D, 0x00, 0x53, 0x00, 0x46, 0x00, 0x54, 0x00, 0x31, 0x00, 0x30,
    0x00, 0x30, 0x00,

    0x05,              // 제조사 정의 bMS_VendorCode
    0x00               // 패딩 바이트
}

// 마이크로소프트 확장 호환 ID OS 특성 디스크립터

UCHAR ms_extended_compat_id_os_feature_descriptor[0x28] =
{
    0x28, 0x00,        // 디스크립터 크기(40바이트)
    0x01, 0x00,        // 디스크립터 버전 번호(1.00)
    0x04, 0x00,        // 확장 호환 ID OS 디스크립터 식별자
    0x01, 0x00,        // 커스텀 속성 섹션의 개수
```

```
    0x00, 0x00, 0x00, 0x00, 0x00, 0x00, 0x00,           // 예약됨

    0x00,             // WinUSB 인터페이스의 bInterfaceNumber
    0x01,             // 예약됨, 0x01로 설정
    0x57, 0x49, 0x4E, 0x55, 0x53, 0x42, 0x00, 0x00,           // WINUSB ID
    0x00, 0x00, 0x00, 0x00, 0x00, 0x00, 0x00, 0x00, // Secondary ID
    0x00, 0x00, 0x00, 0x00, 0x00, 0x00           // 예약됨
}

// 마이크로소프트 확장 속성 OS 특성 디스크립터

UCHAR ms_extended_properties_os_feature_descriptor[0x8E] =
{
    0x8E, 0x00, 0x00, 0x00,    // 디스크립터 바이트 크기(142)
    0x00, 0x01,                // 디스크립터 버전 번호(1.00)
    0x05, 0x00,                // 확장 호환 ID OS 디스크립터 식별자
    0x01, 0x00,                // 커스텀 속성 섹션의 개수

    0x84, 0x00, 0x00, 0x00,    // 커스텀 속성 섹션의 길이(132바이트)
    0x01, 0x00, 0x00, 0x00,    // 문자열 형식(UTF-16LE 유니코드)
    0x28, 0x00,                // 속성 이름의 길이(40바이트)

    // 속성 이름(DeviceInterfaceGUID)

    0x44, 0x00, 0x65, 0x00, 0x76, 0x00, 0x69, 0x00, 0x63, 0x00, 0x65, 0x00,
    0x49, 0x00, 0x6E, 0x00, 0x74, 0x00, 0x65, 0x00, 0x72, 0x00, 0x66, 0x00,
    0x61, 0x00, 0x63, 0x00, 0x65, 0x00, 0x47, 0x00, 0x55, 0x00, 0x49, 0x00,
    0x44, 0x00, 0x00, 0x00,

    0x4e, 0x00, 0x00, 0x00,    // 속성 데이터 길이(78바이트)

    // 제조사 정의 속성 데이터: {ecceff35-146c-4ff3-acd9-8f992d09acdd}

    0x7B, 0x00, 0x65, 0x00, 0x63, 0x00, 0x63, 0x00, 0x65, 0x00, 0x66, 0x00,
    0x66, 0x00, 0x33, 0x00, 0x35, 0x00, 0x2D, 0x00, 0x31, 0x00, 0x34, 0x00,
    0x36, 0x00, 0x33, 0x00, 0x2D, 0x00, 0x34, 0x00, 0x66, 0x00, 0x66, 0x00,
    0x33, 0x00, 0x2D, 0x00, 0x61, 0x00, 0x63, 0x00, 0x64, 0x00, 0x39, 0x00,
    0x2D, 0x00, 0x38, 0x00, 0x66, 0x00, 0x39, 0x00, 0x39, 0x00, 0x32, 0x00,
    0x64, 0x00, 0x30, 0x00, 0x39, 0x00, 0x61, 0x00, 0x63, 0x00, 0x64, 0x00,
    0x64, 0x00, 0x7D, 0x00, 0x00, 0x00
}
```

이들 디스크립터는 'Microsoft OS 1.0 Descriptors Specification'으로 명명된 문서들에 정의되어 있다.

문자열 디스크립터는 0xEE의 인덱스와 "MSFT100" 표식을 담고 있어야 한다. 윈도우 XP SP1 이상에서는 이들 문자열 디스크립터를 최초 장착 시에 제조사 정의 디바이스로부터 요청한다. 이 디스크립터들을 지원하지 않는 디바이스는 STALL을 반환할 것이다.

마이크로소프트 OS 디스크립터를 얻는 데 성공한 다음에는, 호스트가 마이크로소프트 OS 특성 디스크립터를 요청한다. 확장 호환 ID OS 특성 디스크립터는 윈도우가 드라이버의 위치를 찾는 것을 도울 수 있는 마이크로소프트가 정의한 ID를 갖는다. 이때 드라이버는 윈도우가 제공하는 드라이버에는 없는 기능을 갖는 디바이스를 위한 것이다.

마이크로소프트 OS 1.0 디스크립터를 지원하는 WinUSB 디바이스는 bcdUSB = 0x0200보다 큰 디바이스 디스크립터를 갖춰야 한다.

마이크로소프트 OS 문자열 디스크립터

마이크로소프트 OS 문자열 디스크립터(표 15-1)는 디바이스가 마이크로소프트 OS 디스크립터를 지원하는지 식별할 수 있는 qwSignature 값을 포함한다.

▼ 표 15-1 마이크로소프트 OS 문자열 디스크립터에는 qwSignature 값이 있는데, 이것은 디바이스가 마이크로소프트 OS 디스크립터를 지원한다는 것을 나타낸다.

오프셋(10진수)	필드	크기(바이트)	설명
0	bLength	1	디스크립터 바이트 크기(0x12)
1	bDescriptorType	1	문자열을 나타내는 상수(0x03)
2	qwSignature	14	UTF-16LE 유니코드 문자열 "MSFT100" (버전 1.00)
16	bMS_VendorCode	1	제조사 정의 코드(0x00을 제외하고 무엇이든 가능)
17	bPad	1	0x00

이 값은 마이크로소프트 OS 문자열 디스크립터 버전 1.00에서 UTF-16LE 유니코드 문자열로 "MSFT100"이다. 이 문자열은 널 문자에 의한 종료를 취하지 않는다. 이 문자열은 7개의 16비트 문자로서 LSB 먼저 버스로 전송된다.

```
0x4Ds, 0x00, 0x53, 0x00, 0x46, 0x00, 0x54, 0x00, 0x31, 0x00, 0x30,
0x00, 0x30, 0x00,
```

bMS_VendorCode 값을 통해 호스트가 추가적인 마이크로소프트 OS 디스크립터를 요청할 수 있다. 호스트는 Get Descriptor 리퀘스트 SETUP 패킷의 bRequest 필드에 이 값을 넘긴다. 이 값은 0x00을 제외한 제조사 정의 바이트로서, 어떤 값도 모두 허용된다.

호스트는 Get Descriptor 리퀘스트에 bmRequestType = 0x80, bRequest = 0x06(Get Descriptor), wValue의 상위 바이트 = 0x03(문자열 디스크립터 요청), wValue의 하위 바이트 = 0xEE(마이크로소프트가 정의한 디스크립터 인덱스), wIndex = 0x0000(USB 2.0 규격에서 wIndex는 language ID를 나타내나, 윈도우는 이를 무시하고 0x0000을 사용함)을 설정해 전송하여 마이크로소프트 OS 문자열 디스크립터를 요청한다.

디바이스가 문자열 디스크립터를 통해 정확한 qwSignature를 반환하면 호스트는 확장 호환 ID OS 특성 디스크립터와 확장 속성 OS 특성 디스크립터를 요청할 수 있다.

확장 호환 ID OS 특성 디스크립터

마이크로소프트가 정의한 확장 호환 ID OS 특성 디스크립터는 디바이스가 WinUSB 드라이버를 사용할 때 이를 식별할 수 있다. 이 디스크립터는 헤더 1개 다음에 1개 이상의 기능 섹션으로 구성된다. 디바이스는 단 1개의 확장 호환 ID OS 특성 디스크립터를 갖는다.

표 15-2는 WinUSB 드라이버를 사용하는 디바이스를 위한 확장 호환 ID OS 특성 디스크립터의 필드를 나타낸 것이다. 처음 5개 필드는 헤더이고, 이어서 기능 섹션이 나온다.

▼ **표 15-2** 마이크로소프트 확장 호환 ID OS 특성 디스크립터에서 처음 5개 필드는 헤더이고, 이어서 기능 섹션이 나온다.

오프셋(10진수)	필드	크기(바이트)	설명
0	dwLength	4	디스크립터 크기(바이트, 0x00000028)
4	bcdVersion	2	버전 번호 BCD 표기(0x0100: 버전 1.00임을 의미)
6	wIndex	2	확장 호환 ID 디스크립터 식별자(0x0004)
8	bCount	1	다음에 나올 기능 섹션의 개수(WinUSB 인터페이스당 1 기능)
9	RESERVED	7	0
16	bFirstInterfaceNumber	1	첫 번째 WinUSB 인터페이스의 bInterfaceNumber
17	RESERVED	1	0x01
18	compatibleID	8	아스키 코드로 "WINUSB"와 이어서 2바이트의 0 값
26	subCompatibleID	8	0x0000000000000000
34	RESERVED	6	0x000000000000

헤더 안에 있는 wIndex = 0x0004를 통해 이 디스크립터가 확장 호환 ID OS 특성 디스크립터임을 나타낸다.

bCount는 다음에 나오는 기능 섹션의 수를 나타낸다. WinUSB 디바이스를 위한 이 디스크립터는 디바이스 안에 있는 각 WinUSB 인터페이스에 대해 1개의 기능 섹션을 갖는다.

기능 섹션의 bFirstInterfaceNumber에는 인터페이스 디스크립터의 bInterfaceNumber 값이 들어 있는데, 이것은 WinUSB 드라이버를 사용하는 인터페이스를 위한 것이다.

compatibleID에는 아스키 코드 문자열 "WINUSB"가 들어 있고 그다음에 0이 2개 온다.

0x57, 0x49, 0x4e, 0x55, 0x53, 0x42, 0x00, 0x00

다른 드라이버를 사용하는 인터페이스가 있는 디바이스는 기능 섹션 안의 compatibleID 값이 다르고, 이 값은 마이크로소프트가 정의한 것이다.

compatibleID 값으로 정의되어 있는 그 밖의 기능으로는 RNDIS, 사진 전송 프로토콜PTP, Picture Transfer Protocol, 미디어 전송 프로토콜MTP, Media Transfer Protocol, 블루투스 무선 등이 있다.

블루투스 외의 기능에서는 subCompatibleID 필드에 0x0000000000000000이 들어 있다.

호스트는 마이크로소프트 확장 호환 ID OS 특성 디스크립터를 요청할 때 bmRequestType = 0xC0(제조사 리퀘스트가 디바이스로 향하도록 IN DATA 스테이지를 지정함), bRequest = OS 문자열 디스크립터에 있는 bMS_VendorCode, wValue의 하위 바이트 = 디스크립터가 지정한 인터페이스와 연관된 bInterfaceNumber 또는 디스크립터 리퀘스트가 디바이스로 향한다면 0x00, wIndex = 0x0004(확장 호환 ID OS 디스크립터임을 지정함)인 Get Descriptor 리퀘스트를 보낸다.

디바이스는 마이크로소프트 확장 호환 ID OS 특성 디스크립터를 1개만 가질 수 있으므로, 마이크로소프트는 디바이스가 wValue의 하위 바이트는 무시할 수 있게 하는 것을 권고한다.

호스트가 이후 디스크립터의 길이를 알 수 없기 때문에 호스트는 일반적으로 헤더의 16바이트 요청으로 시작해 dwLength 값을 알아낸 다음, dwLength바이트를 이용해 리퀘스트를 다시 보낸다.

dwLength를 이용한 디스크립터가 64KB보다 크면, wValue의 상위 바이트는 0부터 시작하는 페이지 번호를 담고 이를 통해 호스트가 여러 개의 리퀘스트를 사용해 전체 디스크립터를 얻을 수 있다.

확장 속성 OS 특성 디스크립터

WinUSB 드라이버를 사용하는 디바이스들의 목적은 각기 다르고 다양하기 때문에 애플리케이션은 통신을 원하는 디바이스를 지정하기 위해 디바이스를 식별할 수 있는 방법이 필요하다. 마이크로소프트 확장 속성 OS 특성 디스크립터를 이용하면 제조사가 정의한 GUID 값을 얻을 수 있다. GUID 값을 통해 애플리케이션이 제조사가 정의한 디바이스 기능을 식별할 수 있다. 확장 속성 OS 특성 디스크립터를 제공하는 디바이스는 확장 호환 ID OS 특성 디스크립터도 제공해야 한다.

이 디스크립터는 헤더와 1개 이상의 커스텀 속성 섹션으로 구성되어 있다.

표 15-3은 확장 속성 OS 특성 디스크립터의 필드들을 나타낸 것이며, 이 안에는 WinUSB 디바이스를 위한 GUID가 들어 있다. 처음 4개의 필드는 헤더이고 이어서 1개 이상의 커스텀 속성 섹션이 나온다.

▼ **표 15-3** 마이크로소프트 확장 속성 OS 특성 디스크립터는 제조사 정의 GUID 값을 제공한다. GUID를 통해 특정 디바이스를 식별할 수 있다.

오프셋(10진수)	필드	크기(바이트)	설명
0	dwLength	4	디스크립터 바이트 크기(0x008e)
4	bcdVersion	2	버전 번호(BCD 형식으로 0x0100)
6	wIndex	2	확장 호환 ID 디스크립터 식별자(0x0005)
8	wCount	2	이어서 기술되는 커스텀 속성 섹션의 개수
9	dwSize	4	커스텀 속성 섹션의 바이트 크기(0x00000084)
13	dwPropertyDataType	4	0x00000001 = UTF-16LE 유니코드 문자열
17	wPropertyNameLength	2	bPropertyName의 바이트 크기(0x0028)
19	bPropertyName	40	널 문자로 종료하는 UTF-16LE 유니코드 문자열로서 "DeviceInterfaceGUID" 다음에 2개의 0 값
59	dwPropertyDataLength	4	bPropertyData의 길이(0x0000004e)
63	bPropertyData	78	UTF-16LE 유니코드 문자열로 표현한 GUID 값과 2개의 0 값

헤더 안에서 wIndex = 0x0005는 이 디스크립터가 확장 속성 OS 특성 디스크립터임을 나타낸다.

wCount는 이어서 등장하는 커스텀 속성 섹션의 개수를 지정한다.

커스텀 속성 섹션에서 dwPropertyDataType = 0x00000001은 UTF-16LE 유니코드 문자열임을 나타낸다.

wPropertyNameLength는 bPropertyName 필드의 바이트 길이다.

bPropertyName은 이어서 등장하며 UTF-16LE 유니코드 문자열로서 "DeviceInterfaceGUID"와 두 바이트의 0 값이다.

dwPropertyDataLength는 bPropertyData 필드의 바이트 길이다.

bPropertyData는 제조사 정의 값으로서 76바이트의 UTF-16LE 유니코드 GUID 값이고 두 바이트의 0 값이 따라온다. 다음은 예제 값이다.

{ecceff35-146c-4ff3-acd9-8f992d09acdd}

각 문자는 2바이트이고, GUID 문자열은 열고 닫는 중괄호가 있다.

GUID는 호스트 애플리케이션이 통신할 디바이스를 식별해 디바이스 기능을 특정할 수 있도록 유일한 값이어야 한다. 같은 기능을 갖는 디바이스가 여러 개이고, 같은 통신 프로토콜을 사용한다면 같은 GUID를 사용할 수 있다.

호스트는 마이크로소프트 확장 속성 OS 특성 디스크립터를 요청할 때 Get Descriptor 리퀘스트를 보낸다. 이때 이 리퀘스트의 설정 값은 bmRequestType = 0xC0(IN DATA 스테이지를 지정하고 제조사 리퀘스트가 디바이스로 향함) 또는 0xC1(리퀘스트가 인터페이스로 향함), bRequest = OS 문자열 디스크립터에서 얻은 bMS_VendorCode, wValue의 상위 바이트 = 0x00, wValue의 하위 바이트 = 이 디스크립터와 연관되어 있는 bInterfaceNumber, wIndex = 0x0005(확장 속성 OS 특성 디스크립터를 지정) 등으로 구성되어 있다.

마이크로소프트 OS 1.0 디스크립터 규격에는 확장 속성 OS 특성 디스크립터가 선택적 시스펜드 등 전원 옵션을 설정하는 방법도 명시하고 있다.

열거

디바이스가 확장 호환 ID OS 특성 디스크립터로 compatibleID "WINUSB"를 반환했다면 OS는 WinUSB 드라이버를 디바이스에게 할당한다. 애플리케이션은 디바이스 핸들을 열 때 확장 속성 OS 특성 디스크립터로 반환된 DeviceInterfaceGUID를 사용할 수 있다.

디바이스가 마이크로소프트 OS 문자열 디스크립터나 요청된 다른 마이크로소프트 OS 디스크립터를 지원하지 않으면 STALL을 반환해야 한다. 단, 어떤 디바이스는 마이크로소프트 OS 문자열 디스크립터를 위한 리퀘스트를 적절하게 처리하지 않고 리퀘스트를 수신한 후에 열거를 실패할 수도 있다. 이런 이유로 윈도우 호스트는 이전 장착 때 리퀘스트가 성공했는지에 관계없이 최초 시도에서만 마이크로소프트 OS 문자열 디스크립터를 요청한다.

이 디스크립터를 디버깅할 때, 호스트가 마이크로소프트 OS 디스크립터를 다시 요청하도록 강제적으로 만들 수 있다. 시스템 레지스트리의 다음 부분에서 디바이스 엔트리를 삭제하면 된다.

```
HKEY_LOCAL_MACHINE\SYSTEM\CurrentControlSet\Control\usbflags\
 <VVVVPPPPRRRR>
```

디바이스 디스크립터에서 사용하는 값은 다음과 같다.

- VVVV는 디바이스의 `idVendor` 값이다.
- PPPP는 디바이스의 `idProduct` 값이다.
- RRRR은 디바이스의 `bcdDevice` 값이다.

그런 다음 디바이스를 탈착, 재장착하면 열거가 다시 진행된다.

마이크로소프트 OS 2.0 디스크립터

마이크로소프트 OS 2.0 디스크립터는 마이크로소프트 문자열 디스크립터를 요청하는 부분을 제거해 결과적으로는 디스크립터에 기능을 추가하게 되었다.

마이크로소프트 OS 2.0 디스크립터를 지원하는 WinUSB 디바이스는 다음 디스크립터를 제공해야 한다.

- BOS 디스크립터
- 마이크로소프트 OS 2.0 플랫폼 기능 디스크립터Microsoft OS 2.0 platform capability descriptor
- 마이크로소프트 OS 2.0 호환 ID 디스크립터Microsoft OS 2.0 compatible ID descriptor
- 마이크로소프트 OS 2.0 레지스트리 속성 디스크립터Microsoft OS 2.0 registry property descriptor

리스트 15-2는 WinUSB 디바이스를 위한 마이크로소프트 2.0 디스크립터의 예를 나타낸 것이다.

리스트 15-2 마이크로소프트 OS 2.0 디스크립터는 호스트에게 디바이스가 WinUSB 드라이버를 사용한다는 것을 알린다.

```
// BOS 디스크립터와 플랫폼 기능 디스크립터

UCHAR platform_capability_descriptor[0x21] = {
    // BOS 디스크립터
    0x05,              // 디스크립터 크기 (5바이트)
    0x0F,              // 디스크립터 유형 (BOS)
    0x21, 0x00,        // 이 디스크립터와 부속 디스크립터의 길이 합 (33바이트)
    0x01,              // 부속 디스크립터의 개수

    // 마이크로소프트 OS 2.0 플랫폼 기능 디스크립터
    0x1C,              // 디스크립터 크기 (28바이트)
    0x10,              // 디스크립터 유형 (디바이스 기능)
    0x05,              // 기능 유형 (플랫폼)
    0x00,              // 예약됨

    // MS OS 2.0 플랫폼 기능 ID (D8DD60DF-4589-4CC7-9CD2-659D9E648A9F)
    0xDF, 0x60, 0xDD, 0xD8,
    0x89, 0x45,
    0xC7, 0x4C,
    0x9C, 0xD2,
    0x65, 0x9D, 0x9E, 0x64, 0x8A, 0x9F,

    0x00, 0x00, 0x03, 0x06,    // 윈도우 버전 (8.1) (0x06030000)
    0x9E, 0x00,                // 크기, MS OS 2.0 디스크립터 세트 (158바이트)
```

```
        0x01,                           // 제조사 할당 bMS_VendorCode
        0x00                            // 대체 열거는 지원하지 않음
}

// 마이크로소프트 OS 2.0 디스크립터 세트
UCHAR ms_os_20_descriptor_set[0x9E] = {
        0x0A, 0x00,                     // 디스크립터 크기 (10바이트)
        0x00, 0x00,                     // MS OS 2.0 디스크립터 세트 헤더
        0x00, 0x00, 0x03, 0x06,         // 윈도우 버전(8.1) (0x06030000)
        0x9E, 0x00,                     // 크기, MS OS 2.0 디스크립터 세트(158바이트)

        // 마이크로소프트 OS 2.0 호환 ID 디스크립터
        0x14, 0x00,                     // 디스크립터 크기 (20바이트)
        0x03, 0x00,                     // MS OS 2.0 호환 ID 디스크립터
        0x57, 0x49, 0x4E, 0x55, 0x53, 0x42, 0x00, 0x00, // WINUSB 문자열
        0x00, 0x00, 0x00, 0x00, 0x00, 0x00, 0x00, 0x00, // 서브 호환 ID

        // 레지스트리 속성 디스크립터
        0x80, 0x00,         // 디스크립터 크기 (130바이트)
        0x04, 0x00,         // 레지스트리 속성 디스크립터
        0x01, 0x00,         // 문자열은 널로 종료되는 유니코드임
        0x28, 0x00,         // 속성 이름의 크기 (40바이트)

        // 속성 이름("DeviceInterfaceGUID")
        0x44, 0x00, 0x65, 0x00, 0x76, 0x00, 0x69, 0x00, 0x63, 0x00, 0x65, 0x00,
        0x49, 0x00, 0x6E, 0x00, 0x74, 0x00, 0x65, 0x00, 0x72, 0x00, 0x66, 0x00,
        0x61, 0x00, 0x63, 0x00, 0x65, 0x00, 0x47, 0x00, 0x55, 0x00, 0x49, 0x00,
        0x44, 0x00, 0x00, 0x00,

        0x4E, 0x00,      // 속성 데이터의 크기 (78바이트)

        // 제조사 정의 속성 데이터: {ecceff35-146c-4ff3-acd9-8f992d09acdd}
        0x7B, 0x00, 0x65, 0x00, 0x63, 0x00, 0x63, 0x00, 0x65, 0x00, 0x66, 0x00,
        0x66, 0x00, 0x33, 0x00, 0x35, 0x00, 0x2D, 0x00, 0x31, 0x00, 0x34, 0x00,
        0x36, 0x00, 0x33, 0x00, 0x2D, 0x00, 0x34, 0x00, 0x66, 0x00, 0x66, 0x00,
        0x33, 0x00, 0x2D, 0x00, 0x61, 0x00, 0x63, 0x00, 0x64, 0x00, 0x39, 0x00,
        0x2D, 0x00, 0x38, 0x00, 0x66, 0x00, 0x39, 0x00, 0x39, 0x00, 0x32, 0x00,
        0x64, 0x00, 0x30, 0x00, 0x39, 0x00, 0x61, 0x00, 0x63, 0x00, 0x64, 0x00,
        0x64, 0x00, 0x7D, 0x00, 0x00, 0x00
}
```

마이크로소프트 2.0 디스크립터는 전체 복합 디바이스에 WinUSB 드라이버를 할당하는 기능을 추가했고, 특정 윈도우 버전에 적용되는 디스크립터를 반환하는 기능도 추가했다.

디바이스 디스크립터에서 bcdUSB가 0x0210 이상이어야 BOS 디스크립터를 지원한다.

이 디스크립터들은 'Microsoft OS 2.0 Descriptors Specification' 문서에 정의되어 있다.

마이크로소프트 OS 2.0 플랫폼 기능 디스크립터

BOS 디스크립터(4장 참조)는 호스트에게 1개 이상의 디바이스 기능 디스크립터 디바이스 지원을 알린다. 표 15-4를 살펴보면 BOS 디스크립터가 1개의 부속 디스크립터로서 마이크로소프트 2.0 플랫폼 기능 디스크립터를 갖고 있음을 볼 수 있다. 호스트는 전체 BOS 디스크립터 세트의 길이를 얻기 위해 BOS 디스크립터 5바이트를 요청할 수 있다. 그런 다음 BOS 디스크립터와 그 부속 디스크립터를 얻기 위한 wTotalLength를 요청한다.

▼ 표 15-4 BOS 디스크립터 5바이트는 헤더로서 동작하며, 이를 통해 호스트가 마이크로소프트 OS 2.0 플랫폼 디바이스 기능 부속 디스크립터에 관한 정보를 얻을 수 있다.

오프셋 (10진수)	필드	크기 (바이트)	설명
0	bLength	1	디스크립터 바이트 크기(0x05)
1	bDescriptorType	1	BOS(0x0F)
2	wTotalLength	2	이 디스크립터와 전체 부속 디스크립터의 바이트 크기(0x0021)
4	bNumDeviceCaps	1	이 BOS 디스크립터에 부속된 디바이스 기능 디스크립터의 개수(0x01)
5	bLength	1	디스크립터 바이트 크기(0x1C)
6	bDescriptorType	1	DEVICE CAPABILITY(0x10)
7	bDevCapabilityType	1	PLATFORM(0x05)

(이어짐)

오프셋 (10진수)	필드	크기 (바이트)	설명
8	bReserved	1	예약됨(0x00)
9	MS_OS_20_Platform_Capability_ID	16	128비트 값으로서 플랫폼 지정 디바이스 기능을 식별함: D8DD60DF-4589-4CC7-9CD2-659D9E648A9F
25	dwWindowsVersion	4	윈도우 버전(Windows 8.1 = 0x00000603)
29	wMSOSDescriptorSetTotalLength	2	MS OS 2.0 디스크립터 세트의 바이트 길이(0x9E)
31	bMS_VendorCode	1	제조사 정의 코드(0x00을 제외한 모든 값을 허용함)
32	bAltEnumCode	1	0x00 또는 0이 아닌 bAltInterface 값으로서, 마이크로소프트 2.0 Set Alternate Enumeration 리퀘스트가 사용함

마이크로소프트 OS 2.0 플랫폼 기능 디스크립터는 호스트에게 마이크로소프트 OS 2.0 디스크립터 디바이스 지원을 알린다.

처음 20바이트는 헤더다.

`bDevCapabilityType` 필드 = 0x05는 이 디스크립터가 특정 플랫폼 또는 운영체제(윈도우)를 위한 디바이스 기능을 정의한 디스크립터임을 나타낸다.

`PlatformCapabilityUUID`는 128비트 값을 담고 있는데, 이 값은 디바이스 기능을 식별하는 유일한 값이다. 마이크로소프트 OS 2.0 플랫폼 기능을 나타낼 때 이 필드는 다음 UUID를 담고 있다.

```
D8DD60DF-4589-4CC7-9CD2-659D9E648A9F
```

UUID를 문자로 표현할 때 문자 2개로 구성된 16진수 값으로 구성된 5개 그룹이 있고 각 그룹은 하이픈 문자로 분리되어 있다. 혼랍스럽게도 처음 3개 그룹은 단일 16진수 값으로 처리해야 하고, 마지막 2개 그룹은 바이트 순서대로 처리해야 한다. 그룹이 단일 값을 나타낼 때, LSB를 먼저 전송해야 한다. 나머지 그룹은 바이트를 표현된 순서대로 전송해야 한다. 그래서 UUID 전송은 다음 순서로 쓴다.

```
0xDF, 0x60, 0xDD, 0xD8,
0x89, 0x45,
0xC7, 0x4C,
0x9C, 0xD2,
0x65, 0x9D, 0x9E, 0x64, 0x8A, 0x9F
```

헤더 다음에는 추가 필드들이 있다.

dwWindowsVersion은 디스크립터가 요구하는 윈도우의 가장 낮은 버전이다. 이 값은 WDK의 sdkddkver.h에 정의된 NTDDI 버전 상수이며, 윈도우 8.1부터는 반드시 설정되어 있어야 한다.

wMSOSDescriptorSetTotalLength는 디바이스가 지원하는 마이크로소프트 OS 2.0 디스크립터 세트의 바이트 길이다(호환 ID 디스크립터와 GUID가 있는 레지스트리 속성 디스크립터를 지원하는 WinUSB 디바이스에서 0x9E).

bMS_VendorCode는 제조사 정의 값으로서, 마이크로소프트 OS 1.0 문자열 디스크립터의 이 값과 같은 기능을 담당한다.

bAltEnumCode는 0이 아닌 값일 수 있으며, 마이크로소프트 OS 2.0 Set Alternate Enumeration 리퀘스트 지원을 나타낸다. 이 리퀘스트는 디바이스에게 열거 중에 기본 디스크립터가 아닌 것을 반환할 수도 있음을 알린다. 이 필드에 있는 값과 관계없이 대체 인터페이스 설정을 지원하는 WinUSB 디바이스에서는 호스트가 WinUsb_SetCurrentAlternateSetting 기능을 사용해 대체 인터페이스 설정을 선택할 수 있다.

마이크로소프트 OS 2.0 디스크립터 세트

시스템 INF 파일을 사용하는 WinUSB 디바이스에서 마이크로소프트 2.0 디스크립터 세트는 10바이트의 마이크로소프트 OS 2.0 디스크립터 세트 헤더, 마이크로소프트 OS 2.0 호환 ID 디스크립터, 마이크로소프트 OS 2.0 레지스트리 속성 디스크립터 순으로 구성되어 있다(표 15-5). 이 디스크립터 세트에는 이 장 마지막에서 설명하는 추가 디스크립터가 있을 수도 있다.

▼ 표 15-5 WinUSB 디바이스에서 마이크로소프트 OS 2.0 디스크립터 세트는 마이크로소프트 OS 2.0 디스크립터 세트 헤더, 마이크로소프트 OS 2.0 호환 ID 특성 디스크립터, 마이크로소프트 OS 2.0 레지스트리 속성 특성 디스크립터로 구성된다.

오프셋 (10진수)	필드	크기 (바이트)	설명
0	wLength	2	헤더 길이(0x0A)
2	wDescriptorType	2	MSOS20_SET_HEADER_DESCRIPTOR(0x0000)
4	dwWindowsVersion	4	윈도우 버전(Windows 8.1 = 0x00000603)
8	wTotalLength	2	헤더와 디스크립터들의 바이트 크기(0x009E)
10	wLength	2	디스크립터 바이트 크기(0x0014)
12	wDescriptorType	2	MS_OS_FEATURE_COMPATIBLE_ID(0x0003)
14	CompatibleID	8	아스키 코드 "WINUSB"와 2바이트의 0 값
22	SubCompatibleID	8	0x0000000000000000
30	wLength	2	디스크립터 바이트 크기(0x0080)
32	wDescriptorType	2	MS_OS_20_FEATURE_REG_PROPERTY(0x0004)
34	wPropertyDataType	2	0x0001 = 널 문자로 종료되는 유니코드 문자열
36	wPropertyNameLength	2	bPropertyName의 바이트 길이(0x0028)
38	PropertyName	40	UTF-16LE 유니코드 문자열 "DeviceInterfaceGUID"와 2바이트의 0 값
78	wPropertyDataLength	2	bPropertyData의 길이(0x004E)
80	PropertyData	78	UTF-16LE 유니코드 문자열로 표현한 GUID 값과 2바이트의 0 값

마이크로소프트 OS 2.0 호환 ID 디스크립터는 디바이스가 WinUSB 드라이버를 사용한다는 것을 지정하는 "WINUSB" 문자열을 제공한다. 마이크로소프트 OS 2.0 레지스트리 속성 디스크립터는 디바이스 인터페이스 GUID를 제공하고, 이 GUID는 애플리케이션이 지정한 기능에 맞는 WinUSB 디바이스를 찾을 때 사용할 수 있다.

호스트는 Get Descriptor 리퀘스트로 다음 값을 전송해 마이크로소프트 OS 2.0 디스크립터를 요청한다.

- bmRequestType = 0xC0은 디바이스로 향하는 IN 데이터 스테이지의 제조사 리퀘스트를 지정한다.
- bRequest = bMS_VendorCode이며 플랫폼 기능 디스크립터에서 온 것이다.
- wValue = 0x00이다.
- wIndex = 0x0007은 마이크로소프트 OS 2.0 디스크립터로 지정한다.

헤더 안의 내용은 다음과 같다.

- wLength = 헤더의 바이트 길이다(0x0A).
- wDescriptorType = 0x0000이며, 이것은 마이크로소프트 2.0 디스크립터 세트 헤더임을 나타낸다.
- dwWindowsVersion은 마이크로소프트 OS 2.0 플랫폼 기능 디스크립터 안의 값과 같은 의미다.
- wTotalLength는 마이크로소프트 OS 2.0 플랫폼 기능 디스크립터 안의 wMSOSDescriptorSetTotalLength와 맞아야 한다.

호환 ID 특성 디스크립터에는 다음과 같은 값이 들어 있다.

- wLength는 디스크립터 길이다(0x0014).
- wDescriptorType = 0x0003은 마이크로소프트 OS 2.0 호환 ID 특성 디스크립터임을 나타낸다.
- CompatibleID = 아스키 코드로 "WINUSB"이며 2바이트의 0 값이 따라온다.
  0x57, 0x49, 0x4E, 0x55, 0x53, 0x42, 0x00, 0x00
- SubCompatibleID = 0x0000000000000000이다.

레지스트리 속성 특성 디스크립터에는 다음과 같은 값이 들어 있다.

- wLength는 디스크립터 바이트 길이다(0x0080).
- wDescriptorType = 0x0004는 마이크로소프트 OS 2.0 레지스트리 속성 특성 디스크립터임을 나타낸다.

마지막 필드 5개는 마이크로소프트 OS 1.0 확장 속성 디스크립터에 들어 있는 값들과 같다.

- `wPropertyDataType` = 0x00000001은 문자 값이 UTF-16LE 유니코드 문자열임을 나타낸다.
- `wPropertyNameLength`는 그다음에 오는 `PropertyName` 필드의 바이트 길이다.
- `PropertyName`은 UTF-16LE 유니코드 문자열로서 "DeviceInterfaceGUID"와 2바이트의 0 값이다.
- `wPropertyDataLength`는 그다음에 오는 `PropertyData` 필드의 바이트 길이다.
- `PropertyData`는 제조사 정의 값이 들어 있으며 76바이트, UTF-16LE 유니코드 GUID 값과 2바이트의 0 값으로서 다음과 같다.

   {ecceff35-146c-4ff3-acd9-8f992d09acdd}

   각 문자는 2바이트이고 GUID 문자열은 중괄호로 시작하고 끝난다.

마이크로소프트는 레지스트리 속성 디스크립터에서 윈도우가 디바이스의 첫 번째 열거에서 얻은 값만 사용하라는 주의사항을 권고하고 있다. 디버깅 중에 디스크립터를 수정하고 싶다면 디바이스의 Product ID를 변경하거나 디바이스의 원래 레지스트리 항목을 삭제한 다음 디바이스를 재장착해야 한다.

레지스트리 속성 디스크립터는 `SelectiveSuspendEnabled` 속성 등 다른 레지스트리 항목을 추가할 수 있다.

'Microsoft OS 2.0 Descriptors Specification' 문서에 추가 디스크립터들이 정의되어 있다.

단일 컨피규레이션이나 기능에 적용하는 디스크립터들에서, 해당 디스크립터 세트는 컨피규레이션 서브셋 또는 기능 서브셋 헤더와 부속 디스크립터를 포함할 수 있다.

마이크로소프트 OS 2.0 최소 재개 시간 디스크립터Microsoft OS 2.0 minimum resume time descriptor는 서스펜드 상태에서 재개하고 검출하는 데 요구되는 시간을 더 짧게 지정할 수 있다. 이 디스크립터는 USB 2.0 속도에서만 적용할 수 있다.

마이크로소프트 OS 2.0 모델 ID 디스크립터Microsoft OS 2.0 model ID descriptor는 물리적인 디바이스를 유일하게 식별할 수 있는 128비트 값을 제공한다.

마이크로소프트 2.0 CCGP 디바이스 디스크립터Microsoft OS 2.0 CCGP device descriptor는 호스트가 디바이스를 복합 디바이스로 취급할 수 있도록 요청한다.

열거

디바이스가 마이크로소프트 OS 2.0 플랫폼 기능 디스크립터와 마이크로소프트 OS 2.0 디스크립터 세트와 `compatibleID` "WINUSB"를 반환하면 윈도우는 WinUSB 드라이버를 디바이스에 할당한다. 애플리케이션은 디스크립터 세트의 레지스트리 디스크립터에 있는 `DeviceInterfaceGUID`를 사용해 디바이스 핸들을 열 수 있다.

16장
허브의 모든 것: 버스 확장과 증설

허브는 디바이스를 장착할 수 있고 각 디바이스의 버스 연결을 관리하는 지능형 디바이스다. 호스트 컴퓨터에 직접 장착하는 디바이스는 버스의 루트 허브와 연결한다. 그 밖의 디바이스는 루트 허브에 연결한 외부 허브에 장착할 수 있다.

허브는 전력 사용을 관리하고 새로 연결한 디바이스와 통신 초기화를 도와주며 버스 트래픽을 위아래로 중계한다. 허브는 전력을 관리하기 위해 현재 장착한 디바이스에 전류를 공급하고, 과전류를 감지하면 전류 제한을 걸어준다. 허브는 디바이스와 통신을 시작할 때 새로 장착한 디바이스를 인식하고, 이 사실을 호스트에 알리며, 해당 디바이스 포트로 오는 상태와 제어에 관한 리퀘스트를 중계한다. 허브의 역할은 상향/하향 트래픽을 중계할 때 호스트, 디바이스, 허브 사이의 속도에 따라 다르다.

16장에서는 허브 통신의 핵심을 다룬다. USB 주변기기를 설계할 때 허브를 자세히 이해할 필요는 없지만, 허브가 하는 일을 알아두면 디바이스 감지 과정과 버스상의 통신 과정을 이해하기 쉬우며, 디바이스가 필요한 대역폭을 확보하는 데 도움이 되고 버스와 허브 확장을 위한 제한을 걸 수 있다.

USB 2.0

외장 USB 2.0 허브는 상향 통신 방향(호스트 방향)으로 연결하는 포트 1개를 갖는다 (그림 16-1). 상향 포트는 호스트의 루트 허브와 직접 연결하거나 다른 외장 허브의 하향 포트에도 연결할 수 있다. 모든 허브는 하향 포트를 1개 이상 갖는다. 대부분의 하향 포트는 케이블을 장착할 수 있는 커넥터를 탑재한다. 복합 단말에 있는 허브는 예외다. 복합 단말에서 하향 포트는 디바이스 내부에 탑재된 기능과 연결돼있다. 허브는 보통 1, 2, 4, 7개의 하향 포트를 탑재하며, 외부로부터 전력을 공급받거나(자체 전원) 버스로부터 전력을 공급받는다(버스 전원). 17장에서 설명하겠지만 버스로부터 전력을 공급받는 허브는 전력 사용량이 큰 디바이스를 지원할 수 없으므로 기능에 제약이 있다.

▲ **그림 16-1** 이 허브의 전면(위 사진)은 하향 통신으로 표준 A 포트가 7개 있으며, 후면(아래 사진)에는 상향 통신으로 표준 B 포트와 전원 커넥터가 있다.

USB 2.0 허브는 저장/전달 기능을 갖춘 원격 프로세서처럼 동작한다. 허브는 필요하면 하이스피드 상향 통신과 로우/풀 스피드 하향 통신을 변환하며, 버스 구간을 효율적으로 사용하기 위한 기능을 수행하기도 한다.

그러나 USB 1.1 허브는 로우/풀 스피드만 지원하며 통상적인 용도로는 더 이상 사용하지 않는다. 단, USB 1.1 허브의 동작을 이해해두면 USB 2.0 허브의 동작 방식을 이해할 때 도움이 된다. USB 1.1 허브는 각기 다른 속도 사이에 변환을 수행하지 않으며, 단지 버스의 상향/하향으로 트래픽을 넘기기만 한다. USB 1.1 허브는 로우스피드 디바이스로 오고 가는 트래픽에 대해 에지 레이트와 신호 극성을 변경할 뿐 비트 레이트를 변경하지는 않는다.

허브 컨트롤러 칩은 허브 기능을 수행하는 전용 칩을 탑재한다. 일반적인 용도의 컨트롤러 칩으로는 타이밍 요구사항으로 인해 허브 기능을 구현할 수 없다. 복합 디바이스인 경우 허브 기능과 범용 디바이스 컨트롤러를 함께 탑재한 칩도 있다.

USB 2.0 외장 허브는 허브 중계기hub repeater와 허브 컨트롤러를 탑재한다(그림 16-2). 허브 중계기는 상향으로는 허브(호스트가 될 수도 있다), 하향으로는 장착됐거나 활성화된 디바이스 중간에 위치해 패킷을 전달한다. 허브 컨트롤러는 호스트와 허브 중계기 간 통신을 관리한다. 상태 머신은 허브 중계기, 하향/상향 포트에서 발생한 이벤트에 대해 허브 응답을 제어한다. USB 2.0 허브는 트랜잭션 변환기와 라우팅 회로도 탑재해 하이스피드 버스에서 로우스피드, 풀스피드 디바이스가 통신할 수 있다.

호스트와 루트 허브의 관계는 특별하다. 호스트 컨트롤러는 외장 허브 안에 있는 허브 중계기나 허브 컨트롤러가 수행하는 기능 중 많은 부분을 수행한다. 따라서 루트 허브는 라우팅 회로, 하향 포트 외에 부가 회로를 더 갖추고 있다.

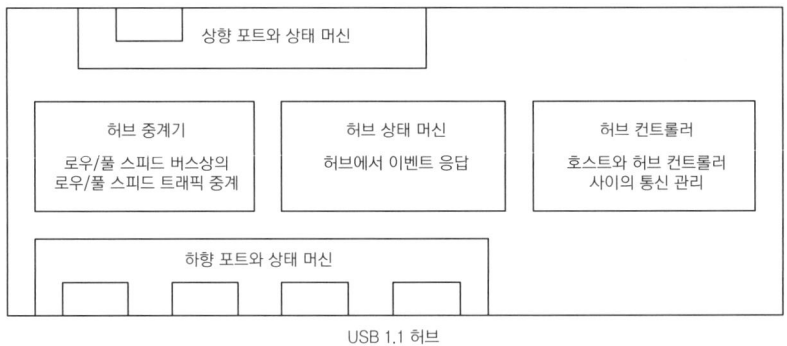
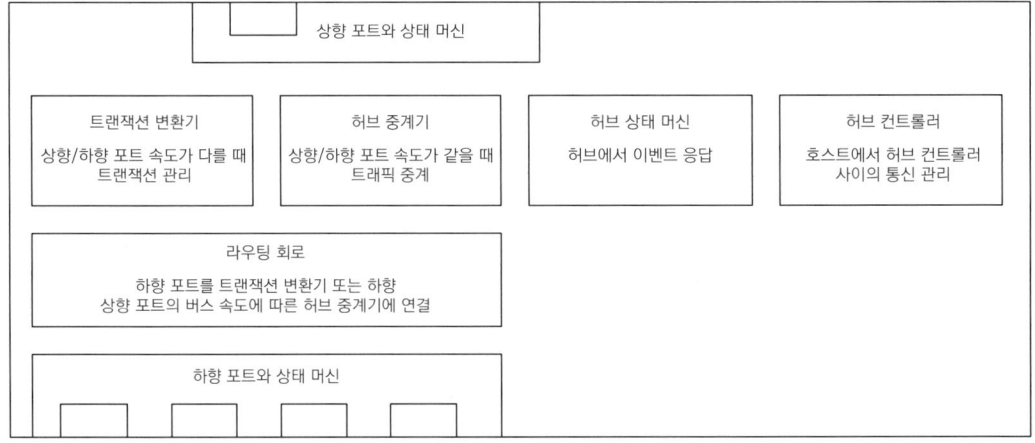

▲ **그림 16-2** USB 2.0 허브는 하이스피드 버스에서 로우스피드, 풀스피드 디바이스가 서로 통신할 수 있게 트랜잭션 변환기 1개 이상과 라우팅 회로를 갖는다. USB 1.1 허브는 버스 속도 간 변환을 하지 않는다. 출처: Universal Serial Bus Specification Revision 2.0

허브 중계기

허브 중계기는 수신한 패킷을 가능하면 변경하지 않고 원래의 전송 방향으로 재전송한다. 물론 허브 중계기도 디바이스의 장착과 제거를 감지하고 디바이스와 버스의 연결을 구성하며, 전류 초과 등 버스 에러를 감지하고, 디바이스의 전력도 관리한다.

USB 2.0 허브는 상향 버스의 속도에 따라 두 가지 동작 모드를 갖는다. 허브를 풀스피드인 상향 버스에 연결하면 중계기는 로우/풀 스피드 중계기로 동작한다. 허브를 하이스피드인 상향 버스에 연결하면 중계기는 하이스피드 중계기로 동작한다. USB 1.1 중계기는 항상 로우/풀 스피드 중계기로 동작한다.

로우/풀 스피드 중계기

USB 2.0 허브의 상향 포트를 풀/로우 스피드 버스에 연결할 때 허브는 하이스피드 트래픽을 송수신하지 않고 USB 1.1과 동일하게 동작한다.

로우/풀 스피드 중계기는 1개 이상의 추가 허브를 통해 전달된 데이터를 포함해 호스트로부터 수신한 모든 로우/풀 스피드 패킷을 활성화된 모든 풀스피드 하향 포트로 재전송한다. 활성화된 포트란 허브에 장착한 디바이스들의 포트 중 허브로부터 통신을 수신할 준비가 된 모든 포트를 뜻한다. 활성화되지 않은 디바이스란 문제가 발생해 허브와 통신이 끊긴 디바이스, 서스펜드 상태의 디바이스, 장착했지만 장착 과정을 완결하지 않았거나 서스펜드 상태에서 빠져나오는 과정을 완결하지 않은 디바이스를 뜻한다.

허브 중계기는 풀스피드 디바이스 사이의 트래픽 내용이나 작업 내용을 변환하거나 검사하지 않는다. 중계기는 전송 신호 에지를 다시 만들어 트래픽을 전달만 한다.

로우스피드 디바이스는 풀스피드 트래픽을 볼 수 없다. 따라서 허브는 로우스피드 패킷을 패킷 앞부분에 위치한 PRE 패킷 구분자로 분간하고, 로우스피드 패킷만 활성화된 로우스피드 포트로 전송한다. 또한 허브는 로우스피드 패킷을 하향 풀스피드 포트로도 전송하는데, 풀스피드 포트에도 로우스피드 디바이스를 연결할 수 있기 때문이다. 호스트는 로우스피드 패킷과 PRE 패킷 사이에 최소 4개의 풀스피드 비트 길이만큼 지연을 추가해 허브의 로우스피드 포트가 데이터를 수신할 수 있는 시간을 확보한다.

로우스피드 케이블의 트래픽은 풀스피드에 비해 속도뿐만 아니라 신호의 에지 레이트와 극성도 변한다. 하향 포트에 로우스피드 디바이스를 직접 연결한 허브는 그 디바이스와 통신할 때 로우스피드 에지 레이트와 신호 극성을 사용한다. 이 허브는 상향으로 통신할 때는 풀스피드의 빠른 에지 레이트를 사용하고 극성은 로우 스피드와 반대다. 허브 중계기는 필요하다면 에지 레이트와 극성을 변환한다. 19장에서 신호 극성을 자세히 다루며, 20장에서는 에지 레이트를 다룬다.

하이스피드 중계기

USB 2.0 허브는 상향인 하이스피드 버스 세그먼트에 연결할 때 하이스피드 중계기를 사용한다. 이때 허브는 로우/풀 스피드 디바이스에서 온 트래픽이라도 상향으로는 하이스피드로 통신한다. 허브의 라우팅 회로가 하향 포트와 트랜잭션 변환기 중 어디로 전달할지 결정한다.

로우/풀 스피드 중계기와는 달리 하이스피드 중계기는 수신한 데이터 클록을 누적 지터accumulated jitter를 조정해 최소화한다. 하이스피드 중계기는 수신한 신호를 그대로 통과시키지 않고 자신의 클록으로 신호의 타이밍을 다시 맞추어 재전송한다. 에지 레이트와 극성은 바꾸지 않는다. 또한 버퍼를 탄력 있게 운영해 허브의 클록 주파수와 수신한 데이터의 타이밍 사이에 발생하는 작은 차이를 극복한다. 버퍼의 절반이 차면 수신한 데이터를 전송하기 시작한다.

트랜잭션 변환기

모든 USB 2.0 허브는 로우스피드, 풀스피드 디바이스의 통신을 관리하는 트랜잭션 변환기를 탑재해야 한다. 허브의 상향 포트가 하이스피드에 연결되어 있으면 트랜잭션 변환기는 로우/풀 스피드 디바이스가 각기 로우/풀 스피드로 계속 통신하게 보장하지만 상향으로는 하이스피드로 통신한다. 트랜잭션 변환기는 수신한 데이터를 저장하고 적절한 속도로 목표 디바이스에 전달forward하거나 전송transmit한다.

트랜잭션 변환기는 허브가 로우/풀 스피드 전송을 완료하는 동안 자신의 버스 사용권을 해제한다. 따라서 그 시간에 다른 디바이스가 버스를 이용할 수 있다. 또한 트랜잭션 변환기를 통해 호스트가 로우/풀 공용 버스상에 할당할 수 있는 대역폭보다 넓은 대역폭을 로우/풀 스피드 디바이스가 사용할 수 있다.

트래픽이 로우/풀 스피드 디바이스에 사이에 움직이고 있으면, 하이스피드 중계기는 트랜잭션 변환기를 통해 디바이스들의 트랜잭션을 관리하여 통신을 중계한다.

한 허브는 모든 포트에 대해 단일 트랜잭션 변환기를 사용할 수도 있고 허브가 포트당 하나의 트랜잭션 변환기를 부여할 수도 있다. 허브가 트랜잭션 변화기를 얼마나 갖고 있는지 알고 싶으면, 장치 관리자를 열고 **범용 직렬 버스 컨트롤러**Universal Serial Bus controllers 밑에 있는 허브를 선택하여 우클릭을 통해 허브 항목 중 **속성**Properies을 연다. 그리고 **고급**Advanced 탭을 살펴보면 된다.

섹션

트랜잭션 변환기는 그림 16-3과 같이 3개의 섹션으로 구성된다. 하이스피드 처리기는 하이스피드로 호스트와 통신하며, 로우/풀 스피드 처리기는 로우/풀 스피드로 디바이스와 통신한다. 버퍼는 로우/풀 스피드 디바이스와 통신할 때 사용하는 데이터를 저장한다. 각 트랜잭션 변환기는 최소한 버퍼를 4개 운용해야 한다. 인터럽트/등시성 시작-분할 트랜잭션에 사용하는 버퍼 1개, 인터럽트/등시성 완결-분할 트랜잭션에 사용하는 버퍼 1개, 제어/벌크 전송에 사용하는 버퍼 2개로 구성된다.

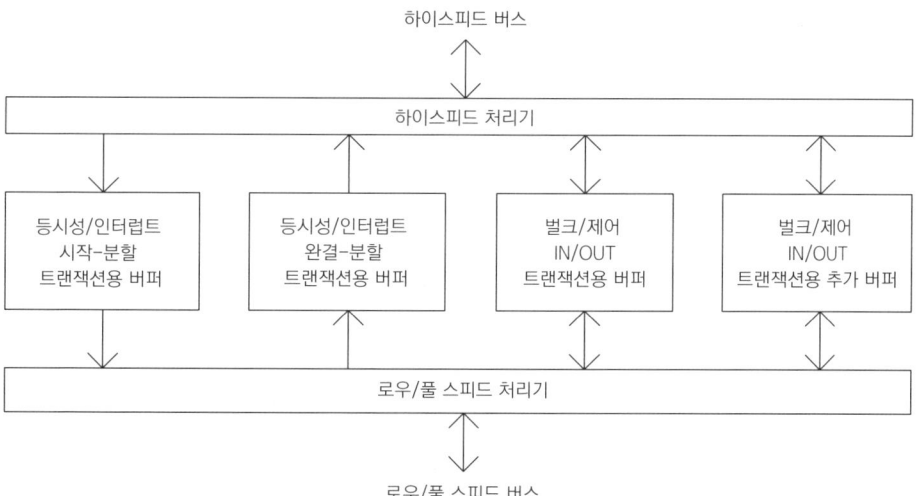

▲ **그림 16-3** 트랜잭션 변환기는 상향 트래픽용 하이스피드 처리기, 분할 트랜잭션 안에 있는 정보를 저장하는 버퍼, 하향 로우/풀 스피드 디바이스로 전송하는 로우/풀 스피드 처리기로 구성된다. 출처: Universal Serial Bus Specification Revision 2.0

분할 트랜잭션 관리

USB 2.0 호스트가 하이스피드 버스에 연결한 허브에 장착한 로우/풀 스피드 디바이스와 통신하려면 디바이스와 가장 가깝고 상향으로 하이스피드로 통신하는 USB 2.0 허브와 분할 트랜잭션을 시작해야 한다. 그림 16-4는 분할 트랜잭션의 구성을 나타낸다.

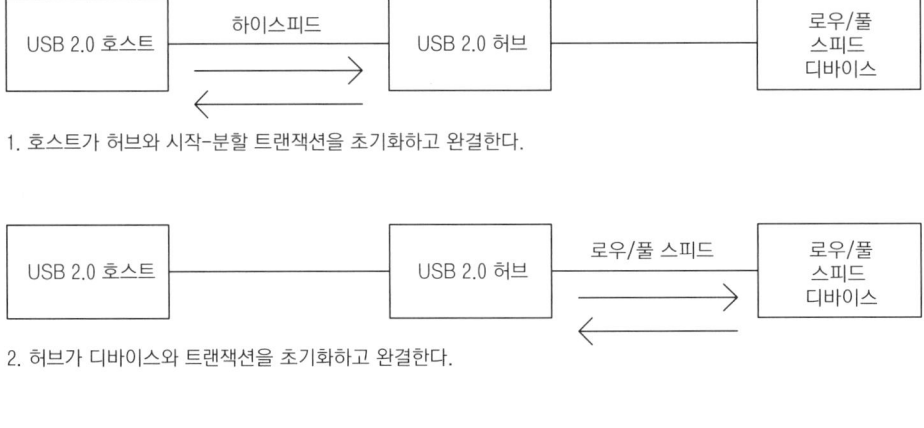

1. 호스트가 허브와 시작-분할 트랜잭션을 초기화하고 완결한다.

2. 허브가 디바이스와 트랜잭션을 초기화하고 완결한다.

3. 호스트가 허브와 완결-분할 트랜잭션을 초기화하고 완결한다.

▲ **그림 16-4** 호스트는 분할 트랜잭션 전송에서 USB 2.0 허브와 하이스피드로 통신하고, 허브는 디바이스와 로우/풀 스피드로 통신한다. 출처: Universal Serial Bus Specification Revision 2.0

1개 이상의 시작-분할 전송은 허브가 디바이스와 전송을 완결하는 데 필요한 정보를 담고 있다. 트랜잭션 변환기는 호스트로부터 이 정보를 받아 저장하고 있다가 호스트와 시작-분할 트랜잭션을 완료한다.

시작-분할 트랜잭션을 완료할 때 허브는 디바이스와 전송을 수행하는 호스트 컨트롤러 기능을 수행한다. 트랜잭션 변환기는 토큰 페이즈에서는 트랜잭션을 초기화하고, 데이터 페이즈에서는 필요에 따라 데이터를 보내거나 반환된 데이터 또는 상태 코드를 저장하며, 핸드셰이크 페이즈에서는 필요에 따라 상태 코드를 전송하거나 수신한다. 이때 허브는 디바이스와 통신할 때 필요에 따라 로우스피드나 풀 스피드를 사용한다.

허브가 디바이스와 데이터를 교환한 후 등시성 OUT을 제외한 모든 전송에서 호스트는 1개 이상의 완결-분할 트랜잭션을 시작한다. 이것은 디바이스가 반환한 정보와 트랜잭션 변환기의 버퍼에 저장돼 있던 정보를 얻기 위한 것이다. 이때 허브는 하이스피드로 트랜잭션을 수행한다.

표 16-1은 로우/풀 스피드 디바이스 트랜잭션의 구조와 내용을 각기 다른 속도에서 비교한 것이다.

▼ 표 16-1 로우/풀 스피드 디바이스가 하이스피드 버스를 사용할 때, 호스트는 디바이스와 가장 가까우면서 상향으로 하이스피드로 통신하는 USB 2.0 허브와 시작-분할(SSPLIT) 또는 완결-분할(CSPLIT) 트랜잭션을 사용한다.

버스 속도	트랜잭션 형식	트랜잭션 페이즈		
		토큰	데이터	핸드셰이크
디바이스와 로우/풀 스피드 통신	SETUP, OUT	PRE(로우스피드인 경우), 로우/풀 스피드 토큰	PRE(로우스피드인 경우), 데이터	상태(등시성은 제외)
	IN	PRE(로우스피드인 경우), 로우/풀 스피드 토큰	데이터나 상태	PRE(로우스피드인 경우), 상태(등시성은 제외)
USB 2.0 허브와 로우/풀 스피드 트랜잭션에 있는 호스트 사이의 하이스피드 통신	SETUP, OUT(등시성 OUT에서 CSPLIT 트랜잭션이 없는 경우)	SSPLIT, 로우/풀 스피드 토큰	데이터	상태(벌크/제어만)
		CSPLIT, 로우/풀 스피드 토큰	–	상태
	IN	SSPLIT, 로우/풀 스피드 토큰	–	상태(벌크/제어만)
		CSPLIT, 로우/풀 스피드 토큰	데이터나 상태	–

벌크/제어 전송

벌크/제어 전송, 시작-분할 트랜잭션에서 USB 2.0 호스트는 시작-분할 토큰 패킷(SSPLIT)을 보낸 후, 디바이스로 향하는 로우/풀 스피드 토큰 패킷과 데이터 패킷을 전송한다. 디바이스와 가장 가까우면서 상향으로 하이스피드로 통신하는 USB 2.0 허브는 전송에 대해 ACK나 NAK를 반환하고, 호스트는 다른 트랜잭션을 위해 버스 사용을 해제한다. 이때까지도 디바이스는 트랜잭션에 대해 아무것도 모르는 상태다.

시작-분할 트랜잭션에서 ACK를 반환한 후, 허브는 반드시 디바이스와 트랜잭션을 완결해야 하고 호스트나 장착된 다른 디바이스로부터 수신하는 버스 트래픽을 계속 처리해야 한다.

트랜잭션을 완결하기 위해, 허브는 호스트로부터 수신한 패킷을 적절한 스피드의 패킷으로 변환하고 해당 디바이스로 전송하며, 디바이스가 반환하는 데이터를 저장하거나 핸드셰이크한다. 디바이스는 트랜잭션 종류에 따라 데이터를 반환하거나 핸드셰이크하거나 아무런 동작을 취하지 않는다. IN 트랜잭션에서는, 허브가 디바이스로 핸드셰이크 패킷을 반환한다. 디바이스에 있어서 이 트랜잭션은 로우/풀 스피드 중 의도했던 속도로 진행 중에 있었고 이제서야 완결된 것이다. 디바이스는 해당 전송이 분할 트랜잭션인지는 알 수 없다. 이때에도 호스트는 디바이스의 응답을 받지 않은 상태다.

허브가 디바이스와 트랜잭션을 완결하는 동안, 허브는 디바이스의 허브가 제대로 처리해야 하는 다른 버스 트래픽의 초기화를 시작할 수도 있다. 허브의 독립된 하드웨어 모듈이 그 두 가지 기능을 처리한다. 허브가 충분한 시간을 갖고 디바이스와 트랜잭션을 완료했을 때는 호스트가 허브와 완결-분할 트랜잭션을 시작한다.

완결-분할 트랜잭션에서 호스트는 완결-분할 토큰 패킷(CSPLIT)을 전송하고 그 후 허브가 디바이스로부터 수신한 상태 정보나 데이터를 요청하기 위한 로우/풀 스피드 토큰 패킷을 전송한다. 이때 허브는 그 정보를 전송한다. 여기까지 이뤄지면 호스트에서 전송이 완결된 것이다. 호스트는 허브에게 ACK를 전송하지는 않는다. 허브가 전송할 패킷을 갖고 있지 않다면 NYET를 전송하며, 호스트는 나중에 다시 시도한다. 디바이스는 완결-분할 트랜잭션을 인지할 수 없다.

인터럽트/등시성 전송

인터럽트/등시성 전송에서 분할 트랜잭션 과정은 벌크와 비슷하지만 더 엄격한 타이밍을 요구한다. 두 전송에서는 디바이스가 데이터를 보낼 준비가 되면 가능한 한 빨리 호스트로 데이터를 전송하고, 새로운 데이터를 수신할 준비가 된 디바이스로 가능한 한 빨리 데이터를 전송하는 것이다. 이 타이밍을 만족시키려면 큰 패킷의 등시성 전송은 여러 개의 시작-분할이나 완결-분할을 사용해 데이터를 분할해 전송한다.

벌크/제어 전송과는 달리 인터럽트/등시성 전송에서 시작-분할 트랜잭션은 핸드셰이크 페이즈 없이 시작-분할 토큰 뒤에 IN 또는 OUT 토큰, OUT 트랜잭션에서는 데이터가 온다.

허브는 인터럽트 전송에서 디바이스와 트랜잭션을 시작하기 바로 전의 마이크로프레임에 시작-분할을 스케줄링한다. 예를 들어 프레임 안에 마이크로프레임이 0부터 7까지 있다고 가정하자. 시작-분할이 마이크로프레임 0번에 있다면 디바이스와 트랜잭션은 빠르면 1번 마이크로프레임에서 일어날 수 있다. 디바이스가 호스트로 보낼 데이터를 갖고 있거나 핸드셰이크 응답을 보내야 할 경우 빠르면 2번 마이크로프레임, 그리고 호스트는 2, 3, 4 마이크로프레임에 3개의 완결-분할 트랜잭션을 스케줄링한다. 허브가 완결-분할 트랜잭션에서 반환할 정보를 준비하지 못했다면 허브는 NYET를 전송하고 호스트는 다시 시도한다.

풀스피드의 등시성 트랜잭션은 최대 1023바이트까지 전송이 가능하다. 패킷이 큰 트랜잭션에서는 시작-분할, 완결-분할을 여러 개 이용해 각기 최대 188바이트씩 전송하고, 이를 통해 디바이스가 전송할 데이터를 갖고 있거나 수신할 준비가 되면 곧바로 데이터 전송을 개시할 수 있다. 188바이트는 마이크로프레임에 맞는 풀스피드 데이터의 최대 크기다. 단일 트랜잭션의 데이터는 시작-분할이나 완결-분할 트랜잭션을 최대 8개 요청할 수 있다.

등시성 IN 트랜잭션에서 호스트는 디바이스가 보낼 데이터가 있을 것으로 예상되는 각 마이크로프레임마다 완결-분할 트랜잭션을 스케줄링한다. 좀 더 작은 크기로 데이터를 요청하면 호스트는 가능한 한 빠른 시간 안에 데이터를 수신한다. 호스트는 데이터를 버퍼로부터 얻을 때 디바이스에서 풀스피드로 데이터를 모두 수신할 때까지 기다릴 필요가 없다.

등시성 OUT 트랜잭션에서 호스트는 시작-분할 트랜잭션 1개 이상에 데이터를 실어 전송한다. 호스트가 트랜잭션을 이렇게 스케줄링하므로 허브의 버퍼는 비는 일이 거의 없지만 가능한 한 최소 데이터는 들어 있다. 각 SPLIT 패킷에는 로우/풀 스피드 데이터 패킷에서 데이터 위치를 가리키는 비트가 있다(시작, 중간, 마지막, 전체). 완결-분할 트랜잭션에는 없다.

로우/풀 스피드 디바이스의 대역폭 사용

USB 2.0 허브는 관리용 트랜잭션에서 호스트 컨트롤러처럼 동작하므로 로우/풀 스피드 디바이스는 동일한 트랜잭션 변환기를 사용하는 로우/풀 스피드 버스의 대역폭을 공유한다. 대부분의 허브는 모든 포트에 대해 트랜잭션 변환기 1개를 제공하지만 어떤 허브는 단일 허브로 로우스피드나 풀스피드 디바이스와 연결된 각 포트에 트랜잭션 변환기를 제공하는 경우도 있다.

풀스피드 디바이스 2개가 하이스피드 버스에서 각기 하나씩 트랜잭션 변환기를 갖는다면 각 풀스피드 디바이스는 트랜잭션 변환기 하향의 풀스피드 대역폭을 모두 사용할 수 있다. 허브가 하이스피드로 변환할 때 풀스피드 트래픽은 하이스피드 대역폭의 일부만 사용한다.

그러나 벌크 트랜잭션에서는 각 분할 트랜잭션 안에서 호스트와 추가 트랜잭션이 발생한다. 따라서 버스가 하이스피드 벌크 트래픽을 전송하느라 이미 혼잡하기 때문에 이 버스에 연결한 풀스피드 디바이스의 전송 속도 저하가 일어난다.

허브 컨트롤러

USB 2.0 허브 컨트롤러는 호스트와 허브 사이의 통신을 관리한다. 모든 디바이스에서 그렇듯이 호스트는 디바이스에 관한 정보를 얻기 위해 새로 발견한 디바이스에 대한 열거를 실시한다. 열거 과정에서 얻는 허브 디스크립터는 해당 허브의 포트 개수를 호스트에 알린다. 호스트는 허브의 열거 과정이 끝난 후 장착한 디바이스가 있는지 허브에 요청한다. 이 과정이 끝나면 호스트는 열거를 수행한다.

호스트는 Get Port Status 허브 클래스 리퀘스트를 전송해서 디바이스를 포트에 장착했는지 알아낸다. 이는 Get Status 리퀘스트와 비슷하지만 허브로 직접 전송하며, wIndex 필드에 포트 번호를 지정할 수 있다. 허브는 디바이스 장착 여부, 서스펜드 상태 등 디바이스 상태를 알 수 있는 16비트 값 2개를 반환한다.

허브 컨트롤러는 버스 활동이 멈췄거나 시끄러운 에러가 난 포트를 반드시 비활성화해야 한다. 이런 상황은 예상했던 EOP가 없이 패킷이 끝났을 때 발생한다. 시끄러운 에러란 디바이스가 EOP 이후에도 계속해서 데이터를 전송했을 때 발생하는 에러다.

각 허브는 인터럽트 IN 트랜잭션으로 설정된 상태 변경Status Change 엔드포인트를 갖는다. USB 2.0 호스트는 이 엔드포인트를 폴링으로 검사해 허브가 보고할 내용이 있는지 알아낸다. 각 폴링 검사에서 허브 컨트롤러는 포트나 허브에 변경이 없거나 데이터가 없으면 NAK를 반환한다. 포트의 상태 변경이 보고되면 호스트는 더 자세한 내용을 얻기 위한 리퀘스트를 보내고 필요한 동작을 취한다. 예를 들어, 허브가 새로운 디바이스를 장착했다고 보고하면 호스트는 해당 디바이스에 대한 열거를 시도한다.

속도

외장 USB 2.0 허브의 하향 포트는 로우스피드, 풀스피드, 하이스피드를 지원해야 한다. 상향에 있어서는 USB 2.0 허브의 상향 세그먼트가 하이스피드면 허브는 하이스피드로 통신한다. 그렇지 않으면 허브는 상향으로 로우/풀 스피드로 통신한다.

속도에 따른 트래픽 필터링

로우스피드 디바이스는 풀스피드 데이터를 수신할 수 없으므로 허브는 풀스피드 트래픽을 로우스피드 디바이스로 중계하지 않는다. 그렇게 하지 않으면 로우스피드 디바이스는 풀스피드 트래픽을 로우스피드 데이터로 해석을 시도해 그것을 정상 데이터로 착각할 수도 있다. 게다가 로우스피드 케이블로 전송된 풀, 하이 스피드 데이터는 EMI_{electromagnetic interference} 방사 문제를 일으킬 수도 있다. 허브는 반대 방향으로는 수신한 로우스피드 데이터를 상향으로 중계한다.

로우/풀 스피드 디바이스는 하이스피드 데이터를 수신할 수 없다. 따라서 USB 2.0 허브는 USB 1.1 허브 등 저속 디바이스로는 하이스피드 트래픽을 중계하지 않는다.

디바이스 속도 감지

장착 시점에서 모든 USB 2.0 디바이스는 로우스피드나 풀스피드를 지원해야 한다. 허브는 IDLE 신호선에서 어느 신호선이 더 양극인지 감지하는 방식으로 장착한 디바이스가 로우스피드 디바이스인지 풀스피드 디바이스인지 알아낸다. 그림 16-5는 이를 나타낸 것이다. 4장에서 설명한 바와 같이, 허브는 D+/D- 선에 14.25k~24.8kΩ의 풀다운 저항을 갖는다. 새로 장착한 디바이스는 풀스피드일 때 D+, 로우스피드일 때 D-에 900~1575Ω의 풀업을 갖는다. 디바이스를 포트에 장착할 때 풀업이 있는 선의 전압은 허브가 논리 신호 1로 판별할 수 있는 강도 이상이다. 즉 허브는 전압을 검출해 디바이스 장착을 판별하며, 어느 선에 풀업이 있느냐에 따라 속도를 판별한다.

풀스피드 디바이스임을 판별한 후, USB 2.0 허브는 하이스피드 감지용 핸드셰이크로 해당 디바이스가 하이스피드를 지원하는지 판단한다. 이 핸드셰이크는 열거 과정 중 허브가 시작하는 RESET 상태에서 이뤄진다. 핸드셰이크가 성공하면 디바이스는 자신의 풀업을 없애고 하이스피드로 통신한다. USB 1.1 허브는 이 핸드셰이크를 무시하며, 핸드셰이크가 실패하면 디바이스에게 반드시 풀스피드를 이용하라고 알린다. 19장에서 이 핸드셰이크에 대해 좀 더 다룬다.

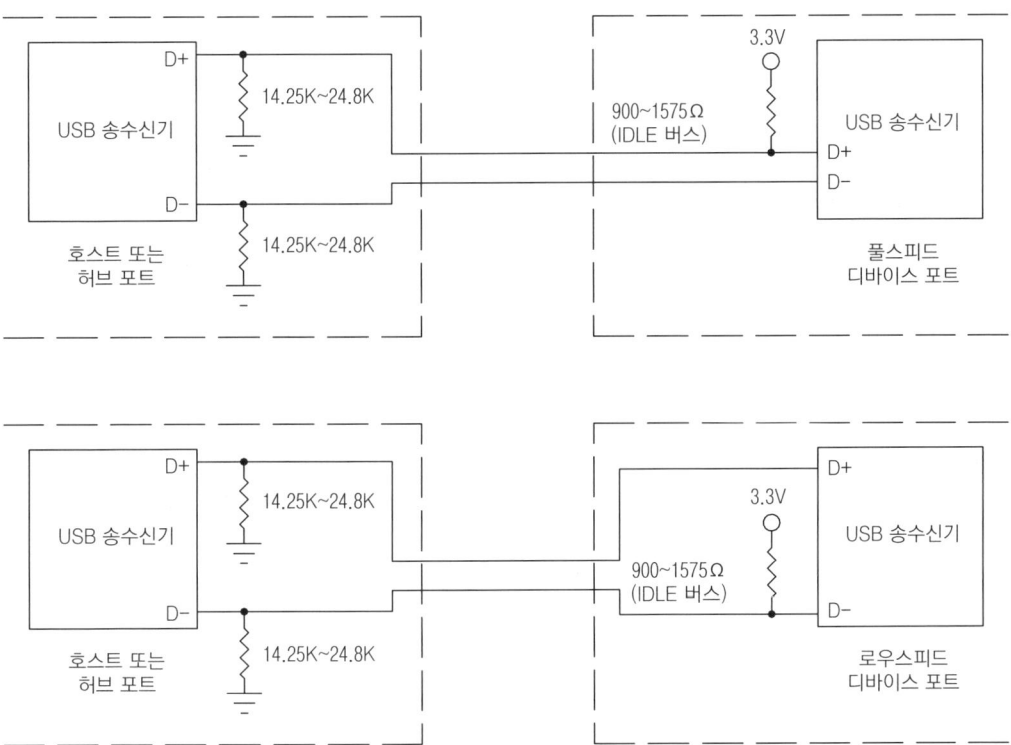

▲ 그림 16-5 디바이스상의 포트는 허브의 포트보다 강한 풀업을 갖는다. 풀업의 위치는 허브에게 디바이스가 로우스피드인지 풀스피드인지 알려준다. 하이스피드 디바이스는 장착 당시에는 풀스피드 디바이스로 인식된다. 출처: Universal Serial Bus Specification Revision 2.0

활성 링크 관리

SOF 패킷은 풀/하이 스피드 디바이스가 IDLE 상태의 버스상에서 서스펜드 상태로 진입하지 못하게 만든다. IDLE인 풀스피드 버스에서 호스트는 한 프레임에 한 번씩 SOF를 계속 전송하고, 허브는 이 패킷들을 호스트에 연결한 풀스피드 디바이스에게 전달한다. IDLE인 하이스피드 버스에서 호스트는 마이크로프레임 1개에 한 번씩 SOF를 계속 전송하며, 허브는 이 패킷들을 하이스피드 디바이스에 전달한다. 풀스피드 디바이스가 상향으로 하이스피드 통신이 가능한 USB 2.0 허브에 장착되어 있는 경우 역시 프레임마다 한 번씩 허브로부터 SOF를 수신한다.

로우스피드 디바이스는 SOF를 알아볼 수 없다. 대신 허브는 최소한 한 프레임에 한 번씩 로우스피드 EOP$_{\text{End-of-Packet}}$(19장에 정의되어 있음) 신호를 로우스피드 디바이스에 전송해야 한다. 이 신호는 로우스피드 활동이 없는 버스상에서 디바이스가 서스펜드 상태로 들어가는 것을 방지하는 킵얼라이브$_{\text{keep-alive}}$(깨움 유지) 신호와 같은 기능을 한다. 호스트는 허브에게 포트 하나의 버스를 서스펜드하는 것도 요청할 수 있다. 허브가 서스펜드 상태를 관리하는 방법에 대해서는 17장에서 자세히 설명한다.

USB 3.1

USB 3.1 허브는 로우스피드, 풀스피드, 하이스피드를 지원하는 USB 2.0 허브와 슈퍼스피드 허브 및 슈퍼스피드 플러스 허브를 갖춘 인핸스드 슈퍼스피드 허브로 구성되어 있다(그림 16-6). USB 2.0과 인핸스드 슈퍼스피드 허브는 VBUS를 제어하는 공유 회로를 제외하면 독립적으로 움직인다. 호스트는 열거할 때 USB 3.1 허브를 2개의 허브로 인식한다. 이 허브는 상향으로 하이스피드와 인핸스드 슈퍼스피드로 동시에 통신할 수 있는 포트를 갖춘 유일한 디바이스다.

버스 속도

허브의 상향 포트 속도는 하향 포트의 최대 속도를 결정한다. 상향 포트가 슈퍼스피드 플러스로 연결돼 있으면 허브는 하향 디바이스와 어떤 속도로도 통신이 가능하다. 상향 포트가 슈퍼스피드로 연결돼 있으면 허브는 하향으로 슈퍼스피드와 USB 2.0 속도로 통신할 수 있다. 상향 포트가 하이스피드로 연결됐다면 허브는 하향 디바이스와 로우스피드, 풀스피드, 하이스피드로 통신할 수 있다. USB 3.1 허브가 상향 풀스피드로 연결돼 있다면 허브는 하향 디바이스와 로우/풀 스피드로만 통신할 수 있다. 내부에 탑재된 디바이스와 연결된 하향 포트는 한 가지 속도만 지원한다.

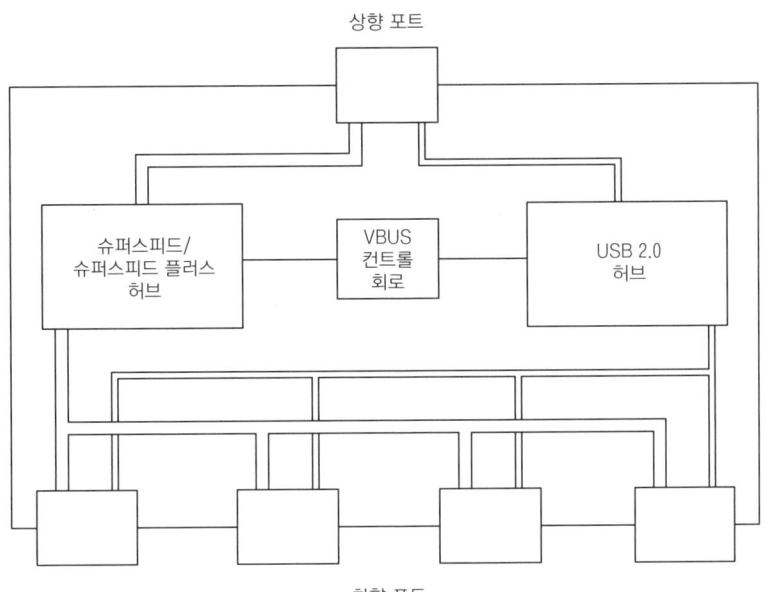

▲ **그림 16-6** USB 3.1 허브는 USB 2.0 허브와 슈퍼스피드/슈퍼스피드 플러스 허브를 탑재한다. 출처: Universal Serial Bus 3.1 Specification Revision 1.0

하향 슈퍼스피드/슈퍼스피드 플러스 디바이스에서 오는 트래픽은 허브의 상향 포트에서 인핸스드 슈퍼스피드 데이터 신호선을 이용하고, 하향 로우스피드, 풀스피드, 하이스피드 디바이스에서 오는 트래픽은 USB 2.0 데이터 신호선을 사용한다. USB 2.0 허브처럼 USB 2.0 신호선에서 모든 상향 트래픽은 하이스피드를 사용한다(USB 허브가 USB 1.1 허브의 상향에 위치하지 않는 경우로 한정한다).

슈퍼스피드

USB 3.1 허브에 있는 슈퍼스피드 컴포넌트는 데이터 중계기/전달기와 허브 컨트롤러를 갖춘다. 허브는 데이터 패킷을 중계하고 헤더 패킷을 저장/전달한다. 이 허브는 중계를 시작하기 전에 데이터 패킷을 일부만 저장할 수 있다. 이 허브는 같은 하향 포트로 향하는 8개의 헤더 패킷과 하향 포트에서 수신한 8개의 헤더 패킷을 저장할 수 있어야 한다.

USB 2.0 허브의 허브 중계기와 같이 중계기/전달기는 수신한 패킷을 재전송하고, 디바이스 장착과 제거를 감지하며, 디바이스와 버스의 연결 확립, 과전류 상황 같은 버스 에러 검출, 디바이스 공급 전원 관리도 수행한다.

허브를 통과해 전달되는 트래픽은 버퍼로 관리한다. 저전력 상태로 진입한 하향 디바이스는 버퍼에 패킷 헤더를 저장한 다음, 저전력 상태에서 빠져나와 트래픽을 수신할 수 있다. 또한 동시에 여러 하향 디바이스로부터 비동기 메시지를 수신하고, 수신한 데이터를 저장해 중계하는 것도 버퍼의 역할이다. 전송을 재시도하려면 데이터 패킷 전송 후 링크 수준 응답을 받기 전까지 패킷을 버퍼 안에 유지한다.

USB 2.0 허브처럼 슈퍼스피드 허브 컨트롤러도 호스트와 허브 사이의 통신을 관리한다. 허브는 인터럽트 IN 상태 변경Status Change 엔드포인트로 상태 정보를 전송한다. 허브가 보고할 정보가 있으면 호스트로 ERDY 트랜잭션 패킷을 전송한다.

슈퍼스피드 플러스

USB 3.1 허브에 있는 슈퍼스피드 플러스 컴포넌트는 각 포트를 위한 슈퍼스피드 플러스 허브 컨트롤러와 슈퍼스피드 플러스 상향 컨트롤러, 슈퍼스피드 플러스 하향 컨트롤러로 구성되어 있다(USB 3.0 허브에는 이들 컴포넌트가 없다). 이 허브는 저장 후 전달store-and-forward 아키텍처를 사용한다. 즉 허브가 데이터 패킷을 상향 또는 하향으로 보내기 전에 데이터 패킷을 저장한다. 결과적으로 슈퍼스피드에서 동작하는 허브의 중계/전달 아키텍처와 비교하면 스케줄링 측면에서 더 효과적이다.

상향 컨트롤러는 상향으로부터 수신한 패킷을 버퍼링하고, 상향으로 전송하기를 기다리는 패킷에 대해 우선순위 결정을 중재하고 버퍼링한다. 하향 컨트롤러들은 하향에서 받은 패킷을 버퍼링하고 하향으로 전송하기를 기다리는 패킷에 대해 우선순위 결정을 중재하고 버퍼링하며, 받은 패킷을 상향 컨트롤러로 라우팅한다.

슈퍼스피드 플러스 허브는 슈퍼스피드 허브에는 없는 다음과 같은 기능이 있다.

- 슈퍼스피드 엔드포인트와 슈퍼스피드 플러스 IN 엔드포인트에 대해 트랜잭션을 섬세하게 스케줄링함
- 슈퍼스피드 플러스 버스상의 패킷을 섞고 재배치함

트래픽 관리

호스트는 허브 열거 중 허브에 허브 깊이 값을 할당하기 위해 Set Hub Depth 리퀘스트를 전송한다. 이 값은 해당 허브와 루트 허브 사이에 위치한 허브의 개수다. 루트 허브에 직접 장착한 허브의 허브 단계 값은 0이다. 이 허브의 하향 포트에 장착한 허브의 허브 단계 값은 1이다. 마찬가지로 이 허브에 장착한 허브의 허브 단계 값은 2다. 이와 같은 방법으로 허브 단계 값은 4까지 부여할 수 있다. USB 2.0 규격의 버스 토폴로지는 루트 허브를 티어$_{tier}$ 1로 정의한다. 따라서 허브 단계 값은 허브의 티어 - 2가 된다

USB 2.0 허브와 달리 USB 3.1 허브는 하향 트래픽을 브로드캐스팅하지 않는다. 대신 트래픽을 본래 목표한 디바이스로만 전송한다. 브로드캐스팅 대신 라우팅을 사용하므로 버스가 계속해서 특정 디바이스로 트래픽을 전송하는 중이어도 호스트와 통신하지 않는 포트는 저전력 상태로 진입할 수 있다. 상향 전송에서 이 허브는 USB 2.0 허브처럼 모든 트래픽을 호스트로 라우팅한다.

호스트로부터 패킷을 수신하면 허브는 자신의 허브 단계 값과 패킷 헤더의 라우팅 문자열$_{Route String}$을 이용해 해당 패킷을 허브가 처리할지 하향 포트로 전송할지 결정한다. 라우팅 문자열은 4비트 필드 5개다. 각 필드는 패킷이 전송되는 길목에 있는 최대 5개의 외장 허브 중 허브 하나에 대한 정보를 담고 있다. 허브 깊이 값은 패킷을 라우팅해야 할 포트의 번호를 갖거나 패킷의 목적지가 허브 자신일 경우 0을 갖는다. 라우팅 문자열의 필드는 4비트이므로 USB 3.1 허브는 최대 15개의 하향 포트를 갖는다. 설정되지 않은 허브는 모든 패킷의 목적지가 허브 자신이라고 가정한다.

허브 클래스

허브는 허브 클래스의 멤버다. 허브 클래스는 주 USB 2.0과 USB 3.1 규격에 정의되어 있는 유일한 디바이스 클래스다.

허브 디스크립터

허브 디스크립터는 지원하는 전력 스위칭 모드, 과전류 보호 등의 허브 특화 기능에 대한 정보를 호스트에 알려준다. USB 3.1 허브의 허브 디스크립터는 USB 3.1 기능을 지원하는 부가 필드를 갖는다. 호스트는 Get Hub Descriptor 제어 리퀘스트로 허브 디스크립터를 요청할 수 있다.

슈퍼스피드에 연결된 허브는 SUPERSPEED_USB 디바이스 기능 디스크립터를 반환해야 한다. 이 디스크립터는 슈퍼스피드 통신에서 지원하는 속도와 특성, 지연 값에 관한 설명을 제공한다. 슈퍼스피드 플러스에 연결된 허브는 SUPERSPEED_PLUS 디바이스 기능 디스크립터를 반환해야 한다. 이 디스크립터는 슈퍼스피드 플러스 통신에서 지원하는 특성과 기능에 관한 설명을 제공한다. 인핸스드 슈퍼스피드 허브는 CONTAINER_ID 디바이스 기능 디스크립터 또한 제공해야 한다. 이 디스크립터는 디바이스 인스턴스를 식별한다. Container ID는 디바이스 안에 있는 USB 2.0과 USB 3.1 허브 기능을 나타내는 값과 같다.

허브 클래스 리퀘스트

호스트는 허브 클래스 리퀘스트를 이용해 상태 정보를 얻고 허브와 포트 특성을 설정하거나 삭제하며, 트랜잭션 변환기를 감시하거나 제어할 수 있다.

17장

전원 관리

USB 인터페이스는 디바이스가 필요한 경우 전원을 공급할 수 있고, 디바이스가 IDLE일 때는 사용 전력을 절약할 수 있으며, 배터리를 충전할 수 있다. 'USB Power Delivery Rev. 2.0, v1.0' 규격을 지원하는 호스트와 디바이스는 더 높은 전압과 전류를 사용할 수 있으며 전력 공급을 적절히 조절할 수 있을 뿐만 아니라 디바이스에서 호스트 방향으로 전력을 흘릴 수도 있다.

17장에서는 USB가 전력을 관리하는 방법을 비롯해, 버스 전원과 자체 전력 공급기 중 디바이스가 어느 것을 사용할 수 있을지 판별하는 방법을 다룬다.

전원 옵션

USB 케이블은 전원선과 접지선을 갖추고 디바이스에서 전력을 공급한다. 어떤 디바이스는 자체 전원을 사용하고 어떤 디바이스는 버스 전원에 의존한다. 버스 전원과 자체 전원을 모두 사용하는 경우도 있다. 자체 전원을 사용하는 디바이스는 최소한 케이블상의 VBUS 전압의 존재를 검출할 수 있어야 한다.

이 기능들은 다음부터 설명하는 'USB Power Delivery Rev. 2.0, v1.0'의 확장 기능에는 포함되어 있지 않으며, 이 장의 후반부에서 따로 설명한다.

버스 전류의 사용

USB 2.0은 버스로부터 100mA까지 소모하는 디바이스를 저전력 디바이스로 정의하고, 500mA까지 소모하는 디바이스는 고전력 디바이스로 정의한다. 자체 전원 디바이스는 버스로부터는 100mA를 사용할 수 있고 디바이스의 전원 장치가 공급하는 만큼 사용할 수 있다.

자체 전원 USB 2.0 디바이스는 디바이스가 서스펜드 상태가 아니면 버스로부터 언제든지 100mA의 전류를 얻을 수 있다. 이런 기능이 있으므로 디바이스의 전원 공급 장치가 꺼져 있어도 디바이스의 USB 인터페이스가 동작할 수 있고 호스트가 디바이스를 감지하고 열거할 수 있다. 반대로 디바이스의 풀업은 버스 전원이지만 인터페이스의 나머지는 자체 전원을 사용하면 호스트는 디바이스를 감지할 수는 있더라도 디바이스와 통신을 할 수는 없다.

고전력 디바이스는 저전력에서 열거를 할 수 있어야 한다. USB 2.0 디바이스를 버스에 연결하면 호스트가 디바이스를 설정할 때까지 버스로부터 100mA까지만 사용할 수 있다. 단, 디바이스가 서스펜드 상태 진입을 요청할 때는 제외다. 호스트는 컨피규레이션 디스크립터를 가져온 다음 bMaxPower에서 현재 요청된 전류량을 살펴본 후 해당 전류량을 사용할 수 있으면 컨피규레이션을 지정하는 Set Configuration 리퀘스트를 보낸다. 이후부터는 디바이스가 버스에서 bMaxPower만큼의 전류를 얻을 수 있다. 하지만 실제로 호스트와 허브는 bMaxPower에 명시된 정확한 요청 값 대신 디바이스에 100mA나 500mA를 할당하는 경우가 많다. 'USB Power Delivery Rev. 2.0, v1.0'을 지원하는 호스트와 허브는 버스 전류를 더욱 정밀하게 관리할 수 있다.

이런 제한은 평균이 아니고 절대적 최댓값이다. 또한 VBUS는 5.5V까지 허용되는데, 더 높은 전압에서 더 많은 전류 소모를 대응할 수 있기 때문이다.

'USB Power Delivery Rev. 2.0, v1.0'에 정의된 부분을 제외하면, 디바이스는 상향으로는 절대로 전원을 제공하지 않는다. 심지어 D+/D- 풀업 저항도 VBUS가 존재하기 전에는 전원 공급을 금지한다. 디바이스가 상향으로 전원을 제공하면 PC가 부팅이 안 되거나 서스펜드 상태에서 복구를 못 하기도 하고 허브가 하향 디바이스를 열거하지 못하기도 하며, 상향 디바이스로도 문제를 일으킨다. USB-IF의 규격 준수 테스트는 디바이스가 상향으로 전력을 공급하지 않는지 검증하는 역전압 테스트를 포함하고 있다. 자체 전원 디바이스는 디바이스가 버스 전원을 사용하지 않더라도 VBUS가 존재하는지 감지하기 위해 VBUS와 연결한 전선이 있어야 한다. VBUS가 제거되면 디바이스는 10초 이내에 풀업 전압을 내려야 한다.

슈퍼스피드와 슈퍼스피드 플러스에 디바이스를 연결할 때는 같은 규칙을 따르지만 저전력/자체 전원 디바이스에서 150mA, 고전력 디바이스에서는 900mA로 더 높은 제한을 둔다.

장착 시 전류 제한

본래의 USB 규격에서는 디바이스가 어떤 전원 상태에서도 서스펜드 상태로 진입할 수 있다. 이 요구사항을 준수하는 것은 꽤 어려운 문제라서 'USB 2.0 Connect Timing Update' ECN에서는 규칙을 완화해 단지 연결된 디바이스에서만 적용했다.

이 ECN에 따르면 디바이스가 서스펜드 상태로 들어가지 않아도 되고, 상향 버스 세그먼트의 조건이 서스펜드로 진입하라고 지시하는 경우를 제외하면 연결된 후 1초 이내에 버스 전류 사용을 감소시키면 된다. USB 2.0 디바이스는 D+/D-가 풀업일 때 연결되어 있다고 가정한다.

디바이스 장착 감지

임베디드 시스템의 USB 호스트는 전력을 아끼기 위해 VBUS를 끄기도 하지만 장착된 디바이스가 VBUS가 꺼진 것을 감지하는 기능이 필요할 때도 있다. 21장에서는 ADP_{Attach Detection Protocol}(장착 감지 프로토콜)에 대해 설명한다. 이 프로토콜을 통해 VBUS가 꺼져 있을 때에도 디바이스 장착을 감지할 수 있다.

Device Capacitance ECN(디바이스 정전용량 ECN)을 따르는 USB 2.0 규격 디바이스는 VBUS 선의 잉여 정전용량을 통해 ADP 기능을 사용할 수 있다. 이 ECN에서는 디바이스의 상향 포트상에서 VBUS와 GND 사이에 1~10μF의 정전용량을 지시하고 있다.

버스 전압

VBUS와 GND 선 사이의 명시적인 전압은 USB 케이블에서 5V이지만 호스트나 허브에서 VBUS의 하향 포트는 어느 곳에서든 4.45~5.5V의 값이 될 수 있다. 케이블과 커넥터에서 일어나는 전압 손실과 기타 손실이 조금 있더라도 디바이스 포트에서 정상적으로 동작해야 한다. USB 2.0, USB 3.1 규격의 ECN에서는 최대 VBUS 전압을 5.25V에서 5.5V로 올렸다. USB C형 커넥터를 사용하는 링크에서는 5A까지 전류를 흘릴 수 있는데, 이때는 좀 더 높은 전압을 사용해 하향 전압의 전기적 유실을 막을 수 있다.

다음은 하향 포트상의 커넥터에서 유효한 최소, 최대 전압 값이다.

허브 유형	USB 버전	포트당 사용 가능한 전류(mA)	허브 포트의 VBUS(V)	
			최소	최대
고전력	2.0	500	4.75	5.5
	3.1	900	4.45	5.5
저전력	2.0	100	4.4	5.5
	3.1	150	4.45	5.5

VBUS가 상향 허브 포트에서 4.4V 이상이기만 하면, 저전력 USB 2.0 디바이스의 전 기능이 동작해야 하고 저전력 포트에 장착한 고전력 USB 2.0 디바이스의 열거 리퀘스트에 대해서는 최소한 응답해야 한다. 모든 USB 3.1 디바이스는 디바이

스의 상향 포트에서 VBUS가 4.0V 이상이기만 하면 열거 리퀘스트에 대해서는 응답해야 한다. 0.1V 정도 많이 공급되는 순간 과공급 상태가 발생하면 전압 하강이 순간적으로 일어날 수 있다.

USB 컨트롤러 칩은 보통 5V나 3.3V 전원을 사용하지만, 드물게 1.2V를 사용하기도 한다. 3.3V나 1.2V 전원을 사용하는 디바이스는 저렴한 로우드롭아웃 리니어 레귤레이터low-dropout linear regulator를 사용해 VBUS 전압을 얻는다. 5V가 필요한 디바이스는 스텝업 스위칭 레귤레이터step-up switching regulator를 통해 VBUS를 얻는다.

버스 전원 디바이스

버스 전원 디바이스는 배터리나 벽 소켓에 부착된 전원 공급 장치가 필요 없다. 내장 전원 공급 장치가 없으므로 이런 디바이스는 작고 가벼울 뿐만 아니라 제조 단가도 싸다. 그림 17-1은 디바이스가 버스 전원을 사용할 것인지 결정할 때 참고할 수 있는 도표다.

최대 100mA를 요구하는 디바이스는 어떤 호스트나 허브에서든 버스 전원을 사용할 수 있다. 최대 500mA를 요구하는 디바이스는 자체 전원 허브나 배터리 전원을 사용하는 호스트를 제외하면 호스트에 장착했을 때 모든 호스트에서 버스 전원을 사용할 수 있다.

USB 3.1 버스에서 인핸스드 슈퍼스피드 디바이스는 USB 3.1 허브에서 150mA를 사용할 수 있고, 일부 배터리 전원 호스트를 제외하면 호스트에 장착했을 때 모든 호스트에서 900mA까지 사용할 수 있다.

USB 충전기에 연결했을 때를 제외하면, 호스트가 Set Configuration 리퀘스트를 통해 디바이스에게 더 많은 전류를 허가하는 설정을 하기 전에는 어떤 디바이스도 100mA(USB 2.0)나 150mA(USB 3.1) 이상 소모하면 안 된다. 디바이스는 서스펜드 상태에서 전력 소모를 제한해야 한다.

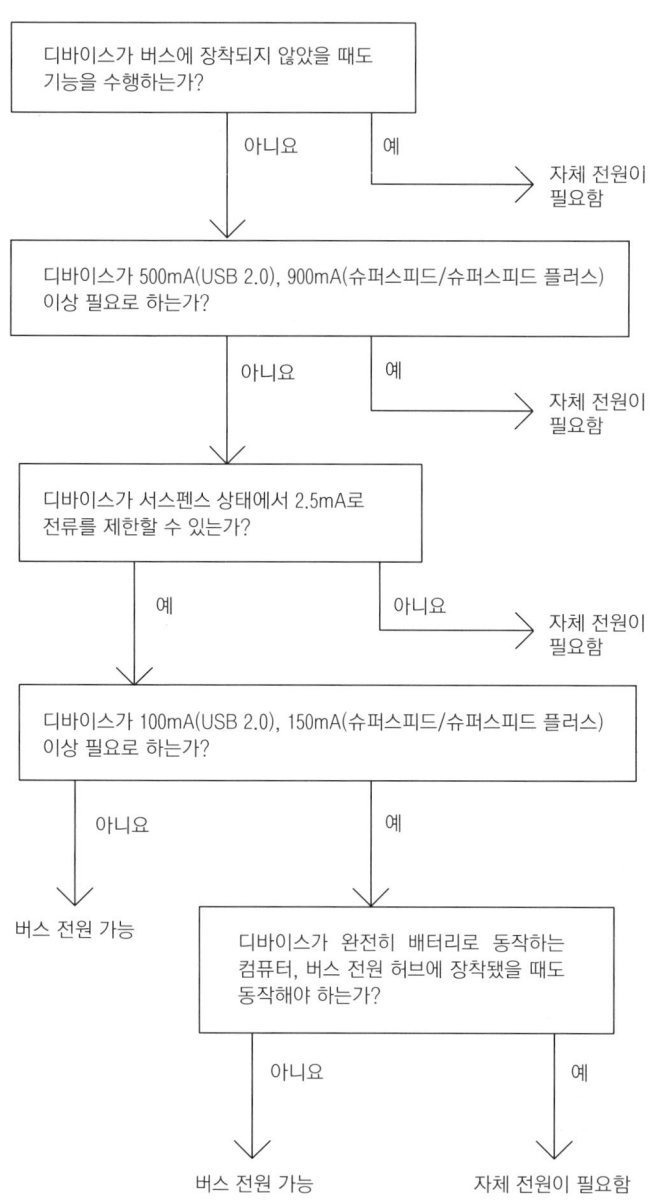

▲ **그림 17-1** 일부 디바이스는 필요한 전원을 버스로부터 모두 얻기도 한다.

디지털 카메라 등 호스트에 장착하지 않았을 때도 본연의 기능을 수행하기 위해 자체 전원이 필요한 디바이스도 있다. 자체 전원은 배터리나 콘센트로부터 얻을 수 있다. 디바이스는 서스펜드 상태에서는 버스로부터 아주 적은 전류만 얻을 수 있기 때문에 자체 전원을 통해 디바이스의 버스 세그먼트가 서스펜드됐을 때도 동작할 수 있는 디바이스도 있다.

호스트는 열거 중에 디바이스가 자체 전원을 사용하는지 버스 공급 전원을 사용하는지 파악하고 디바이스가 버스로부터 끌어쓸 수 있는 최대 전류 값에 관한 정보를 얻는다. 모든 허브는 디바이스에 과다한 전류가 흐르는 것을 막는 과전류 방지 기능을 갖춰야 한다.

허브 전원

허브에서 사용하는 전원은 특별한 고려가 필요하다. 허브는 허브에 장착된 하향 디바이스의 전원을 제어해야 하고, 전력 소모를 감시해야 하며, 디바이스가 너무 많은 전류를 사용하거나 안전상의 문제가 있을 때를 대비해야 한다.

전원 소스

루트 허브는 호스트로부터 전원을 얻는다. 기타 허브는 자체 전원이나 버스 전원 중 하나를 쓴다.

호스트가 콘센트나 기타 외부 소스로부터 전원을 사용하면 USB 2.0 루트 허브는 각 포트당 500mA를 책임지고 공급해야 한다. 호스트가 배터리 전원을 쓴다면 허브는 각 포트당 500mA나 100mA 중 하나를 공급할 수 있다. 포트당 500mA를 공급하는 허브는 고전력 허브이고, 포트당 100mA를 공급하는 허브는 저전력 허브다.

버스 전원을 사용하는 모든 USB 2.0 허브의 하향 디바이스는 저전력이어야 한다. USB 2.0 허브는 500mA 이상 끌어 쓸 수 없으며, 자신도 전류를 조금 소모하기 때문에 장착한 모든 디바이스는 500mA 이하로 유지해야 하기 때문이다. 따라서 버스 전원 허브 2개를 일렬로 연결하는 것은 좋지 않다. 상향 허브는 각 하향 포트로 100mA 이상 보증하지 않으며, 두 번째 허브도 각기 100mA를 요구하는 1개 이상의 하향 포트를 지원해야 하므로 전류가 충분하지 않기 때문이다.

버스 전원을 사용하는 복합 디바이스는 예외다. 이런 디바이스는 허브와 1개 이상의 하향, 탈착 불가능한 디바이스로 구성된다. 이런 경우 허브의 컨피규레이션 디스크립터는 허브의 전력에 허브의 고정 디바이스를 더해 최대 전원 소모를 보고할 수 있다. 탈착 불가능한 디바이스를 위한 컨피규레이션 디스크립터는 디바이스가 bMaxPower = 0x00인 자체 전원 디바이스인 것처럼 보고한다. 허브 디스크립터는 허브의 포트가 탈착 가능한지 감지한다.

USB 2.0 버스 전원 허브는 다른 고전력/버스 전원 디바이스와 마찬가지로, 설정 전에는 100mA까지 사용할 수 있고, 설정이 끝나면 최대 500mA까지 사용할 수 있다. 설정하는 동안 허브는 사용할 수 있는 전류를 관리해 허브와 디바이스가 소모하는 전류의 합이 허용되는 전류를 초과하지 않게 해야 한다.

자체 전원 허브는 다른 자체 전원 디바이스와 마찬가지로, 버스에서 100mA까지 사용할 수 있으므로 허브의 전원 공급이 꺼질 때도 허브 인터페이스는 계속 동작할 수 있다. 허브의 전원이 콘센트에서 오는 AC 전원처럼 외부 소스이면 허브는 고전력이며 허브의 각 포트에 500mA를 공급할 수 있어야 한다. 허브가 배터리 전원을 사용하면 허브는 각 포트에 100mA나 500mA 중 하나를 공급할 수 있다.

자체 전원 허브의 전원 공급 장치를 제거하거나 끄면, 허브는 설정됨Configured 상태를 유지하고, 하향 포트를 전원 끔Powered Off 상태로 전환해야 하며, 허브의 상태 변경Status Change 엔드포인트를 통해 변경 내역을 호스트에게 알려야 한다.

USB 3.1 허브는 고전력일 때 포트당 900mA를, 저전력일 때 포트당 150mA를 제공할 수 있다. USB 3.1 허브의 상향 포트를 연결하지 않으면, 허브가 USB 배터리 충전 규격을 지원하지 않는 한 하향 포트로 전원을 제공하지 않는다.

과전류 방지

허브는 안전 장치로서 장착된 모든 디바이스가 사용하는 전류 총합이 정해놓은 값을 초과할 때 발생하는 과전류 상태를 감지할 수 있어야 한다. 허브의 포트 회로가 과전류 상태를 감지하면 해당 포트의 전류를 제한하고 허브는 호스트에 문제를 알려준다.

과전류 동작을 일으키는 전류는 5A 이하여야 한다. 순간적으로 고전류가 발생하는 과도transient 전류에 대비하려면 과전류 값은 디바이스를 위한 최대 허용 전류의 합보다 커야 한다. 최악의 경우 고전력, 버스 전원 USB 2.0 하향 디바이스 7개가 최대 3.5A까지 전류를 사용할 수 있다. 그러므로 하향 포트가 7개 있는 자체 전원 허브의 전원 공급 장치는 최악의 경우라도 최소 5A는 공급할 수 있어야 한다. 허브 1개는 다중 과전류를 대비한 구현을 할 수 있다.

어떤 디바이스는 버스에 장착할 때 순간적으로 큰 유입 전류가 흐른다. 일반적으로 이 유입 전류는 보호회로의 하향 커패시터capacitor가 저장해둔 에너지에서 발생하기 때문에 과전류 보호회로가 발견하지 못한다. 유입 전류가 너무 크면 순간적인 VBUS 전압 강하를 일으켜 장착된 디바이스의 연결이 끊길 수 있다. 따라서 호환성 테스트에서는 유입 전류도 측정한다.

전원 스위칭

버스 전원 허브는 제어 리퀘스트를 받아서 하향 포트의 전원을 공급하고 끊을 수 있는 전원 스위칭을 제공해야 한다. 스위치 1개로 모든 포트를 제어하거나 개별적으로 스위칭할 수도 있다. 자체 전원 허브는 전원 꺼짐 상태를 스위칭하도록 지원해야 하고 제어 전송을 통한 전원 스위칭을 제공하기도 한다.

전력 절감

추가 저전력 상태는 저전력 상태에서 더 빠르게 전환해 전력을 아낄 수 있고, 서스펜드 상태보다는 덜 엄격한 요구사항을 갖는다. 그 외의 상황에서 모든 USB 디바이스는 저전력 서스펜드 상태를 지원해야 한다.

USB 2.0 링크 전원 관리

'USB 2.0 Link Power Management(LPM) Addendum(USB 2.0 링크 전원 관리 부록)' 은 USB 링크 전원 관리 상태 네 가지를 정의한다. USB 3.1 디바이스는 하이스피드로 동작할 때 USB 링크 전원 관리를 지원해야 한다. USB 2.0 디바이스 또한 링크 전원 관리를 지원해야 한다. 하나의 링크는 케이블 하나와 포트 2개로 구성되거나 링크 파트너, 케이블 연결로 구성된다.

이 문서에는 USB 2.0 규격에서 정의한 각 상태에 대해 새로운 이름을 할당했으며 L1(슬립$_{Sleep}$) 상태를 신설했다.

- **L0(On)**: 이 링크는 데이터를 전송하고 있거나 할 수 있다. 데이터를 전송하지 않을 때 링크는 SOF(풀/하이 스피드) 또는 킵얼라이브$_{keep-alive}$(로우스피드) 신호를 전송한다.
- **L1(Sleep)**: 이 링크는 데이터나 SOF/킵얼라이브 신호를 전송하지 않는다. 디바이스는 전력 소모를 줄여야 한다.
- **L2(Suspend)**: 이 링크는 데이터나 SOF/킵얼라이브 신호를 전송하지 않는다. 디바이스는 전류 소모를 줄여야 한다.
- **L3(Off)**: 이 링크는 전원을 끄고, 연결을 해제하거나 사용할 수 없고, 데이터 신호 처리를 수행할 수 없다.

USB 규격에 있는 'USB 2.0 Phase-locked SOFs' ECN 문서는 등시성 전송에서 전력을 절감할 수 있는 방법을 제시한다. ECN을 준수하려면, SOF는 슬립 또는 선택적으로 서스펜드 상태에서 탈출할 때, 저전력 상태에 앞서 SOF가 있는 단계를 잠가야 한다. 이런 식으로 등시성 디바이스는 저전력 상태로 들어갈 수 있고 정상 전원으로 복귀할 때 SOF의 동기화를 유지할 수 있다.

서스펜드 상태

L2 서스펜드Suspend 상태는 호스트가 통신할 필요가 없을 때 디바이스의 버스 전원 사용을 줄인다. USB 2.0 디바이스는 3ms 동안 버스에 아무런 활동이 없으면 서스펜드 상태로 들어가야 한다.

디바이스는 서스펜드 상태에 있을 때 버스로부터 2.5mA 이상 전류를 끌어쓰면 안 된다. 호스트가 통신을 중단시켰을 때도 동작해야 하는 기능이 있는 디바이스는 자체 전원이 필요할 수도 있다. 그러나 대부분의 디바이스 컨트롤러는 아주 적은 전류를 소모하면서도 I/O 핀을 감시해 필요할 때 호스트를 깨울 수 있다.

서스펜드 상태를 지원할 때 두 가지 예외에 대한 요구사항이 있다. 'USB Power Delivery Rev. 2.0, v1.0' 규격에서는 USB 서스펜드 지원 플래그USB Suspend Supported flag를 정의하고 있는데, 이것은 호스트가 디바이스에게 서스펜드 상태에서 전류 소모를 감소하라는 요구를 무시하도록 알릴 수 있다. 그리고 USB C형 커넥터를 사용하는 디바이스와 최대 전류 1.5A 또는 3.0A로 맞추는 디바이스는 서스펜드 상태에서 전류 사용을 감소시키라는 요구를 무시할 수 있다.

USB C형 커넥터를 사용하는 포트에서는 VCONN 핀은 서스펜드 상태에서 7.5mA밖에 공급하지 않는다.

전역 서스펜드와 선택적 서스펜드

전역 서스펜드에서는 USB 2.0 호스트가 전체 버스의 통신을 중단한다. 즉 어떤 트래픽이나 SOF도 전송하지 않는다. 풀스피드, 하이스피드 디바이스가 3ms 동안 SOF 패킷이 없음을 감지하면 디바이스는 서스펜드 상태로 들어간다. 로우스피드 디바이스도 3ms 동안 로우스피드 생존 신호를 받지 못하면 같은 동작을 한다. 디바이스는 버스 활동이 없으면 10ms 이내에 서스펜드 상태로 들어가 있어야 한다.

호스트는 개별 포트의 선태적 서스펜드를 요청할 수도 있다. 이때 호스트는 포트 번호를 wIndex 필드에 넣고 PORT_SUSPEND를 wValue 필드에 넣은 클래스 전용인 Set Port Feature 리퀘스트를 허브로 보낸다. 이 리퀘스트는 지정된 포트로 SOF, 로우스피드 킵얼라이브 신호 등 모든 트래픽 전송을 중단하도록 허브에 지시한다.

윈도우는 가장 먼 하향 디바이스에서 시작해 각 디바이스를 순서대로 선택적 서스펜드하는 방식으로 전역 서스펜드를 구현하고 있다.

서스펜드 디바이스의 전류 제한

서스펜드 상태에 있는 디바이스는 버스 전류에서 1초 동안의 평균으로 최대 2.5mA까지만 끌어써야 한다. 이 제한은 D+, D- 풀업을 흐르는 전류를 포함한 것이다.

USB 2.0 규격은 원격 깨움 기능을 지원하지 않는 디바이스에서 500μA까지만 끌어쓸 수 있게 정의했다. 그러나 이 제한은 대부분의 디바이스에서 어려운 규정이다. 'Suspend Current Limit Changes' ECN에서는 이 값을 상향 조정했으며, USB 3.1 또한 새로운 제한을 쓴다.

설정됨Configured 상태의 버스 전원 허브와 설정됨 상태의 버스 전원 복합 디바이스는 서스펜드에서 12.5mA까지 끌어쓸 수 있다. 따라서 버스 전원 허브는 하향 포트 4개에 각기 2.5mA를 공급하면서 자신도 2.5mA를 사용할 수 있다.

통신 재개

서스펜드 상태에 있는 버스에서 통신을 재개하려면 USB 2.0 호스트는 버스를 최소 20ms 동안 재개Resume 상태(19장에서 설명할 K 상태)로 놓는다. 호스트는 재개 뒤에 로우스피드 EOP 시그널을 보낸다. 그런 다음 호스트는 SOF 전송을 재개하고 그 밖의 통신을 수행한다(로우스피드 디바이스에서는 SOF를 보내는 대신 가장 가까운 허브가 로우스피드 킵얼라이브 신호를 전송한다). 선택적 서스펜드 상태인 디바이스에서는 Clear

Port Feature(PORT_SUSPEND) 리퀘스트 전송을 통해 호스트가 허브에게 하향 포트 통신 재개를 요청할 수 있다.

통신 재개 요청을 하려는 디바이스는 컨피규레이션 디스크립터의 bmAttributes 필드에 있는 원격 깨움 지원 여부를 알아본다. 호스트는 Set Port Feature (DEVICE_REMOTE_WAKEUP) 리퀘스트를 허브 포트로 보내 원격 깨움을 활성화할 수 있다. 여기서 허브 포트는 디바이스의 링크 파트너다.

원격 깨움을 지원하는 상향 버스를 조절해서 서스펜드 디바이스는 재개 상태를 1~15ms 동안 유지하는 방법을 통해 통신 재개 요청을 할 수 있다. 그런 후 디바이스는 상향 허브로부터 트래픽을 수신하기 위해 디바이스의 드라이버를 하이 임피던스로 놓는다. 재개 신호는 허브까지 상향으로 전파되며 처음으로 발견되는 서스펜드에서 멈추지 않는다. 여기서 발견되는 허브는 주로 루트 허브다.

재개 신호가 완결되면 디바이스는 SOF, 로우스피드 킵얼라이브 신호, 기타 트래픽을 다시 수신하기 시작한다. 디바이스는 버스가 최소 5ms 동안 IDLE 상태로 있으면 아무 때나 재개를 시작할 수 있다. 호스트는 디바이스가 재개 상태에서 복구하려면 최소 10ms는 줘야 한다.

어떤 디바이스 컨트롤러는 서스펜드 상태로 들어갔는지 알아내기 위해 버스를 감시할 때 펌웨어 지원을 요구하기도 한다. 반대로 하드웨어로 전체 작업을 처리하는 컨트롤러도 있다. 디바이스의 직렬 인터페이스 엔진은 일반적으로 펌웨어 지원 없이 재개 신호를 처리한다.

디바이스가 버스 전원을 사용하면 서스펜드 상태로 들어갈 때 전원을 제거했다가 재개 상태에서 전원을 복구하는 방식을 통해 외부 회로로 가는 전원을 제어할 필요가 있을 수도 있다. 소프트 스타트 기능이 있는 전원 스위치는 스위치를 켤 때 전류 써지surge를 제한하는 기능이 있다. 미크렐Micrel Inc.은 USB 디바이스에 사용하기 적합한 여러 종류의 전원 분배 스위치를 생산한다. 각 스위치는 MOSFET 스위치가 1개 이상 있고, 이 스위치는 순간적인 인입 전류를 최소화하는 소프트 스타트soft-start 기능을 지원한다.

슬립 상태

L1 슬립Sleep 상태는 서스펜드 상태의 엄격한 요구사항을 지키지 않고도 디바이스가 전력을 절약할 수 있는 방법을 제공한다. 또한 슬립 상태를 쓰면 전원 상태를 빠르게 전환할 수 있다. 슬립 상태가 정의하는 주요 목표는 배터리 전원 플랫폼을 사용하는 모바일 기기에서 더 효율적으로 전기를 아끼는 메커니즘을 제공하는 것이다.

슬립 상태에서 디바이스는 SOF와 킵얼라이브 신호를 포함한 어떤 USB 트래픽도 수신하지 않는다. 디바이스는 전력을 절약할 수 있지만 그렇게 하라고 요청받는 것은 아니다.

디바이스가 슬립 상태로 들어가려면 호스트는 디바이스의 링크 파트너인 허브로 Set and Test(PORT_L1) 리퀘스트를 전송한다. 슬립 상태를 지원하는 허브는 EXT 패킷 ID를 담은 토큰 패킷을 전송한 후 LPM 패킷 ID(0011_b, 2장의 패킷 ID에서 다뤘다)를 담은 확장 토큰 패킷을 전송하는 방법을 통해 디바이스를 LPM 트랜잭션으로 초기화한다. LPM 토큰 패킷 안의 bmAttributes 필드는 슬립 상태를 요청하고 재개 신호를 보낼 때 쓰는 정보를 제공한다(표 17-1).

▼ **표 17-1** LPM 확장 토큰 패킷에 있는 bmAttributes 필드는 요청된 슬립 상태에 대한 정보를 제공한다.

비트	필드	설명
0~3	bLinkState	0001_b = L1(슬립) 그 밖의 값은 예약 값으로서, 사용하지 않음
4~7	HIRD	호스트 초기화된 재개 시간(인코딩 값)
8	bRemoteWake	1 = 디바이스가 호스트를 깨울 수 있음 0 = 디바이스가 호스트를 깨울 수 없음
9~10	예약	추후 사용

디바이스는 EXT 토큰 패킷을 수신한 다음에 오는 LPM 토큰 패킷으로 ACK(슬립 상태로 전환할 준비가 됐음), NYET(슬립 상태로 전환할 준비가 되지 않았음), STALL(요청한 링크 상태를 지원하지 않음), 무응답(디바이스가 해당 트랜잭션을 지원하지 않거나 에러를 감지함)을 반환할 수 있다.

허브는 하향 디바이스가 ACK, STALL, 응답 실패를 반환할 때까지 3회 시도한 후 필요에 따라 Set and Test 리퀘스트의 DATA 스테이지에서 NAK를 보낸다. 그런 후 허브는 리퀘스트의 DATA 스테이지에서 완결 코드를 반환한다.

슬립 상태에 있는 디바이스의 통신을 재개하려면 호스트는 Clear Port Feature(PORT_L1) 리퀘스트를 디바이스의 링크 파트너로 전송한다. 그런 후 허브는 디바이스와 재개 신호로 초기화한다. 이 신호는 타이밍만 제외하면 서스펜드와 동일하다. LPM 토큰 패킷 안에 있는 HIRD 값은 슬립을 탈출할 때 재개 상태에서 해당 통신선을 허브가 얼마나 오랫동안 유지할 것인지를 나타낸다. 이 인코딩 값은 50µs~1.2ms 사이의 값이다.

LPM 토큰 패킷에서 bRemoteWake = 1이면 디바이스는 재개 상태에서 통신선을 50µs 동안 유지해 호스트에게 깨움 요청을 할 수 있다.

슬립 상태를 지원하지 않는 호스트는 이런 요청을 하지 않는다. 슬립 상태를 지원하지 않는 디바이스는 STALL을 반환하거나 LPM 패킷 ID를 담은 토큰 패킷에 응답하지 않을 것이다.

인핸스드 슈퍼스피드 전력 관리

인핸스드 슈퍼스피드는 새로운 저전력 상태와 지연 허용 메시지 등 전력을 절약할 수 있는 더 많은 방법을 제공한다. 지연 허용 메시지는 호스트가 버스나 시스템상에서 전원을 편리하게 관리할 수 있는 기능이다.

가능한 한 저전력을 소모하는 디바이스를 개발하려면 해당 애플리케이션이 인핸스드 슈퍼스피드 버스 레이트를 요구하지 않아도 USB 3.1 컨트롤러를 선택하는 것이 좋다. 인핸스드 슈퍼스피드의 빠른 데이터 전송과 새로운 저전력 상태를 조합하면 트랜잭션 사이마다 저전력 상태로 진입해 어떤 디바이스에서는 비약적으로 전력을 절약할 수 있다.

링크 상태

인핸스드 슈퍼스피드는 네 종류의 링크 상태를 정의한다.

- U0는 일반 동작이고 가장 높은 링크 상태다. 이 링크 상태는 해당 링크가 패킷을 전송할 수 있는 유일한 상태다.
- U1은 U0로 빠르게 전환하는 저전력 상태다. 이 상태는 버스 전류에 대한 절약 규정이 없지만 링크는 어떤 신호도 전송하지 않으며, 디바이스는 전력 절약 방법을 구현할 수 있다.
- U2는 U0로 상대적으로 느리게 전환할 수 있지만 더 적극적인 저전력 상태다. 이 상태는 버스 전류에 대한 절약 규정이 없지만 링크는 어떤 신호도 전송하지 않으며, 디바이스는 U0보다 더 긴 시간을 요구하는 전력 절약 방법을 구현할 수 있다.
- U3는 서스펜드 상태로서 가장 낮은 링크 상태다. 이 링크는 어떤 신호도 전송하지 않고 U3에 있는 포트를 갖는 디바이스는 버스 전류에서 2.5mA를 끌어쓸 수 있다. 서스펜드 상태에 있는 디바이스는 웜 리셋 Warm Reset(19장에서 설명)과 깨움 신호를 감지해야 한다. 원격 깨움을 지원하는 디바이스는 깨움 신호 전송 기능을 지원해야 한다.

디바이스의 각 상태 전환을 관리하려면 펌웨어 지원이 필요하다.

인핸스드 슈퍼스피드 디바이스는 앞서 설명한 각 링크에 적용하는 상태 외에 추가적으로 디바이스에 있는 링크와 기타 평션이 고전력 상태로 있는 동안에도 1개 이상의 서스펜드 상태인 평션이 있을 수 있다.

각 디바이스에서 호스트는 U1이나 U2에서 U0로 전환하는 데 필요한 시간을 측정한 값인 U1, U2 시스템 탈출 지연 값 System Exit Latency을 계산한다. 호스트는 인터럽트나 등시성 엔드포인트를 사용하는 디바이스에서 이 값을 사용해 디바이스가 U1이나 U2로 진입할 수 있는지 알아낸다. 일치하는 지연 값과 버스 인터벌 1개를 더한 값이 디바이스에서 가장 짧은 서비스 주기보다 크면 디바이스가 저전력 상태로 진입하는 것을 허용하지 않는다.

링크가 U0에 있고 데이터나 다른 패킷을 전송하지 않으면 논리적 IDLE 상태다. 슈퍼스피드 포트는 논리적인 IDLE 상태에 있을 때 0x00으로 인코딩한 바이트를 전송한다. 슈퍼스피드 플러스 포트는 논리적인 IDLE 상태에 있을 때 0x05로 인코딩한 바이트를 전송한다. U1, U2, U3에 있는 링크는 전기적 IDLE 상태이며, 어떤 신호도 전송하지 않는다.

상태 변경

링크 수준 통신은 링크의 상태를 제어한다. 호스트는 버스상의 모든 링크 상태를 알 필요가 없다. 전력을 절약하기 위해 링크가 상향 트래픽을 보류하지 않으면 허브는 상향 포트를 가능한 가장 낮은 링크 상태로 전환한다. 즉 허브의 하향 포트가 U1, U2 상태면 허브는 상향 포트를 U1으로 둘 수 있다. 허브는 모든 포트가 U2에 있으면 상향 포트를 U2로 유지해 전력을 더 절약할 수 있다. 호스트는 오직 U3로 전환하라는 요청만 할 수 있다. 호스트나 허브가 디바이스와 통신할 때 U0가 아닌 통신 경로에 있는 모든 링크는 U0로 전환해야 한다.

전원 상태를 변경하는 방식은 상태 변경을 초기화한 대상에 따라, 또는 변경이 디바이스에서 전체 링크나 특정 기능에 적용되는지에 따라 상태가 다양하다. 허브는 각 호스트가 프로그래밍할 수 있는 하향 포트용 비활성 타이머를 구현해야 한다. 이 타이머는 U1, U2로 들어갈 때를 알아내는 용도로 사용한다. 등시성 타임스탬프 패킷은 디바이스가 저전력 상태로 들어가는 것을 막지 않는다. 저전력 상태를 탈출하려면 링크는 낮은 주파수의 주기적인 신호LFPS, low-frequency periodic signaling로 구현한 하드웨어 핸드셰이크를 사용한다(19장에서 설명).

U1

호스트, 허브, 디바이스는 U1으로 전환을 요청할 수 있다. 호스트는 허브 전용 허브상의 하향 포트로 Set Port Feature(PORT_LINK_STATE) 리퀘스트를 전송할 수 있다. 그러면 허브는 링크상의 상태 변경을 구현하기 위한 하드웨어 생성 링크 명령을 사용한다. 허브의 하향 포트가 U0에 있고 지정한 주기의 비활성 타이머가 포트상의 어떤 버스 활동도 감지하지 못하면 허브는 링크 명령을 사용해 링크에 대해 U1 전환 요청을 한다. 디바이스는 링크 명령을 통해 U1 진입 요청을 언제 할지 결정하는 디바이스 전용 규칙을 사용할 수 있다. 링크 파트너는 요청한 상태 변경을 어떤 경우에도 거부할 수 있다. 예를 들어, 포트가 곧 트래픽을 송신해야 하거나 U1을 지원하지 않는 경우다.

호스트, 디바이스가 전송할 패킷이 준비됐으면 하드웨어 핸드셰이크가 U1에서 U0로 탈출하기 시작한다.

U2

링크가 U1에 있을 때 하향 포트가 U2를 지원하고 링크 파트너의 U2 비활성 타이머가 타임아웃이면 링크는 조용히 U2로 전환한다. 호스트와 디바이스가 전송할 패킷이 준비됐으면 하드웨어 핸드셰이크가 U2에서 U0로 탈출하기 시작한다.

U3

인핸스드 슈퍼스피드 버스는 USB 2.0과는 달리 전역 서스펜드를 지원하지 않는다. 전역 서스펜드는 호스트가 타이밍 마커 전송을 중단해 전체 버스를 서스펜드 상태로 만드는 기능이다. 인핸스드 슈퍼스피드는 선택적 서스펜드와 기능 서스펜드만 지원한다.

디바이스는 선택적 서스펜드에서 디바이스의 링크가 U3에 있는 것을 감지했을 때 서스펜드 상태로 들어간다. Set Port Feature(PORT_LINK_STATE, U3)는 허브의 하향 포트 링크를 U3에 두라고 요청한다. 허브는 링크상의 상태 변경을 구현하기 위해 하드웨어 생성 링크 명령을 사용한다. 하향 디바이스는 링크가 U3에 있는 것을 감지했을 때 서스펜드 상태로 들어간다.

호스트가 전체 버스를 서스펜드하려면 버스상의 각 하향 포트에게 U3에 들어가라고 요청해야 한다. 허브의 모든 하향 포트가 U3에 있으면 호스트는 허브의 상향 링크를 U3로 둔다. 링크를 U3로 진입시키는 요청은 호스트만 할 수 있고, 허브는 활성화된 하향 포트에 대해 이 요청을 수락해야 한다.

호스트가 디바이스를 깨우려면 Set Port Feature(PORT_LINK_STATE, U0) 리퀘스트를 하향 허브 포트로 전송한다. 이때 허브 포트는 디바이스의 링크 파트너다. 허브는 링크를 U0로 전환하기 위해 하드웨어 생성 링크 명령을 사용한다. 링크가 U0에 있는 것을 감지하면 하향 디바이스는 서스펜드 상태를 탈출한다. 디바이스는 다음의 평션 서스펜드에서 설명할 LFPS를 통해 U3 탈출을 시작할 수 있다.

평션 서스펜드

USB 3.0 호스트는 전력 제어를 더 잘 할 수 있도록 디바이스에 있는 개별 평션이 버스상의 통신을 계속하는 동안에도 디바이스 평션 중 특정한 개별 평션을 서스펜드 상태로 만들 수 있다. 특정 평션을 서스펜드하려면 호스트는 Set Port Feature(FUNCTION_SUSPEND) 리퀘스트를 인터페이스로 전송한다. wIndex의 상위 바이트의 비트 0은 서스펜드 상태나 기본 수행을 요청하고, 비트 1은 평션에 대한 원격 깨움을 켜고 끈다.

서스펜드된 평션과 통신을 재개하려면 호스트는 일반 동작을 위한 Set Port Feature(FUNCTION_SUSPEND) 리퀘스트를 전송한다. 평션 서스펜드를 탈출하려면 Clear Port Feature보다 Set Port Feature 리퀘스트를 사용하는 편이 낫다는 점을 유의한다. 디바이스 링크가 U0에 있지 않다면 디바이스의 링크 파트너인 하향 허브 포트는 U0로 전환을 시작하기 위해 LFPS를 사용한다. 그 후 허브는 해당 평션과 통신을 재개한다.

원격 깨움이 있는 기능은 평션 깨움Function Wake 알림이 있는 DEV_NOTIFICATION 트랜잭션 패킷을 전송해 깨움을 요청할 수 있다. 디바이스의 링크가 U0에 있지 않다면 알림을 전송하기 전에 디바이스는 링크를 U0로 전환하기 위해 LFPS를 사용한다. 이 신호가 U3에 있지 않은 허브에 도달할 때까지 디바이스로부터 상향으로 전파된 후 역으로 깨움을 요청한 디바이스로 하향 전파된다.

평션 1개 이상이 서스펜드일 때 호스트가 디바이스를 서스펜드 상태로 만들었다면 해당 평션은 디바이스가 깨어날 때도 여전히 서스펜드 상태로 있다. 호스트나 디바이스는 개별 펑션에 대해 펑션 서스펜드 탈출을 해야 한다. 복합, 비복합 디바이스 모두 펑션 서스펜드를 사용할 수 있다.

지연 호스트 알림

허브는 디바이스의 저전력 상태를 고려한 지연 호스트 알림으로 버스 관리를 쉽게 할 수 있다. 저전력 상태에 있는 지정 포트로 헤더 패킷을 수신하면 허브는 연기했던 헤더 패킷을 디바이스와 통신 시도를 중단했던 호스트로 송신한다. 타깃 포트가 U0로 전환될 때 허브는 링크 제어 워드Link Control Word 안에 있는 연기Deferred 비트를 설정한 헤더 패킷을 디바이스로 전송한다. 디바이스는 ERDY 트랜잭션 패킷을 전송해 호스트에게 통신할 준비가 됐음을 알린다.

지연 허용 메시지

인핸스드 슈퍼스피드 호스트는 각 디바이스가 ERDY 트랜잭션 패킷을 전송하고 호스트로부터 응답을 받는 사이에 허용하는 최대 지연 값에 관한 정보를 알아내 좀 더 효율적으로 전원을 절약할 수 있다. 호스트는 긴 지연을 처리할 수 있는 디바이스와는 더 적극적인 전원 관리를 사용할 수 있다. 이 정보를 얻는 프로토콜로는 Set Feature(LTM_ENABLE), Set SEL 리퀘스트, 지연 허용 메시지 디바이스Latency Tolerance Message Device 알림을 담은 DEV_NOTIFICATION 트랜잭션 패킷 등이 있다. 슈퍼스피드 USB 디바이스 기능 디스크립터는 디바이스의 지연 허용 메시지 알림 지원에 관한 정보를 담고 있다.

PING 사용

디바이스는 호스트가 저전력 상태에 있는 디바이스와 등시성 전송을 시작하면 스케줄링된 서비스 인터벌 안에 있는 송수신 시간 안에 U0로 전환하지 못할 수도 있다. 호스트는 이런 문제를 예방하기 위해 PING이나 PING_RESPONSE 트랜잭션 패킷을 사용한다. 호스트는 등시성 전송을 시작하기 전에 PING 트랜잭션 패킷을 전송해 디바이스와 호스트 사이에 모든 링크를 U0로 전환한다. 디바이스는 데이터를 전송할 준비가 되면 PING_RESPONSE 트랜잭션 패킷을 반환한다. 호스트는 스케줄링된 전송보다 충분히 앞서 PING을 보내야 제시간에 전송을 할 수 있다.

이런 PING의 용법은 2장에서 설명한 고속 PING 프로토콜과는 다른 것이다.

고급 전력 전송 기능

'USB Power Delivery Rev. 2.0, v1.0' 규격은 버스 전류를 5A로, VBUS 전압을 20V로 올리고 더 정확한 전력 관리뿐만 아니라 디바이스에서 호스트로 전력을 공급하는 역방향 전류 기능에 관한 하드웨어와 프로토콜을 정의하고 있다. 이 규격의 2.0 판에서는 USB C형 커넥터 지원과 확장 기능을 추가했다.

요구사항

'USB Power Delivery Rev. 2.0, v1.0'을 지원하는 디바이스는 전류를 공급할 수도 있고 전류를 소모할 수도 있다. 전력 공급PD, Power Delivery 기능을 사용하려면 링크상에 있는 상향 포트UFP, upstream-facing port와 하향 포트DFP, downstream-facing port 모두 PD 기능을 지원하는 커넥터와 PD 프로토콜을 지원하는 시스템으로 구성되어야 한다.

호스트는 디바이스 BOS 디스크립터 세트에 있는 PD 기능PD Capability 디스크립터를 통해 PD 기능 지원 디바이스에 관한 정보를 얻을 수 있다.

USB 전력 공급 기능USB Power Delivery Capability 디스크립터는 호스트에게 디바이스가 USB 전력 공급 기능을 지원하는지, 배터리 충전을 지원하는지, 디바이스의 상향/하향 포트가 전력 공급자인지 전력 소비자인지, 또는 둘 다인지 알려준다.

배터리 정보 기능Battery Info Capability 디스크립터에는 배터리가 완전 충전된 것으로 파악됐을 때의 스레시홀드 값을 정의하는 등 충전과 관계있는 정보가 들어있다.

각 전력 소비자 포트는 PD 전력 소비자 포트 기능PD Consumer Port Capability 디스크립터를 갖추고 있으며, 이 디스크립터는 동작 전압과 전력 소모량을 정한다. 디바이스가 PD 프로토콜을 사용할 때 디스크립터의 값들은 컨피규레이션 디스크립터의 bMaxPower 값을 덮어쓴다.

각 공급자 포트는 공급자 포트Provider Port 기능 디스크립터를 갖추고 있으며, 이 디스크립터는 포트의 PD 지원 여부, 배터리 충전 지원 여부, 전원의 기능에 관한 정보를 제공한다.

PD 전용 리퀘스트들은 PD 전용 특성, 상태, 에디터를 얻거나 설정할 수 있다.

PD 기능 디바이스를 위한 디바이스 디스크립터는 PD 기능 포트 리포트에 붙어 있으며, 이 리포트는 디바이스가 버스로부터 모든 전력을 끌어올 때도 자체 전원 디바이스라고 보고한다. 따라서 디바이스는 PD 전력 소비자 포트 기능 디스크립터를 통해 필요 전력량을 보고한다.

USB 전력 공급USB Power Delivery 포트는 USB C형 커넥터 또는 USB 2.0의 PD 버전과 USB 3.1 시리즈 A, 시리즈 B 커넥터를 사용할 수 있다. 20장에서는 커넥터에 대해 다룬다.

전력 맞추기

전원이 들어오면 PD 가능 포트는 USB 2.0/USB 3.1 규격에 정의된 제한 내에서 전압과 전류를 사용한다. 다른 VBUS 전압, 최대 전류, 전류 방향을 위한 PD 컨트랙트Contract와 전력을 맞추려면, 하나의 케이블 구간에 있는 2개의 PD 가능 포트가 BFSKBinary Frequency Shift Keying(VBUS 선을 이용하는 변조된 캐리어) 또는 USB C형 케이블상에서는 CCCommunications Channel 선을 사용할 수 있어야 한다.

통신은 패킷 시작SOP, Start of Packet을 사용하며, 각 통신 시작은 K 코드라는 인코딩된 심볼이 있다.

SOP 통신 안에는 제어 메시지Control Message 또는 데이터 메시지Data Message가 있다. 제어 메시지는 항상 16비트로 구성되어 있으며, 이를 통해 데이터 흐름을 쉽게 관리할 수 있다. 데이터 메시지는 데이터 객체Data Object 안에 정보를 제공하며 길이는 다양하다. 전원 데이터 객체Power Data Object는 전원 소스의 기능 또는 전원 싱크

(소모하는 쪽)의 요구사항에 관한 상세를 제공한다. 요청 데이터 객체Request Data Object 는 요청 내용 확정을 위한 교섭용으로 사용한다. BIST 데이터 객체는 테스트 모드를 요청한다. 제조사 정의 데이터 객체Vendor Defined Data Object는 제조사 정의 메시지 Vendor Defined Message를 갖는다.

디바이스는 디바이스 정책 관리자Device Policy Manager를 가질 수 있다. 디바이스 정책 관리자는 디바이스 내의 전력 이송을 감시하고 제어한다. USB 호스트는 시스템 정책 관리자System Policy Manager를 가질 수 있다. 시스템 정책 관리자는 디바이스 정책 관리자를 갖는 디바이스 중 장착된 디바이스상의 전원을 편성한다. 시스템 정책 관리자가 없는 시스템상에서는 2개의 장착된 PD 가능 포트를 통해 로컬 연결로서 전력을 맞출 수 있다. 정책 엔진Policy Engine은 로컬 포트상의 전력 정책을 구현한다.

USB C형 커넥터를 사용하는 링크에서는 호스트 또는 허브와 디바이스가 'USB Power Delivery Rev. 2.0, v1.0'을 시원하지 않더라도 호스트와 허브가 디바이스에게 3A를 공급할 수 있다.

역할 맞바꾸기

USB C형 커넥터를 사용하는 PD 링크는 세 가지 유형의 역할 맞바꾸기를 지원한다. 전원 역할 맞바꾸기PR(Power Role) Swap, 데이터 역할 맞바꾸기DR(Data Role) Swap, VCONN 맞바꾸기가 있다. 이름에서 암시하듯이, 전원 역할 맞바꾸기에서는 전원 소비자가 전원 공급자가 되고, 공급자는 소비자가 된다. 데이터 역할 맞바꾸기에서는 UFP가 DFP가 되고, DFP는 UFP가 된다. VCONN 맞바꾸기에서는 커넥터상의 VCONN 공급자가 소비가가 되고 반대 포트로 변경된다(20장 참조).

역할 맞바꾸기를 요청하기 위해서는 포트가 PR, DR, VCONN 맞바꾸기 메시지를 전송한다. DR 맞바꾸기 프로토콜은 OTG의 호스트 교섭 프로토콜Host Negotiation Protocol과 유사하지만 마이크로 AB 커넥터 사용과 같은 디바이스 측 OTG 요구사항이 필요 없다.

USB 호스트 측이 배터리 방전 또는 기타 이유로 전력이 없을 때는, 'USB

Power Delivery Rev. 2.0, v1.0'과 USB C형 규격이 정의한 프로토콜을 이용할 수 있다. 즉 디바이스가 전력 공급자로서 동작할 수 있는 기능을 갖추었다면 장착된 디바이스에서 VBUS 전력을 사용할 수 있다.

시리즈 A와 시리즈 B 커넥터로 연결된 링크에서는 전력 공급을 원하는 디바이스가 감소된 전류 레벨에서 VBUS 전력을 시작할 수 있다. VBUS를 감지하면, 전력을 공급받기를 원하는 호스트 포트가 0과 1을 번갈아 비트스트림으로 보낸다. 비트스트림을 감지하면 비트스트림 중단을 위해 호스트에게 지연을 주어서 전력을 받을 수 있도록 하고 디바이스 포트가 전체 전력을 공급할 수 있다. 지정된 시간 내에 비트스트림을 감지하지 못한 디바이스는 VBUS를 제거하지만, 지연 이후 전압을 다시 공급해 응답을 받기 위해 재시도할 수도 있다.

제조사 정의 메시지

'USB Power Delivery Rev. 2.0, v1.0'은 제조사 정의 메시지VDM, Vendor Defined Message 형식을 정의하고 있으며, 이 형식은 제조사 정의 컨텐츠를 담은 메시지를 지원한다. VDM에는 제조사 정의 데이터 객체Vendor Defined Data Object가 있으며 데이터 메시지Data Message로 전송한다.

VDM은 표준 또는 제조사 IDSVID, Standard or Vendor ID가 있어야 하며, 이 ID는 USB 제조사 IDVendor ID나 표준 IDSID, Standard ID를 나타낸다. SID는 16비트 값으로서 USB-IF가 공업 표준으로 할당한다. 예를 들어, USB 전력 공급USB Power Delivery의 SID는 0xFF00이다.

구조화된 VDMStructured VDM은 명령어 하나를 포함한다. 구조화된 VDM을 사용하면 모달 조작Modal Operation을 사용할 수 있는데, 이를 통해 호스트가 디바이스로 제조사 또는 표준에서 정의한 대체 모드Alternate Modes 1개 이상 중에 원하는 모드로 진입하는 요청을 할 수 있다. 대체 모드는 호스트와 직접 연결된 디바이스 사이에서는 유효하다.

구조화되지 않은 VDMUnstructured VDM은 제조사 정의 메시지 형식을 사용한다.

윈도우의 전원 관리

윈도우 PC는 'ACPI_{Advanced Configuration and Power Interface} 규격'에 따라 전력을 관리한다. ACPI는 UEFI 포럼(uefi.org)에서 유지보수하는 규격이다. ACPI 전력 관리를 구현한 시스템은 USB 버스 서스펜드를 포함해 컴퓨터가 IDLE 상태일 때 OS 차원에서 전력을 절약할 수 있다.

컴퓨터 전원 상태

컴퓨터의 디바이스는 다양한 전원 상태를 통해 전력 사용을 지정한다. S0는 저전력 IDLE 상태이며 마이크로소프트가 정의한 것이다. ACPI 규격은 다음 상태를 정의하고 있다.

통상 동작

- **S0**: 시스템이 켜진 상태다. 사용하고 있지 않은 USB는 서스펜드 상태일 수 있다.
- **S0 저전력 IDLE(InstantGo)**: 마이크로소프트의 InstantGo 상태에서, 컴퓨터는 애플리케이션과 디바이스를 유지하는 데 필요한 작은 전력만 사용한다. 화면이 꺼지면 컴퓨터는 언제든지 InstantGo 상태로 진입한다. 프린트와 음악 재생 같은 작업은 계속된다. InstantGo를 지원하기 위해서는 컴퓨터가 SSD_{solid-state drives}와 기타 저전력 부품을 갖춰야 하며, OS가 좀 더 적극적으로 전력 절약을 지원해야 한다. InstantGo를 지원하는 컴퓨터는 S3 상태를 사용하지 않는다.

슬립

- **S1**: 디스플레이가 꺼지고 드라이브 전원이 차단된다. USB 버스는 서스펜드되지만 VBUS는 전원이 공급되는 상태로 남아 있다. 이 상태는 더 이상 사용하지 않는다.

- **S2**: 프로세서 전력이 끊기고 프로세스 컨텍스트와 캐시에 저장된 내용을 잃는다. 이 상태는 구현되지 않았다.
- **S3**: PCI 버스의 주 전력 공급이 끊기고 메모리에 접근할 수 없으나 시스템 메모리는 여전히 리프레시된다. USB 버스는 서스펜드된다. PCI 버스의 확장 전원 공급(V_{AUX})은 전력이 공급된다. USB 디바이스가 시스템을 깨울 수도 있다.

하이버네이트
- **S4**: 시스템 컨텍스트가 디스크로 저장된다. USB 버스는 전력이 차단된다.

소프트 끔
- **S5**: 시스템 컨텍스트는 저장되지 않는다. 시스템은 최소한의 전력만 소모하고 통상 동작으로 돌아오려면 재시작을 요청해야 한다.

기계적 끔
- **G3**: 컴퓨터는 기계적인 의미로 스위치 차단이 된다. 실시간 클록을 제외하고 전력을 소모하지 않으며, 동작 상태로 복귀하려면 재시동을 요청해야 한다.

사용자는 시스템의 전력 관리 옵션(제어판 > 전력 옵션)에서 전력 관리를 살펴보고 변경할 수 있다. **설정 변경 > 고급 전원 관리 옵션 설정 변경**을 클릭하면 USB 선택적 서스펜드와 저전력 세팅 설정 옵션 등을 활성화할 수 있다.

유틸리티
윈도우와 WDK는 전력 상태를 관리하고 볼 수 있는 유틸리티를 제공한다.

상태 보기, 전원 초기화 변경
윈도우 커맨드라인 유틸리티인 Powercfg는 전력 관리 상태를 보여주고 저전력 상태 전환을 초기화할 수 있다.

다음 명령어는 시스템에서 슬립 상태인 모든 항목을 보여준다.

```
powercfg /a
```

다음 명령어는 컴퓨터를 깨울 수 있는 각 디바이스의 디바이스 이름을 보여준다.

```
powercfg /devicequery wake_armed
```

시스템을 깨우는 디바이스 기능을 활성화/비활성화하려면 다음 명령어를 `devicequery wake_armed`에서 얻은 디바이스 이름과 함께 사용한다.

```
powercfg /deviceneablewake <devicename>
powercfg /devicedisablewake <devicename>
```

모든 명령어를 살펴보려면 다음 명령어를 입력한다.

```
powercfg /?
```

전원 관리 테스트와 디버깅

커맨드라인 PwrTest 유틸리티를 통해 사용 가능한 모든 전력 상태를 볼 수 있고, 슬립, 하이버네이트, InstantGo로 전환을 초기화할 수 있으며, USB 디바이스를 셧다운할 수 있다. PwrTest는 마이크로소프트 USB 테스트 도구(MUTT, Microsoft USB Test Tool) 소프트웨어 패키지에 있으며 무료다.

PwrTest를 실행하려면 명령 프롬프트를 관리자 특권 모드로 열어야 한다. 컴퓨터에서 이 작업을 하려면 명령창을 찾아서 우클릭을 누르고 **관리자로 실행**을 선택하면 된다. 바로가기를 생성하려면 %SystemRoot%\System32\cmd.exe에서 우클릭을 통해 바로가기를 선택하고 **관리자로 실행**을 선택한다.

PwrTest는 슬립 상태, 배터리 사용량, 디스크 드라이브, 모니터와 기타 디바이스의 전력 사용량 등, 전력 관리를 감시하고 테스트하는 다양한 시나리오를 제공한다.

S4 전력 상태에 있는 시스템을 60초 있다가 복귀시키려면 다음과 같이 한다.

```
pwrtest /scenario /sleep /p:60 /s:4
```

모든 시나리오를 보려면 다음 명령어를 입력한다.

pwrtest

시나리오별 옵션을 보려면 다음 명령어를 입력한다.

pwrtest /<scenario> /?

일부 시나리오는 비주얼 스튜디오를 사용하는 테스트 컴퓨터가 반드시 필요하다. 마이크로소프트는 이에 관한 지침서를 제공한다.

전력 상태 감시 및 테스트

윈도우 8 이상 버전에서는 USBLPM 도구를 통해 USB 3.0 포트의 전력 상태를 감시할 수 있으며, 상태 간 전환이 올바른지 검증할 수 있고, 디바이스상의 U1과 U2 상태를 활성화/비활성화할 수 있다(그림 17-2). USBLPM은 MUTT 소프트웨어 패키지에 포함되어 있다.

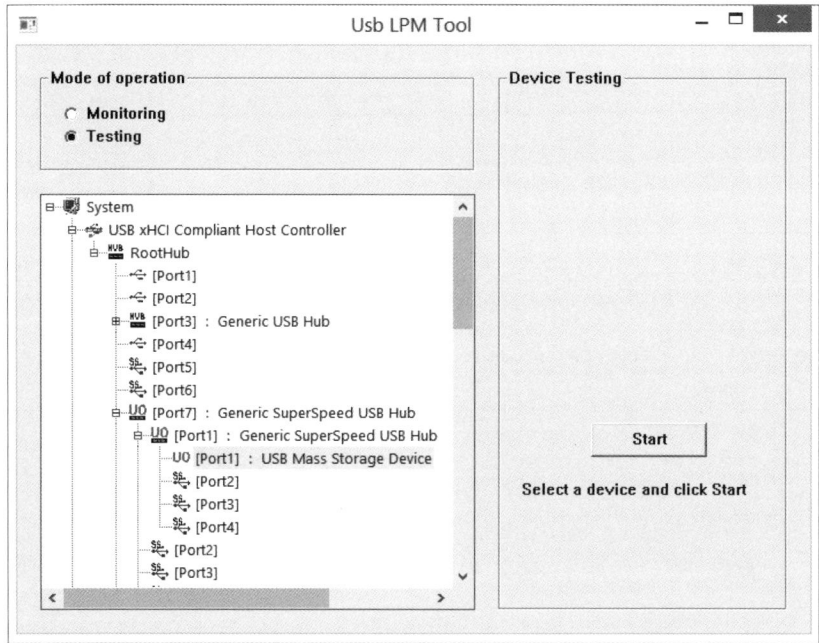

▲ **그림 17-2** USBLPM 도구는 윈도우 8 이상에서 USB 3.0 디바이스의 전력 상태를 테스트, 감시할 수 있다.

배터리 충전

USB-IF의 '배터리 충전 규격Battery Charging Specification'은 USB 호스트와 허브 포트 및 USB 충전기를 통해 동작하는 디바이스를 위한 인터페이스와 프로토콜을 정의하고 있다. 호스트와 디바이스가 이 규격을 지원하면, 디바이스는 충전 전류를 1.5A까지 쓸 수 있고, 디바이스를 열거하기에는 너무 약한 배터리를 충전할 수 있다. 충전을 위해 USB 커넥터를 사용하므로 사용자도 편리하고 제조 비용도 낮출 수 있으며, 결과적으로는 제조사 전용 커넥터와 충전 케이블이 필요 없다.

모든 디바이스는 호스트나 허브상에서 표준 USB 포트로부터 충전 전류를 받을 수 있지만, USB 충전 포트는 USB 충전 감지 회로를 갖춘다. 이 회로를 통해 해당 디바이스를 열거하지 않는 USB 충전기에 연결됐는지 감지할 수 있다.

다음부터 설명하는 내용은 이 규격의 리비전 1.2에 해당하는 것이다. 이 규격은 USB 3.1 규격 이전에 배포됐으므로 슈퍼스피드 플러스를 언급하고 있지는 않다.

'USB Power Delivery Rev. 2.0, v1.0' 규격 또한 배터리 충전을 지원하며, 배터리 정보 기능Battery Info Capability 디스크립터와 기타 프로토콜을 사용한다.

충전기 유형

배터리 충전 규격은 다섯 가지 유형의 충전기를 정의하고 있다.

용어	의미	설명
SDP	표준 하향 포트(standard downstream port)	표준 호스트나 허브 포트
CDP	충전 하향 포트(charging downstream port)	확장된 충전 기능을 갖춘 호스트나 허브
DCP	전용 충전 포트(dedicated charging port)	디바이스를 열거하지 않음
ACA	액세서리 충전 어댑터(accessory charging adapter)	디바이스와 통신하는 OTG 디바이스를 충전할 수 있음
ACA-Dock	ACA-Dock	제조사 전용 연결을 사용하는 ACA

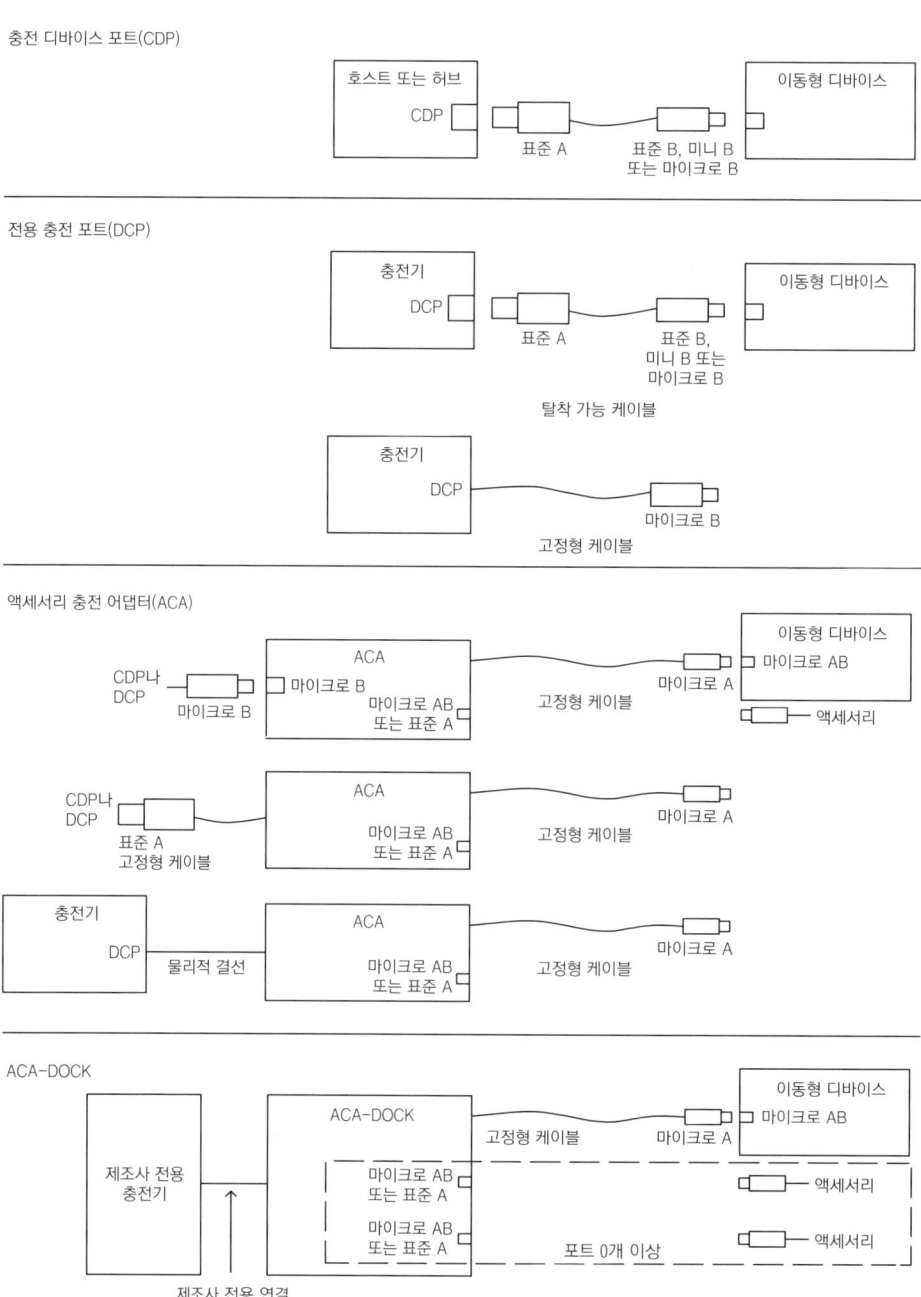

▲ **그림 17-3** 충전 포트는 호스트 또는 허브상에서 충전 하향 포트, 충전기상의 전용 충전 포트, 액세서리 충전 어댑터, ACA-Dock 등이 있다.

그림 17-3은 다음 내용을 나타낸 것이다.

- 표준 하향 포트SDP, standard downstream port는 하향 포트에서 충전 기능을 지원하기 위한 확장 기능을 갖지 않는다. 장착된 하향 디바이스가 서스펜드 상태에 있을 때 허용된 서스펜드 전류 이상 소모하지 않는다.
- 충전 하향 포트CDP, charging downstream port는 호스트나 허브상에 있는 하향 포트가 충전기 감지를 지원하고 언제라도 1.5A를 공급할 수 있다. 호스트 충전기에 연결된 디바이스는 D+와 D-를 풀업시켜서 호스트가 디바이스를 서스펜드 상태로 만들더라도 전류를 충전할 수 있다. CDP는 표준 A 커넥터를 갖춰야 한다.
- 전용 충전 포트DCP, dedicated charging port는 전력을 공급하는 충전 장치를 갖추고 있지만 장착된 디바이스를 열거하지는 않는다. 이 충전 포트는 D+와 D-를 최대 200Ω 저항으로 연결하고 충전 전류를 1.5A 이하로 제한해야 한다. 충전 포트는 표준 A 커넥터 또는 마이크로 B 플러그를 갖는 고정형 케이블을 갖춰야 한다. DCP가 있는 모든 디바이스는 USB 충전기다.
- 액세서리 충전 어댑터ACA, Accessory Charging Adapter는 OTG 디바이스가 CDP, DCP 또는 USB 디바이스와 통신하는 기타 충전기로부터 디바이스를 충전할 수 있게 해준다. ACA는 마이크로 A 플러그로 끝나는 고정형 케이블을 사용한 OTG 디바이스에 연결한다. ACA 충전 포트는 마이크로 B 커넥터 또는 표준 A 플러그를 사용하는 CDP 또는 DCP에 연결하며, ACA가 충전기와 물리적인 회로로 연결되어 있을 수도 있다. 액세서리 포트는 OTG 디바이스와 연결할 수 있는 마이크로 AB 또는 표준 A 커넥터를 갖는다.
- ACA-Dock은 ACA와 기능이 비슷하지만 제조사 정의 충전기 연결을 사용하고 추가 액세서리 포트가 없거나 많을 수도 있다. ACA-Dock은 마이크로 A 플러그로 끝나는 고정형 케이블을 사용한 OTG 디바이스를 장착한다. ACA의 충전 포트는 제조사 정의 연결 규격을 사용한 제조사 정의 충전기에 연결한다. 액세서리 포트가 1개 이상 존재한다면, OTG 디바이스에 연결할 수 있

는 마이크로 AB 또는 표준 A 커넥터를 갖춘다. 1개 이상의 액세서리 포트를 갖는 ACA-Dock은 OTG 디바이스를 충전하는 데 마이크로 AB 포트 1개가 필요하므로 허브를 갖춰야 한다.

디바이스는 ACA나 ACA-Dock의 장착을 감지할 때 마이크로 AB 커넥터상의 ID 핀을 사용한다. 20장에서 커넥터 형식에 대해 다룰 것이다.

충전기가 1.5A 이상 공급하려면 USB C형 커넥터를 사용해 3A까지 올리거나 'USB Power Delivery Rev. 2.0, v1.0' 프로토콜과 USB C형 케이블을 사용해 5A까지 올릴 수 있다.

'Battery Charging Specification Revision 1.2'는 마이크로 AB 커넥터를 사용하는 임베디드 호스트를 최초로 허용한 'On-The-Go and Embedded Host Supplement to the USB Revision 2.0' 규격에 선행한다. 그래서 충전 규격은 ACA와 ACA-Dock을 이용한 충전을 사용하는 임베디드 호스트에 대해서는 언급한 바가 없다.

충전기 감지

VBUS의 존재가 감지된 다음에는, 디바이스는 D+를 VDAT_SRC 전압(0.5V~0.7V)까지 드라이브하고 D- 전압을 감지하는 방법으로 USB 충전기의 장착을 감지할 수 있다. D-가 VDAT_REF(최대 0.4V)보다 크면 디바이스가 USB 충전기에 장착된 것이다.

D+가 0.4V~0.8V 사이 전압임을 감지한 CDP는 D-를 VDAT_SRC로 드라이브하여 VDAT_REF를 넘는다. DCP상에서는 D+와 D-가 서로 연결되어 있으므로 둘 다 VDAT_REF를 초과한다. USB 충전기로 동작하지 않는 호스트와 허브는 D-를 15K 저항을 통해 접지$_{ground}$로 풀다운하여 D-를 VDAT_REF로 유도한다.

디바이스를 USB 충전기에 장착하면, D+(풀스피드) 또는 D-(로우스피드)를 풀업시키고 풀업되지 않는 라인의 전압을 감지해 충전기 유형을 알아낸다.

디바이스 속도	액션	감지된 전압	충전기 유형
풀	D+ 풀업	D-가 낮으면	호스트 또는 허브
		D-가 높으면	전용 충전기
로우	D- 풀업	D+가 낮으면	호스트 또는 허브
		D+가 높으면	전용 충전기

하이스피드가 가능한 디바이스는 풀스피드에서 장착한다. 슈퍼스피드 디바이스는 USB 3.0 케이블에 있는 D+와 D- 라인에서 이들 충전기 감지 프로토콜을 사용한다.

연결할 때 전압 유효성을 보장하려면, D-를 풀업할 때 로우스피드 디바이스는 100mA(USB 2.0) 또는 150mA(슈퍼스피드) 이하만 사용해야 한다. 규격에는 충전기 감지를 구현하기 위한 타이밍 요구사항과 기타 제약사항이 정의되어 있다.

방전 또는 약한 배터리 충전하기

배터리 충전 규격에 있는 배터리 방전 방지(DBP, dead-battery provision)는 방전되었거나 약한 배터리의 일부 디바이스가 45분 또는 약한 배터리의 경계선까지 충전될 때까지 100mA의 버스 전류를 끌어쓸 수 있도록 허용한다. 배터리가 약한 배터리의 경계선까지 충전된 디바이스는 전원을 켜고 열거를 할 수 있다. 디바이스 제조사가 약한 배터리의 경계 전압을 정의한다.

배터리로만 동작하는 디바이스만이 DBP 전류를 사용할 수 있으며, DBP 전류는 디바이스가 약한 배터리 경계 값까지 충전되는 동안만 사용할 수 있다.

18장

테스트와 디버깅

USB 디바이스와 호스트 소프트웨어를 테스트하고 디버깅할 때, 6장에서 설명한 특정 칩을 위한 개발 보드와 디버깅 소프트웨어 외에도 다양한 하드웨어와 소프트웨어 도구가 있다. 18장에서는 USB-IF 및 기타 소스에서 구할 수 있는 도구들을 소개한다. 그리고 디바이스와 드라이버에 USB 인증 로고, 윈도우 로고를 부착할 수 있는 권한을 얻기 위한 테스트 관련 내용도 설명한다.

도구

USB 디바이스 개발자에게 가장 유용한 도구는 의심할 여지없이 당연히 프로토콜 분석기protocol analyzer다. 프로토콜 분석기를 통해 USB 트래픽과 기타 버스 이벤트를 감시할 수 있다. 이 분석기는 버스상의 데이터를 수집, 디코딩해 사용자가 보기 쉬운 형식으로 데이터를 표시해준다. 개발자는 열거, 장착이 이뤄지는 동안 어떤 일이 발생하는지 볼 수 있고 프로토콜과 신호 에러를 감지하고 살펴볼 수 있다. 그리고 제어, 인터럽트, 벌크, 등시성 전송에서 전송되는 데이터를 살펴볼 수 있고 통신 중 특정 부분에 초점을 두고 감시할 수 있다.

하드웨어 분석기는 하드웨어와 소프트웨어의 조합이지만 소프트웨어 분석기는 디바이스의 호스트 컴퓨터에서 실행하는 소프트웨어만으로 구성돼 있다. 이 두 타입의 프로토콜 분석기들은 여러 가지 공통 기능이 있지만 고유 정보를 기록하고 표시할 수 있는 기능 중에는 한쪽에만 있는 기능도 있다.

그 밖의 유용한 도구로는 트래픽 생성기traffic generator가 있다. 트래픽 생성기는 호스트나 디바이스를 에뮬레이트해서 버스상에 전송할 내용을 상세하게 제어할 수 있다.

하드웨어 프로토콜 분석기

하드웨어 프로토콜 분석기는 세그먼트 내에 있는 트래픽에 영향을 미치지 않고 케이블 세그먼트를 지나는 신호를 캡처하는 장비 중 하나다. 이 분석기는 테스트하는 디바이스에서 상향인 케이블 구간에 연결한다(그림 18-1). 캡처한 트래픽을 보려면 분석기를 PC나 로직 분석기에 다시 연결해야 한다. 이 분석기를 PC에 연결할 때는 USB, 또는 이더넷 및 기타 인터페이스를 사용할 수 있다. 애질런트Agilent, 텍트로닉스Tektronix의 프로토콜 분석기는 PC 대신 로직 분석기에 연결할 수도 있다.

하드웨어 분석기를 사용하면 케이블을 지나는 각 패킷을 구성하는 개별 바이트 데이터까지 살펴볼 수 있다. 호스트, 디바이스가 송신을 하든 안 하든 그에 대한 의문을 가질 필요가 없다. 예를 들어 호스트가 IN 토큰 패킷을 보내면 디바이스가 데이터로 응답하는지, NAK로 응답하는지 볼 수 있다. 제어 리퀘스트의 모든 스테이지 안의 패킷도 볼 수 있으며, 타임스탬프를 이용해 호스트가 엔드포인트에 접근하는 주기도 살펴볼 수 있다.

이런 분석기는 가격도 다양하고 공급하는 회사도 다양하다. 더 높은 속도를 지원하는 분석기일수록 가격이 비싸다. 로우/풀 스피드 디바이스만 개발하는 경우에는 이 두 속도만 지원하는 분석기를 구입하면 비용을 절약할 수 있다.

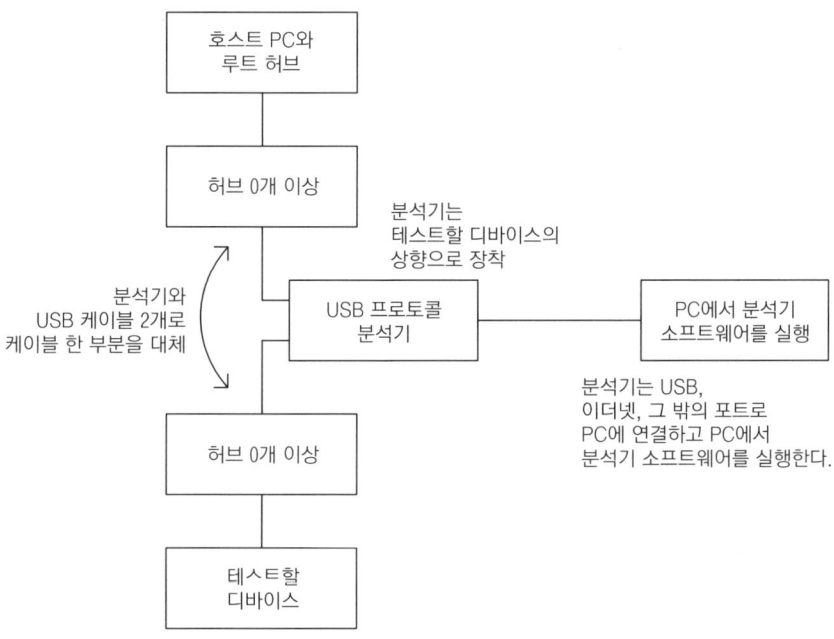

▲ 그림 18-1 하드웨어 프로토콜 분석기는 테스트할 디바이스와 디바이스 호스트 사이의 트래픽을 감시한다. PC(또는 로직 분석기)와 인터페이스하면 캡처한 데이터를 볼 수 있다.

18장에서는 하드웨어 분석기로 할 수 있는 작업에 대해 설명하며, 엘리시스Ellisys 분석기와 엘리시스 비주얼 USB 분석Ellisys Visual USB Analysis 소프트웨어를 사용한다.

하드웨어

엘리시스 익스플로러Ellisys Explorer 260 USB 2.0 분석기는 USB 호스트 컨트롤러 2개를 필요로 한다. 1개는 분석기와 통신하고 나머지 1개는 감시할 버스를 제어한다. 두 호스트 컨트롤러를 같은 PC에서 사용할 수도 있지만 고대역폭 트래픽을 분석할 때는 PC 두 대를 사용하는 것이 오버플로 에러를 막을 수 있다.

USB 케이블 1개는 익스플로러 비주얼 USB 분석 소프트웨어를 실행 중인 PC와 분석기를 연결한다. PC는 이 분석기를 USB 디바이스로 인식할 것이며, 이때 엘리시스가 제공한 드라이버를 사용한다.

2개의 추가 USB 케이블과 분석기가 감시할 디바이스의 상향 케이블 세그먼트를 대체한다. 두 케이블의 결합 길이는 전체 길이가 3m를 넘으면 안 된다. 케이블과 분석기의 전자회로는 5m 이내의 일반적인 케이블 세그먼트를 에뮬레이트해야 하기 때문이다.

소프트웨어

엘리시스 비주얼 USB 분석 소프트웨어는 데이터 수집 시작/중지 기능과 결과 저장/보기/인쇄 기능을 제공한다. 그림 18-2는 분석기가 캡처한 데이터다. 사용자는 표시할 데이터양, 유형, 형식을 지정할 수도 있다. 세부적인 데이터가 너무 많으면 개별 패킷, 반복적인 NAK 등 일부 정보를 숨길 수도 있다. 사용자는 특정 디바이스를 지정하거나 엔드포인트, 속도, 상태 코드, 제어 리퀘스트 등의 기준을 정할 수 있다.

Item	Device	Endpoint	Interface	Status	Speed	Payload	Time
Reset (4.1 s)							0.000 000 000
Suspended (104.9 ms)							4.060 097 517
Reset (11.1 ms)							4.162 029 783
High speed Detection Handshake				TIME...			4.172 038 633
GetDescriptor (Device)	0 (14)	0		OK	FS	8 bytes (12 01 00 02 00 00 00 08)	4.192 482 633
SETUP transaction	0 (14)	0		ACK	FS	8 bytes (80 06 00 01 00 00 40 00)	4.192 482 633
SETUP packet	0	0			FS		4.192 482 633
DATA0 packet					FS	8 bytes (80 06 00 01 00 00 40 00)	4.192 485 867
ACK packet				ACK	FS		4.192 494 500
IN transaction (9)	0 (14)	0		NAK	FS	No data	4.192 580 150
IN transaction	0 (14)	0		ACK	FS	8 bytes (12 01 00 02 00 00 00 08)	4.192 591 033
IN packet	0	0			FS		4.192 591 033
DATA1 packet					FS	8 bytes (12 01 00 02 00 00 00 08)	4.192 594 350
ACK packet				ACK	FS		4.192 602 917
OUT transaction	0 (14)	0		ACK	FS	No data	4.192 611 650
OUT packet	0	0			FS		4.192 611 650
DATA1 packet					FS	No data	4.192 614 883
ACK packet				ACK	FS		4.192 618 183
Reset (10.6 ms)							4.193 537 450
High speed Detection Handshake				TIME...			4.203 546 317
SetAddress (14)	0 (14)	0		OK	FS	No data	4.223 732 933
SETUP transaction	0 (14)	0		ACK	FS	8 bytes (00 05 0E 00 00 00 00 00)	4.223 732 933
SETUP packet	0	0			FS		4.223 732 933
DATA0 packet					FS	8 bytes (00 05 0E 00 00 00 00 00)	4.223 736 167
ACK packet				ACK	FS		4.223 744 800
IN transaction (7)	0 (14)	0		NAK	FS	No data	4.223 804 517
IN transaction	0 (14)	0		ACK	FS	No data	4.223 813 067
IN packet	0	0			FS		4.223 813 067
DATA1 packet					FS	No data	4.223 816 383
ACK packet				ACK	FS		4.223 819 617

▲ **그림 18-2** 엘리시스는 자사의 분석기를 사용한 비주얼 USB 애플리케이션을 제공한다. 이 예제는 디바이스를 분석기의 하향에 장착했을 때 발생한 트랜잭션과 기타 이벤트를 보여준다.

세부 정보Details 현황판에서는 애플리케이션 메인 창에 리퀘스트, 트랜잭션, 패킷, 그 밖의 아이템 등에 관한 자세한 정보를 제공한다(그림 18-3). 데이터Data 현황판은 개별 바이트를 16진수와 아스키로 표시한다. 또한 이벤트, 토큰 패킷 유형, 특정 디바이스/엔드포인트에 대한 트래픽, 데이터 등 항목을 지정해 검색할 수도 있다.

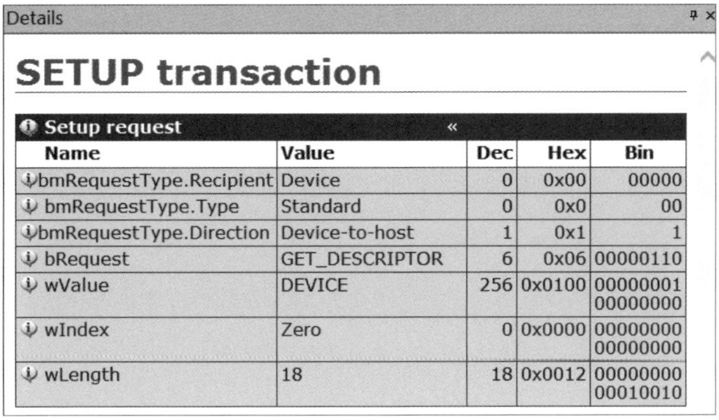

Details

SETUP transaction

Setup request

Name	Value	Dec	Hex	Bin
bmRequestType.Recipient	Device	0	0x00	00000
bmRequestType.Type	Standard	0	0x0	00
bmRequestType.Direction	Device-to-host	1	0x1	1
bRequest	GET_DESCRIPTOR	6	0x06	00000110
wValue	DEVICE	256	0x0100	00000001 00000000
wIndex	Zero	0	0x0000	00000000 00000000
wLength	18	18	0x0012	00000000 00010010

▲ **그림 18-3** 엘리시스 비주얼 USB 소프트웨어에 있는 세부 정보 현황판은 리퀘스트, 트랜잭션, 패킷, 그 밖의 이벤트에 대한 자세한 정보를 제공한다.

추가 소프트웨어 모듈은 이벤트에 대한 트리거, 클래스 전용 정보에 대한 디코딩, 캡처한 데이터를 텍스트, XML이나 그 밖의 형식으로 내보내기를 지원한다.

소프트웨어 프로토콜 분석기

소프트웨어만으로 동작하는 프로토콜 분석기는 테스트하는 디바이스의 호스트 컴퓨터에서 실행된다. 사용자는 컴퓨터의 호스트 컨트롤러에 연결된 어떤 디바이스의 트래픽도 볼 수 있다.

소프트웨어 분석기는 하드웨어 분석기가 접근할 수 없는 드라이버 정보를 표시할 수 있다. 8장에서 설명한 것처럼 윈도우 드라이버는 USB 리퀘스트 블록URB, USB Request Block을 포함한 I/O 리퀘스트 패킷IRP, I/O Request Packet으로 USB 디바이스와 통신한다. 소프트웨어 분석기는 드라이버가 승인했거나 디바이스로부터 받은 응답인 IRP와 URB를 보여준다.

그러나 소프트웨어 분석기는 호스트 컨트롤러나 허브 하드웨어가 자체적으로 처리하는 것은 보여줄 수 없다. 예를 들어 분석기는 엔드포인트가 ACK를 보낼 때까지 몇 번이나 트랜잭션을 NAK했는지, 버스에서 트랜잭션이 일어난 정확한 시각 등은 보여주지 못한다.

일부 소프트웨어 분석기는 운영체제가 감시할 디바이스용 드라이버를 로드할 때 필터 드라이버를 사용한다. 필터 드라이버는 호스트가 디바이스를 열거할 때까지는 로드되지 않으므로 이런 분석기는 열거 리퀘스트와 디바이스가 연결될 때 발생하는 이벤트를 보여줄 수 없다.

오픈소스 도구

소프트웨어 분석기를 선택할 때 2개의 오픈소스 도구를 고려해볼 수 있다. USBPcap (desowin.org)은 데이터를 캡처할 수 있고, WireShark(wireshark.org)는 캡처한 데이터를 디코딩해 살펴볼 수 있다.

이들 도구를 사용할 때 제일 처음 할 일은 디바이스의 루트 허브를 찾는 것이다. 캡처할 데이터가 어수선해지는 것을 방지하기 위해서는 호스트 컨트롤러에 디바이스를 장착할 때 트래픽을 발생시키는 하향 디바이스를 최소한으로 장착해야 한다. 디바이스를 장착한 다음에는 명령 프롬프트에서 USBPcap을 실행하고 루트 허브와 루트 허브의 하향 디바이스 목록을 살펴본다(그림 18-4).

캡처를 시작하려면 목록에서 캡처할 디바이스를 찾고 루트 허브상의 번호와 캡처할 데이터를 저장할 파일 이름을 입력한다.

데이터를 보려면 WireShark를 실행하고 USBPcap이 생성한 파일을 연다(그림 18-5). Wireshark는 캡처한 URB(표준 제어 전송 내용과 오디오, 스마트 카드, HID, 허브, 대용량 저장장치, 비디오 클래스 등 클래스 전용 데이터를 포함)를 디코딩해준다. 사용자는 모든 트랜잭션의 원시 데이터도 살펴볼 수 있다.

사용자가 USBPcap을 실행하는 도중에 디바이스를 장착했다면 이 캡처는 최초의 Get Descriptor 리퀘스트부터 시작하는 열거 데이터를 포함한다.

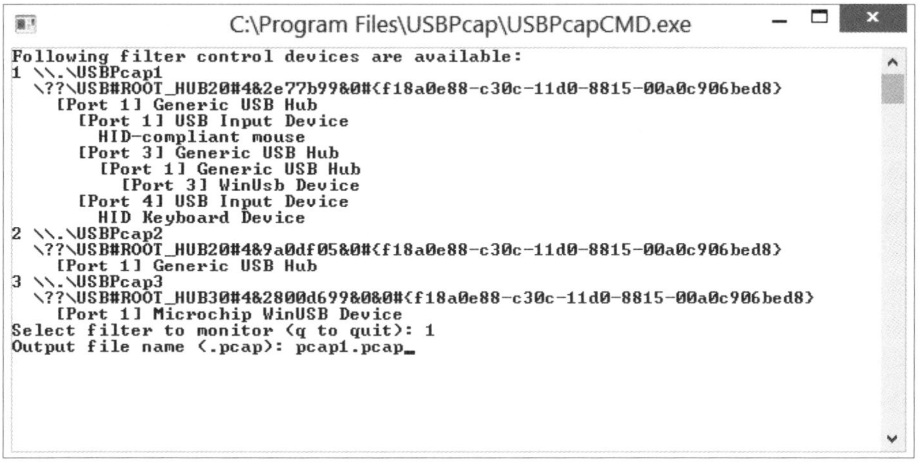

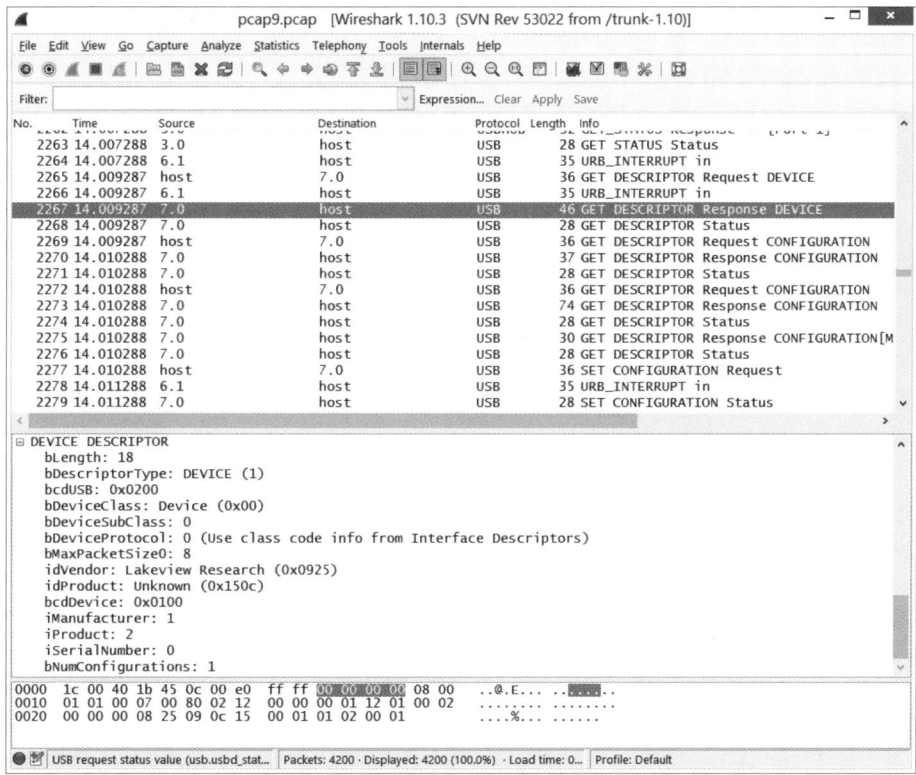

▲ 그림 18-4 USBPcap은 루트 허브상의 데이터를 캡처할 수 있다.

▲ 그림 18-5 WireShark는 USBPcap으로 캡처한 데이터를 디코딩해서 보여준다.

18장_ 테스트와 디버깅

윈도우용 이벤트 추적

USB 데이터를 살펴볼 때, 윈도우용 이벤트 추적ETW, Event Tracing for Windows을 사용하는 방법도 있다. 이 기능은 윈도우 7 이상에서 지원한다. USB 데이터를 보려면 2개의 도구가 필요하다. 데이터를 캡처할 때는 Logman, 데이터를 살펴볼 때는 Netmon을 쓴다.

Logman을 이용한 데이터 캡처

Logman은 윈도우 커맨드라인 유틸리티이며 USB ETW 이벤트 추적을 캡처한다. 추적을 시작하려면 추적을 생성하고, 포함할 내용을 지정한 다음 로깅을 시작하는 명령어를 입력한다. 추적을 중단하고 캡처한 내용을 파일로 남겨서 살펴볼 때도 일련의 명령어가 있다. Logman.exe는 %SystemRoot%\system32에 있다.

명령어를 매번 직접 입력하는 대신 배치 파일batch file을 이용하는 방법이 있다. 리스트 18-1은 모든 USB 2.0과 USB 3.0 트래픽을 캡처하고 사용자가 키를 누르면 캡처를 중단하고 저장하는 배치 파일이다. 배치 파일 안에 명령어들은 다음과 같이 구성된다.

> **리스트 18-1** 이 배치 파일은 USB 2.0과 USB 3.0의 모든 데이터를 로깅하며 사용자가 키를 누르면 중단하고 파일로 저장한다.

```
rem @ECHO OFF
logman create trace usbtrace -o %SystemRoot%\Tracing\usbtrace.etl
  -nb 128 640 -bs 128
logman update trace usbtrace -p Microsoft-Windows-USB-USBXHCI
  (Default,PartialDataBusTrace)
logman update trace usbtrace -p Microsoft-Windows-USB-UCX
  Default,PartialDataBusTrace)
logman update trace -n usbtrace -p Microsoft-Windows-USB-USBHUB3
  (Default,PartialDataBusTrace)
logman update trace usbtrace -p Microsoft-Windows-USB-USBPORT
logman update trace usbtrace -p Microsoft-Windows-USB-USBHUB
logman update trace usbtrace -p Microsoft-Windows-Kernel-IoTrace 0
  2
logman start usbtrace
```

```
ECHO "Logging data. To stop logging, press any key."

PAUSE

logman stop usbtrace
logman delete usbtrace
move %SystemRoot%\Tracing\usbtrace.etl
    %SystemRoot%\Tracing\usbtrace_000001.etl
```

logman create는 추적할 컬렉션 이름인 usbtrace를 정의하고 -o 파라미터로 저장할 경로와 파일이름을 지정한다. -nb 옵션은 데이터를 추적할 때 사용할 버퍼의 최소/최대 크기를 지정한다. -bs 옵션은 버퍼 크기를 KB로 지정한다.

logman update는 로그 생성을 지정한다. 예제에서는 USB 2.0과 USB 3.0 호스트 컨트롤러의 모든 하향 데이터를 캡처하기 위해 명령어를 여러 번 사용했다. USB 2.0 컨트롤러의 하향 데이터만 캡처하려면 USBXHCI, UCX, USBHUB3가 있는 줄을 rem 명령어로 주석 처리하거나 삭제하면 된다. USB 3.0 컨트롤러의 하향 데이터만 캡처하려면 USBPORT와 USBHUB가 있는 줄을 주석 처리하거나 삭제하면 된다.

시스템에서 로깅하는 종류를 조회하려면 다음 명령어를 입력한다.

```
logman query providers
```

logman start는 로깅을 시작한다.

pause 명령어는 사용자가 키를 누를 때까지 배치 파일의 실행을 중단한다. 살펴보고 싶은 이벤트가 로깅됐을 때 아무 키나 누르면 다음 과정이 계속된다.

logman stop은 로깅을 중단한다.

logman delete는 컬렉션 질의를 삭제한다.

move 명령어는 로그 파일을 복사한다. 이때 첫 번째 인수에서 지정한 파일을 두 번째 인수에서 지정한 곳으로 복사한다.

배치 파일을 실행하거나 logman 명령어를 실행하기 위해서는 17장에서 설명한 바와 같이 명령 프롬프트를 관리자 특권 모드로 열어야 한다.

Netmon으로 데이터 살펴보기

Netmon 유틸리티와 USB 파서는 logman으로 캡처한 데이터를 살펴볼 때 쓴다. 둘 다 마이크로소프트 다운로드 센터에서 무료로 얻을 수 있다. 또한 WDK가 필요하다.

Netmon 파서는 특정 프로토콜을 위한 이벤트를 보여주기 위한 정보를 포함한 텍스트 파일이다. Netmon 파서는 확장자가 .npl이다. WDK는 USB 파서를 제공한다.

USB 이벤트를 살펴보기 위해 Netmon을 사용하기 전에, 사용자는 USB 파서를 Netmon에서 사용할 수 있도록 만드는 작업이 필요하다. 이때 윈도우 파워셸 Windows PowerShell 애플리케이션이 필요하며 파워셸 스크립트 실행 허가도 필요하다.

파워셸은 커맨드라인 인터페이스와 시스템 관리 업무를 수행하기 위한 스크립팅 언어를 제공한다. 파워셸 스크립트 실행을 허가하려면 컴퓨터에서 'powershell'을 검색하고 **Windows PowerShell**을 우클릭한 다음, **관리자 권한으로 실행**을 선택한다. 파워셸 창이 나타나면 다음 명령어를 입력한다.

```
Set-ExecutionPolicy RemoteSigned -Force
```

이제 파워셸을 닫고 다시 연다. 이번에는 관리자 권한으로 실행이 필요 없다.

사용자 정의 파서 프로파일은 USB 파서를 Netmon에서 사용할 수 있게 만들 수 있다. 제공된 파워셸 스크립트인 NplAutoProfile.ps1은 현재 디렉토리에서 AutoProfile이라는 이름의 파서 프로파일을 Netmon 파서에 추가한다. USB 파서를 AutoProfile에 추가하려면 파워셸에서 다음 명령어를 입력한다. 이때 Network Monitor Parsers\usb 디렉토리는 각 사용자에게 맞는 값으로 수정한다.

```
cd "C:\Program Files (x86)\Windows Kits\8.0\Tools\x86\Network Monitor Parsers\usb"
..\NplAutoProfile.ps1
```

이 명령어는 USB 파서 디렉토리를 변경하고 NplAutoProfile 스크립트를 실행한다.

이제 파워셸을 닫고 NetMon을 실행한다. AutoProfile을 선택하고 logman이 캡처한 추적 데이터를 연다.

Netmon을 실행하려면 컴퓨터에서 'netmon'을 검색해 **netmon.exe**를 클릭한다.

Netmon에서 사용자가 생성한 AutoProfile을 선택하려면 **Tools > Options > Parser Profiles**를 클릭하고 AutoProfile을 선택한 후 **Set as Active**를 클릭한다.

캡처된 데이터를 로드하려면 **Open Capture**를 클릭하고 logman이 생성한 .etl 파일을 선택한다. 그림 18-6은 예제를 보여준다.

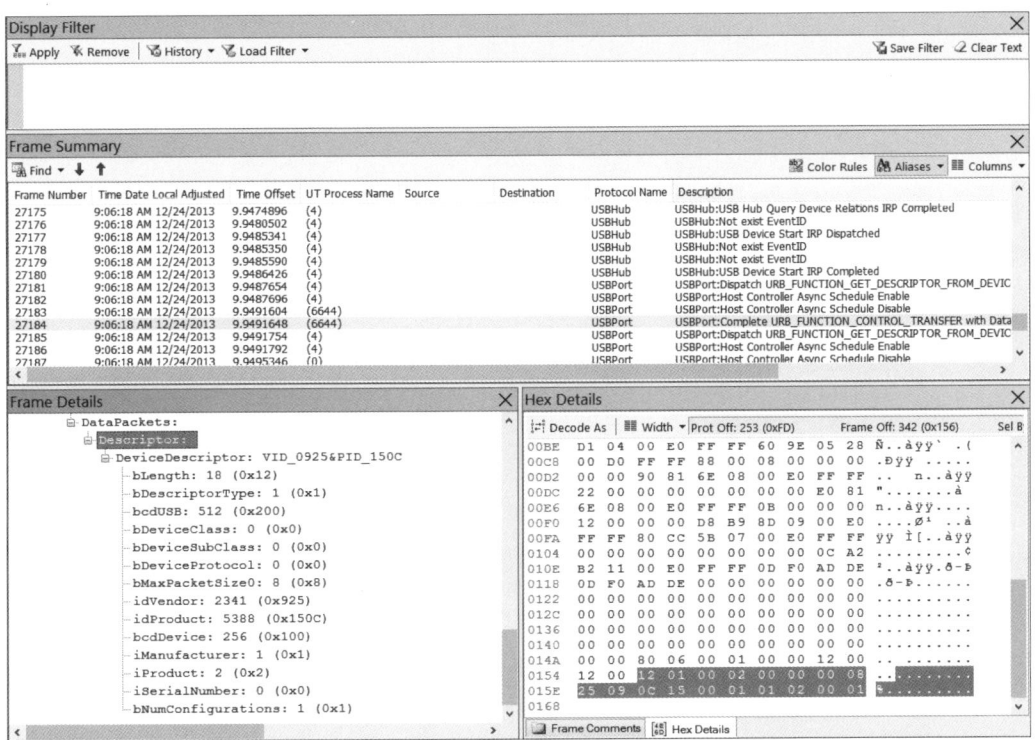

▲ **그림 18-6** Netmon은 logman으로 캡처한 USB 이벤트를 표시한다.

사용자는 기다란 이벤트 목록을 볼 때가 많다. 필터를 적용하면 관심 있는 아이템에 한정해 표시할 수 있다.

예를 들어, Get Descriptor 리퀘스트를 보려면 Frame Summary 창에 있는 Description 컬럼에서 다음 아이템을 찾는다.

```
USBPort:Dispatch URB_FUNCTION_GET_DESCRIPTOR_FROM_DEVICE
```

아이템에서 우클릭을 하고 **Add 'Description' to Display Filter**를 선택한다.
또는 Display Filter 창에 다음 텍스트를 입력한다.

```
Description=="USBPort:Dispatch URB_FUNCTION_GET_DESCRIPTOR_FROM_DEVICE"
```

Display Filter 창에서 **Apply**를 클릭한다.

이렇게 하면 Frame Summary 창에는 Get Descriptor 리퀘스트의 URB만 나타날 것이다(그림 18-7).

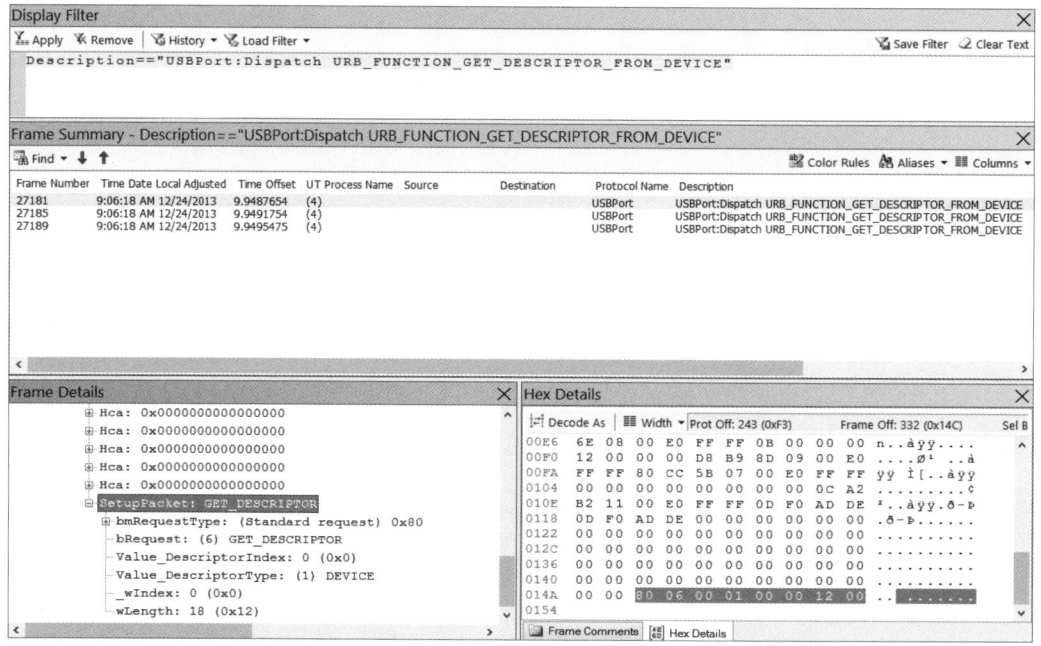

▲ **그림 18-7** Netmon의 필터링을 이용하면 Get Descriptor 등 지정한 USB 리퀘스트를 볼 수 있다.

Frame Details 창은 Frame Summary에서 현재 선택된 아이템에 관한 정보를 보여준다.

Get Descriptor 리퀘스트를 보려면 Frame Details 창에서 다음을 펼친다.

```
UsbPort: Dispatch URB_FUNCTION_GET_DESCRIPTOR_FROM_DEVICE
```

그리고 스크롤을 내려서 `SetupPacket: GET_DESCRIPTOR`를 펼치면 요청된 디스크립터를 볼 수 있다.

다음은 예제다.

```
- SetupPacket: GET_DESCRIPTOR
 + bmRequestType: (Standard request) 0x80
   bRequest: (6) GET_DESCRIPTOR
   Value_DescriptorIndex: 0 (0x0)
   Value_DescriptorType: (1) DEVICE
   _wIndex: 0 (0x0)
   wLength: 18 (0x12)
```

`Value_DescriptorType: (1) DEVICE`를 발견했다면 디바이스 디스크립터를 위한 리퀘스트가 있는 것이다. 없다면 디바이스 디스크립터를 위한 리퀘스트를 찾을 때까지 Frame Details 창에 있는 다른 이벤트를 선택해본다.

원하는 리퀘스트를 찾았다면 이벤트의 Frame Number를 기록해둔다.

반환된 디스크립터를 보려면 다음과 같이 필터를 지우고 리퀘스트 다음에 오는 프레임상의 응답을 살펴본다.

먼저 Display Filter 창에서 **Clear Text**를 클릭하고 **Apply**를 클릭한다.

앞의 리퀘스트에서 기록해둔 Frame Number까지 스크롤한다. 해당 프레임에서 다음 디스크립션이 있는 이벤트를 살펴본다.

```
USBPort:Complete URB_FUNCTION_CONTROL_TRANSFER with Data
```

검색 확률을 높이려면 필터를 생성해 적용해본다.

```
Description=="USBPort:Complete URB_FUNCTION_CONTROL_TRANSFER with Data"
```

디바이스 디스크립터의 내용을 디코딩해서 보려면 Frame Details 창 안에 있는 아이템을 펼쳐본다.

다음은 디바이스 디스크립터의 각 필드를 나타낸 예제다.

```
- DeviceDescriptor: VID_0925&PID_150C
    bLength: 18 (0x12)
    bDescriptorType: 1 (0x1)
    bcdUSB: 512 (0x200)
    bDeviceClass: 0 (0x0)
    bDeviceSubClass: 0 (0x0)
    bDeviceProtocol: 0 (0x0)
    bMaxPacketSize0: 8 (0x8)
    idVendor: 2341 (0x925)
    idProduct: 5388 (0x150C)
    bcdDevice: 256 (0x100)
    iManufacturer: 1 (0x1)
    iProduct: 2 (0x2)
    iSerialNumber: 0 (0x0)
    bNumConfigurations: 1 (0x1)
```

비슷한 방식으로 사용자는 다른 디스크립터에 대해서도 리퀘스트를 찾고 살펴볼 수 있다. 사용자는 또한 어떤 목적으로든 리퀘스트 URB와 USB 데이터를 볼 수 있다.

Frame Details 창에 필터 값을 추가하려면 아이템을 우클릭하고 **Add Selected Value to Display Filter**를 선택한다. 예를 들어 특정 디바이스를 위한 이벤트만 보려면 필터에 `idVendor`, `idProduct` 값을 적용할 수 있다.

WDK의 USB 파서는 대용량 저장장치 명령 같은 클래스 전용 데이터는 디코딩하지 않지만 16진수 데이터로는 볼 수 있다.

트래픽 생성기

때때로 호스트 소프트웨어와 디바이스 펌웨어로 할 수 있는 범위를 벗어나는 버스 트래픽과 신호를 제어하는 작업이 필요할 때가 있다. 일부 하드웨어 프로토콜 분석기는 호스트, 디바이스를 에뮬레이트함으로써 에뮬레이트되는 대상이 버스에 보내는 트래픽을 정확하게 제어하는 트래픽 생성기 기능을 갖췄다. 트래픽 생성기는 유효 트래픽을 생성하는 기능 외에도 비트 스터프bit-stuff, CRC 에러 등의 에러를 발생시킬 수도 있다. 일부 프로토콜 분석기 제조사는 단독형 트래픽 생성기와 트래픽 생성기 기능이 탑재된 분석기를 모두 공급한다.

적합성 테스트

USB-IF는 USB 제품 개발자에게 테스트 기회를 제공한다. 테스트를 통과하면 제품에 Certified USB 로고에 관한 권리를 얻을 수 있다. 적합성 도구, 체크리스트, 문서는 usb.org에서 얻을 수 있다.

USB-IF의 적합성 프로그램은 주변기기, 허브, 호스트 시스템, OTG 디바이스, 반도체 제작 블록, 케이블 조립, 커넥터 등을 위한 테스트를 지원한다.

적합성 테스트는 제품이 USB 규격을 적절히 준수하는지 검증한다. 가능한 모든 규격 위반을 검증하는 테스트 세트는 존재하지 않으므로 USB-IF의 테스트는 디바이스가 지원하는 모든 속도, 모든 호스트 유형, 허브 환경, 다른 디바이스가 존재하는 버스상에서 문제없이 동작하는지 검증하는 데 집중한다. 이 테스트들은 디스크립터 안에 유효한 값이 있는지, 디바이스에서 의도하지 않는 리퀘스트가 발생했는지, 저전력 상태로 진입/탈출할 때 적절하게 동작했는지, 실제 필드에서 문제를 일으킬 만한 다른 위반이 있는지 등을 검증한다.

적합성 테스트의 중요한 요구사항 중 하나는 어떤 오류가 발생했을 때 조용하게 넘어가면 안 된다는 규칙을 준수하는지 여부다. 어떤 디바이스는 사용할 수 있는 것보다 더 많은 대역폭이나 전력을 요청하는 등 상황상 불가능한 기능을 시도할 수 있다. 디바이스가 그런 기능을 수행할 수 없으면 호스트 컴퓨터는 무엇이 잘못됐는지 사용자가 궁금해할 만한 상황을 그냥 지나치지 않고, 메시지를 표시해 사용자에게 디바이스가 왜 동작하지 않는지 알려야 한다.

제품이 적합성 테스트를 통과하면 USB-IF는 '충분한 정도의 적합성'을 갖고 있다고 간주하고 적합 디바이스 통합 목록Integrators List에 해당 제품을 추가한다. USB-IF는 서명한 저작권 동의서를 받은 후 제품에 Certified USB 로고를 표시하도록 허가한다. 공식 적합성 테스트를 받을 계획이 없어도 디바이스의 성능을 검증하기 위해 이 테스트를 사용할 수 있다.

개발자는 USB-IF 적합성 워크숍이나 USB-IF가 인증한 외부 시험기관에 디바이스를 제출해 적합성 테스트를 요청할 수 있다. USB-IF의 적합성 워크숍은 USB-IF 회원에게만 열려 있으며, 비용은 무료이고, 디바이스가 여러 개 장착되어 있는 허브의 하향으로 장착했을 때 해당 디바이스가 의도한 목적대로 수행하는지 볼 수 있는 시연을 포함한다. 외부 시험기관에서 테스트를 할 때는 시연을 통한 테스트는 요구되지 않는다. 시연 테스트를 외부 시험기관에서 준비하는 것은 비현실적이다. 시간과 비용을 절약하려면 제품을 적합성 테스트에 제출하기 전에 내부적으로 가능한 한 완전한 테스트를 수행하는 것이 좋다.

확인 목록

USB-IF의 적합성 확인 목록에는 제품의 규격과 동작에 관한 질문들이 있다. 이 목록은 주변기기, 허브, 주변기기 반도체, 호스트 시스템을 위한 것이다. 주변기기를 위한 USB 2.0 USB Compliance Checklist는 기계적 디자인, 디바이스 상태와 신호, 동작 전압, 전력 사용량 등을 다룬다. USB 규격에는 각 질문에 대한 상세한 정보가 있는 참조 섹션이 있다. 개발자는 개발자의 디바이스에 적용되는 확인 목록상의 각 관련 질문에 '예'로 답변할 수 있다. 주변기기를 위한 USB 3.0 확인 목록은 실리콘, 커넥터, 케이블이 USB 통합 목록에 있는지, USB 외에 사용하는 USB 핀이 있는지만 묻는다.

USB 명령어 검증 소프트웨어

USB-IF의 명령어 검증Command Verifier 소프트웨어는 디바이스 프레임워크 프로토콜, 전류 측정, 상호 운영성 테스트를 수행한다. USB20CV 버전은 USB 2.0 프로토콜과 EHCI, OHCI, UHCI 호스트 컨트롤러상에서 요구사항을 테스트한다. USB30CV 버전은 xHCI 호스트 컨트롤러상에서 USB 2.0과 USB 3.0의 프로토콜과 요구사항을 테스트한다.

각 버전은 호스트 컨트롤러 드라이버를 테스트-스택 드라이버로 교체하고, 존재하는 경우 오리지널 드라이버로 복원한다. 이 소프트웨어를 설치하고 실행하기 전에 readme 파일과 릴리스 노트를 숙독할 필요가 있다. 이 소프트웨어를 실행하기 전에 윈도우 복원 지점을 생성하면 문제가 발생했을 때 시스템을 원래 상태로 복원할 수 있다.

USB30CV 실행

USB30CV는 최근 윈도우 버전이 설치된 PC와 xHCI 호스트 컨트롤러를 요구한다.

USB30CV를 실행하면 스택을 교체한 다음, 장치 관리자 목록에 xHCI 호스트 컨트롤러가 'xhci 적합성 테스트 호스트 컨트롤러'로 보인다.

PC에 xHCI 호스트 컨트롤러가 여러 벌 있으면 이 소프트웨어는 스택을 변경할 때 사용할 호스트 컨트롤러를 선택하라고 요구한다. 개발자의 디바이스 상향에 호스트 컨트롤러가 존재하는지 확인하려면 장치 관리자를 시작하고 **보기 > 장치(연결별)**을 선택한다(9장 참조). 호스트 컨트롤러를 살펴보면 ACPI x64-based PC > Microsoft ACPI-Compliant System > PCI Express Root Complex와 같거나 비슷한 문자열을 볼 수 있다. USB 3.0 eXtensible Host Controller로 명명된 아이템이 여러 벌 있는지 확인한 다음, 그 아이템들과 하위에 달린 허브에서 개발자 디바이스를 찾는다. 디바이스를 찾은 다음 호스트 컨트롤러의 항목에서 더블클릭한다. **일반**General 탭에 표시된 **위치**Location를 기록해둔다.

USB-IF는 마이크로소프트 USB 드라이버를 사용한 호스트에서만 USB30CV

를 실행하라고 권고한다. 시스템 마우스와 키보드는 스위칭될 드라이버가 있는, 또는 스위칭된 드라이버를 갖지 않는 호스트 컨트롤러의 루트 허브에 직접 장착해야 한다.

스택 스위칭을 수행하려면 먼저 사용자 계정 컨트롤UAC, User Account Control을 끄고 재부팅해야 한다. 이 소프트웨어를 위한 설정 방법은 윈도우 버전에 따라 조금씩 다를 수 있다.

USB30CV를 설치한 후 기능이 할당되지 않는 USB 포트가 있다면 이 소프트웨어가 어떤 이유로 스택 스위치를 완료하지 못할 수 있다. USB30CV를 다시 실행하면 문제가 해결될 수 있다. 또는 디바이스 관리자상의 테스트 드라이버를 복원하거나 시스템의 전원을 끄고 재부팅하는 방법을 취할 수도 있다.

USB20CV 실행

USB20CV 기능은 USB30CV와 거의 비슷하지만 ECHI, OHCI, UHCI 호스트 컨트롤러상에 장착된 디바이스를 테스트한다.

스택 스위칭을 수행하려면 UAC를 끄고 드라이버 서명을 꺼야 한다. 이 소프트웨어의 설정 과정은 윈도우 버전에 따라 조금씩 다를 수 있다.

디바이스 프레임워크 테스트

USB20CV와 USB30CV는 각각 USB 2.0 속도에서 동작하는 USB 2.0 디바이스 또는 USB 3.0 디바이스가 표준 제어 리퀘스트에 대해 정확히 응답하는지 검증하기 위한 USB 2.0 Device Framework 테스트를 포함하고 있다. USB30CV 또한 슈퍼스피드(아마도 슈퍼스피드 플러스도 포함하도록 개정될 것이다)에서 동작하는 USB 3.0을 위한 디바이스 프레임워크 테스트를 포함하고 있다.

USB 2.0 디바이스는 USB20CV를 사용하는 EHCI, UHCI, OHCI 호스트상에서 디바이스 프레임워크 테스트를 통과해야 하며, USB30CV를 사용하는 xHCI 호스트에서도 테스트를 통과해야 한다.

테스트 개요

USB 2.0 디바이스 프레임워크 테스트에서는, 호스트가 USB 2.0 규격 9장에서 정의한 표준 제어 리퀘스트를 발행하고 디바이스가 반환한 정보를 추가적으로 검증한다(그림 18-8). 예를 들어, 디바이스 디스크립터를 가져올 때 이 소프트웨어는 `bMaxPacketSize0` 값이 디바이스의 속도에 대해 유효한지 살펴보고 `bDeviceClass` 값이 표준 클래스 값인지 아니면 0xFF(제조사 정의)인지 확인한다. 이 소프트웨어는 디바이스가 기본default, 주소address, 설정됨configured 상태일 때, 지원하는 모든 컨피규레이션에서 리셋과 열거를 수행한다.

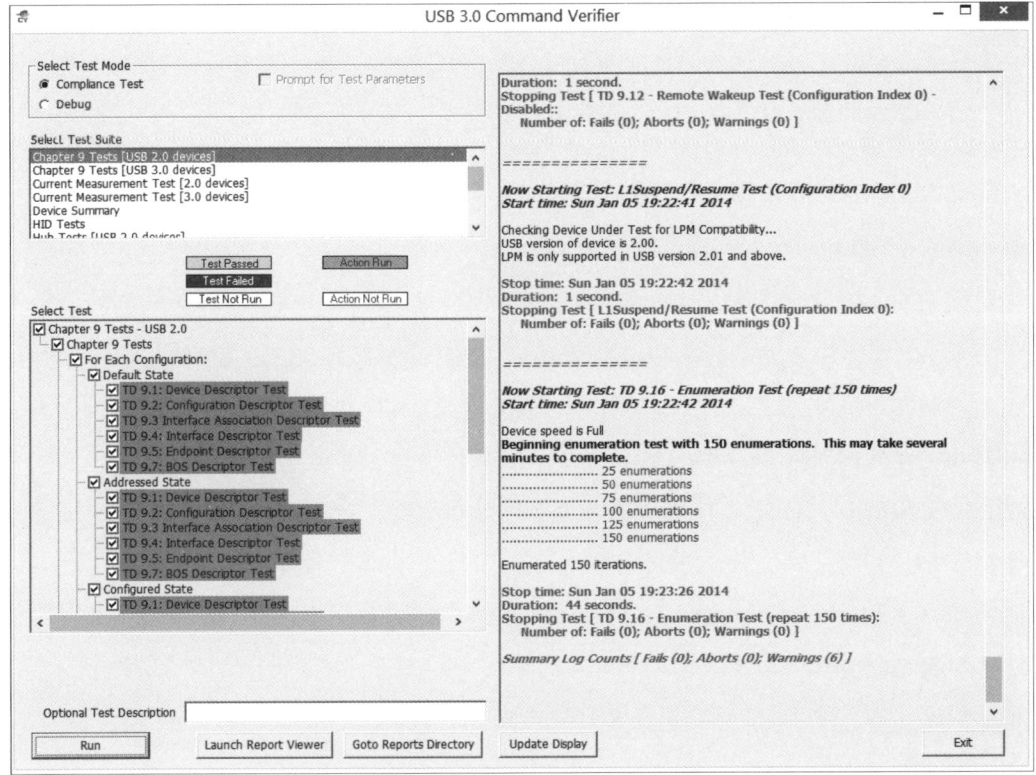

▲ **그림 18-8** USBCV의 9장 테스트는 USB 규격 9장에 정의되어 있는 제어 리퀘스트에 대한 디바이스 응답을 검증한다.

9장 테스트는 다음 항목을 포함한다.

- 다른 주소로 디바이스를 여러 번 열거
- 모든 벌크, 인터럽트 엔드포인트가 Set Feature, Clear Feature 리퀘스트로 홀트halt, 언홀트unhalt될 수 있는지 확인
- 지원하지 않는 디스크립터 유형의 리퀘스트를 받으면 응답으로 디바이스가 STALL을 반환하는 것을 보장
- 지원하지 않는 기능에 대한 Set Feature 리퀘스트는 받은 응답으로 디바이스가 STALL을 반환하는 것을 보장
- 디바이스 서스펜드와 재개
- 디바이스가 원격 깨움을 지원하면 디바이스를 서스펜드시키고 사용자가 디바이스를 깨어나게 하는 동작을 수행하도록 요청

이 소프트웨어는 모드가 두 가지다. 적합성 테스트 모드는 전체 테스트 스위트를 실행한다. 디버그 모드는 테스트 스위트에 있는 단위 테스트를 선택해 실행할 수 있고 테스트를 실행할 때 컨피규레이션을 선택하는 등 상세 제어가 가능하다.

USB20CV와 USB30CV에는 모두 추가 테스트 스위트를 통해 HID, USB 2.0 허브, 대용량 저장장치, 개인용 건강 관리, 비디오 클래스, OTG 디스크립터를 반환하는 디바이스 테스트를 제공한다. USB30CV는 또한 USB 3.0 링크 계층과 UASP 프로토콜 테스트를 할 수 있다. USB 3.0 허브는 독자 테스트 도구인 HUB30CV를 통해 테스트한다.

상호 운용 테스트

상호 운용interoperability 테스트는 제품을 다른 호스트 컨트롤러나 동시에 사용 중인 다양한 USB 디바이스와 테스트를 통해 사용자의 경험을 에뮬레이트한다. USB20CV를 사용할 때 USB 2.0 디바이스는 상호 운용 테스트를 EHCI, UHCI, OHCI 호스트상에서 통과해야 하며, 5계층의 외장 허브 테스트를 포함한다. 이때

외장 허브 테스트는 최대 길이 케이블을 사용하며, 허브는 풀/하이 스피드로 동작한다. USB30CV를 사용할 경우 USB 2.0 디바이스는 xHCI 호스트의 루트 포트에 장착됐을 때 상호 운용 테스트를 통과해야 한다.

USB 2.0 상호 운용 테스트는 'USB-IF의 Full and Low Speed Electrical and Interoperability Compliance Test Procedure' 문서를 따른다(이 문서는 제목에는 없지만 하이스피드를 포함해 갱신됐다). USB 3.0 상호 운용 테스트는 'xHCI Interoperability Test Procedures For Peripherals, Hubs, Hosts' 문서를 따른다.

USB 2.0 골드 트리

USB 2.0 테스트는 골드 트리Gold Tree 설정을 사용한다. 골드 트리 설정은 다양한 허브와 버스상의 다른 디바이스를 테스트할 디바이스와 같이 갖추고 있다. USB-IF Compliance Updates 페이지에 갱신된 설정을 확인할 필요가 있다. 모든 골드 트리 컴포넌트는 xHCI 어댑터가 없으면 USB20CV로 검증하고, 있으면 USB30CV로 검증한다. 다음은 USB 2.0 골드 트리 컴포넌트다.

[호스트 시스템]
- 멀티코어 USB 호스트 시스템으로서 EHCI(UHCI를 내부에 탑재함)와 PCI 익스프레스 슬롯(다운스프레드 확산 스펙트럼 클로킹downspread SSC(spread-spectrum clocking))을 갖춤
- PCI 호스트 어댑터, OHCI를 내부에 탑재한 EHCI
- PCI 호스트 어댑터, xHCI

[허브]
- 자체 전원 허브 6개, 하이스피드이며 외부로 노출된 하향 포트가 최소 4개 이상
- 풀스피드에서 동작하는 버스 전원 허브 1개, 노출된 하향 포트가 최소 2개 이상(복합 디바이스도 무방함)

[그 밖의 디바이스]
- 마우스 1개, 로우스피드, 인터럽트 전송을 사용함
- 대용량 저장장치 2개, 하이스피드, 벌크 전송을 사용함
- 카메라 1개, 하이스피드, 등시성 전송을 사용함

이 디바이스들은 그림 18-9의 설정과 같은 형태로 호스트에 장착된다. 테스트 랩에서는 테스트를 위해 골드 트리 하드웨어를 제공할 수 있다.

디바이스 장착이 이뤄지면 호스트는 디바이스를 열거하고 드라이버를 설치해야 한다. 필요하다면 사용자가 드라이버 위치를 지정할 수도 있다. 이 디바이스는 골드 트리에 있는 다른 디바이스가 동작하고 있는 동안에도 정상으로 동작해야 한다. 또한 EHCI 호스트상에서 다음과 같은 각 동작 후에도 계속 완전하게 동작해야 한다.

- 디바이스 케이블을 하향 포트에서 제거한 후 같은 포트에 다시 장착
- 디바이스가 하드와이어드hard-wired 케이블을 갖추지 않았다면 디바이스 케이블을 상향 포트에서 제거한 후 같은 포트에 다시 장착
- 웜 부트warm boot(시작 > 종료 > 재시작)
- S3 시스템 전원 상태로 진입 후 재개
- S4 시스템 전원 상태로 진입 후 재개
- 원격 깨움을 지원하는 디바이스인 경우, S3 시스템 전원 상태로 진입 후 디바이스가 시스템을 깨우도록 함
- 디바이스를 정지 동작으로 이행시킨 후 루트 포트에 디바이스를 장착

UHCI와 OHCI 호스트상에서 추가적인 디바이스 테스트로는 서스펜드, 재개, 웜 부트가 있다.

하이스피드 디바이스는 USB-IF에서 허용하는 면제 조항을 제외하면 풀스피드에서도 완전히 동작해야만 한다. 테스트 규격을 살펴보면 테스트에 관한 더 자세한 내용을 알 수 있다. 디바이스는 디바이스가 지원하는 각 버스 속도에서 9장 테스트와 관련 있는 디바이스 동작을 시연, 통과해야 한다.

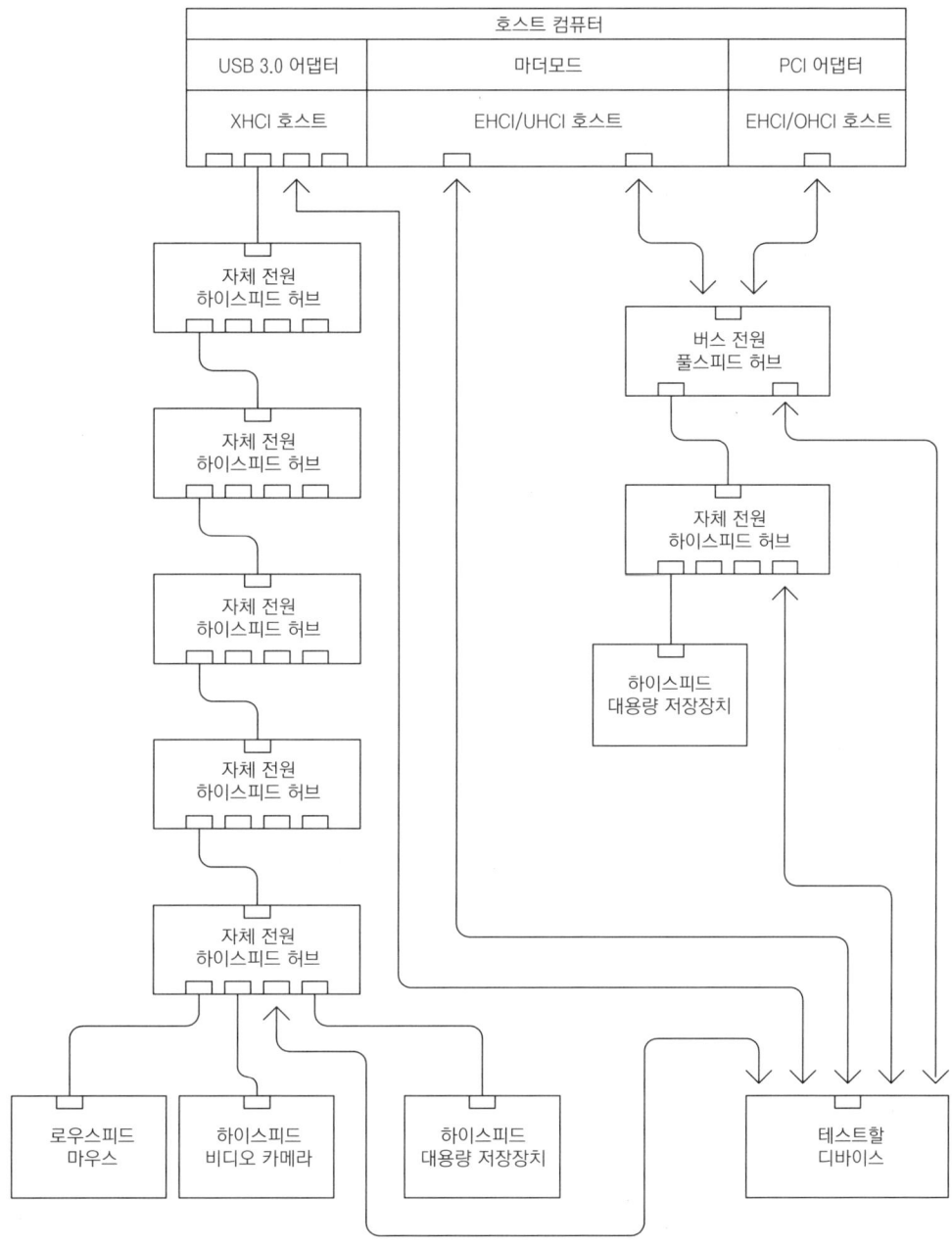

▲ **그림 18-9** 디바이스들은 USB 2.0 상호 운용 테스트를 위한 골드 트리 설정을 사용한다.

슈퍼스피드 상호 운용 트리

USB30CV는 슈퍼스피드 상호 운용 트리를 사용하며 이는 'USB Implementers Forum xHCI Interoperability Test Procedures For Peripherals, Hubs, Hosts' 에 정의되어 있다. 이 문서는 USB 2.0 골드 트리와 유사한 트리를 정의하고 있지만 xHCI 호스트, USB 3.0 허브, 기타 슈퍼스피드 주변기기에서만 사용할 수 있다.

전류 측정

전류 측정 테스트는 버스 전류를 측정할 수 있으며, 설정되지 않음unconfigured, 설정됨configured, 서스펜스 상태에서 디바이스의 소모 전류를 측정한다. 설정되지 않음 상태에서 디바이스는 100mA(USB 2.0) 또는 150mA(슈퍼스피드) 이상 소모하면 안 된다. 설정됨 상태일 때 디바이스는 현재 활성화된 설정에 대한 컨피규레이션 디스크립터의 bMaxPower 필드에 지정한 전류 이상 소모하면 안 된다. 서스펜드 상태에서는 디바이스가 2.5mA 이상 전류를 소모하면 안 된다.

전기적 테스트

디바이스는 또한 신호 품질, 수신기 민감도, 타이밍, 유입 전류 및 그 밖의 전기적 성능 관점에서의 테스트를 통과해야 한다.

풀/로우 스피드 디바이스용 테스트 문서는 'Full and Low Speed Electrical and Interoperability Compliance Test Procedure'에 있다. 하이스피드와 슈퍼스피드용 문서와 도구는 USB-IF 웹사이트에 추가 문서와 파일로 제공된다.

Certified USB 로고

적합성 테스트를 통과한 디바이스는 공식 Certified USB 로고를 붙일 자격이 있다. 본 로고는 디바이스가 슈퍼스피드, 슈퍼스피드 플러스, 하이스피드, 무선 USB 인증, USB OTG를 지원하는지를 나타낸다(그림 18-10). 본 로고를 사용하려면 USB-IF Trademark License Agreement 문서에 서명을 해야 한다. USB-IF 멤버가 아니면 로고 부여 요금(이 글을 쓰는 시점에 3500달러)도 내야 한다. 이 로고는 19장에서 설명한 USB 아이콘과는 다른 것이다.

▲ **그림 18-10** 적합성 테스트를 통과한 디바이스는 Certified USB 로고를 붙일 수 있다. 이 로고는 디바이스가 하이스피드, 슈퍼스피드, 슈퍼스피드 플러스, OTG 또는 무선 USB를 지원하는지를 나타낸다(출처: USB Implementers Forum).

디바이스는 모든 테스트를 통과하지 않고도 USB 로고를 얻을 수 있다. USB-IF의 재량에 따라서는 요구사항에 대한 면제를 부여할 수도 있다. 예를 들어 규격에서 모든 디바이스를 위한 제한이 올라가기 전에는, USB-IF는 서스펜드 상태에서 2.5mA까지만 끌어쓸 수 있는 디바이스 규격을 유예한다. 테스트 면제는 USB-IF가 사용자 경험, 다른 USB 제품, 제품 시장 규모, 규격 위반을 수정하기 위한 제조사 비용 등 규격 위반이 끼치는 영향을 고려해 결정한다.

윈도우 하드웨어 인증

윈도우 하드웨어 인증 프로그램Windows Hardware Certification Program은 제품의 호환성, 신뢰성, 보안성이 마이크로소프트 표준을 만족할 경우 윈도우 로고를 사용할 수 있는 권한을 부여한다. 제품과 마케팅 자료에 로고를 표시할 수 있는 권리를 얻으려면, 제조사는 제품이 마이크로소프트의 요구사항을 준수하는 시연을 담은 테스트 로그를 제출해야 한다.

윈도우의 로고를 표시하면 소비자에게 제품에 대한 신뢰감을 줄 수 있을 뿐만 아니라 윈도우 업데이트를 통해 드라이버를 배포할 수 있고, 윈도우 인증 로고 제품 목록에 기재된다.

하드웨어 인증 프로그램에 지원하려면 윈도우 인증Windows Certification 계정을 만들고 로고 라이선스 약관Logo License Agreement과 윈도우 인증 프로그램 테스트 약관Windows Certification Program Testing Agreement에 서명해야 한다.

마이크로소프트는 하드웨어 인증에 대해 비용을 받지 않지만, 각 제조사는 제출할 파일에 대해 회사와 서명한 코드 ID를 식별하는 마이크로소프트 인증 코드를 얻기 위해 비용을 지불해야 한다. 여러 제조사가 인증을 제공한다. 이 글을 쓰는 시점에 1년 비용은 200~500달러다.

다음 설명은 하드웨어 인증 과정에 관한 개요를 다룬 것이다. 전체 내용과 개선 사항은 윈도우 하드웨어 인증 웹 페이지와 WDK를 참고한다.

윈도우 하드웨어 인증

윈도우 하드웨어 인증 키트HCK, Hardware Certification Kit는 하드웨어 디바이스와 드라이버를 인증하기 위한 무료 테스트 프레임워크다. 인증은 마이크로소프트가 정의한 제품 유형 중 하나에 해당하는 기능을 갖는 디바이스로 제한된다(예: 키보드, 저장장치, 카메라, USB 허브). 정의된 기능에 정확히 맞지 않는 디바이스는 윈도우 로고를 표시할 수는 없지만 서명된 드라이버를 사용할 수는 있으며, 윈도우 업데이트를 통해 드라이버를 배포할 수 있다.

HCK 테스트 환경은 네트워크로 연결된 컴퓨터를 최소 2대 필요로 한다. 환경은 그림 18-11과 같다.

▲ **그림 18-11** 윈도우 하드웨어 인증 테스트는 네트워크로 연결된 컴퓨터가 적어도 2대는 필요하다.

HCK 테스트 서버 또는 컨트롤러는 윈도우 HCK 컨트롤러와 윈도우 HCK 스튜디오를 실행한다. 윈도우 HCK 컨트롤러는 테스트를 관리하고, 윈도우 HCK 스튜디오는 테스트를 선택하고 스케줄링한다. HCK 테스트 서버는 윈도우 서버의 최근 버전에서 실행해야 한다. HCK 컨트롤러와 HCK 스튜디오 소프트웨어는 같은 컴퓨터 또는 다른 컴퓨터에서 실행할 수 있다. HCK 테스트 서버는 윈도우 8.1 이후 버전부터 명령창의 HCK 테스트 스위트 또는 비주얼 스튜디오에서 실행할 수 있다.

HCK 테스트 컴퓨터, 또는 클라이언트 컴퓨터는 테스트할 목적 디바이스가 있는 호스트 컴퓨터다. HCK 테스트 컴퓨터는 인증 테스트를 할 윈도우 버전에서 실행해야 한다. USB 디바이스를 테스트하려면, 테스트 컴퓨터는 xHCI 컨트롤러를 갖춰야 하고 EHCI 컨트롤러 또는 하이스피드 허브를 갖춰야 한다. 단일 HCK 테스트 서버에 복수의 HCK 테스트 컴퓨터를 붙이는 것이 가능하다.

HCK 테스트 서버와 테스트 컴퓨터는 같은 워크그룹 내에 있는 2개의 컴퓨터이거나, 도메인 컨트롤러 기능을 사용하는 제3의 컴퓨터에 참여할 수 있다. 도메인 컨트롤러는 액티브 디렉토리 도메인 서비스Active Directory Domain Services를 설치한 윈도우 서버로 동작하고 있어야 한다.

디바이스를 테스트하려면 HCK 스튜디오에서는 머신 풀machine pool에 테스트 컴퓨터를 추가하고 프로젝트를 생성하고, 목적 디바이스를 선택한다. 그러면 소프트웨어가 윈도우와 상호작용을 통해 디바이스 기능을 감지하고 테스트 세트를 생성한다. 디바이스가 모든 테스트를 통과하면 HCK 스튜디오는 인증 프로세스를 완결하기 위해 제출 패키지를 생성한다.

HCK 테스트 카테고리는 디바이스 기초 정보, 연결성, 기능을 포함한다.

디바이스 기초 정보에는 PnP, 드라이버, 전력 테스트가 있다.

USB 디바이스에서 연결성 테스트는 USB 통신과 관련이 있다. 제조사는 USB-IF가 적합성 테스트를 통과할 때 공급한 테스트 ID를 제출해야 한다. 추가 테스트로는 다음과 같은 것들이 있다.

- 디바이스가 할당한 버스 주소로만 응답하는지
- 디바이스가 표준 디스크립터 리퀘스트에 적절히 응답하는지
- 시스템이 S3 또는 S4 전원 상태에서 탈출한 후 디바이스가 500ms 내에 사용 가능한 상태가 되는지

- 호스트 시스템이 디바이스를 활성화한 후 디바이스가 100ms 내에 설정됨으로 진입하는지
- 반복적인 열거 요청에 적절하게 응답하는지
- 서스펜드와 재개 요청에 적절하게 응답하는지
- 시스템이 S3 전원 상태에서 탈출한 후 디바이스가 적절히 재개되는지(반복 테스트)
- EHCI와 xHCI 호스트 컨트롤러와 풀스피드, 하이스피드, 슈퍼스피드 허브상에서 디바이스가 열거되는지
- USB 3.0 드라이버 스택의 윈도우 USB 클라이언트 드라이버로 시작한 실패를 시뮬레이트했을 때 이를 디바이스가 처리할 수 있는지
- 일련번호가 있는 디바이스에서, 유일한 일련번호를 반환하는지(같은 Vendor ID, Product ID의 각기 다른 2개의 디바이스를 테스트함)
- 디바이스가 등시성 대역폭을 소비하는 기본 인터페이스가 없는지
- 마이크로소프트 ContainerID 디스크립터를 위한 리퀘스트에 적절히 응답하는지

USB 3.0 디바이스는 다음 테스트가 추가로 있다.

- 디바이스는 슈퍼스피드를 사용할 수 있을 때 항상 슈퍼스피드로 붙어야 한다.
- 디바이스는 기능 서스펜드와 선택적 서스펜트에 적절히 응답해야 한다.

허브는 추가 테스트가 있다.

기능 카테고리 테스트는 오디오, 저장장치, 입력 장치, 이미징, 스트리밍 같은 디바이스 기능을 검증한다.

윈도우 7과 윈도우 8은 각각 로고가 있다. 윈도우 8과 윈도우 RT는 같은 로고로 호환성을 나타낸다.

디바이스 개발자를 위한 USB 클라이언트 드라이버 검증기가 윈도우 8 이상부터 포함됐는데, 이는 다양한 오류를 시뮬레이션해서 더 신뢰성 있는 드라이버를 만

들 수 있게 돕는다. HCK는 USB 검증기 테스트USB Verifier Test를 포함하고 있고, 이는 시뮬레이션된 테스트 케이스를 실행한다.

드라이버 서명

USB 디바이스용 윈도우 소프트웨어 드라이버는 카탈로그 파일(.cat)과 연동된 드라이버 또는 드라이버 자체에 디지털 서명을 갖춰야 한다. 윈도우는 디지털 서명을 사용해 공급자나 드라이버 배포자를 식별할 수 있으며, 드라이버가 서명된 이후 변조된 적이 있는지 검증할 수 있다.

드라이버 패키지가 HCK 테스트를 통과하면, 제조사는 테스트 로그를 제출해 드라이버 패키지를 위한 윈도우 하드웨어 퀄리티 랩WHQL, Windows Hardware Quality Labs 릴리스 서명을 받을 수 있다. 마이크로소프트는 윈도우 업데이트 프로그램을 통해 WHQL 서명이 된 드라이버를 배포한다.

테스트와 디버깅을 하는 과정에 있어서, 개발자는 비주얼 스튜디오와 WDK가 제공하는 도구를 이용해 드라이버에 테스트 서명을 할 수 있다.

1개의 INF 파일은 1개의 카탈로그 파일을 명명할 수 있는데, 이 카탈로그 파일은 드라이버 파일을 식별할 수 있는 암호화된 해시 값을 내장하고 있다. 디지털로 서명한 카탈로그 파일은, 서명이 생성된 이후 교체된 적이 있는지 OS가 알 수 있도록 디지털 서명을 제공한다. 각 INF 파일은 자신의 카탈로그 파일을 갖고, INF 파일 1개는 디바이스 여러 개를 지원할 수 있다. Product ID, 디바이스 릴리스 번호 또는 문자열을 추가/수정하는 등, INF 파일을 변경하면 디지털 서명을 새로 얻어야 한다.

윈도우는 디지털 서명과 관계된 정보를 인증 저장소라고 부르는 데이터베이스에 저장한다. 인증 저장소를 보려면, 인증서 관리자Certificate Manager를 열고 certmgr.msc로 들어간다(그림 18-2). 이는 일반적인 경로인 \%SystemRoot%\system32에 있다. 기본 보기 화면은 인증서가 논리적인 저장소에 따라 조직화되어 있다.

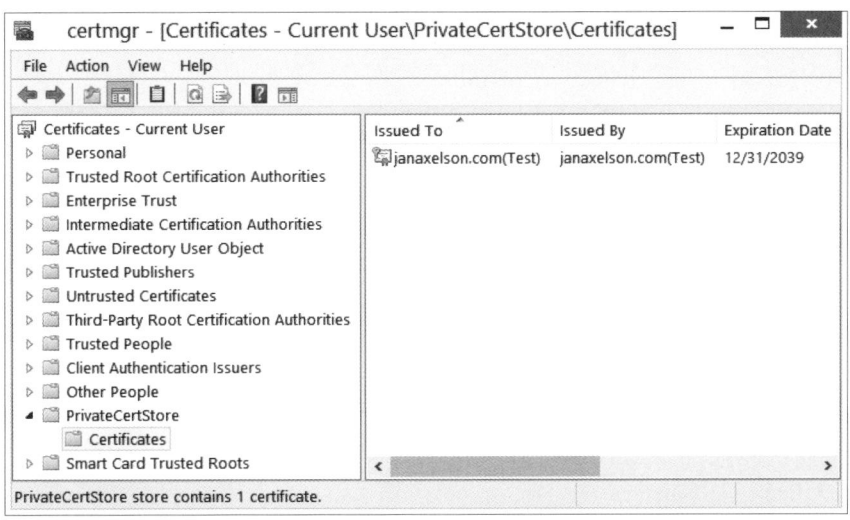

▲ 그림 18-12 인증 관리자(Certificate Manager)는 시스템의 인증 저장소와 그 내용을 보여준다.

　신뢰할 수 있는 배포자Trusted Publishers 인증 저장소는 시스템의 소프트웨어 제한 규칙에 따라 신뢰할 수 있는 인증된 배포자의 인증서 목록을 담고 있다. 관리자 특권이 있는 사용자는 배포자를 이 저장소에 추가할 수 있다. 신뢰할 수 있는 루트 인증 권한Trusted Root Certification Authorities 인증 저장소는 마이크로소프트 요구사항을 준수하는 CA에 대한 정보를 담는다. 관리자 특권이 있는 사용자는 이 저장소에 개별 CA를 추가할 수 있다.

　PrivateCertStore는 테스트 서명된 드라이버를 위해 사용하는 인증서를 담을 수 있다.

　윈도우가 드라이버 설치를 허가할 때는 윈도우 버전, 보안 설정, 드라이버를 설치하는 사람이 관리 권한이 있는지, 드라이버가 서명된 드라이버인지에 따라 결정한다. 서명된 드라이버이면 서명 소스와 드라이버 배포자의 인증이 시스템의 신뢰할 수 있는 배포자Trusted Publishers 인증 저장소에 있는지, 배포자의 인증을 발행한 CA가 신뢰할 수 있는 루트 인증 권한 인증 저장소에 있는지에 따라 설치 성공 여부가 결정된다.

64비트 윈도우 버전은 서명된 드라이버를 요구한다. 32비트 윈도우 버전은 서명되지 않은 드라이버를 설치할 수 있지만 시스템 설정에 따라 경고를 보여줄 수도 있다.

윈도우 하드웨어 인증 프로그램에 의해 서명된 드라이버는 보안 경고 없이 설치할 수 있다. 그 밖의 서명된 드라이버는, 보안 경고 대화상자가 나타날 수 있는데, 드라이버 공급자의 인증서가 컴퓨터의 신뢰할 수 있는 공급자 인증서 저장소에 없기 때문이다. 대화상자 안에서 '이 공급자의 소프트웨어는 항상 신뢰함'을 선택하면 해당 공급자를 시스템의 신뢰할 수 있는 인증서 저장소에 추가한다.

테스트 서명된 드라이버

9장에서 언급한 바와 같이, 개발자는 테스트 서명된 드라이버를 단일 머신상에서 비용 없이 사용할 수 있다. 테스트 서명 드라이버를 활성화하려면, 개발자는 먼저 시스템에 테스트 인증서를 생성해야 한다. 그런 다음, 테스트 서명된 드라이버를 INF 파일에 있는 카탈로그 파일에 항목 추가하고 카탈로그 파일을 생성하고 테스트 서명을 한다.

테스트 인증서 생성

드라이버에 테스트 서명을 하려면 개발자 PC는 시스템을 식별할 수 있도록 검증된 디지털 서명이 있어야 한다. PC는 복수 드라이버의 테스트 서명을 지원하는 인증서 하나가 필요하다.

비주얼 스튜디오는 MakeCert 도구를 제공하는데, 이 도구는 테스트 서명 드라이버에서 사용할 디지털 인증서를 생성한다. 먼저 비주얼 스튜디오 명령 프롬프트에서 MakeCert를 실행하고, 프로그램 메뉴에서 **Microsoft Visual Studio ⟨version⟩ > Visual Studio Tools**를 선택한다. **Developer Command Prompt for ⟨version⟩**에서 우클릭한 다음, **관리자 권한으로 실행**을 선택한다.

다음은 비주얼 스튜디오 명령 프롬프트Visual Studio Command Prompt 창에서 입력한 명령의 예제다(한 줄에 입력한다).

```
MakeCert -r -pe -ss PrivateCertStore -n CN=janaxelson.com(Test)
janaxelsonTest.cer
```

여기서

- `-r`은 인증서가 자체 서명임을 지정한다(CA가 서명한 것이 아니다).
- `-pe`는 인증서를 내보내기 할 수 있을 때 개인 키를 묶도록 지정한다. 이것은 이동형 미디어나 또 다른 컴퓨터를 위한 것이다.
- `-ss`는 PrivateCertStore를 인증서 저장소 이름으로 쓰겠다는 것이며, 인증서 저장소는 테스트 인증서를 저장한다. 마이크로소프트의 문서에서는 테스트 인증서용 인증서 저장소 이름을 PrivateCertStore로 사용하고, 컴퓨터 내의 다른 인증서와는 분리하라고 권고하고 있다.
- `CN=janaxelson.com(Test)`는 인증서를 식별한다.
- `janaxelsonTest.cer`는 테스트 인증서를 담고 있는 파일이다.

명령어들을 실행한 다음, CertMgr에 들어가 보면 **PrivateCertStore > Certificates**에서 예제의 **janaxelson.com(Test)** 인증서를 볼 수 있다.

테스트 인증서 설치

테스트 서명 검증을 하려면, 테스트 서명을 검증할 PC의 신뢰할 수 있는 루트 인증 권한 인증서 저장소와 신뢰할 수 있는 공급자 인증서 저장소에 테스트 인증서를 설치해야 한다.

비주얼 스튜디오의 CrtMgr 도구(certmgr.exe)는 인증서를 설치할 수 있다. 일반적으로 WDK 안에 있으며, 경로는 \bin\x86 또는 \bin\x64다. CrtMgr(certmgr.exe)은 인증서 관리자(certmgr.msc)와는 다른 프로그램임을 유의한다.

비주얼 스튜디오 명령 프롬프트에서 certmgr.exe를 실행한다.

다음 명령어는 janaxelsonTest.cer 인증서를 테스트 컴퓨터의 신뢰할 수 있는 루트 인증 권한 인증서 저장소에 설치한다.

```
CertMgr.exe /add janaxelsonTest.cer /s /r localMachine root
```

여기서

- /add janaxelsonTest.cer는 저장소에 추가할 인증서를 지정한다. .cer 확장자까지 반드시 지정해야 한다.
- /s는 인증서 저장소가 시스템 저장소임을 지정한다.
- /r localMachine은 인증서 저장소가 HKEY_LOCAL_MACHINE 레지스트리 키 밑에 있음을 지정한다.
- root는 신뢰할 수 있는 루트 CA를 위한 인증서 저장소 이름이다. 지원하는 저장소 이름은 닷넷 StoreName 열거의 멤버에 있다.

비슷한 방식으로, 다음 명령어는 janaxelsonTest.cer를 신뢰할 수 있는 공급자 인증서 저장소에 추가한다.

```
CertMgr.exe /add janaxelsonTest.cer /s /r localMachine trustedpublisher
```

테스트 서명 활성화

기본적으로 윈도우는 테스트 서명된 커널 모드 코드를 로드하는 기능을 활성화하지 않는다. 테스트 서명된 코드를 활성화하려면 명령 프롬프트를 관리자 권한으로 열고 다음을 입력한다.

```
Bcdedit.exe -set TESTSIGNING ON
```

그리고 리부트한다.

테스트 서명을 끄려면 다음을 입력한다.

```
Bcdedit.exe -set TESTSIGNING OFF
```

테스트 서명을 켜는 것을 활성화하려면, PC의 UEFI 펌웨어 설정에 있는 보안 부트Secure Boot 기능이 있을 경우 이 기능을 끌 필요가 있다.

INF 파일의 카탈로그 파일 참조

9장에서는 INF 파일의 문법에 대해 소개한 바 있다. INF 파일 안에 있는 카탈로그 파일을 참조하려면 INF 파일의 Version 섹션에 항목을 추가한다.

`CatalogFile=Filename.Cat`

여기서 `Filename.Cat`은 생성할 카탈로그 파일의 이름이다. 예를 들어 다음과 같이 한다.

`CatalogFile=Cdclvr.Cat`

필요하다면 이 항목에 플랫폼을 지정할 수 있다.

`CatalogFile.ntamd64=Cdclvramd64.Cat`
`CatalogFile.ntx86=Cdclvrx86.Cat`

INF 파일 안에 있는 각 카탈로그 파일 참조는 유일한 이름이어야 한다.

카탈로그 파일 생성

INF 파일에 있는 카탈로그 파일을 생성하려면 비주얼 스튜디오의 Inf2Cat 도구를 사용한다. 비주얼 스튜디오 명령 프롬프트를 열고 다음을 입력한다.

`Inf2Cat /driver:DriverPath /os:WindowsVersionList`

여기서

- `/driver:DriverPath`는 INF 파일이 들어 있는 디렉토리다. Inf2Cat은 디렉토리 안에 있는 모든 INF 파일을 위한 카탈로그 파일을 생성하므로 단일 INF 파일에 대한 카탈로그 파일을 생성하려면 디렉토리에 INF 파일이 1개만 존재해야 한다.

- /os:WindowsVersionList는 Inf2Cat가 서명을 검증한 윈도우 버전을 지정한다.

이와 같은 방법을 적용하면 다음과 같은 예제를 만들 수 있다.

Inf2Cat /driver:c:\Users\jan\Documents\lvrcdc /os:7_X86,7_X64,8_X86,8_X64

예제의 명령어는 c:\Users\jan\Documents\lvrcdc에 있는 INF 파일을 위한 카탈로그 파일을 생성하고 윈도우 7, 윈도우 8, 32비트 및 64비트 버전을 위한 서명을 검증한다.

각 파라미터 목록의 앞에는 공백을 넣어라(파라미터 목록은 '/'로 시작한다).

파라미터 목록 안에는 공백을 넣으면 안 된다. 예를 들어 /os:와 첫 번째 OS 지정자 또는 콤마로 분리된 OS 지정자 사이에는 공백이 있으면 안 된다. 파일명과 경로에 공백이 있다면 파일명과 경로를 따옴표로 묶는다.

경로를 복사하려면 윈도우 탐색기에서 주소창에 표시된 경로에서 우클릭을 누른다. 경로가 전체 경로로 바뀌면 복사할 부분이 하이라이트된다. 예를 들어 다음은

Libraries > Documents > lvrcdc

아래와 같이 바뀐다.

c:\Users\jan\Documents\lvrcdc

경로와 파일명을 커맨드라인에 붙여넣기 하려면 우클릭한 다음 **붙여넣기**를 선택한다. 따옴표를 붙여넣기 한다면 곧바로 붙여넣기 한다.

지원하는 윈도우 버전 식별자 및 도구에 대한 도움말을 보려면 명령 프롬프트에서 아무런 옵션 없이 'Inf2Cat'를 입력하면 된다.

카탈로그 파일에 테스트 서명하기

카탈로그 파일에 테스트 서명을 하려면, 비주얼 스튜디오의 SignTool 유틸리티를 사용한다. 비주얼 스튜디오 명령 프롬프트에서 다음을 입력한다(모두 한 줄이다).

```
SignTool sign /v /s TestCertStoreName /n TestCertName /t
http://timestamp.verisign.com/scripts/timstamp.dll CatalogFileName.cat
```

여기서

- `sign`은 카탈로그 파일에 서명을 하기 위한 SignTool 설정이다.
- `/v`는 메시지를 출력하는 SignTool 설정이다.
- `/s TestCertStoreName`은 테스트 인증서 저장소의 이름을 넣는다.
- `/n TestCertName`은 TestCertStoreName 안에 설치된 테스트 인증서의 이름을 넣는다.
- `/t http://timestamp.verisign.com/scripts/timstamp.dll`은 공공 타임스탬프 서버의 URL을 넣는다.
- `CatalogFileName.cat`은 서명된 카탈로그 파일의 이름이다. 이 명령어를 실행했을 때 카탈로그 파일을 발견할 수 없다고 나오면 명령에 파일의 경로를 포함시킨다.

예를 들어 이렇게 입력한다(모두 한 줄이다).

```
SignTool sign /v /s PrivateCertStore /n janaxelson.com(Test) /t
http://timestamp.verisign.com/scripts/timstamp.dll
c:\Users\jan\Documents\lvrcdc\lvrcdc.cat
```

timstamp.dll에 'e'가 없는 것은 오타가 아니고 원래 그런 것이니 주의한다.

디바이스에 드라이버 할당하기

테스트 서명된 드라이버와 디바이스를 장착하면, 윈도우는 적합성 없이 드라이버를 할당한다. 필요하다면, 최초 장착 시에는 디바이스의 INF 파일이 있는 위치를 지정해야 한다.

서명되지 않은 드라이버를 설치하는 또 다른 옵션으로는 부팅 시에 시동 설정에서 드라이버 서명을 강제로 끄는 방법이 있다. 고급 부트 옵션Advanced Boot Option의

Disable Driver Signature Enforcement를 선택한다. 다음 재부팅 시에는, 드라이버 서명 기능이 다시 활성화된다.

마이크로소프트 USB 테스트 도구(MUTT)

마이크로소프트 USB 테스트 도구MUTT, Microsoft USB Test Tool 소프트웨어 패키지와 MUTT 디바이스는 호스트 컨트롤러, 드라이버, 디바이스 테스트를 쉽게 할 수 있는 도구다.

MUTT 디바이스

MUTT 디바이스는 USB 2.0 또는 USB 3.0 디바이스나 허브를 에뮬레이트하는 회로 보드다. MUTT 디바이스는 마이크로소프트가 설계했으며, 마이크로소프트 하드웨어 개발자 센터 웹사이트에서 하드웨어 제조사 목록을 확인할 수 있다.

MUTT Pack은 USB 2.0 허브와 2개의 하향 포트를 갖는 MUTT 디바이스다. 포트 1개는 보드상에서 허브 제어를 담당하는 사이프레스Cypress FX2 디바이스 컨트롤러와 연결된다. 다른 포트 1개는 외부로 노출되어 있으며 테스트할 디바이스를 장착할 수 있다. SuperMUTT Pack도 이와 비슷하나 USB 3.0 허브도 포함하고 있다.

호스트 컨트롤러 하드웨어와 허브를 테스트하기 위해, MUTT와 SuperMUTT 디바이스는 USB 2.0과 USB 3.0 트래픽을 시뮬레이트하는 FX2와 FX3 디바이스를 각각 탑재하고 있다. 이들 디바이스는 허브와 하향 포트가 없다.

MUTT 소프트웨어 패키지

MUTT 소프트웨어 패키지는 다양한 종류의 테스트 도구를 포함한다. 이 소프트웨어는 하드웨어 개발자 센터에서 무료로 내려받을 수 있다.

MUTTUtil은 마이크로 USB 드라이버 스택을 갖춘 호스트 컨트롤러, 허브, 기타 디바이스를 테스트한다. 디바이스를 위한 테스트는 VBUS를 켜고 끄며, 과전류 조건을 설정하고 초기화하는 조작을 포함하고 있다. 개발자는 MUTT Pack 또는

SuperMUTT Pack에 디바이를 연결해 USB-IF와 HCK 테스트를 실행할 수 있다.

USB3HWVerifierAnalyzer 커맨드라인 도구는 하드웨어 이벤트를 로깅한다. 이 소프트웨어는 표준 리퀘스트에 대한 잘못된 응답, 표준 리퀘스트 응답에서 잘못된 데이터 반환 등을 포함해 에러에 대한 플래그를 처리한다. 모니터링할 디바이스는 USB 3.0 호스트에 연결되어 있어야 한다. 개발자는 모든 하드웨어 또는 지정한 Vendor ID/Product ID에 대해 이벤트를 로깅할 수 있다. 로깅된 이벤트는 실시간 또는 로깅이 끝난 후 살펴볼 수 있는데, Netmon에서 .etl 로그를 볼 수도 있고, 판독하기 쉬운 텍스트 파일로 로그를 변환할 수도 있다.

USBStress는 MUTT 디바이스상에서 무작위순으로 다양한 테스트를 수행한다.

USBTCD는 성능 측정을 위한 제어, 벌크, 등시성 데이터 전송을 생성한다.

17장에서는 MUTT 유틸리티에 대해 소개한 바 있는데, USBLPM은 USB 3.0 링크 상태를 모니터링하고 U0, U1, U2 상태 사이를 전환하는 테스트를 할 수 있으며, PwrTest는 사용 가능한 전원 상태와, 다른 전원 상태로 전환하는 목록을 얻을 수 있다.

19장

버스상의 패킷

버스상에서 데이터가 인코딩되는 방식을 이해하면 디바이스의 기능과 제약사항을 아는 데 도움이 된다. 19장에서는 USB 2.0과 USB 3.1의 인코딩 및 데이터 형식에 대한 기본적인 사항을 살펴본다.

USB 2.0

USB 2.0 규격은 버스의 신호 전압이나 전압 조건에 따른 버스 상태를 정의하고 있다. 각기 다른 케이블 구간은 각기 다른 버스 상태에 있을 수 있다. 예를 들어, 호스트가 요청한 리퀘스트에 대해 응답할 때 허브는 여러 개의 하향 포트 중 특정 포트만 리셋 상태로 만들고 나머지 포트는 IDLE 상태로 둘 수 있다. 로우/풀 스피드와 하이스피드는 매우 비슷하지만 각기 따로 정의한 버스 상태가 있다.

로우스피드, 풀스피드 버스 상태

로우스피드와 풀스피드는 케이블 구간의 속도에 따라 일부는 다르게 정의하지만 같은 버스 상태를 지원한다. 로우스피드 구간은 로우스피드 디바이스와 해당 디바이스에서 가장 가까운 허브 사이의 구간이다. 풀스피드 구간은 로우스피드, 풀스피드 비트 레이트의 데이터를 전송하는 나머지 모든 구간이다.

차동 0과 차동 1

데이터를 전송할 때 버스상에는 두 가지 상태가 있는데, 바로 차동$_{Differential}$ 0과 차동 1이다. 차동 0은 D+가 논리 0이고, D-가 논리 1인 것을 의미한다. 반대로 차동 1은 D+가 논리 1이고, D-가 논리 0이다. 이번 장에서 전압에 대해 자세히 설명한다.

차동 0/1은 0과 1의 데이터로 직접 변환되지는 않으며, 논리 레벨의 변경이나 변경 없음을 가리킨다. 이에 대해서는 이 장 뒷부분에서 다시 설명한다.

단일 종단 0

단일 종단 0$_{SE0,\ single-ended\ 0}$ 상태는 D+, D- 모두 논리 0일 때 발생한다. 버스는 EOP, 연결 해제$_{Disconnect}$, RESET 상태로 진입할 때 SE0 상태를 사용한다.

단일 종단 1

SE1$_{single-ended\ 1}$은 SE0의 보수 값인 상태다. 이 상태는 D+, D- 모두 논리 1일 때 발생한다. 이 상태는 유효하지 않은 버스 상태이며 발생해서는 안 된다.

데이터 J와 데이터 K

USB는 버스상의 전압에 따라 정의하는 차동 0, 차동 1 외에도 버스 상태 J, K를 정의한다. 이 두 상태는 버스 상태가 차동 0/1인지, 케이블 구간 속도가 무엇인지에 따라 정의된다.

버스 상태	데이터 상태	
	로우스피드	풀스피드
차동 0	데이터 J	데이터 K
차동 1	데이터 K	데이터 J

이런 방식으로 J, K를 정의하면 로우스피드와 풀스피드 버스의 전압이 다르더라도 이벤트나 논리 상태를 용어 하나로 기술할 수 있다. 예를 들어 SOP_{Start-of-Packet} 상태는 버스 상태가 IDLE에서 K 상태로 바뀔 때 발생한다. 풀스피드 구간에서 해당 상태는 D- 전압이 D+보다 전압이 높을 때 발생하는 반면, 로우스피드 세그먼트에서는 D+의 전압이 D-보다 높을 때 발생한다.

IDLE 상태

IDLE 상태에서는 활성 상태인 드라이버가 없다. 풀스피드 구간에서는 D+가 D-보다 전압이 높지만, 로우스피드 구간에서는 D-가 D+보다 전압이 높다. 허브는 디바이스가 장착된 직후에 해당 디바이스 포트에서 IDLE 버스의 전압을 체크하고, 이를 통해 디바이스가 로우스피드인지 풀스피드인지 판단한다.

재개

디바이스가 서스펜드 상태에 있을 때 디바이스 포트에서 데이터 K 상태는 서스펜드 상태에서 재개resume한 것을 나타낸다.

패킷 시작

SOP_{Start-of-Packet}, 즉 패킷 시작 버스 상태는 버스가 IDLE 상태에서 데이터 K 상태로 변할 때 나타난다. 모든 로우스피드나 풀스피드 패킷은 SOP로 전송을 시작한다.

패킷 끝

EOP_{End-of-Packet}, 즉 패킷 끝 상태는 수신 측에서 최소 1비트 시간 동안 SE0 상태에 있은 후 최소 1비트 시간 동안 데이터 J 상태로 들어가면 나타난다. 수신 측은 옵션으로 데이터 J 상태에 대해 더 짧은 최소 시간만 허용할 수도 있다. 드라이버에서 SE0은 대략 2비트 길이를 갖는다. 모든 로우스피드나 풀스피드 패킷은 EOP로 끝난다.

연결 해제
하향 포트는 SE0 상태가 최소 2.5μs 이상 지속되면 연결 해제Disconnect 상태가 된다.

연결
하향 포트는 버스가 최소 2.5μs, 최대 2.0ms 동안 IDLE 상태에 있으면 연결Connect 상태로 진입한다.

리셋
SE0 상태가 10ms 동안 지속되면 디바이스는 반드시 리셋Reset 상태가 돼야 한다. 디바이스는 SE0 상태를 최소 2.5μs 유지한 후 리셋으로 진입할 수도 있다. 하이스피드 통신이 가능한 풀스피드 디바이스는 리셋 상태 동안 하이스피드 핸드셰이크를 수행한다.

디바이스는 리셋 상태에서 빠져나갈 때 자신에게 맞는 속도로 동작해야 하며, 기본 주소(0x00)로 향하는 직접 통신에 반드시 응답해야 한다.

하이스피드 버스 상태

하이스피드 버스 상태는 대부분 로우/풀 스피드 상태와 같지만 몇 가지는 하이스피드에서만 가능하고, 어떤 로우/풀 스피드 상태는 하이스피드와 다르다.

하이스피드 차동 0, 차동 1
하이스피드 데이터 전송에서도 버스 상태가 두 가지이며, 하이스피드 차동 0과 하이스피드 차동 1이다. 로우/풀 스피드처럼 하이스피드 차동 0은 D+가 논리 0, D-가 논리 1이며, 하이스피드 차동 1은 D+가 1, D-가 0이다. 그러나 하이스피드의 전압 요구사항이 다르고, 하이스피드에는 AC 차동 레벨에 대한 추가 요구사항이 있다.

하이스피드 데이터 J와 데이터 K

하이스피드 데이터 J와 데이터 K 상태에 대한 정의는 풀스피드 J, K와 같다.

버스 상태	데이터 상태(하이스피드)
차동 0	하이스피드 데이터 K
차동 1	하이스피드 데이터 J

첩 J와 첩 K

첩Chirp(재잘거림) J와 첩 K 상태는 하이스피드를 감지하기 위한 핸드셰이크 동안에만 존재한다. 핸드셰이크는 USB 2.0 허브가 하향 버스 구간을 리셋 상태로 만들었을 때 발생한다. 첩 J 상태에서는 D+가 D-보다 전압이 높고, 첩 K에서는 D-가 D+보다 전압이 높다.

하이스피드 디바이스는 버스에 연결을 시도할 때 풀스피드를 사용해야 한다. 하이스피드 감지에 대한 핸드셰이크를 통해 USB 2.0 허브에 하이스피드 지원 사실을 보고할 수 있고, 하이스피드 통신 상태로 전환할 수 있다.

4장에서 설명한 바와 같이, 디바이스의 허브는 디바이스 장착을 감지한 직후 디바이스 포트와 해당 버스 구간을 리셋 상태로 만들어야 한다. 하이스피드가 가능한 디바이스가 리셋을 감지하면 디바이스 버스선을 1~7ms 동안 첩 K 상태로 만든다. 상향으로 하이스피드 통신이 가능한 허브가 첩 K를 감지하면 응답으로 첩 K와 첩 J를 번갈아 보낸다. 이 작업은 리셋 상태가 끝나기 전까지 연속적으로 계속된다. 첩 K, 첩 J가 번갈아 반복되는 것을 감지하면 디바이스는 풀스피드 풀업을 끊고 하이스피드 터미네이션을 활성화한 후 기본Default 상태로 진입한다. 상향으로 로우/풀스피드 통신을 하는 허브는 디바이스의 첩 K를 무시한다. 디바이스는 응답 시퀀스를 보지 못하므로 자동적으로 풀스피드 통신을 한다.

하이스피드 스켈치

하이스피드 스켈치Squelch 상태는 유효하지 않은 신호를 나타낸다. 하이스피드 수신 측은 100mV 이하 차동 버스 전압으로 나타나는 스켈치 상태를 감지하는 회로를 갖춰야 한다.

하이스피드 IDLE 상태

하이스피드 IDLE 상태는 하이스피드 드라이버가 동작하지 않는 상태이며, 로우/풀 스피드 드라이버가 SE0을 인가한다. D+, D- 모두 -10mV에서 10mV 사이에 있다.

하이스피드 SOP

하이스피드 SOPHSSOP, Start of High-speed Packet는 버스 상태가 하이스피드 IDLE 상태에서 하이스피드 데이터 K 상태로 바뀔 때 존재한다. 모든 하이스피드 패킷은 HSSOP로 시작한다.

하이스피드 EOP

하이스피드 EOPHSEOP, End of High-speed Packet는 버스 상태가 데이터 K나 데이터 J에서 하이스피드 IDLE 상태로 바뀔 때 존재한다. 모든 하이스피드 패킷은 HSEOP로 끝난다.

하이스피드 연결 해제

하이스피드 디바이스를 버스로부터 제거하면 디바이스에서 하이스피드 터미네이션도 제거된다. 터미네이션을 제거하면 허브 포트의 차동 전압이 두 배가 된다. 데이터 선에서 625mV 이상 전압 차가 존재하면 하이스피드 연결 해제 상태를 가리킨다. USB 2.0 허브는 이 전압을 감지하는 회로를 탑재한다.

데이터 인코딩

USB 2.0 버스에서 모든 데이터는 NRZI non-return to zero inverted와 비트 스터프 bit stuff 형식으로 인코딩된다. 이 인코딩 방법을 사용하면 부가적인 클록이나 전송할 바이트 데이터에 시작, 정지 비트를 추가하지 않아도 수신 측과 송신 측이 동기를 유지할 수 있다.

오실로스코프나 로직 분석기로 버스상의 USB 데이터를 분석해보면 전압 레벨을 논리 값으로 읽기가 쉽지 않음을 알 수 있다. NRZI 인코딩은 전압 값을 논리 0과 1로 정의하지 않고 전압 변화를 논리 0으로, 전압 유지를 논리 1로 정의한다. 그림 19-1을 살펴보면 방식을 유추할 수 있다. 각 논리 0은 이전 전압 상태로부터 달라졌음을 의미하고, 논리 1은 전압 변화가 없음을 의미한다. 데이터 비트는 최하위 비트 LSB부터 전송한다.

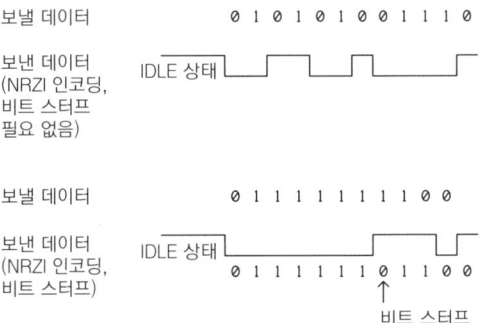

▲ 그림 19-1 NRZI 인코딩에서 0은 변경을, 1은 변경 아님을 나타낸다. 비트 스터프는 연속하는 6개의 1 다음에 0을 추가한다.

다행히 USB 하드웨어가 인코딩/디코딩 작업을 수행하므로 디바이스 개발자나 프로그래머가 이 과정을 직접 할 필요는 없다. 인코딩된 데이터는 오실로스코프나 로직 분석기로는 분석이 힘들지만 18장에서 언급한 프로토콜 분석기를 사용하면 개발에 도움이 될 것이다.

동기화 유지

USB 외의 인터페이스와 달리 USB는 시작/정지 비트나 클록용 신호선이 필요 없다. 대신 USB 2.0은 비트 스터프와 SYNC 필드로 송신 측과 수신 측의 동기를 유지한다. 두 방법 모두 오버헤드가 추가되지만 그 양은 매우 적으며, 특히 큰 패킷의 경우에는 더욱 미미하다.

비트 스터프

수신 측은 수신한 신호 변화에 대해 동기화를 수행하므로 인코딩할 때 비트 스터프를 사용한다. 전송하는 데이터는 보통 모두 0인 데이터가 많다. 하지만 1로 연속된 긴 데이터 열을 전송하면 신호의 변화가 적으므로 수신 측이 동기를 놓칠 수 있다.

따라서 1이 연속으로 6개가 나타나면 송신기는 0을 삽입한다. (변경 전환으로 표현하는) 비트 스터프는 최소 7비트에 한 번씩 데이터 신호에 변경을 삽입한다. 수신 측은 1을 연속으로 6개 감지하면 그 후의 비트 1개에 대해서는 어떤 값이든 무시한다. 무작위 데이터에 대한 비트 스터프 오버헤드는 약 0.8%, 데이터 125비트에 스터프 비트 1개 정도다.

SYNC 필드

디바이스와 호스트 사이에 클록을 공유하지 않으므로 수신 측은 호스트가 정확히 언제 새 패킷의 시작을 알리는 변경을 보내는지 알 수 없다. 따라서 각 패킷은 SYNC 필드로 시작하고, 이 필드에 의해 수신 측 디바이스는 송신되는 데이터에 자신의 클록을 정렬, 동기화할 수 있다. 로우스피드나 풀스피드에서의 SYNC 패턴은 KJKJKJKK 8비트다. IDLE 상태에서 첫 번째 K로 변경하면 새 패킷의 도착을 알리는 시작 비트와 같은 역할을 한다.

하이스피드에서의 SYNC 패턴은 KJ 쌍을 15번 반복하고 뒤에 KK가 따라오는 형태를 32비트 길이로 갖는다. 패킷을 중계하는 하이스피드 허브는 SYNC 필드의 시작 부분에서 비트를 4개까지 버릴 수 있다. 그래서 연속으로 허브를 5개 연결해 중계한 SYNC 필드는 12비트까지 짧아질 수 있다.

K와 J를 번갈아 보내면 동기화를 위한 변경으로 사용할 수 있다. 마지막 2개의 K는 SYNC 필드의 끝을 나타낸다. SYNC 패턴 수신을 마친 수신 디바이스는 나머지 패킷 데이터에 대해 정확한 클록을 맞출 수 있다. 동기화를 위한 비용은 각 패킷에 8~32비트 시간이다. 따라서 큰 패킷이 작은 패킷에 비해 훨씬 효율적이다.

패킷 끝

패킷 끝EOP은 다음 SYNC 필드를 수신하기 위해 버스를 IDLE 상태로 돌려놓는다. EOP 신호는 로우/풀 스피드와 하이스피드가 다르다.

로우스피드나 풀스피드의 EOP는 SE0을 2비트 길이만큼 유지하는 것이다.

하이스피드에서 EOP는 좀 더 복잡하다. 하이스피드 수신 측은 어떠한 비트 스터프 에러도 패킷 끝으로 여긴다. 그래서 HSEOP는 반드시 비트 스터프 에러를 만들어야 한다.

SOF를 제외한 모든 하이스피드 패킷에 대해 HSEOP는 비트 스터프를 하지 않은 01111111_b의 인코딩 바이트다. 선행 비트가 J이면 HSEOP는 KKKKKKKK다. 첫 번째 0은 첫 번째 비트를 J에서 K로 변경하고, 그 뒤 계속 나오는 1은 나머지 비트를 변경하지 않는다는 뜻이다. 선행 비트가 K이면 HSEOP는 JJJJJJJJ다. 첫 번째 0은 첫 번째 비트를 K에서 J로 변경하고, 그 뒤 계속 나오는 1은 나머지 비트를 변경하지 않는다는 뜻이다. 각 경우에 1이 연속으로 7개면 비트 스터프 에러를 발생시킨다.

하이스피드 SOF에서 HSEOP는 40비트다. 이 패킷은 크기가 크기 때문에 허브에게 디바이스를 버스에서 제거한 사실을 확인할 수 있는 2배 차동 전압을 감지할 수 있다. 인코딩된 데이터 바이트는 0으로 시작하고 그 뒤에 1이 39개 온다. 이렇게 해서 HSEOP는 J 40개나 K 40개로 이뤄진다. 이런 비트 순서는 로우/풀 스피드와 마찬가지로 수신 측이 EOP로 감지할 수 있게 비트 스터프 에러를 발생시킨다.

타이밍 정확도

속도가 증가하면 타이밍을 엄격하게 지켜야 한다. 하이스피드는 가장 엄격한 타이밍을 갖지만 로우스피드는 상대적으로 타이밍에 관대하다. 다음은 각 스피드에서의 클록에 대한 허용 오차다.

속도	허용 오차(퍼센트)
로우스피드	1.5
풀스피드	0.25
하이스피드	0.05

일반적으로 디바이스는 수정발진기에서 타이밍을 얻는다. 초기 정확도, 전기 용량 부하, 수정발진기의 수명, 공급 전압, 온도 등 여러 인자가 주파수에 영향을 준다. 로우스피드는 허용 오차가 크기 때문에 수정발진기 대신 가격이 싼 세라믹 공진기를 사용할 수 있다.

호스트나 USB 2.0 허브에서 신호 레이트는 모든 속도에서 정의된 레이트의 0.05% 내에 들어야 한다. 프레임 간격은 프레임당 1ms ± 500ns나 마이크로프레임당 125.0 ± 62.5μs 수준의 정밀도를 갖춰야 한다. 각 허브는 자신의 타이밍 소스를 갖고, 허브 자신이 전송할 때 각 프레임이나 마이크로프레임에서 호스트의 SOF 신호에 동기화한다.

USB 규격은 지터jitter에 대한 제약사항도 정의한다. 지터란 비트 전송에서 발생하는 미세한 타이밍 변화량이다. 데이터 지터에 영향을 주는 요인으로는 드라이버의 상승/하강 시간 차이, 클록 지터, 무작위 노이즈 등이 있다.

패킷 형식

2장에서 설명한 바와 같이, 모든 USB 2.0 데이터는 패킷으로 이동하고 이 패킷에는 필드로 정의된 정보가 들어 있다. 표 19-1은 USB 2.0 패킷에 들어 있는 필드를 나타낸 것이다.

SYNC

각 패킷은 이미 설명한 것처럼 SYNC 필드 8비트로 시작한다. SYNC 필드는 SOP의 구분자 역할을 한다.

패킷 구분자

패킷 구분자PID, packet identifier는 길이가 8비트다. 비트 0~3은 패킷 유형을 나타내며, 비트 4~7은 앞 비트들의 보수 값으로서 에러 검사를 담당한다.

2장에서 토큰, 데이터, 핸드셰이크, 특수 패킷의 PID를 소개했다. 하위 두 비트는 PID 유형을 나타내고, 상위 두 비트는 특정 PID를 식별한다.

주소

주소 필드는 길이가 7비트이고, 호스트가 통신하는 디바이스를 나타낸다.

엔드포인트

엔드포인트 필드는 4비트이고, 디바이스 내에서 엔드포인트 번호를 가리킨다.

프레임 번호

프레임 번호 필드는 프레임을 식별하는 11비트 길이의 필드다. 호스트는 각 프레임이나 마이크로프레임의 SOF 패킷에 이 데이터를 전송한다. 0x7FF 이후는 0으로 돌아온다. 풀스피드 호스트는 프레임마다 1씩 증가하는 11비트의 카운터를 관리한다. 하이스피드 호스트는 마이크로프레임마다 1씩 증가하는 14비트의 카운터를 관리한다. 마이크로프레임 카운터에서 3~13비트만 프레임 번호 필드로 전송된다. 즉 프레임 번호는 한 프레임마다 1씩 증가하며, 한 프레임 번호에 마이크로프레임이 8개 들어 있다.

데이터

데이터 필드는 USB 2.0에서는 0~1024바이트, USB 1.1에서는 0~1023바이트다. 전송 방식에 따라 최대 크기가 제한될 수 있다.

▼ 표 19-1 USB 2.0 패킷은 필드로 구성되며, 각 필드는 다음과 같은 것들을 담고 있다.

필드 이름	크기(비트)	패킷 유형	목적
SYNC	8	모두	SOP, 동기화
PID	8	모두	패킷 유형 판별
주소	7	IN, OUT, SETUP	기능 주소 판별
엔드포인트	4	IN, OUT, SETUP	엔드포인트 판별
프레임 번호	11	SOF	프레임 판별
데이터	0~8192(1024바이트, USB 2.0) 0~8184(1023바이트, USB 1.1)	DATA0, DATA1	데이터
토큰 CRC	5	IN, OUT, SETUP	에러 감지
DATA CRC	16	DATA0, DATA1	에러 감지

CRC

주소와 엔드포인트 필드의 CRC 필드는 5비트이며, 데이터 필드에서는 16비트다. 일반적으로 하드웨어에서 CRC를 추가하고 에러 체크를 수행한다.

패킷 간 지연

USB 2.0은 여러 소스에서 데이터 버스 1개를 통해 양방향으로 데이터를 운반한다. 데이터는 동시에 한 방향으로만 전송할 수 있다. 이전에 전송을 수행한 디바이스가 버스 드라이버를 정지할 시간을 제공하려면 버스는 패킷 끝과 그다음 패킷 시작까지 지연을 약간 둬야 한다. 이 지연은 짧지만 디바이스는 이 시간 동안 방향을 전환해야 한다. USB 규격은 로우/풀 스피드와 하이스피드에 대해 각기 다른 지연을 정의하고 있다. 각 지연은 하드웨어가 관리하며 코드 수준에서는 지원하지 않는다.

테스트 모드

USB 2.0 규격은 적합성 시험을 위한 용도로 모든 호스트 컨트롤러, 허브, 하이스피드 디바이스가 반드시 지원해야 하는 새로운 테스트 모드 5개를 추가했다.

상향 포트는 wValue 필드가 TEST_MODE인 Set Feature 리퀘스트를 수신하면 테스트 모드로 진입한다. 하향 포트는 wValue 필드가 PORT_TEST인 Set Port Feature 허브 클래스 리퀘스트를 수신하면 테스트 모드로 진입한다. 두 리퀘스트에서 wIndex 필드는 포트 번호와 테스트 번호를 가리킨다. 포트 테스트 중인 허브의 모든 하향 포트는 반드시 서스펜드나 비활성화 또는 연결 해제 상태에 있어야 한다.

상향 포트는 전원이 꺼졌다 켜지면 테스트 모드에서 빠져나온다. 하향 포트는 허브가 리셋될 때 테스트 모드에서 빠져나온다.

테스트 모드는 D+와 D-상의 출력 드라이브 레벨, 출력 임피던스, 저수준 출력 전압, 부하 특성, 디바이스 스켈치 레벨 회로, 상승 및 하강 시간, 아이 패턴, 지터, 연결 해제 감지 스레시홀드 등의 특성을 테스트할 수 있다.

USB 3.1

인핸스드 슈퍼스피드는 신호 레이트, 이중 단방향 인터페이스, 새로운 전력 관리 기능을 지원하므로 새로운 인코딩, 새로운 패킷 형식, 새로운 저수준 프로토콜이 필요하다. 송신 측은 버스상에 전송할 데이터를 스크램블scramble하고 인코딩한다. 수신 측은 수신 데이터를 디코딩 후 디스크램블de-scramble 한다.

데이터 스크램블

데이터 스크램블은 데이터 내에서 반복되는 패턴을 제거한다. 이런 방식으로 방출하는 EMI를 좀 더 넓은 주파수 대역으로 흩뿌릴 수 있고, FCC의 요구사항을 만족시킬 수 있다. USB 3.1 규격은 데이터 스크램블을 위한 다항식을 정의하며, 자유 운영 선형 피드백 시프트 레지스터free-running linear feedback shift register로 구현한다. 송신 측은 이 시프트 레지스터의 출력과 전송할 데이터 비트를 XOR 한다. 디스크램블링은 스크램블되지 않은 데이터를 복원하기 위해 보수complement 구조를 사용한다.

슈퍼스피드는 모든 송신 데이터를 스크램블한다. 슈퍼스피드 플러스는 데이터 블록의 심볼을 스크램블하며, 심볼 유형에 따라서는 제어 블록의 심볼을 스크램블할 수도 있다. 디버깅을 할 때는 스크램블을 끌 수 있다.

인코딩

슈퍼스피드는 ANSI INCITS 230-1994에 정의한 8b/10b 데이터 인코딩을 사용한다. 이 인코딩을 사용하는 인터페이스로는 PCI 익스프레스, 기가비트 이더넷, IEEE-1394b가 있다. 인코딩은 전송할 각 바이트 값을 10비트 데이터 심볼로 변환한다. 인코딩된 데이터는 연속된 1과 0이 5개를 넘지 않고 시간상으로 같은 개수의 1과 0을 갖는다.

USB 2.0 데이터와 마찬가지로, 클록을 별도로 두지 않고 신호 변경을 자주 일으켜서 전송되는 데이터에 수신 측이 동기를 맞출 수 있다. 대략 비슷한 개수의 1과 0을 전송하기 때문에 DC 균형이 맞고, 이는 전송 신호의 DC 성분이 발생시키는 에러를 방지한다. 이런 인코딩 방식은 시간에 따라 수신된 1과 0의 개수를 감시해 에러를 검출할 수 있다.

인코딩된 데이터가 실제 데이터 길이보다 길기 때문에 여분의 심볼은 특별한 기능을 수행할 때 사용할 수 있다. 데이터 심볼은 0x00에서 0xFF까지의 값을 나타내고 특수 심볼은 데이터 프레이밍framing과 링크 수준 통신 관리 기능을 수행한다.

슈퍼스피드의 신호 레이트 또는 각 방향에서 신호 선상의 비트 속도는 5Gbps다. USB 3.1은 이 속도를 5GT/s$_{GigaTransfers\ per\ second}$(초당 기가 전송)로 표현한다. 8b/10b 인코딩은 실제 전송할 비트 수를 25% 증가시킨다. 따라서 인코딩하지 않은 데이터의 속도는 4Gbps 혹은 500MB/s가 된다. 프레이밍, 에러 감지, 기타 프로토콜은 각 방향에서 이론적인 최대 속도를 460MB/s까지 감소시킨다.

슈퍼스피드 플러스는 128b/132b 인코딩을 사용해 더 적은 오버헤드를 갖는다. 이 인코딩 방식은 132바이트의 페이로드에 실 데이터가 128바이트다. 전송 측은 8비트 심볼 16개로 구성된 128비트 페이로드에 4비트 블록 헤더를 선행해 전송한다. 이 헤더를 통해 페이로드에 데이터 블록이 들었는지 제어 블록이 들었는지 식별할 수 있다.

슈퍼스피드 플러스의 신호 레이트는 10Gbps다. USB 3.1 규격은 이 레이트를 10GT/s_{GigaTransfers/s}로 언급했다. 128b/132b 인코딩을 통해 전송되는 비트 수가 약 3.1% 증가했으며, 버스상에서 10Gbps는 인코딩하지 않은 데이터로 9.69Gbps 또는 1.21GB/s로 환산할 수 있다. 기타 오버헤드는 이론적인 최대 데이터 처리율을 각 방향으로 약 1.1GB/s까지 감소시킬 수 있다.

링크 계층

인핸스드 슈퍼스피드 링크는 두 포트 사이의 물리적/논리적 연결을 뜻한다. 물리적 연결은 케이블이 연결된 케이블 구간과 두 포트, 또는 링크 파트너로 구성된다. 링크 파트너는 기타 트래픽이 신호선상에 없을 때 링크 명령과 링크상의 다른 신호로 링크를 관리한다.

각 포트는 링크 파트너 연결과 데이터 전송을 관리하는 상태 머신과 버퍼를 제공한다. 상태 머신은 수신한 헤더 패킷, 에러 복구, 흐름 제어 구현, 링크상의 전력 관리 등에 대해 응답하는 링크 명령을 생성한다. 상향 포트는 링크가 10μs 동안 IDLE 상태에 들어가는지 감지하고 포트가 존재함을 알리는 특별한 링크 명령을 전송해야 한다.

링크 명령은 해당 링크가 트랜잭션 패킷을 나르지 않을 때 전송된다. 하향 포트는 디바이스 연결, 제거, 깨움 신호를 감지한다. 링크 계층 프로토콜은 링크의 버퍼 관리, 패킷 구성, 수신 패킷 감지 방법을 정의한다. 또한 링크 계층은 디바이스(허브가 될 수 있음)와 상향 링크 파트너의 연결을 확립하기 위해 학습과 동기화를 처리한다. 링크 파트너는 동기화를 위해 순서 세트_{Ordered Set}를 전송하고 수신 링크 파트너가 이를 감지한다. 슈퍼스피드와 슈퍼스피드 플러스는 각기 다른 순서 세트를 사용하며, 동기화 프로토콜에도 다른 부분이 있다.

리셋

인핸스드 슈퍼스피드는 두 종류의 리셋을 정의한다. POR$_{PowerOn Reset}$은 디바이스의 메모리, 레지스터와 기타 저장장치 내용을 초깃값으로 설정한다. 반면에 IBR$_{InBand Reset}$은 전원을 유지하면서 포트 설정을 초기화하고 해당 링크를 U0 상태로 설정한다. IBR로는 웜 리셋$_{Warm Reset}$과 핫 리셋$_{Hot Reset}$이 있다. 웜 리셋은 저주파 대역의 주기적인 신호를 이용하며, 약 100ms가 필요하다. 핫 리셋은 순서 세트의 링크 수준 학습 시퀀스를 이용해 훨씬 빠르며, 좀 더 많은 디바이스 설정을 변경하지 않은 채로 둔다.

호스트는 목적 디바이스의 링크 파트너로 Set Port Feature(Port_Reset)이나 Set Port Feature(BH_Port_Reset) 허브 클래스 리퀘스트를 전송해 IBR을 수행한다. 허브가 BH Port Reset 리퀘스트를 수신하면 디바이스에게 웜 리셋을 전송한다. Port Reset을 수신했을 때 링크가 U3 상태이면 웜 리셋을, U0일 때는 핫 리셋을 수행한다. 그 밖의 상태에 대해서는, USB 3.1 규격에 허브가 리셋 종류를 결정하는 방법을 정의하고 있다.

신호 처리

USB 3.1 링크는 저전력 상태에서 빠져나올 때 웜 리셋과 링크 학습을 수행할 경우 LFPS$_{low-frequency periodic signaling}$(저주파 반복 신호)를 사용한다. 이 신호 방식은 10~50MHz의 주파수 버스트로 구성된다. 이런 방식의 신호 처리는 쉽게 생성할 수 있고, 전력 사용이 적다. 각각 정의되어 있는 LFPS 신호는 특정 신호를 위한 각각의 버스트 길이, 반복 주기를 갖는다. 예를 들어, `Polling.LFPS`는 6~15μs마다 반복하는 1.0μs 버스트다.

슈퍼스피드 플러스에서 동작하는 링크 파트너는 LBPS$_{LFPS Based PWM Signaling}$라고 부르는 방법을 통해 공유 기능이 가장 많은 파트너를 찾는다.

속도 교섭

폴링Polling 상태는 포트 기능과 링크 학습에 대한 교섭을 처리한다. Polling.LFPS 부속 상태로 진입하면, 인핸스드 슈퍼스피드 포트는 Polling.LFPS 신호를 전송한다. 슈퍼스피드 플러스 가능 포트는 양단의 링크 파트너가 지원하는 가장 높은 데이터 레이트를 교섭하기 위해 이 신호를 사용한다.

슈퍼스피드 플러스 기능을 알리려면 포트가 SCD1 패턴을 사용한 Polling.LFPS 신호로 구성된 슈퍼스피드 플러스 기능 선언SuperSpeedPlus Capability Declaration을 전송해야 한다. 이 패턴에서 포트는 다른 반복 레이트로 인코딩된 바이너리 값과 0010_b 코드를 전송한다.

슈퍼스피드 플러스 링크 파트너는 계속해서 SCD1 패턴을 전송한다. 링크 파트너가 16개의 연이은 Polling.LFPS 안에서 SCD1 패턴을 수신하지 않으면, 포트는 슈퍼스피드로 전환하고 Polling.LFPS 신호에 SCD1 패턴을 전송하는 것을 멈춘다.

SCD1 패턴 2개를 수신하면, 슈퍼스피드 플러스 링크 파트너는 Polling.LFPSPlus 부속 상태로 진입하고 SCD2라 부르는 두 번째 패턴 전송을 시작한다. SCD2 패턴 2개를 수신하면, 포트는 Polling.PortMatch 부속 상태로 전환하고 링크 파트너는 공유 기능이 가능 많은 슈퍼스피드 플러스 링크 파트너를 찾기 위해 LBPM을 사용한다.

저수준 USB 3.0 프로토콜에 대해 여기까지 다룬 내용보다 더 많은 것이 궁금하다면 도너번 앤더슨Donovan Anderson과 제이 트로덴Jay Trodden이 쓴 『USB 3.0 Technology』를 참고한다.

20장

전기적/물리적 인터페이스

모든 프로토콜과 프로그램 코드는 신호가 선을 따라 전송될 때 제대로 된 형상을 유지해야 쓸모가 있다. USB가 정보를 전달할 때 신뢰성을 확보하려면 전기적/물리적 인터페이스가 매우 중요하다.

20장에서는 USB 드라이버와 수신기의 핵심적인 부분과 USB 2.0/USB 3.1용 케이블과 커넥터 옵션이 이전보다 개선된 점, 무선 옵션에 대해 설명한다.

USB 2.0

USB 2.0 케이블은 송수신기와 연결되어 있으며 송수신기는 버스상에 데이터를 보내고 받는다. 디바이스는 다양한 종류의 커넥터를 사용할 수 있다.

송수신기

USB 2.0 케이블상의 전기 신호는 케이블 구간 속도에 따라 좌우된다. 로우스피드,

풀스피드, 하이스피드 신호 전송은 각기 에지 레이트edge rate가 다르다. 에지 레이트란 신호선에서 전압이 오르고 내리는 시간을 측정한 값이며, 출력을 스위치할 때 필요한 시간 값이다. 버스 신호를 생성하고 검출하는 송수신기와 지원 회로 역시 속도에 따라 달라진다.

USB 2.0에서는 모든 속도에서 송수신기가 D+, D- 중 하나가 GND나 그 밖의 데이터 선, 또는 커넥터의 케이블 차폐선에 단락되더라도 견딜 수 있어야 한다. VBUS 단락에 견디는 요구사항은 USB 2.0 규격에서 '5V Short Circuit Withstand Requirement Change(5V 단락 회로 유지 요구사항 변경)' ECN에 따라 권장사항으로 완화됐다. VBUS가 단락되는 일은 극히 드물다는 연구 결과가 발표된 이후, 본 사항은 요구사항에서 제외돼 실리콘 영역과 칩의 전력 절감 쪽으로 완화될 것이다.

케이블 구간

케이블 구간은 디바이스(또는 허브일 수도 있다)를 상향 허브(호스트에 있는 루트 허브일 수도 있다)에 장착한 구간을 말한다. 한 구간 안에서 속도는 최종 하향 디바이스의 속도, 호스트, 상향 허브의 지원 속도에 따라 다르다. 그림 20-1은 이것을 나타낸 그림이다.

로우스피드 구간은 로우스피드 디바이스와 바로 위 상향 허브 사이에 구간에만 있다. 로우스피드 구간은 로우스피드 에지 레이트로 로우스피드 데이터만 전송하고 극성은 풀스피드와는 반대다.

풀스피드 구간은 풀스피드로 디바이스와 바로 위 상향 허브 사이의 구간이다. USB 1.1 허브가 포함된 풀스피드 디바이스는 허브의 하향 포트에 연결된 로우스피드 디바이스와 데이터를 전달할 수도 있다. 이런 상황에서는 풀스피드 구간의 로우스피드 데이터는 로우스피드의 비트 레이트를 사용하면서 풀스피드의 극성과 에지 레이트를 사용한다. 로우스피드 디바이스에 연결된 허브는 로우스피드/풀스피드 사이에서 극성과 에지 레이트를 변환한다. 풀스피드 구간은 하이스피드 데이터를 전달하지는 않는다. 하이스피드 지원 디바이스가 1.1 허브에 연결되면 풀스피드로 동작한다.

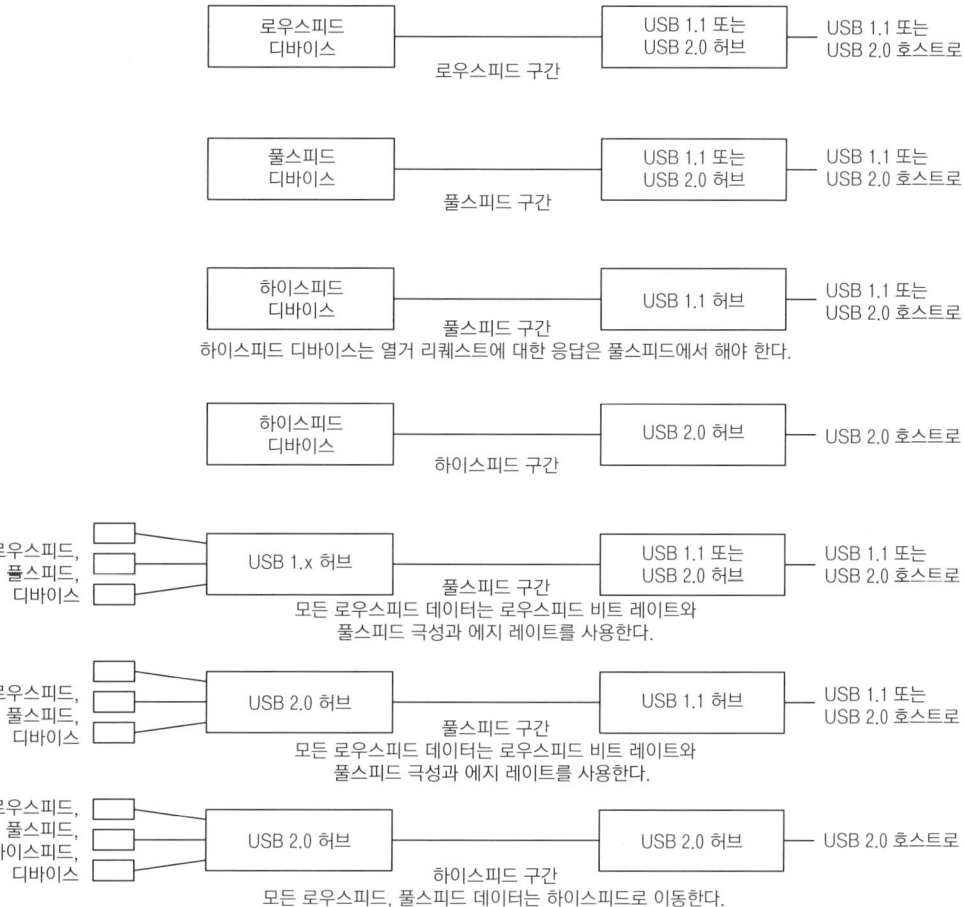

▲ **그림 20-1** 한 구간 안의 데이터 속도는 디바이스와 그 디바이스의 상향 허브에 따라 다르다.

USB 2.0 속도에서 디바이스가 통신하고 모든 상향 허브가 USB 2.0 또는 USB 3.1이면 모든 구간은 한 가지 경우만 제외하면 하이스피드다. 앞에서 설명한 바와 같이, 디바이스가 로우/풀 스피드면 디바이스와 가장 가까운 상향 허브 사이의 구간은 로우/풀 스피드다. 하이스피드 구간의 모든 데이터는 하이스피드로 이동한다. 하향 허브에 있는 트랜잭션 변환기는 필요한 경우 로우/풀 스피드와 하이스피드 사이의 변환 작업을 수행한다. USB 3.1 허브는 USB 2.0 트래픽에 대해서는 USB 2.0 허브 컨트롤러를 사용한다.

USB 2.0 디바이스는 디바이스가 장착될 때 로우스피드나 풀스피드로 통신해야 한다. 하이스피드 지원 디바이스는 디바이스를 장착한 후 하이스피드 감지 핸드셰이킹을 하는 동안에 풀스피드에서 하이스피드로 가능한 한 빨리 전환한다.

로우/풀 스피드 송수신기

로우스피드와 풀스피드용 송수신기는 하이스피드용 송수신기에 비해 단순하게 설계할 수 있다.

로우스피드와 풀스피드의 다른 점

로우스피드 데이터는 풀스피드 데이터와 전기적으로 다른 점이 세 가지 있다. 먼저 비트 레이트가 풀스피드의 12Mbps에 비해 1.5Mbps로 느리다. 로우스피드 트래픽의 극성은 풀스피드의 반대이며, 또한 로우스피드는 풀스피드에 비해 느린 에지 레이트를 사용한다. 그림 20-2는 이것을 나타낸 것이다. 에지 레이트가 느리면 신호선의 반사 전압이 감소하므로 케이블 차폐에 여유가 생겨 저렴할 뿐만 아니라 물리적으로도 더 유연한 케이블을 쓸 수 있다.

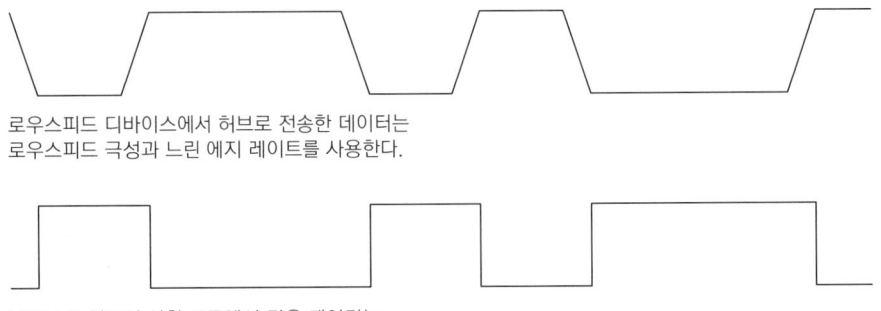

로우스피드 디바이스에서 허브로 전송한 데이터는
로우스피드 극성과 느린 에지 레이트를 사용한다.

USB 1.X 허브의 상향 포트에서 같은 데이터는
로우스피드로 이동하지만
풀스피드 극성과 빠른 에지 레이트를 사용한다.

▲ **그림 20-2** USB 1.1 허브는 로우와 풀스피드 사이의 극성과 에지 레이트를 변환한다(비율에 맞춰서 그린 그림은 아님을 참고).

송수신기의 하드웨어는 신호 극성을 신경 쓰지 않는다. 송수신기는 입력의 논리 레벨과 관계없이 신호를 재전송한다. 허브의 하향 포트용 드라이버 회로처럼 두 가지 속도를 모두 지원하는 드라이버 회로는 필요에 따라 에지 레이트를 스위칭할 수 있어야 한다.

회로

그림 20-3은 로우스피드와 풀스피드 디바이스 포트 회로를 나타낸다. 각 송수신기는 버스의 꼬임선twisted pair에서 데이터를 보내고 받는 차동 드라이버와 수신기를 갖춘다.

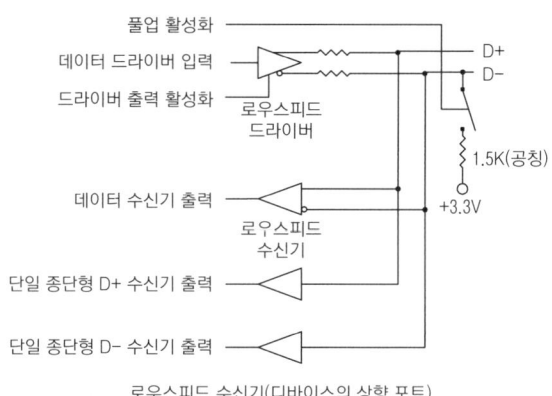

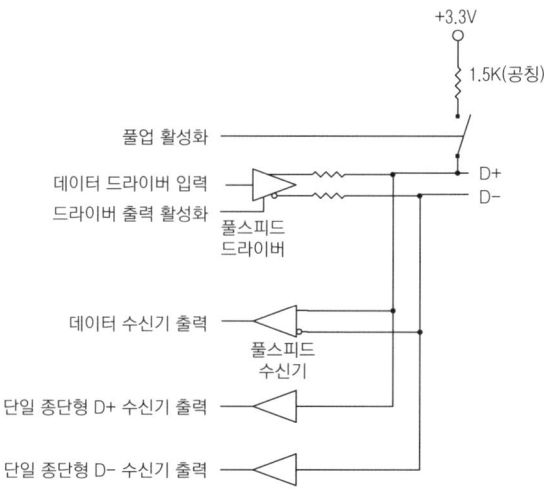

▲ **그림 20-3** 로우스피드 디바이스는 D−상에 풀업을 갖고, 풀스피드 디바이스는 D+상에 풀업을 갖는다.
출처: Universal Serial Bus Specification Revision 2.0

이 드라이버 회로는 데이터를 전송할 때 180도의 위상차가 있는 출력 2개를 갖는다. 출력 하나가 하이high이면 다른 출력은 로우low다. 이 단일 드라이버는 에지 레이트를 선택하는 입력 값으로 로우스피드와 풀스피드를 모두 지원할 수 있다.

차동 수신기differential receiver는 입력 신호선 2개를 갖추고 신호선 사이의 전압 차이로 논리 레벨을 결정한다. 차동 수신기의 출력은 접지에 대해 논리적 하이, 논리적 로우로 결정된다.

각 포트는 접지를 기준으로 D+와 D-의 전압을 감지하는 단일 종단형single-ended 수신기 2개를 갖는다. 이 수신기의 출력 논리 값은 버스가 로우스피드인지 풀스피드인지 알려주고, 버스가 SE0 상태에 있는지 알린다.

드라이버 회로의 출력 임피던스는 각 드라이버의 출력에서 특정 값의 직렬 저항을 더한 것이며, 출력을 스위칭할 때 발생하는 반사 전압을 감소시키는 소스 터미네이션으로 동작한다. 직렬 저항은 칩 내부에 있을 수도 있고 외부에 있을 수도 있다.

풀업/풀다운 값

허브는 디바이스의 상향 포트에 있는 D+나 D-의 풀업 저항을 통해 디바이스가 로우스피드인지 풀스피드인지 감지할 수 있다. 허브의 하향 포트는 D+ 와 D-에 풀다운 저항을 갖춘다.

케이블을 제거할 수 있는 디바이스에서 풀업 저항은 3.0~3.6V 사이의 전압에 연결해야 한다. 케이블이 붙어 있는 디바이스는 VBUS에 직접 연결하거나 대체 터미네이션을 사용해야 하며, 모든 신호 레벨이 USB 2.0 요구사항을 준수해야 한다.

'USB 2.0 Engineering Change Notice Pull-up/pull-down resistors'에서는 3.0~3.6V의 전압 소스에 연결하는 풀업/풀다운 저항 허용 오차를 완화했다. 원래 풀업 저항 값은 $1.5k\Omega \pm 5\%$, 풀다운 저항은 $15k\Omega \pm 5\%$였다. 새로운 풀업 값은 버스가 IDLE일 때 $900~1575\Omega$이며 상향 디바이스가 전송 중일 때는 $1425~3090\Omega$이다. $1.5k\Omega \pm 5\%$ 저항 값은 두 요구사항을 모두 만족한다. 풀다운에서 저항 값은 어디서나 $14.25~24.80k\Omega$이다. 오차 값이 완화되었기 때문에 매우 정밀한 저항 값 조정이 필요 없어졌으며, 저항을 칩 안에 내장할 수 있게 됐다.

하이스피드 송수신기

하이스피드 디바이스는 풀스피드에서 제어 요청을 지원해야 한다. 따라서 하이스피드 디바이스는 풀스피드와 하이스피드를 모두 지원하는 송수신기와 두 스피드 사이를 전환할 수 있는 회로 구성을 갖춰야 한다. 하이스피드 지원 가능 디바이스의 상향 송수신기는 로우스피드를 지원할 수 없다. 외장 2.0 허브에서 사용자가 접근할 수 있는 커넥터가 달린 포트의 하향 송수신기는 세 종류의 속도 모두를 지원해야 한다.

480메가비트를 사용하는 이유

USB 2.0 규격에서 하이스피드의 전송 속도를 480Mbps로 결정한 데는 몇 가지 이유가 있다. 이 주파수는 풀스피드에 사용하는 케이블과 같은 커넥터를 사용할 수 있는 주파수다. 각 부품은 CMOS 공정을 사용할 수 있고 고속 디지털 신호 프로세서에서 사용되는 적극적인 보상 회로가 필요 없다. 하이스피드 드라이버를 테스트하면 480Mbps 속도에서 20~30%의 지터를 볼 수 있는데, 수신기는 40% 지터를 허용하게 설계해도 되므로 이 정도 비트 레이트는 에러에 대해 충분히 마진을 허용하는 값이다. 그리고 480은 12의 짝수배이므로 수정발진기 1개로 풀스피드와 하이스피드를 모두 지원할 수 있다.

하이스피드용으로 별도의 드라이버 회로를 사용하면 기존 풀스피드 설계에 하이스피드를 쉽게 추가할 수 있다. 동작 속도가 빠르므로 전류 모드 드라이버가 선택됐다.

회로

그림 20-4는 하이스피드 지원 가능 디바이스의 상향 송수신기 회로다. 그림 20-5는 USB 2.0 허브의 하향 송수신기 회로다. USB 2.0 규격은 하향 송수신기를 요구하므로 USB 2.0을 준수하는 호스트와 허브는 세 가지 속도를 모두 지원해야 한다 (임베디드 시스템에 있는 호스트는 예외).

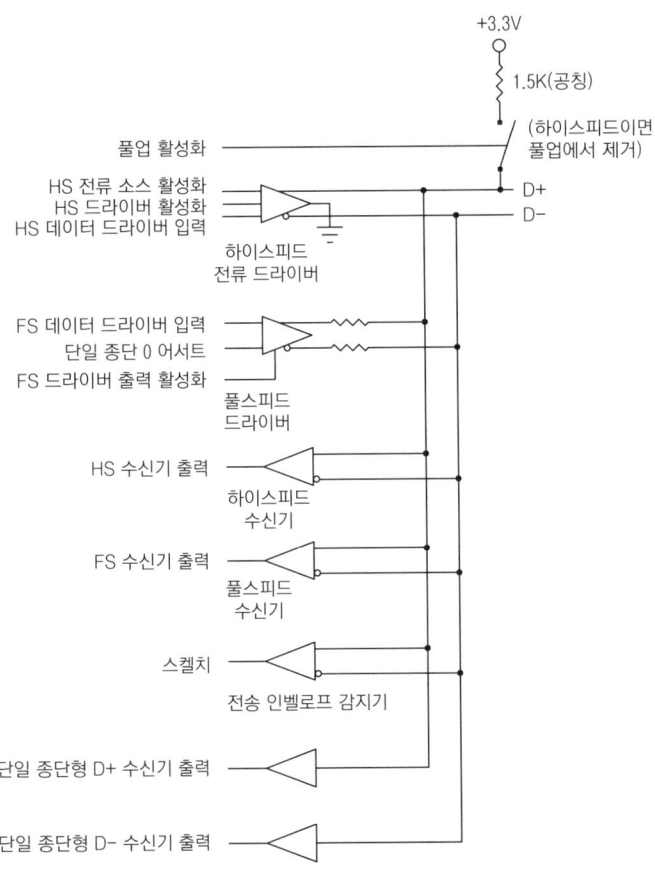

▲ **그림 20-4** 하이스피드 디바이스의 상향 포트는 풀스피드 통신 또한 지원해야 한다.
출처: Universal Serial Bus Specification Revision 2.0

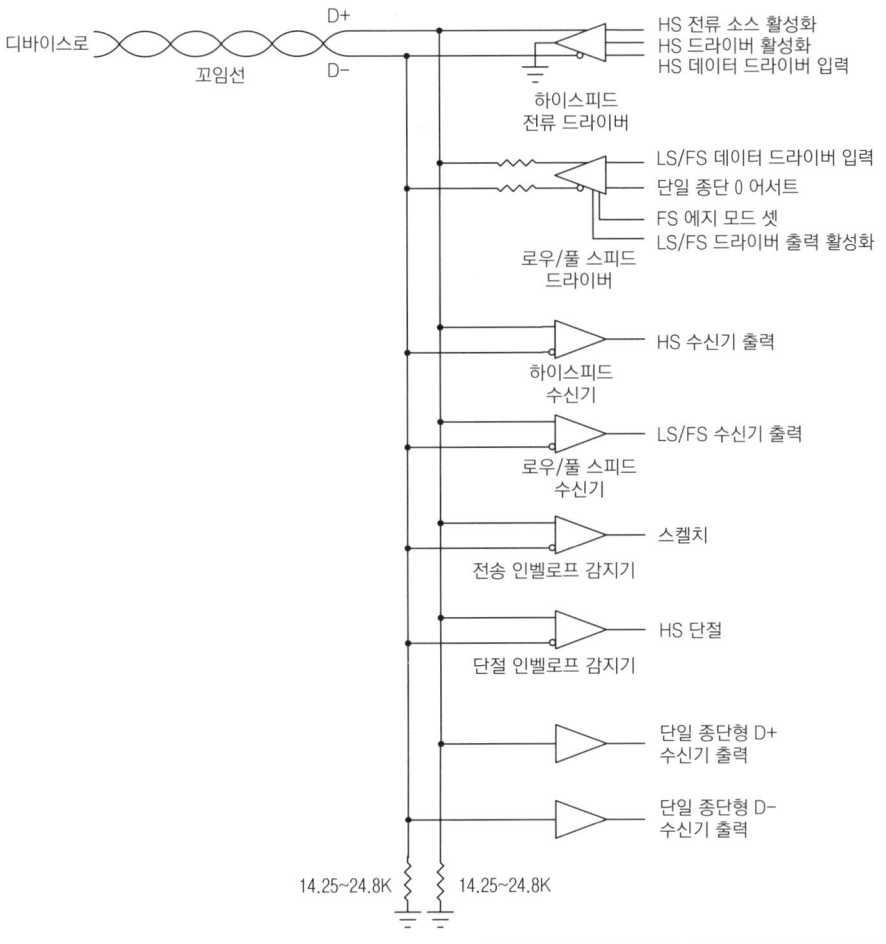

▲ 그림 20-5 USB 2.0 허브의 하향 포트는 세 종류 스피드 모두를 지원해야 한다(임베디드됐거나 영구적으로 연결된 디바이스는 제외). 출처: Universal Serial Bus Specification Revision 2.0

하이스피드는 자신을 위한 드라이버 회로를 요구하므로 하이스피드 디바이스는 드라이버를 두 종류 갖춰야 한다. 수신 부분에서 송수신기는 모든 속도를 처리하는 단일 수신기를 사용할 수도 있고, 로우/풀 스피드, 하이스피드에 각기 분리된 수신기를 사용할 수도 있다.

20장_ 전기적/물리적 인터페이스 613

하이스피드 드라이버가 데이터를 보낼 때 전류 소스는 한 선을 구동하고 다른 선은 접지한다. 전류 소스는 항상 활성화되거나 전송할 때만 활성화될 수도 있다. 전류 소스를 항상 활성화하는 편이 설계하기는 쉽지만 더 많은 전류가 소모된다. USB 2.0 규격에 따르면 디바이스가 패킷에서 첫 심볼을 시작할 때 신호 진폭과 타이밍 요구사항을 준수해야 한다. 전송할 때만 활성화되는 전류 소스는 이런 요구사항으로 인해 디자인이 더 복잡하다. 드라이버 회로가 전류 소스를 항상 활성화하면 드라이버가 버스에 전송하지 않을 때 전류를 접지로 보낼 수 있다.

하이스피드 가능 송수신기에서 풀스피드 드라이버의 출력 임피던스(45Ω ± 10%)는 풀스피드만 가능한 드라이버(36Ω ± 22%)에 비해 허용 오차가 엄격하다. 하이스피드 버스는 풀스피드 드라이버를 전기적 터미네이션으로 사용하고 임피던스 매칭을 위해 더 높은 값을 요구한다. 하이스피드를 지원하는 풀스피드 드라이버가 아니면 출력 임피던스를 변경할 필요는 없다.

하이스피드 드라이버가 활성화될 때 풀스피드 드라이버는 데이터 선 양쪽을 모두 로우(SE0 상태)로 만든다. 그러면 각 드라이버와 직렬 저항은 접지에 45Ω 터미네이션으로 기능한다. 케이블 구간 양 끝에 드라이버가 있으므로 신호선은 소스와 부하 양쪽에 터미네이션이 있다. 풀스피드 구간에서 소스 쪽만 직렬 터미네이션한 것보다 이중 터미네이션을 하는 것이 신호선의 노이즈를 효율적으로 줄여준다. 풀스피드 드라이버를 터미네이션으로 사용하면 추가 컴포넌트가 필요 없다.

USB 2.0 규격은 하이스피드 송신기 출력과 수신기 감도를 보여주는 아이 패턴 eye-pattern 템플릿을 제공한다. 하이스피드 수신기는 새로운 규격에 맞춰 차동 시간 도메인 반사계TDR, time-domain reflectometer를 사용해 임피던스 특성을 측정해야 한다.

모든 하이스피드 수신기는 스켈치Squelch(유효하지 않은 신호) 상태를 감지하는 차동 인벨로프envelope 감지기를 탑재해야 한다. 스켈치 상태는 100mV 이하의 차동 버스 전압으로 감지된다. USB 2.0 허브의 하향 포트는 디바이스를 버스에서 제거할 때 그 사실을 감지할 수 있는 하이스피드 연결 해제 감지 장치도 갖춰야 한다. 하이스피드 지원 디바이스는 추가 요구사항이 있다. 하이스피드 지원 디바이스는 풀스피드에서 하이스피드로 바뀔 때 이 전환 작업을 관리해야 하며, 서스펜드와 리셋 상태로 들어가고 빠져나오는 프로토콜도 처리할 수 있어야 한다.

하이스피드로 전환

로우/풀 스피드 디바이스에서는 신호선 한쪽의 풀업 저항이 디바이스 속도를 나타낸다. 로우/풀 스피드 디바이스를 버스에 장착하거나 제거하면 풀업 저항으로 인해 전압이 변하고 허브에게 이런 변화를 알려준다. 하이스피드 기능이 있는 디바이스도 항상 풀스피드로 연결되므로 같은 방법으로 허브가 감지한다.

19장에서 설명한 것처럼 하이스피드로 전환하는 작업은 허브의 하향 포트로 리셋을 시작하는 중 디바이스를 장착한 것을 감지한 후에 일어난다. 하이스피드 가능 디바이스는 하이스피드 핸드셰이크를 지원하고 이를 통해 하이스피드 기능이 있다는 사실을 허브에게 알려준다. 디바이스는 하이스피드로 전환할 때 버스에서 풀업을 제거한다.

하이스피드 디바이스 제거 감지

하이스피드에서는 디바이스에 풀업이 없으므로 허브가 디바이스 제거를 감지하려면 다른 방법을 사용해야 한다. 디바이스가 버스에서 제거되면 차동 터미네이션이 제거되고, 이것은 허브 포트의 차동 전압을 두 배로 만든다. 허브가 두 배가 된 차동 전압을 감지하면 디바이스 제거를 알 수 있다.

허브는 개별 하이스피드 프레임 시작 패킷$_{HSSOP}$에서부터 확장된 하이스피드 패킷 끝$_{HSEOP}$ 사이에 버스 전압을 측정해 전압을 감지한다. 차동 전압이 625mV 이상이면 디바이스 제거를 나타낸다.

하이스피드 서스펜드와 재개

17장에서 설명한 것처럼 USB 2.0 디바이스는 버스가 최소 3~10ms 동안 IDLE 상태에 있으면 저전력 서스펜드 상태로 들어가야 한다. 버스가 3ms 동안 IDLE 상태이면 하이스피드 디바이스는 풀스피드로 전환한다. 그런 다음 디바이스는 호스트가 서스펜드를 요청한 것인지 리셋을 요청한 것인지 판단하기 위해 풀스피드 버스 상태를 확인한다. 버스 상태가 SE0이면 호스트는 리셋을 요청한 것이므로 디바이스는 하이스피드 감지 핸드셰이크를 준비한다. 버스 상태가 IDLE이면 디바이스는 서스펜드 상태로 들어간다. 디바이스가 서스펜드 상태를 빠져나오면 하이스피드로 복귀해야 한다.

신호 전압

19장에서 USB의 버스 상태를 소개했다. 각 상태를 정의하는 전압은 케이블 구간의 속도에 따라 다르다. 송신기와 수신기에서 지정된 전압에는 차이가 있으므로 신호에 노이즈나 변형이 생겨도 수신기는 정확한 논리 레벨을 감지할 수 있다.

로우스피드와 풀스피드

표 20-1은 로우/풀 스피드, 하이스피드의 드라이버 회로 출력 전압을 나타낸 것이다. 로우/풀 스피드에서 드라이버 회로의 차동 1은 D+ 출력이 드라이버 신호 접지를 기준으로 최소 2.8V이고 D- 출력은 0.3V 이하다. 드라이버 회로의 차동 0은 D- 출력이 드라이버 신호 접지를 기준으로 최소 2.8V이고 D+ 출력은 0.3V 이하다.

▼ 표 20-1 하이스피드는 로우/풀 스피드와는 다른 드라이버와 수신기 규격을 갖춘다.

파라미터	로우/풀 스피드(V)	하이스피드(V)
VOUT 로우 최솟값	0	−0.010
VOUT 로우 최댓값	0.3	0.010
VOUT 하이 최솟값	2.8	0.360
VOUT 하이 최댓값	3.6	0.440
VIN 로우 최댓값	0.8	USB 2.0 규격의 아이 패턴 템플릿으로 정의된 제한 값
VIN 하이 최솟값	2.0	

로우/풀 스피드 수신기에서 차동 1은 D+가 수신기 신호 접지를 기준으로 최소 2V이고 D+와 D-의 차이가 200mV 이상이다. 차동 0은 D-가 수신기 신호 접지를

기준으로 최소 2V이고 D+와 D-의 차이가 200mV 이상이다. 수신기는 비교적 엄격하지 않은 값을 사용하는 옵션을 갖는데, 그런 경우 신호선 하나가 최소한 2V라는 요구사항은 무시하고 단지 차동 전압이 200mV 이상이면 된다.

하이스피드

하이스피드에서 드라이버 회로의 차동 1은 D+ 출력이 드라이버 신호 접지를 기준으로 최소 0.36V이고 D- 출력은 0.01V 이하다. 차동 0은 D- 출력이 드라이버 신호 접지를 기준으로 최소 0.36V이고 D+ 출력은 0. 01V 이하다.

하이스피드 수신기에서의 입력은 USB 2.0 규격의 아이 패턴 템플릿에 있는 요구사항을 준수해야 한다. 아이 패턴은 최대와 최소 전압, 상승/하강 시간, 전송하는 신호의 최대 지터, 수신기가 허용하는 최대 지터를 지정한다. USB 2.0 규격에는 이런 값들을 측정하는 방법이 설명돼 있다.

케이블과 커넥터

USB 2.0 규격은 케이블과 커넥터에 대한 요구사항을 명시한다. 이 요구사항은 노이즈로 인한 에러가 없는 신호 전송을 보장한다. 케이블 규격은 또한 케이블에서 방사되는 노이즈도 제한한다. 인증된 케이블과 커넥터를 사용하면 문제 발생을 줄일 수 있다. 이 절에서는 표준 A와 B 시리즈 커넥터와 케이블에 대해 설명한다. USB 2.0 디바이스와 호스트도 USB C형 커넥터와 케이블을 사용할 수 있으며, 이에 대해서는 이 장의 후반부에서 설명한다.

접점

USB 2.0 케이블은 전원, 접지, USB 2.0 통신용 접점을 갖춘다. 케이블은 VBUS, 접지, D+, D- 전선과 케이블 차폐선을 위해 연결된 드레인 전선을 갖춘다(표 20-2). 17장에서 VBUS에 대한 전압과 전류 한계를 설명한 바 있다. 신호선은 데이터를 나른다. TX 신호선으로 데이터를 나르고 반대 방향으로는 RX 신호선을 갖는 RS-232와는 달리 USB 2.0의 꼬인 신호선은 단일 차동 신호선으로 신호를 보내고 데이터는 한 번에 한 방향으로 이동한다.

▼ 표 20-2 USB 2.0 케이블은 신호선 4개, 드레인 전선 1개를 갖는다.

전선	이름	용도	색상
1	VBUS	+5V	적색
2	D–	네거티브 신호	백색
3	D+	포지티브 신호	녹색
4	GND	기준 접지	흑색
외부 껍데기	차폐	드레인 전선	–

풀스피드, 하이스피드 USB 케이블에서 신호선은 절연 처리가 된 2개의 선을 몇 인치마다 두 번씩 꼬아서 만든 형상이어야 한다. 꼬임선은 60Hz 전력 잡음 같은 전자기적으로 결합된 저주파를 감소시키는 데 효과적이다.

풀스피드, 하이스피드 케이블에서 신호선은 차동 특성 임피던스가 90Ω이다. 이 값은 무한대, 개방된 입력 임피던스 값이며, 출력이 스위칭될 때 신호선의 초기 전류를 결정한다. 에지 레이트가 느리면 초기 전류가 수신기의 논리 상태에 영향을 미치지 않으므로 로우스피드 케이블 특성 임피던스는 정의할 필요가 없다.

USB 2.0 규격에는 케이블 접점, 차폐, 절연에 대한 요구사항 목록이 있다(표 20-3). 다음은 풀/하이 스피드 케이블에 대한 주요 요구사항이다.

- 신호선: 꼬임선, 지름 28 AWG 이상
- 전원과 접지: 꼬이지 않음, 지름 28 AWG 이상
- 내부 차폐: 알루미늄으로 금속 처리한 폴리에스터이며 두 꼬임선을 감싸고 있다.
- 외부 차폐: 편조된 구리 도금, 또는 동등 수준의 편조된 금속 성분
- 드레인 전선: 몇 가닥으로 꼰 구리 도금 전선, 내부와 외부 사이의 최소 지름이 28 AWG 이상

▼ 표 20-3 풀/하이 스피드 스피드 케이블과 로우스피드 디바이스에 장착된 케이블은 케이블과 관련 컴포넌트 요구사항이 다르다.

규격	로우스피드	풀스피드/하이스피드
최대 길이(일반적인 상황, m)	3	5
내부 차폐와 드레인 선이 필수인가?	예	
편조된 외부 차폐	권장됨	요구사항임
꼬임선	권장됨	요구사항임
공통 모드 임피던스(Ω)	지정되지 않음	30 ± 30%
차동 특성 임피던스(Ω)	지정되지 않음	90
케이블 왜곡(피코초)	< 100	
와이어 게이지(AWG)	최소 지름 28	
DC 저항, 플러그 외피 간(Ω)	0.6	
케이블 지연	18ns(단방향)	5.2ns/m
디바이스 내 풀업 위치	D−	D+
탈착 케이블 가능 여부	아니요	예
일체형 케이블 가능 여부	예	

USB 규격에는 케이블 수명과 성능에 대한 요구사항 목록도 있다.

로우스피드 케이블은 풀스피드 케이블의 내부 차폐, 드레인 전선의 요구사항과 같은 요구사항을 갖는다. USB 2.0 규격은 또한 풀스피드와 하이스피드에 한해서 편조된 외부 차폐와 데이터를 위한 꼬임선을 추천하며, 요구사항으로 강제하지는 않는다.

USB 1.1 규격은 로우스피드에서 차폐를 요구하지 않는데, 차폐가 필요 없을 만큼 느린 하강/상승 시간을 갖기 때문이다. 차폐 요구사항은 USB 2.0에서 추가됐는데, USB 인터페이스가 내부적으로 노이즈가 많지는 않지만 케이블로 연결된 컴퓨터가 내부적으로 노이즈가 많은 환경일 수 있기 때문이다. 차폐는 방사 노이즈로부터 케이블을 보호하고, FCC 테스트를 통과할 때 유리하다. USB 2.0 로우스피드 케이블은 더 저렴하고 물리적으로 유연하다.

로우스피드 디바이스는 풀스피드 케이블을 사용할 수 있으며, 이 케이블은 모든 로우스피드 케이블 요구사항을 충족한다. 이 요구사항은 최대 길이가 3m라는 것을 포함하고, 디바이스 끝에서 표준 USB 커넥터 형식을 사용한다는 건 포함하지 않는다.

커넥터

USB 2.0은 디바이스 쪽에 USB 암/수 커넥터를 맞춘 옵션을 갖는데, 표준 B(Std B 또는 'B'라고 부르기도 함), 미니 B, 마이크로 B가 그것이다. 그림 20-6은 이 커넥터와 짝인 케이블 플러그를 나타낸 것이다. 디바이스에 대한 또 다른 옵션으로는 아예 장착된 케이블이 있다. 이런 일체형 케이블은 제조사 전용 커넥터를 사용하거나 디바이스에 영구적으로 장착된 상태로 사용한다.

▲ **그림 20-6** 플러그의 모양. 가장 왼쪽은 호스트용 표준 A이며, 디바이스용으로는 그다음부터 표준 B, 미니 B, 마이크로 B 커넥터다.

일반적인 USB 2.0 호스트는 표준 A(또는 Std A 또는 'A'라고도 부름) 커넥터를 사용한다. USB OTG 디바이스는 마이크로 AB 커넥터를 사용한다. 'On-The-Go and Embedded Host Supplement to the USB Revision 2.0 Specification(USB 2.0 규격을 위한 OTG와 임베디드 호스트 부록)'에 따르면 마이크로 AB 커넥터도 사용할 수 있다(21장에서 다룬다). '시리즈 A'는 표준 A와 마이크로 A 커넥터를 지칭한다.

USB 2.0 규격은 표준 커넥터 시리즈를 정의한다. 미니/마이크로 커넥터 시리즈는 ECN으로 추가 정의됐다.

미니/마이크로 플러그는 추가적으로 ID 핀을 갖췄다. OTG 디바이스는 ID 핀을 플러그가 삽입된 유형을 식별할 때 사용한다. 표 20-4는 이 커넥터의 핀 출력을 나타낸 것이다.

▼ **표 20-4** 미니 B, 마이크로 B 플러그는 OTG 디바이스가 플러그 유형을 검출하는 기능을 갖고 있다.

핀	표준 A, 표준 B	미니 B, 마이크로 B
1	VBUS	VBUS
2	D−	D−
3	D+	D+
4	GND	ID: 오픈 또는 1MΩ 이상
5	없음	GND
외부 껍데기	차폐	차폐

모든 커넥터는 방향이 있어 뒤집어 꽂을 수 없다. D+, D− 연결은 조금 뒤에 있어 연결 시 전원 선이 가장 먼저 접촉된다.

USB 아이콘을 보면 USB 플러그 또는 커넥터를 알 수 있다(그림 20-7). '+'는 하이스피드 지원을 나타낸다. 사용자가 플러그를 커넥터에 꽂았을 때 USB 아이콘이 플러그 위쪽에 보여야 한다. 적합 테스트를 통과한 케이블 어셈블리만 USB 3.1 아이콘을 부착할 수 있다(그림 20-8).

▲ **그림 20-7** USB 아이콘은 USB 플러그(왼쪽)나 커넥터(오른쪽)를 식별한다. '+'는 하이스피드를 지원하는 커넥터를 나타낸다.

▲ 그림 20-8 USB 3.1 케이블 어셈블리는 적합성 테스트를 통과해야만 슈퍼스피드 플러스 아이콘을 부착할 수 있다(출처: USB Implementers Forum).

17장에서 설명한 바와 같이, 표준 A와 시리즈 B PD 커넥터는 'USB Power Delivery Rev. 2.0, v1.0' 규격에 정의된 기능이다. USB 2.0 디바이스는 USB C형 커넥터도 사용할 수 있으며, 이 장의 후반부에서 설명한다.

분리 가능 케이블과 일체형 케이블

USB 2.0은 분리 가능 케이블과 일체형 케이블도 정의한다. 이름에서 유추할 수 있듯이 분리 가능 케이블은 디바이스에서 제거할 수 있지만, 일체형 케이블은 하향 디바이스에 영구적으로 연결돼 있다. 사실 일체형 케이블도 하향 커넥터가 표준 USB 커넥터 형식 중 하나가 아니면 제거할 수 있게 만들 수 있다.

분리 가능 USB 2.0 케이블은 상향 연결용 표준 A 플러그와 하향 연결용 미니 B, 마이크로 B 플러그를 갖춘 풀/하이 스피드 케이블이어야 한다. 일체형 케이블은 로우스피드나 풀/하이 스피드가 될 수도 있다. 상향 끝은 표준 A 플러그다. 하향 연결에서 일체형 케이블은 완전히 장착돼 있거나 비표준 커넥터 형식인 경우 분리할 수 있다. 비표준 커넥터는 핫 플러그일 필요는 없지만 표준 A 연결이면 핫 플러그가 가능해야 한다. 로우스피드 케이블이 일체형이면 로우스피드 케이블을 풀스피드나 하이스피드 세그먼트에서 사용하는 실수를 방지할 수 있다.

OTG 제품은 다른 케이블 옵션을 갖는다. 이에 대해서는 21장에서 설명한다.

케이블 길이

USB 1.0은 케이블 구간의 최대 길이를 지정해놓았다. 풀스피드 구간은 최대 5미터, 로우스피드 구간은 최대 3미터까지 사용할 수 있다. USB 1.1 이후부터는 길이

제한 항목을 없애고 케이블의 타이밍과 전압 규격 특성으로 대체했다. 풀/하이 스피드 케이블에서 거리 제한이 생기는 원인으로는 신호 감쇠, 케이블 전파 지연(신호가 드라이버 회로에서 수신기까지 이동하는 데 걸리는 시간), VBUS와 접지에서의 전압 강하 등이 있다. 마이크로 B 플러그 케이블을 제외하면, 최대 케이블 지연은 26ns이다. 로우스피드 케이블의 길이는 신호 하강과 상승 시간, 케이블 구간의 정전 용량 부하, VBUS와 접지에서의 전압 강하에 의해 제한된다. 최대 케이블 지연은 18ns다.

USB 1.0의 제한 길이는 마이크로 B 플러그를 제외한 USB 2.0 케이블에서 여전히 좋은 가이드라인이다. 마이크로 B 플러그 케이블은 최대 케이블 지연이 더 짧고 (10ns) 최대 길이를 2m로 지정했다.

버스 길이

버스는 외장 허브를 최대 5개까지 직렬로 확장할 수 있고, 각 단계는 5m 케이블을 사용할 수 있다. 따라서 디바이스는 호스트로부터 최대 30m 거리에 설치할 수 있다. 로우스피드 디바이스라면 이 제한은 28m가 되는데, 로우스피드 디바이스와 연결하는 케이블은 최대 3m 이상 지원하지 않기 때문이다. 마이크로 B 커넥터 케이블을 사용할 때도 2m 제약이 있으므로 최대 거리가 줄어든다. 허브의 개수는 제한이 있는데, 허브 및 케이블, 케이블을 따라 허브를 통과하며 생기는 신호 확산으로 인해 발생하는 지연 등의 전기적 특성 때문이다.

USB 3.1

USB 3.1 케이블은 인핸스드 슈퍼스피드 데이터를 나를 수 있도록 전선을 추가하고 기타 요구사항을 추가했다.

송신기와 수신기

인핸스드 슈퍼스피드 데이터에서는 각 전송 방향으로 한쪽 끝에 차동 송신기와 반대쪽 끝에 차동 수신기 전용으로 신호선 짝이 있다. 하드웨어 인터페이스는 PC 확장 버스에서 사용하는 PCI Express$_{PCIe}$ Gen 2 인터페이스에 기반을 둔 것이다. PC에서 이 버스는 같은 방향으로 한 번에 여러 비트를 전송하기 위한 복수 통로를 사용한다. 인핸스드 슈퍼스피드는 각 방향으로 단일 신호 짝을 사용한 단일 통로를 사용한다. 슈퍼스피드 플러스 인터페이스는 인터페이스의 신호 레이트가 두 배다.

인핸스드 슈퍼스피드 송신기는 장착된 수신기의 부하가 18~30Ω일 때, 이것을 감지하는 회로를 갖춰야 한다. 19장에서 설명한 바와 같이 슈퍼스피드 플러스가 가능한 포트는 LFPS 폴링 메시지를 사용해 슈퍼스피드나 슈퍼스피드 플러스 통신을 할 것인지 결정한다.

케이블과 커넥터

USB 3.1 규격은 USB 2.0 신호, 인핸스드 슈퍼스피드 신호, 전력을 나를 수 있는 시리즈 A와 시리즈 B 커넥터와 케이블을 정의하고 있다. USB 3.1은 USB 3.0에 슈퍼스피드 플러스에서 EMI와 RFI 감소에 관한 요구사항이 추가됐다. 슈퍼스피드나 슈퍼스피드 플러스를 사용하기 위한 새로운 모든 케이블 설계는 USB 3.1 규격을 따른다.

이 절에서는 USB 3.1 시리즈 A와 시리즈 B 커넥터와 케이블에 대해 설명한다. USB 3.1 디바이스와 호스트는 C형 커넥터와 케이블도 사용할 수 있는데, 이에 대해서는 이 장의 후반부에서 설명한다.

호환성

그림 20-9는 USB 3.0 케이블상의 커넥터를 나타낸 것이다. USB 3.1 커넥터는 같은 형상을 갖지만 다음에 설명할 추가 요구사항이 있다.

USB 3.1 케이블과 커넥터는 USB 2.0과 하위 호환성을 갖는다. USB 2.0 케이블 플러그는 USB 3.1 커넥터에 맞는다. USB 2.0 케이블은 USB 3.1 호스트나 허브에 장착해 로우/풀/하이 스피드 데이터를 전송할 수 있다.

▲ **그림 20-9** USB 3.0/3.1 표준 A 플러그(왼쪽)는 USB 2.0 커넥터에 꼭 맞지만, USB 3.0/3.1 표준 B 플러그(오른쪽)는 USB 3.0이나 USB 3.1 커넥터가 필요하다. 그림상의 플러그는 USB 3.0 플러그다.

USB 3.1 표준 A 플러그는 USB 2.0 표준 A 커넥터에 맞는다. 따라서 사용자는 USB 3.1 디바이스를 USB 2.0 호스트나 허브에 장착할 때 USB 3.1 케이블을 사용할 수 있다. 단, 이런 조합에서는 USB 2.0 속도로 통신한다. USB 3.1 시리즈 B 플러그는 USB 2.0 시리즈 B 커넥터에 맞지 않기 때문에 USB 2.0 디바이스를 USB 3.1 호스트나 허브에 장착할 때는 USB 2.0 케이블이 필요하다.

인핸스드 슈퍼스피드로 통신하려면 디바이스와 호스트 사이의 모든 케이블과 커넥터가 USB 3.1이어야 한다(USB 3.0 호스트는 옵션으로 USB 3.0 케이블과 커넥터를 사용할 수 있다).

접점

USB 3.1 케이블은 10가닥의 전선을 갖는다(표 20-5). 케이블은 USB 2.0 전원, 접지, 비차폐 전선 짝, 차폐된 전선 짝 2개와 이에 할당된 인핸스드 슈퍼스피드용 드레인 전선으로 구성된다. 인핸스드 슈퍼스피드 인터페이스는 이중 단방향 통신이다. 각 방향 전용의 전선 짝이 있으며 각 전선 짝은 전용 접지나 드레인, 전선을 갖고 데이터는 한 번에 한 방향으로 전송된다(전이중 양방향 통신은 양방향 통신도 가능하지만 단일 전선을 사용하고 공통 접지선을 사용한다).

▼ **표 20-5** USB 3.1 케이블은 인핸스드 슈퍼스피드를 지원하는 전선을 추가했다. 출처: Universal Serial Bus 3.1 Specification Revision 1.0

전선	신호 이름	설명
1	PWR	VBUS 전원
2	D-	비차폐 차동 짝, 네거티브(USB 2.0)
3	D+	비차폐 꼬인 짝, 포지티브(USB 2.0)
4	GND_PWRrt	전원 복귀용 접지
5	P1-	차폐 차동 짝, 1, 네거티브(슈퍼스피드/슈퍼스피드 플러스)
6	P1+	차폐 차동 짝, 1, 포지티브(슈퍼스피드/슈퍼스피드 플러스)
7	P1_Drain	SDP1용 드레인 전선
8	P2-	차폐 차동 짝, 2, 네거티브(슈퍼스피드/슈퍼스피드 플러스)
9	P2+	차폐 차동 짝, 2, 포지티브(슈퍼스피드/슈퍼스피드 플러스)
10	P2_Drain	SDP2용 드레인 전선. 커넥터상의 7번 핀과 연결됨
외부 껍데기	차폐	플러그의 금속 부분에서 끝남

인핸스드 슈퍼스피드 전선은 차폐된 꼬임선 또는 쌍축 케이블twinax 또는 동축 케이블coax을 사용한다. 쌍축 케이블은 동축 케이블과 비슷하지만 내부 접점이 1개가 아니라 2개다. 차폐된 꼬인 짝의 임피던스 특성은 90Ω이어야 한다.

USB 3.1은 전선 두께를 지정하지 않지만 전기적인 데이터를 고려하면 일반적으로 짝 하나에 26~34 AWG를 사용하고, 케이블 기구의 전기적인 요구사항은 가능한 한 지름을 작게 사용할 것을 권장한다. 케이블 유연성은 AWG 번호에 따라 일반적으로 감소하므로 이것도 고려하는 것이 좋다. 케이블의 바깥 지름은 3~6mm 범위에 들어야 한다.

USB 3.1 케이블은 모든 전선이 금속 편조로 둘러싸여 있어야 하고 금속 껍데기로 끝나야 한다.

인핸스드 슈퍼스피드 신호 짝에서는, USB 3.1이 USB 3.0 규격보다 차동 특성 임피던스, 삽입 손실, 크로스토크crosstalk에 대해 더 엄격하다. USB 3.1은 USB 3.0의 전선별 색상 지정을 삭제했다.

케이블 길이

USB 3.1 규격은 최대 케이블 길이를 정하지 않고 있으므로 케이블은 전압 강하와 케이블 기구 손실에 대한 요구사항만 충족하면 된다. USB C형 케이블 규격은 인핸스드 슈퍼스피드에 맞는 실무에서 적합한 최대 길이를 제공한다(이 장의 후반부에 나온다).

커넥터

USB 3.1 시리즈 A와 시리즈 B 커넥터는 인핸스드 슈퍼스피드 신호 짝 2개를 위한 추가 접점 5개와 각 편의 끝에 접속된 드레인 전선 2개를 갖는다. 그림 20-10은 이 커넥터를 나타낸 것이다.

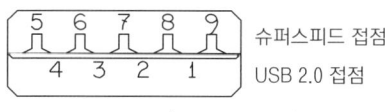

▲ **그림 20-10** USB 3.1 커넥터는 슈퍼스피드 전선을 위한 접점이 더 있다(이 그림은 축척을 반영하지 않았다).

표 20-6은 USB 3.1 표준 A, 표준 B, 마이크로 B 커넥터의 핀 배열을 보여준다. 표 20-7은 플러그를 각기 다른 커넥터 형식에 장착할 수 있는 방식을 나타낸다. USB 3.1 디바이스는 USB 3.1 표준 B, USB 3.1 마이크로 B 커넥터, USB 3.1 표준 A 플러그를 갖춘 일체형 케이블을 갖춘다. USB 3.1 호스트는 USB 3.1 표준 A 커넥터를 갖는다.

▼ 표 20-6 USB 3.1 커넥터상의 신호는 커넥터 형식별로 다양하다. 출처: Universal Serial Bus 3.1 Specification Revision 1.0

핀	신호		
	표준 A	표준 B	마이크로 B
1	VBUS	VBUS	VBUS
2	D−	D−	D−
3	D+	D+	D+
4	GND	GND	ID
5	StdA_SSRX+	StdB_SSTX+	GND
6	StdA_SSRX−	StdB_SSTX−	MicB_SSTX−
7	GND_DRAIN	GND_DRAIN	MicB_SSTX+
8	StdA_SSTX−	StdB_SSRX−	GND_DRAIN
9	StdA_SSTX+	StdB_SSRX+	MicB_SSRX−
10	−	−	MicB_SSRX+
12	INSERTION DETECT(USB 전력 공급(USB Power Delivery), 커넥터에만 적용)	−	−
13		−	−

▼ 표 20-7 USB 3.1 커넥터는 USB 2.0 커넥터와 하위 호환성을 보장한다. 출처: Universal Serial Bus 3.1 Specification Revision 1.0

위치	커넥터	짝
USB 2.0 호스트	USB 2.0 표준 A 커넥터	USB 2.0 표준 A 플러그
USB 3.1 호스트	USB 3.1 표준 A 커넥터	USB 3.1 표준 A 플러그
USB 2.0 디바이스	USB 2.0 표준 B 커넥터	USB 2.0 표준 B 플러그
	USB 2.0 미니 B 커넥터	USB 2.0 미니 B 플러그
	USB 2.0 마이크로 B 커넥터	USB 2.0 마이크로 B 플러그
	USB 2.0 표준 A 플러그를 갖춘 일체형 케이블	USB 2.0 표준 A 커넥터 USB 3.1 표준 A 커넥터

위치	커넥터	짝
USB 3.1 디바이스	USB 3.1 표준 B 커넥터	USB 2.0 표준 B 플러그 USB 3.1 표준 B 플러그
	USB 3.0 마이크로 B 커넥터	USB 2.0 마이크로 B 플러그 USB 3.1 마이크로 B 플러그
	USB 3.1 표준 A 플러그를 갖춘 일체형 케이블	USB 2.0 표준 A 커넥터 USB 3.1 표준 A 커넥터

미니 B를 제외하면 USB 2.0 플러그는 같은 계열의 USB 3.1 커넥터에 장착할 수 있다. USB 2.0 표준 A 플러그는 USB 3.1 표준 A 커넥터에 맞고, USB 2.0 표준 B 플러그는 USB 3.1 표준 B 커넥터에 맞으며, USB 2.0 마이크로 B 플러그는 USB 3.1 마이크로 B 커넥터에 맞는다. USB 3.1 미니 B 커넥터는 없다. 물론 USB 2.0 플러그의 케이블로 슈퍼스피드 트래픽을 전송할 수는 없다.

USB 3.1 표준 A 플러그/커넥터는 USB 2.0 표준 A 플러그/커넥터와 같은 형상과 크기를 하고 있다. 따라서 USB 3.1 표준 A 플러그는 USB 2.0 표준 A 커넥터와 짝이 될 수 있다. 인핸스드 슈퍼스피드를 지원하기 위해 USB 3.1 표준 A 커넥터는 2단계의 접점 시스템을 사용한다. 플러그상의 USB 2.0 접점 4개 뒤에 추가 접점 5개가 있다.

인핸스드 슈퍼스피드 신호선 짝에서, 케이블은 각각 송신핀과 엮인 수신핀과 연결되어 있다. 예를 들어 StdA_SSTX+는 StdB_SSRX+나 MicB_SSRX+에 연결되고, StdA_SSTX-는 StdB_SSRX-나 MicB_SSRX-에 연결된다. 즉 신호 이름 RX와 TX는 커넥터상의 신호 흐름 방향을 지칭하는 것이다. 주의할 점이 하나 더 있는데, 마이크로 B 커넥터에는 ID 핀이 있다는 점이다. ID 핀은 표준 B와 마이크로 B 커넥터가 특정 신호를 위해 다른 핀으로 사용한다.

슈퍼스피드 플러스에서 신호 품질을 보장하기 위해, USB 3.1은 후면 차폐, 접지 탭, 커넥터의 추가적인 접지 스프링 탭 등 커넥터 요구사항을 강화했다.

17장에서 설명한 바와 같이, USB 3.1 표준 A PD와 시리즈 B PD 커넥터는 'USB Power Delivery Rev. 2.0, v1.0'에서 정의한 전력 기능을 지원한다. USB 3.1 디바이스는 또한 USB C형 커넥터를 사용할 수 있으며 이에 대해서는 뒤에서 설명한다. USB 3.1 규격에서는 USB 3.0 규격에 있던 전력 공급 B 커넥터 조항을 삭제했다.

호스트 간 케이블

USB 2.0은 기본적으로 두 호스트를 연결하는 케이블을 금지하지만, 브리지 케이블은 예외다. 브리지 케이블은 버퍼를 공유하는 디바이스 컨트롤러를 탑재한다. USB 3.1은 USB 3.1 표준 A와 USB 3.1 표준 A를 잇는 케이블을 정의했다. 이 케이블은 디버깅 및 드라이버와 함께 제공되는 특정 목적의 호스트 간 애플리케이션에서 사용한다. 이 케이블에서 VBUS, D-, D+는 연결되어 있지 않다.

USB C형 케이블

수년 동안 시리즈 A와 시리즈 B 커넥터의 기능이 향상된 끝에 USB 3.0 프로모터 그룹Promoter Group은 2014년에 새로운 USB C형 커넥터와 케이블을 선보였다. 이 규격은 'Universal Serial Bus Type-C Cable and Connector Specification(USB C형 케이블과 커넥터 규격)'에 정의되어 있다.

USB C형 커넥터는 표준 A와 시리즈 B 커넥터와 하위 호환성을 보장하지 않는다. C형 커넥터는 USB C형 플러그를 요구하며, USB C형 플러그는 표준 A나 시리즈 B 커넥터에 맞지 않는다. 그러나 호스트와 디바이스가 USB C형 커넥터를 쓰는 경우, 다음에 설명하는 케이블을 사용해 표준 A나 시리즈 B 포트에 장착할 수 있다.

장점

USB C형 커넥터와 케이블의 장점은 다음과 같다.

- A 플러그를 장착할 때처럼 어디가 윗면인지 신경 쓸 필요가 없음. 아무 방향으로나 플러그가 동작함
- 케이블 끝이 어디로 향하는지 신경 쓸 필요가 없음. 호스트 및 디바이스 커넥터 양쪽에 플러그가 동일하게 맞음
- 작은 형상. 커넥터 높이가 3mm에 불과함
- 'USB Power Delivery Rev. 2.0, v1.0'을 위한 지원을 강화했으며, 새로운 설정 채널Configuration Channel 통신도 포함함
- 새로운 측대파Sideband 사용 전선과 USB 외의 프로토콜을 지원할 수 있게 핀 할당을 변경하는 기능
- 플러그를 커넥터에 장착할 때 정확히 '철컥' 체결되도록 측면 결합부가 있는 안심 커넥터 지원
- 더 적은 EMI와 RFI 방사
- USB 2.0과 USB 3.1 통신 지원

이렇게 장점이 많기 때문에, 제조사들은 주요 시장에 내놓는 신제품에 USB C형 커넥터를 적용할 가능성이 크다.

케이블과 커넥터

USB C형 케이블은 시리즈 A와 시리즈 B 커넥터를 사용하는 케이블보다 전선이 더 많으며 새로운 기능을 지원하기 위한 것이다.

접점

USB C형 규격은 USB C형 커넥터가 양 끝단에 있는 연결을 위한 두 종류의 케이블을 정의한다.

완전 기능 C형 케이블에는 USB 2.0 신호선, 2개의 완전한 인핸스드 슈퍼스피드 차폐 짝(전선 8개), 2개의 측대파 사용SBU, Sideband Use 전선, 설정 채널CC, Configuration Channel 전선, VBUS, 접지가 있으며 옵션으로 VBUS와 접점 복제본이 있다. 모든

완전 기능 C형 케이블은 강화된 전력 기능을 갖고 있으며, 플러그 안에 전원 회로가 있는 VCONN 연결을 지원한다.

USB 2.0 C형 케이블은 인핸스드 슈퍼스피드 차폐 짝과 SBU 전선이 없다. 이 케이블이 강화된 전력 기능을 지원하는 케이블이면 플러그는 VCONN 연결을 지원하며 플러그 안에 전원 회로가 있다.

차폐된 꼬임 짝이나 차동 짝을 위한 쌍축 케이블도 각 짝별로 접지 반환 전선을 갖는다. 동축에서는 차폐가 접지 반환이다. 편조 차폐braided shield는 케이블 안에서 전선을 모두 감싸고 있어야 한다. 차폐는 플러그상의 금속 케이스에서 끝나야 한다.

케이블 길이

USB C형 규격은 케이블을 위한 실사용 권장 길이를 제공한다(표 20-8). 최대 길이는 신호율 증가에 따라 감소된다는 점을 주의한다. 즉 슈퍼스피드에서는 2m, 슈퍼스피드 플러스에서는 1m다. USB 2.0 C형 케이블도 표준 A, B 시리즈 커넥터 케이블에 비해서는 최대 길이가 짧다.

▼ **표 20-8** USB C형 케이블 규격은 1개 이상의 USB C형 커넥터를 갖는 케이블을 위한 실사용 권장 길이 제한을 제공한다.

속도	커넥터 형식, 두 번째 플러그	최대 길이(m)
USB 3.1 Gen 2	USB C형, USB 3.1 표준 A, USB 3.1 표준 B, USB 3.1 마이크로 B	1
USB 3.1 Gen 1	USB C형	2
USB 2.0	마이크로 B	2
	USB C형, 표준 A, 표준 B, 미니 B	4

커넥터

표 20-9는 USB C형 커넥터상의 핀 연결을 나타낸 것이다. 이 규격은 두 종류의 플러그를 정의한다. USB 완전 기능 C형 플러그는 인핸스드 슈퍼스피드와 USB 2.0을 지원한다. USB 2.0 C형 플러그는 USB 2.0 통신만 지원하며, USB 3.1 신호와

측대파 사용 핀과는 연결되어 있지 않다. USB C형 커넥터 1개는 USB 2.0과 USB 3.1 포트 모두에서 사용할 수 있도록 정의되어 있다.

USB C형 커넥터는 양방향 플러그 장착을 지원하기 위해 USB 2.0 데이터와 USB 3.1 데이터의 핀 세트를 동일하게 두 벌 갖고 있다.

▼ 표 20-9 USB C형 커넥터는 전력, USB 2.0과 USB 3.1 데이터, 설정 채널에 접근할 수 있다. 출처: Universal Serial Bus Type-C Cable and Connector Specification Revision 1.0

핀	신호	설명
A1	GND(접지)	케이블 전류 복귀 경로
A2	SSTXp1	송신 신호 짝 1, 포지티브(슈퍼스피드/슈퍼스피드 플러스)*
A3	SSTXn1	송신 신호 짝 1, 네거티브(슈퍼스피드/슈퍼스피드 플러스)*
A4	VBUS	버스 전력
A5	CC1(커넥터)/CC(플러그)	설정 채널(Configuration Channel)
A6	Dp1	USB 2.0 차동 짝 1, 포지티브(USB 2.0)
A7	Dn1	USB 2.0 차동 짝 1, 네거티브(USB 2.0)
A8	SBU1	측대파 사용**
A9	VBUS	버스 전력
A10	SSRXn2	수신 신호 짝 2 네거티브(슈퍼스피드/슈퍼스피드 플러스)*
A11	SSRXp2	수신 신호 짝 2, 포지티브(슈퍼스피드/슈퍼스피드 플러스)*
A12	GND	케이블 전류 복귀 경로
B1	GND	케이블 전류 복귀 경로
B2	SSTXp2	송신 신호 짝 2, 포지티브(슈퍼스피드/슈퍼스피드 플러스)*
B3	SSTXn2	송신 신호 짝 2, 네거티브(슈퍼스피드/슈퍼스피드 플러스)*
B4	VBUS	버스 전력
B5	CC2/ VCONN	설정 채널 2(커넥터) 플러그 전원(플러그)
B6	커넥터: Dp2 플러그: 연결 접점 없음	USB 2.0 차동 짝 2, 포지티브(USB 2.0)(커넥터) 연결 접점 없음(플러그)

(이어짐)

핀	신호	설명
B7	커넥터: Dn2 플러그: 연결 접점 없음	USB 2.0 차동 짝 2, 네거티브(USB 2.0)(커넥터) 연결 접점 없음(플러그)
B8	SBU2	측파대 사용**
B9	VBUS	버스 전력
B10	SSRXn1	수신 신호 짝 1, 네거티브(슈퍼스피드/슈퍼스피드 플러스)*
B11	SSRXp1	수신 신호 짝 1, 포지티브(슈퍼스피드/슈퍼스피드 플러스)*
B12	GND	케이블 전류 복귀 경로

* USB 2.0 C형 플러그에서는 연결되어 있지 않음
** USB 2.0 C형 플러그에서는 특별한 목적이 있는 경우에만 연결함

표 20-10은 이 케이블 플러그상의 핀 연결을 나타낸 것이다. USB 3.1 케이블과는 달리, USB 완전 기능 C형 커넥터를 갖는 케이블을 인핸스드 슈퍼스피드 송신 짝이 각각 반대편 끝의 수신 핀과 연결되어 있다. 예를 들어 각 SSTXp1 핀은 반대편 끝의 SSRXp1과 연결되어 있고, 각 SSTXn1은 반대편 끝의 SSRXn1에 연결되어 있다. 2개의 SBU 전선 또한 교차 연결되어 있는데, 각 커넥터 전선의 SBU1은 반대편의 SBU2와 연결되어 있다.

▼ **표 20-10** USB 완전 기능 USB C형 케이블에서 인핸스드 슈퍼스피드와 SBU 전선은 TX/RX와 SBU1/SBU2에서 교차 연결되어 있다.

플러그 1		케이블 연결	플러그 2	
핀	신호		신호	핀
A1, B1, A12, B12	GND	~으로 연결됨	GND	A1, B1, A12, B12
A4, B4, A9, B9	VBUS	~으로 연결됨	VBUS	A4, B4, A9, B9
A5	CC	~으로 연결됨	CC	A5
B5	VCONN	~으로 연결됨	VCONN	B5
A6	Dp1	~으로 연결됨	Dp1	A6
A7	Dn1	~으로 연결됨	Dn1	A7

플러그 1		케이블 연결	플러그 2	
핀	신호		신호	핀
A2	SSTXp1	~으로 연결됨	SSRXp1	B11
A3	SSTXn1	~으로 연결됨	SSRXn1	B10
B11	SSRXp1	~으로 연결됨	SSTXp1	A2
B10	SSRXn1	~으로 연결됨	SSTXn1	A3
B2	SSTXp2	~으로 연결됨	SSRXp2	A11
B3	SSTXn2	~으로 연결됨	SSRXn2	A10
A11	SSRXp2	~으로 연결됨	SSTXp2	B2
A10	SSRXn2	~으로 연결됨	SSTXn2	B3
A8	SBU1	~으로 연결됨	SBU2	B8
B8	SBU2	~으로 연결됨	SBU1	A8

그림 20-11은 커넥터와 플러그를 연결하는 옵션을 나타낸 것이다. 장착할 때 플러그의 방향에 따라서 커넥터상의 SSTXp2(B2)는 플러그상의 SSTXp2(B2)나 SSTXp1(A2)에 연결될 수 있고, SSTXn2(B3)는 SSTXn2(B3)나 SSTXn1(A3)에 연결될 수 있다.

모든 USB C형 커넥터는 5A의 전류를 지원할 수 있다. 모든 USB C형 케이블은 3A의 전류를 지원할 수 있지만, 강화된 전력 기능을 지원하는 USB C형 케이블은 5A까지 지원할 수 있다.

커넥터에 플러그를 안전하게 장착하기 위한 측면 걸쇠의 추가로 10,000번의 장착/탈착을 보장하며, 이것은 USB 3.1 마이크로 시리즈 커넥터를 제외하면 여타 USB 플러그보다 향상된 것이다.

단 1개의 커넥터 형상만 존재하기 때문에 허브는 포트 상향과 하향을 명확하게 표시할 수 있다.

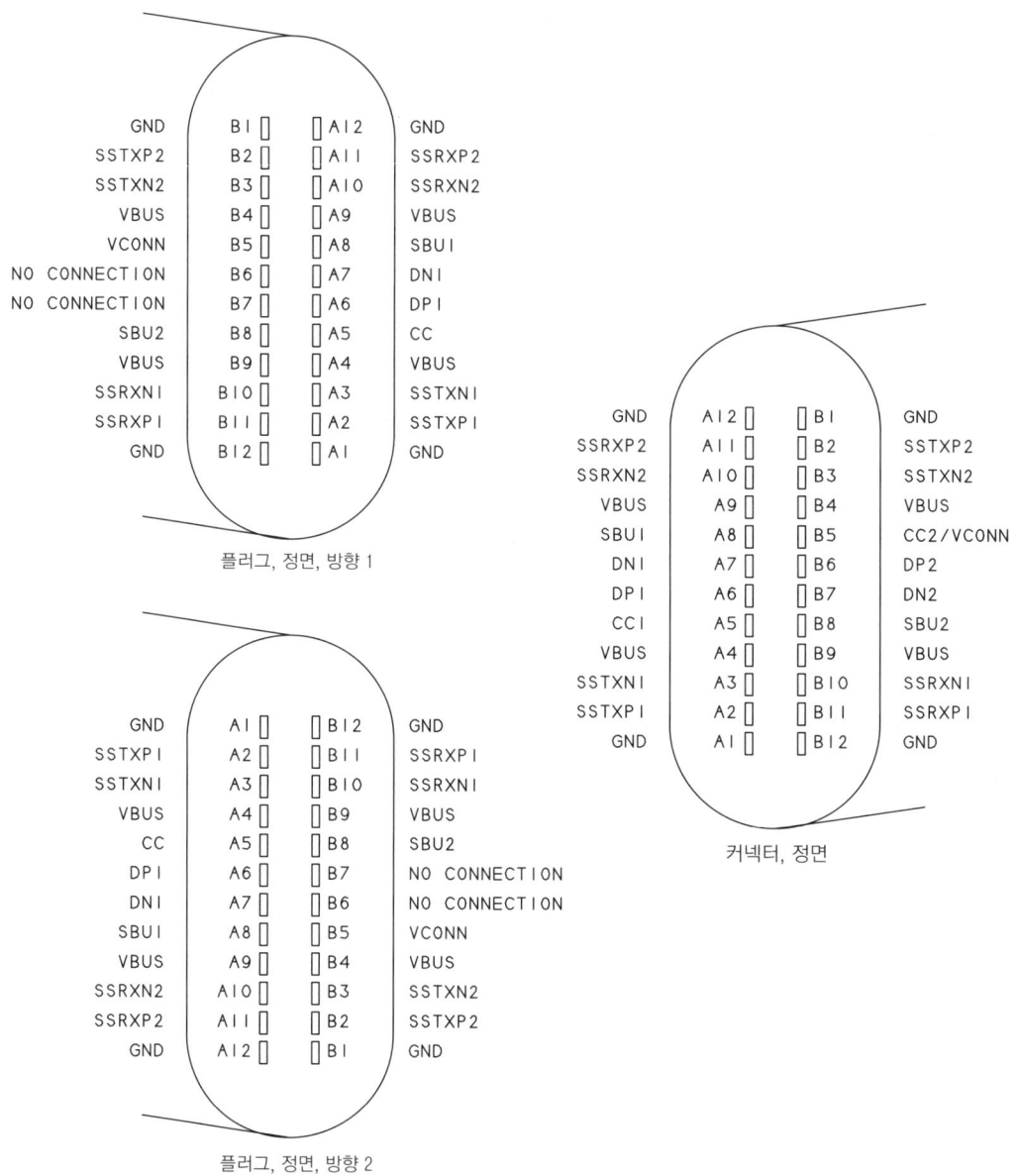

▲ **그림 20-11** USB C형 플러그는 아무 방향으로나 장착할 수 있다. 예를 들어 A1은 A1이나 B1 어디에도 장착할 수 있고, A2는 A2나 B2에 장착할 수 있다.

새로운 케이블 연결

USB C형 커넥터는 새로운 핀 몇 종을 탑재하고 있다. 이 핀들은 케이블 장착과 방향을 판별하고, 플러그 내부에 전원 회로를 제공하며, 다른 USB 프로토콜을 사용하는 통신을 위한 새로운 경로를 지원한다.

설정 채널

호스트와 디바이스 포트는 설정 채널CC, Configuration Channel을 사용해 장착 여부와 플러그 방향, 하향 포트DFP, downward facing port와 상향 포트UFP, upward-facing port 개설, VBUS/VCONN/대체 모드Alternate Modes/액세서리 모드Accessory Modes 설정을 할 수 있다.

케이블의 CC 선은 USB Power DeliveryPD Contract와 교섭하는 메시지를 전송할 수 있으며 이에 대해서는 17장에서 설명한 바 있다. 설정 채널은 BMCBi-phase Mark Coded(이중 상태 마크) 통신을 사용하며, 이 방법은 각 비트가 최소 한 번의 레벨 변경이 있고 평균 DC 성분이 0인 차동 맨체스터Manchester 코딩과 유사하다.

이중 역할 포트DRP, dual-role port 2개를 연결하면 CC 핀상의 프로토콜을 통해 어느 포트가 호스트를 할 것인지 정한다. 이 포트는 PD DR 교환PD DR Swap 메시지를 사용해 역할을 교환할 수 있는데, 디바이스가 장착과 탈착을 에뮬레이트하여 역할을 변경하는 방법도 있다.

VCONN

USB C형 케이블은 CC 선이 1개 있지만 USB C형 커넥터는 CC1, CC2 2개가 있다. 완전 기능 USB C형 케이블에서 CC 핀이 그 케이블에 기능으로 연결되지 않으면, 강화된 전력 기능을 지원하는 케이블로 동작하며 VCONN +5V 전원으로서 전원 전력 회로에 연결된다. VCONN은 최소 1W의 전력을 공급할 수 있어야 한다.

강화된 전력 기능 케이블은 케이블 제조사와 최대 전류 같은 특징을 알릴 수 있다. 이 정보들은 'USB Power Delivery Rev. 2.0, v1.0'에 정의된 제조사 정의 메시지 안에 탐색Discover Identity 명령어를 통해 알 수 있다. 모든 완전 기능 USB C형 케이블과 3A 이상 공급하는 케이블은 강화된 전력 기능 케이블이며, 'USB Power Delivery Rev. 2.0, v1.0' 프로토콜을 지원해야 한다.

DFP는 VCONN을 초기 기동 시에 제공해야 하지만 PD 프로토콜은 VCONN 공급 소스를 뒤바꿀 수 있다. VCONN은 항상 5V이고, 이 전압은 반대편 케이블 끝으로부터는 격리되어 있다. 강화된 전력 기능 케이블은 VBUS 대신에 플러그 내부에 있는 전원 회로에서 공급하는 VCONN을 사용할 수 있다.

VCONN으로 전력을 공급받는 액세서리는 대체 모드를 지원하는 UFP가 있는 디바이스이며, VCONN을 통해 공급받는 전력으로 구동할 수 있다.

측파대 사용

측파대 사용SBU, Sideband Use 전선은 특정 애플리케이션을 위한 2개의 새로운 신호 경로를 제공한다. 이 신호는 'USB Power Delivery Rev. 2.0, v1.0'에 정의되어 있는 대체 모드, USB C형 규격에 정의되어 있는 오디오 어댑터 액세서리 모드, USB C형 규격 최근판에 정의된 디버그 액세서리 모드에서 사용한다. 이들 핀의 사용법은 USB 규격에 정의된 용도로 한정된다.

데이터 라우팅

포트가 인핸스드 슈퍼스피드 데이터를 위해 USB C형 인터페이스를 설정하려면, CC 선을 통해 통신에 사용할 신호선 짝 두 세트 중 어느 것을 사용할지 식별해야 한다.

접속

플러그의 방향에 따라 케이블의 CC 선은 양쪽 커넥터의 CC1이나 CC2에 접속될 수도 있고 한쪽은 CC1, 한쪽은 CC2에 접속될 수 있다. 추가적으로 DFP는 VCONN을 공급할 수도 있으며, UFP는 기존 USB 디바이스나 1개 이상의 대체 모드 또는 액세서리 모드를 제공하는 디바이스일 수도 있다. CC 선을 사용하면 포트가 각 상태를 검출할 수 있다.

그림 20-12는 VCONN을 공급하는 DFP를 양쪽 포트의 CC1으로 연결한 케이블 접속을 나타낸 것이다.

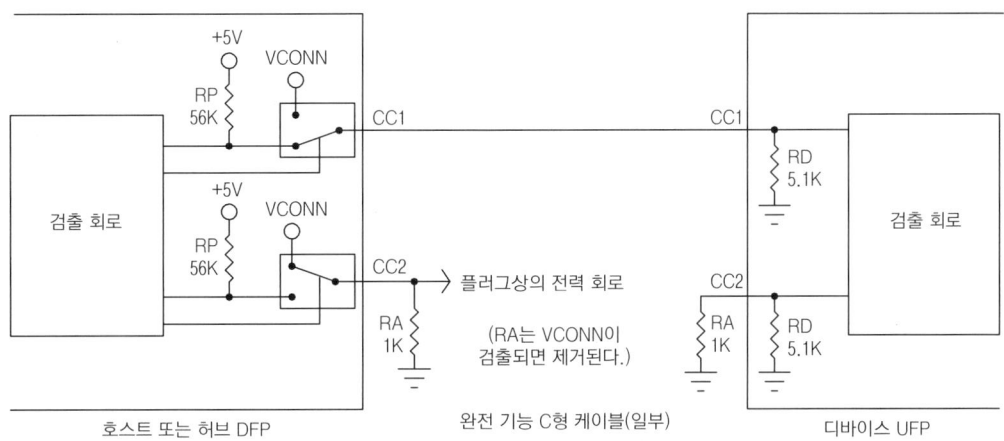

▲ **그림 20-12** 이 예제에서 케이블상의 CC 선은 양쪽 포트에서 CC1과 접속하고 있으며 DFP는 플러그의 회로로 VCONN을 공급한다. 출처: Universal Serial Bus Type-C Cable and Connector Specification Revision 1.0

CC1과 CC2를 통해 호스트나 허브의 DFP는 케이블의 반대쪽에 있는 풀업, 전류 공급, 종단 검출을 의미하는 것들 또는 접지에 연결된 저항을 갖는다. +5V에 연결된 기본 USB 전력을 사용하면 저항 값은 56kΩ이다. 좀 더 높은 전류 기능이 있는 포트는 낮은 값을 사용해 디바이스상의 UFP가 이 기능을 활성화할 수 있는데, DFP가 공급하는 전류의 총량을 검출하기 위한 것이다. 지정 값은 풀업 전압에 따라 다양하다. UFP는 CC1과 CC2에 5.1kΩ의 풀다운이 있다.

전력 공급 케이블은 자체 회로로 VCONN이 있는 케이블이다. 전력 공급 케이블에서 CC 선이 연결되지 않은 CC 핀은 초기에 접지 방향으로 1kΩ 부하를 나타낸다. VCONN을 검출하면 케이블은 이 부하를 제거한다.

장착과 방향 검출

UFP에서 DFP로 연결할 때 UFP상의 풀다운은 DFP 커넥터에 전압 강하를 일으킨다. DFP는 디자이스 장착을 전압 강하로 검출한다.

전압 강하를 검출하면 DFP는 어느 신호 짝을 인핸스드 슈퍼스피드 데이터용으로 사용할지 알 수 있고, 포트를 전환해 그 짝을 호스트나 허브상의 포트 회로로 전환한다. CC1이 접속되면, 인핸스드 슈퍼스피드 데이터는 송신 신호 짝 1과 수신 신호 짝 1을 사용한다. CC2가 접속되면, 인핸스드 슈퍼스피드 데이터는 송신 신호 짝 2와 수신 신호 짝 2를 사용한다. USB C형 규격은 이런 전환 방식을 구현에 대해서는 제조사가 임의로 결정할 수 있도록 여지를 두었다. 케이블상에서 인핸스드 슈퍼스피드 신호 짝 중 사용하지 않는 세트는 대체 모드나 액세서리 모드로 사용하지 않는 한 사용하지 않고 남겨둔다. 대체 모드와 액세서리 모드에 대해서는 이 장의 후반부에서 설명한다.

장착을 검출하면 DFP는 VBUS를 공급하고, CC 선과 접속하지 않은 CC 핀으로 VCONN을 공급한다.

UFP는 VBUS가 있는지 검출해 장착 여부를 판별한다. 더 높은 전압인 CC 핀은 CC 선과 연결된다. UFP는 DFP를 통해 적절한 인핸스드 슈퍼스피드 핀들을 포트 회로로 전환한다.

이런 절차를 통해 디바이스는 인핸스드 슈퍼스피드 열거 작업을 할 준비가 된 것이다. 17장에서 설명한 바와 같이, USB C형 포트가 역할 변경을 지원하면, 전력과 데이터 역할을 전환할 때 PD 프로토콜을 쓸 수 있다.

양쪽 포트는 탈착을 검출하기 위해 전선을 계속해서 감시해야 한다. DFP는 CC에 연결된 핀의 전압이 상승하는 것을 통해 탈착을 검출한다. 탈착이 검출되면 DFP는 VBUS를 제거한다. UFP는 VBUS가 사라진 것을 보고 탈착을 검출한다. 탈착 시에 DFP는 새로운 장착이 있는지 감시를 재개한다.

USB C형 커넥터는 D+ 핀 2개를 서로 단락시키고 D- 핀 2개를 서로 단락시킨 두 세트를 갖고 있으며, 이를 통해 USB 2.0 데이터 통신을 할 수 있다. 이 케이블에는 USB 2.0 데이터 선 짝 1개가 있고 방향에 따라 짝이 서로 연결될 수 있다.

구형 케이블과 어댑터

USB C형 규격은 USB C형 커넥터가 있는 호스트나 디바이스를 시리즈 B나 시리즈 A 커넥터가 있는 호스트나 디바이스에 연결하기 위한 구형 USB 케이블과 두 종류의 어댑터에 대해 정의하고 있다.

완전 기능 C형 플러그가 있는 케이블은 반대쪽에 아무 플러그나 와도 된다. USB 완전 기능 C형, USB 3.1 표준 A, USB 3.1 표준 B, USB 3.1 마이크로 B 모두 무방하다. 정의된 케이블 유형을 최소화하기 위해, USB 3.0 표준 A나 시리즈 B 커넥터를 사용하는 것에 대해서는 정의된 바가 없다. USB 2.0 C형 플러그가 있는 케이블도 반대편에 아무 플러그가 있어도 괜찮다. USB 2.0 C형, USB 2.0 표준 A, USB 2.0 표준 B, USB 2.0 미니 B, USB 2.0 마이크로 B 등이 올 수 있다.

또한 완전 규격 USB C형 플러그와 USB 3.1 표준 A 커넥터(또는 플래시 드라이브), USB 2.0 C형 플러그와 USB 2.0 마이크로 B 커넥터, 일체형 케이블이 있는 어댑터도 있다. USB C형 커넥터를 표준 A나 시리즈 B 커넥터로 변환하는 어댑터는 허용하지 않는다.

표준 A와 시리즈 B 플러그는 CC와 SBU 핀 또는 VCONN 소스가 없으므로 한쪽 끝에 표준 A나 시리즈 B 플러그가 있는 케이블은 사용할 수 없다.

USB C형 커넥터에서 USB 3.1 또는 USB 2.0 표준 A 커넥터에 연결하는 케이블이 장착과 플러그 방향을 감지하려면, 1개의 CC 핀과 DFP로 연결을 감지하는 풀업이 있어야 한다. USB C형 커넥터에서 USB 3.1 또는 USB 시리즈 B 커넥터로 연결하는 케이블은 CC 핀 1개와 UFP 연결을 감지하는 풀다운이 있어야 한다.

연결된 포트가 UFP나 DFP에 장착을 감지할 때까지 초기에 DRP는 UFP와 DFP 사이의 역할을 대체한다.

두 호스트나 두 디바이스를 연결하는 USB C형 케이블 기능은 없지만 그렇게 연결해도 고장이나 손상이 발생하지는 않는다.

대체 모드

USB C형 커넥터가 있는 모든 디바이스는 USB 통신을 지원해야 한다(배터리 충전 규격에서 정의하고 있는 충전 전용 포트는 예외다). 디바이스는 옵션으로 1개 이상의 대체 모드를 지원할 수 있는데, 대체 모드는 대체 기능을 제공한다. USB C형 규격은 PCIe 브리지 사례를 제시하고 있다. 이 PCIe 브리지는 SBU 선과 사용되지 않는 다른 쪽 차폐 짝을 사용해 통신한다.

대체 모드에 진입하거나 나오려면, 디바이스는 PD 제조사 정의 메시지PD Vendor Defined Messages를 사용한다. 다른 USB 기능이 없는 디바이스는 최소한 빌보드 클래스는 지원해야 하며, 이것은 디바이스를 식별하기 위한 것이다. 대체 모드를 사용하려면 중간에 허브 없이 호스트와 직접 연결해야 한다.

액세서리 모드

USB C형 규격은 오디오 어댑터 액세서리 모드Audio Adapter Accessory Mode를 정의하고 있는데, 이 모드는 USB 데이터 핀과 SBU 핀을 4개의 아날로그 오디오 신호로 사용한다. 이 규격의 1.0 판에서는 디버그 어댑터 액세서리 모드Debug Adapter Accessory Mode를 언급하고 있는데, 이것은 이 규격의 최근판에서 정의됐다.

액세서리 모드를 사용하는 디바이스를 감지하려면, 오디오 어댑터가 양쪽 CC 핀에 풀업이 있어야 하고 디버그 어댑터는 양쪽 CC 핀에 풀다운이 있어야 한다.

그 밖의 연결 방법

USB 디바이스는 칩 내부 연결, 전기적으로 단절된 인터페이스, 원거리 인터페이스, 무선 기술을 사용해 연결할 수 있으며 기존 케이블에서도 가능하다.

인터칩(칩 간 통신) 연결

USB는 컴퓨터와 주변기기를 케이블로 연결하기 위한 인터페이스로 개발됐다. 그러나 호스트와 임베디드 또는 탈착 가능한 주변기기를 포함한 제품에서 사용할 수 있다. 이들 제품에서는 호스트와 주변기기 간 통신에서 표준 USB 케이블이나 커넥터가 필요 없으며 더 낮은 공급 전압을 사용할 수 있다.

USB 2.0

이런 인터페이스 유형을 위한 USB-IF 표준이 두 종류 있는데, 바로 로우/풀 스피드를 위한 '인터칩 USB 부록Inter-Chip USB Supplement'과 하이스피드를 위한 '하이스피드 인터칩 USB 전기 규격High-Speed Inter-Chip USB Electrical Specification'이다.

두 인터페이스 유형 모두 다음 사항을 모두 준수해야 한다.

- 호스트와 주변기기 간 거리는 10cm 이하
- 호스트는 칩 내부 전압이 감지될 때는 주변기기 장착과 탈착을 허용하지 않음
- 인터페이스는 제조사 정의 케이블이나 온보드 연결(회로판에 의한)을 사용함

인터칩 USB 부록 규격 인터페이스는 다음 요구사항을 준수해야 한다.

- 호스트는 항상 풀스피드를 지원해야 하고 호스트가 로우스피드 주변기기와 통신한다면 로우스피드를 지원해야 한다. 주변기기는 로우나 풀스피드를 지원할 수 있다.
- 이 인터페이스는 통상 1~3V인 공급 전압 클래스를 1~6개 지원해야 한다.

로우/풀 스피드 인터페이스는 IDLE에서 버스 전류를 소모하지 않는다. 전력을 더욱 절약하기 위해서는, 하드웨어가 신호를 전달할 때 풀업/풀다운 저항을 버스상에서 전환하는 방법도 있다.

하이스피드 인터칩 USB 전기 규격은 하이스피드 인터칩HSIC, high-speed inter-chip 동기화 직렬 인터페이스를 정의하고 있다. 이 인터페이스는 240MHz 이중 데이터 레이트DDR, double data rate 신호를 사용하며, 이 신호는 상승과 하강 클록 에지 모두에서 데이터를 전송한다. 240MHz 클록은 그래서 480Mbps 비트 레이트를 지원한다.

하이스피드 인터칩 USB 전기 규격을 지원하는 인터페이스는 다음 요구사항을 준수해야 한다.

- 호스트와 주변기기가 하이스피드를 지원해야 한다.
- 인터페이스는 1.2V LVCMOS 전압을 사용한다.

HSIC 인터페이스는 전송이 진행 중일 때만 전력을 소모한다.

USB 3.0

호스트와 임베디드 또는 탈착 가능한 주변기기를 포함한 USB 3.0 제품을 위한 인터칩 규격으로는 'Inter-Chip Supplement to the USB Revision 3.0 Specification'이 있으며, 이 규격은 슈퍼스피드 인터칩 연결SSIC, SuperSpeed Inter-Chip을 설명하고 있다. USB 3.1을 위한 규격도 곧 나올 것으로 예상된다.

분리된 인터페이스

갈바닉galvanic 분리는 회로 결합에 의해 발생하는 전력 써지surge와 전원 써지를 방지할 때 유용하다. 전기적으로 분리된 회로는 저항 접촉이 없다. 일반적인 분리 방법으로는 전력을 자기 결합으로 전달하는 변압기를 사용하거나 디지털 신호를 광학 결합으로 전달하는 광학 커플링을 사용하는 방법이 있다.

USB 디바이스를 사무실이나 교실 등 보통 환경에서 사용할 때는 회로의 분리가 필요하지 않다. 의료나 산업 환경 등 디바이스를 분리해야 이득인 환경이 있지만 USB 타이밍 요구사항과 양방향을 위한 단일 쌍 전선으로 인해 USB 디바이스를 호스트에서 완전히 분리하기는 힘들다. 한 가지 방법으로는 디바이스 컨트롤러와 연결하는 회로를 USB 요소가 아닌 것과 분리하는 것이다. 예를 들면, USB 인터페이스를 사용하는 모터 컨트롤러에서 모터와 제어 회로는 USB 컨트롤러와 버스에서 분리할 수 있다.

맥심Maxim의 MAX3420E 인터페이스 칩은 USB 디바이스를 호스트로부터 분리할 때 적합한 솔루션이다. 이 칩은 서너 개의 전선이 있는 SPI 버스를 사용해 프로세서와 연결하고 USB 데이터를 주고받는다. SPI 버스의 각 전선상에 전기적 차단기electro-isolators가 인터페이스 칩과 USB 데이터를 프로세서와 상향 허브, 호스트를 분리해준다.

분리된 허브를 사용하는 것도 방법이다. 로우/풀 스피드 하향 포트를 전기적으로 분리한 허브가 시중에 몇 종 있다. 이 장의 후반부에서 설명할 무선 링크를 사용하면 케이블을 사용하지 않으므로 전기적인 분리가 가능하다.

장거리 연결

USB 규격은 케이블을 일렬로 연결해 케이블 구간을 확장하는 확장 케이블을 금지하고 있다. 케이블 상향 방면의 확장 케이블은 한쪽에 표준 A 플러그가 있을 것이고 다른 끝에는 표준 A 커넥터가 있을 것이다. 하향 쪽 확장 케이블은 한쪽에 시리즈 B 플러그가 있고 다른 끝에는 시리즈 B 커넥터가 있다. USB C형 확장 케이블은 플러그 하나와 커넥터 하나를 갖출 것이다. 인터페이스 전기적 제한 안에서는 확장 케이블 금지를 무시하고 케이블 구간을 확장해볼 만하다. 시중에서 확장 케이블을 구할 수는 있겠지만 그 케이블이 잘 동작할 것이라고 신뢰하는 건 좋은 생각이 아니다. 호스트와 디바이스 사이의 길이를 확장하려면 허브를 사용하는 편이 낫다.

확장 케이블 금지 규칙에는 예외사항이 하나 있는데 확장 케이블 안에 허브, 하향 포트, 케이블을 모두 탑재하는 것이다. 이런 유형의 케이블은 허브 요구사항을 충족해야 한다. 장착된 디바이스에 따라서는 이 허브가 자체 전원 공급 장치를 갖춰야 할 수 있다.

USB C형 규격은 더 긴 케이블 길이를 지원할 수 있는 조건 회로를 탑재한 액티브 케이블에 대해 정의하고 있다. 이 규격은 아직까지는 조건 회로가 어떻게 동작하는지 상세하게 기술하고 있지는 않다.

장거리 전송을 구현하는 다른 방법으로는 브리지 어댑터를 사용하는 것이다. 이런 브리지는 USB와 이더넷, RS-232, RS-485 및 기타 장거리 전송에 적합한 인터페이스를 변환한다. 원격 디바이스는 USB보다는 장거리 인터페이스 쪽을 지원하는 편이 낫다.

USB 디바이스를 로컬 이더넷 네트워크상에 접근하는 방법도 있다. 이 방식을 사용한 제품으로는 디지 인터내셔널Digi International의 AnywhereUSB 허브가 있다. 이 허브는 호스트 PC와 통신하는 호스트 컨트롤러를 1개 이상 갖추고 인터넷 프로토콜IP, Internet Protocol을 사용한 이더넷과 연결할 수 있다. 이 허브는 PC의 로컬 네트워크 안에 있는 모든 이더넷 포트에 장착할 수 있다. 이때 USB 디바이스의 호스트 드라이버는 PC상에 있다. PC 애플리케이션은 AnywhereUSB 허브와 연결한 USB 디바이스 여러 대에 접근할 수 있고, 벌크 전송과 인터럽트 전송을 사용한다. 여기서 인터페이스는 프로토콜 계층이 추가된 탓에 지연 시간이 증가한다.

네트워크로 USB 디바이스를 접근하기 위한 제품 중에 소프트웨어로만 동작하는 제품으로는 엘티마Eltima의 USB Network Gate, 파불라 테크Fabula Tech의 USB over Network, 인센티브스 프로Incentives Pro의 USB Redirector가 있다. 네트워크상의 다른 컴퓨터에 장착된 디바이스에 접근할 때 이 프로그램을 사용하며, 사용자는 PC상에 소프트웨어를 설치해야 한다.

무선화

USB 케이블을 무선으로 대체하는 일은 쉽지 않다. USB 트랜잭션은 타이밍 요구사항이 양방향으로 엄격하다. 예를 들어, USB 2.0 호스트가 인터럽트 OUT 트랜잭션의 DATA 스테이지에서 토큰과 데이터 패킷을 보낼 때 디바이스는 핸드셰이크 패킷에 ACK 또는 그 밖의 코드로 바로 응답해야 한다.

그러나 USB 디바이스를 무선으로 연결하는 것은 아주 매력적인 아이디어다. 무선 애플리케이션에서 USB를 포함하는 여러 기술은 현재 사용할 수 있는 것도 있고 개발 중에 있는 것도 있다. 구현된 대부분의 기술에서 무선 링크는 무선 브리지나 어댑터 역할을 하는 유선 디바이스를 사용한다. 이런 브리지는 USB를 호스트 및 무선 인터페이스와 통신할 때 사용하며, 무선 인터페이스는 주변기기와 통신한다. 무선 주변기기는 무선 인터페이스와 주변기기의 회로 사이에 신호를 변환하기 위한 무선 브리지를 탑재한다.

무선 USB

USB-IF의 무선 USB 규격Wireless Universal Serial Bus Specification은 무선 USB를 정의하고 있으며, 2010년에 리비전 1.1이 릴리스됐다.

무선 USB는 3m에서 최고 속도 480Mbps, 10m에서 최고 속도 100Mbps를 지원한다. 이 인터페이스는 전원 절약 모드와 보안용 암호화를 사용한다. 이 기술은 초광대역UWB, ultrawideband 전파를 사용한다. UWB는 짧은 순간에 매우 저전력으로, 넓은 주파수 스펙트럼으로 데이터를 전송한다. UWB 기술은 ISO/IEC 26907/8 규격에 정의돼 있다. 이 규격은 비영리 단체인 와이미디어 얼라이언스WiMedia Alliance가 최초 개발한 후 발전해온 규격이다.

무선 USB를 사용하려면 USB 호스트는 내장형 무선 USB 인터페이스를 탑재하거나, 무선 USB를 통해 통신할 수 있는 호스트 유선 어댑터HWA, host wire adapter 기능을 탑재한 USB 디바이스와 연결되어 있어야 한다. 비슷한 방식으로, USB 디바이스는 내장형 무선 USB 인터페이스를 탑재하거나, 무선 USB를 통해 통신할 수 있는 디바이스 유선 어댑터DWA, device wire adapter와 유선 연결을 갖춘다.

무선 USB 호스트는 호스트와 직접 통신할 수 있는 디바이스를 최대 127개까지 지원할 수 있다. 이때 같은 구간에 있는 호스트와 그 호스트의 디바이스들을 무선 USB 클러스터라고 부른다. 모든 통신은 호스트와 디바이스 사이의 통신이다. 무선 USB는 허브를 사용하지 않지만, DWA가 유선 USB 디바이스가 무선으로 통신할 수 있게 해주는 내장 허브를 갖출 수도 있다.

호스트와 디바이스는 모든 무선 통신에 암호화를 시행하는 보안 연결로 맺어진 프로토콜을 사용한다.

무선 USB 제품은 시장에서 느리게 부분적으로만 확산 중이다. 와이파이 허브와 기타 와이파이 디바이스들이 같은 시장에서 경쟁하고 있으며 더 낫기 때문이다.

미디어 중립 USB

2014년, USB-IF는 MA(Media Agnostic) USB 규격을 발표했다. 이 규격을 통해 다양한 유무선 인터페이스와 통신하는 USB 드라이버를 사용할 수 있다.

MA USB를 사용한 첫 번째 사례는 와이파이 얼라이언스(Wi-Fi Alliance)의 WSE(WiGig Serial Extension) 1.2 규격에 기초한 1Gbps 무선 통신이 될 것이다. 와이파이 얼라이언스는 MA USB에서 사용하기 위한 WSE 규격을 USB-IF에 통보한 바 있다. WiGig는 단거리 통신을 위한 비허가 60GHz 주파수 대역을 사용한다.

사이프레스 WirelessUSB

사이프레스 세미컨덕터(Cypress Semiconductor)는 HID 클래스가 들어 있는 로우스피드 디바이스용 WirelessUSB 기술을 제공한다. 가장 확실한 시장으로는 무선 키보드, 마우스, 게임 컨트롤러가 있다. 최대 50m의 무선 범위를 지원하므로 빌딩, 홈오토메이션, 산업 제어에서도 유용하다. 무선 인터페이스는 2.4GHz 대역을 무선 주파수로 사용하며, 이 대역은 면허가 필요 없는 산업, 과학, 의료(ISM, Industrial, Scientific and Medical) 대역이다.

WirelessUSB 시스템은 WirelessUSB 브리지와 WirelessUSB 디바이스 1개 이상으로 구성된다(그림 20-13). 여기서 브리지는 USB와 무선 프로토콜과 미디어 사이에서 변환기 역할을 한다. WirelessUSB 디바이스는 디바이스 기능(마우스, 키보드, 게임 컨트롤러)을 수행하고 브리지와 통신한다.

이 브리지는 USB 기능이 있는 마이크로컨트롤러, WirelessUSB 송수신기 칩과 안테나를 갖추고 있다. WirelessUSB 디바이스는 사이프레스 PsOC나 기타 마이크로컨트롤러, WirelessUSB 송신기, 송수신기 칩과 안테나 등을 갖춘다. 송수신기가 있는 디바이스는 양방향으로 통신을 할 수 있다. 송신기만 있는 디바이스는 단방향이다. 단방향 디바이스는 호스트로 데이터를 보낼 수 있지만 데이터나 상태 정보를 받을 수는 없다. 송신기와 송수신기 칩은 브리지와 디바이스 둘 다 SPI를 통해 마이크로컨트롤러와 통신한다.

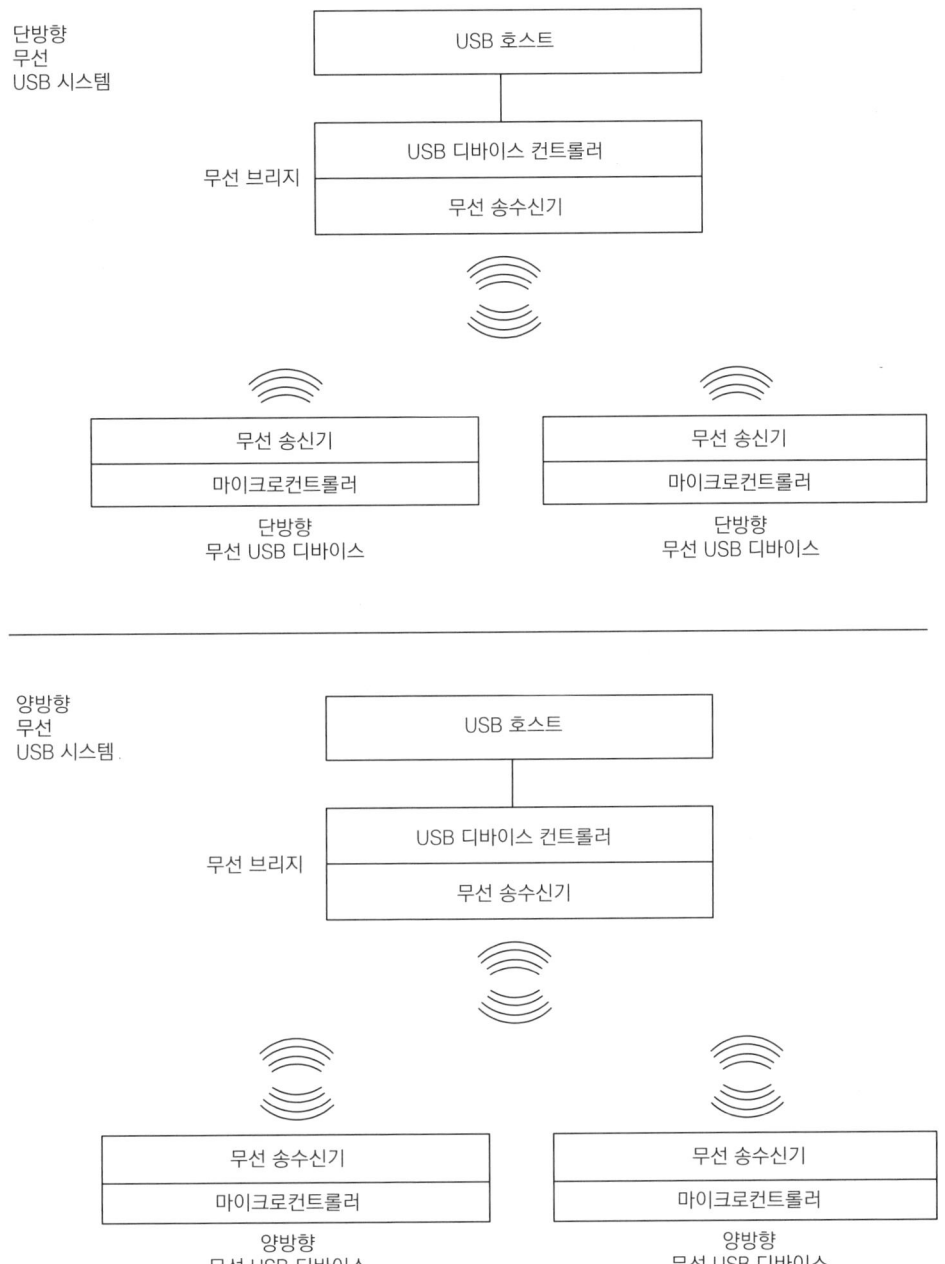

▲ 그림 20-13 WirelessUSB를 통해 무선 인터페이스를 사용하는 로우스피드 디바이스를 설계할 수 있다.

양방향 시스템에서 디바이스가 호스트로 데이터를 보낼 때는 디바이스의 마이크로컨트롤러가 데이터를 송수신기 칩에 쓰고 이 칩은 데이터를 인코딩하며, 무선으로 브리지의 송수신기 칩으로 전송한다. 브리지는 데이터를 수신하면 디바이스에 응답을 반환하고, 데이터를 디코딩하며, 일반적인 USB 인터럽트나 제어 전송을 통해 호스트로 데이터를 보낸다. 브리지로부터 응답을 수신하지 못하면 디바이스가 데이터를 다시 보낸다.

호스트가 디바이스로 보낼 데이터가 있을 때, 호스트는 브리지의 USB 컨트롤러에 데이터를 쓴다. USB 컨트롤러가 BUSY가 아니고 데이터가 수락됐다면 ACK를 반환하고 데이터를 브리지의 송수신기로 보낸다. 송수신기는 데이터를 인코딩해 WirelessUSB 디바이스에 무선으로 보낸다. 디바이스는 브리지에 응답을 반환한다. NAK를 받거나 응답이 없으면 브리지는 데이터를 다시 보낸다.

단방향 시스템 디바이스는 호스트로부터 응답이 없는 것만 제외하면 양방향 시스템과 같은 방법으로 호스트로 데이터를 보낸다. 브리지와 호스트가 보낸 모든 데이터의 수신을 보장하려면, 디바이스가 데이터를 여러 번 보내면 된다. 브리지는 시퀀스 번호로 전에 받았던 데이터를 식별할 수 있다.

양 시스템에서 호스트는 일반적인 HID와 통신하고 있다고만 판단할 뿐이다. 호스트는 무선 연결에 대해서는 알 수 없다.

WirelessUSB 연결은 최대 62.kbps의 데이터 속도를 갖지만 로우스피드 속도는 로우스피드 컨트롤러와 인터럽트 전송이 사용하는 USB 대역폭에 의해 제한된다. 디바이스와 브리지는 같은 주파수/코드 쌍을 사용해야 한다. WirelessUSB 브리지 1개가 여러 개의 디바이스와 통신하기 위해 여러 개의 주파수/코드 쌍을 사용할 수 있다. 마이크로컨트롤러가 더 빠른 성능을 내기 위해, WirelessUSB 칩 내에 있는 레지스터 여러 개를 읽을 때 연속으로 버스트 읽기burst read를 사용하는 경우도 있다.

그 밖의 옵션

무선 디바이스에서 USB를 사용할 수 있는 그 밖의 방법으로는 다양한 무선 브리지와 무선 네트워킹 옵션 등이 있다.

7장에서 무선 데이터를 위한 USB 클래스 두 종류를 설명한 바 있다. IrDA 브리지 클래스는 USB 디바이스가 적외선 링크로 통신할 때 벌크 전송을 사용하는 방법을 정의한다. 무선 컨트롤러 클래스에 속한 디바이스는 RF 링크를 통해 통신하는 블루투스를 사용할 수 있다.

지그비ZigBee는 가격이 싸고, 저전력이며, 빌딩과 산업 자동화 및 기타 애플리케이션에 적합하다. 지그비는 최대 250kbps의 속도로 500m 거리까지 전송할 수 있다. 디엘피 디자인DLP Design의 DLP-RF1-Z 2.4GHz 송수신기 모듈은 USB 포트에서 지그비 인터페이스를 감시하고 제어할 수 있다. 이 모듈의 USB 컨트롤러는 FTDI의 FT245BM이다. DLP-RF2-Z 2.4GHz 송수신기 모듈 1개 이상이 DLP-RF1-Z와 통신할 수 있다.

그 밖의 옵션으로는 적외선, RF, 로봇이나 기타 중/저속 애플리케이션에 적합한 무선 모듈을 사용하는 제조사 전용 무선 브리지가 있다. 이런 브리지는 유선 USB 디바이스처럼 동작하고 무선 인터페이스를 지원한다. 원격 디바이스는 주변기기의 기능을 수행하고 무선 인터페이스를 지원한다. 펌웨어는 무선으로 수신한 데이터를 호스트로, 호스트에서 받은 USB 데이터를 디바이스로 전달한다.

이미 사용 중인 USB 디바이스를 무선으로 전환하려면 이 장의 앞에서 설명한 USB/이더넷 제품 중 하나를 이용할 수 있으며, 호스트 PC와 허브/서버 간에 무선 네트워크 인터페이스를 함께 쓸 수도 있다.

21장

임베디드 시스템용 호스트

통상적인 USB 호스트는 다양한 임무를 갖는다. 호스트는 여러 종류의 버스 속도를 지원해야 하고, 다양한 유형의 디바이스와 통신하는 것을 관리해야 하며, 루트 허브에 연결된 모든 디바이스에 전력을 공급한다. 임베디드 시스템도 USB 디바이스에 접근해야 할 때가 있지만, 보통 USB 호스트가 행하는 작업을 전부 지원하기에는 리소스가 부족한 편이다.

USB 호스트로 동작하는 임베디드 호스트는 일부 요구사항에 대해서는 느슨한 대신 작은 시스템에 알맞는 새로운 기능들을 제공한다. 21장에서는 작은 시스템에서 사용할 수 있는 옵션에 대해 설명한다.

목적 호스트

임베디드 시스템embedded system이란 일련의 작업 또는 전용으로 할당된 작업을 실행하기 위한 프로그램된 프로세서를 탑재한 디바이스다. 임베디드 시스템은 일반적으로 제한된 디바이스 유형에 접근한다. 예를 들어, 카메라는 USB 프린터로 출력할 수 있다. 데이터 수집 디바이스는 USB 드라이브에 데이터를 저장한다. 이런 제품들은 평범한 호스트 요구사항으로는 충족되지 않는 기능들을 수행할 수 있다.

어떤 임베디드 시스템은 USB 호스트와 디바이스 기능을 동시에 지원해야 하는 요구사항을 갖는다. 예를 들어, 카메라는 디바이스로서 호스트에 연결되면 이미지를 업로드할 수 있고 호스트로서는 프린터로 연결해 사진을 인쇄할 수 있다.

작은 시스템상의 호스트를 위한 요구사항과 기능에 대한 규격이 세 종류 있다. 'On-The-Go and Embedded Host Supplement to the USB Revision 2.0 Specification(OTG와 임베디드 호스트 부록)'은 모든 속도에 대해 적용 가능하다. 'On-The-Go and Embedded Host Supplement to the USB Revision 3.0 Specification'에서는 슈퍼스피드 가능 제품에 대한 정보를 추가했으며 USB 3.1로 곧 업데이트될 것이다. USB 3.1 규격은 인핸스드 슈퍼스피드 목적 호스트Enhanced SuperSpeed Targeted Hosts를 사용한 커넥터를 정의하고 있다.

목적 주변기기 목록

이 부록은 목적 주변기기 목록TPL, Targeted Peripheral List을 제공하는 USB 호스트 요구사항을 정의하고 있다. TPL을 제공하는 호스트는 목적 호스트다.

TPL은 제조사가 호스트와 검증을 완료한 디바이스 목록이다. 예를 들어, 카메라는 지원하는 프린터의 제조사와 모델 번호 목록이 있다. 다른 모델 프린터도 해당 카메라와 같이 동작할 수 있지만 이 목록은 사용자가 적합한 주변기기를 찾는 데 도움을 줄 수 있는 정도의 용도다. 이 규격은 TPL 목록이 반드시 보이는 곳에 있어야 한다고 규정하고 있지는 않다.

허브를 지원하지 않는 시스템상의 허브를 포함해, 지원하지 않는 주변기기를 장착했을 때, 목적 호스트는 조용히 예외 처리를 진행하고 메시지나 알림을 통해 호스트가 이 디바이스를 지원하지 않는다는 사실을 전달해야 한다. 이 메시지는 사용자가 매뉴얼이나 문서가 없어도 인식 실패를 이해할 수 있을 만큼 충분한 정보를 담고 있어야 한다.

목적 호스트는 외장 허브 또는 호스트 포트에 직접 장착하는 모든 디바이스의 요청을 지원할 수 있다. 허브를 지원하는 호스트는 버스 전원을 사용하기 위한 500mA(USB 2.0)나 900mA(USB 3.0) 공급을 포함한 허브 클래스를 지원할 수도 있고, 호스트는 특정 허브 모델일 지원할 수도 있다. 허브 장착 시 TPL이 허브를 지원하지 않는다면, 사용자는 목적 호스트가 허브를 지원하지 않는다는 사용자 메시지를 보여줘야 한다.

목적 호스트 유형

목적 호스트의 유형에는 두 종류가 있는데, 바로 임베디드 호스트와 OTG 디바이스다(그림 21-1).

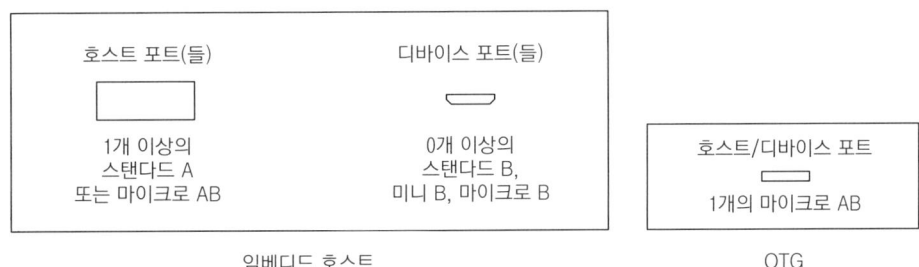

▲ 그림 21-1 임베디드 호스트 시스템은 USB 포트를 여러 개 보유할 수 있지만, OTG 디바이스는 두 가지 기능으로 동작하는 포트 1개를 갖는다.

임베디드 호스트는 1개 이상의 호스트 포트를 갖고, 1개 이상의 디바이스 포트를 갖출 수도 있다. OTG 디바이스는 호스트 포트와 디바이스 포트 두 방식으로 모두 동작할 수 있는 단일 포트 1개를 갖는다.

버스 전류

목적 호스트는 버스 전류 공급에 대해 좀 더 유연한 요구사항을 갖는다. USB 디바이스는 포트당 최대 500mA 또는 900mA를 쓸 수 있어서 원가를 절감할 수 있다.

많은 디바이스가 외장 전원 공급기 대신 버스 전류에 의존하기 때문이다. 버스 전원을 사용하면 사용자에게도 편하다. 사용자는 디바이스에 전원 공급기 플러그를 찾을 필요가 없다. 그러나 이 전류는 꽤 많은 전류일 수도 있다. USB 2.0 배터리 전원 호스트는 100mA를 공급하는데, 작은 시스템에서는 이것도 부담이 될 수 있고, 다른 많은 디바이스는 이렇게 많은 전류가 필요하지 않다. 일부 자체 전원 디바이스는 버스 전류를 전혀 필요로 하지 않을 수도 있다.

마이크로 A 플러그가 있는 임베디드 호스트나 OTG 디바이스는 버스 전류를 통해 8mA 이상을 공급하거나, TPL 요구에 따라서는 디바이스 최대 전류 합이 500mA(USB 2.0) 또는 900mA(USB 3.0)를 공급한다.

통상적인 호스트와 같이, 목적 호스트는 전력을 아끼기 위해 서스펜드할 수 있고, 디바이스는 버스가 서스펜드 상태일 때 리퀘스트를 보내서 원격 깨움이 가능하다.

버스 전원 끄기

목적 호스트는 커넥터 형식에 따라 다양한 방법의 플러그 체결을 감지하기 전까지는 VBUS를 전원을 공급하지 않은 상태로 둘 수 있다.

- 마이크로 AB 커넥터: 마이크로 AB 커넥터의 ID 핀상의 전압을 감시하여 마이크로 A 플러그 삽입을 감지한다.
- 시리즈 A 커넥터: 특정 디바이스를 장착 시 호스트가 정해진 애플리케이션을 실행해야 하는 요구사항이 있는 경우, 장착 감지 프로토콜ADP, Attach Detection Protocol 신호를 사용해 삽입을 감지한다.
- 표준 A 또는 PD 표준 A 커넥터: 'USB Power Delivery Rev. 2.0, v1.0'에 정의되어 있다. 플러그 삽입을 검출하기 위한 검출Detect 핀 삽입을 사용한다.
- PD 표준 A 커넥터: PD 표준 A 플러그 삽입을 검출하기 위해 PD 검출 핀을 사용한다.

목적 호스트는 플러그가 존재하고 버스가 IDLE이면 VBUS를 끌 수 있다. 호스트는 삽입됐던 플러그 제거를 검출할 때 VBUS 전원을 복구하는데, 위에 설명된 모든 방법 또는 다음 이벤트를 이용한다.

- 호스트에 TPL상의 SRP 가능 주변기기가 있다면, 세션 요청 프로토콜SRP, Session Request Protocol 신호나 사용자 입력으로 검출한다(SRP의 정의는 뒤에 나온다).
- 호스트가 사용자 행동에 대한 응답으로만 USB 통신을 할 때, 사용자 행동으로 검출한다.

장착 검출 프로토콜

통상적인 USB 2.0 호스트는 디바이스 장착을 알아내기 위해 D+나 D- 데이터 선의 전압 변화를 감시한다. 그러나 USB 2.0 규격은 곧 설명할 세션 요청 프로토콜에 의해 데이터 선이 살아 있는 경우를 제외하면 VBUS가 있을 때 D+나 D-에 풀업 전원이 걸려 있는 것을 금지하고 있다. 장착 검출 프로토콜ADP, Attach Detection Protocol 은 VBUS가 있을 때도 호스트나 디바이스 장착을 검출할 수 있는 방법을 제공한다.

ADP를 수행하는 호스트는 VBUS 선이 방전되는 것을 조사한 다음, 그 순간에 이 선이 특정 전압까지 충전되는 특정 전류를 요구하는 시간을 측정한다. 이 선이 예상한 시간 내에 충전되지 않으면 디바이스가 없는 것이다. 이런 디바이스 찾기는 1.75초마다 반복한다. 호스트의 ADP 지원은 옵션이다. 허브는 ADP 찾기를 지원하지 않으므로, 허브가 호스트와 디바이스 사이에 위치하는 경우에는 호스트가 ADP 찾기를 사용할 수 없다. 디바이스도 호스트에 장착된 것을 판별하기 위해 ADP 찾기를 사용할 수 있다.

USB 2.0 및 슈퍼스피드의 목적 호스트와 디바이스는 모두 ADP를 사용할 수 있다. 호스트와 디바이스 컨트롤러가 ADP를 지원하려면, 보통은 추가적인 하드웨어가 필요하다.

세션 요청 프로토콜

호스트가 VBUS를 끄면 세션 요청 프로토콜SRP, Session Request Protocol을 지원하는 디바이스는 SRP를 사용해 VBUS 복구를 요청하고 새로운 세션을 시작할 수 있다.

VBUS 복구를 요청하려면, 디바이스가 데이터 선을 살리는데, D+상의 풀업을 5~10ms 동안 스위칭하는 방식이다. 데이터 선 스위칭이 5초 안에 감지되면 호스트는 VBUS를 켜고 버스를 리셋해야 한다.

목적 호스트는 시리즈 A 플러그를 삽입하고 있을 때, 호스트가 VBUS를 끈 적이 있다면 SRP에 응답해야 한다. 허브는 SRP 신호를 인지할 수 없기 때문에, 허브가 호스트와 디바이스 사이에 있다면 디바이스가 SRP를 사용할 수 없다.

일부 자체 전원 디바이스가 D+를 VBUS가 없을 때도 풀업시키고 있는 경우가 있는데 이것은 USB 규격 위반이다. 이런 디바이스들과의 문제를 방지하기 위해 10ms보다 긴 시간 동안 D+ 풀업을 감지하면 호스트는 디바이스가 탈착됐음을 나타내는 D+ 하강 때까지 SRP 응답을 꺼야 한다.

USB 2.0과 슈퍼스피드의 목적 호스트는 SRP를 사용할 수 있다. 호스트 하드웨어가 SRP를 지원할 수 있다. 예를 들어, 마이크로칩의 PIC32MX 패밀리 칩에는 VBUS 전압을 감시하고 D+ 풀업을 스위칭할 수 있는 레지스터가 있다.

마이크로 AB 커넥터

20장에서는 마이크로 AB 커넥터에 대해 소개한 바 있으며 이 커넥터는 마이크로 A와 마이크로 B 플러그를 모두 수용한다. OTG 디바이스는 마이크로 AB 커넥터를 사용해야 한다. 'On-The-Go and Embedded Host Supplement to the USB Revision 2.0, version 1.1' 규격은 임베디드 호스트도 마이크로 AB 커넥터를 사용할 수 있다고 명시하고 있다.

'Micro-USB Cables and Connectors' 규격은 USB 2.0 마이크로 AB 커넥터와 마이크로 A 및 마이크로 B 플러그를 정의하고 있다. USB 3.1 규격은 인핸스드 슈퍼스피드를 위한 마이크로 AB 커넥터와 마이크로 A 및 마이크로 B 플러그를 정의하고 있다. USB 3.1 마이크로 AB 커넥터는 인핸스드 슈퍼스피드를 위한 접점을 추가했고 USB 3.1 마이크로 B, USB 3.1 마이크로 A, USB 2.0 마이크로 B, USB 2.0 마이크로 A 플러그를 수용할 수 있다. 마이크로 A와 마이크로 B 플러그는 USB 2.0 마이크로 AB 커넥터에 맞지 않는다.

마이크로 A 커넥터에 허용되는 것은 없기 때문에 마이크로 A 플러그는 마이크로 AB 커넥터에 장착되어야 한다. USB-IF는 OTG 규격 1.0에 정의돼 있던 미니 AB 커넥터를 삭제했다.

마이크로 A와 마이크로 B 플러그에는 ID 핀이 있는데, 이 핀으로 마이크로 AB 커넥터가 있는 디바이스가 마이크로 A 또는 B 플러그의 삽입 여부를 검출할 수 있다. 마이크로 B 플러그이면 ID 핀은 열림 상태거나, 접지 핀에 연결되어 1MΩ 이상의 저항을 갖는다. 'MicroUSB Micro-B ID Pin Resistance' ECN 문서에서는 이 저항의 최솟값을 원래 값인 100kΩ에서 상향 조정했다. 마이크로 A 플러그에서는, ID 핀이 GND 핀에 연결된다(그림 21-2).

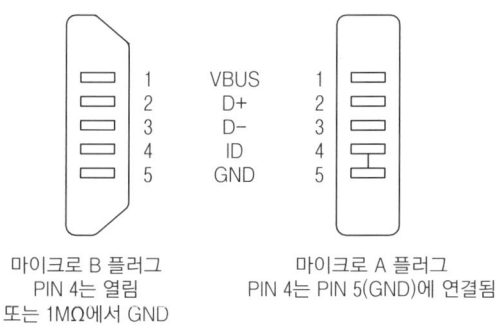

▲ **그림 21-2** ID 핀은 OTG 디바이스가 장착된 플러그가 마이크로 A 또는 B임을 나타낸다.

마이크로 AB 커넥터에서 풀업 저항은 ID 핀에서 1MΩ보다 충분히 작아야 플러그 장착을 식별할 수 있다. 이 핀이 논리적 로우이면 플러그는 마이크로 A이고, 이 핀이 논리적 하이이면 플러그는 마이크로 B다.

임베디드 호스트

임베디드 호스트 기능을 하는 호스트 포트는 통상적인 PC의 포트와 거의 비슷하지만 다양한 버스 속도를 모두 지원할 필요가 없고, 목적 주변기기가 필요하지 않다면 버스 전류를 제공할 필요가 없다.

일반 호스트 포트와 다른 점

표 21-1은 USB 2.0 임베디드 호스트 포트와 일반 호스트 포트의 요구사항을 비교한 것이다.

▼ **표 21-1** USB 2.0 임베디드 호스트는 일반 USB 2.0 호스트와는 요구사항이 다르다.

기능 또는 특징	일반 호스트	USB 2.0 임베디드 호스트
하이스피드 통신	예	TPL상의 모든 디바이스 지원이 필요함. 하이/풀/로우 스피드, 하이/풀 스피드, 풀/로우 스피드, 풀스피드만, 로우스피드만 지원하는 방식이 가능함
풀스피드 통신	예	
로우스피드 통신	예	
외장 허브 지원	예	옵션
목적 주변기기 목록 제공	아니요	예
포트당 최소 버스 전류	500mA(배터리 전원에서는 100mA)	목적 주변기기의 필요에 따라 8mA 이상
불필요시 VBUS를 끌 수 있는가?	USB Power Delivery에 정의된 상황 외에는 없음	예
커넥터	1개 이상의 표준 A 커넥터	1개 이상의 표준 A, 마이크로 AB 커넥터

USB 2.0 임베디드 호스트는 목적 주변기기가 필요한 속도 조합만 지원하면 된다. 목적 주변기기 전체가 로우스피드 또는 풀스피드만 사용한다면 이 시스템은 해당 속도 한 가지만 지원하면 된다. 단, 하이스피드를 지원하는 시스템은 풀스피드도 지원해야 한다. 모든 호스트 포트는 같은 속도와 디바이스를 지원해야 한다.

슈퍼스피드 기능이 있는 임베디드 호스트는 풀스피드에 USB 2.0 임베디드 호스트로서 동작하는 것도 지원해야 하고, TPL상의 디바이스 요구에 따라서는 하이스피드와 로우스피드도 지원하는 쪽이 좋다.

호스트 커넥터

임베디드 호스트는 1개 이상의 호스트 포트를 갖는다. 이 포트들은 표준 A와 마이크로 AB 커넥터의 조합이면 무엇이든 사용할 수 있다.

마이크로 AB 커넥터가 있는 임베디드 호스트는 마이크로 A 플러그와 원하는 주변기기와 짝이 맞는 플러그가 있는 케이블이 필요하다. 마이크로 AB 커넥터는 마이크로 B 플러그를 허용해야 하는 경우도 있으므로 사용자는 시리즈 A-마이크로 B 케이블을 잘못 연결할 수 있다. 예를 들어, 다른 호스트 포트를 임베디드 호스트의 마이크로 AB 커넥터에 연결하는 경우다. VBUS상에 연결된 두 전압 소스의 충돌을 막으려면, 마이크로 AB 커넥터가 있는 임베디드 호스트가 포트의 ID 핀이 논리적인 로우 상태(마이크로 A 플러그가 삽입됐음을 뜻함)일 때 VBUS를 켜야 한다.

표준 A와 표준 B 커넥터 모두가 있는 제품을 설계할 때는 디자인, 라벨, 제품 문서에 사용자를 위한 제품 기능 정보를 알려야 한다. 특히 제품 디자인과 라벨에는 이 제품이 허브가 아니라는 점을 명확히 해둘 필요가 있다.

USB 디바이스로서의 기능

USB 호스트가 있는 임베디드 시스템은 디바이스 포트를 제공하고 USB 디바이스로서의 기능을 제공할 수도 있다. 예를 들어, 데이터 수집기는 PC와 연결된 디바이스 포트를 통해 수집한 데이터 업로드를 하는 용도로 사용할 수 있다. 호스트나 디바이스 기능을 동시에 실행할 수 없는 OTG 디바이스와는 달리, 일반 호스트와 디바이스 포트를 갖춘 시스템은 호스트와 디바이스가 동시에 동작할 수 있다.

OTG 디바이스

OTG 디바이스는 제한된 기능의 호스트와 주변기기 두 방식 모두 지원하며, 필요한 경우 역할을 변경할 수 있다. 호스트로 동작 중인 OTG 디바이스를 포함해 OTG 포트가 호스트에 연결될 때는 디바이스 포트다. OTG 디바이스의 TPL상에 있는 주변기기에 연결될 때는 주변기기로서 동작하는 OTG 디바이스를 포함해 OTG 포트는 호스트 포트다.

OTG는 역할 변경 프로토콜 지원과 주변기기로서의 기능을 추가했기 때문에, 임베디드 호스트 시스템과 비교하면 좀 더 복잡하다. 그러나 OTG는 커넥터 1개에 두 기능을 내장했으므로 하드웨어 가격과 제품 크기 면에서 유리하다.

OTG 디바이스의 대체품으로는 DRD$_{\text{Dual-Role Device}}$(이중 역할 디바이스)가 있으며, 이는 USB C형 커넥터 규격에 정의되어 있다. DRD는 USB C형 커넥터를 갖추고 호스트 또는 디바이스로 동작할 수 있다. C형 규격에 정의된 프로토콜에 따르면 USB C형 커넥터가 있는 호스트나 디바이스가 연결될 때 활성화할 역할을 디바이스가 검출할 수 있으며, 다른 DRD와 연결되면 역할을 서로 바꿀 수 있다.

요구사항

OTG를 지원하려면 목적 호스트가 하드웨어 OTG 포트를 갖춰야 하고 역할 변경 프로토콜을 지원해야 한다. 표 21-2는 USB 2.0 일반 호스트와 USB 2.0 OTG 디바이스가 호스트로 동작할 때의 요구사항을 비교한 것이다.

▼ **표 21-2** USB 2.0 OTG 호스트는 일반 USB 호스트와 비교해 다른 요구사항을 갖는다.

기능 또는 특성	USB 2.0 일반 호스트	USB 2.0 OTG 호스트
하이스피드 통신	예	목적 주변기기 지원이 필요함
풀스피드 통신	예	예
로우스피드 통신	예	목적 주변기기 지원에 따라(주변기기로서 동작할 때는 허용하지 않음)
외장 허브 지원	예	옵션

기능 또는 특성	USB 2.0 일반 호스트	USB 2.0 OTG 호스트
목적 주변기기 목록 제공	아니요	예
주변기기로 동작	분리된 디바이스 포트 필요	호스트로 동작할 때가 아니면 예
ADP(장착 검출 프로토콜) 지원	옵션	옵션
SRP(세션 요청 프로토콜) 지원	옵션	디바이스가 B 디바이스로서 HNP를 지원하면 예, 나머지는 옵션
HNP(호스트 교섭 프로토콜) 지원	아니요	A 디바이스로서 예, TPL에 OTG 디바이스가 포함되어 있는 B 디바이스라면 예
포트당 최소 유효 전류	500mA(배터리 전원의 경우 100mA)	8mA 또는 목적 주변기기가 필요한 총합, 또는 그 이상이어도 관계없음
불필요시 VBUS를 끌 수 있는가?	아니요	예
커넥터	표준 A 1개 이상	마이크로 AB 1개

USB 2.0 OTG 디바이스는 다음 모든 사항을 제공해야 한다.

- 목적 주변기기 목록TPL
- 풀스피드 디바이스 1개 이상과 통신할 수 있는 호스트 기능 지원. 하이스피드와 로우스피드 지원은 TPL상의 디바이스의 필요에 따른다.
- 풀스피드 주변기기 동작 지원. 하이스피드 지원은 옵션이다. 주변기기로 동작할 때 로우스피드를 사용하면 안 된다.
- A 디바이스로서 동작할 때(마이크로 A 플러그가 삽입됐을 때), HNP(호스트 교섭 프로토콜) 지원에 의한 역할 맞바꿈. B 디바이스로서 동작할 때, HNP는 TPL이 OTG 디바이스를 포함하는 것을 요구할 때 지원한다.
- 디바이스가 마이크로 A 플러그가 삽입된 VBUS를 끈 적이 있다면, SRP(세션 요구 프로토콜)에 응답해야 한다. 디바이스가 HNP를 지원한다면, B 디바이스로서(마이크로 B 플러그가 삽입됐을 때) 동작할 때 SRP를 초기화하는 기능
- 원격 깨움 지원

- 마이크로 A와 마이크로 B 플러그를 연결할 수 있는 단 1개의 마이크로 AB 커넥터
- A 디바이스로 동작할 때, TPL상의 주변기기가 요구하는 버스 전류를 공급할 수 있어야 함
- 디스플레이, 표시기, 기타 방법으로 사용자와 소통할 수 있어야 함

슈퍼스피드 호스트로 동작할 수 있는 OTG 디바이스는 USB 2.0 호스트로서 동작하는 기능도 지원해야 한다. 호스트가 슈퍼스피드를 지원한다면, 하이스피드에서 호스트 동작을 지원하는 것을 권장한다.

USB 2.0 호스트로 동작하지만 슈퍼스피드 호스트로는 동작하지 않는 OTG 디바이스가 슈퍼스피드 주변기기로 동작하는 것은 가능하다. 주변기기 기능이 슈퍼스피드를 지원하면 하이스피드 주변기기로 동작하는 것도 추천된다.

OTG 디바이스는 호스트로 동작할 때 TPL에 있는 디바이스와 통신할 수 있다. 목적 주변기기는 여타 OTG 디바이스 및 주변기기로만 동작하는 디바이스의 어떤 조합도 될 수 있다.

OTG 통신은 세션 안에서만 일어난다. VBUS가 세션 유효 임계 전압 이상으로 상승할 때 세션이 시작하고, VBUS가 임계 전압보다 낮게 떨어지면 종료한다. VBUS로 전력을 공급하는 OTG 디바이스가 전력을 절약하려면, 버스가 IDLE일 때 버스 전원을 끌 수 있다.

케이블과 커넥터

OTG 디바이스는 반드시 마이크로 AB 커넥터 1개를 사용해야 한다. 마이크로 AB 커넥터로 마이크로 A와 마이크로 B 플러그를 연결할 수 있다. 그림 21-3은 케이블 옵션을 나타낸다. USB 2.0 OTG 디바이스는 마이크로 A 플러그가 있는 쪽 끝에서 마이크로 B 플러그가 있는 쪽 끝까지 케이블로 연결되어 있다. 디바이스 쪽이 어떤 플러그인지는 관계없다.

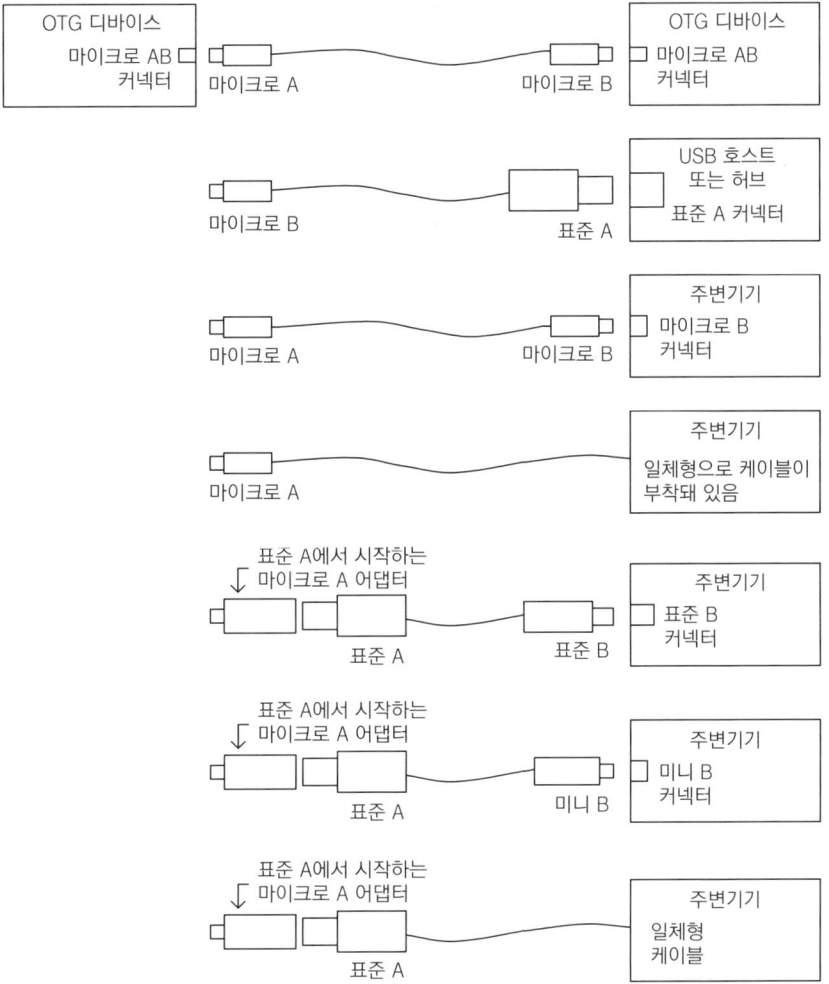

▲ **그림 21-3** OTG 디바이스는 USB 호스트나 OTG 디바이스 안에 있는 주변기기 지원 목록의 디바이스와 통신할 수 있다.

호스트나 상향 허브는 OTG 디바이스에 표준 A 또는 마이크로 B 케이블로 연결된다. 마이크로 B 커넥터가 있는 주변기기는 OTG 디바이스에 표준 A에서 시작해 마이크로 B로 끝나는 케이블을 통해 연결한다. 마이크로 B 커넥터가 있는 주변기기는 마이크로 A에서 시작해 마이크로 B 케이블로 끝나는 OTG 디바이스와 연결한다. 마이크로 A 플러그가 있고 항상 장착되어 있는 케이블이 있는 주변기기는 OTG 디바이스와 직접 장착한다.

표준 B나 미니 B 커넥터 또는 일체형 케이블이 있는 주변기기는 OTG 디바이스에 연결할 때 어댑터를 사용해야 한다(그림 21-4). 이 어댑터는 'Micro-USB Cables and Connectors' 규격에 정의되어 있으며, 마이크로 A 플러그와 표준 A 커넥터를 갖춘다. 마이크로 A 플러그는 OTG 디바이스에 장착한다. 표준 A 커넥터는 주변기기에 연결되어 있는 일체형 케이블 또는 탈착 가능한 케이블에서 온 표준 A 플러그를 수용할 수 있다. 이 어댑터는 시리즈 A 및 시리즈 B 케이블과 사용하는 유일하게 승인받은 어댑터다.

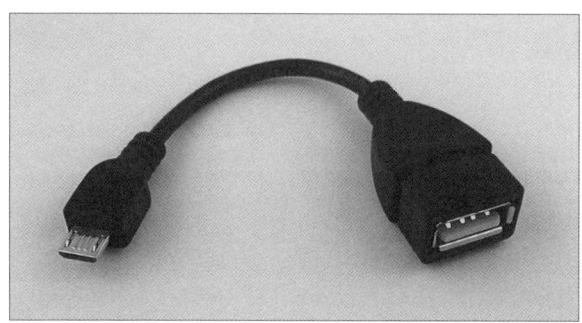

▲ **그림 21-4** 이 어댑터를 사용하면 마이크로 AB 커넥터가 있는 OTG 디바이스를 표준 A 플러그가 있는 일체형 케이블 또는 탈착형 케이블로 연결할 수 있다.

A 디바이스와 B 디바이스

모든 OTG 연결은 A 디바이스와 B 디바이스 간에 존재한다. 마이크로 A 플러그 삽입된 OTG 포트 1개는 A 디바이스다. 이 디바이스의 케이블 반대쪽 끝은 다른 OTG 디바이스나 일반 주변기기가 올 수 있으며 이것은 B 디바이스다. 장착을 하면 A 디바이스는 호스트로서 동작하고 B 디바이스는 주변기기로서 동작한다. 연결되어 있는 두 OTG 디바이스는 HNP를 사용해 역할을 맞바꿀 수 있다.

A 디바이스는 주변기기로 동작할 때도 항상 VBUS 공급을 담당한다. OTG 디바이스는 OTG 커넥터 ID 핀의 저항을 검출해야 하며, 호스트와 디바이스 기능에 따라 구현해야 한다.

일반 호스트에 OTG 디바이스를 연결하려면, OTG 포트 쪽은 마이크로 B 플러그가 있고, 호스트 쪽은 표준 A 플러그가 있는 케이블을 사용한다. 일반 호스트를 연결했을 때, OTG 디바이스는 주변기기로 동작한다.

OTG 포트를 일반 주변기기에 연결하려면, 앞에서 설명한 어댑터를 사용한다. 이 어댑터는 표준 A 플러그와 시리즈 B 플러그를 갖춘 케이블을 이용한다. 한쪽에 마이크로 A 플러그가 있고 다른 쪽에 표준 B 플러그나 미니 B 플러그가 있는 케이블은 허용되지 않는다. 일반 주변기기를 연결할 때 OTG 디바이스는 호스트로 동작한다.

OTG 디스크립터

OTG 디스크립터는 장착된 B 디바이스가 ADP, SRP, HNP를 지원하는지 호스트에게 알려준다. ADP, SRP, HNP를 지원하는 디바이스는 컨피규레이션 디스크립터를 얻는 Get Descriptor 리퀘스트에 대한 응답으로 OTG 디스크립터를 반환해야 한다.

OTG 규격에는 디스크립터를 어디에 삽입해야 하는지에 대해서는 언급하고 있지 않지만, 일반적으로는 컨피규레이션 디스크립터 다음에 바로 OTG 디스크립터를 반환한다. 또한 OTG 디바이스는 Get Descriptor(OTG) 리퀘스트에 대한 응답에서 이 디스크립터를 반환해야 한다.

표 21-3은 디스크립터의 내용을 보여준다. bmAttributes 필드는 여러 OTG 프로토콜에 대한 지원 여부를 알려준다. A 디바이스는 디바이스의 SRP 지원 여부를 미리 알 필요는 없지만, 이 정보는 적합성 테스트를 위해 디스크립터 안에 포함돼 있다.

▼ **표 21-3** OTG 디스크립터는 OTG 프로토콜 지원에 관한 정보를 호스트에게 알려준다.

오프셋	필드	크기	설명
0	bLength	1	디스크립터 길이(0x05)
1	bDescriptorType	1	OTG(0x09)
2	bmAttributes	1	B 디바이스로서 지원하는 프로토콜(1 = 지원함) D0: SRP D1: HNP D2: ADP D3: RSP(USB 3,1) D4~D7: 예약됨, 0으로 설정함
3	bcdOTG	2	OTG와 EH 부록의 판 번호를 BCD로 나타낸 것이다(2.0 판 = 0x0200). 이 필드는 판 번호 >= 2일 때만 존재한다.

호스트 교섭 프로토콜(HNP)

호스트 교섭 프로토콜HNP, Host Negotiation Protocol을 이용하면 B 디바이스가 호스트로서 동작하도록 요청할 수 있다. HNP를 사용하면 2개의 USB 2.0 OTG 디바이스를 연결한 사용자가 케이블 끝이 어디로 향하는지 신경 쓰지 않아도 된다. 필요한 경우 디바이스가 HNP를 사용해 역할을 맞바꿈한다.

2개의 OTG 디바이스가 서로 연결돼 있을 때, A 디바이스는 B 디바이스를 열거하는데, 표준 USB 호스트가 디바이스들을 열거할 때와 방법이 같다. 열거 중에는, A 디바이스가 B 디바이스의 OTG 디스크립터를 얻어서 B 디바이스가 HNP를 지원하는지 알아낸다.

B 디바이스가 HNP를 지원한다면 A 디바이스는 Set Feature 제어 리퀘스트에 b_hnp_enable(0x03) 리퀘스트 코드를 넣어서 전송한다. 이 리퀘스트는 B 디바이스가 HNP를 사용할 수 있음을 알려서 버스가 서스펜드됐을 때 호스트로서 동작하도록 요청할 수 있다.

열거가 끝난 다음에는 A 디바이스가 통신이 없을 때 B 디바이스가 버스를 언제든지 서스펜드할 수 있다. 그런 다음 B 디바이스는 HNP를 사용해 통신을 요청할 수 있다. B 디바이스는 버튼을 눌러서 그 응답으로 HNP를 사용할 수도 있고, 사용자의 행동 없이 펌웨어가 HNP를 초기화해 사용할 수도 있다.

HNP를 지원할 때는, OTG B 디바이스가 주변기기 기능과 OTG 디바이스 지원 자격으로 통신을 요청할 수 있다. TPL에 어떤 OTG 디바이스도 없다면 OTG B 디바이스는 HNP 지원이 필요 없는데, 지원 주변기기가 그 기능을 사용하지 않기 때문이다.

표준 허브는 HNP 신호를 인지하지 않는다. A 디바이스와 B 디바이스 사이에 허브가 있다면 A 디바이스는 hnp_enable 리퀘스트를 전송하면 안 되고, B 디바이스는 HNP를 사용할 수 없다.

IDLE이거나 호스트로 동작하고 있을 때, OTG 디바이스는 안에 있는 D+와 D- 상의 풀다운 저항을 전환해야 한다. 주변기기로서 동작할 때는, OTG 디바이스가 D+에 있는 풀다운 저항만 꺼야 한다.

호스트로 동작 요청

다음은 B 디바이스가 호스트로서 동작하도록 요청할 때 사용하는 프로토콜이다.

1. A 디바이스가 버스를 서스펜드한다.
2. 이 디바이스가 풀스피드로 통신하고 있었다면, B 디바이스가 버스로부터 자신을 제거하는데, 이는 D+상의 풀업 저항을 전환해 진행한다. 이 디바이스가 하이스피드로 통신하고 있었다면, B 디바이스가 풀스피드 모드로 진입하는데, D+상의 풀업 저항을 전환해 진행한다. 그런 다음 B 디바이스가 풀업을 내린다. 이제 이 버스 구간은 SE0 상태다.
3. A 디바이스가 SE0 상태를 감지하고 D+상의 풀업 저항을 전환해 디바이스로서 버스에 연결한다. 그러면 이 버스 구간은 J 상태가 된다.
4. B 디바이스가 J 상태를 감지하고 버스를 리셋한다.
5. B 디바이스가 A 디바이스를 열거하고 디바이스와 기타 필요한 통신을 수행한다.

주변기기 동작으로 돌아오기

통신을 끝냈을 때, B 디바이스가 주변기기로 돌아오려면 다음 프로토콜을 따른다.

1. B 디바이스가 모든 버스 활동을 중단한다. 풀업 저항을 전환할 수도 있다.
2. A 디바이스가 최소 3ms 동안 활동이 없는 것을 감지하면, 하이스피드 모드인 경우에는 풀스피드로 진입하고, 세션을 끝내기 위해 VBUS를 제거하거나 풀업 저항을 끈다.
3. VBUS가 존재하고 B 디바이스가 1번 단계의 풀업을 전환하지 않았다면, B 디바이스가 풀업을 전환하여 주변기기로서 연결한다.
4. VBUS가 존재한다면, A 디바이스가 버스를 리셋할 수 있고 B 디바이스와 열거 및 통신을 할 수 있으며 VBUS를 제거해 세션을 끝낼 수 있다.

디바이스 상태 요청

OTG 세션이 활성 상태이면, 디바이스가 호스트 기능을 원하는지 호스트 측에서 알아낼 수 있는데, Get Status 리퀘스트에 wIndex = 0xF000을 설정한 제어 전송을 초기화하면 된다. 이 리퀘스트의 DATA 스테이지에서 디바이스가 호스트 기능을 요청하면 디바이스는 0x01을 반환하고, 반대인 경우에는 0x00을 반환한다. 두 OTG 디바이스 사이의 세션이 활성 상태이면, 호스트는 1~2초마다 이 리퀘스트를 보내야 한다. 호스트로서 동작하길 요청하는 리퀘스트를 수신하면, 현재 활성 상태인 호스트는 버스를 2초 안에 서스펜드해야 하는데, 원격 디바이스의 HNP 초기화를 위한 것이다.

하드웨어 지원

OTG 컨트롤러는 HNP용 하드웨어 지원을 탑재하는 경우가 있다. 예를 들어 마이크로칩의 PIC32MX 패밀리에는 포트상의 연결 상태 검출, D+상의 풀업 제어, 호스트 동작을 켜고 끄는 레지스터 비트가 있다.

역할 맞바꿈 프로토콜

슈퍼스피드로 OTG 디바이스 2개가 서로 연결되어 있을 때 HNP 대신 역할 맞바꿈 프로토콜RSP, Role Swap Protocol을 사용해 역할을 서로 바꿀 수 있다. RSP를 쓰면 A 디바이스나 B 디바이스가 요청에 따라 호스트로나 주변기기 역할을 수행할 수 있다.

RSP를 사용해 역할을 맞바꾸는 과정은 다음과 같다.

1. 주변기기로 동작 중인 OTG 디바이스가 DEV_NOTIFICATION TP에 HOST_ROLE_REQUEST 알림을 실어서 발행하고 알림의 RSP Phase 필드를 INITIATE로 설정한다.

2. 호스트 역할을 중단하려면, 호스트로 동작하는 OTG 디바이스가 Set Feature (NTF_HOST_REL) 리퀘스트를 보낸다.

3. 주변기기로 동작하는 OTG 디바이스가 역할 맞바꿈 준비가 됐다는 것을 수락한다. 이때 디바이스 알림Device Notification TP(HOST_ROLE_REQUEST)에 RSP Phase를 CONFIRM으로 설정한다.

4. 이제 호스트로 동작 중인 OTG 디바이스가 웜 리셋Warm Reset을 실행해 역할 맞바꿈을 초기화한다. 웜 리셋 다음에, 이전에 호스트로 동작하던 디바이스는 주변기기로 동작하기 시작하고, 이전에 주변기기로 동작하던 디바이스는 호스트로 동작하기 시작한다.

슈퍼스피드로 통신할 수 있는 디바이스의 경우에는, 케이블의 방향에 따라 다르다. A 디바이스가 슈퍼스피드를 주변기기 기능으로만 지원하고 B 디바이스가 슈퍼스피드를 호스트 기능으로만 지원한다면, 이 연결은 USB 2.0 속도를 사용하는데, A 디바이스가 호스트 기능으로 동작할 때 슈퍼스피드를 지원하지 않는 상황에서 호스트로 초기화되어야 하기 때문이다. 이런 경우 슈퍼스피드를 사용해야 한다면, 사용자가 케이블의 방향을 반대로 바꿔야 한다. 슈퍼스피드로 동작할 때 이런 유형의 연결은 RSP를 사용할 수 없는데, B 디바이스가 호스트로서 슈퍼스피드를 지원하지 않기 때문이다. 역할 맞바꿈을 하려면, B 디바이스가 연결을 끊고 USB 2.0 속도로 다시 연결해 HNP를 이용해야 한다.

개발 플랫폼 선정

작은 임베디드 시스템에 USB 호스트 기능을 추가하는 것은 조금 벅찬 일로 보일 수도 있다. 호스트가 해야 할 일이 많기 때문이다. 그러나 이 과정을 쉽게 할 수 있는 다양한 하드웨어와 프로그래밍 플랫폼이 존재한다.

옵션 비교

호스트 하드웨어와 펌웨어는 필요에 따라 결정할 수 있다. 일반 PC와 비교해 추가적인 기능이 필요한 시스템은 임베디드 애플리케이션을 위한 하이엔드 프로세서를 고려해볼 수 있다. 성능과 함께 가격도 중요한 시스템은 칩에 USB 호스트 지원이 포함되어 있거나 외장 컨트롤러에 있는 중간급의 마이크로컨트롤러를 사용할 수 있다. 고성능이 반드시 필요한 곳이 아니라면, 8비트 마이크로컨트롤러 USB 디바이스로 사용할 수 있는데, 이때는 USB 프로토콜을 관리하는 호스트 모듈과 인터페이스하는 방법을 쓴다. 호스트 포트가 있는 많은 프로세서와 USB 인터페이스 칩이 OTG 기능도 지원한다.

호스트 하드웨어 및 펌웨어의 범위와 용량에 따라 지원하는 호스트 통신이 다양하므로, 개발자가 프로그래밍해야 할 범위와 개발량은 이에 따라 결정된다. 어떤 플랫폼에서는 OS와 호스트 모듈이 USB 호스트 기능의 저수준 전체 또는 거의를 처리한다. 어떤 하드웨어는 이들 작업을 위한 펌웨어를 개발자가 제공해야 한다. 펌웨어 지원이 필요한 하드웨어라면 일반적으로는 칩 제조사가 예제 코드를 제공한다. 표 21-4는 임베디드 시스템에서 목적 호스트를 구현할 때의 옵션사항을 정리한 것이다.

▼ 표 21-4 임베디드 시스템상에 호스트를 구현하기 위한 하드웨어 옵션이 다양하게 준비되어 있다.

시스템 유형	공급자	호스트 통신 지원
호스트 컨트롤러가 있는 임베디드 PC	Windows Embedded Board Support Packages 웹 페이지와 elinux.org	리눅스 또는 윈도우 API, 기타 프로토콜은 OS와 프로그래밍 환경에 따라 지원된다.
호스트 컨트롤러를 칩에 내장한 범용 마이크로컨트롤러	Atmel, Cypress Semiconductor, Freescale Semiconductor Inc., Microchip Technology	칩 공급자가 라이브러리를 제공
범용 마이크로컨트롤러와 함께 사용하는 외장 호스트 인터페이스	Maxim Integrated Products, Inc.	칩 공급자가 라이브러리를 제공
호스트 모듈을 내장한 프로세서	FTDI(Vinculum VNC2)	제조사 전용 API

임베디드 PC

USB는 PC와 USB 통신을 위한 풍부한 지원이 있는 리눅스나 윈도우 같은 OS용 인터페이스로 개발됐다. 임베디드 PC는 작은 시스템에 적합한 리눅스 배포판이나 윈도우 버전을 내장할 수 있다는 장점이 있다.

임베디드 PC에서는 애플리케이션이 디바이스에 접근할 때 통상적인 PC에서 디바이스에 접근하는 애플리케이션과 같은 방법을 쓸 수 있다. OS가 열거 및 기타 저수준 프로토콜, 대중적인 USB 디바이스 클래스용 드라이버를 제공한다.

임베디드 PC는 주류 PC 애플리케이션을 개발할 때 사용하는 다양한 개발을 사용할 수 있다. 개발자는 리눅스나 윈도우가 설치되어 있는 보드를 사용하거나, 적합한 하드웨어에 OS를 직접 설치해 사용할 수 있다.

윈도우 임베디드 패밀리는 스마트폰, POS$_{point-of-sale}$ 디바이스, 차량용 애플리케이션 등에 적합한 혁신적인 버전이다. 윈도우 임베디드는 USB 호스트 드라이버와 USB 클래스를 지원한다.

리눅스는 임베디드 시스템과 USB 호스트 지원에 따라 다양한 배포판이 존재한다. 리눅스 기반의 안드로이드 OS 또한 USB 호스트 기능을 지원한다. 임베디드 리눅스 시스템상의 USB 통신에 초점을 맞춘 책이 두 종 있다. 내가 쓴 책 『USB Embedded Hosts』와 라자람 레구파시Rajaram Regupathy의 『Bootstrap Yourself with Linux-USB Stack』이다. 안드로이드의 USB에 대해서는 라자람 레구파시의 『Unboxing Android USB』가 있다.

마이크로소프트는 윈도우 임베디드용 하드웨어 공급자를 위해 Windows Embedded Board Support Packages의 웹 페이지를 운영 중이다. 리눅스도 비슷한 목록이 있으며 elinux.org를 참고한다.

범용 마이크로컨트롤러

범용 마이크로컨트롤러 또는 칩 내부에 호스트 컨트롤러를 갖춘 그 밖의 프로세스는 펌웨어를 통해 전체 제어를 수행하고 단가가 저렴하다. 호스트 통신을 위한 프로그래밍도 쉬운 편이다. 보통은 펌웨어가 디바이스 감지, 열거, 통신에서 트랜잭션 수준과 버스 전력까지 관리한다. 칩 제조사는 펌웨어 라이브러리를 제공해 기본 호스트 통신과 애플리케이션 프로그래밍을 위한 기본을 제공하기도 한다.

마이크로프로세서와 호스트 컨트롤러 내장 프로세서 공급자로는 아트멜Atmel, 사이프레스Cypress, 프리스케일Freescale, 마이크로칩Microchip 등이 있다.

인터페이스 칩

마이크로컨트롤러나 칩에 USB 호스트 컨트롤러를 내장하지 않는 프로세서는 외장 호스트 인터페이스 칩을 사용한다. 맥심Maxim의 MAX3421E는 6장에서 소개한 MAX3420E와 비슷한데, 풀/로우 스피드 호스트 기능을 추가했다.

호스트 모듈

USB 프로토콜을 지원하는 펌웨어 리소스가 없는 프로젝트에서는 USB 호스트 모듈이 대안이 될 수 있다. 이런 모듈은 열거와 저수준 통신, 대중적인 디바이스 유형에 접근하는 API나 명령을 지원한다. FTDI의 VNC2(Vinculum II)는 디스크 드라이브, 키보드, 기타 디바이스에 접근 지원을 탑재한 호스트 모듈이다. VNC2에 관한 무료 e북이 있는데, FTDI에서 존 하이드(John Hyde)의 『Embedded USB Design By Example』을 구할 수 있다.

VNC2는 온 칩 프로세서 코어가 있고 이 코어는 USB 디바이스에 접근하는 API를 지원한다. FTDI는 이 프로세서를 위한 C 컴파일러를 제공한다. 지원하는 USB 디바이스 클래스로는 대용량 저장장치, 허브, HID, 정지 이미지, 오디오가 있다. 이 모듈은 또한 FTDI의 FT232x USB UART 디바이스와 통신할 수 있다.

VNC2는 대체 모드도 지원하는데, 이 모드를 통해 비동기 직렬 통신(UART), SPI, 외장 프로세서용 병렬 인터페이스를 사용할 수 있다. 이 프로세서는 USB 디바이스와 데이터를 교환하는 명령을 정의해놓았고 이 명령을 사용할 수 있다. VNC2는 USB 프로토콜과 통신을 처리한다. 이 모드는 첫 세대 Vinculum을 에뮬레이트한다.

***

이 책이 독자에게 유용한 정보를 주었으면 한다. 내 웹사이트(janaxelson.com)에서 예제 코드, 업데이트 등을 볼 수 있다. 이 책을 읽는 개발자들의 USB 프로젝트가 성공하기를 기원한다.

찾아보기

ㄱ

갈바닉 분리 644
개인용 헬스케어 276
결합 기능 디스크립터 259
고급 전력 전송 기능 533
고대역 디지털 컨텐츠 보호 262
고대역 디지털 컨텐츠 보호 기능 250
고대역폭 등시성 엔드포인트 143
공통 언어 런타임 307
과전류 방지 521
구분자 409
기능 디바이스 오브젝트 306
기본 제어 파이프 121
기술 변경 통지 46
긴 아이템 392

ㄷ

다른 속도 컨피규레이션 162, 171
닷넷 클래스 307
대용량 저장장치 271
대용량 저장장치 클래스 271
더미 144
더블 버퍼링 146
데이터 스루풋 62
데이터 스크램블 599
데이터 역할 맞바꾸기 535
데이터 토글 98
데이터 패킷 101
드라이버 서명 329
드라이버 설치 프레임워크 343
드라이버 키 326
등시성 63
등시성 전송 82, 137
등시성 타임스탬프 패킷 101
디바이스 ID 335
디바이스 기능 디스크립터 185
디바이스 속도 감지 506
디바이스 펌웨어 199
디바이스 펌웨어 업그레이드 263
디바이스 한정자 156, 162, 168
디스크립터 160
디지털 전송 컨텐츠 보호 262

ㄹ

라우팅 문자열 511
레지스트리 322
로컬 아이템 유형 409
리눅스 가젯 드라이버 228
리셋 153
리퀘스트 에러 198
리포트 개수 408
리포트 디스크립터 391
리포트 크기 406, 408
링크 관리 패킷 101, 111

ㅁ

마샬링 347
마이크로 AB 커넥터 620
마이크로소프트 OS 1.0 디스크립터 474
마이크로소프트 OS 2.0 디스크립터 482
마이크로소프트 OS 2.0 디스크립터 세트 487
마이크로소프트 OS 2.0 레지스트리 속성 디스크립터 483
마이크로소프트 OS 2.0 플랫폼 기능 디스크립터 483, 485
마이크로소프트 OS 2.0 호환 ID 디스크립터 483
마이크로소프트 OS 디스크립터 189
마이크로소프트 OS 문자열 디스크립터 476
마이크로소프트 USB 테스트 도구 584
마이크로소프트 미디어 파운데이션 249
마이크로소프트 윈도우 디버거 315
마이크로소프트 유니버설 오디오 아키텍처 249
매니지드 코드 346
맥심 MAX3420E 238
멀티 인터페이스 펑션 디바이스 클래스 코드 173
메시지 파이프 82
메인 아이템 393
목적 주변기기 목록 654
무선 USB 647
무응답 95
무정전 전원 공급 장치 266
문자열 디스크립터 184
물리 디바이스 오브젝트 306
물리 디스크립터 412
미디어 중립 USB 648

ㅂ

바이너리 디바이스 오브젝트 스토어 162
바이너리 오브젝트 스토어 185
배터리 충전 규격 541
버스 전원 디바이스 517
버스트 트랜잭션 109
벌크 전송 81, 125
범용 드라이버 296
범용 직렬 버스 컨트롤러 499
병렬 포트 299
부트 프로토콜 380
분할 트랜잭션 91
분할 트랜잭션 관리 500
분할 패킷 88
브리지 케이블 40, 300
블루투스 294
블루투스 SIG 245
비글본 블랙 227
비디오 288
비디오 스트리밍 인터페이스 291
비디오 컨트롤 인터페이스 290
비주얼 C# 347
비트 뱅 242
비트 스터프 593

ㅅ

사용자 모드 304
사용자 모드 드라이버 315
사용자 모드 클라이언트 드라이버 308
상태 변경 505
상태 코드 88, 92
서비스 키 328
서스펜드 상태 157, 523
설정 채널 637
세션 요청 프로토콜 189, 658
센트로닉스 44
소프트웨어 프로토콜 분석기 551
순환 중복 검사 97
슈퍼스피드 엔드포인트 짝 182
슈퍼스피드 플러스 등시성 엔드포인트 짝 183
스마트 카드 281

스타 토폴로지 51
스트림 파이프 82
스트림 프로토콜 129
슬립 상태 526
시간 제약 전송 145
시끄러운 에러 505
시리즈 A 620
시스템 INF 473
시스템 탈출 지연 값 528
시퀀스 번호 106
신뢰할 수 있는 루트 인증 권한 577
신뢰할 수 있는 배포자 577
신체 부분 지시자 409
실험 및 계측 클래스 287
썬더볼트 43

ㅇ

액세서리 모드 637
액세서리 충전 어댑터 543
에러 검사 비트 97
에러 처리 198
엔드포인트 77
역할 맞바꿈 프로토콜 671
연결됨 157
연결 제어 워드 101
열거 58, 66, 149
오디오 규격 247
오디오/비디오 클래스 규격 250
오픈소스 도구 552
완결-분할 토큰 패킷 502
요청 데이터 객체 535
웨어 레벨링 219
윈도우 API 307
윈도우 모뎀 드라이버 261
윈도우용 이벤트 추적 554
윈도우 이미지 획득 286
윈도우 하드웨어 인증 키트 573
윈도우 하드웨어 인증 프로그램 572
윈도우 하드웨어 퀄리티 랩 576
이중 역할 디바이스 662
인터럽트 전송 81, 131
인터롭 347
인터페이스 디스크립터 174
인핸스드 슈퍼스피드 50
인핸스드 슈퍼스피드 트랜잭션 100
일체형 케이블 622
임베디드 시스템 653
입력 아이템 395

ㅈ

장착 감지 프로토콜 516
장착 검출 프로토콜 657
장치 관리자 319
저주파 반복 신호 602
적합 디바이스 통합 목록 562
적합성 테스트 561
전역 아이템 399
전용 충전 포트 543
전원 공급됨 상태 151
전원 역할 맞바꾸기 535
정지 이미지 클래스 284
제어 전송 81, 82, 113, 191
제어 코드 92
제조사 전용 리퀘스트 214
제조사 정의 메시지 536
주소 상태 154
지그비 651
지연 허용 메시지 532
지연 호스트 알림 532
직렬 인터페이스 엔진 217
짧은 아이템 392
짧은 패킷 104

ㅊ

차동 588
차동 수신기 610
첩 153
최대 케이블 길이 72
출력 아이템 395
충전 하향 포트 543
측파대 사용 638

ㅋ

커널 모드 304
커널 모드 클라이언트 드라이버 308
컨텐츠 보안 262
컨텐츠 보안 방법 262
컨트롤 아이템 392
컨피규레이션 61, 169
컬렉션 393, 398
컬렉션 끝 384, 393
케이블 71
쿼드러플 버퍼링 146
클래스 전용 리퀘스트 213
클래스 키 325
클록 218
킵얼라이브 508

ㅌ

토폴로지 51
통신 디바이스 클래스 253
통신 재개 524
트래픽 생성기 548
트랜잭션 78
트랜잭션 변환기 498
트랜잭션 패킷 101
특성 리포트 395

ㅍ

파이프 79
패킷 ID 86
패킷 구분자 597
패킷 중재율 104
펄스폭 변조 220
펌웨어 업그레이드 222
펑션 56
표준 리퀘스트 201
풀업/풀다운 값 610
프레임 시작 76
프로토콜 분석기 547
프린터 278
프린터 클래스 278
플러그앤플레이 75
피젯 226
필터 디바이스 오브젝트 306

ㅎ

하드웨어 ID 336
하드웨어 키 323
하이버네이트 538
하이스피드 USB 46
하이스피드 스켈치 592
하이스피드 중계기 498
하이스피드 프레임 시작 패킷 615
핸드셰이크 502
핸드셰이크 코드 92
허브 493
허브 디스크립터 512
허브 전원 519
허브 중계기 495
허브 컨트롤러 495, 505
허브 클래스 512
호스트 간 케이블 630

호스트 교섭 프로토콜 189, 535, 668
호스트 드라이버 224
호스트 지연 148
혼성 디바이스 56
확장 속성 OS 특성 디스크립터 479
확장 호환 ID OS 특성 디스크립터 477
휴먼 인터페이스 266
휴먼 인터페이스 디바이스 373
휴먼 인터페이스 디바이스 클래스 266

A

ACA(Accessory Charging Adapter) 543
ACA-Dock 543
Accessory Modes 637
ACK(acknowledge) 93
ACPI(Advanced Configuration and Power Interface) 537
AddDeviceArrivedHandler 372
Address 상태 154
ADP(Attach Detection Protocol) 516, 657
arbitration rate 104
ARM 프로세서 236
ASIC(application-specific intergrated circuit) 215
Attached 157
AV(audio/video) 250
AVControl 251

B

bAlternateSetting 175
Battery Charging Specification 541
bcdDevice 167
bcdUSB 165
bConfigurationValue 170
bDeviceClass 165
bDeviceProtocol 166

bDeviceSubClass 166
BeagleBone Black 227
BeginInvoke 458
bEndpointAddress 180
bFirstInterface 173
BFSK(Binary Frequency Shift Keying) 534
bFunctionClass 174
bFunctionSubClass 174
bInterfaceClass 176
bInterfaceCount 173
bInterfaceProtocol 174, 178
bInterfaceSubClass 178
bInterval 181
Bit Bang 242
bit stuff 593
Bluetooth Special Interest Group 245
bmAttributes 170, 180, 183
bMaxBurst 134, 182
bMaxPacketSize0 166
bMaxPower 170, 514
bNumConfigurations 168
bNumEndpoints 176
bNumInterfaces 170
body-part designator 409
BOS(binary device object store) 155, 162, 185
BOS 디스크립터 483
bRequest 193
bString 185

C

CA 577
CAN 버스 32
CC(Communications Channel) 534
CC(Configuration Channel) 637
CCID 282
CDC(communications device class) 253

CDP(charging downstream port) 543
Centronics 44
Certified USB 로고 570
Chirp 153
ChkINF 341
ClassGuid 358
ClassGUID 370
Clear Feature 203
Close 366
CloseHandle 366
CLR(Common Language Runtime) 307, 346
Collection 393
composite device 56
configuration 61
CRC(cyclic redundancy check) 97
CreateFile 364
CrtMgr 579
CSM(content security method) 262
CSPLIT 502
CStream ID 129
CY7C64215 enCoRe III 226

D

data throughput 62
data-toggle 98
DATA 스테이지 194
DBP(dead-battery provision) 545
DCP(dedicated charging port) 543
default control pipe 121
delimiter 409
devcon.exe 317
device capability descriptor 185
device ID 335
DeviceInterfaceGUID 481
Device Manager 319
device qualifier 156

device_qualifier 162
DEVICE_REMOTE_WAKEUP 525
DEV_NOTIFICATION 532
DFU(device firmware upgrade) 263
Differential 588
differential receiver 610
DIFx(Driver Install Frameworks) 343
DLL 347
double buffering 146
DP(Data Packet) 101
DR(Data Role) Swap 535
DRD(Dual-Role Device) 662
DTCP(digital transmission content protection) 262
dummy 144

E

ECN(Engineering Change Notice) 46
EHCI(Enhanced Host Controller Interface) 312
embedded system 653
EMI(electromagnetic interference) 506
End Collection 384, 393
EndInvoke 459
Enhanced SuperSpeed 50
enumeration 58
EOB(End of Burst) 110
EOP(End-of-Packet) 88
ERR 95
ETW(Event Tracing for Windows) 554
extended compat ID OS feature 474
extended properties OS feature 474
EXT PID 89
EZ-USB 233
EZ-USB FX2LP 218
EZ-USB FX3 218

F

FDO(functional device object) 306
filter DO 306
FindDevice 369
FT231X USB UART 240
FTDI(Future Technology Devices International Limited) 42
FTDI 인터페이스 칩 240
function 56
FUNCTION_SUSPEND 531

G

galvanic 분리 644
Gen 1 50
Gen 2 50
Gen X 50
Get Configuration 208
Get Descriptor 207
Get Idle 385
GetInputReport 431
Get Interface 210
Get Max LUN 213
Get Protocol 386
Get Report 385
Get Status 202
g_multi 228
GPIF II 235
GUID(Globally Unique Identifier) 315, 481

H

HALT 92
hardware ID 336
HCK(Hardware Certification Kit) 573
HDCP(high-bandwidth digital content protection) 250, 262
HID 391
HIDClass 415
hidclass.h 356
hidclass.sys 308
HidD_FlushQueue 421
HidD_GetAttributes 421
HidD_GetFeature 418, 435
HidD_GetInputReport 418, 436
HidD_GetNumInputBuffers 351
HidD_GetPreparsedData 416, 423
HidD_SetFeature 418, 434
HidD_SetNumInputBuffers 421
HidD_SetOutputReport 435
HID(human interface device) 266, 373
HIDP_CAPS 416
HidP_GetButtonCaps 416
HidP_GetButtons 419
HidP_GetCaps 416, 424
HidP_GetValueCaps 425
HidP_SetButtons 419
HidP_UnsetButtons 419
Hi-Speed USB 46
HNP(Host Negotiation Protocol) 189, 666, 668
Host Negotiation Protocol 535
HOST_ROLE_REQUEST 671
HSEOP 595
HSSOP 615
hub repeater 495

I

I2C 219
IBR(InBand Reset) 602
ICCD 282
iConfiguration 170
IDLE 상태 589
idProduct 167

idVendor 167
IEEE-1284 278
IEEE-1394 33
iFunction 174
iManufacturer 167
IN 88
INF 파일 328
Integrators List 562
Interop 347
I/O 리퀘스트 패킷 147, 305
iProduct 167
IrDA(Infrared Data Association) 269
IrDA 브리지 269
IRP(I/O request packet) 147, 305
iSerialNumber 167
ISO 15740 PTP 284
isochronous 63
ITP(Isochronous Timestamp Packet) 101

J

JTAG 226

K

keep-alive 508
KMDF 314

L

LBPS(LFPS Based PWM Signaling) 602
LFPS(low-frequency periodic signaling) 529, 602
libusb 224, 297
Link Control Word 101
LMP(Link Management Packet) 101
Logman 554

long item 392
LPM 토큰 패킷 527
LTM_ENABLE 532

M

MakeCert 578
managed code 346
Management 371
ManagementObjectSearcher 369
marshaling 347
MAX3420E 644
MCP23S17 226
MCP3008 226
Microsoft Media Foundation 249
Microsoft OS 2.0 compatible ID descriptor 483
Microsoft OS 2.0 platform capability descriptor 483
Microsoft OS 2.0 registry property descriptor 483
MIDI 247
MPLAB X IDE 225
MSIL(Microsoft Intermediate Language) 346
MTP(Media Transfer Protocol) 284
Multi-interface Function Device Class Codes 173
MUTT(Microsoft USB Test Tool) 584

N

NAK(negative acknowledge) 93, 123
NativeMethods 350
Netmon 556
NOP(no operation) 136
NRZI(non-return to zero inverted) 593
NumP 109
NYET 94

O

OHCI(Open Host Controller Interface)　135, 313
OnReadTimeout　433
OTG 디바이스　662
OTG 디스크립터　189
other_speed_configuration　162, 171
OUT　88

P

Pack　355
PDO(physical device object)　306
PHY(physical layer)　216
PIC18　229
picture transfer protocol　284
PID(packet identifier)　86, 597
PID 시퀀싱　99
PING　126, 532
PING_RESPONSE　532
PLX 테크놀로지 USB 3380　239
PnP(Plug and Play)　75
PORT_L1　526
PORT_LINK_STATE　529
PORT_SUSPEND　524, 525
Powercfg　538
Powered 상태　151
PRE　88
PrivateCertStore　577
Product ID　42, 167, 421
protocol analyzer　547
PR(Power Role) Swap　535
PWM(pulse-width-modulation)　220
PwrTest　539

Q

quadruple buffering　146

R

RDD　392
ReceiveDataViaBulk　461
Report Count　408
Report ID　401
Report Size　406, 408
Request Data Object　535
Request Error　198
Route String　511
RS-232　33
RS-485　33
RSP(Role Swap Protocol)　671

S

SafeHandle　352
SafeWinUsbHandle　445
SBU(Sideband Use)　638
SendDataViaBulk　458
SendOutputReport　428
SendToDeviceDelegate　458
Set Address　206
Set and Test　527
Set Configuration　209
Set Descriptor　208
Set Feature　204
Set Hub Depth　511
Set Idle　387
Set Interface　210
Set Isochronous Delay　212
Set Protocol　388
Set Report　386
Set SEL　158, 212
SETUP　88
SetupDi_　355
SetupDiDestroyDeviceInfoList　363

SetupDiEnumDeviceInterfaces 358
SetupDiGetClassDevs 357
SetupDiGetDeviceInterfaceDetail 360, 362
SETUP 스테이지 192
short item 392
short packet 104
SIE(serial interface engine) 217
SOF(Start of Frame) 76, 88, 157
SPI 33
SPLIT packet 88
SRP(Session Request Protocol) 189, 658
SSTXp1 634
STALL 93
Status Change 505
STATUS 스테이지 196
still-image 클래스 284
Stream Protocol 129
SUPERSPEED_USB 512
Suspend 상태 157
SYNC 597
Synch Frame 211
System Exit Latency 528

T

test-and-measurement 클래스 287
topology 51
TP(Transaction Packet) 101
TPL(Targeted Peripheral List) 654
traffic generator 548
Trusted Publishers 577
Trusted Root Certification Authorities 577

U

UAA(Universal Audio Architecture) 249
ULPI 217
Union Functional descriptor 259
Universal Serial Bus controllers 499
UOWN 232
UPS(uninterruptible power supply) 266
Usage 페이지 402
USB 1.0 44
USB 1.1 45
USB 2.0 45
USB 2.0 Link Power Management Addendum 522
USB 2.0 골드 트리 567
USB 2.0 링크 전원 관리 522
USB 2.0 허브 494
USB 2.1 48
USB 3.0 48
USB 3.1 49, 67
USB 3.1 표준 A 플러그 625
USB3 비전 295
USB20CV 563
USB30CV 563
USB 3380 217
usbccgp.sys 309
USB C형 케이블 630
USBD_ISO_PACKET_DESCRIPTOR 470
UsbEndpointDirectionIn 452
UsbEndpointDirectionOut 452
USB-IF(USB Implementers Forum, Inc.) 39
USBPcap 552
USB Power Delivery Rev. 2.0, v1.0 513
USB Power Delivery 포트 534
USB Power Delovery Rev. 2.0, v1.0 188
usbscan.sys 286
usbser.sys 261
usbstor.sys 339
USBTMC 287, 288
usbxhci.sys 312

USB 개발자 포럼 39
USB 비디오 클래스 288
USB 전력 공급 포트 534
UTMI(USB 2.0 Transceiver Macrocell Interface) 217
UVC(USB video class) 288

V

VBUS 514
VCONN 637
VCONN 맞바꾸기 535
VDAT_REF 544
VDAT_SRC 544
VDM(Vendor Defined Message) 536
Vendor ID 42, 167, 421
VNC2 675

W

wBytesPerInterval 183
WDF(Windows Driver Foundation) 314
WDK(Windows Driver Kit) 309
WDM 드라이버용 프레임워크 314
wear leveling 219
WHQL(Windows Hardware Quality Labs) 576
WIA(Windows Image Acquisition) 286
WinDbg 315
wIndex 193
Windows Hardware Certification Program 572
WinUSB 297, 439

winusb.inf 340
WinUsb_Initialize 448
WinUsb_QueryInterfaceSettings 449
WinUsb_QueryPipe 450
WinUsb_ReadIsochPipe 471
WinUsb_ReadIsochPipeAsap 471
WinUsb_ReadPipe 460
WinUsb_RegisterIsochBuffer 468
WinUsb_SetCurrentAlternateSetting 466, 487
WinUsb_SetPipePolicy 455
WINUSB_SETUP_PACKET 465
WinUsb_WritePipe 456
Wireless Universal Serial Bus 188
WirelessUSB 648
WireShark 552
wLANGID 185
wLength 193
wMaxPacketSize 180
WMI(Windows Management Instrumentation) 366
wTotalLength 170
wValue 193

X

XAudio2 249

Z

ZigBee 651
ZLP(zero-length data packet) 90, 159

에이콘출판의 기틀을 마련하신 故 정완재 선생님 (1935-2004)

USB 완전정복 (개정 5판)
USB 3.0/3.1/SuperSpeed까지 최신 규격 포함

인 쇄 | 2016년 10월 24일
발 행 | 2016년 10월 31일

지은이 | Jan Axelson
옮긴이 | 신 진 철

펴낸이 | 권 성 준
편집장 | 황 영 주
편 집 | 나 수 지
디자인 | 이 승 미

에이콘출판주식회사
서울특별시 양천구 국회대로 287 (목동 802-7) 2층 (07967)
전화 02-2653-7600, 팩스 02-2653-0433
www.acornpub.co.kr / editor@acornpub.co.kr

한국어판 ⓒ 에이콘출판주식회사, 2016, Printed in Korea.
ISBN 978-89-6077-914-3
ISBN 978-89-6077-330-1 (세트)
http://www.acornpub.co.kr/book/usb_5th

이 도서의 국립중앙도서관 출판시도서목록(CIP)은 서지정보유통지원시스템 홈페이지(http://seoji.nl.go.kr)와
국가자료공동목록시스템(http://www.nl.go.kr/kolisnet)에서 이용하실 수 있습니다.(CIP제어번호: CIP2016024614)

책값은 뒤표지에 있습니다.